A Study on the Theory and Guarantee Strategies
of Open Government Data in China

I

我国政府数据开放的理论及其
保障策略研究

（上）

黄如花 等 著

WUHAN UNIVERSITY PRESS
武汉大学出版社

图书在版编目（CIP）数据

我国政府数据开放的理论及其保障策略研究（上下册）/黄如花等著.—武汉：武汉大学出版社，2024.9
国家出版基金项目
ISBN 978-7-307-24319-4

Ⅰ.我…　Ⅱ.黄…　Ⅲ.电子政务—数据保护—研究—中国
Ⅳ.①D63-39　②TP309.2

中国国家版本馆 CIP 数据核字（2024）第 052890 号

责任编辑：黄河清　　　责任校对：汪欣怡　　　版式设计：马　佳

出版发行：**武汉大学出版社**　　（430072　武昌　珞珈山）
　　　　　（电子邮箱：cbs22@whu.edu.cn　网址：www.wdp.com.cn）
印刷：湖北金港彩印有限公司
开本：720×1000　　1/16　　印张：57.5　　字数：982 千字　　插页：10
版次：2024 年 9 月第 1 版　　2024 年 9 月第 1 次印刷
ISBN 978-7-307-24319-4　　　定价：320.00 元

编写组成员：

黄如花　赖　彤　李白杨　温芳芳　王春迎

陈俊华　周志峰　苗　淼　吴子晗　黄雨婷

黄平平　吴应强　林　焱　刘　龙　蔡婧璇

胡逸芳　陈　萌　石乐怡　冯　婕　赵　洋

江语蒙　文利君　苏丽娅　刘孝平　张耀蕾

作者简介

　　黄如花，国家高层次人才计划入选者、教育部新世纪优秀人才、宝钢优秀教师、楚天名师、武汉大学弘毅特聘教授、二级教授、博士生导师。2012年10月—2020年5月任武汉大学信息管理学院副院长、分管科研与国际交流；2022年1月始任武汉大学图书馆副馆长。兼任国家级全民数字素养与技能培训基地主任、文化和旅游部研究基地首席专家、国家科技平台标准化委员会委员、文化和旅游部基层公共数字文化服务研究院专家委员会委员、文化和旅游部全国公共图书馆评估专家、中国图书馆学会学术委员会副主任、《中国大百科全书（第三版）》图书馆学科"信息检索"分支主编、全球数字图书馆顶级会议数字图书馆联合会议(JCDL2020)大会主席、全球信息素养领域规模最大会议欧洲信息素养会议（ECIL2020）组委会委员；武汉大学网络安全与信息化建设专家委员会委员、知识产权信息服务中心主任。

　　主要研究方向有：政府数据开放共享、信息检索与服务、信息素养教育、信息资源开放存取。

　　独著或主编著作10余部；在国内外核心以上期刊发表论文100余篇，其中，以独立、第一或通讯作者在信息资源管理一级学科排名第一的期刊《中国图书馆学报》发文12篇（其中独立作者7篇），人民网3篇、SSCI检索6篇、人大复印报刊资料全文转载30余篇。

　　主持国家社科基金重大项目2项"面向国家大数据战略的政府数据开放共享对策研究""我国政府信息公开到数据开放的理论创新与实践路径研究"、教育部重点研究基地重大项目1项、国家出版基金项目3项、国家社科基金重点项目1项、国家社科基金项目2项，以及国家留学基金项目与中美国际合作项目各1项。

　　所著图书列选"十三五国家重点图书"1种；获教育部高校人文社科成果奖二等奖、三等奖各1项，美国华人图书馆员协会（CALA）专业发展奖、优秀教师奖；全称独立主讲的"信息检索"慕课入选学习强国和国家高等教育智慧教育平台首批慕课，获评国家一流线上课程、国家一流线上线下融合课程、国家精品在线开放课程等；分别以排名第三、四获国家教学成果一等奖2次。

前　　言

　　2015 年 10 月 29 日发布的《中共十八届五中全会公报》正式提出"实施国家大数据战略"，这是大数据第一次被写入党的全会决议，标志着大数据战略正式上升为国家战略。2015 年 9 月国务院印发《促进大数据发展行动纲要》（后文简称为《纲要》），作为国家实施大数据战略的具体指南，明确指出数据的开放共享是国家大数据战略的核心，5 次提及"政府数据开放共享"，将"加快政府数据开放共享、推动资源整合、提升治理能力"作为三大主要任务之首，且将"政府数据资源开放共享工程"列为十大数据工程之首。2016 年 3 月发布的《中华人民共和国国民经济和社会发展第十三个五年规划纲要》（后文简称为《"十三五"规划》）第二十七章题为"实施国家大数据战略"，其下的第一节即"加快政府数据开放共享"。

　　为服务国家大数据战略，本项目组以解读党的十八届五中全会精神及国家社科基金重大项目招标为契机，选择其中之"实施国家大数据战略"方向，且将研究主题定位于政府数据开放共享，以"面向国家大数据战略的政府数据开放共享对策研究"为题进行申报，有幸得到相关评审专家的认可而中标，于2016 年获批。自此，我们依托该项目、集团队之力、致力于政府数据开放共享的研究，于 2020 年结题。

　　2020 年以来，我国对政府数据开放共享重视程度明显增强。国家不断出台文件，强调和推动政府数据开放。本项目组统计发现，2020 年至 2024 年年初，仅中共中央、国务院发布的与政府数据开放共享有关的文件就有 27 份。

尤其值得一提的是，2020 年中共中央、国务院《关于构建更加完善的要素市场化配置体制机制的意见》将数据要素市场化作为宏观经济体制改革的重要举措，使得数据开放共享在 2021 年国家及各部委出台的"十四五"规划等政策中成为工作重点。2021 年 3 月，《中华人民共和国国民经济和社会发展第十四个五年规划和 2035 年远景目标纲要》(后文简称为《"十四五"规划》)将"加快数字化发展、建设数字中国"单列成篇，强调"激活数据要素潜能""建立健全国家公共数据资源体系，推进数据跨部门、跨层级、跨地区汇聚融合和深度利用"。2022 年年底，中共中央、国务院发布《关于构建数据基础制度更好发挥数据要素作用的意见》(后文简称为"数据二十条")，标志着我国将不断完善数据基础制度建设，政府数据开放迈入新的阶段。2023 年 10 月，国家数据局揭牌成立，进一步利好政府数据资源的汇聚融合、共享开放和开发利用。

国家战略既为我们的研究指明了方向，又为我们研究工作的推进注入了无尽的动力。项目组意识到更重的、进一步推进前期研究的责任，于 2020 年申报并获批了国家出版基金项目"我国政府数据开放的理论及其保障策略研究"，本书为该项目成果的集中展示。

本书在不同的场景下根据需要分别采用"政府数据开放"(Open Government Data，OGD)、"政府数据共享"或"政府数据开放共享"作为关键概念，以与《纲要》的提法保持一致。

黄如花负责全书的策划、拟定编写大纲、统稿、提出修改建议，赖彤做了多次协调和协助统稿工作，李白杨对初稿提出部分修改建议。各章节撰写的具体分工为：第一章，黄如花、赖彤、黄雨婷；第二章，黄如花、赖彤、温芳芳；第三章，温芳芳、李白杨、周志峰、赵洋；第四章，李白杨、温芳芳、黄平平；第五章，李白杨；第六章，黄如花、赖彤；第七章由赖彤整体协调并撰写第一、三至五节，第二节之各国部分及其相应的撰写者依次为：英国(刘龙)、美国(蔡婧璇)、法国(林焱)、加拿大(胡逸芳)、丹麦(黄雨婷)、新西兰(赖彤)、澳大利亚(陈萌)；第八章，温芳芳、吴子晗；第九章，陈俊华；

第十章，黄如花、王春迎、吴应强、冯婕；第十一章，苗淼、文利君、石乐怡。第五、六、七、九章新素材的补充者依次为：江语蒙、赵洋；周志峰、黄平平；石乐怡；黄如花、吴应强、苏丽娅。附录之政策搜集与筛选由温芳芳负责，整理由黄平平完成。武汉大学图书馆刘孝平、张耀蕾参与附录和参考文献的整理工作。

　　本书在写作过程中借鉴了国内外大量相关研究成果，在此，谨向这些文献的作者致以诚挚的敬意与谢意！本书的出版得到武汉大学出版社的支持，詹蜜副编审等编校人员为本书的出版付出了辛勤劳动，提出了许多宝贵的修改意见，在此谨表谢忱！

　　政府数据开放的实践与研究发展较快，加之编著者学识、水平有限，书中疏漏和不妥乃至错误之处在所难免，敬祈专家学者和读者批评指正！

黄如花

二零二四年初春于武昌珞珈山

目　录

上　册

1

下　册

表 目 录

图 目 录

1 绪　　论

　　信息技术的革新与经济社会发展的交汇融合引发了数据的迅猛增长，纵览全球，数据资源被视为国家基础性战略资源，成为重塑国家竞争优势的核心要义，由此衍生的数据应用已渗透到社会生产生活的方方面面，推动经济转型发展，提升政府治理效能。政府是最大的数据资源拥有主体，在长期提供公共服务、进行事务管理和信息化进程中积累了极具规模的数据，政府数据的扩大、叠加、倍增的重要性与价值日渐凸显，在安全可信的环境下加快政府数据的整合、共享、开放、流动，推动社会化增值利用，对于大数据时代发展数字经济、建设数字政府、优化数字社会至关重要。

　　我国正处在经济社会数字化转型与世界数字化发展浪潮交汇的历史机遇期①。自 2015 年国务院《促进大数据发展行动纲要》②明确提出"加快政府数据开放共享，推动资源整合，提升治理能力"以来，我国稳步推进政府数据开放共享工作，陆续出台各项政策法规。2021 年 3 月，《中华人民共和国国民经济和社会发展第十四个五年规划和 2035 年远景目标纲要》③将"加快数字化发

---

　　①　中华人民共和国中央人民政府. 中国数字化转型为全球带来机遇［EB/OL］.［2024-01-26］. https://www.gov.cn/xinwen/2021-06/13/content_5617433.htm.

　　②　中华人民共和国中央人民政府. 国务院关于印发促进大数据发展行动纲要的通知［EB/OL］.［2024-01-26］. http://www.gov.cn/zhengce/content/2015-09/05/content_10137.htm.

　　③　中华人民共和国中央人民政府. 中华人民共和国国民经济和社会发展第十四个五年规划和 2035 年远景目标纲要［EB/OL］.［2024-01-26］. http://www.gov.cn/xinwen/2021-03/13/content_5592681.htm.

展、建设数字中国"单列成篇，强调"激活数据要素潜能""建立健全国家公共数据资源体系，推进数据跨部门、跨层级、跨地区汇聚融合和深度利用"。2022 年年底，中共中央、国务院发布《关于构建数据基础制度更好发挥数据要素作用的意见》，标志着我国将不断完善数据基础制度建设，政府数据开放迈入新的阶段。

2023 年 10 月，国家数据局揭牌成立，进一步利好政府数据资源的汇聚融合、共享开放和开发利用。中国已成为全球性的数据大国，政府数据开放共享实践有了一定积累，数据意识逐渐觉醒，数据政策日趋完善，数据供给不断丰富，数据应用逐步开展，数据安全保障增强。可见，充分发挥数据作为新兴关键性生产要素的价值，推动政府数据开放与利用，是加强数字政府建设的关键切入、提升国家治理能力的必然选择，已成为重要的时代命题。

然而，由于数据价值认知不足、数据质量良莠不齐、数据服务有待提升、数据利用能力有限、潜在安全风险多发、数据供给与实际需求不匹配等问题，数据广泛利用和价值释放受到阻碍，不能有效满足当前数字经济发展的需求，与国际领先水平存在差距，亟须开展政府数据开放与创新应用的理论研究。

由此，本研究立足于数据技术革新与利用的全球趋势，面向我国"十四五"时期政治、经济、社会全面数字化转型的新发展形势，响应数据赋能的迫切要求，聚焦政府数据开放的需求剖析、障碍破解、经验借鉴、制度构建、技术保障、人才培养等问题，展开系统研究，力求为协同多方参与、提升管理与利用水平，为充分释放数据红利、促进政府数据高质量与可持续利用提供可行性参考。

1.1　研究背景

政府数据的生成、采集、存储、加工、分析和服务等活动为激活数据要素潜能提供重要支撑。数据是现代世界经济的驱动力，面对新一轮科技革命和产业变革深入发展的机遇期，各国纷纷出台数据战略，开启数据产业创新发展新赛道。我国同样聚力于数据要素的多重价值挖掘，不断完善政府数据政策与基础设施建设，抢占数据产业发展制高点。利用政府数据服务于多元场景需求是"十四五"时期的重要命题，需要积极发掘数据市场应用潜力，应对多样化数据利用需求，弥补数据利用短板，协同多方参与，以实现国家数据治理的战略目标，提升我国数据市场的国际地位与国际影响力。

1.1.1 全球数据开放与利用战略布局持续深化

随着信息技术的不断发展，政府对数据的收集和处理能力不断增强，大数据成为政府治理创新的重要工具和手段，对数据的掌握和驾驭能力成为各国政府的核心竞争力。2009 年，美国联邦政府发布《开放政府指令》(*Open Government Directive*)①并上线首个政府数据门户网站 data.gov。此后，多个国际组织、国家和地区纷纷加入开放政府数据浪潮，通过战略规划、政策法规、标准指南、平台建设等方式促进政府数据的开放、获取和利用，助力政府治理能力提升，刺激经济高效持续增长，提高公共服务转型效率。根据《2020 联合国电子政务调查报告》(*2020 UN E-Government Survey*)，联合国(United Nations, UN)193 个成员国中已有 153 个建立了政府数据开放门户网站。在接受调查的成员国中，59%的国家制定了政府数据开放政策，52%的国家提供使用开放政府数据的指导，49%的国家开展数据黑客马拉松等推进工作②。

联合国致力于政府数据开放研究与实践已有二十余年，针对项目实施而制定《公民参与政府数据开放指南》(*Guidelines on Open Government Data for Citizen*

---

① Open Government Directive [EB/OL]. [2024-01-26]. https://obamawhitehouse. archives.gov/open/documents/open-government-directive.

② United Nations. 2020 United Nations E-Government Survey [EB/OL]. [2024-01-26]. https://www.un.org/en/desa/2020-united-nations-e-government-survey.

Engagement, *OGDCE Guidelines*)①，着重说明政府数据开放是为了更有效地利用公共资源，改善为公民提供的服务，对可持续发展有深远影响。2001 年至 2024 年，已发布 12 版《联合国电子政务调查报告》(*United Nations E-Government Survey*)，其中，对于政府数据开放治理效用的评估是重要维度。

经济合作与发展组织(Organisation for Economic Co-operation and Development, OECD)高度认可政府数据开放对于经济、社会和良好治理的价值②，持续关注各国政府数据开放的举措进展、实施情况和国际影响。2015—2021 年连续举办 7 次政府数据开放专家组年度会议(Annual meeting of the OECD Expert Group on Open Government Data)，制定了旨在评估政府数据开放三个关键领域的"开放、有用和可重用数据指数"(Open, Useful and Reusable Data Index, OURdata Index)，相继发布 4 版调研报告，最新一版发布于 2023 年③。

世界银行(World Bank)不仅建立开放数据目录(Data Catalog)④，方便用户获取、管理、访问和使用世界银行集团数据，增强数据共享和重用潜力；还设置板块提供政府数据开放工具包(Open Government Data Toolkit)⑤，帮助用户在各个阶段参与政府数据开放的利用。此外，国际上具有广泛影响力的政府数据开放发展评估报告《开放数据晴雨表》(*Open Data Barometer*)⑥、《全球开放数据指数》(*Global*

---

① Department of Economic and Social Affairs. Guidelines on Open Government Data for Citizen Engagement［EB/OL］．［2024-01-26］．https://publicadministration. desa. un. org/sites/default/files/inline-files/Guidenlines%20on%20OGDCE%20May17%202013.pdf.

② Open Government Data［EB/OL］．［2024-01-26］．https://www.oecd. org/gov/digital-government/open-government-data.htm.

③ OECD. 2023 OECD Open, Useful and Re-usable data (OURdata) Index［EB/OL］．［2024-01-26］．https://www. oecd. org/publications/2023-oecd-open-useful-and-re-usable-data-ourdata-index-a37f51c3-en.htm.

④ The World Bank. Data Catalog［EB/OL］．［2024-01-26］．https://datacatalog.worldbank. org/home.

⑤ Open Government Data Toolkit［EB/OL］．［2024-01-26］．http://opendatatoolkit. worldbank.org/en/index.html.

⑥ World Wide Web Foundation. The Open Data Barometer［EB/OL］．［2024-01-26］．https://opendatabarometer.org/? _year=2017&indicator=ODB.

Open Data Index)①等均将开放数据的可用性与影响力作为关键性评估维度。

欧盟(European Union，EU)的政府数据开放实践由来已久②。早期关注公共部门信息的再利用问题，而后成为数据开放的有力推动者，将数据视为经济增长、竞争力、创新、创造就业和社会进步的重要资源。2020年起实施《欧洲数据战略》(*European Data Strategy*)③，要求数据能够在欧盟内部和跨部门自由流动，利用洞察力做出更好的决策，全面推动欧盟数据经济的发展，目标是"使欧盟成为数据赋能社会的领导者"。《数据治理法案》(*Data Governance Act*)于2023年6月生效，旨在增强对数据共享的信任，强化提高数据可用性的机制，并克服数据重用的技术障碍④；2024年1月，《数据法案》(*Data Act*)生效，成为实施欧洲数据战略的关键支撑⑤。

世界各国对于政府数据开放与利用的重视程度持续提升，实施国家层面的政府数据战略，着力推动政府数据效能释放。2019年12月，美国发布《联邦数据战略》(*Federal Data Strategy*，FDS)⑥，描绘了"将数据作为战略资源进行开发"的愿景，旨在完成一个为期十年的、持续释放数据潜能的使命，包括建立重视数据并使用数据的文化、探索有效使用数据的方案等。在此战略框架下，已相继发布《2020年行动计划》⑦和《2021年行动计划》⑧，确立每年的

---

①　Global Open Data Index. Tracking the State of Open Government Data[EB/OL]. [2024-01-26]. http://index.okfn.org/.

②　张起. 欧盟开放政府数据运动：理念、机制和问题应对[J]. 欧洲研究，2015，33(5)：66-82，6.

③　European Commission. European Data Strategy [EB/OL]. [2024-01-26]. https://ec.europa.eu/info/strategy/priorities-2019-2024/europe-fit-digital-age/european-data-strategy_en.

④　European Commission. Governance Act [EB/OL]. [2024-01-26]. https://digital-strategy.ec.europa.eu/en/policies/data-governance-act.

⑤　European Commission. Data Act[EB/OL]. [2024-02-16]. https://digital-strategy.ec.europa.eu/en/policies/data-act.

⑥　Federal Data Strategy. Overview. [EB/OL]. [2024-01-26]. https://strategy.data.gov/overview/.

⑦　Federal Data Strategy. 2020 Action Plan[EB/OL]. [2024-01-26]. https://strategy.data.gov/2020/action-plan/.

⑧　Federal Data Strategy. 2021 Action Plan[EB/OL]. [2024-01-26]. https://strategy.data.gov/2021/action-plan/.

优先行动，以安全与隐私保护为前提，逐步营造数据驱动的文化氛围，培养强大的数据治理能力，并利用数据为美国人民、企业和其他组织提供相应的服务。

2020 年 9 月，英国政府发布《国家数据战略》(*National Data Strategy*, *NDS*)①，推动英国建设世界领先的世界经济，将"释放数据在整个经济中的价值"作为首要使命任务，重视数据技能提升、数据可访问和可用性以及推动数据的安全和可信使用。2021 年 9 月，新西兰发布了更新后的《政府数据战略与路线图》(*The Government Data Strategy and Roadmap*)②，阐释了在数据、能力、基础设施和领导力四个维度的具体举措，并制定了未来三年的年度目标实施的计划表。加拿大制定《2023—2026 年联邦公共服务数据战略》(*2023—2026 Data Strategy for the Federal Public Service*)，提出推动高质量数据管理、获取、安全与使用，服务于公共服务的优先事项、目标和期望。③ 2023 年 8 月，德国联邦政府批准新的《国家数据战略》(*National Data Strategy*)，旨在"提高数据数量和质量以实现新的、有效的和前瞻性数据使用"。

1.1.2　我国有序推动政府数据资源的开放利用

充分的数据"流动"是数据价值实现的前提，进而促成数据处理的规模效应，带动数据的深入分析挖掘，以数据来引领、表达、认知和处理各项事宜，能够形成社会治理的强大推动力。④ 伴随国家大数据战略的实施，地方持续跟

---

①　National Data Strategy [EB/OL]. [2024-01-26]. https://www.gov.uk/government/publications/uk-national-data-strategy/national-data-strategy.

②　The Government Data Strategy and Roadmap [EB/OL]. [2024-01-26]. https://data.govt.nz/leadership/strategy-and-roadmap/#Whatis

③　Government of Canada. 2023—2026 Data Strategy for the Federal Public Service [EB/OL]. [2024-01-26]. https://www.canada.ca/en/treasury-board-secretariat/corporate/reports/2023-2026-data-strategy.html.

④　人民网. 加强数字政府建设，好在哪？ [EB/OL]. [2024-01-26]. http://www.people.com.cn/n1/2022/0424/c32306-32406789.html.

进政府数据管理与利用的相关政策法规制定，通过政策引领，探索政府数据开放模式，以安全与隐私保护为前提，实现数据价值的最大化。

在国家层面，《促进大数据发展行动纲要》(2015年9月)从顶层设计明确了我国政府数据开放共享的主要任务与发展目标，即"加快政府数据开放共享"成为"三大任务"之首和"十大工程"之首①。而后，《政务信息资源共享管理暂行办法》(2016年9月)、《关于推进公共信息资源开放的若干意见》(2017年2月)、《政务信息系统整合共享实施方案》(2017年5月)、《政务信息资源目录编制指南(试行)》(2017年6月)、《公共信息资源开放试点工作方案》(2018年1月)、《全国一体化政务大数据体系建设指南》(2022年9月)、《关于构建数据基础制度更好发挥数据要素作用的意见》(2022年12月)等政策措施相继出台，从多个层面有序推进政府数据开放共享。

2021年9月1日，《中华人民共和国数据安全法》②施行，作为数据领域的基础性法律，为数据的合法合规利用保驾护航，减少危害数据安全、泄露个人隐私等风险。此外，《"十四五"信息化规划》(2021年12月)、《"十四五"大数据产业发展规划》(2021年11月)、《"十四五"推进国家政务信息化规划》(2021年12月)③、《"十四五"数字经济发展规划》(2022年1月)④等作为"十四五"规划的重要配套政策，在不同行业领域均明确了"提升数据资源开发利用水平"是新时期重要战略任务。

---

① 中华人民共和国中央人民政府. 国务院关于印发促进大数据发展行动纲要的通知[EB/OL].[2024-01-26]. http://www.gov.cn/zhengce/content/2015-09/05/content_10137.htm.

② 中华人民共和国中央人民政府. 中华人民共和国数据安全法[EB/OL].[2024-01-26]. http://www.gov.cn/xinwen/2021-06/11/content_5616919.htm.

③ 中华人民共和国国家发展和改革委员会. "十四五"推进国家政务信息化规划[EB/OL].[2024-01-26]. https://www.ndrc.gov.cn/xxgk/zcfb/ghwb/202201/P020220106387085514202.pdf.

④ 中华人民共和国中央人民政府. 国务院关于印发"十四五"数字经济发展规划的通知[EB/OL].[2024-01-26]. https://www.gov.cn/zhengce/content/2022-01/12/content_5667817.htm.

在地方层面，各省(市、区)陆续出台推动政府数据利用的相关政策文件，从"数字政府"建设要求到"数字经济"发展目标，从"政务信息资源管理办法"到"公共数据开放管理办法"，再到"公共数据分级分类""公共数据资源目录"等，政策法规内容不断细化，聚焦于政府数据管理与利用的具体问题，各地政府数据开放共享的制度规范不断完善。

进入"十四五"时期，政府数据开放共享进一步与全面数字化转型、数字政府建设的战略需求高度契合，成为各地制定"十四五"发展规划中不可或缺的重要篇章。此外，多个地方性法规相继实施，如《深圳经济特区数据条例》①(2021 年 7 月)、《上海市数据条例》②(2021 年 11 月)、《浙江省公共数据条例》③(2022 年 1 月)、《山东省公共数据开放办法》④(2022 年 1 月)、《江苏省公共数据管理办法》(2021 年 12 月)⑤、《重庆市数据条例》⑥(2022 年 3 月)、《江西省数据应用条例》(2023 年 12 月)⑦等，对政府数据管理、开放、共享、利用、保障、责任等提出原则性要求，为规范数据开放与利用行为提供立法保障。

政府数据的总量与质量直接影响数据的可用性，政府数据开放平台是数据

---

① 深圳市政务服务和数据管理局. 重磅!《深圳经济特区数据条例》正式公布[EB/OL]. [2024-01-26]. http://www.sz.gov.cn/szzsj/gkmlpt/content/8/8935/post_8935483.html#19236.

② 上海市人民政府. 上海市数据条例[EB/OL]. [2024-01-26]. https://www.shanghai.gov.cn/nw12344/20211129/a1a38c3dfe8b4f8f8fcba5e79fbe9251.html.

③ 浙江省科学技术厅. 浙江省公共数据条例[EB/OL]. [2024-01-26]. https://kjt.zj.gov.cn/art/2022/3/31/art_1229080139_2399264.html.

④ 山东省人民政府. 山东省公共数据开放办法[EB/OL]. [2024-01-26]. http://www.shandong.gov.cn/art/2022/2/9/art_107851_117339.html.

⑤ 江苏省人民政府. 江苏省公共数据管理办法[EB/OL]. [2024-01-26]. http://www.jiangsu.gov.cn/art/2021/12/24/art_46143_10224944.html.

⑥ 重庆市大数据应用发展管理局. 重庆市数据条例[EB/OL]. [2024-01-26]. https://dsjj.cq.gov.cn/zwgk_533/fdzdgknr/lzyj/flfg/202208/t20220811_10995649.html.

⑦ 江西省人民政府. 江西省数据应用条例[EB/OL]. [2024-01-26]. http://www.jiangxi.gov.cn/art/2022/1/21/art_64505_3842140.html.

获取与利用的重要载体，我国政府数据开放的发展总体呈现出"政策推动、实践先行"的特点。上海市早在 2012 年 6 月就上线了我国第一个公共数据开放平台——上海市公共数据开放平台(data.sh.gov.cn)①，而后，各地政府加速落实中央对促进公共数据开放共享的目标要求，十多年间平台的数量快速增长，成为数字政府建设的"标配"。

根据复旦大学数字与移动治理实验室(Lab for Digital & Mobile Governance，DMG Lab)的《2023 中国地方公共数据开放利用报告》，截至 2023 年 8 月，我国已上线省级数据开放平台 22 个(不含直辖市和港澳台)，城市平台 204 个(含直辖市、副省级与地级行政区)②。相较于 2017 年的 19 个地方公共数据开放平台，平台数量和有效数据集均呈现爆发式增长。同时，更多高容量、高需求的优质数据集出现，数据主题覆盖面与部门覆盖面的占比稳步增长，为数据资源的深度开发与利用奠定了良好基础。

同时，各政府数据开放平台正着力完善平台服务，提升数据资源利用效率。提供便捷检索、数据获取、数据分析工具、用户互动参与、数据应用成果展示、数据开发者导引、数据安全保障等功能，为政府与用户的深度合作，共同开发利用数据创造条件，政府数据资源开发利用试点已取得初步成效。此外，国家部委重视专题数据管理与开放平台的建设，如国家林业和草原科学数据中心(National Forestry and Grassland Data Center，NFGSDC)③、国家地理信息公共服务平台(National Platform for Common Geospatial Information Services)④、

---

① 中华人民共和国国家发展和改革委员会. 上海市加快公共数据开放推进数据价值释放［EB/OL］.［2024-01-26］. https://www.ndrc.gov.cn/xwdt/ztzl/szhzxhbxd/zxal/202007/t20200713_1233617.html? code=&state=123.

② 开放数林. 2023 中国地方公共数据开放利用报告—城市［EB/OL］.［2024-01-26］. ifopendata.fudan.edu.cn/static/report/2023 中国地方公共数据开放利用报告(城市).pdf.

③ 国家科技资源共享服务平台. 国家林业和草原科学数据中心数据目录［EB/OL］.［2024-01-26］. https://www.forestdata.cn/.

④ 天地图. 国家地理信息公共服务平台［EB/OL］.［2024-01-26］. https://www.tianditu.gov.cn/.

商务部公共服务资源平台的"开放数据"板块①，便于农林、专利、地理信息、商务服务等主题数据的获取与利用。

1.1.3　数据赋能成为数字中国建设的重要命题

伴随政府数据开放全球发展的浪潮，我国政府顺应时代发展趋势，将大数据战略上升为国家战略，将数据资源纳入当代关键性生产要素，共享利用公共数据资源服务于国家治理、经济发展和公共服务。习近平总书记高度重视"数字中国"建设与数字经济发展②，强调构建协同高效的政府数字化履职能力体系，在多次讲话中阐明，要"统筹规划政务数据资源和社会数据资源""发挥数据的基础资源作用和创新引擎作用"，③"充分发挥海量数据和丰富应用场景优势，促进数字技术和实体经济深度融合"④，依法依规促进数据高效共享和有序开发利用⑤，催生新的发展动能。

2019 年 10 月，党的十九届四中全会审议通过的《中共中央关于坚持和完善中国特色社会主义制度、推进国家治理体系和治理能力现代化若干重大问题的决定》指出："推进数字政府建设，加强数据有序共享，依法保护个人信息"⑥，从完善国家治理体系的层面为利用数据提高治理效能指明了方向。"十

---

① 商务部公共服务资源平台. 开放数据［EB/OL］.［2024-01-26］. https://xwfbh. mofcom.gov.cn/front/data.

② 新华网. (学习进行时) 习近平心中的"数字中国"［EB/OL］.［2024-01-26］. http://www.xinhuanet.com/politics/xxjxs/2021-04/25/c_1127374109.htm.

③ 中华人民共和国中央人民政府. 习近平主持中共中央政治局第二次集体学习并讲话［EB/OL］.［2024-01-26］. https://www.gov.cn/xinwen/2017-12/09/content_5245520.htm.

④ 中华人民共和国中央人民政府. 习近平：不断做强做优做大我国数字经济［EB/OL］.［2024-01-26］. http://www.gov.cn/xinwen/2022-01/15/content_5668369.htm.

⑤ 中华人民共和国中央人民政府. 习近平主持召开中央全面深化改革委员会第二十五次会议［EB/OL］.［2024-01-26］. http://www.gov.cn/xinwen/2022-04/19/content_5686128.htm.

⑥ 中华人民共和国中央人民政府. 中共中央关于坚持和完善中国特色社会主义制度推进国家治理体系和治理能力现代化若干重大问题的决定［EB/OL］.［2024-01-26］. https://www.gov.cn/zhengce/2019-11/05/content_5449023.htm.

四五"时期，我国进入了全方位数字化转型的关键新阶段，要求"建设数字经济、数字社会、数字政府，以数字化转型整体驱动生产方式、生活方式和治理方式变革"①，《"十四五"推进国家政务信息化规划》（2021 年 12 月）提出："坚持数据赋能，提高治理效能。以数据共享开放与深度开发利用作为提升政务信息化水平的着力点和突破口……全面提升用数据决策、用数据管理、用数据监管、用数据服务的能力。"②加强数据技术的社会化应用、挖掘数据要素的创新性潜力成为新时期十分迫切的任务。其中，公共数据所蕴藏的巨大价值有待进一步开发。

同时，数字经济正成长为经济增长的新引擎，需要充分利用公共数据资源，加速产业升级，推动新业态发展。根据中国信息通信院 2021 年发布的《全球数字经济白皮书》，全球数字经济快速平稳发展，中国的数字经济规模已位居世界第二③，增速位于全球第一④。我国大数据应用的市场潜力巨大，根据国际数据公司（International Data Corporation，IDC）预测，中国大数据市场发展迅速，大数据支出整体呈稳步增长态势，市场规模预计在 2026 年达到 365 亿美元，增速领跑全球⑤。尤其是地方政府层面，随着数字政府建设等政策推动，地方政府在智慧大屏、政务数据查询分析、共享数据交换等场景的投入将

---

① 中华人民共和国中央人民政府. 中华人民共和国国民经济和社会发展第十四个五年规划和 2035 年远景目标纲要［EB/OL］.［2024-01-26］. http://www.gov.cn/xinwen/2021-03/13/content_5592681.htm.

② 中华人民共和国国家发展和改革委员会. "十四五"推进国家政务信息化规划［EB/OL］.［2024-01-26］. https://www.ndrc.gov.cn/xxgk/zcfb/ghwb/202201/P020220106387085514202.pdf.

③ 中国信息通信研究院. 全球数字经济白皮书［EB/OL］.［2024-01-26］. http://www.caict.ac.cn/kxyj/qwfb/bps/202108/P020210913403798893557.pdf.

④ 新华网. 我国数字经济规模近 5.4 万亿美元 多部门释放加快发展信号［EB/OL］.［2024-01-26］. http://www.news.cn/techpro/20210803/a9821996f6b44d1093a122d391d1a137/c.html.

⑤ IDC. IDC：2026 年中国大数据市场总规模预计将达 365 亿美元［EB/OL］.［2024-01-26］. https://www.idc.com/getdoc.jsp? containerId=prCHC50557923.

持续高速增长。2020 年 4 月，国务院发布《关于构建更加完善的要素市场化配置体制机制的意见》①，数据作为一种新型生产要素，正式被纳入文件，明确"加快培育数据要素市场，推进政府数据开放共享，提升社会数据资源价值，加强数据资源整合和安全保护"，以安全管理为基础，鼓励数据要素在各行业的流动、分享、加工、应用，实现利益最大化。《"十四五"数字经济发展规划》(2021 年 12 月) 再次部署了"充分发挥数据要素作用……创新数据要素开发利用机制"的重点任务，要求"以实际应用需求为导向，探索建立多样化的数据开发利用机制"。②

政府数据总量呈指数级增长，数据分析算法不断成熟，技术迭代更新加快，开展数据的创新应用不仅有助于提供更加精准、高效、便捷的公共服务，而且可以促进多方力量共同参与的双向互动的协同数字社会治理③。"新冠"疫情发生以来，各地政府通过多种渠道发布了"能用"和"好用"的疫情数据，不仅满足了公众知情权，其中一些完整的、细颗粒的、及时的、可机读的、结构化的数据被专业人员进一步利用，开发颇受公众欢迎的服务应用④。《"十四五"公共服务规划》(2021 年 12 月) 强调了充分利用教育、医疗卫生、社会保障、社会服务等数据提升公共服务效率的必要性，要"建立健全政府及公共服务机构数据开放共享规则，在加强公共服务数据安全保障和隐私保护的前提

① 中华人民共和国中央人民政府. 中共中央 国务院关于构建更加完善的要素市场化配置体制机制的意见［EB/OL］.［2024-01-26］. https://www.gov.cn/zhengce/2020-04/09/content_5500622.htm.

② 中华人民共和国中央人民政府. 国务院关于印发"十四五"数字经济发展规划的通知［EB/OL］.［2024-01-26］. http://www.gov.cn/zhengce/content/2022-01/12/content_5667817.htm.

③ 中华人民共和国国家互联网信息办公室.《"十四五"国家信息化规划》专家谈：构筑共建共治共享的数字社会治理体系［EB/OL］.［2024-01-26］. https://www.cac.gov.cn/2022-02/16/c_1646636851884785.htm.

④ 复旦 DMG. 哪些地方开放了真正"能用"和"好用"的疫情数据？这些数据能用来做什么？［EB/OL］.［2024-01-26］. https://mp.weixin.qq.com/s/zxjygz6abjjgDplc-G-LWA.

下，推动医疗卫生、养老等公共服务领域和政府部门数据有序开放"①。

1.2 研究意义

全球范围内，大数据频繁应用于经济发展、科研创新、国家治理与大国博弈等广泛场景，多重价值日益凸显；可以说，发展大数据战略是大势所趋、全球所向。政府通过开放持有的数据，为国家创新与发展提供重要支撑。本项目以服务国家大数据战略需求为导向，开展我国政府数据开放的理论及其保障策略研究，具有全局性的战略意义，具体体现在以下几个方面。

1.2.1 现实意义

（1）指导我国政府数据开放的业务

数据是国家基础性战略资源，政府数据开放的业务开展将推动国家治理与人民生产生活方式的双重变革。然而，我国政府数据开放的现状、需求与障碍有待分析，保障措施尚不完善。本项目秉持全球视野、立足我国实际，从国家大数据战略需求与政府数据开放的人民需要出发，深入挖掘我国政府数据开放的发展现状与障碍因素，进而基于可靠的现实依据，形成政府数据开放的政策、法律、技术与人才保障体系，探索政府数据开放基础设施"国家政府数据统一开放平台"的建设方案。

（2）推动国家大数据战略的深入实施

政府数据开放共享与开发利用是推进国家大数据战略实施、数据强国目标

---

① 中华人民共和国中央人民政府. 关于印发《"十四五"公共服务规划》的通知. [EB/OL]. [2024-01-26]. https://www.gov.cn/zhengce/zhengceku/2022-01/10/content_5667482.htm.

实现的重要切入点。2021 年，工业和信息化部发布《"十四五"大数据产业发展规划》，将"以释放数据要素价值为导向"作为指导思想，提出"带动全要素生产率提升和数据资源共享"基本原则，充分显示了数据开放与利用对国家大数据发展的极端重要性；政府拥有 80% 以上数据，是最大的数据生产、收集、使用和发布单位，政府数据开放可带动其他领域数据的开发与利用。然而，我国政府数据开放的理论研究与实践落后于科学数据等其他类型的数据资源，与数据强国的战略构想差距较大。本项目基于我国政府数据开放的需求与障碍分析，致力于从政策与立法体系构建、标准规范建立、基础设施建设、人才培养等方面寻求解决之策。有助于提升我国政府数据开放水平；推动政府数据在国家治理、公共服务、经济发展、产业创新等国家大数据战略重点领域的开发利用；增强我国在全球数据竞争中的话语权与影响力。

（3）赋能新质生产力

数据是新质生产力的优质生产要素、数字经济新的"石油"。2024 年，国务院发布的政府工作报告将"深入推进数字经济创新发展"作为重点任务，特别强调"健全数据基础制度，大力推动数据开发开放和流通使用"；同年，习近平总书记强调"要按照发展新质生产力要求……激发……数据等生产要素活力"。2024 年，欧盟发布最新数据，"到 2030 年，数据市场预计将达到 1410 亿欧元""数据经济将达到 9940 亿欧元"[1]。由此可见，开放数据成为解放新质生产力的关键要素、是全球共识。本项目探索政府数据开放的保障体系构建，有利于推动数据供给侧与利用侧的有效衔接，助力数据开发者整合政府、科研与商业等多元开放数据，创新性开发数据产品与服务，为新质生产力提供增长新动能。

---

[1]　EU. DATA Market Study 2021—2023［EB/OL］.［2024-02-05］. https://ec.europa.eu/newsroom/dae/redirection/document/101694.

1.2.2 理论意义

(1) 丰富我国政府数据开放研究的基础理论

本项目厘清了与政府数据开放相关的多个概念，包括开放政府、开放数据、政府信息公开、政府数据开放、政务大数据等；系统阐释了政府数据开放相关的理论基础——需求层次理论、供给需求理论、利益相关者理论、价值共创理论和数据生命周期理论，及其对政府数据开放研究的适用性与应用情况。

(2) 拓展信息资源管理一级学科新的发展前沿

"图书情报与档案管理"学科一直聚焦于学术信息资源的采集、组织、检索、开发利用与服务，2022 年，一级学科更名为"信息资源管理"，在新时代背景下迎来重大发展机遇。本项目将政府数据作为数智时代一类重要的内容资源，探究新的环境和不同群体对政府数据资源的需求，通过制度建设与技术保障挖掘政府数据资源价值乃至增值的途径，将原"图书情报与档案管理"学科关于学术信息资源管理与用户研究的理论与方法延伸至政府数据资源管理领域，不仅拓展了新的一级学科研究范围，而且有助于提升本学科研究解决重大现实问题的能力，体现本学科的开放性与对其他学科的借鉴价值。

(3) 促进学科交叉与融合

本项目组对政府数据开放相关研究成果的调研发现，围绕政府数据开放开展研究的学科集中在公共管理、新闻传播、政治学、图书情报与档案管理、法学与计算机科学等，为此，我们组建研究团队时注意吸纳来自图书情报学、管理学、法学、计算机科学等学科的成员。在设计研究思路时，通过跨学科理论借鉴与文化交融，将政府数据开放的需求分析、实施保障与实施载体作为一个整体加以研究，揭示其间的逻辑联系；在项目研究过程中，通过方法交叉与知识流动实现学科优势互补，项目组成员以多种形式定期或不定期开展研讨，面向我国政府数据开放的现实问题研制解决对策。

1.3 研究的主要问题和内容

数据开放共享是国家大数据战略实施的核心，也是数据强国的现实需要，政府数据开放共享则是我国数据开放共享的首要工程和当务之急。由于观念和技术等方面的原因，我国政府数据开放共享存在着"不愿开放、不敢开放、不想开放"带来的开放程度不高、"部门墙、地方墙和行业墙"带来的政府数据共享程度低和"信息孤岛"等问题，与美英等发达国家存在很大差距，严重影响了政府数据资源的利用、价值的发挥及其增值利用。

鉴于此，本项目解决的主要问题有：

国家大数据战略对政府数据开放提出了哪些需求？我国政府数据开放共享的现状如何？是否能够满足国家大数据发展战略的需求？政府数据开放共享的障碍何在？发达国家政府数据开放共享有哪些成功经验值得我们借鉴？促进我国政府数据开放共享需要哪些方面的保障？

针对上述问题的解决，本项目研究了以下 5 个方面的内容。

1.3.1 国家大数据战略对政府数据开放的需求与障碍

仔细研读国家大数据发展战略相关文件，在其指引下分析我国政府数据开放共享的需求，通过访谈与问卷调查，分析我国政府数据开放的各利益相关者的需求；系统调研我国政府数据开放共享的数据数量、类型和分布等现状，我国政府数据开放共享的制度体系和我国政府数据开放共享的业务现状。在需求与现状调研的基础上，分析我国政府数据开放共享的成就、存在的问题，进一步分析我国政府数据开放共享的现状与国家大数据战略需求之间的差距，产生这些问题的障碍，包括政策、立法、标准和技术方面的障碍，构建了我国政府数据开放共享障碍因素的理论模型。该模型识别出 15 个影响我国 OGD 的因素，发现这些因素集中呈现于 3 个主题——制度、数据完整性与质量、用户参与，建立了揭示主题与因素间类属关系、主题间制约关系及各因素间因果关系的模型。

1.3.2　国际上大数据战略指引的政府数据开放共享经验借鉴

他山之石，可以攻玉。国际上政府数据开放共享先行的做法与经验对我国政府数据开放共享应该具有一定的参考意义或借鉴价值。本项目组在广泛研究的基础上，选取了《开放数据晴雨表——全球报告(第 4 版)》排名靠前的国家，即加拿大、英国、澳大利亚、法国、新西兰、美国和丹麦这 7 个在政府数据开放共享方面具有典型意义的样本国家，逐一进行深入解剖，分析其政府数据开放共享战略的顶层设计、思路与举措，总结其国家战略推行中的经验、特色与不足，例如美国采取的是首先重点开放几个领域的政府数据，政府与商业机构共享开发模式；英国则是大规模全部开放等。总结这些国家在政府数据开放共享方面值得我国借鉴之处，可以为建构中国特色的政府数据开放共享的策略提供相关参考。

1.3.3　我国政府数据开放共享的制度保障——政策体系与立法框架

本项目研究中的理论探讨和实践问题研究为我国政府数据开放共享工作的开展与推进提供了直接的理论和实践支撑，为我国政府数据开放共享进行相关制度设计与政策安排是本项目研究的落脚点。政府数据开放共享的政策法规保障是本项目的核心部分。项目组在对信息生态理论和数据资源管理理论的透彻研究、国内外政策、我国制度和政府数据开放共享业务现状的详细调查基础上，细化和制度化我国应采用的基本模式，包括政府数据开放共享的协调管理制度、资金投入制度、原则、范围、先后顺序、政府数据产业化开发的制度、政府机构和其他部门合作的制度、数据权益立法、数据垄断、个人隐私保护、数据泄露、国家数据主权与安全防范等方面。在制度设计时，注重与政府数据开放共享有密切联系的政府信息公开制度、电子政务制度、大数据有关制度的衔接。

1.3.4　我国政府数据开放共享的技术保障——标准规范与平台实现

本项目组基于对国际上有影响的国家级政府数据开放共享平台和我国已建成的地方性政府数据开放共享平台的详细调查与分析，研究了我国政府数据开放共享平台的整体架构、功能设计、技术实现、互操作协议与开放协议，研究如何通过该平台提供政府数据整合与统一检索、数据下载、数据可视化展示。项目组还系统考察了欧盟、美国、英国、澳大利亚、加拿大、日本等政府数据开放共享的标准规范采用情况，找出国际通用的标准和具有共享的标准，构建了我国开放政府数据元数据标准框架的建议核心元素集。项目组最后利用国际上使用广泛的开源软件 CKAN 建立了我国政府数据开放共享实验系统。

1.3.5　我国政府数据开放共享的人才保障——人才培养

人才是政府数据开放共享的关键要素，其专业技能与创新思维有利于实现政府开放数据的有效利用与持续创新。《纲要》特别强调"加强专业人才培养"。本项目组采用内容分析法分析了我国政府数据开放相关的政策文本、政府数据管理机构的公开招聘信息以及国内综合性招聘网站数据岗位的招聘信息，揭示了我国政府数据开放共享的人才需求。调研我国高校数据科学专业教育的开展情况和政校企联合数据人才培养情况，从培养目标、培养对象、培养主体、培养形式与内容四个方面概述了我国的人才培养现状，剖析了人才培养存在的若干问题。最后，提出加强我国政府数据人才培养的建议，需要政府、高校与企业的多方参与与合作，如加强政府对数据人才培养的战略指导、提升高校数据科学专业教育的培养质量、引导企业积极参与数据人才培养的合作。

1.4　研究的总体思路

本项目在全面考察我国大数据战略实施的国内外背景和总结当前研究现状的基础上，论证本项目研究的必要性。按现状考察、国际经验借鉴、政策法规保障、基础设施建设、人才队伍建设的思路构建本项目的研究框架。首先，明晰我国大数据战略和用户对政府数据开放共享的现实需求，摸清我国政府数据供给的家底，分析存在的问题及产生这些问题的障碍因素；其次，系统考察国际上大数据战略指引的政府数据开放共享的实践进展，总结其特点及其对我国的借鉴价值；然后，结合我国的国情和国际趋势，探索我国政府数据开放共享的制度保障——政策框架和法律建设、技术保障——标准规范与平台实现、人才保障——人才队伍建设。

1.5　研究方法

本项目将定性研究和定量研究相结合，具体采用了以下六种研究方法。

1.5.1　文献分析法

检索 Web of Science、ProQuest、CNKI 等国内外常用数据库，获取与政府数据开放相关的研究文献；访问国内外政府信息门户收集政府数据开放相关的政策文本；利用搜索引擎，获取与政府数据开放相关的研究报告、标准规范、新闻报道。对上述文献利用 SPSS、CiteSpace、VOSViewer 等工具进行分析和可视化展现，以了解国内外关于政府数据开放研究成果的现状、找准本项目研究的切入点。

1.5.2　主题内容分析法

利用主题内容分析法(Thematic Content Analysis)对我国政府数据开放共享相关的政策文本进行编码和分析，以了解我国相关政策制定的现状、存在的不足，从而为构建我国政府数据开放共享的政策框架和内容体系提供依据。

1.5.3　访谈法

利用半结构化的访谈法识别用户的基本特点、对政府数据开放的认知和基本需求，据此确定问卷调查的样本、开发问卷量表。

1.5.4　问卷调查法

采用问卷调查研究用户对政府数据开放的具体需求，包括根据用户需求开发量表、根据用户识别的结果选定调查对象、线上与线下问卷发放和回收、验证问卷结果的效度和信度，为制度保障与技术保障提供第一手材料的支持。

1.5.5　模型验证法

利用KANO模型构建用户需求模型、提出研究假设，通过调查问卷的数据对模型和假设进行实证检验，提出基于实证研究的研究结果，即用户对政府数据开放的需求具有层次化的特点和差异化的特点。

1.5.6　实验法

利用国际上使用最广泛、兼容性强的开源数据管理系统——CKAN建立国家政府数据统一开放平台小型实验系统，其功能涵盖政府数据全生命周期的每一个环节。

1.6 主要创新

国内外政府数据开放共享的实践与相关研究成果为本项目的研究提供了颇有价值的借鉴、启发与重要的参考资料，使得本项目的研究得以站在巨人的肩膀上、能够立足于较高的起点。

如前所述，我国政府数据开放共享的实践与已有研究成果尚存在多方面的挑战，这些都为本项目的研究提供了进一步发展与突破的空间。本项目在以下4个问题上取得了突破。

1.6.1 建立了"需求—现状—保障"三位一体的我国政府数据开放共享对策研究体系

本项目组立足于国际国内背景的剖析，首次对国家大数据战略引领的政府数据开放共享的对策进行系统、深入的研究，祈能弥补当前相关研究成果分散、系统性不强的不足，为国家大数据战略的实施和政府数据开放共享提供比较全面的理论指导与可供参考的建议。本项目进行的研究不仅注重国家大数据战略对政府数据开放共享的需求分析，而且强调我国政府数据开放共享的现状与障碍剖析、国际政府数据开放共享实践经验的借鉴，基于这些分析构建相应的保障体系，分别是制度保障、技术保障和人才保障，从政策体系、立法框架、标准规范、平台实现、人才培养等方面提出我国政府数据开放共享的若干对策。

1.6.2 构建了我国政府数据开放共享障碍因素关系的理论模型

本项目组运用文献系统综述和主题分析等方法，分析了我国政府数据开放共享的战略需求、用户需求、成就与问题，识别出15个影响我国政府数据开放共享的因素，发现这些因素集中呈现于3个主题——制度、数据完整性与质量、用户参与，建立了揭示主题与因素间类属关系、主题间制约关系及各因素间因果关系的我国政府数据开放共享理论模型。模型中的 4 个关键因素代表我国政府数据开放共享发展中应优先、重点考虑的问题，因而，该模型为我国政府数据开放共享的战略决策提供了重要的理论参考。依此模型，项目组针对"制度"主题中"缺乏专门的政府数据开放共享政策"和"传统观念与政府数据开放共享之间的冲突"这两个关键因素，对我国政府数据开放共享的顶层设计与政策内容提出了建议；针对"数据完整性与质量"主题中"缺乏统一、清晰的标准结构"这一关键因素，构建了我国开放政府数据的元数据标准框架之核心元素集；针对"用户参与"主题中"用户对政府数据开放共享价值认同不足"这一关键因素，从政治、社会、经济和技术 4 个方面构建了 16 个二级指标、43 个三级指标构成的价值体系。

1.6.3　构建了贯穿于政府数据开放全生命周期的制度、技术与人才保障体系

这既是本项目最突出的创新、也是研究的重点。缺乏国家层面的政府数据开放的政策体系、立法滞后等因素都严重影响我国政府数据的开放共享，我国政府数据开放中存在的"不愿开放、不敢开放、不想开放"和已开放的数据存在"部门墙""地方墙""行业墙"与"数据失联"的现象，除了需要更新观念外，更需要政策的激励、法律法规的护航、技术的支撑以及人才队伍的建设，这就对我国政府数据开放共享的政策法规、标准规范、人才培养提出了紧迫需求。但目前我国政府数据开放共享的政策法规、标准规范、平台建设、人才培养的研究与实践均比较薄弱。

项目组综合运用公共管理学、循证政策学、法理学等学科理论，结合我国政府数据开放需求与供给现状，构建了贯穿于政府数据开放全生命周期的政策体系、立法框架、标准规范与人才保障体系。

2 国内外政府数据开放共享的研究进展

如上章所述，全球政府数据开放实践快速推进，推动了政府数据开放的相关理论研究引起重视并不断深化，诸多学者关注并探讨了政府数据开放的基本理论、政策法规、技术标准、平台建设、用户参与等问题，国内已出版了多部著作①。

为全面获悉目前国内外政府数据开放共享的研究热点和趋势，本研究使用 Web of Science 核心合集、Elsevier ScienceDirect 数据库、Emerald 期刊和丛书、Wiley 电子期刊和电子图书、Springer 电子期刊及电子图书、Taylor & Francis 期刊数据库、ProQuest 学位论文数据库、SAGE 电子期刊、JSTOR 电子期刊和电子图书、ECSCO 等数据库获取相关外文文献。在检索国内相关文献时，利用中国知网、万方和维普全文数据库等重要的数据库。

根据初步统计，国外政府数据开放的相关研究集中于计算机科学（Computer Science）、公共管理学（Public Administration）和信息科学与图书馆学

---

① 如大连海事大学翟军的《关联政府数据原理与应用——大数据时代开放数据的技术与实践》（2015 年）、中国人民大学杨孟辉的《开放政府数据——概念、实践和评价》（2017年）、复旦大学郑磊的《开放的数林：政府数据开放的中国故事》（2018 年）、西安石油大学赵需要等的《中国政府数据开放保密审查保障机制研究》（2018 年）、温州大学周志峰的《群体智慧视域下政府数据开放的管理研究》（2020 年）、复旦大学胡业飞的《政府数据开放：基于大数据的合作治理创新》（2022 年）、上海社会科学院信息研究所范佳佳的《大数据环境下政府数据的可持续运营》（2022 年）和该所夏蓓丽的《中国地方政府数据开放的政策工具选择研究》（2023 年）、中南财经政法大学陈美的《开放政府数据用户采纳行为及隐私风险控制研究》（2023 年）、中共黑龙江省委党校洪伟达等的《开放政府数据政策协同研究》（2023 年）等。

（Information Science & Library Science），研究自 2010 年起，至 2014 年显著增多并呈现逐年上升的趋势，以美国、中国和巴西的研究数量居多。国内相关研究自 2009 年开始，逐年增加，2015 年后呈显著上升趋势，以信息科技和社会科学领域的研究者为主。在此基础上，通过对国内外相关文献的系统梳理，发现政府数据开放的研究主要集中于以下 5 个方面。

2.1 关于政府数据开放基本理论的研究

政府数据开放的基本理论研究包括政府数据开放的概念、障碍、价值和评估等 4 个方面。

2.1.1 关于政府数据开放概念的研究

（1）关于政府数据开放概念内涵的研究

政府数据开放的概念是融合开放政府理念和开放数据相关理论与技术发展而来的。M. Janssen[①] 等（2012）较早开展了对政府数据开放基本理论的研究，他们认为政府数据开放是开放政府和开放数据的继承、融合和发展，既包含了开放数据的技术方法，也体现了开放政府的透明性和参与性的理念。如图 2-1-1 所示，加拿大《2014—2016 年加拿大开放政府行动计划》[②]（*Canada's Action Plan on Open Government 2014—2016*）中对开放信息（Open Information）、开放数

---

① Marijn Janssen, Yannis Charalabidis, Anneke Zuiderwijk. Benefits, Adoption Barriers and Myths of Open Data and Open Government[J]. Information Systems Management, 2012, 29（4）：258-268.

② Canada's Action Plan on Open Government 2014—2016 [EB/OL]. [2023-11-23]. http://open.canada.ca/en/canadas-draft-action-plan-open-government-20.

据(Open Data)和开放对话(Open Dialogue)进行了辨析，认为这是开放政府的三大基础。

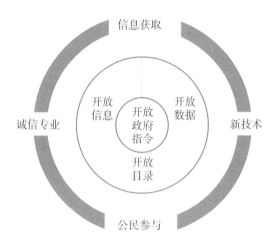

图 2-1-1　开放政府的内外部环境因素

(资料来源：*Canada's Action Plan on Open Government 2014—2016*)

　　Gonzalez-Zapata 和 Heeks(2015)[1]总结了开放政府、开放数据、政府数据相关概念内涵和外延，研究了政府数据开放的构成基础；认为开放、政府、数据之间的交叉构成了政府数据开放，如图 2-1-2 所示。

　　Attard 等[2](2015)系统地分析了 2009—2014 年与政府数据开放相关的英文文献，辨析了开放数据(Open Data)、公共数据(Public Data)、政府数据开放(Open Government Data)、电子政府(E-government)、关联数据(Linked Data)这几个概念的异同点，引入了关联开放政府数据(Linked Open Government

---

　　[1]　Gonzalez-Zapata F, Heeks R. The Multiple Meanings of Open Government Data：Understanding Different Stakeholders and Their Perspectives［J］. Government Information Quarterly，2015，32(4)：441-452.

　　[2]　Attard J, Orlandi F, Scerri S, et al. A Systematic Review of Open Government Data Initiatives［J］. Government Information Quarterly，2015，32(4)：399-418.

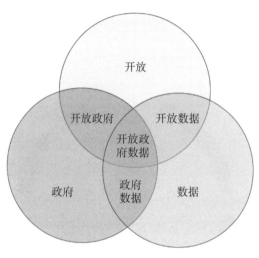

图 2-1-2　开放、政府、数据之间的概念结构

（资料来源：Gonzalez-Zapata 等，2015）

Data，LOGD）概念，如图 2-1-3 所示。该文还使用案例分析法研究了政府数据
开放的生命周期（OGD Life-cycle），该研究将其分为数据生产（Data Creation）、
数据协调（Data Harmonisation）、数据发布（Data Publishing）、数据链接（Data

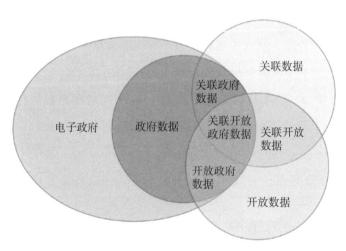

图 2-1-3　电子政府、政府数据、关联数据、开放数据的关系

（资料来源：Attard 等，2015）

Interlinking）、数据开发（Data Exploitation）和数据保存（Data Curation）6 个阶段，然后根据每个阶段的特点，分析了对应的价值创造技术，分别为数据生产和搜集（Data Generation and Data Collection），许可与格式转换（Licensing and Format Conversion），数据可获取性（Data Accessibility），数据链接与数据整合（Data Interlinking and Data integration），数据分析、推理、可视化和翻译（Data Analysis，Reasoning，Visualization，and Interpretation）以及数据上载、修复、元数据富集等（Data Updating，Repairing and Metadata Enrichment）。

（2）关于政府数据开放概念发展的研究

随着大数据概念、技术和应用的发展，政府数据开放开始与大数据进行融合，又衍生出"开放政府大数据"（Big Open Government Data）的概念。曾在白宫政府数据开放项目任职的技术专家 Gurin[1]（2014）研究了大数据、开放数据、政府数据开放的关系，分析了这三种数据交叉产生的 6 种类型的数据，图 2-1-4 表明大数据与开放数据交叉产生的是从科学研究、社会媒体和其他非政府机构获得的大规模数据集；政府数据开放与开放数据交叉产生从中央、地方政府机构获得的公共数据；大数据、政府数据开放、开放数据交叉产生的则是大规模公共政府数据。相应地，在他的分析中，还有三种不与其他领域产生交叉，分别是大数据中面向市场开发、商业分析和国家安全应用的非公共数据；政府数据开放中公众参与的不是基于数据的项目；开放数据中商业报告和其他商业数据。

Ding 等（2012）[2]研究了关联数据在政府数据中的应用，将"关联开放政府数据"（又称开放关联政府数据，Linked Open Government Data，LOGD）引入本领域。

---

[1] Gurin J. Open data now: the secret to hot startups, smart investing, savvy marketing, and fast innovation[M]. McGraw Hill Education, 2014.

[2] Ding L, Peristeras V, Hausenblas M. Linked Open Government Data [J]. IEEE Intelligent Systems, 2012, 27(3): 11-15.

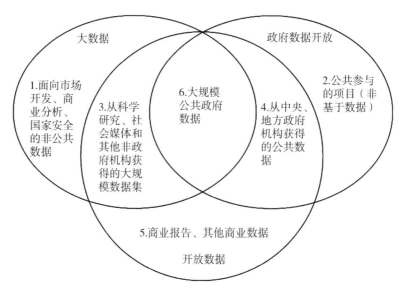

图 2-1-4　大数据、开放数据、政府数据开放的关系与衍生概念

（资料来源：Gurin 等，2014）

国内的学者也对政府数据开放的概念起源和发展进行了研究。周和
（2012）①研究了电子政务从开放政府走向政府数据公开的发展。郑磊（2015）②
辨析了政府数据开放、政府信息公开和政府信息资源再利用在概念上的联系与
区别，认为政府数据开放有 8 个基本特点：完整、一手、及时、可获取、可机
读、非歧视性、非私有、免于授权。付熙雯和郑磊（2013）③，徐慧娜、郑磊和
Theresa 等（2013）④分别总结了国内和国外对于政府数据开放的研究，辨析了

———————
①　周和. 开放政府与政府数据公开战略[J]. 广州大学学报（社会科学版），2012，11
（10）：11-16.

②　郑磊. 政府数据开放研究：概念辨析、关键因素及其互动关系[J]. 中国行政管理，
2015（11）：13-18.

③　付熙雯，郑磊. 政府数据开放国内研究综述[J]. 电子政务，2013（6）：8-15.

④　徐慧娜，郑磊，Theresa，等. 国外政府数据开放研究综述：公共管理的视角[J]. 电
子政务，2013（6）：2-7.

开放政府、开放数据、政府数据开放、政府信息资源等概念的联系与区别。Bertot 和郑磊等(2014)①认为"大数据往往建立在开放数据的基础上，大数据政策对大数据应用的创新和研究、政府开放和透明度及其他领域产生深远影响"。

马海群(2016)②研究了开放数据的特点：具有鲜明的时代性、深刻的内涵性、广泛的价值性、需要平台支撑和政策引导。王本刚和马海群(2015)③研究了开放政府的内涵和概念模型，分析了其应用的不同维度：数据开放性、社会治理公众参与和社会合作。吕红和马海群(2016)④利用文献计量学的方法研究了 1998—2014 年国内政府信息公开领域研究的高频词汇和热点，发现在大数据背景下，我国的政府信息公开正迈向政府数据开放。迪莉娅(2024)提出我国政府数据深度开放的概念，即由政府产生、收集和储存的数据，基于用户需求或者基于明确目的、场景的免费或者经过授权的高价值、高质量原始数据的开放利用。赵需要等(2024)辨析了我国语境下政府数据开放和公共数据开放概念源流与发展趋势⑤。

(3)关于政府数据共享概念的研究

与政府数据开放共同起源和发展的还有政府数据共享(Data Sharing)的概念。数据共享是指不同计算机、网络、数据库等环境下产生的不同类型、格式的数据之间的交换、融合与供给。科学数据的共享是数据科学领域研究的热点

---

① John Carlo Bertot，郑磊，徐慧娜，等. 大数据与开放数据的政策框架：问题、政策与建议[J]. 电子政务，2014(1)：6-14.

② 马海群. 数据开放与开放数据[J]. 数字图书馆论坛，2016(6)：1-1.

③ 王本刚，马海群. 开放政府理论分析框架：概念、政策与治理[J]. 情报资料工作，2015，36(6)：35-39.

④ 吕红，马海群. 国内政府信息公开研究现状与展望——迈向政府数据开放[J]. 现代情报，2016，36(5)：158-164.

⑤ 赵需要，姬祥飞，樊振佳. 政府数据开放到公共数据开放的嬗变[J]. 情报理论与实践，2024，47(4)：50-58，83.

之一，其理论方法已经较为成熟，国内外地球科学、生命科学等数据密集的领域已建设了一些科学数据共享平台，例如美国国家航空航天局（National Aeronautics and Space，NASA）的全球变化主要目录（Global Change Master Directory，GCMD）、欧洲中期天气预报中心（European Centre for Medium-Range Weather Forecasts，ECMWF）数据服务站、我国的地球系统科学数据共享平台（National Earth System Science Data Sharing Infrastructure）等。科学数据的开放与共享没有明显的界线，其最大的特点是数据即服务，最大限度地为用户提供数据开放和数据共享。

政府数据共享是不同级别、不同地域的政府机构所产生的不同类型、不同格式的数据交换和融合。美国政府问责办公室（Government Accountability Office，GAO）认为，政府数据共享是政府不同部门或不同级别的政府部门间共享和使用数据，目的是消除政府内部的信息壁垒、使用数据、进行数据分析和使政府数据资源达到平衡状态①。

欧盟委员会（European Commission）的欧洲空间信息基础设施（Infrastructure for Spatial Information in Europe，INSPIRE）项目制定了数据和服务共享政策，它认为环境政策、空间信息的数据和服务共享是 INSPIRE 项目进行跨国合作的基础条件，它为每个欧盟成员国提供数据和服务的使用权。该项目还制定了数据共享的清单，其中包括 34 个数据主题②。英国政府也制定了数据共享政策以保障其国家级政府数据开放平台 Data.gov.uk 的资源。该政策指出，政府数据共享是为政府数据开放提供可持续发展保障的，政府数据共享遵循三个原则：第一，强化管理机构为用户提供数据检索和统计数据的供应能力；第二，预防欺诈并帮助公众管理他们与政府的债务；第三，保证政府在正确的时间为

---

① U. S. Government Accountability Office. Government Data Sharing Community of Practice [EB/OL]. [2023-11-23]. http://www.gao.gov/aac/gds_community_of_practice/overview#t=0.

② Infrastructure for Spatial Information in Europe. Data and Service Sharing [EB/OL]. [2023-11-23]. http://inspire.ec.europa.eu/data-and-service-sharing/62.

正确的人提供正确的服务①。

国内方面，国务院印发的《政务信息资源共享管理暂行办法》指出了政务信息资源共享主要是"政务信息系统互联和公共数据共享"，这里的政务信息资源，是指"政务部门在履行职责过程中制作或获取的，以一定形式记录、保存的文件、资料、图表和数据等各类信息资源，包括政务部门直接或通过第三方依法采集的，依法授权管理和因履行职责需要依托政务信息系统形成的信息资源等"。杜平②认为政务数据应"建立统一的数据交换平台，实现跨部委、跨区域的数据交换，推进政务资源共享"，这对于国家大数据战略的实施具有重要作用。国家科技基础条件平台中心(National Science & Technology Infrastructure Center)是支撑我国科技基础条件资源建设和利用的机构，科学数据的开放共享是其重要业务。该平台指出"以共享为特征的运行机制是其制度体系的内核，在数据资源的规划和建设中始终要体现共建共享的精神"③。

可以看出，政府数据共享的研究相对较少，该领域较多地借鉴了科学数据共享的研究。但是，政府数据共享对于政府数据开放具有基础性的保障作用，是亟待解决的难点问题，可以预见未来会不断出现研究的政府数据共享的课题和成果。

2.1.2 关于政府数据开放障碍的研究

政府数据开放的管理与利用是一个动态的、复杂的过程，涉及多方利益相关机构或个人，且数据在产生、组织、发布、利用等多个环节中，都可能因为

---

① Data Sharing. Data Sharing in Government[EB/OL]. [2023-11-23]. http://datasharing. org.uk.

② 电子政务工程中心. 国家信息中心成功举办大数据创新生态体系论坛[EB/OL]. [2023-11-30]. http://www.sic.gov.cn/News/79/6424.htm.

③ 关于国家科技基础条件平台及其建设的若干理论思考[EB/OL]. [2023-11-30]. http://www.nstic.gov.cn/showContent.jsp? page=1192352608515.

标准不一、处理不当而产生诸多问题。

国外研究高度关注政府数据开放的障碍问题。Janssen 等（2012）①将实现政府数据开放的障碍归纳为 6 个主要因素：制度（Institutional）、任务复杂性（Task Complexity）、使用和参与（Use and Participation）、法律（Legislation）、信息质量（Information Quality）和技术（Technical），并细分为 56 个障碍因素二级指标。Wirtz 等（2015）②利用认知理论（Cognitive Theory）和实证研究的方法验证了政府数据开放实施中的五重障碍：法律障碍（Legal Barrier）、官僚主义决策文化（Bureaucratic Decision Culture）、组织的透明度（Organizational Transparency）、等级体系障碍（Hierarchical Barrier）和管理人员对风险的态度（Risk Related Attitude of Administrative Employees）。Zhang 等（2014）③立足电子政务建设的视角、从研究文献中提炼出影响政府数据开放的因素，包括技术因素（Technological Factor）、组织因素（Organizational Factor）和环境因素（Environmental Factor），这些因素的发展程度决定了政府数据开放能否突破现实障碍。Yang 等（2015）④指出政府数据开放面临一些挑战，例如由于信息技术的局限，当前政府数据开放的系统设计、信息质量和管理模式都不稳定，这对政府数据的真实性、透明度、隐私保护和安全等产生了挑战；此外，政府部门参与政府数据开放的情况不均衡，少部分部门共享和开放了大部分数据，还有许多部门尚未参与其中；最后，是对政府数据开放的公共和商业利用的程度

---

① Marijn Janssen, Yannis Charalabidis, Anneke Zuiderwijk. Benefits, Adoption Barriers and Myths of Open Data and Open Government［J］. Information Systems Management, 2012, 29（4）：258-268.

② Wirtz B W, Piehler R, Thomas M J, et al. Resistance of Public Personnel to Open Government：A Cognitive Theory View of Implementation Barriers towards Open Government Data ［J］. Public Management Review, 2015：1-30.

③ Zhang H, Xu X, Xiao J. Diffusion of E-government：A Literature Review and Directions for Future Directions［J］. Government Information Quarterly, 2014, 31（4）：631-636.

④ Yang T M, Jin L, Jing S. To Open or Not to Open? Determinants of Open Government Data［J］. Journal of Information Science, 2015, 41（5）：596-612.

较低。

Wang 和 Jin(2016)①设计了政府机构实施数据开放的流程，分析了其障碍主要有政策因素(Policy)、信息基础设施因素(IT Infrastructure)和管理因素(Management)。Nahon 和 Peled(2014)②对美国的政府数据开放进行实证检验，认为一方面当前政府数据开放工作流程中缺乏数据供应者与用户的交流，因此造成数据无法满足用户需求；另一方面是政府机构实施政府数据开放的工作人员业务素质不高，使得数据的处理不够专业，很难满足用户需求。

黄如花和赖彤(2018)③立足于数据生命周期理论，通过文献调研与网络调研，指出目前中国政府数据开放在数据创建与采集、数据组织与处理、数据存储与发布、数据发现与获取以及数据增值与评价各阶段的障碍，构建了障碍间主次关系、因果关系的先导性模型。

2.1.3 关于政府数据开放价值的研究

政府数据开放的价值研究在开放政府数据的生命周期中处于最前端，起着指导全局的作用。满足不同用户的需求是政府数据开放的价值取向，价值研究与用户需求息息相关，是国外该领域的热点之一。Janssen 等(2012)④是最早运用访谈法和文献调查法开展开放数据效益研究者，其建立的开放数据价值指标体系影响较大，被后来的许多研究借鉴，分为政治和社会、经济、操作和技

---

① Wang H J, Jin L. Adoption of Open Government Data Among Government Agencies[J]. Government Information Quarterly, 2016, 33(1)：80-88.

② Nahon K, Peled A. Data Ships：An Empirical Examination of Open (Closed) Government Data[J]. Social Science Electronic Publishing, 2014, 156(5)：2209-2220.

③ 黄如花，赖彤. 数据生命周期视角下我国政府数据开放的障碍研究[J]. 情报理论与实践，2018(2)：7-13.

④ Marijn Janssen, Yannis Charalabidis, Anneke Zuiderwijk. Benefits, Adoption Barriers and Myths of Open Data and Open Government[J]. Information Systems Management, 2012, 29(4)：258-268.

术三个层面，每个层面包含子指标、共 31 个子指标。Charalabidis 等（2014）①构建了 OGD 的价值模型，基于用户需求调研、利用数据统计构建 OGD 价值体系，将 OGD 的价值分为数据供给能力、数据检索和下载能力、用户级的反馈能力、易用性、性能、数据处理能力、数据上传能力、供应者级的反馈能力、为用户级目的实现提供帮助、为供应者级目的的实现提供帮助和未来行为等 11 个维度。

Zeleti 等②（2016）分析了数据供应者、数据加工者、数据消费者等利益相关者在 OGD 价值产生和实现中的作用，用"成本—利润"模型研究 OGD 的经济价值，作为 Charalabidis 等研究的延续。国外方面，Dawes 等（2016）③将政府数据开放的管理看作一个生态系统，研究了该生态系统中的生产要素和影响因素，提出通过生态系统管理使政府数据开放产生不同层次的价值。Jetzek 等（2013）④基于开放政府意识形态维度和促进价值创造维度建立矩阵，并提出四个典型公共数据开放价值生成机制，包括效率机制、创新机制、透明机制和参与机制。

在国内，黄如花等（2017）⑤通过文献调查和文本分析提炼观点，构建了我国开放政府数据的基本价值体系，在政治、社会、经济和技术这四个维度，且

---

① Charalabidis Y, Loukis E, Alexopoulos C. Evaluating Second Generation Open Government Data Infrastructures Using Value Models［C］// Hawaii International Conference on System Sciences. 2014：2114-2126.

② Zeleti F A, Ojo A, Curry E. Exploring the Economic Value of Open Government Data ［J］. Government Information Quarterly, 2016, 33：535-551.

③ Dawes S S, Vidiasova L, Parkhimovich O. Planning and Designing Open Government Data Programs：an Ecosystem Approach［J］. Government Information Quarterly, 2016, 33(1)：15-27.

④ Jetzek T, Avital M, Bjørn-Andersen N. The generative mechanisms of open government data［M］//ECIS 2013 Proceedings. Association for Information Systems. AIS Electronic Library (AISeL), 2013：Paper 179.

⑤ 黄如花, 何乃东, 李白杨. 我国开放政府数据的价值体系构建［J］. 图书情报工作, 2017, 61(20)：6.

包含 16 个二级指标和 43 个三级指标。郑磊(2015)①以信息生态视角研究了政府数据开放的价值创造机制，认为提供详实的元数据有利于用户根据自身的个性化需求进行开发利用，从而提高数据的适用性。谭海波和张楠(2016)②分析了政府数据开放的价值，主要有三个方面：第一，促进政府改革、提升治理水平；第二，释放数据红利、促进经济增长；第三，激发民间智慧、推动社会创新。张毅菁(2014)③从全球视野研究了从信息公开到数据开放的实践活动，认为政府要实现数据开放的价值，应增加公众在需求上的话语权。

沈晶和胡广伟(2016)④厘清了政府组织类、非政府组织类和个人类三类政府数据开放的利益相关者，结合价值创造和价值获取理论，探索出九维政府数据开放价值生成机制。郑石明(2017)聚焦于环境类数据，研究表明政府通过环境数据开放可以让公众获得更多的环境信息、更好地参与环境治理，从而推动环境治理创新，提升环境治理效果⑤。王芳和陈锋(2015)在研究中强调，政府对大数据进行有效的开发利用可以提高政府决策水平、增强政府的社会管理和公共服务能力⑥。马仁杰和金一鼎(2018)基于对当前政府信息资源的价值认知，界定政府数据价值实现与其利用的内在联系，构建多重维度下的政府数据利用过程模型⑦。

---

① 郑磊. 政府数据开放的价值创造机理：生态系统的视角[J]. 电子政务，2015(7)：2-7.

② 谭海波，张楠. 政府数据开放：历史、价值与路径[J]. 学术论坛，2016，39(6)：31-35.

③ 张毅菁. 从信息公开到数据开放的全球实践——兼对上海建设"政府数据服务网"的启示[J]. 情报杂志，2014(10)：175-178.

④ 沈晶，胡广伟. 利益相关者视角下政府数据开放价值生成机制研究[J]. 情报杂志，2016，35(12)：92-97.

⑤ 郑石明. 数据开放、公众参与和环境治理创新[J]. 行政论坛，2017(4)：76-81.

⑥ 王芳，陈锋. 国家治理进程中的政府大数据开放利用研究[J]. 中国行政管理，2015(11)：6-12.

⑦ 马仁杰，金一鼎. 价值实现视角下政府数据利用路径研究[J]. 图书馆学研究，2018(13)：20，41-46.

2.1.4 关于政府数据开放评估的研究

科学的政府数据开放评估体系有助于及时发现问题，为不断优化政府数据开放实践提供指引。Sayogo 等（2014）调查了 35 个国家的 OGD 门户网站并采用网页内容分析法进行评估，提出了解 OGD 状态的框架，通过数据内容、数据处理能力、参与性和参与能力判断门户网站所处的发展阶段①。A. Vetrò 等（2016）②建立了包含可回溯性、时效性、延迟性、完整性、一致性、可理解性、准确性的指标框架，用于评价 OGD 的质量并已应用于意大利 OGD 实践。Saxena（2019）③以全面质量管理（Total Quality Management，TQM））模型为基础，提出了包含 16 个维度的政府数据开放评价指标，并以印度政府数据开放计划为例展开调研。

国内同样探讨了政府数据开放的理论问题。2016 年，马海群与多位学者合作研究了 OGD 的评价理论，包括宏观评估方法④、用户满意度评价⑤和网站效率评价⑥。郑磊等（2016）⑦分析了具有代表性的 11 个国内外 OGD 评估项

---

① Sayogo D S, Pardo T A, Cook M. A Framework for Benchmarking Open Government Data Efforts［C］// Hawaii International Conference on System Sciences. 2014：1896-1905.

② Vetrò A, Canova L, Torchiano M, et al. OpenData Quality Measurement Framework：Definition and Application to Open Government Data［J］. Government Information Quarterly, 2016, 33（2）：325-337.

③ Saxena, S. Proposing a Total Quality Management（TQM）Model for Open Government Data（OGD）Initiatives：Implications for India［J］. Foresight, 21（3）：321-331.

④ 姜鑫，马海群. 政府数据开放评估方法与实践研究——基于《全球开放数据晴雨表报告》的解读［J］. 现代情报, 2016, 36（9）：22-26.

⑤ 王今，马海群. 政府开放数据质量的用户满意度评价研究［J］. 现代情报, 2016, 36（9）：4-9.

⑥ 马海群，王今. 基于 DEA 的政府开放数据网站效率评价［J］. 数字图书馆论坛, 2016（6）：2-7.

⑦ 郑磊，关文雯. 开放政府数据评估框架、指标与方法研究［J］. 图书情报工作, 2016（18）：43-55.

目，解释了各个评估项目的评估框架、指标和方法。张晓娟等(2017)①通过量化分析，总结具有一定国际影响力的、代表性政府数据开放评估项目评估体系的指标特征及各国表现。夏义堃(2015)②比较了7个国际组织OGD评估项目的特色、不足及一般性做法。夏姚璜和邢文明(2019)③基于《中国地方政府数据开放报告(2018)》的评估框架，从宏观到微观的视角，从准备度到数据层全方位调查我国地方政府开放数据平台的数据质量，分别分析了优质数据、低质数据和问题数据现状。

韩普和康宁(2019)④结合TOE模型构建了政府数据开放共享的指标体系，采用层次分析和模糊综合评价法对其关键因素进行分析和评价，研究表明，技术因素、组织因素和环境因素对政府数据开放共享的影响力均为"较强"。陈朝兵(2019)⑤在研究中指出，政府数据开放质量的基本维度包括公共性、安全性、保证性、保障性、系统性、参与性、回应性、共享性和利用性，同时受到"质"和"量"的影响，"质"的影响因素包括价值取向、目标原则、公共政策、政府数据、开放平台、体制机制、公众能力等；"量"的影响因素包括制度环境、过去经历、政府承诺、公众间沟通与交流、公众自身特征、政府后续行为等。

徐丽新和袁莉(2019)⑥基于能力成熟度模型和信息构建理论建立了"五级

① 张晓娟，孙成，向锦鹏，等. 基于国际评估体系的政府数据开放指标特征与模式分析[J]. 图书与情报，2017(2)：28-40.

② 夏义堃. 国际组织开放政府数据评估方法的比较与分析[J]. 图书情报工作，2015(19)：75-83.

③ 夏姚璜，邢文明. 开放政府数据评估框架下的数据质量调查与启示——基于《中国地方政府数据开放报告(2018)》[J]. 情报理论与实践，2019，42(8)：44-49，66.

④ 韩普，康宁. 国内政府数据开放共享的关键因素分析及评价[J]. 情报科学，2019(8)：29-37.

⑤ 陈朝兵. 超越数据质量：政府数据开放质量的几个理论问题研究[J]. 情报杂志，2019(9)：185-191.

⑥ 徐丽新，袁莉. 地方政府数据开放门户的成熟度评估研究[J]. 图书情报工作，2019(12)：52-58.

三维"的地方政府数据开放门户成熟度模型，并结合数据管理成熟度模型、数据中心服务能力成熟度标准以及政府数据开放成熟度模型确定各维度下评估指标的测度标准，选取8个省级门户展开成熟度评估和分析。韦忻伶等（2019）①系统梳理了现有研究与实践中政府数据开放的评估体系，指出现有评估体系在城市层面、特定行业和开放数据成熟度评估方面存在局限，建议根据不同评估动因、因地制宜地选择评估内容和评估方法。郑磊和关文雯（2016）②研究了政府数据开放评估框架、指标和方法，其设计的指标体系主要包括"基础、平台、数据、使用、效果"五个维度。

2.2　关于政府数据开放实践进展的研究

政府数据开放实践进展的研究主要从国内实践进展、国外实践进展和国内外对比三方面展开。

2.2.1　国内政府数据开放的实践进展

我国虽尚未上线国家级政府数据开放平台，但在国家大数据战略的指引下，各级地方政府重视政府数据开放工作，省级、市级、区级等政府数据开放平台陆续上线。Wang等（2018）③采用层次分析法和专家调查法建立了政府数据开放门户的评估框架，对中国省级政府数据开放门户进行案例研究，研究表

---

① 韦忻伶，安小米，李雪梅，等. 开放政府数据评估体系述评：特点分析［J］. 图书情报工作，2017（18）：119-127.

② 郑磊，关文雯. 政府数据开放评估框架、指标与方法研究［J］. 图书情报工作，2016（18）：43-55.

③ Wang D, Chen C, Richards D, et al. A Prioritization-based Analysis of Local Open Government Data Portals：A Case Study of Chinese Province-level Governments［J］. Government Information Quarterly, 2018, 35（4）：644-656.

明中国内地(大陆)的门户网站相较于中国香港和台湾地区的发展仍有较大差距。周文泓等(2019)①采用定量与定性相结合的方式对我国已上线的 24 个地方政府开放数据平台开展调研,指出目前存在共享程度不足、对促进数据利用的支持有限等问题,政府部门应从其法规政策、标准规范、主体机制 3 个方面制定与实施相应策略。

针对我国地方政府数据开放平台功能和体验,郑磊等(2019)②构建了一个包括数据发现、数据获取、工具提供、利用成果、互动反馈、公众传播、账户体验等 7 个维度的研究框架,对我国现有的 82 个地方政府数据开放平台进行了综合分析,并提出优化建议,为各地政府数据开放平台提升自身功能和改善用户体验提供参考。张廷君和曹慧琴(2019)③选取了建设相对规范的 45 个地方政府数据开放平台进行分析,建立基于平台层、数据层两个维度的比较分析框架,并将当前地方政府数据开放平台发展归纳为 4 类模式:平衡发展型、平台优先发展型、数据优先发展型、渐进发展型。

马伍翠等(2019)④对国内政府数据开放相关文献及政策法规进行分析,从平台模块、数据下载、APP 应用与 API 调用情况、热门数据 4 个方面总结地方政府数据开放平台现状。赵龙文和罗力舒(2017)⑤提出了基于关联数据和"先发布、后关联"的两步式政府数据开放模式,以上海市政府开放数据为例,分析了数据描述与发布、关联与组织、服务与使用等的实现方法。彭

① 周文泓,夏俊英,代林序. 我国地方政府开放数据平台建设进展及优化策略探析[J]. 图书情报知识,2019(3):62-71.

② 郑磊,韩笑,朱晓婷. 地方政府数据开放平台研究:功能与体验[J]. 电子政务,2019(9):12-22.

③ 张廷君,曹慧琴. 地方政府数据开放平台发展模式及影响因素分析[J]. 电子政务,2019(4):109-121.

④ 马伍翠,刘文云,苏庆收,等. 我国地方政府数据开放现状分析及发展对策研究[J]. 数字图书馆论坛,2019,178(3):36-43.

⑤ 赵龙文,罗力舒. 基于关联数据的政府数据开放:模式、方法与实现——以上海市政府开放数据为例[J]. 图书情报工作,2017,61(19):102-112.

秋平(2019)①调研了目前广东省建立的 9 个地级市开放政府数据平台,总结其发展特点,包括珠三角地区与粤东西北地区平台建设存在明显差距,平台开放功能逐步完善,不断改进服务内容,关联图谱服务受到重视,数据资源实现关联互通,推出元数据标准,规范数据资源描述。

宋鹤(2016)②选择国务院官方 APP 作为我国政府数据开放的案例,认为用户需求的多样化决定政府服务多样化,政府服务工作的目的就是满足用户需求。晴青和赵荣③(2016)以北京市政府数据开放平台建设为案例,认为当前的数据种类和标准还不足以满足用户的需求,以需求为驱动的政府数据开放不仅是一个技术问题,也是一个管理问题。卫军朝和蔚海燕(2014)④则以上海市的政府数据开放为例进行了分析,认为用户需求贯穿于政府信息公开、政务服务和智慧城市建设等。对上海案例的分析还有黄思棉,张燕华,王运等人的研究。吴迪和袁勤俭(2024)⑤研究了我国省级政府数据开放平台服务的影响因素,发现共享程度不足、用户反馈机制不完善和对促进数据利用支持有限等问题,并提出制定统一法规标准,保障数据及时、多样性,提供便捷智能在线功能,注重用户参与和反馈的实践建议。

2.2.2 国外政府数据开放的实践进展

英国、美国、澳大利亚等国家政府数据开放计划起步较早,在国际上处于领先水平,相关成果经验可为促进我国政府数据开放共享工作开展提供借鉴。

---

① 彭秋平. 广东省地级市开放政府数据平台组织与建设现状调研[J]. 图书馆学研究,2019(12):53-63.
② 宋鹤. 从国务院 APP 看政府数据开放平台的建设[J]. 中国统计,2016(4):25-27.
③ 晴青,赵荣. 北京市政府数据开放现状研究[J]. 情报杂志,2016,35(4):177-182.
④ 卫军朝,蔚海燕. 上海推进政府开放数据建设的路径及对策[J]. 科学发展,2014(11):80-88.
⑤ 吴迪,袁勤俭. 我国省级政府数据开放平台服务的优化策略研究[J]. 现代情报,2024,44(1):109-115,142.

黄敏聪（2017）①分析了美国政府数据开放战略的实施效果，并根据美国经济分析局等政府机构的数据开放实践以及《开放政府数据法案》对未来美国政府数据开放战略的要求，指出美国政府数据开放战略将从数据类型、数据形式、审核机制、数据来源、储存机制、责任机构、评估机制等方面进行变革，从而促使政府数据产生更大的社会经济效益。

周文泓（2017）②对新西兰政府数据开放的政策、报告以及网站内容进行解析，指出其政府数据开放实践主要从政策、组织架构、保障性指导、社区建设以及数据门户 5 个方面展开，优势体现为系统的数据开放能力构件、面向机构的多维度指导措施、旨在促进用户利用数据的多重策略，但存在政策保障不足、数据门户功能受限的不足。周文泓（2018）③调研了澳大利亚政府数据开放的实践，指出其从战略性政策、工具性指南、应用性策略、平台性数据门户 4 个方面进行布局。陈美（2018）④调研并分析了日本政府数据开放行动，包括组织体系、行动计划、门户网站建设、保障机制等。钟源（2016）⑤研究了美国 31 个地方政府的开放数据政策，发现其地方政策都会考虑如何满足用户需求。

陆建英等（2013）⑥以美国为例研究了其政府数据开放的历史和现状，探索了美国政府是如何利用开放数据平台来满足用户需求的。李燕等（2016）⑦研究了英国政府数据开放的实践，发现英国设计了数据供给方和数据需求方的沟通

① 黄敏聪. 美国政府数据开放新趋势及其对我国的启示[J]. 图书情报工作, 2017（18）：60-65.
② 周文泓. 新西兰政府数据开放的特点及其启示[J]. 图书情报工作, 2017（61）：76-82.
③ 周文泓. 澳大利亚政府开放数据的构件分析及启示[J]. 图书馆学研究, 2018（1）：53-59.
④ 陈美. 日本开放政府数据分析及对我国的启示[J]. 图书馆, 2018, 285（6）：12-18.
⑤ 钟源. 美国地方政府数据开放政策研究[J]. 国家图书馆学刊, 2016（2）：32-41.
⑥ 陆健英, 郑磊, 等. 美国的政府数据开放：历史、进展与启示[J]. 电子政务, 2013（6）：26-32.
⑦ 李燕, 张淑林, 陈伟. 英国政府数据开放的实践、经验与启示[J]. 情报科学, 2016（8）.

渠道,其中包括上文提到的开放数据用户小组,此外还有公共数据集团
(Public Data Group)、数据开放研究所(The Open Data Institute)等机构,每个
机构各司其职,完成了对用户需求的搜集、传达和实现。陶希东(2016)①以西
方发达城市为案例分析了其政府数据开放的经验,发现西方国家较为发达城市
的政府数据开放建设较多聚焦民生需求和民众的多元化需求。

选择国外多个平台案例进行对比分析。杨瑞仙等(2016)②研究了美国、英
国、日本、澳大利亚等国政府数据开放的政策体系、保障机制和公开系统,发
现各国平台都具有与用户沟通的模块,这是了解用户需求的重要渠道。岳丽欣
和刘文云(2016)③研究了美国、英国和印度的政府数据开放平台,从数据组
织、数据质量、数据下载和数据共享方面进行研究,发现订阅功能是了解用户
需求的一种有效渠道。

2.2.3 政府数据开放实践的对比分析

邓胜利和夏苏迪(2019)④选取美国和中国 8 个城市政府开放数据平台,从
数据层和平台层 2 个层面的 11 个维度对比分析了中美城市政府开放数据平台
的发展现状,针对我国存在的问题提出建议。邓崧和葛百潞(2017)⑤通过文献
分析比较研究了中国与以美国、英国、新西兰为代表的西方国家的政府数据开
放状况,并重点对比了法律政策、开放平台、社会参与度 3 个方面,认为我国
目前对政府数据开放的重视在增加,但实践方面的进展并不突出。

---

① 陶希东. 西方发达城市政府数据开放的经验与启示[J]. 城市发展研究,2016(9):
30-32.
② 杨瑞仙,毛春蕾,左泽. 国内外政府数据开放现状比较研究[J]. 情报杂志,2016,
35(5).
③ 岳丽欣,刘文云. 国内外政府数据开放现状比较研究[J]. 图书情报工作,2016, 60
(11):60-67.
④ 邓胜利,夏苏迪. 中美城市政府开放数据平台对比研究[J]. 图书馆杂志,2019(6):
57-68.
⑤ 邓崧,葛百潞. 中外政府数据开放比较研究[J]. 情报杂志,2017(12):142-148.

肖敏等（2019）①对比了英国、法国、加拿大和中国的政府数据开放发展历程，结合我国具体国情，从政府政策、数据平台建设、数据隐私保护、数据资源建设 4 个方面提出相应的策略。徐慧娜和郑磊（2015）②以用户利用为视角对比研究了纽约和上海的政府数据开放平台，认为数据格式直接影响到数据集能不能满足用户需求，例如开放数据的五星标准能够同时满足普通公众和专业程序员的需求。

2.3 关于政府数据开放的制度保障研究

2.3.1 政府数据开放政策的案例及对比

我国开放数据处于探索阶段，因此很多学者对具有代表性国家的政策制定和执行进行了案例分析，并从整体性研究向具体主题的政策研究拓展。

第一，整体性的经验分析，主要是对《开放数据晴雨表》排名靠前国家的政策进行案例分析。如黄如花等（2017）③、蔡婧璇等（2017）④、程银桂等（2016）⑤分别对英国、美国、新西兰、澳大利亚等国家的政府数据开放政策进行了研究，并提出了我国政策制定的建议。

---

① 肖敏，郭秋萍，莫祖英.政府数据开放发展历程及平台建设的差异分析——基于四个国家的调查[J].图书馆理论与实践，2019，233（3）：44-49.

② 徐慧娜，郑磊.面向用户利用的政府数据开放平台：纽约与上海比较研究[J].电子政务，2015（7）：37-45.

③ 黄如花，刘龙.英国政府数据开放的政策法规保障及对我国的启示[J].图书与情报，2017（1）：1-9.

④ 蔡婧璇，黄如花.美国政府数据开放的政策法规保障及对我国的启示[J].图书与情报，2017（1）：10-17.

⑤ 程银桂，赖彤.新西兰政府数据开放的政策法规保障及对我国的启示[J].图书情报工作，2016，60（19）：15-23.

第二，对国际组织以及地方政府的政策进行研究。如曹凌（2013）①从创新视角分析了欧盟开放数据战略，认为欧盟开放数据战略是以大数据创造生产力和创造价值，通过释放数据推动创新，保障开放与透明，形成了多层次多元化的战略生态框架。钟源（2016）②对美国地方政府的开放数据政策进行研究。陈美（2014）③专门就英国开放数据的政策执行情况开展研究。

第三，具体主题的案例研究，涉及数据安全、个人隐私保护、开放许可、基础设施、数据治理等。在数据安全方面，马海群、王茜茹（2016）④对美国数据安全政策的演化路径、特征进行分析，并建议制定推动数据安全的战略和法律；推进国际合作，维护本国数据跨境流通安全；寻找有利的政策工具。在个人隐私保护方面，刘龙等（2016）⑤、李楠等（2017）⑥对英国、美国政府数据开放中的隐私保护政策进行研究，进而提出我国应对隐私问题的对策。在开放许可方面，黄如花、李楠（2016）⑦对国外政府的开放许可协议的使用进行调查，并探讨了许可协议的适用性。关于基础设施，翟军等（2017）⑧对英国政府的开放数据基础设施政策进行研究。关于政府数据治理，黄璜（2017）⑨对美国联邦

① 曹凌.大数据创新：欧盟开放数据战略研究[J].情报理论与实践，2013（4）：118-122.

② 钟源.美国地方政府数据开放政策研究[J].国家图书馆学刊，2016，25（2）：32-41.

③ 陈美.英国开放数据政策执行研究[J].图书馆建设，2014（3）：22-27.

④ 马海群，王茜茹.美国数据安全政策的演化路径、特征及启示[J].现代情报，2016，36（1）：11-14.

⑤ 黄如花，刘龙.英国政府数据开放中的个人隐私保护研究[J].图书馆建设，2016（12）：47-52.

⑥ 黄如花，李楠.美国开放政府数据中的个人隐私保护研究[J].图书馆，2017（6）：19-24，76.

⑦ 黄如花，李楠.国外政府数据开放许可协议采用情况的调查与分析[J].图书情报工作，2016，60（13）：5-12.

⑧ 翟军，翁丹玉，袁长峰，等.英国政府开放数据的"国家信息基础设施"建设及启示[J].情报科学，2017，35（6）：107-114.

⑨ 黄璜.美国联邦政府数据治理：政策与结构[J].中国行政管理，2017（8）：47-56.

政府数据治理政策进行分析，建议我国政府数据治理政策应明晰概念边界，形成系统的政策概念体系；抓住立规重点，推动相关法律法规尽快出台；调整治理权责，优化数据治理行政管理结构。

2.3.2　政府数据开放政策框架及实施

（1）系统对比国外政府数据开放政策框架

T. Davies（2011）认为各国及地方层面都建立了开放数据项目、门户网站并选择类似的数据集，但这些国家的政府数据开放计划在发展水平、政治结构和公共政策优先事项上表现出很大的差异。因此，通过收集美国、英国、印度等国家的政府数据开放倡议、政治声明与演讲和其他的官方文件，采用扎根理论分析了不同国家在国家层面的政府数据开放计划的政策目标、政策框架与实践及其各自的异同①。N. Huijboom 等（2011）比较了 5 个国家的开放数据政策的特点、障碍和驱动力，将开放数据战略实施的政策工具分为 4 种类型：教育与培训、自愿的方法、经济工具以及立法和控制②。R. P. Nugroho 等（2015）对不同国家的开放数据政策进行比较，认为健全的法律框架、一般性的运作政策、数据提供者和用户、数据质量、指定的机构或工作组、刺激对数据需求的动机等方面的经验教训值得吸取；国家政策也应该集中在消除操作层面的障碍和推动数据发布和使用政策③。这对于开放数据政策的制定与评估带来很大的益处。

---

① Davies T. Open Data Policies and Practice：An International Comparision［EB/OL］.［2024-01-02］. https：//papers.ssrn.com/sol3/papers.cfm？abstract_id=2492520.

② Huijboom N, Broek T V. Open Data：An International Comparison of Strategies［J］. European Journal of ePractice, 2011, 12（1）：4-16.

③ Nugroho R P, Zuiderwijk A, Janssen M, et al. A Comparison of National Open Data Policies：Lessons Learned［J］. Transforming Government：People, Process and Policy, 2015, 9（3）：286-308.

A. Zuiderwijk 等（2012）①认为国家政策引导开放数据运动。开放数据政策目前遇到的障碍分为 4 类：政治、经济、技术和社会障碍，数据访问障碍，数据存贮障碍和数据使用障碍。扩大开放数据的建议有：建立激励性的政策指南，刺激开放数据收集的集中度；建立开放数据访问，支持用户的开放数据利用；通过添加结构化的元数据创建互操作，以确保数据易于发现和理解；建立处理公共部门信息的基础设施。A. Zuiderwijk 等（2012）②从政策措施的类型、开放数据原则、开放前数据的处理、在国家开放门户平台开放的数据量、开放数据的类型、目标群体、数据格式等方面，对荷兰内政与王国关系部、教育部的开放数据政策进行比较，研究表明开放数据的原则与指南、开放数据类型与数量以及开放方式存在差异，建议政府部门提供更多的数据和不同的数据类型的政策，提供收集与处理数据的方式的信息（包括元数据）以及更多实际的数据利用支持，刺激数据的利用。

A. Zuiderwijk 等（2014）③指出，虽然对开放数据政策的研究日益增多，但几乎不能指导开放数据的发布和利用，需要制定平衡数据开放与数据风险的政策。

政府不同层面的开放数据政策有很多，为了更好地理解政策要素的异同，A. Zuiderwijk 等（2014）④制定开放数据政策的比较框架，框架包括环境因素、政策内容、绩效指标及公共价值，并利用该框架比较荷兰不同政府层面的政策，研

---

① Zuiderwijk A, Janssen M, Choenni S. Open Data Policies：Impediments and Challenges ［C］//The European Conference on e-Government, Barcelona, Spain, 2012.

② Zuiderwijk A, Janssen M. A Comparison of Open Data Policies and Their Implementation in Two Dutch Ministries ［C］//The 13th Annual International Conference on Digital Government Research, Maryland：ACM, 2012：84-89.

③ Zuiderwijk A, Gascó M, Parycek P, et al. Special Issue on Transparency and Open Data Policies：Guest Editors' Introduction［J］. Journal of theoretical and applied electronic commerce research, 2014, 9（3）：1-9.

④ Zuiderwijk A, Janssen M. Open Data Policies, Their Implementation and Impact：A Framework for Comparison［J］. Government Information Quarterly, 2014, 31（1）：17-29.

究表明当前的政策较内向，应通过与其他机构合作改进开放数据政策，关注政策效果，刺激开放数据利用并创建将宣传数据植入日常工作过程的文化。

K. Jung 等（2015）①对韩国《开放公共数据指令》进行语义网分析，确定公共政策中关键问题与维度及其一致性。他们认为开放公共数据指令应明确要求通过新产品的创新及传播，将创造性的经济生态系统纳入创意产业；开放公共数据不仅限于改进政府透明度，而且通过开放公共数据的标准化，提高数据质量创造新的商业模式和就业机会。A. T. Chatfield 等（2018）②研究了澳大利亚在联邦和州政府层面的开放数据政策扩散模式，研究表明澳大利亚开放数据政策的早期采用者与其开放数据门户的开放程度正相关，政策起草提案机构是负责推动开放数据政策以应对政府现有障碍的牵头部门。

（2）研究我国政府数据开放的制度建设和实施

沈亚平和许博雅（2014）③研究了大数据时代政府数据开放的制度建设路径，认为公众对政府数据具有"重复使用、关联分析、自由加工和互动"等需求。李平（2016）④研究了政府数据开放的机制和策略，认为公众参与是开放数据的原则，公共管理、公共政策和政府服务等决策环节应以公民的实际需求为出发点和回归点。迪莉娅（2016）⑤从"反公地悲剧"视角研究了政府数据开放

---

① Jung K, Parkb H W. A Semantic（TRIZ）Network Analysis of South Korea's 'Open Public Data' Policy[J]. Government Information Quarterly, 2015, 32(3), 353-358.

② Chatfield A T, Reddick C G. The Role of Policy Entrepreneurs in Open Government Data Policy Innovation Diffusion：An analysis of Australian Federal and State Governments [J]. Government Information Quarterly, 2018, 35(1)：123-134.

③ 沈亚平,许博雅. "大数据"时代政府数据开放制度建设路径研究[J]. 四川大学学报(哲学社会科学版), 2014(5)：111-118.

④ 李平. 开放政府视野下的政府数据开放机制及策略研究[J]. 电子政务, 2016(1)：80-87.

⑤ 迪莉娅. "反公地悲剧"视角下的政府数据开放研究[J]. 情报理论与实践, 2016, 39(7)：56-61.

的实施，认为政府对公民需求的重视能够避免造成数据浪费。

中国行政管理学会课题组等（2016）①研究了我国政府数据开放的顶层设计，包括培育依法开放数据的行政文化、建立政府数据开放的领导和行政协调机制、制定《政府数据开放条例》细则、完善政府数据开放与信息公开、大数据应用、政务服务等其他工作的对接、建设集成的政府数据开放平台、建立常态化数据开放标准规范和安全管理机制、加强数据开放的互动管理等方面。

才世杰等（2015）②对发达国家政府数据开放战略实施背景、内容框架以及实施体系与实施效果评估进行比较分析，建议我国的政府数据开放战略要围绕目标定位进行顶层设计和整体布局，政治领袖的认同支持和政府高层强有力的参与指导，进一步破除束缚数据开放与利用的制度障碍等。丁念等（2015）③采用同样的政策分析框架对发展中国家的开放数据战略进行研究，建议发展中国家做好顶层设计，完善政府信息管理制度，建立良好的政府数据开放生态系统，倡导开放文化。夏义堃（2017）④对国际开放数据战略进行比较，建议设计有利于政府数据开放的系列法规制度体系与开放数据再利用的产业政策体系。

王本刚和马海群（2017）⑤在比较西方发达国家的开放数据政策基础上，提出我国战术性的开放数据政策应坚持的原则和需要采取的措施。汤志伟等（2017）⑥

---

① 中国行政管理学会课题组，鲍静，贾凌民，等. 我国政府数据开放顶层设计研究［J］. 中国行政管理，2016(11)：6-12.

② 才世杰，夏义堃. 发达国家开放政府数据战略的比较分析［J］. 电子政务，2015(7)：17-26.

③ 丁念，夏义堃. 发展中国家开放政府数据战略的比较与启示［J］. 电子政务，2015(7)：27-36.

④ 夏义堃. 开放政府数据战略的国际比较与中国的对策选择［J］. 电子政务，2017(7)：45-56.

⑤ 王本刚，马海群. 开放政府数据的政策比较研究［J］. 情报资料工作，2017(6)：33-40.

⑥ 汤志伟，龚泽鹏，郭雨晖. 基于二维分析框架的中美开放政府数据政策比较研究［J］. 中国行政管理，2017(7)：41-48.

基于二维分析框架的中美政府数据开放政策比较，建议加快制定针对政府数据开放的国家级政策文件，加强重视供给型政策并探索需求型政策的制定，并重视公众参与。赵润娣(2018)①梳理了中美政策议程过程中的问题源流、政策源流和政治源流，并从这三个方面对中美政府数据开放政策议程进行了比较分析。顾磊和王艺(2014)②从智慧城市视角研究了政府数据开放的策略，认为"如果将政府数据开放与智慧城市建设有机结合起来，既可以实现政府信息的高效公开和深层开发，又可以实现数据资源的便捷获取和对公众需求的有效引导"。

2.3.3 数据安全与个人隐私政策

数据安全与隐私保护问题在政府数据开放研究中一直备受关注。J. Rothenberg(2013)③对美国、加拿大、新西兰及英国的数据政策研究表明，开放数据政策的制定同原始数据与数据滥用有关，一方面发布原始数据，同时担心元数据、数据质量等，另一方面必须首先处理隐私、质量、语义的问题，以避免数据的误用或滥用。J. C. Bertot④从数据获取与发布，隐私、安全、准确性和归档总结了美国政府的政策工具，研究指出当前美国信息政策框架在数据可获取和发布、隐私、安全、准确性和归档方面面临挑战，他建议大数据治理模式需要解决隐私、数据再利用、数据准确性、数据获取、数据归档和保存、

---

① 赵润娣. 开放政府数据思想的时代已经到来：中美开放政府数据政策议程分析[J]. 电子政务, 2018(7)：108-117.

② 顾磊, 王艺. 基于政府数据开放的智慧城市构建[J]. 电信科学, 2014, 30(11)：38-43.

③ Nugroho R P, Zuiderwijk A, Janssen M, et al. A Comparison of National Open Data Policies：Lessons Learned[J]. Transforming Government：People, Process and Policy, 2015, 9(3)：286-308.

④ Bertot J C, 郑磊, 徐慧娜, 包琳达. 大数据与开放数据的政策框架：问题、政策与建议[J]. 电子政务, 2014(1)：6-14.

数据监管、建立可持续的数据平台和架构、建立数据标准、鼓励跨部门数据共享政策，并提出大数据治理的指导原则。

R. Meijer 等（2014）①认为开放数据的目的在于促进公共价值，但信任、透明度、隐私和安全等公共价值观可能与开放数据政策存在冲突，于是提出预先承诺的概念限制开放数据与公共价值冲突。预先承诺分三个阶段：界定需求数据的类型与内容；根据法律要求和第一阶段的决策，准备将传递的数据，包括删除隐私敏感数据；在数据重复利用的情况下，限制受限用户群体的利用或把数据向所有人开放。

为加强个人数据的保护，欧盟制定了《数据保护指令》。在开放数据背景下，开放数据政策应完全符合欧盟数据保护指令中有关个人数据保护的原则，但实际上该指令可能阻碍欧盟实施开放数据政策。B. Custers 等（2016）对欧盟八个成员国数据保护立法和政策进行比较，在隐私和数据保护方面，政治辩论、宣传活动、媒体关注和公众辩论的强度和范围存在差异。隐私影响评估、隐私设计、数据泄露通知和大数据等新概念已列入议程。

B. V. Loenen 等（2016）②指出，数据保护立法导致需要重新考虑个人数据的概念或使用被视为个人数据的地图数据的条件。陈朝兵和郝文强（2019）③选取美英澳新四国作为研究样本，采用文献分析法对其政府数据开放隐私影响评估的政策进行系统考察，建议我国制定隐私影响评估指南、设置隐私影响评估机构、构建多元主体参与机制、健全隐私风险管理体系。

---

① Meijer R, Conradie P, Choenni S. Reconciling Contradictions of Open Data Regarding Transparency, Privacy, Security and Trust［J］. Journal of Theoretical and Applied Electronic Commerce Research, 2014, 9(3)：32-44.

② Loenen B V, Kulk S, Ploeger H. Data Protection Legislation：A Very Hungry Caterpillar［J］. Government Information Quarterly, 2016, 33(2)：338-345.

③ 陈朝兵, 郝文强. 国外政府数据开放隐私影响评估的政策考察与启示——以美英澳新四国为例［J］. 情报资料工作, 2019(5)：23-30.

2.3.4　中国政府数据开放的政策

第一，中国政府数据开放的政策环境。赵润娣(2016)[①]、马海群等(2016)[②]、蒲攀等(2017)[③]认为政府数据开放政策制定和实施受自然地理、社会、政治、法律、经济、技术、国际网络空间以及其他国家与组织的开放数据实践等环境的影响，并对相关因素进行了系统分析。尽管我国在诸多方面都具备了实施政府数据开放战略的坚实基础，社会对数据驱动创新和经济发展的社会需求也更为强烈[④]，但公共信息资源基础差、信息内容数字化程度低、法规制度不健全、创新能力不足，信息资源的数量、质量和时效性等与社会需求存在较大差距[⑤][⑥]。

虽然存在诸多不利因素，但我国数据政策开放环境已经形成，成为政策议程设置、问题界定和政策制定的条件和基础。由于开放数据政策的外部环境始终处于动态变化中，因此陈美(2017)[⑦]认为，必须针对外部环境变化和政策制定主体认识的深化进行政策修订，防止政策在未实现其目标前而终结，同时保持政策的连贯性。

第二，政府数据开放的原则。孙艳艳等(2015)[⑧]主张国家应将"开放"作

---

① 赵润娣. 多元视角下的中国开放政府数据政策环境研究[J]. 电子政务，2016(6)：97-104.

② 马海群，汪宏帅. 我国政府开放数据战略的 SLEPT 分析及战略部署[J]. 情报科学，2016，34(3)：3-8.

③ 蒲攀，马海群. 大数据时代我国开放数据政策模型构建[J]. 情报科学，2017，35(2)：3-9.

④ 夏义堃. 开放政府数据战略的国际比较与中国的对策选择[J]. 电子政务，2017(7)：45-56.

⑤ 韦柳融. 关于公共信息资源开放共享若干问题的研究[J]. 通信管理与技术，2014(4)：27-29.

⑥ 夏义堃. 开放政府数据战略的国际比较与中国的对策选择[J]. 电子政务，2017(7)：45-56.

⑦ 陈美. 澳大利亚中央政府开放数据政策研究[J]. 情报杂志，2017，36(6)：134-140.

⑧ 孙艳艳，吕志坚. 中国开放政府数据发展策略浅析[J]. 电子政务，2015(5)：18-24.

为默认原则，除涉及国家安全和个人隐私等的数据外，应最大限度地向社会开放政府持有的数据。基于对国际开放数据原则的分析，焦海洋（2017）①提出，中国政府数据开放应遵循公开原则、质量原则、及时原则、平等原则、利益平衡原则和安全原则。黄如花和温芳芳（2018）②对国外政府数据开放原则进行分析，建议在遵循开放定义和国际开放数据原则的前提下，以数据格式、数据质量、可获取性、可重用性、元数据、互操作性、数据资产管理、许可、利用成本等为内容要素，尽快建立我国的政府数据开放原则。

第三，中国政府数据开放的政策现状分析。首先是对中央政府相关政策的文本分析。黄如花和温芳芳（2017）就国家层面的政府数据开放共享政策进行分析，提出了目前存在的问题③；并进一步就国家各部委的数据资源管理的政策实践进行分析，为推进政府数据资源管理政策的深入探讨奠定基础，同时也为国家制定相关政策提供参考④。其次是对地方政府数据开放政策的分析。如黄如花和苗淼（2017）⑤对北京和上海政府数据开放政策的进行比较，建议严格把控政策的"质"和"量"、对现有政策的薄弱环节进行补充、合理借鉴发达国家政策中的进步之处。

范梓腾、潭海波（2017）⑥从政策目标和政策工具两个维度分析了地方政府大数据发展政策，认为我国地方政府大数据发展政策存在着某种程度的"目

---

① 焦海洋. 中国政府数据开放应遵循的原则探析[J]. 图书情报工作，2017，61（15）：81-88.

② 黄如花，温芳芳. 在开放政府数据条件下如何规范政府数据——从国际开放定义和开放政府数据原则谈起[J]. 情报理论与实践，2018，41（9）：37-44.

③ 黄如花，温芳芳. 我国政府数据开放共享的政策框架与内容：国家层面政策文本的内容分析[J]. 图书情报工作，2017，61（20）：12-25.

④ 黄如花，温芳芳. 开放政府数据生命周期视角的我国政府数据资源管理政策文本内容分析——国家各部门的政策实践[J]. 图书馆，2018（6）：1-7，14.

⑤ 黄如花，苗淼. 北京和上海政府数据开放政策的异同[J]. 图书馆，2017（8）：20-26.

⑥ 范梓腾，谭海波. 地方政府大数据发展政策的文献量化研究——基于政策"目标—工具"匹配的视角[J]. 中国行政管理，2017（12）：46-53.

标—工具"错配现象。李樵(2018)①对现有的大数据政策进行分析,建议开展政策及政策工具有效性研究,结合发展需求和问题的调研发现,定位关键政策和政策工具。谭必勇(2018)②就 15 个副省级城市的数据开放政策从法律法规、数据开放共享与应用、开放数据平台建设、数据开放许可协议及标准规范、数据安全、人才培养等多个角度进行政策文本分析,并从政策集群理念、组织保障理念、法律法规理念、标准规范理念、数据共享与安全理念、人才培养机制6 个角度提出了具体对策。

第四,政府数据开放政策框架和体系研究。赵润娣(2016)③从政策目标、机构设置与人员协调、数据管理、政策实施计划及政策评估策略等方面,构建了开放数据的政策框架;陈美(2017)④认为我国开放数据政策内容应包含开放数据政策目标、开放数据管理等。黄如花、温芳芳(2017)⑤对国家层面数据开放共享政策进行内容分析,从分散的政策文本中提取的政策框架包括贯穿数据生命周期的数据管理、数据质量、基础设施、隐私与数据安全和组织协调等。并且,二者在构建中国政府数据开放共享的政策问题⑥的基础上,进一步采用循证政策方法,初步建立了我国政府数据开放共享的政策体系⑦。

---

① 李樵. 我国促进大数据发展政策工具选择体系结构及其优化策略研究[J]. 图书情报工作, 2018, 62(11): 5-15.

② 谭必勇, 刘芮. 我国地方政府开放数据政策研究——以 15 个副省级城市为例[J]. 情报理论与实践, 2018, 41(11): 51-56.

③ 赵润娣. 国外开放政府数据政策: 一个先导性研究[J]. 情报理论与实践, 2016, 39(1): 44-48.

④ 陈美. 澳大利亚中央政府开放数据政策研究[J]. 情报杂志, 2017, 36(6): 134-140.

⑤ 黄如花, 温芳芳. 我国政府数据开放共享的政策框架与内容: 国家层面政策文本的内容分析[J]. 图书情报工作, 2017, 61(20): 12-25.

⑥ 黄如花, 温芳芳. 我国政府数据开放共享政策问题的构建[J]. 图书情报工作, 2017, 61(20): 26-36.

⑦ 黄如花, 温芳芳, 黄雯. 我国政府数据开放共享政策体系构建[J]. 图书情报工作, 2018, 62(9): 5-13.

第五，具体主题政策的研究。研究主要围绕数据安全、个人数据保护以及数据产业发展政策等。在数字安全方面，闫倩、马海群(2018)①分析了我国政府数据开放政策与数据安全政策，并探讨了二者协同的方式和途径。马海群、徐天雪(2018)②从相关概念界定、构建多元化政策评估主体以及确立政策评估指标体系 3 个方面构建了我国政府数据安全政策评估体系。沈国麟(2013)③认为数据主权是一种权力体现在国家安全和国家竞争力两个方面，中国应构建国家数据战略，包括加强国家安全、推动技术创新和完善政府决策等。

在个人数据保护方面，黄镭(2013)④研究了开放平台个人数据的商业化利用与私法保护。针对大数据产业，陈立枢(2015)⑤建议构建中国大数据产业发展政策体系，完善大数据产业发展战略规划；依托大众创新创业政策；加强大数据共享平台与安全保障体系建设；实施融合发展战略。

2.4 关于政府数据开放平台与标准规范的研究

2.4.1 政府数据开放平台的建设

政府数据开放平台是数据发布、获取、实现再利用的主要渠道，其功能设

---

① 闫倩，马海群. 我国开放数据政策与数据安全政策的协同探究[J]. 图书馆理论与实践，2018(5)：1-6.

② 马海群，徐天雪. 我国政府数据安全政策评估体系构建研究[J]. 图书馆理论与实践，2018(1)：1-4.

③ 沈国麟. 大数据时代的数据主权和国家数据战略[J]. 南京社会科学，2014(6)：113-119，127.

④ 黄镭. 开放平台个人数据的商业化利用与私法保护[D]. 北京：北京邮电大学，2013.

⑤ 陈立枢. 中国大数据产业发展态势及政策体系构建[J]. 改革与战略，2015，31(6)：144-147.

计、服务内容、稳定安全等直接关系到用户体验与网站可用性。Huang 等
(2019)①以用户体验为中心，基于政府数据开放的生命周期，设计了包括系统
功能、用户界面、标准规范和安全机制在内的政府数据开放平台，并进行了可
用性验证。Martín 等(2015)②的研究则从国际视角对比分析了不同国家和地区
政府数据开放门户管理的质量，该研究的指标主要包含功能(Functional
Aspects)、语义化处理(Semantic Aspects)、内容(Content Aspects)和质量指数
(Quality Index)。

钱晓红和胡芒谷(2014)③提出政府数据开放平台以门户网站形式进行管理
和服务，应具备数据服务功能、数据存储和管理功能、信息交互功能及数据互
操作功能。陈美(2019)④面向数据增值利用的目标和价值取向，基于企业架构
理论提炼出政府开放数据平台顶层架构应该包括业务架构、数据架构、应用软
件架构、技术架构和绩效架构，并探讨了各要素之间的关系。陈美(2019)⑤基
于世界领先的开放数据管理平台 CKAN 工具，提出充分发挥其核心功能、元数
据管理以及关联数据集 API 发布等方面优势构建 OGD 平台。

2.4.2　政府数据开放的元数据管理

政府数据元数据管理作为政府数据开放共享进程中的重要问题之一，影
响到政府数据资源的统筹、开放与共享，关系到数据的完整性、可用性。黄

---

① Huang R, Wang C, Zhang X, et al. Design, Develop and Evaluate an Open Government
Data Platform：A User-centred Approach[J]. The Electronic Library, 2019, 37(3)：550-562.

② Martín Alejandro Sáez, Arturo Haro De Rosario, María Del Carmen Caba Pérez. An
International Analysis of the Quality of Open Government Data Portals[J]. Social Science Computer
Review, 2015：18-22.

③ 钱晓红, 胡芒谷. 政府开放数据平台的构建及技术特征[J]. 图书情报知识, 2014
(3)：126-131.

④ 陈美. 面向增值利用的政府开放数据平台顶层设计研究[J]. 图书馆, 2019(8)：23-
28.

⑤ 陈美. 基于 CKAN 的政府数据开放平台构建[J]. 现代情报, 2019, 39(3)：71-78.

如花等（2017）①基于对英、美、加、澳、新等国 OGD 门户元数据描述规范的分析，建议采用国际通用标准拟定我国 OGD 元数据标准草案、统一元数据格式、结合网络信息资源的特点编写受控制词表，提出了我国 OGD 元数据元素集草案。司莉等（2018）将美国 OGD 网站 Data.gov 元数据标准描述的数据集归纳为原始数据集、地理空间数据集、数据工具 3 种类型，描述不同的数据集采用不同的元数据标准②。

翟军等（2019）③系统分析与介绍欧盟开放数据的三种元数据标准，包括通用的 DCAT-AP、地理领域的 GeoDCAT-AP 与统计领域的 StatDCAT-AP。夏姚璜（2018）④关注地理空间数据元数据标准的问题，调研并分析了英国、美国、澳大利亚政府数据开放门户的地理空间元数据标准情况，建议我国应高度重视地理信息的开放、将地理空间元数据标准作为专业化的适用标准纳入国家政府数据开放平台中、注重地理空间元数据标准的功能开发。翟军等（2016）⑤调研并分析了美国、欧盟和爱尔兰政府开放数据元数据建设的成果和特点，认为我国政府开放数据的元数据建设应加强政策、法律法规、体系完整和语义化促进规范化。

2.4.3　政府数据开放的技术与方法

国外方面，Janssen 和 Zuiderwijk（2014）⑥论证了开放数据的供应者和用户之间的关系，他们提出了一种信息中介商业模型（Infomediary Business Models），

---

①　黄如花，林焱. 国外开放政府数据描述规范的调查与分析[J]. 图书情报工作，2017，61（20）：37-52.

②　司莉，赵洁. 美国开放政府数据元数据标准及启示[J]. 图书情报工作，2018，62（3）：86-93.

③　翟军，陶晨阳，龙莎，等. 欧盟开放数据的元数据标准 DCAT-AP 及启示[J]. 情报科学，2019，37（2）：104-112，121.

④　夏姚璜. 开放政府数据平台的地理空间元数据标准研究[J]. 图书馆建设，2018（8）：40-46，53.

⑤　翟军，于梦月，林岩. 世界主要政府开放数据元数据方案比较与启示[J]. 图书与情报，2017（4）：113-121.

⑥　Janssen M, Zuiderwijk A. Infomediary Business Models for Connecting Open Data Providers and Users[J]. Social Science Computer Review, 2014, 32（5）：694-711.

描述了开放数据从生产到供应的流程和数据与用户之间的关系。McCusker 等
(2012)①研究了在政府数据开放管理流程中的数据验证方法，该研究运用
RDF、URLs 来塑造描述框架，运用书目记录的功能需求（Requirements for
Biliographic Records，FRBR）进行数据组织，并在这个流程中加入数据验证
（data proof）的操作。Shadbolt 等(2012)②结合英国国家政府数据开放平台 Data.
gov.uk 的数据组织技术，研究了关联数据应用于政府数据开放的方法与框架。
Erickson 等(2013)③研究了政府数据开放中的数据分析和展现技术，介绍了字
母云（Word Could）的使用。Galiotou 和 Fragkou(2013)④以希腊的政府数据开放
项目为例研究了如何将数据集进行机器可读化加工，其中重点介绍了 RDF 和
URIs 技术在政府数据开放中的应用。

Fragkou 等(2014)⑤研究了在政府数据开放中运用本体进行语义化组织的技
术，他们以希腊政府数据开放为例，根据种类的不同，将其本体结构分为电子服务
（Electronic-Service）、文档（Document）、公共组织（Public-Organization）、信息
（Information）、数字政府核心集实例（e-Gov-Core-Entity）、数字政府扩展集实例(e-
Gov-Extended-Entity）、合法化实例（Legal-Entity）和物理规则实例（Physical-Entity）。
Milić 等(2015)⑥研究了政府数据开放中的关联关系结构（Linked Relations，

①   Mccusker J P, Lebo T, Chang C, et al. Parallel Identities for Managing Open Government
Data[J]. IEEE Intelligent Systems, 2012, 27(3)：55-62.

②   Shadbolt N, O'Hara K, Berners-Lee T, et al. Linked Open Government Data：Lessons
from Data.gov.uk[J]. IEEE Intelligent Systems, 2012, 27(3)：16-24.

③   Erickson J S, Viswanathan A, Shinavier J, et al. Open Government Data：A Data
Analytics Approach[J]. IEEE Intelligent Systems, 2013, 28(5)：19-23.

④   Galiotou E, Fragkou P. Applying Linked Data Technologies to Greek Open Government
Data：A Case Study[J]. Procedia-Social and Behavioral Sciences, 2013, 73：479-486.

⑤   Fragkou P, Galiotou E, Matsakas M. Enriching the e-GIF Ontology for an Improved
Application of Linking Data Technologies to Greek Open Government Data[J]. Procedia-Social and
Behavioral Sciences, 2014, 147(147)：167-174.

⑥   Milić P, Veljković N, Stoimenov L. Linked Relations Architecture for Production and
Consumption of Linksets in Open Government Data[M]. Open and Big Data Management and
Innovation. Springer International Publishing, 2015：281-290.

LIRE)，并利用 LIRE 构建了政府数据采集、分析、展现、发布的模型。

Andersen 等（2015）①将政府数据开放的关联化分为 4 个步骤：输入（Import）、分析（Analyze）、精炼（Refine）、关联（Link），然后通过用例解释了每个步骤的技术路线。Janssen 和 Kuk（2015）②将大数据（Big Data）技术、关联数据技术和政府数据开放结合在一起，提出了"大规模开放关联数据"（又称为开放关联大数据，Big and Open Linked Data，BOLD），其核心技术是通过数据组织使数据完成从封闭到开放、从非结构化到结构化的转变。Sayogo 等（2014）③构建了政府数据开放标杆管理的框架，该框架规定开放数据管理的 10 大原则：完整性（Completeness）、首位性（Primacy）、及时性（Timeliness）、物理和电子渠道的易获取性（Ease of Physical and Electronic Access）、机器可读性（Machine Readability）、非歧视（Non—discrimination）、使用通用标准（Use of Commonly Owned Standards）、许可（Licensing）、耐久性（Permanence）、使用成本（Usage Costs）。

Vetrò 等（2016）④提出了政府数据开放的质量管理方法，并设计了质量评价的方法和模型，其中包括完整性（Completeness）、准确性（Accuracy）、可追溯性（Traceability）、及时性（Currentness）、时效性（Expiration）、遵循一定的规则（Compliance）、可理解（Understandability）。Lee 等（2015）⑤研究了一种政府

---

① Andersen A B, Gür N, Hose K, et al. Publishing Danish Agricultural Government Data as Semantic Web Data[M]. Semantic Technology. Springer International Publishing, 2015：178-186.

② Janssen M, Kuk G. Big and Open Linked Data（BOLD）in Research, Policy, and Practice[J]. Journal of Organizational Computing & Electronic Commerce, 2015, 26(1-2)：3-13.

③ Sayogo D S, Pardo T A, Cook M. A Framework for Benchmarking Open Government Data Efforts[C]// The 47th Hawaii International Cowference on System Science. IEEE, 2014：1896-1905.

④ Vetrò A, Canova L, Torchiano M, et al. Open Data Quality Measurement Framework：Definition and Application to Open Government Data[J]. Government Information Quarterly, 2016, 33(2)：325-337.

⑤ Lee Y, Lee J, Hwang Y. Relating Motivation to Information and Communication Technology Acceptance：Self-determination Theory Perspective[J]. Computers in Human Behavior, 2015, 51：418-428.

数据开放系统中的用户接受度测度方法—自我决定模型(Self-determination Theory)，这种模型是将用户信息行为进行分解，然后定量地测量每部分的倾向，最终通过权重赋值进行计算。

伴随人工智能的飞速发展，Gao 等(2023)①提出，采用人工智能创建可持续的政府数据开放与创新应用是一大趋势，如政府可以通过人工智能进行数据分析，从开放数据中创造更多价值(Gao 和 Janssen，2020)②。

国内，赵蓉英等(2016)③以 Data.gov.uk 为例研究了政府数据开放元数据的标准规范。赵龙文等(2016)④研究了基于关联数据的政府数据开放实现方法，包括数据描述与发布、数据管理与服务、语义互操作支持和社会化参与。

2.5 关于政府数据开放的用户参与研究

2.5.1 政府数据开放的用户需求研究

政府数据开放以用户为核心，满足用户需求是其根本目的，了解用户群体及其需求特点，是优化政府数据开放服务的重要参照。整体而言，以用户需求

---

① Gao Y, Janssen M, Zhang C. Understanding the Evolution of Open Government Data Research: Towards Open Data Sustainability and Smartness [J]. International Review of Administrative Sciences，2023，89(1): 59-75.

② Gao Y, Janssen M. Generating Value from Government Data Using AI: An Exploratory Study[C]//Electronic Government: 19th IFIP WG 8.5 International Conference, EGOV 2020, Linköping, Sweden, August 31—September 2, 2020, Proceedings 19. Springer International Publishing, 2020: 319-331.

③ 赵蓉英，梁志森，段培培. 英国政府数据开放共享的元数据标准——对 Data.gov.uk 的调研与启示[J]. 图书情报工作，2016(19): 31-39.

④ 赵龙文，莫荔媛，潘卓齐. 基于关联数据的政府数据开放实现方法研究[J]. 情报资料工作，2016(6): 55-62.

为视角的研究成果不多。Attard 等(2015)①认为需求研究集中于用户对 OGD 的质量需求、消费行为及参与度三个领域。Charalabidis 等(2016)②指出，OGD 的不同领域均涉及需求研究。Zhang 等(2014)③预测用户满意度在未来是一个颇具价值的研究点。Kukimoto(2014)④从用户需求角度研究如何设计 OGD 门户的用户界面，强调数据可视化和数据转换功能。

Carrasco 和 Sobrepere(2015)⑤研究了西班牙 OGD 的评价方法，发现用户需求是否得到满足是其重要内容。Whitmore(2014)⑥认为 OGD 系统与质量应与用户需求相匹配、为用户参与提供友好的操作环境。Zuiderwijk 等(2015)⑦研究了用户对开放数据的接受度与使用行为，其设计的主要指标有性能期望、付出期望、社会影响、促成因素、行为意图、使用意愿、性别、年龄、使用意图和数据类型。Yannoukakou 和 Araka(2014)⑧从公民获得信息权利的角度研

① Attard J, Orlandi F, Scerri S, et al. A Systematic Review of Open Government Data Initiatives[J]. Government Information Quarterly, 2015, 32(4)：399-418.

② Charalabidis Y, Alexopoulos C, Loukis E. A Taxonomy of Open Government Data Research Areas and Topics [J]. Journal of Organizational Computing & Electronic Commerce, 2016, 26(1-2)：41-63.

③ Zhang H, Xu X, Xiao J. Diffusion of E-government：A Literature Review and Directions for Future Directions[J]. Government Information Quarterly, 2014, 31(4)：631-636.

④ Kukimoto N. Open Government Data Visualization System to Facilitate Evidence-Based Debate Using a Large-Scale Interactive Display [C]// The 28th International Conference on Advanced Information Networking and Applications. IEEE, 2014.

⑤ Carrasco C, Sobrepere X. Open Government Data：An Assessment of the Spanish Municipal Situation[J]. Social Science Computer Review, 2015, 33(5)：631-644.

⑥ Whitmore A. Using Open Government Data to Predict War：A Case Study of Data and Systems Challenges[J]. Government Information Quarterly, 2014, 31(4)：622-630.

⑦ Zuiderwijk A, Janssen M, Dwivedi Y K. Acceptance and Use Predictors of Open Data Technologies：Drawing upon the Unified Theory of Acceptance and Use of Technology [J]. Government Information Quarterly, 2015, 32(4)：429-440.

⑧ Yannoukakou A, Araka I. Access to Government Information：Right to Information and Open Government Data Synergy [J]. Procedia-Social and Behavioral Sciences, 2014, 147：332-340.

究 OGD 应如何满足用户知情权需求。Aguilera 等(2016)①研究了用户产生和需求的数据类型。

Zuiderwijk 等(2015)②通过问卷调查和实证研究法研究了用户对开放数据的接受度和使用行为。该研究设计的指标主要有性能期望(Performance expectancy)、付出期望(Effort expectancy)、社会影响(Social influence)、促成因素(Facilitating conditions)、行为意图(Behavioral intention)、使用意愿(Voluntariness of use)、性别(Gender)、年龄(Age)、使用意图(Purpose of use)和数据类型(Type of data)。Yannoukakou 和 Araka(2014)③从公民获得信息权利(Right to information)的角度研究了政府数据开放应如何满足用户的知情权需求,该文认为二者应是协同发展的。Elliot 等(2016)④研究了用户最终许可协议(End User Licence,EUL)适用于政府数据开放,它在保护用户隐私、合理使用数据方面产生作用。Aguilera 等(2016)⑤认为用户是开放数据的来源和核心,该文研究了用户产生和需求的数据类型,提供了一个整合异构数据的思路。Perocheau(2014)⑥则以案例分析的方法研究了以用户为中心的开放数据

① Aguilera U, López-de-Ipiña D, Pérez J. Collaboration-Centred Cities through Urban Apps Based on Open and User-Generated Data[J]. Sensors, 2016, 16(7): 1022.

② Zuiderwijk A, Janssen M, Dwivedi Y K. Acceptance and Use Predictors of Open Data Technologies: Drawing upon the Unified Theory of Acceptance and Use of Technology [J]. Government Information Quarterly, 2015, 32(4): 429-440.

③ Yannoukakou A, Araka I. Access to Government Information: Right to Information and Open Government Data Synergy [J]. Procedia-Social and Behavioral Sciences, 2014, 147: 332-340.

④ Elliot M, Mackey E, O'Shea S, et al. End User Licence to Open Government Data? A Simulated Penetration Attack on Two Social Survey Datasets[J]. Journal of Official Statistics, 2016, 32(2): 329-348.

⑤ Aguilera U, López-de-Ipiña D, Pérez J. Collaboration-centred cities through urban apps based on open and user-generated data[J]. Sensors, 2016, 16(7): 1022.

⑥ Pérocheau G. Using a User Centered Methodology to Drive Open Data Initiatives. Lessons Learned From the U-Home Case. [C]// Ifkad 2014 International Forum on Knowledge Asset Dynamics. 2014.

驱动方法。

李白杨在其博士学位论文中总结了郑磊、周和、谭海波、孙艳艳等近20余位国内学者对OGD需求研究的成果①，说明该问题引起了很大的关注。武琳和刘珺(2016)②研究了商业领域对政府数据开放的需求，认为企业创新和市场扩展需要政府数据开放的支持。张晓娟等(2016)③从隐私保护的视角研究了用户对个人隐私保护和数据安全的需求，认为隐私保护是政府数据开放不可忽略的一部分。黄如花和李楠(2016)④研究了政府数据开放许可协议在适用范围、许可条件、兼容性等方面的应用，认为开放许可协议是满足社会对政府数据需求的必要条件。

郑磊(2015)⑤通过对政府数据开放的概念和影响因素的分析，认为"政府应从盲目地开放数据，转变为根据公众需求有针对性地开放数据，从供给导向转向需求导向"。周和(2012)⑥研究了政府数据公开的战略选择，认为政府数据开放应该以用户为中心，关注用户的体验和需求。谭海波和张楠(2016)⑦认为公众对政府数据开放有个性化的需求，政府应重视与用户的互动，及时了解用户具体的数据需求。于浩(2015)⑧以大数据为背景论述了政府数据开放的机

① 李白杨. 我国政府数据开放的用户需求及其保障策略研究 [D]. 武汉：武汉大学，2017.

② 武琳，刘珺. 数据消费与孵化创新——政府数据开放商业应用发展趋势[J]. 情报资料工作，2016(3)：90-94.

③ 张晓娟，王文强，唐长乐. 中美政府数据开放和个人隐私保护的政策法规研究[J]. 情报理论与实践，2016，39(1)：38-43.

④ 黄如花，李楠. 国外政府数据开放许可协议采用情况的调查与分析[J]. 图书情报工作，2016，60(13)：5-12.

⑤ 郑磊. 政府数据开放研究：概念辨析、关键因素及其互动关系[J]. 中国行政管理，2015(11)：13-18.

⑥ 周和. 开放政府与政府数据公开战略[J]. 广州大学学报(社会科学版)，2012，11(10)：11-16.

⑦ 谭海波，张楠. 政府数据开放：历史、价值与路径[J]. 学术论坛，2016，39(6)：31-35.

⑧ 于浩. 大数据时代政府数据管理的机遇、挑战与对策[J]. 中国行政管理，2015(3)：127-130.

遇、挑战和对策，认为"大数据增加了公众对于政府数据公共资源的需求和对政府数据产品的质量要求"，而目前我国政府数据管理意识和能力与公众日益增长的需求不完全适应，仍有较大的发展潜力。

孙艳艳和吕志坚(2015)①从发展策略角度分析了我国政府数据开放的障碍与对策，提出要增强用户的参与度，让用户有机会提出对数据的需求，使我国的政府数据开放建设可以有的放矢。肖卫兵(2015)②从制度角度，结合我国已颁布的《政府信息公开条例》来论证如何建立政府数据开放机制，认为我国政府数据主动公开深度不够，与公众信息需求之间仍有差距。要解决这个问题，应当编制政府数据开放目录，让用户选择应该优先开放哪些数据。夏义堃(2016)③从国际比较视野下分析我国政府数据开放的现状、问题和对策，认为我国的政府数据开放应面向满足国家经济社会发展的整体需求和公众对信息的需求。

迪莉娅(2014)④研究了国外政府数据开放的进展，发现未来应侧重调研移动互联网用户的需求，针对其访问时间碎片化、地理位置随机化、硬件具有局限性等特点进行服务。罗博(2014)⑤从国外政府数据开放的战略规划角度进行研究，发现英国专门成立了信息力量工作组(Power of Information Task Force)来研究公众信息需求，美国、新西兰等国的政府数据开放平台数据分类方式主要服务于满足用户的需求，而我国现有的政府数据开放内容对用户需求的满足程度很低。丁艺(2014)⑥分析了《联合国2014年电子政务调查报告》文本，对比

---

① 孙艳艳，吕志坚. 中国政府数据开放发展策略浅析[J]. 电子政务，2015(5)：18-24.

② 肖卫兵. 政府数据开放机制的建立和完善：结合《政府信息公开条例》谈起[J]. 理论探讨，2015(4)：154-157.

③ 夏义堃. 国际比较视野下我国政府数据开放的现状、问题与对策[J]. 图书情报工作，2016(7)：34-40.

④ 迪莉娅. 国外政府数据开放研究[J]. 图书馆论坛，2014(9)：86-93.

⑤ 罗博. 国外政府数据开放计划：进展与启示[J]. 情报理论与实践，2014，37(12)：138-144.

⑥ 丁艺. 从《联合国2014年电子政务调查报告》看全球政府数据公开[J]. 电子政务，2014(9)：9-14.

了全球政府数据开放的现状和发展趋势，发现目前许多国家的政府数据开放仍是一种"供给主导而需求遭轻视的机制"，因此如何满足用户需求是政府数据开放亟待解决的一个难题。

才世杰和夏义堃(2015)①对比分析了发达国家政府数据开放的战略，发现国外政府通过设立公众组织来了解用户需求，例如英国的开放数据用户小组(Open Data User Group)、瑞典的开放数据论坛(Open Data Forum)等。丁念和夏义堃(2015)②对比分析了发展中国家政府数据开放的战略，发现数据提供者和用户之间的关系是实现用户需求的关键环节，政府数据开放的政策制定者需要考虑这个因素。杨东谋等(2016)③研究了超过8个国家或地区的政府数据开放实施情况，发现各国不约而同地以满足用户需求为中心。

赵润娣(2016)④从多元视角研究了我国政府数据开放的政策环境，认为用户需求可以分为"公民社会和大众媒体的需求、企业的需求和政府内部的需求"。袁远明等(2012)⑤研究了关联政府数据开放(LOGD)的应用，从政府数据发布角度阐述了其技术需求。侯人华(2014)⑥研究了政府数据公共服务模式中一种自助—集成服务的模式，其中包括政民互动和公众间的互动。夏义堃(2015)⑦对比了国际组织对政府数据开放的评估方法，认为在评估时应关注数

---

① 才世杰，夏义堃. 发达国家政府数据开放战略的比较分析[J]. 电子政务，2015(7)：17-26.

② 丁念，夏义堃. 发展中国家政府数据开放战略的比较与启示[J]. 电子政务，2015(7)：27-36.

③ 杨东谋，罗晋，王慧茹，等. 国际政府数据开放实施现况初探[J]. 电子政务，2013(6)：16-25.

④ 赵润娣. 多元视角下的中国政府数据开放政策环境研究[J]. 电子政务，2016(6)：97-104.

⑤ 袁远明，吴产乐，艾浩军. 关联政府数据开放的研究与应用进展[J]. 电信科学，2012，28(9)：69-73.

⑥ 侯人华. 政府数据公共服务模式研究[J]. 情报杂志，2014(7)：180-182.

⑦ 夏义堃. 国际组织政府数据开放评估方法的比较与分析[J]. 图书情报工作，2015(19)：75-83.

据需求和公民参与度。杨孟辉和刘华(2015)[1]同样认为除了民间团体的需求外,对政府数据开放的评价也要关注来自技术社区的需求。陈涛和李明阳(2015)[2]从平台建设的角度研究了政府数据开放的对策,认为一方面平台建设要兼顾满足公众需求、保护公民隐私、社会稳定和国家安全;另一方面要针对不同用户的需求实施分阶段、有层次地开放数据。

2.5.2 政府数据开放的用户利用研究

国外学者从案例分析、利用障碍、用户体验、促进策略等视角研究政府数据开放用户利用的相关问题。Attard 等(2015)通过系统文献综述,将价值总结为政治透明度、释放社会和商业价值、提高政府活动参与度 3 个方面,指出了阻碍政府数据开放利用的因素包括数据格式的多样化、数据的模糊性、数据发现能力的缺失、已发布数据的异质性及数据重复、不同数据集范围的重叠及缺乏公众的参与和合作[3]。Jetzek(2013)从开放政府意识形态和促进价值创造两个维度建立矩阵,提出了四个典型的 OGD 价值生成机制[4]。

Jae-Nam Lee 等(2016)总结了 OGD 对优化国家知识库、提升国家基础知识水平和全球竞争力的积极影响[5]。Whitmore(2014)探讨利用美国国防部开放数据预测未来军事作战模式的可能性[6]。Magalhaes 等(2017)调研了美国 178 家

---

① 杨孟辉, 刘华. 政府数据开放评价方法研究[J]. 情报资料工作, 2015, 36(6): 40-45.

② 陈涛, 李明阳. 数据开放平台建设策略研究——以武汉市政府数据开放平台建设为例[J]. 电子政务, 2015(7): 46-52.

③ Attard J. A Systematic Review of Open Government Data Initiatives[J]. Government Information Quarterly, 2015, 32(4): 399-418.

④ Jetzek T, Avital M, Bjørn-Andersen N. The generative mechanisms of open government data[C]//ECIS 2013 Proceedings. Association for Information Systems. AIS Electronic Library (AISeL), 2013: 179.

⑤ Lee J, Ham J, Choi B, et al. Effect of Government Data Openness on a Knowledge-based Economy[J]. Procedia Computer Science, 2016: 158-167.

⑥ Whitmore A. Using Open Government Data to Predict War: A Case Study of Data and Systems Challenges[J]. Government Information Quarterly, 2014, 31(4): 622-630.

企业使用政府开放数据的行为，研究数据如何转化为价值的机制。Boulton 等
(2011)①及 Conradie 等(2014)②都注意到分散的数据集成为用户难以有效访问
的主要障碍之一。Fitriani 等(2019)通过构建结构方程模型，验证了态度、主
观规范、感知行为控制和信任、感知有用性和感知易用性会对印度尼西亚用户
持续访问政府数据开放网站产生影响③。

Benitezpaez 等(2018)通过在线调查收集的数据、数据用户社区的参与性研
讨会以及政府办公室的采访，构建了数据用户社区及其需求的定义、重用社区
的创建、以用户为中心的元数据和以重用为中心四要素的概念框架以提高城市
中开放地理数据的可重用性④。Ruijer 等(2018)引入特定情境的方法，指出在
不同情境下用户利用政府数据开放平台的需求存在差异⑤。Lassinantti 等
(2019)针对政府数据开放利用与预期效果存在差距的现象，运用相关社会群
体理论(RSG)分析了公共部门外的用户类型及对于开放数据的使用动机，确定
了探索创造、创造商业价值、创造当地公民价值、应对全球社会挑战、倡导开
放数据议程五个总体动机，不同群体间存在使用动机的差异⑥。

Zuiderwijk 等(2018)通过修正的技术接受模型(UTAUT)提出需提升用户对

① Boulton G, Rawlins M, Vallance P, et al. Science as a Public Enterprise: The Case for
Open Data[J]. Lancet, 2011, 377 (9778): 1633-1635.

② Conradie P, Choenni S. On the Barriers for Local Government Releasing Open Data[J].
Government Information Quarterly, 2014, 31: S10-S17.

③ Fitriani W R, Hidayanto A N, Sandhyaduhita P I, Purwandari B, Kosandi M.
Determinants of Continuance Intention to Use Open Data Website: An Insight from Indonesia[J].
Pacific Asia Journal of the Association for Information Systems, 2019, 11(2), 96-120.

④ Benitezpaez F, Comber A J, Trilles S, et al. Creating a Conceptual Framework toImprove
the Re-usability of Open Geographic Data in Cities[J]. Transactions in Gis, 2018, 22(3): 806-
822.

⑤ Ruijer E, Grimmelikhuijsen S, Hogan M, et al. Connecting Societal Issues, Users and
Data: Scenario-based Design of Open Data Platforms[J]. Government Information Quarterly, 2017,
34(3): 470-480.

⑥ Lassinantti J, Stahlbrost A, Runardotter M, et al. Relevant Social Groups for Open Data
Use and Engagement[J]. Government Information Quarterly, 2019, 36(1): 98-111.

于使用开放数据资源的意识，利用社交方式激发用户相互间利用开放数据积极性，使其可应用于日常生活中，减少对于技术重要性的关注。Gascó-Hernández等(2018)针对数据使用不足的部分原因是缺乏技术技能和用户培训这一现象，提出通过培训干预措施提高对开放政府数据的认识，包括将介绍与分析技能结合效果更好，开放政府数据培训需辅以有关背景和与政府互动的知识以及将培训干预嵌入到特定的情境中，并考虑不同类型用户的独特特征、兴趣和期望①。

国内研究主要关注到国外开放政府数据利用的经验借鉴、开放政府数据利用方式与促进策略、开放政府数据利用的评价研究、政府数据开放平台与用户利用等问题。赵雪娇等(2017)分析了英国利用开放政府数据进行腐败防治的若干经验②。翟军等从数据供给的视角探讨国际上高价值数据开放的先进经验。武琳和伍诗瑜剖析了英美三个开放数据典型项目："midata""Money Advice Service"和"蓝绿按钮"，讨论该类项目的经济价值。从增值利用的角度，利用文献调研和案例分析的研究方法，调查美国、英国、澳大利亚等国的开放政府数据商业应用，为我国政府开放数据和政府信息资源开发利用提供参考。

武琳和吴绮琪(2018)全面调研了英美公共安全领域数据的应用案例③。陈美(2017)通过对国内外政府数据开放利用进展的讨论与分析，提出开放具有更大经济影响的政府数据，减免政府数据收费，加强多元主体参与的建议④。周志峰(2017)调研和分析了国内外政府数据开放共享与开发利用的实

①　Gascohernandez M, Martin E G, Reggi L, et al. Promoting the Use of Open Government Data：Cases of Training and Engagement[J]. Government Information Quarterly, 2018, 35(2)：233-242.

②　赵雪娇, 张楠, 孟庆国. 基于开放政府数据的腐败防治：英国的实践与启示[J]. 公共行政评论, 2017(1)：74-90, 207.

③　武琳, 吴绮琪. 英美公共安全领域政府开放数据应用进展[J]. 情报杂志, 2018(4)：183-186, 207.

④　陈美. 政府数据开放利用：内涵、进展与启示[J]. 图书馆建设, 2017(9)：44-50, 77.

践案例，从政策法规、管理、开发途径以及技术等方面总结提出了 10 条促进政府开放数据开发利用的对策①。尚珊和阴晓慧（2017）利用问卷调查法着重对用户政府数据需求特征以及利用行为进行了调查及分析，从相关立法、特色数据库建设及管理制度三个方面为促进政府数据开放提供了参考意见②。

郑磊和吕文增（2017）以上海开放数据创新应用大赛为例，对开放数据的利用者、利用程度、受益者、利用产出和效果等问题进行了研究③，表明对数据进行融合利用具有巨大的潜在商业效益与社会效益。汤志伟和郭雨晖（2018）通过系统文献综述，发现开放政府数据利用还属于一个较新的领域，相关文献还十分稀缺，已有研究大多仅从某一视角进行浅层讨论，而缺乏深入研究与定量检验④。

段尧清等（2018）以哈尔滨、济南、上海、武汉、广州和贵阳 6 地为例，发现在不同主题下和不同城市中开放数据的利用现状都不均衡⑤。赵橙澎和刘红（2018）通过问卷调查分析了硕士研究生对政府数据开放的认知程度，发现硕士研究生对政府数据开放的概念认知还停留在"政府信息公开"概念层面，未能足够重视政府数据开放后可能面临的数据安全问题，多数硕士研究生不清楚如何下载、利用政府数据⑥。刘桂琴（2019）利用 LDA 模型对武汉市政府数

---

① 周志峰. 创新创业视域下促进政府开放数据开发利用的对策分析[J]. 情报杂志, 2017(6)：145-151.

② 尚珊，阴晓慧. 基于用户视域的政府数据需求与利用行为研究[J]. 图书馆理论与实践，2017(9)：48-54.

③ 郑磊，吕文增. 公共数据开放的产出与效果研究——以上海开放数据创新应用大赛为例[J]. 电子政务，2017(9)：2-10.

④ 汤志伟，郭雨晖. 我国开放政府数据的利用：基于 CNKI 的系统性文献综述[J]. 情报杂志，2018，37(7)：69，180-185.

⑤ 段尧清，邱雪婷，何思奇. 主题与区域视角下我国城市政府开放数据利用现状分析[J]. 图书情报工作，2018(20)：65-76.

⑥ 赵橙澎，刘红. 硕士研究生对政府数据开放的认知程度分析[J]. 管理评论，2018，30(9)：270-276.

据开放网站的用户评论数据进行主题提取，对不同类型的评论情感差异进行探讨，结合情感分析结果显示 2 个主题的情感趋向是满意状态、7 个主题的情感趋向是一般或不满意状态①。

2.5.3　用户对于数据平台的利用研究

Fitriani 等（2019）通过构建结构方程模型，验证了态度、主观规范、感知行为控制和信任、感知有用性和感知易用性会对印度尼西亚用户持续访问政府数据开放网站产生影响②。Ruijer 等（2017）引入特定情境的方法，指出在不同情境下，用户利用政府数据开放平台的需求存在差异③。

朱红灿等（2018）将"心流体验"融入 S-O-R 框架，构建模型并探讨了用户对数据开放平台的持续使用意愿问题，研究表明，数据开放平台环境刺激和心流条件因素通过用户心流体验正向影响用户持续使用意愿④，而后运用 KANO 模型，从用户体验的视角确定了数据开放平台的用户体验 7 个关键要素，包括建议反馈功能、数据请求功能、数据集评价功能、提供按需排序功能、展现数据更新与下载动态、数据分类导航和开放格式⑤。刘桂琴（2019）利用 LDA 模型对武汉市政府数据开放网站的用户评论数据进行主题提取，对不同类型的评论情感差异进行探讨，结合情感分析结果显示 2 个主题的情感趋向是满意状

---

① 刘桂琴. 政府数据开放平台用户评论情感差异分析[J]. 数字图书馆论坛，2019（2）：18-23.

② Fitriani W R, Hidayanto A N, Sandhyaduhita P I, Purwandari B, Kosandi M. Determinants of Continuance Intention to Use Open Data Website：An Insight from Indonesia[J]. Pacific Asia Journal of the Association for Information Systems，2019，11（2），96-120.

③ Ruijer E, Grimmelikhuijsen S, Hogan M, et al. Connecting societal issues, users and data：Scenario-based design of open data platforms[J]. Government Information Quarterly，2017，34（3）：470-480.

④ 朱红灿，胡新，王新波. 基于 S-O-R 框架的政府数据开放平台用户持续使用意愿研究[J]. 现代情报，2018，38（5）：102-107，118.

⑤ 朱红灿，胡新，李顺利. 基于 Kano 模型的政府数据开放平台用户体验要素分类研究[J]. 现代情报，2018，38（12）：15-23.

态、7 个主题的情感趋向是一般或不满意状态①。袁静等(2024)从用户参与视角构建政府数据开放平台用户参与度指标体系，并选取具有代表性的 14 个省域平台、19 个城市平台进行实证测评，发现当前用户参与度整体水平不高，用户参与程度的地域性差异较大。

2.5.4 政府数据开放的利用能力研究

数据利用能力是数字素养与技能的关键维度之一，在狭义层面直接影响公共数据价值效用的发挥，在广义层面则关系到行业和整个社会的数字化建设。前期研究主要从不同主体的数据利用能力以及特定主体的数据利用能力要素展开。

第一，从宏观层面研究不同行业领域的大数据能力。马鸿佳等(2023)针对企业数字化转型和数字创业需求，运用元分析的方法归纳和识别大数据能力的影响因素及其效用，发现在大数据能力实证研究中，动态能力理论和资源基础观最为常用，显著影响大数据能力的因素包括技术、组织、环境三个类别②。

第二，在微观层面研究不同主体的数据利用能力。赵橙涔和刘红(2018)通过问卷调查分析了硕士研究生对政府数据开放的认知程度，发现硕士研究生对政府数据开放的概念认知还停留在"政府信息公开"概念层面，未能足够重视政府数据开放后可能面临的数据安全问题，多数硕士研究生不清楚如何下载、利用政府数据③。门理想(2020)以公共部门为对象，提出了数字领导力的

---

① 刘桂琴. 政府数据开放平台用户评论情感差异分析[J]. 数字图书馆论坛, 2019(2)：18-23.

② 马鸿佳，肖彬，王春蕾. 大数据能力影响因素及效用：基于元分析的研究[J]. 南开管理评论，2023，26(2)：143-153，165.

③ 赵橙涔，刘红. 硕士研究生对政府数据开放的认知程度分析[J]. 管理评论，2018，30(9)：270-276.

概念，认为领导者在数字时代借助数字技术更好地达成组织的目标与使命就是其数字领导力的展现，这一能力对于当前我国公共部门的领导者而言尤为重要①。钱瑛等（2022）以图书情报专业硕士为研究对象，构建了包括数据意识、数据知识、数据能力和数据伦理四个层面的数据素养能力评价体系②。

第三，研究数据利用能力的培育策略。张红春和王胜梅（2020）介绍了英国公务员数据能力建设的经验，研究发现，在战略层面以建设世界一流公务员队伍服务于国家竞争力提升为最终使命，在结构层面全面调动政府内部外部主体共同承担公务员数据能力培育责任，进一步通过构建强制性和精细化的公务员数据能力素养标准和技能标准增强其制度执行力③。樊博（2018）在研究中提出，通过探索首席信息官制度、加强数据脱敏等工作、推动法制建设等方式来提升政府部门大数据能力④。梁宇等（2022）结合我国政府数据治理的实际需求，提出我国政府数据治理人才能力的核心要素包括大数据能力、沟通能力、协调能力、多学科知识能力等，从加强多学科、跨学科理论知识与技能人才培养、明确培养目标、完善培训制度等方面提高人才培育实效⑤。

2.6　已有研究的不足之处

从以上国内外相关研究成果的综述可以看出，国内外对于政府数据开放共

①　门理想. 公共部门数字领导力：文献述评与研究展望[J]. 电子政务，2020（2）：100-110.

②　钱瑛，徐绪堪，朱昌平，等. 面向图书情报专业硕士的数据素养能力评价指标体系构建[J]. 情报理论与实践，2022，45（10）：62-68.

③　张红春，王胜梅. 大数据背景下英国公务员数据能力建设的路径与启示——一项制度文本分析[J]. 贵州大学学报：社会科学版，2020，38（6）：14.

④　樊博. 推进开放政府数据：提升政府部门大数据能力[J]. 学海，2018（2）：5-10.

⑤　梁宇，李满翔，刘政，等. 我国政府数据治理人才能力的核心要素与培养路径研究[J]. 图书馆，2022（4）：34-41.

享的研究已经形成规模、逐渐成熟。但是，与美英等先行国家相比，我国政府数据开放共享的实践起步较晚，缺乏国家统一的政府数据开放平台、已建立的地方性政府数据开放平台的开放数据数量与质量参差不齐，学者们尚未来得及、也缺乏足够的实践根基对其进行系统、深入的研究。因而，国内外现有研究成果也存在一些不足与薄弱环节、有待加强。

2.6.1 系统性研究不够

政府数据开放共享的基本理论、概念已经提出，各领域的学者进行了单独论述，我国现有研究成果大多从政府数据开放或开放政府数据的某一个方面开展研究，如政府数据开放的安全、隐私保护、国外政府数据开放的进展等，但从国家战略高度开展系统理论研究的成果还比较缺乏，鲜有成果从宏观上站在国家大数据战略的高度对政府数据开放共享进行融合与系统的研究。

2.6.2 制度保障研究不足

国内现有研究中对国外政府数据开放共享的政策、法规介绍与总结较多，对我国的政府数据开放共享的政策法规建议大多比较分散，关于政府数据开放共享的顶层设计的研究成果出现不久，但构建政策、法规保障体系的研究依然不足。

2.6.3 对标准规范体系构建的重视不够

国内外对政府数据开放共享的标准规范研究均很薄弱、国内尤其。标准规范是政府数据开放利用和交换共享的关键，而标准规范的缺失或不健全正是目前我国已开放的政府数据出现"信息孤岛""数据失联"的重要原因。

2.6.4 有技术深度的研究有待加强

关于政府数据开放平台的研究，多是对国外或国内的某个平台进行介绍或案例分析、或者国外平台的调查与分析，对于我国拟建立的国家政府数据开放统一平台的研究非常少，尤其是该平台的总体设计、功能与技术实现比较缺乏。未能充分关注到人工智能技术发展与应用对政府数据开放共享的变革与挑战。

2.6.5 跨学科合作研究有限

国内外与政府数据开放共享的研究成果主要集中从图书情报学或公共管理学角度研究，具备一定的学科局限性，在学科交叉融合的大背景下，可以结合具体的研究问题特点与需求，与相应学科的专家、学者展开合作。例如，图书情报学可以分别与公共管理学、法学合作研究 OGD 的政策、法规保障；而寻求计算机科学的合作研究政府数据开放共享的平台问题，可以缩小理论研究与技术实现之间的差距。

3 政府数据开放共享的相关概念

政府数据开放共享及其相关术语很多，本章对这些术语及其涵义进行辨析。

3.1 政府数据相关概念

3.1.1 数据

《中国大百科全书》（第三版）网络版①将数据（Data）定义为"描述客观事实的符号记录"。"数据"一词首次出现于 1640 年，意为给定或认定的事实，最初被用于表示作为数学问题计算基础的事实，之后被定义为以备将来之用所收集的数值事实。随着计算机的发明和迅速发展，人类产生、获取和处理数据的能力得到极大提升，数据概念也有了新的演进，数据被定义为通过观测得到的数字性的特征或信息，是一组关于一个或多个人或对象的定性或定量变量。为了便于计算机的数字化存储和处理，数据以二进制信息单元 0、1 的形式表示，单位为比特。因此，数据的定义被引申为执行计算机操作的可传输和可存储的信息，是所有能输入计算机并被计算机程序处理的符号的介质的总称。

在 DIKW 模型（Data-to-Information-to-Knowledge-to-Wisdom Model）中，数据

---

① 中国大百科全书［EB/OL］.［2024-01-28］. https://www.zgbk.com/.

是可观察属性的符号表示，是表示对象、事件及其环境的特性的符号，信息则都是从数据中推断出来的，数据是加工成信息的原材料①。

3.1.2 大数据

大数据(Big Data)是一个比较抽象的概念，本身是一个多义词，不同学科有各自的定义，单从字面来看，它表示数据规模的庞大②。

全球最大的信息管理软件及服务供应商 Oracle(甲骨文)公司认为大数据是指高速涌现的大数量、多样化的数据，其特性可简单概括为 3V。大数据的"大"首先体现在数据量(Volume)上，包含海量、低密度的非结构化数据；大数据的"高速"(Velocity)指高速接收乃至处理数据；大数据的多样化(Variety)是指数据类型众多，各种新的非结构化数据类型不断涌现。国际数据公司(IDC)认为大数据还应当具有价值性(Value)，大数据的价值往往呈现出稀疏性的特点，需要通过适当方法将其价值挖掘出来③。国际商用机器公司(IBM)认为大数据必然具有真实性(Veracity)，必须保证数据的质量和可靠程度④。

3.1.3 科学数据

科学数据(Scientific Data)是在科研活动中生成的原始性数据。2018 年国

---

① Ackoff R L. From Data to Wisdom[J]. Journal of Applied Systems Analysis，1989，16(1)：3-9.

② What Is Big Data？[EB/OL]．[2024-01-30]．https：//www.oracle.com/big-data/what-is-big-data.

③ IIIS：The 'Four Vs' of Big Data-storage，Implementing Information Infrastructure Symposium (IIIS) [EB/OL]．[2024-01-28]．https：//www2.cio.com.au/article/print/396198/iiis_four_vs_big_data.

④ What is Big Data？More than Volume，Velocity and Variety[EB/OL]．[2024-01-28]．https：//developer.ibm.com/blogs/what-is-big-data-more-than-volume-velocity-and-variety/.

务院办公厅发布的《科学数据管理办法》(国办发〔2018〕17号)①提出,科学数据主要包括在自然科学、工程技术科学等领域,通过基础研究、应用研究、试验开发等产生的数据,以及通过观测监测、考察调查、检验检测等方式取得并用于科学研究活动的原始数据及其衍生数据。科学数据的积累是科研活动不断发展的重要基础,是科技创新、经济发展和国家安全的重要战略资源,是驱动各领域创新发展的重要因素,也是政府部门制定政策、进行科学决策的重要依据。《中国大百科全书》(第三版)网络版指出,科学数据在科学研究、人类社会与经济发展中发挥着越来越重要的支撑与驱动作用。

科学数据虽然大多集中于学术科研领域,但很多研究活动是政府基金资助的,因此由政府资助产生的科学数据也应当属于政府数据的范畴。

3.1.4 政府数据

联合国将政府数据(Government Data)定义为"公共部门机构生产或委托的数据或信息"②。具体来说,是公共部门的机构(如议会、政府各部委、法院)和其他政府控制实体产生、创建、收集、处理、保存、维护、传播、资助或委托的任何数据和信息③。这些数据可能包括国家统计数据、预算信息、商业信息等。政府数据之"政府"一词表示"谁"负责直接或间接(委托)生成数据,进而"拥有"数据④。大多数政府数据是法律规定的公共数据,因此很多组织和个

① 国务院办公厅关于印发科学数据管理办法的通知[EB/OL].[2024-01-29].https://www.gov.cn/zhengce/content/2018-04/02/content_5279272.htm.

② United Nations. Guidelines on Open Government Data for Citizen Engagement[EB/OL].[2024-01-01]. https://publicadministration.desa.un.org/sites/default/files/inline-files/Guidenlines%20on%20OGDCE%20May17%202013.pdf.

③ United Nations. Guidelines on Open Government Data for Citizen Engagement[EB/OL].[2024-01-01]. https://publicadministration.desa.un.org/sites/default/files/inline-files/Guidenlines%20on%20OGDCE%20May17%202013.pdf.

④ Lourenço R P, Piotrowski S, Ingrams A. Open Data Driven Public Cccountability[J]. Transforming Government: People Process and Policy, 2017, 11(1): 42-57.

人可以通过利用政府数据，增强政府透明度和政治民主、推动科学研究并促进社会创新。

"政府数据"着眼于数据主体，通常将数据主体局限为行政机关，是行政机关在依法履职中制作或获取的各类数据。

3.1.5 公共数据

公共数据(Public Data)是相对私有数据(Private Data)、有隐私限制的或机密的数据而言的。这些数据由公共资金投入产生，主要集中于公共组织或由政府正式资助的企业①，因而公共数据除了政府各机构的数据外，还包括具有公共事业属性的图书馆、档案馆、博物馆以及国有企业等产生的数据。政府数据中不涉及隐私、机密或国家安全的数据即为公共数据。由此可见，政府数据与公共数据存在交叉关系。

在数据的概念谱系中，"公共数据"这一概念比"政府数据""政务数据"的内涵更丰富，外延也更广，使用"公共数据"一词更为恰当和科学。它不但与国家"十四五"规划用语保持一致，有利于建立健全国家公共数据资源体系，而且通过预置公共服务的概念要素，更有利于推动公共数据开放共享及其实际应用创新②。

3.1.6 公共部门信息

在欧洲，公共部门信息(Public Sector Information，PSI)是指"公共当局在执行公共任务过程中生产、收集或持有的数据和信息"③(HM Government，

① Jung K, Park H W. A Semantic(TRIZ) Network Analysis of South Korea's "Open Public Data" Policy[J]. Government Information Quarterly, 2015：32(3)：353-358.

② 席月民. 推进公共数据开放共享的立法进路[EB/OL]. [2024-01-29]. https：//cssn. cn/zzx/xzx/202210/t20221031_5557417.shtml.

③ HM Government. Open Data：Unleashing the Potential [EB/OL]. [2024-01-01]. https：//www.gov.uk/government/publications/open-data-white-paper-unleashing-the-potential.

2012)。公共部门信息在很大程度上即政府机构的数据；同样，"政府数据也被称为公共部门信息（PSI）"（Zuiderwijk & Janssen，2014）①。

可见，政府数据与公共数据、科学数据以及公共部门信息既相互联系，又相互区别。就政府数据与公共数据而言，二者关系较为密切，也正因为如此，我国有些地方的政府数据平台名称为公共数据平台。

3.1.7 政府大数据

政府承担着社会资源主要分配者和管理者的角色，因而也掌控着大部分社会运行数据。我国从 1993 年开始实施"三金工程"，电子政务建设取得显著成效，同时也产生了海量的数字化数据资源。从产生数据的来源来看，政府数据可以划分为以下 5 种类型②③④：其一，在政府各个部门的内部管理中产生的数据；其二，政府在履行社会管理及提供公共服务等职能过程中，实时生成的数据；其三，由政府相关职能部门所采集的社会管理数据；其四，政府以业务外包或政府采购方式所获得的数据；其五，互联网上的公开数据。除了第一类外，其他都具有大数据的特征，可以看作政府所拥有的大数据。政府开放数据是政府大数据的组成部分，是对政府大数据进行开发利用的方式和目标；而同时，政府大数据是政府开放数据的基础和来源。

随着大数据技术的发展，政府数据开放与大数据进行融合，衍生出"开放政府大数据"（Big Open Government Data）的概念。曾在白宫政府数据开放项目

---

① Zuiderwijk A, Janssen M. Open Data Policies, Their Implementation and Impact: A Framework for Comparison[J]. Government Information Quarterly, 2014, 31(1), 17-29.

② 王芳，赖茂生. 我国电子政务发展现状与对策研究[J]. 电子政务，2009(8)：51-57.

③ 王芳. 政府信息共享障碍及一个微观解释[J]. 情报科学，2006，24(2)：194-199，221.

④ 徐继华，冯启娜，陈贞汝. 智慧政府：大数据治国时代的来临[M]. 北京：中信出版社，2014：20-21.

任职的技术专家 Gurin① 研究了大数据、开放数据、政府数据开放的关系，分析了这三种数据交叉产生的 6 种类型的数据，图 3-1-1 表明大数据与开放数据交叉产生的是从科学研究、社会媒体和其他非政府机构获得的大规模数据集；开放政府与开放数据交叉产生从中央、地方政府机构获得的公共数据；大数据、开放政府、开放数据交叉产生的则是大规模公共政府数据。

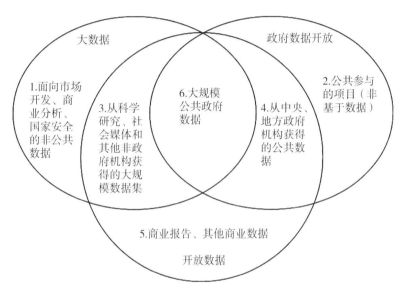

图 3-1-1　大数据、开放数据、政府数据开放的关系与衍生概念

（资料来源：Ding 等的论文②）

国内学者也对政府大数据开放的概念进行了研究。Bertot 和郑磊等③认为

①　Gurin J. Open Data Now：The Secret to Hot Startups，Smart Investing，Savvy Marketing，and Fast Innovation[M]. Maidenhead，UK：McGraw Hill Education，2014.

②　Ding L，Peristeras V，Hausenblas M. Linked Open Government Data [J]. IEEE Intelligent Systems，2012，27(3)：11-15.

③　John Carlo Bertot，郑磊，徐慧娜，等. 大数据与开放数据的政策框架：问题、政策与建议[J]. 电子政务，2014(1)：6-14.

"大数据往往建立在开放数据的基础上，大数据政策对大数据应用的创新和研究、政府开放和透明度及其他领域产生深远影响"。杨孟辉①总结了国内外对政府数据开放相关概念的解释，并研究了该概念与政府信息资源开发利用、大数据、智慧城市等相关概念之间的关系。

3.2 政府数据开放相关概念

3.2.1 政务公开

《辞海》对政务的解释为"行政事务，泛指国家的管理工作"。陈勇（2001）②把政务公开界定为"国家政务活动中，凡是涉及公共事务、公共服务的事项，只要不属于国家机密，都应向社会和群众公开，接受社会和群众的监督"。马宝成（2001）③认为，政务公开不应包括村务公开、司法公开和厂务公开，而是"仅仅限于政府机关的范围内，尤其是与公共行政管理密切相关的，与民众切身利益密切相关的事务的公开"。罗辉（2002）④认为，"政务公开是国家权力的议决和执行机关就与国家权力的运作相关的情况，依法向利益相关人员予以告知并接受监督的行为"。

虽然目前政务公开没有统一的定义，但学界对其概念的界定大同小异，都界定了政务公开的主体是国家行政机关，内容是政府行政活动、对象是社会群

① 杨孟辉. 开放政府数据：概念、实践与评价[M]. 北京：清华大学出版社，2017：1-10.
② 陈勇. 深化政务公开的若干思考[J]. 党政论坛，2001(3)：39-40.
③ 马宝成. 政务公开的基本概念和基本理念探析[J]. 辽宁行政学院学报，2001，3(1)：5-7.
④ 罗辉. 政务公开概念辨析[J]. 中国地质大学学报（社会科学版），2002，2(2)：75-78.

众、目的是接受社会和群众的监督。

我国的政务公开最早起源于 20 世纪 80 年代在农村地区实行的村务公开制度(白清礼,2012)①,最早的村务公开包括村集体财务收入、宅基地划分、计划生育指标分配等。1990 年 12 月,中共中央批转的《全国村级组织建设工作座谈会纪要》要求各地"增加村务公开的程序,接受村民对村民委员会工作的监督",村务公开制度在全国推行开来,制度不断完善,为政务公开的开展和实施积累了宝贵经验。

2005 年 3 月,中共中央、国务院印发了《关于进一步推行政务公开的意见》,指出我国的政务公开是"按照法律法规和有关政策规定,对各类行政管理和公共服务事项,除涉及国家秘密和依法受到保护的商业秘密、个人隐私之外,如实进行公开"。此外,该《意见》还正式明确了我国政务公开的意义、原则、目标、法规制度和组织领导方式,政务公开走向正规化、全面化、制度化。

3.2.2　政府信息公开

政府信息公开是政府管理现代化和信息化发展过程中出现的概念,它与国外的"开放政府信息"(Open Government Information,OGI)相对应。政府信息公开与政务公开看起来十分相似,但二者的概念起源、内涵、外延仍有不同之处。相较于政务公开,政府信息公开的概念提出较晚。白清礼(2012)辨析了政务公开与政府信息公开两个概念,发现政府机关、学界都存在将二者等同混用的情况,他认为这两个概念有五个方面的不同:产生的历史背景不同:政务公开起源于改革开放后农村基层的村务公开,政府信息公开产生于现代信息公开的国家化背景;规范性质不同:政务公开的规范依据是党和国家的方针政

---

① 白清礼. 政务公开与政府信息公开之辨析[J]. 图书馆工作与研究,2012(8):61-64.

策,政府信息公开的依据是我国立法颁布的《政府信息公开条例》和各省市相应的政府信息公开条例;目的不同:政务公开的目的是反腐倡廉、促进民主政治发展,政府信息公开的目的除了提高政府透明度外,还有保障公民依法获取政府信息的权利和使政府信息服务群众的生产、生活活动;公开内容不同:政务公开的内容主要是政务活动的主体、过程和结果等,政府信息公开的内容包括政府在履行职责过程中获取的,以一定形式记录和保存的信息,它的范围比政务公开要广泛很多;理论基础不同:政务公开的理论基础主要是人民主权理论、行政学理论等,政府信息公开除了上述理论基础外,还包括知情权、政府信息资源管理等理论。

政府信息公开的概念可以追溯至美国在 1966 年颁布的《信息自由法》(*Freedom of Information Act*),该法案几经修订,目前最新的是 2002 年的版本。该法案规定了政府信息公开的内容、主体、方法等核心框架,确立了政府应主动公开和回应公众关心的公共信息的理念,影响深远。此外,较有影响力的还有英国在 1999 年颁布的《信息公开法》、日本在 1999 年颁布的《行政机关拥有信息公开法》等。

随着政府信息化的持续发展,我国于 2007 年正式颁布了《中华人民共和国政府信息公开条例》,该《条例》对政府信息公开的定义为:政府机构依法及时、准确地公开其在履行职责过程中产生、获取和存储的信息。政府信息公开主要有两种形式,一是政府主动地通过文件、网络等渠道以公告、告示、通告等形式公开政府信息;二是被动地公开信息:应申请者申请,向申请人依法提供所申请信息的查询、阅读、复制、下载等形式(应松年等,2002)①。

我国政府规定,国务院办公厅是全国政府信息公开的主管部门,县级以上

---

① 应松年,陈天本. 政府信息公开法律制度研究[J]. 国家行政学院学报,2002(4):59-64.

地方人民政府办公厅和县级以上人民政府确定的其他政府信息公开工作主管部门负责政府信息公开的具体工作。我国政府信息公开的目的是"保障公民、法人和其他组织依法获取政府信息，提高政府工作透明度，促进依法行政，充分发挥政府信息对人民群众生产、生活和经济社会活动的服务作用"。我国政府信息公开的范围包括了行政法规文件、国民经济和社会发展规划、经济和社会统计信息、财政预算和决算报告、行政事业性收费项目和标准等涉及政府活动的方方面面，同时也规定了行政机关不得公开涉及国家秘密、商业秘密、个人隐私的政府信息。

3.2.3　开放数据

政府数据开放的概念是在开放数据和开放政府两个概念相互融合的基础上发展而来的。

开放数据（Open Data）是在多源、异构的网络环境下产生的以开放、自由、共享为目标的数据组织理念和技术。2009 年，开放知识基金会（Open Knowledge Foundation，OKF）将开放数据定义为："开放数据是可以被任何人自由使用、再利用和再分发的数据。"①这个定义还规定了开放数据应当具有三大特点：可获取性和可访问性（Availability and Access）、再利用和再分发（Re-use and Redistribution）、普遍参与性（Universal Participation）。2013 年 6 月，八国集团（Group 8，G8）发布了《开放数据宪章》（*Open Data Charter*），制定了开放数据五大基本原则（G8，2013）②：使开放数据成为默认的规范（Open Data by Default）、注重数据质量与数量（Quality and Quantity）、所有人公平使用（Usable by All）、发布数据以提升治理能力（Releasing Data for Improved Governance）和

---

① Open Data Handbook. What is Open Data? ［EB/OL］. ［2024-01-01］. http://opendatahandbook.org/guide/en/what-is-open-data/.

② G8 Open Data Charter［EB/OL］. ［2024-01-01］. https://www.gov.uk/government/uploads/system/uploads/attachment_data/file/207772/Open_Data_Charter.pdf.

发布数据以促进创新（Releasing Data for Innovation）。2013 年联合国经济与社会事务部将开放数据界定为"任何人可以因任何目的且不受限制地加以利用的资料"。在最新的《开放数据手册（2.1 版）》中，开放知识基金会将开放数据定义为"任何人都可以以任何目的自由使用、修改和共享的数据"①。该定义已得到国际学术界的广泛认可。因此，本书采用开放知识基金会的定义。

3.2.4　开放政府

开放政府（Open Government）的概念源于美国。2009 年 1 月，奥巴马政府在《透明和开放政府》（*Transparency and Open Government*）的备忘录上正式提出这一概念。美国政府定义的开放政府是"前所未有的透明政府，是被公众信任、积极参与和协作的开放系统，开放是民主的基石，能提高政府效率和保障决策的有效性"②。白宫定义的开放政府包含三个原则：透明（Transparency）、参与（Participation）和协作（Collaboration）。

3.2.5　开放政府数据

2007 年 9 月，30 名开放政府倡导者聚集在加利福尼亚州的塞巴斯托波尔，讨论政府数据开放如何推动民主，最终形成并发布了《开放政府数据原则》（*Eight Principles of Open Government Data*），提出数据必须是完整的、原始的、及时的、可获取的、机器可读的、非歧视的、非专有的、免许可的（见表 3-1-1）③。

---

① Open Knowledge Foundation. The Open Definition ［EB/OL］. ［2024-01-01］. http://opendefinition.org/.

② Open Government Directive ［EB/OL］. ［2024-01-01］. https://obamawhitehouse. archives.gov/open/documents/open-government-directive.

③ Open Government Working Group. Eight Principles of Open Government data［EB/OL］. ［2024-01-01］. http://opengovdata.org/.

自此,"开放政府数据"一词于 2008 年开始流行起来①。

表 3-1-1 《开放政府数据原则》的内容

内容构成	描 述
完整的(Complete)	所有的公共数据都可用。公共数据是不受隐私、安全或特权限制的数据
原始的(Primary)	数据可从来源处收集,并具有最高级别的细粒度,且不是以整合或修改的形式提供
及时的(Timely)	在实际数据创建之后,尽快地提供数据,以保留数据价值
可获取的(Accessible)	数据可供所有消费者使用,并且对其使用没有限制
机器可读的(Machine processable)	数据以结构化的方式发布,允许自动化处理
非歧视的(Non-discriminatory)	数据可供所有人使用,无注册要求
非专有的(Non-proprietary)	数据以不由单一实体专门控制的格式发布
许可免费的(License-free)	除了允许合理的隐私、安全和特权限制之外,数据不受版权、专利、商标或商业秘密法规的限制

资料来源:本项目组据 https://opengovdata.org/整理。

综上所述"开放政府数据"是一个外来词,是"Open Government Data"的中文直译。

---

① Ubaldi B. Open Government Data:Towards Empirical Analysis of Open Government Data Initiatives[EB/OL].[2024-01-01]. http://www.oecd-ilibrary.org/governance/open-government-data_5k46bj4f03s7-en.

3.2.6　政府数据开放

政府数据开放对应的英文全称与简称分别为"Open Government Data""OGD"。如上文所述，开放政府数据是 OGD 的中文直译，本书不采用这个直译，是因为《促进大数据发展行动纲要》首次提出实施政府数据开放共享，我国的其他国家战略文件也采用"政府数据开放"一词。因此本书与中央政策文件保持高度一致，统一使用"政府数据开放"或"政府数据开放共享"。

开放知识基金会作为致力于开放数据的非政府性国际组织，为开放政府数据的定义贡献巨大，且已被学术界广泛认可。

开放知识基金会(2013)将政府数据开放定义为"数据由政府或受政府委托的实体进行生产，数据进行开放使任何人能够自由使用、再利用和再分发"。从这个定义可以看出政府数据开放与开放数据具有紧密的关联性。政府数据开放是将政府所拥有和管理的数据以开放的、机器可读的格式向社会开放，促进数据的自由获取和重用。

因此，本书采用 OKF 关于开放政府数据的定义。

该定义有三个基本原则①：可用性和获取，重新使用和再分配，普遍参与。但需要强调的是，开放数据意味着可以免费使用和重复使用，但并非每个政府数据都可以作为开放数据发布。例如，出于国家安全的原因，对某些数据集的访问受到限制，因此无法公开重用②。此外，开放政府数据的基本思想是数据的使用、再利用和再分配。

《开放数据宪章》认为政府是开放数据的主体之一，政府数据是最具开放

---

①　Maccani G, Donnellan B, Helfert M. Exploring the Factors that Influence the Diffusion of Open Data for New Service Development：An Interpretive Case Study［C］//Proceedings of the European Conference on Information Systems (ECIS). Germany：Munster, 2015：127-134.

②　Kuǎžera J, Chlapek D, Neǎžaský M. Open Government Data Catalogs：Current Approaches and Quality Perspective［C］//International Conference on Electronic Government and the Information Systems Perspective. Berlin：Springer, 2013：152-166.

价值的资源。美国《开放政府计划》(*Open Government Initiative*)指出"开放数据是创新者、公众获取政府数据资源的有效途径"①。于是,政府数据开放在开放数据和开放政府的交织发展中被提出。

可以说,政府数据开放与政府信息公开是一脉相承的,但二者也存在差别。总体上,政府信息公开侧重于政府透明度建设,而政府数据开放则强调政府数据的管理和利用。虽然二者都是面向公众,但是政府信息公开只是将自己的信息对公众进行公示,满足公民的知情权;而政府数据开放则是将自己的数据尽可能地在开放数据平台上发布,推动社会的广泛利用。

3.2.7　政府数据开放共享

政府数据开放共享是带有鲜明的中国特色的概念,是在我国政府信息化水平不断提高和公众对政府数据需求日益增加的大背景下提出的。

2015 年 9 月国务院印发的《促进大数据发展行动纲要》②明确提出了"政府数据开放共享"这一概念。该概念是在借鉴了政府数据开放这一概念的基础上,融入了政府数据共享的理念而产生的。正如《纲要》提及,"推进政府信息系统和公共数据互联开放共享,加快政府信息平台整合,能够消除信息孤岛,增强政府公信力,服务公众企业"。

通过对《纲要》和国务院相关文件的梳理,同时借鉴政府数据开放的概念,可以将政府数据开放共享定义为:共享、开放、整合政府机构在履行职责过程中所生产、采集和存储的数据,改善政务服务,以便公众自由地使用、开发政府数据资源。其中,政府机构是政府数据的责任主体,其服务对象是包括企业、科研工作者和公众在内的广大用户。我国政府数据的开放范

---

① Open Government Initiative[EB/OL].[2024-01-01]. https://obamawhitehouse.archives.gov/open/documents/open-government-directive.

② 中华人民共和国国务院. 促进大数据发展行动纲要[EB/OL].[2024-01-01]. http://www.gov.cn/zhengce/content/2015-09/05/content_10137.htm.

围很广，一般是指政府应开放除了涉及国家安全、商业秘密和个人隐私①的所有数据资源。

我国政府数据的共享包括跨部门间的数据共享、跨地域的数据共享、中央和地方的数据共享等，是政府机构收集和保管的数据在不同政府机构之间的互通有无。政府数据共享最典型的是实现"一网通办"，提升政府公共服务能力。我国政府数据开放共享的根本目的是"服务政治、方便群众、发展经济、引领技术"。此外，广义上的政府数据开放共享还包括其衍生的一系列政务服务，目前对该概念的范围边界还难以界定。

与政府数据开放相关的概念还有"互联网+政务服务""政务大数据""政务信息资源共享"等，这些概念一方面是伴随着政府数据开放和政府数据共享而产生的，另一方面是党中央和国务院的具体政策的实施，这些概念与政府数据开放共享有继承性和关联性。例如"互联网+政务服务"是指通过政府间的数据共享，以简政放权、放管结合、便利群众办事创业②。从总体上看，政府数据开放共享的概念内涵和外延均较大，而且有较多衍生概念，它仍是一个发展中的概念，需要不断地丰富和完善。

3.2.8 关联开放政府数据

关联数据技术应用于开放政府数据形成了"关联开放政府数据"（Linked Open Government Data，LOGD）的概念③。Attard 等④系统分析了 2009—2014 年

① 李克强出席中国大数据产业峰会暨中国电子商务创新发展峰会并致辞［EB/OL］.
［2024-01-01］. https://news.cri.cn/20160525/b57bd9b5-3bb3-d4cf-1b5e-b0f0aea7e66f.html.

② 国务院. 关于加快推进"互联网+政务服务"工作的指导意见［EB/OL］.［2024-01-01］. http://politics.people.com.cn/n1/2016/0929/c1027-28750236.html.

③ Ding L, Peristeras V, Hausenblas M. Linked Open Government Data［J］. IEEE Intelligent Systems, 2012, 27(3)：11-15.

④ Attard J, Orlandi F, Scerri S, et al. A systematic Review of Open Government Data Initiatives［J］. Government Information Quarterly, 2015, 32(4)：399-418.

间与政府数据开放相关的英文文献，辨析了开放数据（Open Data）、公共数据（Public Data）、政府数据开放（Open Government Data）、电子政府（E-government）、关联数据（Linked Data）这几个概念的异同点，对"关联开放政府数据"的概念进行了解析，如图 3-2-1 所示。

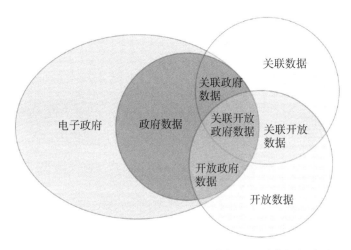

图 3-2-1　电子政府、政府数据、关联数据、开放数据的关系

（资源来源：Attard 等的论文）

4 政府数据开放的相关理论

政府数据开放是一个跨学科的研究领域，需要多学科的理论支撑，本章对该领域研究中使用较多的五个理论进行阐释，依次为需求层次理论、供给需求理论、利益相关者理论、价值共创理论和数据生命周期理论。

4.1 需求层次理论

4.1.1 需求层次理论的起源与发展

美国心理学家马斯洛（Maslow）于 1943 在《人类动机理论》①（*A Theory on Human Motivation*）一书中提出了经典的"需求层次理论"（Maslow's Needs-Hierarchy Theory）。马斯洛最早将人的需求按照发生的先后顺序分为五个层面：生理需求（Physiological Need）、安全需求（Safety Need）、爱和归属的需求（Love and Belonging Needs）、尊重需求（Esteem Needs）和自我实现需求（Self-actualization）。

马斯洛需求层次理论有以下几个规律：第一，他认为人的需求是按照先后顺序发生的，高一层的需求只能是在上一层需求得以满足的情况下才能够发

---

① Maslow, Abraham Harold. A Theory of Human Motivation [J]. Psychological Review. 1943, 50(4)：370.

生。第二，需求层次越低，它的力量就越强大，满足的潜力也越大；相应地，需求层次越高，其需求的程度就会减弱。因此，对需求的满足不仅要考虑某一层次，更要考虑整体层次的系统性①。第三，他把五个层次按照需求类型划分为基本需求和成长性需求：基本需求包括生理需求、安全需求、爱和归属的需求，他认为这些需求是客观上能够满足的；而尊重需求和自我实现需求是属于成长性需求，它们不是客观存在的物质或精神的缺失，而是人的个体出于增值性的需求，这种需求只会增强，无法实现满足。

需求层次理论较好地揭示和分析了人的需求发展规律，但也有一定的局限性，例如以人本主义为基础、有自我中心的倾向，需求满足的标准和层次界限不明确等。因此，有研究者开始尝试改造马斯洛的需求层次理论，或者在此理论的基础上进行创新。耶鲁大学的 Alderfer(1969)②在研究马斯洛需求层次理论基础上提出了"ERG 理论"，即生存需求(Existence Need)、相互关系需求(Relatedness Need)和成长发展需求(Growth Need)三层需求理论。ERG 理论有满足、加强和受挫三种状态，不同层次的需求间的关系是相互作用的，例如如果高层次需求的满足受到压制，对低层次的需求就会加强，这突出了需求层次的动态变化。McClelland(1965)③将对人们具有激励作用的三种需求划分为归属需求(Need for Affiliation)、权力需求(Need for Power)、成就需求(Need for Achievement)。

4.1.2 需求层次理论在信息管理领域的应用

随着社会信息化水平的不断提升，需求层次理论在图书情报学领域得到研

① 李白杨. 我国政府数据开放的用户需求及其保障策略研究[D]. 武汉：武汉大学，2017.

② Alderfer C P. An Empirical Test of a New Theory of Human Needs. [J]. Organizational Behavior & Human Performance，1969，4(2)：142-175.

③ McClelland D C. Toward a Theory of Motive Acquisition[J]. American Psychologist，1965，20(5)：321-333.

究和应用。Kochen(1975)①将用户对信息的需求划分为三个层次：需求的客观状态、需求的认识状态、需求的表达状态。Taylor(1995)②提出了信息需求的层次划分，他把信息需求分为内在的需求(Visceral Need)、意识中的需求(Conscious Need)、确定的需求(Formalized Need)和协调了的需求(Compromised Need)。Wilson(1999)③在需求层次理论的基础上，分析了信息需求的内外部影响环境，提出了一种信息需求层次模型。

国内学者将需求层次理论应用于社会管理、电子政务和经济管理等领域中。马海群等(2022)④关注社会公众的体验和感受，基于需求层次理论提出公共数据用户感知价值测量量表，包括基本价值感知、安全价值感知、服务价值感知、尊重价值感知的四重结构。邓发云(2006)⑤研究指出，用户需求的差异是由信息不对称现象引起的，信息中介在向用户提供服务时，应建立信息筛选机制。唐协平(2008)研究了电子政务发展中用户需求的产生和差异，并将客户关系管理(Customer Relationship Management，CRM)的概念应用于电子政务服务中⑥。钱丽丽(2010)⑦分别对比研究了心理学、社会学、管理学和信息系统中的需求分层理论，提出了电子政务公众服务需求结构：发展需求、关系需求和功能需求层次结构。由此可以看出，需求层次理论在信息社会中同样具有

① Kochen M. Information and the Quality of Life[M]. Perspectives in Information Science. Springer Netherlands，1975.

② Taylor S, Todd P A. Understanding Information Technology Usage：A Test of Competing Models[J]. Information Systems Research，1995，6(2)：144-176.

③ Wilson T D. Models in Information Behavior Research. [J]. Journal of Documentation，1999，55(3)：249-270.

④ 马海群，邹纯龙，王今. 公共数据用户感知价值内涵及量表构建研究[J]. 情报理论与实践，2022，45(10)：11-18.

⑤ 邓发云. 基于用户需求的信息可信度研究[D]. 成都：西南交通大学，2006.

⑥ 唐协平. 面向社会公众的电子政务最终服务需求识别与管理研究[D]. 上海：上海交通大学，2008.

⑦ 钱丽丽. 电子政务公众服务需求及其对系统成功的影响路径研究[D]. 上海：复旦大学，2010.

较强的适用性。

4.1.3 需求层次理论在本研究中的应用

需求层次理论是本研究的理论基础之一，可以用来识别用户需求的层次和差异。人们对于政府数据开放同样有不同的需求层次，这表现在不同背景的人对政府数据开放中的数据主题、数据格式、数据质量、平台功能等的需求各不相同，运用需求层次理论能够对用户需求的特点进行归纳，以便针对性地提出保障策略。

4.2 供给需求理论

4.2.1 供给需求理论的起源与发展

"供求论"起源于经济学领域(任红梅，2016)①，它对市场的供给和需求状况进行了解释。"经济学之父"亚当·斯密在其著作《国富论》(*An Inquiry into the Nature and Causes of the Wealth of Nations*，最早于 1776 年出版)②中对供给需求的基本规则进行了研究，他认为价格是影响供给需求的关键因素。马克思主义经济学将供给需求关系放到劳动价值论的视角下进行系统阐释，研究了有效需求和有效需求理论，社会总供给总需求平衡理论，供给需求与价值、市场价值、市场价格关系等(任红梅等，2015)③。"现代宏观经济学之父"凯恩斯

---

① 任红梅. 马克思经济学与西方经济学供给需求理论的比较研究[J]. 西安财经学院学报，2016，29(6)：10-15.

② Smith A. An Inquiry into the Nature and Causes of the Wealth of Nations [M]. China Social Sciences Pub. House，1999.

③ 任红梅，岳宏志. 马克思供给需求理论：一个文献综述[J]. 西安财经学院学报，2015，28(3)：101-106.

提出了供给需求的"自动均衡"理论，系统地总结了供给、需求、均衡之间的关系和规律，其中对供给需求影响较大的是边际消费倾向递减规律。微观经济学同样重视供给需求理论，Case 和 Fair（2003）①研究了供给、需求与市场均衡曲线，该曲线是经济学领域供给需求理论的重要应用。

4.2.2 需求层次理论在信息管理领域的应用

随着信息化时代的到来，信息产品愈加丰富，供给需求理论在社会管理、信息消费中得到新的阐释。诺贝尔经济学奖得主 Stigler（1961）②研究了消费者在获得商品质量、价格和购买时机的信息成本问题，开创了信息经济学。另一位诺贝尔经济学奖得主 Ostrom（1990）③在经济学供给需求理论的基础上，提出了公共资源的管理分析方法，她分析了"公地悲剧""囚徒理论""集体行动逻辑"三大模型，以研究公共资源的需求供给策略，以避免公共资源的浪费，使公共资源的需求供给达到一种"均衡"状态。

国内方面，马费成（1991）④研究了不完全信息理论，把信息商品、信息服务、信息产业等放在经济学视域下进行论证，引领了国内信息经济学的发展。胡昌平（1998）⑤认为，用户的信息需求是在社会的信息化和社会化信息网络的发展中产生变革的，从存在形式上看主要有获取信息的需求、发布信息的需求、信息交流的需求和信息咨询的需求。随着大数据时代的到来，人们对信息的需求逐渐发展成为对知识的需求和对数据的需求，社会信息消费迅速

---

① Case K E, Fair R C. Principles of Microeconomics（7th Edition）［M］. Upper Saddle River, NJ：Prentice Hall, 2003：455-456.

② Stigler G J. The Economics of Information［J］. Journal of Political Economy, 1961, 69（3）：213-213.

③ Ostrom E. Governing the Commons［M］. Cambridge, UK：Cambridge University Press, 1990：38-55.

④ 马费成. 信息经济学综论［J］. 图书与情报, 1991（3）：11-17.

⑤ 胡昌平. 论网络化环境下的用户信息需求［J］. 情报科学, 1998, 16（1）：16-23.

增长，信息产品的供给亟待加强。国务院(2013)《关于促进信息消费扩大内需的若干意见》①要求"加快信息基础设施演进升级、增强信息产品供给能力、培育信息消费需求、提升公共服务信息化水平、加强信息消费环境建设和完善支持政策"。

4.2.3　需求层次理论在 OGD 障碍研究中的应用

本书利用信息的供给需求理论对我国政府数据的供给现状进行研究，分析其存在的障碍，以便据此提出面向用户需求的保障策略。政府数据是一种信息产品，信息的供给需求理论不仅可以与需求层次理论进行结合，也适用于测定政府数据开放的用户需求和供给情况，从而提出保障策略，以求达到政府数据需求供给的平衡，满足用户需求。

4.3　利益相关者理论

4.3.1　利益相关者理论的核心思想

利益相关者理论(Stakeholder Theory)起源于企业股东的利益分配，于1963年由斯坦福研究所正式作为一个明确的概念提出，认为"利益相关者是这样一些团体，没有其支持，组织就不可能生存"(Freeman，1983)②。随后，Freeman(2006)③在其《战略管理：一种利益相关者的方法》一书中指出"利益

---

① 国务院. 关于促进信息消费扩大内需的若干意见[EB/OL]. [2024-01-01]. https://www.gov.cn/zwgk/2013-08/14/content_2466856.htm.

② Freeman R E, Reed D L. Stockholders and Stakeholders: A New Perspective on Corporate Governance[J]. California Management Review, 1983, 25(3): 88-106.

③ R. 爱德华·弗里曼. 战略管理：一种利益相关者方法[M]. 王彦华, 梁豪, 译. 上海：上海译文出版社, 2006：30-44.

相关者是能够影响一个组织目标的实现，或者在一个组织实现目标过程中会受到影响的个体或群体"。该定义与当时西方国家正在兴起的企业社会责任观点相似，成为当时利益相关者研究的标准。

4.3.2 利益相关者理论的应用情况

利益相关者理论早期应用于战略管理、企业管理等领域，借助利益相关者理论对利益相关者进行划分。其主要划分方法有多维细分法和米切尔（Mitchel）评分法。Frederick（1988）①将利益相关者分为直接利益相关者和间接利益相关者。Wheel（1988）引入社会性维度，根据与企业和人的直接与间接关系，将利益相关者细分为首要和次要两种社会性利益相关者，以及首要和次要两种非社会性利益相关者。Mitchell 等（1997）②根据合法性、影响力和迫切性三个原则将利益相关者分为权威型、关键型、从属型、蛰伏型等。

随着社会信息化的发展，该理论被广泛地应用于信息管理、电子政务等其他领域。研究者通常与某一理论共同使用以分析某一问题，如盛小平和吴红（2019）③运用利益相关者理论和规范分析法，解析不同利益相关者参与科学数据开放共享的动力，发现科学数据开放共享利益相关者主要包括政府、研究机构、资助机构、图书情报机构、用户等，这些利益相关者可从科学数据开放共享受益，拥有不同的利益和动力。郝文强（2021）④借助利益相关者

---

① Frederick W C. Business and Society：Corporate Strategy Public Policy，Ethics（Eighth edition）[M]. Irwin/McGraw-Hill，1996：37.

② Mitchell R K，Agle B R，Wood D J. Toward a Theory of Stakeholder Identification and Salience：Defining the Principle of Who and What Really Counts [J]. Academy of management review，1997，22（4）：853-886.

③ 盛小平，吴红. 科学数据开放共享活动中不同利益相关者动力分析[J]. 图书情报工作，2019，63（17）：40-50.

④ 郝文强. 政府数据开放中的利益相关者：界定、分类及管理策略[J]. 现代情报，2021，41（7）：137-145.

理论与收益矩阵界定了政府数据开放的利益相关者，并将其分为领导型、受益型、支持型、边缘型4类，进而提出了政府数据开放利益相关者的管理策略。

国内外研究还将利益相关者理论用于开放数据价值等领域。Máchová 等（2018）①利用利益相关者理论和评估方法，提出了一种新的国家级开放数据门户可用性评估方法，为提高开放数据门户在数据可发现性、可访问性和可重用性方面的质量提供了重要的见解。赵龙文（2022）②通过对政府开放数据的利益相关者及价值共创过程进行分析，认为政府开放数据的开发利用和价值创造需要不同角色的参与者协同努力，共同推进各类公共数据的高质量、多维度分享。Parycek（2014）③等结合利益相关者理论和访谈法，将开放政府数据门户分为内部目标群体（维也纳市公共行政部门的雇员和部门主管）和外部利益相关者（公民、企业代表、科研人员、记者），分析了维也纳市政府数据开放战略和门户网站的实施情况。

4.3.3　利益相关者理论在本研究中的应用

本项目利用利益相关者理论对我国政府数据开放过程中涉及的利益相关者进行划分，深入分析了不同利益相关者的分类、作用、利益诉求和关系。结合政府数据开放实践需求进行阐述，明确我国政府数据开放过程中利益相关者面临的障碍问题，提出有针对性的保障策略。

---

① Máchová R, Hub M, Lnenicka M. Usability Evaluation of Open Data Portals[J]. Aslib Journal of Information Management, 2018, 70(3)：252-268.

② 赵龙文, 洪逸飞, 莫进朝. 政府开放数据价值共创过程及模式研究[J]. 情报杂志, 2022, 41(10)：147-155.

③ Parycek P, Hochtl J, Ginner M. Open Government Data Implementation Evaluation[J]. Journal of Theoretical and Applied Electronic Commerce Research, 2014, 9(2)：80-99.

4.4　价值共创理论

4.4.1　价值共创理论的核心思想

价值共创理论（Co-creation）起源于服务经济学，Prahalad 和 Ramaswamy（2004）①通过对比传统商品市场和价值共创市场，揭示了市场核心已从产品和企业为中心转变为以个性化顾客体验为中心；在此基础上界定了价值共创的内涵，认为价值共创的来源是顾客体验，顾客参与整个价值链生成过程。价值共创打破了生产者与消费者之间的传统界限，强调各价值相关主体的互动性与主动性；通过价值共创，供需双方共同参与产品或服务的开发与设计，不仅能帮助供应者提升服务质量、降低成本、增加价值，还能使消费者在参与过程中获得成就感和荣誉感，提升对供应者的信任和依赖。

4.4.2　价值共创理论的应用情况

价值共创理论逐渐由服务经济学和商业领域扩展到公共服务和电子政务领域。学术界开始探索运用价值共创理论来创新公共服务的新领域。Osborne 等（2021）②将价值共创理念和方法应用于公共服务领域，主张公共服务的核心就是价值共同创造的过程。其中，价值应该是公共服务组织和公民共同创造的，公民在使用服务时结合自身生活条件与环境条件共同创造价值，强调公民知识和经验在公共服务管理中应占据中心地位（Ansell 等，2021）③。还有学者从服

---

①　Prahalad C K, Ramaswamy V. Co-creation Experiences：The Next Practice in Value Creation[J]. Journal of Interactive Marketing, 2004, 18(3)：5-14.

②　Osborne S P, Nasi G, Powell M. Beyond Co-production：Value Creation and Public Services[J]. Public Administration, 2021, 99(4)：641-657.

③　Ansell C, Torfing J. Co-creation：The New Kid on the Block in Public Governance[J]. Policy & Politics, 2021, 49(2)：211-230.

务生态系统角度出发，探讨公共服务中不同利益相关者之间的价值共创对话，指出公共服务价值共创就是公共服务的关键利益相关者在公共服务实践中共同创造价值的合作过程（Vargo等，2023）①。

Saylam等（2022）②则将价值共创理念引入电子政务服务，在深入分析具体内涵基础上构建电子政务服务价值共创体系，并提出相应的实现路径。司文峰和胡广伟（2018）③在分析我国电子政务发展现状的基础上，将价值共创理论引入电子政务服务。电子政务服务的价值共创涵盖两个方面：一是政府与用户合作共创；二是政府间或政府与企业的合作共创，两者都是以服务用户为宗旨，体现了超越政府中心主义的治理思维（司文峰等，2018）④。在此情境下，政府作为政务服务的提供者，其角色从管理型转变为服务型，权力结构也由集中控制向分权转变。政府不仅致力于提升服务的质量和水平，还更加关注并响应公众的需求与体验。同时，公众作为服务的接受者，在通过在线平台享受服务的同时，还能通过咨询、建议、投诉等方式与政府进行互动，并参与民主决策的过程（丁依霞等，2021）⑤。

价值共创理论已在信息管理领域得到研究与应用。赵宇翔等（2023）⑥将价值共创理论应用于文化记忆机构，从资源整合、机构融合、用户服务层面探索

---

① Vargo S L, Wieland H, O'Brien M. Service-dominant Logic As A Unifying Theoretical Framework for the Re-institutionalization of the Marketing Discipline [J]. Journal of Business Research, 2023, 164(4)：113965.

② Saylam A, Yildiz M. Conceptualizing Citizen-to-Citizen（C2C）Interactions within the E-government Domain[J]. Government Information Quarterly, 2022, 39(1)：101655.

③ 司文峰，胡广伟. 电子政务服务价值共创实现内容、过程及资源要素分析[J]. 情报杂志，2018, 37(1)：132-139.

④ 司文峰，胡广伟. "互联网+政务服务"价值共创概念、逻辑、路径与作用[J]. 电子政务，2018(3)：75-80.

⑤ 丁依霞，郭俊华. 中国电子政务服务创新研究20年：一个系统性分析[J]. 中国科技论坛，2021(1)：44-54.

⑥ 赵宇翔，张妍，夏翠娟，等. 数字人文视域下文化记忆机构价值共创研究及实践述评[J]. 中国图书馆学报，2023, 49(1)：99-117.

数字人文视域下文化记忆机构价值共创的实践模式；宋帆帆和宋君华（2024）①结合理论与实践提出了数智驱动的档案公共服务价值共创的三种模式，分别是以数据为中心的定制模式、以众包为形式的共创模式、以元宇宙为载体的生态模式；詹希旎等（2023）②将价值共创理论应用于数智融合环境中的人工智能生成内容价值共创，并提出人工智能生成内容的发展机遇主要体现在基于群体智能的内容共生、基于增量市场的价值共创等方面。

4.4.3 价值共创理论应用于 OGD 的适用性

政府数据开放作为电子政务与信息管理的交叉领域，将价值共创理论运用到政府开放数据的开发与利用是一种必然趋势。政府开放数据价值共创是指以数据价值实现为内在驱动力，将政府与多个利益相关者集合成为一个整体，通过多方参与、资源共享、互动合作，满足不同群体自身价值的利益需求，共同创造政府开放数据的价值，从而实现政府开放数据的深层化与多样化开发利用。与传统供需关系不同，政府开放数据价值共创体现了一种互动关系，即数据的提供者与使用者共同参与政府开放数据的价值挖掘，通过政府与公众的互动，实现政府数据价值。

与众筹模式相比，政府开放数据的价值共创更注重多主体间的协作互动，而非单纯的资源集中。政府开放数据价值共创在发挥不同主体优势的同时，还强调他们之间的分工合作，并且不同的主体是具有不同利益诉求的利益相关者，在实现政府开放数据价值的同时，也需要满足不同利益相关者的价值需求。数据作为共创主体间互动的核心，结合各类外部资源的加入，如制度、技术、标准和人才等，使得政府开放数据在价值网络中实现了进一步

---

① 宋帆帆，苏君华. 数智驱动下档案公共服务价值共创：价值、模式与路径[J]. 档案学研究，2024（2）：30-37.

② 詹希旎，李白杨，孙建军. 数智融合环境下 AIGC 的场景化应用与发展机遇[J]. 图书情报知识，2023，40（1）：75-85，55.

增值创造。

4.4.4 价值共创理论对 OGD 保障的应用

本项目将价值共创理论应用于政府数据开放领域，从协同合作的视角出发，构建一个多方参与、互动合作的保障模式，旨在推动政府、企业、社会组织和公众间的紧密合作，共同促进政府数据开放价值发挥与增值。

（1）制度保障

政府数据开放制度中的政策与法律具有约束和调节作用，通过制度和制度安排可以促进协调参与者价值共创行为，确保参与者利益与政府数据开放整体目标相吻合，从而保证政府数据开放的稳定与可持续发展，实现价值的共同创造。在这一理论指导下，政府作为数据开放的主导者，通过制定政策与法律，规范数据开放的标准和流程，为各方参与者提供行动指南，减少信息不对称和利益冲突。同时，政府还积极引导和激励企业、社会组织以及公众等多元主体参与数据开放的过程，通过政策支持、资金扶持等方式，激发各方的积极性和创造力，为政府数据开放注入新的活力。此外，政府还注重对数据开放过程中的风险进行防控和管理，通过建立完善的数据安全保护机制、加强数据质量监管等措施，确保政府开放数据的安全性和可靠性，为各方参与者提供坚实保障。

（2）技术保障

价值共创理论在政府数据开放技术保障中的应用，对于提升数据开放的技术水平与效率具有重要意义。在这一理论框架下，政府积极寻求与企业、技术专家等多元主体的合作，共同研发创新数据开放技术，建立政府数据开放共享、利用与服务的平台，以满足不断增长的数据需求。通过这种共创模式，政府能够充分利用外部技术资源和专业能力，加快数据开放技术的更新换代，提高数据的可获取性、可用性和可理解性。同时，技术的共创还促进了政府与各方参与者之间的深度沟通和协作，确保技术解决方案能够紧密贴合实际需求，为用户提供更加便捷、高效的数据服务。

（3）人才保障

价值共创理论在政府数据开放人才保障中的应用，从协同合作的视角出发，构建一个多方参与、互动合作的保障模式。政府数据开放所需人才的培养并非政府单方面的责任，还需要政府、高校、企业及社会各界广泛参与，共同汇聚资源，为打造数据开放领域的专业人才提供坚实支撑。

政府部门应积极采取融入式技能培训方法，将政府开放数据的技能培训与日常工作实践深度融合，通过政策扶持、组织讲座、业务技能研讨会、在线课程和专业技能训练营等多种形式的活动，全面提升政府工作人员在数据开放领域的专业技能。同时，企业、高校、社会组织和公民个人也各自拥有一定的管理和技术能力，通过不同的途径获取相关的培训和学习机会，如企业可以组织内部的定期培训，针对员工提供专业技能学习；高校则可以利用其丰富的教育资源和研究实力，开设与政府数据开放相关的专业课程，通过与政府、企业等机构的合作，为学生提供实习和实践的机会；就公民个人而言，借助互联网等现代信息技术，积极参与社区论坛等线上线下的交流活动，通过自主学习不断提升自身发现与利用政府数据的专业素养。政府部门在数据开放领域扮演着数据资源持有者、数据再利用者、系统运维者、资金提供者及终端用户等多重角色，因此，政府工作人员必须具备多方面的综合能力，以适应不同角色间的转换，政府部门需持续强化对政府数据开放相关技能的培训力度，旨在提升工作人员的数据治理能力、数据分析能力，并进一步提高他们的数据素养。

4.5 数据生命周期理论

4.5.1 数据生命周期理论的核心思想

数据生命周期理论（Data Life-cycle Approach）最初由美国信息资源管理专家 Marchand 和 Horton（1986）提出，他们将数据生命周期划分为信息创建（产生或发布）、采集、组织、开发、利用、清理（销毁或回收）6 个部分（陈雅迪等，2021）[1]。数据与信息存在千丝万缕的联系。随着数据科学的发展，一些组织和学者总结数据管理的基本规律，提出数据生命周期，包括数据生成、收集、处理、保存、管理、分析、可视化和解释（Wing，2018）[2]。

4.5.2 数据生命周期理论的应用情况

数据生命周期理论在政府数据开放领域得到应用。2013 年 Obama（2013）[3]指出，美国 Data.gov 地理空间平台需要"数据生命周期"管理。Attard 等（2015）[4]提出的政府数据开放生命周期则包括数据创建、数据选择、数据准备、数据发布、数据互联、数据发现、数据搜索、数据开发和数据管护等环节。我国学者也对信息生命周期理论进行了专门的研究。黄

---

[1] 陈雅迪，李娟，梁栋，等. 基于借阅曲线分析的高借阅型馆藏生命周期研究[J]. 大学图书馆学报，2021，39（2）：35-44.

[2] Wing J M. The Data Life Cycle[EB/OL]. [2024-01-01]. https://www.semanticscholar.org/paper/The-Data-Life-Cycle-Wing/.

[3] Obama B. Executive Order-making Open and Machine Readable the New Default for Government Information[R]. White House Press Releases, Fact Sheets and Briefings/FIND, Washington, May, 9, 2013.

[4] Attard J, Orlandi F, Scerri S, et al. A Systematic Review of Open Government Data Initiatives[J]. Government Information Quarterly, 2015, 32（4）：399-418.

如花等（2018）①立足于数据生命周期理论，提出了政府数据开放生命周期管理模型，包括数据创建与采集、数据组织与处理、数据存储与发布、数据发现与获取，数据增值与评价各阶段。赖茂生等（2014）②在对国内外数据生命周期管理模型进行梳理总结的基础上，提出了基于政府 2.0 环境的政府信息资源管理模型，具体包括：信息资源产生（管理规划）、信息资源采集（组织）、信息资源存储（处理）、信息资源利用（转换）、信息资源衰退（再生）。

除此之外，一些学者虽然没有采用数据生命周期一说，但他们提出的政府数据开放的基本内容或步骤也具有生命周期的特点。黄如花等③在关于开放数据政策框架的研究中就将数据获取、数据描述、数据归档和保存、跨部门数据共享、数据发布、数据重用和数据监管纳入其中。Zuiderwijk 等提出的政府数据开放的步骤具体包括：数据生产、收集并整合大量数据；公共部门决定是否开放自己的数据；潜在用户可搜索到开放数据；数据可不受版权等限制而被利用、重用和再分配；向公共部门提供利用数据的反馈信息。由此可见，政府数据开放不仅是指政府数据向社会开放或发布，而是一系列过程。

不同的模型可能更适用于不同的情况，不可能存在完美的生命周期模型。在大多数生命周期模型中有许多阶段是相同的。总体来说，数据生命周期包含了数据采集、数据预处理、数据保存、数据发布、数据获取、数据利用与重用、数据管护等阶段。

---

① 黄如花，赖彤. 数据生命周期视角下我国政府数据开放的障碍研究[J]. 情报理论与实践，2018，41（2）：7-13.

② 赖茂生，李爱新，梅培培. 信息生命周期管理理论与政府信息资源管理创新研究[J]. 图书情报工作，2014，58（6）：6-11，41.

③ Huang R H, et al. Design, Develop and Evaluate an Open Government Data Platform：A User-centred Approach[J]. The Electronic Library，2019，37（3）：550-562.

5 我国政府数据开放共享的需求

本章使用利益相关者理论识别我国政府数据开放共享的用户，利用内容分析法和文献分析法识别用户需求；再根据识别出的用户需求、利用 KANO 模型构建用户需求模型；最后，基于调研和访谈，分析我国政府数据开放的用户需求。

5.1 我国政府数据开放共享用户群体的识别

用户是政府数据开放共享的服务对象，因此政府数据开放的核心目的是满足用户需求。本小节利用利益相关者理论，识别我国政府数据开放的用户群体。

国外和国内的政府数据开放研究已应用利益相关者理论。Gonzalez-Zapata 和 Heeks(2015)① 利用利益相关者理论、根据参与和使用政府数据开放的不同角色，将 OGD 的利益相关者分为八个利益相关角色，即政客、公务人员、公共部门从业者、国际组织、社会活动家、资金捐助者、信息和通信技术 (Information and Communication Technology，ICT) 提供者、学者(如图 5-1-1 所

---

① Gonzalez-Zapata F，Heeks R. The Multiple Meanings of Open Government Data：Understanding Different Stakeholders and Their Perspectives [J]. Government Information Quarterly，2015，32(4)：441-452.

示)。该研究成功地运用利益相关者理论划分了政府数据开放过程中的不同角色,对相关研究具有借鉴意义。Kassen(2018)①在总结已有关于开放数据利益相关者的研究基础上,认为开放数据运动的主要参与者包括政府代理人、公民、独立开发商、非政府组织、大众媒体和企业,并认为开放数据运动的推行离不开公共和私有领域利益相关者的共同努力。Cerrillo-Martínez 和 Casadesús-de-Mingo(2021)②则从数据治理视角出发,较为概括地提出利益相关者包括数据的生产者、拥有者、管理者、使用者和重用者。但是,国外研究也具有明显的局限性:其角色划分建立在国外政府数据开放的基础上,其中的"国际组织""社会活动家""政府代理人"等角色带有明显的国外色彩,未必适用于我国政府数据开放的用户群体识别。

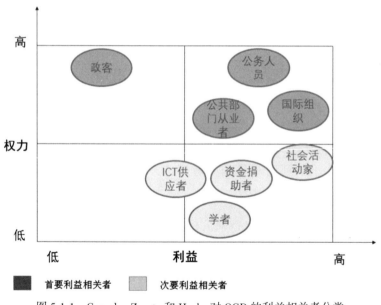

图 5-1-1 Gonzalez-Zapata 和 Heeks 对 OGD 的利益相关者分类

---

① Kassen M. Adopting and Managing Open Data: Stakeholder Perspectives, Challenges and Policy Recommendations[J]. Aslib Journal of Information Management, 2018, 70(5): 518-537.

② Cerrillo-Martínez A, Casadesús-de-Mingo A. Data Governance for Public Transparency [J]. Profesional De La Información, 2021, 30(4).

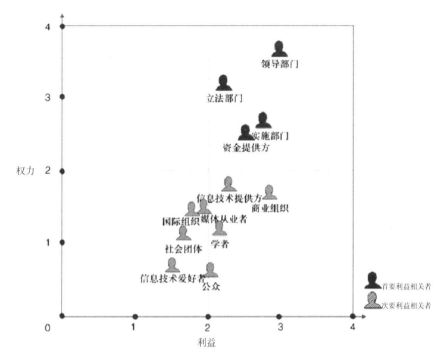

图 5-1-2 沈晶和胡广伟对我国政府数据开放利益相关者的分类

国内学者利用利益相关者理论划分 OGD 的利益相关者。如图 5-1-2 所示，沈晶和胡广伟(2016)[①]将 OGD 的利益相关者分为三类：政府组织、非政府组织和个人，以及 11 个小类：政府组织中的立法部门、领导部门、实施部门；非政府组织中的国际组织、社会团体、商业组织、资金提供方、信息技术提供方；个人中的公众、学者、媒体从业者和信息技术爱好者。该研究运用了文献调查法和专家调查法，对政府数据开放中的利益相关者进行了权力和利益的打分，最终识别了首要利益相关者和次要利益相关者，并构建了政府数据开放的价值生成机制，推动了利益相关者理论在我国政府数据开放中的进一步应用。

---

① 沈晶，胡广伟.利益相关者视角下政府数据开放价值生成机制研究[J].情报杂志，2016（12）：92-97.

郝文强（2021）①运用利益相关者理论，依据是否会影响 OGD 的目标或实现，对 OGD 中利益相关的群体进行划分，主要分为组织层面和个人层面两个大类，以及 7 个小类：政府、资金和技术提供方、企业、第三部门、科研机构、媒体、普通公民。该研究不仅明确了 OGD 中的各方利益相关者，还厘清了利益相关者之间的关系，并制定了有效的利益相关者管理策略。

电子治理主要包括四种类型：政府对公民（Government to Citizens，G2C）、政府对企业（Government to Business，G2B）、政府对雇员（Government to employees，G2E）、政府对政府（Government to Government，G2G），它们代表了电子治理范围内不同维度的数字互动和服务 ②。

本项目主要研究用户需求与保障，G2C、G2B、G2E 和 G2G 都包含了一种政府与用户之间的关系，适用于利益相关者理论。学者是政府数据开放的重要用户，为了扩大学者所包含的用户范围，本项目使用科研用户代替学者，科研用户应包括学者和从事科研工作的研究生，科研用户往往是政府数据开放的技术研发者和应用开发者。除此之外，还有一些其他组织和团体是政府数据开放的潜在用户，例如非政府组织（Non-Government Organization，NGO）、极客（Geek，指喜欢研究数字技术的网民）等，他们一般是由社会活动家、技术达人等构成，尽管这一类用户对于政府数据的用途尚不明确、但是对政府数据有着较强的获取需求。

因此，本项目将政府数据开放用户的利益相关者分为 5 种类型，每种类型的用户有不同的角色定位，不同角色对于政府数据开放的需求存在相同和不同之处，如图 5-1-3 所示。

---

① 郝文强. 政府数据开放中的利益相关者：界定、分类及管理策略[J]. 现代情报，2021，41（7）：137-145.

② Hari Srinivas. "Four Kinds of E-Governance：A Stakeholder Analysis". GDRC Research Output：Concept Note Series C-039. Kobe，Japan：Global Development Research Center.［EB/OL］.［2024-01-26］https://www.gdrc.org/u-gov/egov-03.html.

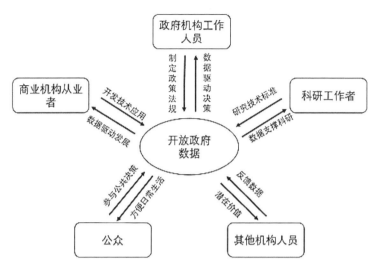

图 5-1-3　不同利益相关者与政府数据开放的关系

（资料来源：本研究制作）

（1）政府机构工作人员

该角色是政府数据开放的政策制定者与执行者，泛指在政府机构工作的人员，包括政客、公务人员和公共部门从业者。其角色定位包括：制定政府数据开放的规划与政策；实施政府数据共享与开放的相关措施；满足不同类型的用户对 OGD 的各种需求。基于上述角色定位，政府机构工作人员在利益矩阵中权力较大，同时，他们也是政府数据开放的需求者，该角色的需求主要源于工作需要：消除政府内部的"信息孤岛"、实现数据共享和开放以及内部信息系统的联通、借助开放的政府数据进行决策以提高公共决策的准确性、效率和价值。

（2）科研工作者

这个群体是政府数据开放的重要用户。他们是从事科研工作的人员，包括科学家、学者、专职科研人员和硕、博士研究生，他们在政府数据开放中的角色定位是相近的，并且集中于研究和使用两个最主要的需求。他们是研究、提出政府数据开放政策、标准、技术的重要群体，他们在科学研究、成果生产中需要使用海量、真实、可靠的政府数据作为研究支撑，而且，该群体具有较高的数据素养、能够通过多种途径获得政府数据。

（3）公众

公众在这里专指普通人民群众，即不带有身份特征的普通社会公众。因为政府数据开放与人民群众的生活息息相关，所以把公众作为一个独立的利益相关者。在政府数据开放中，公众的角色定位主要是获取政府数据及其相关的衍生服务。中国互联网络信息中心（China Internet Network Information Center，CNNIC）第 53 次调查报告①显示，截至 2023 年 12 月，我国网民数量规模达 10.92 亿，手机网民数量超过 10.91 亿，公众对基础资源、电子商务、在线教育、网络娱乐等需求愈发强烈。基于此背景，无论是关于交通、天气，还是关于教育、科技等类型的政府数据，公众都对其有着直接或间接的需求。总之，政府数据开放对于满足用户这些需求具有重要的价值。

（4）商业机构从业者

商业机构从业者泛指在不同规模、不同行业的商业公司工作的不同级别的员工。我国目前正处于经济结构转型的关键期，国家提出发展数字经济和大数据产业、"中国智造""工业 4.0""'十四五'数字经济发展规划"等，无论是制造业还是信息技术行业都迫切需要数据驱动，大数据成为重要的生产要素。政府数据相较于其他数据资源更具权威性与价值，因此商业机构从业者对其具有较高的需求。此外，商业机构从业者也广聚了技术人才，他们拥

①　中国互联网络信息中心. 第 53 次中国互联网络发展状况统计报告［R/OL］.［2024-01-06］. https://www3.cnnic.cn/n4/2024/0322/c88-10964.html.

有开发和应用政府数据的能力。基于此，其主要的角色定位包括：研究和提供政府数据开放技术；应用政府开放数据进行商业开发、市场拓展等。

（5）其他机构人员

除了上述政府数据的四类主要利益相关者，还有其他利益相关者存在，例如非政府组织机构雇员、社会活动家、极客和对自身角色无法准确定位的群体。其他机构人员也可以理解为政府数据潜在的利益相关者。他们在政府数据开放中的角色定位主要包括：研究政府活动，研究政府数据开放技术，尚不明确的需求。

5.2　我国政府数据开放用户需求的识别

在完成用户识别后，即进行用户需求的识别，这个流程包括用户访谈和用户需求识别。在用户需求识别中，主要采用内容分析法与文献分析法。

5.2.1　基于探索性访谈的用户需求的识别

用户访谈是社会科学重要的研究方法，能够确切地了解用户对某一现象或某一问题的态度和观点，从而对用户的需求进行针对性的分析。本项目研究首先选取 20 位用户进行访谈，以初步了解用户对政府数据开放的认识和需求。

访谈结果显示，20 位受访者中有 19 位了解政府信息公开的概念，因此可以得出结论：来自不同领域的不同职业的用户对"政府信息公开"这一概念的认知程度普遍较高。与其对应的，20 位受访者中有 18 位对象曾访问过政府官方网站。相比之下，只有 7 位受访者认为自己了解"政府数据开放"的概念，与此对应的，访问过政府数据开放网站的受访者只有 4 位，其身份分别为科研工作者（2 位）和政府机构工作人员（2 位）。基于此，在访谈中进一步询问这一

类受访者对政府数据开放概念及平台渠道所了解的内容,最终访谈结果显示
如下。

（1）用户最关心的需求：政府数据开放的主题内容

所有的受访者都选择了数据内容与数据领域,因此可以得出结论:用户
最关心的需求是数据内容与数据领域。例如受访者4阐述了数据主题内容的
重要性,他认为提供足够的数据主题能够支撑科研工作;受访者16的创业
公司为教育技术类,他认为提供教育科技类的数据能够为他的业务拓展提供
参考。

（2）用户对数据质量也有需求

16位受访者认为数据的全面性、完整性与时效性是政府数据的"灵魂",
他们认为如果政府数据缺乏完整性则会使其使用价值大打折扣,可以理解为用
户关心的次要需求为数据质量。

（3）需求最高的数据格式：文本、图像

所有的受访者均认为文本、图像为最基本的数据格式,包括Office(Word、
PPT、Excel)文件格式、PDF格式、JPEG格式等;其中5位受访者认为还应提
供更多的数据格式,包括数据库格式、开放程序接口格式或机器可读的数据格
式,如CSV、JSON等格式。例如受访者16认为,如果能够提供相应的API
(开放程序接口),将有利于他开发和复用政府开放数据,也有助于提升政府
数据的价值。

（4）平台需求：便捷与智能

受访者对政府数据开放平台的设计和功能需求主要是希望平台能够提供便

捷智能的检索和可视化的交互功能。20 位受访者认为应具备基本的检索和分类功能，3 位受访者认为提供可视化功能更有利于对政府数据的利用。

（5）其他明显需求包括政府数据开放的安全保障、个人隐私保障、国家统一政府数据开放平台等

其他需求方面，18 位受访者认为政府数据开放的安全保障应被置于重要位置，个人隐私数据的保护也至关重要；15 位受访者认为建设并推广国家级统一的政府数据开放平台十分重要；仅有受访者 9 和受访者 10 支持政府数据的商业化开发。

5.2.2 基于内容分析法的用户需求识别

根据上文对用户访谈的分析，分别从数据主题、数据格式、数据质量、平台功能和安全保障等方面识别我国政府数据开放用户需求。其中，数据主题和安全保障应结合我国政府信息资源建设的实际情况，不能照搬国外的制度和经验，因此本研究通过分析我国国家层面的政策文本来开展政府数据开放数据主题需求的分析。此外，由于以美、英为代表的发达国家多年前就已开展国家政府数据开放平台的建设工作，所以国外在政府数据开放的数据格式、数据质量和平台功能等方面的实践经验和理论研究都较为成熟和完善，因此本研究通过分析国外研究文献进一步确定我国用户对政府数据开放格式、质量和平台功能等相关方面的需求。

我国政府高度重视政府数据开放工作。从 1990 年至 2024 年，党中央、国务院及其直属机关已下发超过 200 份的相关政策法规。政策文本是国家意志的体现，具有权威性，因此分析政策文本能够较好地从国家层面分析我国政府数据优先开放的主题的趋势。

用户对政府数据开放的需求包括但不限于数据主题、数据格式、数据质

量、数据获取、数据重用、平台功能、安全保障上的需求（Attard 等，2015；Degbelo，2020）①②。但是，当前我国关于政府数据开放的政策文本更强调宏观层面的指导性建议，对政府数据微观层面（开放格式、质量、平台等方面）的具体规定较为缺乏。基于此，结合前文的访谈结果，本研究应用内容分析法对政策文本的分析主要落脚于数据主题、安全保障，而数据格式、数据质量、平台功能需求和其他需求的分析主要通过运用内容分析法分析学者的研究成果。

具体调研内容和需求识别量表见项目组成员李白杨的博士学位论文《我国政府数据开放的用户需求及其保障策略研究》（2017 年）及其主持的国家社科基金后期资助项目成果《面向用户需求的政府数据开放共享与服务研究》（20FTQB007）。

5.2.3　用户需求的层次划分

根据前文提及的需求层次理论，用户对政府数据开放的需求具有不同的层次，即使是同一需求，不同用户的具体表达也具有差异性。以数据格式为例，对于政府机构工作人员、公众而言，他们对文本格式和图像格式的需求更为强烈，少有对其他格式数据的需求；但对科研用户和商业用户而言，他们会对更多样的数据格式产生更强烈的需求，除了对文本格式和图像格式的政府数据有需求，他们之中还有群体对数据库格式、关联数据格式甚至开放程序接口格式的数据有着明显需求。

用户的需求主要分为显性需求和隐性需求。其中，显性需求包括基本型需

---

① Attard J, Orlandi F, Scerri S, et al. A Systematic Review of Open Government Data Initiatives[J]. Government Information Quarterly, 2015, 32(4)：399-418.

② Degbelo A. Open Data User Needs：A Preliminary Synthesis[C]//Web and the City：6th International Workshop：Web Intelligence and Smart Cities, 2020.

求、发展型需求和满足型需求，这三种需求的程度依次上升，不同需求间存在相互转化的关系；隐性需求则是用户尚未意识到的、但确实存在的需求，因此也可以成为用户的其他潜在需求。随着用户对某种使用对象认知的加深，隐性需求也有可能转化为显性需求，再进而划分为不同的显性需求类型。因此，本研究结合我国政府数据开放发展情况和对用户识别的判断，将用户需求划分为三个显性层次和一个隐性层次，如图 5-2-1 所示。

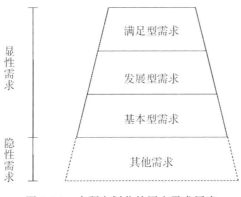

图 5-2-1　本研究划分的用户需求层次

5.3　用户需求的模型构建

5.3.1　KANO 模型的基本理论

1984 年，日本管理学专家狩野纪昭教授（1984）①提出了 KANO 模型，他认为需求分析要采取客观和主观相结合的二维模型，即由特性满足状况表征的

① Kano N, Seraku N, Takahashi F, Tsuji S. Attractive Quality and Must-be Quality [J]. The Journal of Japanese Society for Quality Control, 1984, 41(2): 39-48.

客观表现和由客户满足表征的主观感受，进而获取顾客需求满足度与产品或服务绩效之间的非线性关系(何林，2014)①。如图 5-3-1 所示，该模型把用户的需求分为五个层面。

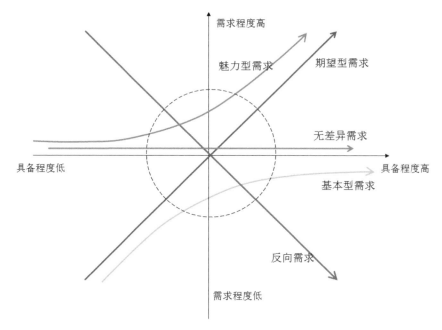

图 5-3-1   KANO 模型的五个需求层次

(1)基本型需求(Must-be Quality)

基本型需求，又称"必备型需求"，表示该需求是用户最基本的、必须得到满足的需求。如果无法满足用户的该类型需求，用户将产生厌恶、不能接受的负面心态。

(2)一元型需求(One-dimentional Quality)

一元型需求，又称"期望型需求"，是在用户的基本型需求得到满足的基

① 何林. Kano 模型拓展方法及应用研究[D]. 镇江：江苏科技大学，2014.

础上提供的产品或服务越多，能够满足的用户需求也越多。反之，如果没有提供额外的产品或服务，用户不会感到不满。

(3)魅力型需求(Attractive Quality)

魅力型需求，又称"兴奋型需求"，是指通过为用户提供一些超出预期的产品或服务，使用户产生惊喜感。当这类需求没有满足时，用户并不会感到不满意；但是一旦这种产品或服务满足了用户的此类需求，用户会感到非常满意。

(4)无差异型需求(Indifferent Quality)

无差异型需求，是指用户对某种产品或服务没有需求倾向，因此这一类需求对用户需求的测度不产生影响。但需要注意的是，该类需求很容易在用户对某一问题认知程度较低的情况下被误判为无差异型需求。

(5)反向需求(Reverse Quality)

反向需求指与期望相反的需求，用来与正向需求形成相对关系，在测度中往往不具备意义。

Berger 等(1993)[1]设计了一种需求特性矩阵来判别 KANO 模型中不同需求的归属，并提出了一种能够量化 KANO 模型中不同需求的"用户需求满足系数"的计算方法。Huiskonen 和 Pirttilä(1998)[2]在关于物流服务的研究中应用这种基于 KANO 模型的矩阵要素分析法以进一步提出此种服务的优化策略。Tan 和 Shen(2000)[3]扩展了 KANO 模型需求矩阵的研究，他们不仅引入质量功能

---

[1]　Berger C, Blauth R, Boger D, et al. Kano's Methods for Understanding Customer-defined Quality[J]. Center for Quality Management Journal, 1993(3): 3-35.

[2]　Huiskonen J, Pirttilä T. Sharpening Logistics Customer Service Strategy Planning by Applying Kano's Quality Element Classification[J]. International Journal of Production Economics, 1998, 56-57(1): 253-260.

[3]　Tan K C, Shen X X. Integrating Kano's Model in the Planning Matrix of Quality Function Deployment[J]. Total Quality Management, 2000, 11(8): 1141-1151.

展开（Quality Function Deployment，QFD）理论①，使 KANO 模型需求分析方法的实用性增强，还提出了近似变换函数以修正原始改进率，从而能够更加准确地量化用户需求的程度。Tan 和 Pawitra（2001）②开展了服务质量（SERVQUAL）模型与 KANO 模型的融合应用研究。Li 等（2009）③开展了层次分析法（Analytic Hierarchy Process，AHP）与 KANO 模型相结合的应用研究。Chen 等（2022）④将 KANO 模型与决策树算法相结合，探索出了调研用户需求的新方法。陈波波（2008）⑤开展了基于 KANO 模型的质量评价研究，提出了 KANO 模型中质量要素评价倾向判定方法的改进算法。孟庆良与何林（2013）⑥开展了 GM（1，1）模型与 KANO 模型融合应用的方法的研究。徐振国等（2024）⑦将 BERTopic 模型和 KANO 模型融合，用于调研用户需求。

综上所述，自 1984 年 KANO 模型诞生以来，相关领域的专家对其进行了持续的研究与验证，使 KANO 模型的理论及其应用从单一走向多元。学者们还将 KANO 模型与 QFD、SERVQUAL、AHP、BERTopic 等模型融合，使 KANO

① Shen X X, Xie M, Tan K C. An Integrated Approach to Innovative Product Development Using Kano's Model and QFD[J]. European Journal of Innovation Management，2000，3(2)：91-99.

② Tan K C, Pawitra T A. Integrating Servqual and Kano's Model into QFD for Service Excellence Development[J]. Managing Service Quality，2001，11(11)：418-430.

③ Li Y, Tang J, Luo X, et al. An integrated Method of Rough Set, Kano's Model and AHP for Rating Customer Requirements' Final Importance[J]. Expert Systems with Applications，2009，36(3)：7045-7053.

④ Chen W K, Chang J R, Chen L S, et al. Using Refined Kano Model and Decision Trees to Discover Learners' Needs for Teaching Videos[J]. Multimedia Tools and Applications，2022，81(6)：8317-8347.

⑤ 陈波波. 基于 KANO 模型的质量评价研究[D]. 北京：北京邮电大学，2008.

⑥ 孟庆良，何林. 基于模糊 KANO 模型的质量属性分类方法及其应用[J]. 工业工程，2013，16(3)：121-125.

⑦ 徐振国，张琳，谢万里，等. 融合 BERTopic 和 KANO 模型的在线课程用户需求挖掘研究——以 Python 在线课程为例[J/OL]. 情报科学：1-18[2024-01-07]. http://kns.cnki.net/kcms/detail/22.1264.G2.20240506.1704.016.html.

模型从定性分析方法逐渐发展为定性与定量相结合的分析方法，应用领域也不断拓展延伸，从开始的商业质量管理逐渐扩展到工程管理、信息管理、图书馆管理等领域。

除此之外，KANO 模型还具有以下几个特点，可以总结为：第一，层次性：能够进行差异化分析，即对用户需求进行分层测度；第二，动态性：能够进行动态分析，即能够反映用户需求随着时间的变化；第三，发展性：能够发展用户不同层次需求之间的关系，例如兴奋型需求转化为期望型需求、期望型需求转化为基本型需求；第四，跨主体性：除了对用户需求进行分析，还能够对现有的产品或服务进行满意度的测试。

5.3.2 KANO 模型的分析方法

在利用 KANO 模型获得用户数据后，首先要使用 KANO 分析矩阵研究每个问项所代表的需求层次进行归类。另外，根据 KANO 二元矩阵分析框架（Chen 等，2008）①的划分方式使用字母代替需求类型，即 A 魅力型需求（Attractive）；O 期望型或一维型需求（One-dimensional）；M 基本型需求（Must-have）；I 无差异型需求（Indifference）；R 反向需求（Reversal）；Q 存在疑问或矛盾的结果（Questionable）。

通过相加计算分别获得 A、O、M、I、R、Q 的百分比，比例最大的即为所归属的需求类别。如 M 类需求有 50%，即该需求归属为 M 类。

需求类别的归属应遵循以下原则：

第一，R 类需求（反向需求）和 Q（存疑或者矛盾结果）属于可以直接排除的干扰项，但是其对于问卷调查的可行性分析依然具有重要作用，主要体现

---

① Chen C C, Chuang M C. Integrating the Kano Model into a Robust Design Approach to Enhance Customer Satisfaction with Product Design［J］. International Journal of Production Economics，2008，114（2）：667-681.

为：R 和 Q 所占比例越小，问卷调查的结果越具有可靠性；R 和 Q 所占比例越大，问卷调查的结果越不具有可靠性。

第二，I 类需求（无差异型需求）表明该部分内容的存在与否并不影响用户的需求，因此一般不需要考虑 I 类需求在需求归类中所占的比例。但是，用户对需求内容的认知程度也会对问卷调查的可靠性产生一定的影响，因此当 I 类需求占比较大时，仍要对其进行归类。

第三，本研究重点分析 A 类需求（魅力型需求）、O 类需求（期望型或一维型需求）、M 类需求（基本型需求）。由于不同的变量因素会使即使是同一内容的需求类别也存在不同点，因此本研究不仅要对问卷进行整体分析，还要分析不同的变量因素。

第四，由于基于百分比统计结果判定需求类别的准确度较低，因此本研究还需要计算需求敏感度，并在建立需求敏感度矩阵的基础上，更加准确地归类不同需求。

需求敏感度主要有需求满足影响力（Satisfaction Influence，SI）和需求不满足影响力（Dissatisfaction Influence，DSI）两个指标，计算公式如下：

$$SI = \frac{A+O}{A+O+M+I}$$

$$DSI = \frac{(-1) \times (O+M)}{A+O+M+I}$$

应用上述公式计算需求项中的各类需求的 SI 结果的取值范围为大于 0 且小于 1（0<SI<1），SI 值越大，表明用户对该需求的正向增长敏感度越强；DSI 结果的取值范围为小于 0 且大于 −1（−1<DSI<0），DSI 值越小，表明用户对该需求的反向增长越敏感。

根据需求敏感度绘制的十字坐标图将用户需求分为四个层面，每个层面所反映的内容如表 5-3-1 所示。

表 5-3-1 四个层面需求所反映的内容

需求类型	所属象限	象限特点	体现的需求敏感度特点
A 魅力型需求	第一象限	DSI 的绝对值较小，SI 的值较大	需求正向敏感度较强，如能满足将会给用户带来惊喜的效果；反向需求敏感度较低，如不能满足也不影响用户的体验
O 期望型需求	第二象限	DSI 的绝对值较大，SI 的值较大	此类需求的正向和反向需求度均较高，是亟待满足的用户需求类型
M 基本型需求	第三象限	SI 值较小，DSI 的绝对值较大	正向敏感度低、反向敏感度较强，即更多地满足该类需求也很难提高用户满意度，但是缺乏满足则很容易引起用户不满
I 无差异型需求	第四象限	SI 值较小，DSI 的绝对值较大	用户对其正向和反向需求均不敏感，因此满足此类需求的优先级应放在最后，并且要结合用户认知情况分析此类需求产生的原因

5.4 我国政府数据开放的用户需求数据分析

限于篇幅，调研过程详见项目组成员李白杨的博士学位论文《我国政府数据开放的用户需求及其保障策略研究》(2017 年)及其主持的国家社科基金后期资助项目成果《面向用户需求的政府数据开放共享与服务研究》(20FTQB007)。

5.4.1 对用户需求认知的分析

用户对政府数据开放具有一定的认知，才会对其产生需求。因此，对用户的需求认知进行分析有两方面的原因：一方面，对用户的需求认知进行分析可以从基本的层面了解用户的需求；另一方面，用户的构成具有差异化，导致变量因素客观存在，因此首先要研究用户对政府数据开放需求的认知的差异。

（1）用户对政府数据开放概念的认知

①对概念认知的整体情况

政府数据开放这一概念起源于开放政府、开放数据和大数据的背景。当前，政府数据开放的概念已经被学术界广泛接受，然而我国政府机构工作人员、商业机构工作者和公众等社会群体是否了解该概念尚有待验证。

本研究首先调查了用户对政府数据开放的认知，总体上如图 5-4-1 所示：认为自己完全了解政府数据开放的被调查者仅占 3.02%；选择基本了解的被调查者占 39.61%，占比最多；选择说不清、基本不了解和完全不了解的被调查者分别占到 23.95%、25.13%、8.29%，共占比 57.37%，这说明有相当高比例（超过半数）的被调查者尚不了解什么是政府数据开放。

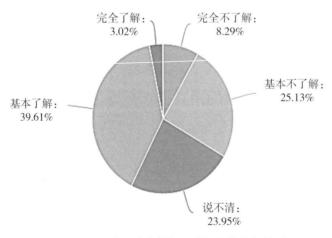

图 5-4-1　用户对政府数据开放概念的认知情况

②职业因素对概念认知的情况

在前文设计的变量中，职业因素、学历因素和专业因素是对概念认知情况影响较大的变量因素，因此需要对这三个因素进行重点分析。首先研究职业因素对概念认知的情况。不同职业用户对政府数据开放概念的认知情况如图 5-4-2 所示。

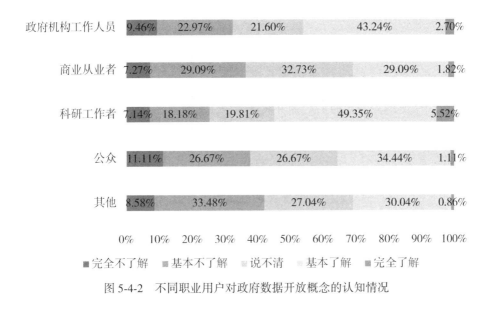

图 5-4-2 不同职业用户对政府数据开放概念的认知情况

从图 5-4-2 中可以明显地看出，科研工作者对政府数据开放概念的认知程度相对较高，其次是政府机构工作人员；而商业从业者、公众、其他类别的用户对其概念认知程度相对较低。

上述几种职业类别对概念的认知程度具有明显的差异，主要有三个方面的因素：

第一，政府机构工作人员和科研工作者是最早接触并且可以通过多种渠道了解政府数据开放概念的群体，而其他职业的用户接触该概念的起始时间较晚、并且接触的渠道相对缺乏。

第二，政府机构工作人员和科研工作者由于工作性质，对政府数据的需求程度相对较高，其他职业的用户对政府数据开放的需求更多的是满足业务拓展和自身发展，相对来说并非必备的需求，因此其需求程度相对较低。

第三，这一调查结果说明我国政府数据开放相关概念的推广不力，使之并未在社会各界带来广泛的接受度和影响力。目前来看，政府数据开放的概念仅被相关职业和相关领域接受，其并未向以公众为代表的政府数据潜在使用群体进行深入且广泛的推广。

③学历因素对概念认知的情况

从图 5-4-3 可以看出，学历因素是政府数据开放的概念认知的重要影响因素，不同学历的用户对政府数据开放概念的认知具有明显的差异。总体上，用户学历与其对政府数据开放的认知呈正相关性，博士及以上学历的用户选择较多的是"基本了解"，而高中及以下学历的用户占比较高的选项是"基本不了解"，即学历越高则对认知政府数据开放的概念的认知程度越高。值得注意的是，本科学历的用户选项在非极端情况的中间段分布较平均，说明这部分用户对政府数据开放的认知分化较为严重。

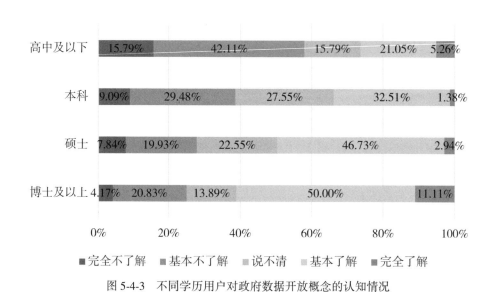

图 5-4-3　不同学历用户对政府数据开放概念的认知情况

④专业因素对概念认知的情况

从图 5-4-4 可以看出，不同专业对政府数据开放的认知也有显著的差异。社会科学领域的用户对这个概念的认知程度最高；其次是自然科学领域；而人文与艺术类和其他专业的用户则对该概念的认知程度较低。

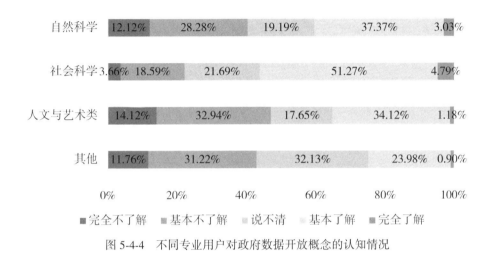

图 5-4-4　不同专业用户对政府数据开放概念的认知情况

这在一定程度上说明在专业工作中是否接触和利用政府数据开放以及接触和利用的程度会显著影响用户对这个概念的认知。例如，社会科学研究的资料来源中经常包括各种统计数据、政府文件等；自然科学研究的资料来源也经常涵盖政府的权威数据库，因此这两个领域的用户对政府数据开放相对认知程度就会较高。而人文与艺术学科由于其特殊的性质，该领域的用户在研究和工作中接触政府数据开放的机会并不多，因此对其认知程度较低。

（2）用户使用政府数据的目的

用户使用政府数据的目的如图 5-4-5 所示。

125

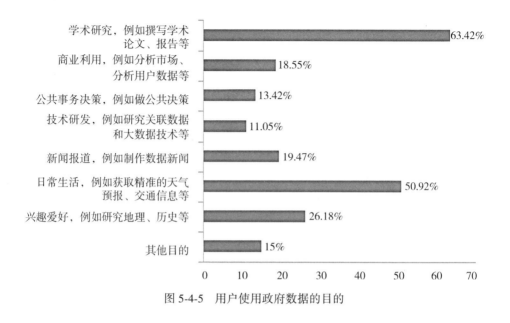

图 5-4-5　用户使用政府数据的目的

该问项为多项选择题，用户需要选择至少一项、至多三项的选项。经过复合分析，本研究发现，"学术研究"是被选择比例最高的共同选项，复合占比达到 63.42%，这说明用户在学术研究中对于政府数据具有较强的需求。排名第二是"日常生活"，复合占比达到 50.92%，说明用户关心并且需要与生活密切相关的政府数据。排名第三的是"兴趣爱好"，复合占比达到 26.18%，说明用户对政府数据中与自身爱好相关的数据类别较为感兴趣。其次，用户使用政府数据的目的分别为新闻报道（19.47%）、商业利用（18.55%）、其他目的（15%）、公共事务决策（13.42%）和技术研发（11.05%）。

可以看出，用户使用政府数据的目的具有多元化的特点，即不同的用户有不同的需求，但目前总体来看，用户在学术研究和日常生活中对政府数据会有更为明显的需求，而商业领域、政府机构对政府数据的使用需求尚不明显。

（3）用户获取政府数据的途径

用户获取政府数据的途径如图 5-4-6 所示。

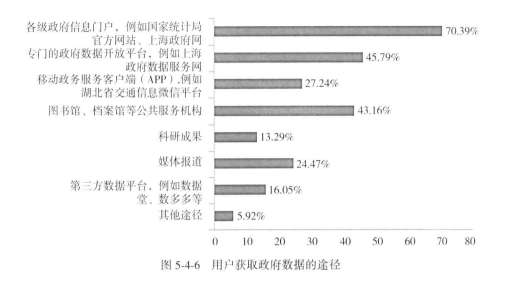

图 5-4-6 用户获取政府数据的途径

该问项同样为多项选择，用户需要选择至少一项、至多三项的选项。从图 5-4-6 中可以看出，用户当前获取政府数据的途径主要有三个方面：一是各级政府信息门户（70.39%）；二是专门的政府数据开放平台（45.79%）；三是通过图书馆、档案馆等公共服务机构获取政府数据（43.16%）。这三种获取政府数据的途径具有共性：一是权威性，三种渠道所拥有和发布的政府数据均来自官方机构，其数据来源可靠、内容权威，因此可信度高，更受用户信赖；二是便利性，我国的政府网站、数据开放平台和公共服务机构所提供的数据的形式是经过组织和整序的，因此对用户更友好，更便于用户进行浏览、下载、检索等操作；三是这三种途径提供的政府数据往往在内容上是未经加工的，具有较好的完整性，利于用户直接利用这些数据。

除此之外，用户还选择了以下途径以获取政府数据：使用移动政务服务客户端（27.24%）；利用媒体报道（24.47%）；利用第三方数据平台（16.05%）；利用科研成果（13.29%）；以及利用其他途径获取政府数据（5.92%）。这些渠道由于在权威性、便捷性、完整性等方面较为欠缺，因此不是用户的首选项；但是由于其依然可以在某些情况下提供一定的有用数据，因此这一类途径是用户获取政府数据的必要补充。

(4)用户对政府数据开放费用的接受程度

用户对政府数据开放费用的接受程度如图5-4-7所示。

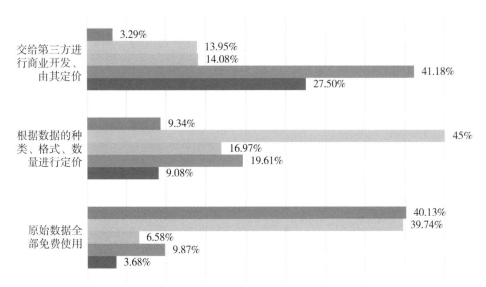

图 5-4-7　用户对政府数据开放费用的接受程度

从图5-4-7的分析结果发现，用户对三种费用标准具有明显的需求差异。共有79.87%的用户认为原始数据应当全部免费使用，证明用户普遍认为政府数据具有非营利性、公益性；其次，有54.34%的用户同意按照数据的格式、种类、数量等不同性质进行相应的收费，说明部分用户认可数据的有偿增值服务并且对其具有一定的需求；而对于交给第三方进行商业开发、由其定价，68.68%的用户选择"不同意"，说明当前大多数用户还难以接受将政府数据交由第三方进行商业开发。

5.4.2　用户对政府数据开放需求的层次分析

（1）需求敏感度的矩阵分析

基于章节 5.3 所得到的各类需求的 SI 和 DSI 数据，在 SPSS 中利用 KANO 模型的矩阵分析方法对所有需求的敏感度进行了矩阵分析，最终划分为四个象限，并得到四种不同的需求，如图 5-4-8 所示。

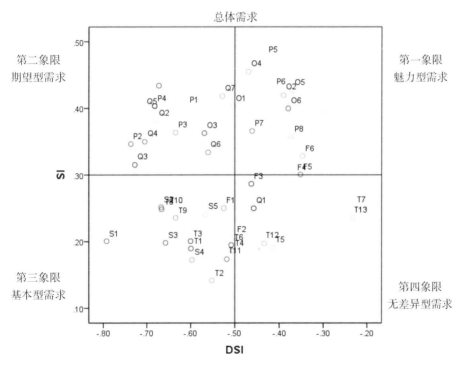

图 5-4-8　用户对政府数据开放的需求敏感度矩阵

①基本型需求的敏感度

基本型需求(第三象限)：该象限的特点是 SI 较低、DSI 较高，其含义是用户认为该类型需求是基础性的、不可或缺的。落入该象限的需求主要见表 5-4-1。

表 5-4-1 用户对政府数据的基本型需求

需求类型	所属象限	需求类型	具体需求内容
基本型需求	第三象限	数据主题(T)	T1 行政办事类
			T2 经济发展类
			T3 教育科技类
			T4 道路交通类
			T6 气候环境类
			T8 民生服务类
			T9 卫生健康类
			T10 公共安全类
			T11 城市建设类
		数据格式(F)	F1 文本 1 类(Office 格式)
			F2 文本 2 类(PDF、TXT 等)
		数据质量(Q)	
		平台功能(P)	
		安全保障(S)	S1 不能危害国家和公共安全
			S2 数据脱敏
			S3 许可协议
			S4 合理使用
			S5 隐私保护
		其他需求(O)	

基本型需求是与用户需求最为密切相关的,是最基础性的需求,因此必须优先保障此类需求,否则将阻碍我国政府数据开放的建设进程。因此,我国的政府数据开放首先必须满足用户的基本型需求。从表 5-4-1 中可以看出,用户对政府数据开放的基本型需求主要集中在 T 类数据主题、F 类数据格式和 S 类安全保障。在 T 类数据主题中,用户最迫切需求的数据主题是与自身工作、生活息息相关的;在 S 类数据格式中,用户需求的数据格式是最简单文本类格式;而 S 类安全保

障包含的 5 种需求全部归入基本型需求，可以明显地看出用户对数据安全保障的需求敏感度较高，因此我国的政府数据开放必须高度重视数据的安全保障工作。

②期望型需求的敏感度

期望型需求(第二象限)：该象限的特点是 SI 和 DSI 均较高，即正向需求敏感度和反向需求敏感度均较高，这意味着这类型的需求是用户期望的，如果不能满足用户会产生不满足的情绪，落入该象限的需求主要见表 5-4-2。

表 5-4-2　用户对政府数据的期望型需求

需求类型	所属象限	需求类型	具体需求内容
期望型需求	第二象限	数据主题(T)	
		数据格式(F)	
		数据质量(Q)	Q2 数据可用性
			Q3 数据权威性
			Q4 数据完整性
			Q5 数据更新快
			Q6 数据机器可读性
			Q7 数据格式可转换
		平台功能(P)	P1 检索完善
			P2 下载方便
			P3 交互界面友好
			P4 分类完善
		安全保障(S)	
		其他需求(O)	O1 国家级平台
			O3 数据目录索引

期望型需求是用户在满足自身基本型需求的基础上追求的更高一层的需求。因此，我国政府数据开放的工作在满足用户基本型需求的基础上，要重点关注如何满足用户的期望型需求。从期望型需求敏感度分析可以看出，用户对

政府数据开放的期望型需求主要集中在 Q 类数据质量、P 类平台功能和 O 类其他需求。首先，这表明用户对平台的检索、下载、交互界面和数据分类功能十分关心；其次，用户对数据质量中的数据可用性、权威性、完整性、更新速度、机器可读性及格式可转换有强烈的需求；再次，用户对我国政府数据开放还有建设国家级政府数据开放平台和提供数据目录索引的期望需求。

③魅力型需求的敏感度

魅力型需求(第一象限)：该象限的特点是 SI 较高、DSI 较低，代表用户对该类型需求的正向需求敏感度均较高、反向需求敏感度较低，即用户认为该类型需求具有较大的魅力，让用户有明显的期待感，但相比于基本型需求又不是必要的、不可或缺的需求。落入该象限的需求主要见表5-4-3。

表 5-4-3　用户对政府数据的魅力型需求

需求类型	所属象限	需求类型	具体需求内容
魅力型需求	第一象限	数据主题(T)	
		数据格式(F)	F4 数据库格式
			F5 关联数据格式
			F6 开放程序接口格式
		数据质量(Q)	
		平台功能(P)	P5 数据可视化
			P6 数据评价
			P7 数据互动
			P8 数据订阅
		安全保障(S)	
		其他需求(O)	O2 数据定制
			O4 跨平台数据共享
			O5 数据分析等增值服务
			O6 第三方应用接口

用户对魅力型需求并没有太明显或强烈的需求。因此，魅力型需求不是目前我国政府数据开放建设工作的重点，但是对于长远的规划和发展有着重要参考价值。从魅力型需求敏感度分析可以看出，用户的魅力型需求主要集中在 F 类数据格式、P 类平台功能和 O 类其他需求中的部分内容。

④无差异型需求的敏感度

无差异型需求(第四象限)：该象限的特点是 SI 和 DSI 均较低，即正向需求敏感度和反向需求敏感度均较低，因此该类型需求满足与否与用户的期望无关。落入该象限的需求主要见表 5-4-4。

表 5-4-4　用户对政府数据的无差异型需求

需求类型	所属象限	需求类型	具体需求内容
无差异型需求	第四象限	数据主题(T)	T5 地理资源类
			T7 休闲娱乐类
			T12 社会组织类
			T13 其他数据类别
		数据格式(F)	F3 图像格式
		数据质量(Q)	Q1 数据量
		平台功能(P)	
		安全保障(S)	
		其他需求(O)	

无差异型需求是用户最不关心的、比较边缘化的需求，根据分析主要有 T 类数据主题、F 类数据格式和 Q 类数据质量的少部分内容。T 类数据主题的无差异型需求反映了用户对与自己生活和工作不太相关的数据并没有明显的需求甚至并不关心。但值得关注的是，F3 图像格式、Q1 数据量这两项需求在假设中属于基本型需求，但实际分析中却被归为无差异型需求，因此后续还需要对

这种与假设有较大出入的情况进行分析和解释。

(2) 基于需求敏感度的需求层次分析

图 5-4-9 是基于需求敏感度矩阵分析的用户需求层次关系分析。实线箭头表示主要需求层次归属，虚线为次要需求层次归属，T、S、Q、F、P、O 六类需求被划分为无差异型需求、基本型需求、期望型需求和魅力型需求。因此，T 类数据主题和 S 类安全保障主要归属于基本型需求，Q 类数据质量和 P 类平台功能主要归属于期望型需求，F 类数据格式和 O 类其他需求主要归属于魅力型需求，这样的划分结果符合需求层次理论的内容和 KANO 模型的结构。

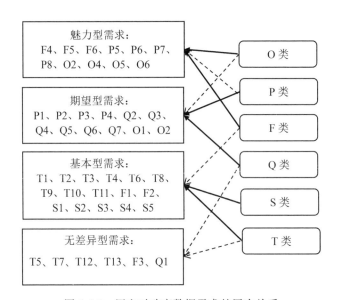

图 5-4-9　用户对政府数据需求的层次关系

用户对政府数据需求层次关系的分析结果如下：

首先，S 类安全保障需求全部落入基本型需求、T 类数据主题大部分落入基本型需求，表明当前用户对我国政府数据开放的最主要需求为安全保障和数据主题。我国信息产业在高速发展的同时，也暴露出诸如数据泄露、用户隐私泄露、信息诈骗等社会问题，因此用户对政府数据开放的首要需求就是数据的绝对安全性。从 T 类数据主题来看，用户认为与自身生活、工作密切相关的数据是迫切需求的，而与自身生活、工作无关的则没有明显需求，层次较为分明。

其次，Q 类数据质量和 P 类平台功能主要落入期望型需求，表明用户对我国政府数据开放的数据质量和平台功能有较高的期待，尤其渴望高质量的政府开放数据和界面友好易用的政府数据开放平台。同时，用户现阶段对于一些更高层次的数据质量和平台功能需求较不明显，如数据可视化、数据评价等。

再次，F 类数据格式和 O 类其他需求主要落入魅力型需求，需要分别讨论。从数据格式来说，当前的用户对数据库格式、关联数据格式、开放程序接口等比较高层次或者说没有在社会中进行普遍推广的格式没有强烈的需求，他们需求的更多的是文本格式这一类比较易用且常见的格式；从其他类需求来说，用户对数据定制、跨平台共享、数据分析增值服务等更高层次的服务和功能也没有明显需求，说明本研究设计的其他需求符合当前需求层次的分类。

最后，图中虽然把用户对我国政府数据开放的需求分为 4 个层次，但根据需求层次理论和 KANO 模型的原理和特性，不同层次间的需求具有可转化性。随着用户对政府数据开放的认知不断提高，进而推动其政府数据开放的需求不断拓展、利用不断深入和多元化，用户的期望型需求就很可能转换为基本型需求，魅力型需求也很可能转换为期望型需求。因此，在政府数据开放的过程中需要考虑不同层次的需求按阶段进行满足，首先解决主要矛盾和矛盾的主要方面，而对于无差异型需求和魅力型需求这样的次要矛盾和矛盾的次要方面，尽管它没有十分迫切，但是也不能弃之不顾，而是要纳入建设规划中，在长远的建设中有条不紊地开展。

5.4.3 基于变量因素的用户需求的差异化

用户需求在整体上具有层次化的特点，但根据变量因素的不同，也具有需求差异化的特点。在上文预设的年龄、地域、学历、职业、专业变量因素中，除了地域因素主要考察用户认知差异外，其他几种变量都影响了用户需求的差异。

(1) 基于年龄因素的用户需求差异

本研究的调查结果显示，参与者来自 4 个年龄层次：18 ~ 25 岁、26 ~ 30 岁、31 ~ 40 岁和 41 ~ 50 岁。图 5-4-10 显示了 4 个年龄阶段的用户对政府数据的需求敏感度矩阵，从图中可以明显地看出不同年龄层的用户对政府数据开放的需求具有明显的差异，这是由用户的知识结构、工作、学习状态、社会阅历等多种主客观因素的差异共同导致的。通过表 5-4-5 可以看出不同年龄阶段的用户的各类型共同需求，因此仅总结不同年龄阶段的各类需求的差异。

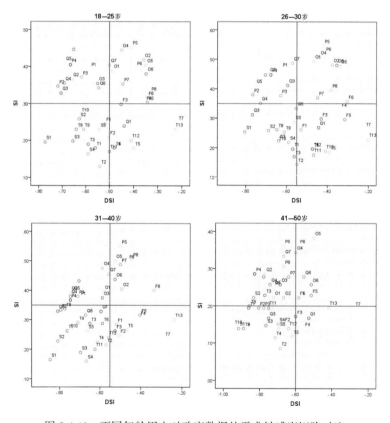

图 5-4-10　不同年龄用户对政府数据的需求敏感度矩阵对比

①基本型需求

不同年龄用户的基本型需求也存在显著差异：18~25岁用户主要对数据格式有显著需求（文本格式1、文本格式2）；26~30岁用户主要对数据的权威性和机器可读性有显著需求；31~40岁用户除了对数据的权威性和机器可读性有需求，还希望数据量大并且能够被方便地下载，在数据主题上还对社会组织类数据有明显需求；41~50岁用户对数据主题的需求则更广泛，对于一些专业特色化的数据主题比如地理资源类、气候环境类也有需求，同时提出了对平台交互界面和图像格式数据的需求。

②期望型需求

不同年龄用户的期望型需求存在差异，但差异不大：18~25岁、26~30岁、31~40岁用户的期望型需求主要集中于平台功能和数据质量，没有非常明显的差异。而41~50岁用户的期望型需求与其他年龄用户差异则较为显著，除了共同需求外，还对国家级平台、数据定制服务和跨平台数据共享等方面提出了比较强烈的需求。

③魅力型需求

不同年龄用户的魅力型需求存在差异：整体上，随着年龄层的增长，魅力型需求逐渐减少，基本型需求和期望型需求增多。例如，18~25岁和26~30岁这一类年轻群体用户的魅力型需求较多，31~40岁用户的魅力型需求开始减少，而41~50岁这一类中年群体用户的魅力型需求最少。

④无差异型需求

不同年龄用户的无差异型需求之间的差异与魅力型需求虽有不同，但是并不明显，具有一定的相似性：整体上随着年龄的增长，无差异型需求开始减少。但是18~25岁用户的魅力型需求相对不多，这个年龄阶段的用户的需求大多分散在其他层次的需求中。

表 5-4-5 不同年龄用户对政府数据的共同需求

需求类别	共同需求(≥3 次)
基本型需求	T1 行政办事类
	T2 经济发展类
	T3 教育科技类
	T8 民生服务类
	T9 卫生健康类
	T10 公共安全类
	T11 城市建设类
	S1 涉及国家和公共安全的数据不开放
	S2 数据脱敏
	S3 许可协议
	S4 合理使用
	S5 隐私保护
	Q3 数据权威性
期望型需求	P1 检索完善
	P3 用户界面友好
	P4 分类完善
	Q2 数据可用性
	Q4 数据完整性
	Q5 数据更新快
	Q7 数据格式可转换
	O3 数据目录
魅力型需求	P5 数据可视化
	P6 数据评价
	P7 用户互动
	P8 数据订阅
	F6 开放程序接口格式
	O2 数据定制服务
	O5 数据增值服务
	O6 第三方开发应用
无差异型需求	T5 地理资源类
	T7 休闲娱乐类
	T13 其他类
	F4 数据库格式

（2）基于学历因素的用户需求差异

本研究将学历这一变量因素分为 4 种类型：高中及以下、本科、硕士、博士及以上。图 5-4-11 是 4 种不同学历用户对政府数据的需求敏感度矩阵分析，从对比图可以看出不同学历的用户对政府数据开放的需求存在显著差异。通过表 5-4-6 可以看出不同学历的用户的共同需求，因此仅总结不同学历的各类需求的差异。

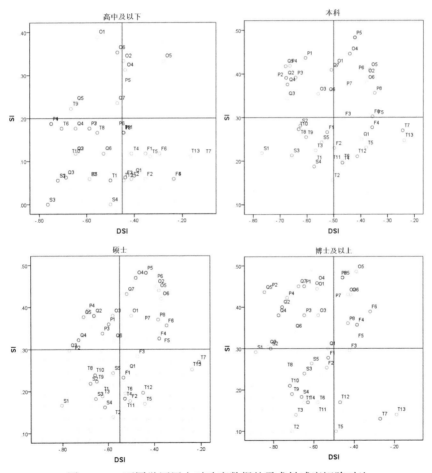

图 5-4-11 不同学历用户对政府数据的需求敏感度矩阵对比

表 5-4-6 不同学历用户对政府数据的共同需求

需求类别	共同需求（≥3 次）
基本型需求	T1 行政办事类
	T2 经济发展类
	T3 教育科技类
	T8 民生服务类
	T9 卫生健康类
	T10 公共安全类
	S1 涉及国家和公共安全的数据不开放
	S2 数据脱敏
	S3 许可协议
	S4 合理使用
	S5 隐私保护
期望型需求	P1 检索完善
	P2 下载方便
	P3 用户界面友好
	P4 分类完善
	Q2 数据可用性
	Q3 数据权威性
	Q4 数据完整性
	Q5 数据更新速度快
	Q6 数据机器可读
	O3 数据目录
魅力型需求	P5 数据可视化
	P6 数据评价
	P7 用户互动
	P8 数据订阅
	F5 关联数据格式
	F6 开放程序接口格式
	O2 数据定制服务
	O4 数据共建共享
	O5 数据增值服务
	O6 第三方开发应用

需求类别	共同需求（≥3次）
无差异型需求	T4 道路交通类
	T5 地理资源类
	T7 休闲娱乐类
	T12 社会组织类
	T13 其他类
	F3 图像格式
	Q1 数据量大

①基本型需求

不同学历用户的基本型需求存在较为显著的差异：高中及以下学历用户的基本型需求最多，涵盖 T 类数据主题、S 类安全保障、P 类平台功能、Q 类数据质量；本科学历用户与硕士研究生学历用户的基本型需求比较相似，前者的基本型需求比后者多了 F 类数据格式中的文本格式 1 和文本格式 2，其余需求内容相同；博士研究生及以上学历用户的基本型需求也较多，例如，除了共同需求的几类数据主题外还对道路交通类、气候环境类和城市建设类数据有比较明显的需求；数据格式上同样需求文本格式 1 和文本格式 2；数据质量上主要是对数据量有比较明显的需求。

②期望型需求

在高中及以下学历用户的期望型需求明显少于其他三种类型学历的用户。而本科、硕士研究生、博士研究生及以上学历用户的期望型需求有较多相似之处。

③魅力型需求

不同学历用户的魅力型需求差异特点与魅力型需求差异特点类似：高中及以下学历用户的魅力型需求较少，本科、硕士研究生、博士研究生及以上学历用户的魅力型需求较多。

④无差异型需求

不同学历用户的无差异型需求具有差异性，具有负相关的特点，具体表现为随着学历等级的升高，用户的无差异型需求减少。

（3）基于职业因素的用户需求差异

本研究将职业这一变量因素主要参考了前文的用户识别，分为如下 5 种类型：政府机构工作人员、商业从业者、科研工作者、公众和其他职业。图 5-4-12 是 5 种不同职业用户对政府数据的需求敏感度矩阵分析，从对比图可以看出不同职业的用户对政府数据开放的需求存在显著差异。通过表 5-4-7 可以看出不同职业的用户的各类型共同需求，因此仅总结不同职业的用户的各类需求的差异。

①基本型需求

政府机构工作人员、科研工作者、公众和其他职业的基本型需求类似，而商业从业者的基本型需求更多元，例如在 T 类数据主题中，还对道路交通类、气候环境类、城市建设类等主题的数据有明显需求，在 Q 类数据质量中还希望能有大量的数据。

②期望型需求

不同学历用户的期望型需求差异不显著，比较主要的差异在于商业从业者、公众和其他职业用户希望能有数据目录，其他职业用户希望能实现跨平台的数据共建共享。

③魅力型需求

不同学历用户的魅力型需求差异显著：

政府机构工作人员的魅力型需求较多。除了共同需求外，还对更广泛的数据主题有需求，包括地理资源类、休闲娱乐类、社会组织类和其他类别数据；并且也对数据质量有更高层次的要求，包括数据的机器可读性等；

142

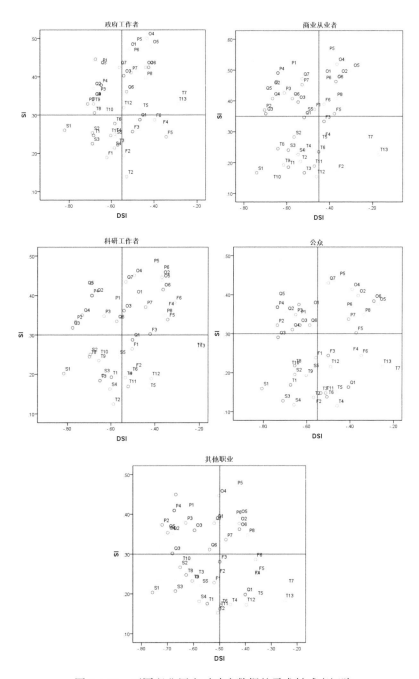

图 5-4-12 不同职业用户对政府数据的需求敏感度矩阵

143

科研工作者的魅力型需求也较多。除了共同需求外，还对数据质量有更高层次的需求，比如对数据格式可转换有需求；也对更多样的数据格式有需求，包括常见常用的图像格式和相对不常见不常用的数据库格式、关联数据格式、开放程序接口格式；在其他需求中，还对建设国家级统一政府数据开放平台有需求；

商业从业者、公众、其他职业的魅力型需求较为相似，并且没有显著的差异，基本以共同需求为主。

④无差异型需求

不同学历用户的无差异型需求具有显著的区别：政府机关工作人员和商业从业者的无差异型需求最少，主要是 T 类数据主题和 F 类数据格式中的少部分内容。科研工作者、公众和其他职业的无差异型需求都较多，包括较大一部分的 T 类数据主题、F 类数据格式、Q 类数据质量中的内容。

表 5-4-7　不同职业用户对政府数据的共同需求

需求类别	共同需求（≥3 次）
基本型需求	T1 行政办事类
	T2 经济发展类
	T3 教育科技类
	T8 民生服务类
	T9 卫生健康类
	T10 公共安全类
	S1 涉及国家和公共安全的数据不开放
	S2 数据脱敏
	S3 许可协议
	S4 合理使用
	S5 隐私保护
	F1 文本格式 1（Office 格式）

需求类别	共同需求（≥3次）
期望型需求	P1 检索完善
	P2 下载方便
	P3 用户界面友好
	P4 分类完善
	Q2 数据可用性
	Q3 数据权威性
	Q4 数据完整性
	Q5 数据更新速度快
	Q6 数据机器可读
魅力型需求	P5 数据可视化
	P6 数据评价
	P7 用户互动
	P8 数据订阅
	O2 数据定制服务
	O4 数据共建共享
	O5 数据增值服务
	O6 第三方开发应用
无差异型需求	T7 休闲娱乐类
	T13 其他类
	Q1 数据量大

（4）基于专业因素的用户需求差异

本研究将专业这一变量因素分为4种类型：自然科学类、社会科学类、人文与艺术类和其他类专业。图5-4-13是4种不同专业用户对政府数据的需求敏感度矩阵分析，从对比图可以看出不同专业的用户对政府数据开放的需求存在显著差异。通过表 5-4-8 可以看出不同专业的用户的各类型共同需求，因此仅总结不同专业的用户的各类需求的差异。

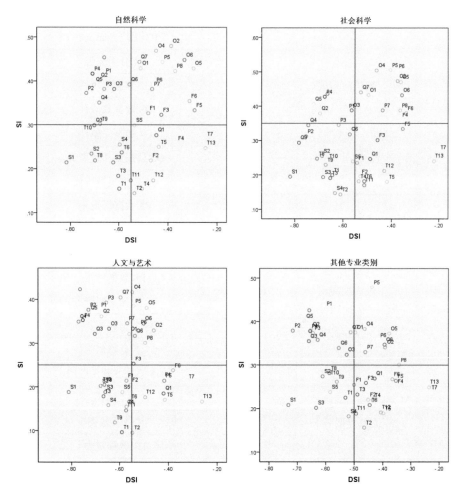

图 5-4-13　不同专业用户对政府数据的需求敏感度矩阵

①基本型需求

不同专业用户的基本型需求具有明显的差异：从事自然科学的用户基本型需求内容较少，仅包括 T 类数据主题和 S 类安全保障中的部分内容；从事社会科学的用户基本型需求种类最多，包括 T 类数据主题、S 类安全保障、P 类平台功能、Q 类数据质量中的多项内容；人文与艺术类专业的用户基本型需求也相对较多，包括 T 类数据主题、S 类安全保障的较大一部分内容和 F 类数据格式中的文本格式 1 和文本格式 2；从事其他类专业的用户基本型需求较少，表现为 T 类数据主题、S 类安全保障中的少部分内容和 F 类数据格式中的文本格式 1。

②期望型需求

不同专业用户的期望型需求存在比较明显的差异，例如社会科学专业的用户期望型需求较单一，而自然科学、人文与艺术类和其他专业的用户的期望型需求种类较多。

③魅力型需求

不同专业用户的魅力型需求具有显著差异，主要表现为：

自然科学专业的用户魅力型需求最多。除了共同需求外，还对 F 类数据格式中相对常见常用的文本格式 1、图像格式和相对不常见不常用的关联数据格式、开放程序接口格式有需求。除此之外，该类型用户还对 O 类其他需求中的建设国家级统一政府数据开放平台有需求。

社会科学专业的用户魅力型需求较多。除了共同需求外，还对 F 类数据格式中的相对不常见不常用的数据库格式、关联数据格式、开放程序接口格式有需求；在 Q 类数据质量中，还对数据格式的可转换性有需求；在 O 类其他需求中，对设国家级统一政府数据开放平台有需求。

人文与艺术类专业、其他类专业的用户的魅力型需求相对较少，基本没有出现共同需求之外的需求。

④无差异型需求

不同专业用户的无差异型需求有显著差异：自然科学、社会科学、人文与艺术类专业的用户的无差异型需求基本以共同需求为主；而其他专业的用户的无差异型需求较多，包括了 T 类数据主题和 F 类数据格式中的多种需求。

表 5-4-8　不同专业用户对政府数据的共同需求

需求类别	共同需求（≥3 次）
基本型需求	T1 行政办事类
	T3 教育科技类
	T8 民生服务类
	T9 卫生健康类
	T10 公共安全类
	S1 涉及国家和公共安全的数据不开放
	S2 数据脱敏
	S3 许可协议
	S4 合理使用
	S5 隐私保护
期望型需求	P1 检索完善
	P2 下载方便
	P3 用户界面友好
	P4 分类完善
	Q2 数据可用性
	Q3 数据权威性
	Q4 数据完整性
	Q5 数据更新速度快
	O3 数据目录
魅力型需求	P5 数据可视化
	P6 数据评价
	P7 用户互动
	P8 数据订阅
	O1 国家级统一平台
	O2 数据定制服务
	O4 数据共建共享
	O5 数据增值服务
	O6 第三方开发应用

续表

需求类别	共同需求（≥3次）
无差异型需求	T2 经济发展类
	T4 道路交通类
	T5 地理资源类
	T7 休闲娱乐类
	T12 社会组织类
	T13 其他类
	Q1 数据量大

6 我国政府数据开放共享的障碍

政府数据开放共享是实施国家大数据战略的重要维度，也是提升我国数据资源开放水平的重要切入点。政府数据蕴藏着巨大的政治、经济与社会价值，其开放与共享对于促进政务公开、提升服务水平、推动经济增长、激发社会创新均具有重要意义。目前，相比较于英、美、加、澳等发达国家的实践，我国政府数据开放与共享机制尚有待健全与完善，同时，与墨西哥、巴西等发展中国家水平相比，我国政府数据开放共享在多项国际政府数据开放综合评估中表现欠佳。

以《开放数据晴雨表——全球报告》(*Open Data Barometer-Global Report*) 为例，该报告由万维网基金会(The World Wide Web Foundation)和开放数据研究所(Open Data Institute)共同编制，通过深入的分析方法，结合背景数据、技术评估和二级指标，从开放数据的准备度、实施水平与影响力三个指标分析各国与地区间开放数据活动的比较数据与发展趋势，通过排名可较为真实地反映全球开放数据活动的实施现状与实际影响。该报告持续跟进全球政府数据开放的发展态势与变化，2013 年发布第 1 版，至 2017 年 7 月，已发布 4 个版本，中国政府数据开放的具体表现如表 6-0-1 所示。

由表 6-0-1 可见，2013—2017 年，中国政府数据开放的整体水平呈现出停滞不前甚至于不断落后的状态，尤其是在实施和影响力两个维度，得分情况不容乐观。这凸显出我国政府数据开放与共享实践仍存在诸多短板，阻碍其健康、有序、稳定、持续地发展。在我国倡导大数据治理与数据要素价值发挥的大环境下，在建设政府数据开放基础设施的关键节点，有必要对我国政府数据开放存在的障碍进行全面、系统的分析，对于可能存在的困难做足充分的准备，提前做好应对措施，全方位推动政府数据开放行动的顺利开展。

表 6-0-1 《开放数据晴雨表——全球报告》中国得分与排名情况

版本 \ 得分与排名	测评维度指数			总分	排名
	准备维度	实施维度	影响力维度		
第 1 版(2013)①	41.72	9.41	0	11.82	61
第 2 版(2015)②	52	24	19	28.12	46
第 3 版(2016)③	45	15	8	21.16	55
第 4 版(2017)④	46	10	11	20	71

此外，由于政府数据开放的管理与利用是一个动态、复杂的过程，涉及政府组织、非政府组织、个人 3 种类型，包括立法部门、领导部门、实施部门、国际组织、社会团体、商业组织、资金提供方、信息技术提供方、公众、学者、媒体从业者和信息技术爱好者 12 个利益相关机构或个人⑤，且各利益相

① Open-Data-Barometer-2013-Global-Report[EB/OL]. [2024-01-01]. extension：//bfdog plmndidlpjfhoijckpakkdjkkil/pdf/viewer. html？file = https%3A%2F%2Fopendatabarometer. org% 2Fdoc%2F1stEdition%2FOpen-Data-Barometer-2013-Global-Report.pdf.

② Open Data Barometer-Global Report-2nd Edition-PRINT [EB/OL]. [2024-01-01]. extension：//bfdogplmndidlpjfhoijckpakkdjkkil/pdf/viewer.html？file = https%3A%2F%2Fopendata barometer.org%2Fassets%2Fdownloads%2FOpen%2520Data%2520Barometer%2520-%2520Global %2520Report%2520-%25202nd%2520Edition%2520-%2520PRINT.pdf.

③ ODB-3rdEdition-GlobalReport [EB/OL]. [2024-01-01]. https://webfoundation. org/ research/open-data-barometer-3rd-edition/.

④ ODB-4thEdition-Global[EB/OL]. [2024-01-01]. https://opendatabarometer.org/4thedi tion/.

⑤ 沈晶，胡广伟. 利益相关者视角下政府数据开放价值生成机制研究[J]. 情报杂志，2016，35(12)：92-97.

关者相互独立，参与政府数据开放的能力、动机与背景存在差异，参与程度与发挥的作用也不同，因而在其数据产生、组织、发布、利用等多个环节中可能因为标准不一、处理不当而产生诸多问题。荷兰代尔夫特理工大学（Delft University of Technology）教授、国际政府信息研究顶级刊物《政府信息季刊》（*Government Information Quarterly*，*GIQ*）主编 Marijn Janssen 已关注到政府数据开放障碍问题，在与 Yannis Charalabidis 、Anneke Zuiderwijk 合作研究中将政府数据开放的障碍确定为 6 大类，包括体制（Institutional）、任务的复杂性（Task Complexity）、利用与参与（Use and Participation）、法律（Legislation）、信息质量（Information）和技术（Technical）障碍，共识别出 57 个具体障碍①。

我国自 20 世纪 80 年代开始推行政府信息公开，由于长期受传统思想影响，保密观念一直很强，进程缓慢，在实践中存在诸多阻力与困难，需要进一步提升对政府数据开放障碍的关注度。本章结合国内学者对我国政府数据开放现状的调研与分析成果，发现我国政府数据开放障碍集中表现在 4 个不同层面，包括管理机构层面、政策和法律层面、技术层面和用户参与层面。

6.1 管理机构层面

管理是指在特定环境下，对所拥有的资源进行的包括计划、组织、领导、控制和创新在内的一系列活动，其目的是通过有效率和有效果的方式实现组织的目标②。根据《现代汉语大词典》的解释，机构是指机关、团体或其他工作单位③。因此，政府数据开放的相关管理机构可理解为本身是政府或所属主体是

---

① Janssen M, Charalabidis Y, Zuiderwijk A. Benefits, Adoption Barriers and Myths of Open Data and Open Government[J]. Information systems management, 2012, 29(4): 258-268.

② 斯蒂芬·P. 罗宾斯，玛丽·库尔特. 管理学（第 7 版）[M]. 北京：中国人民大学出版社，2003：7.

③ 智富，郭忠新. 现代汉语大词典·下册[Z]. 上海：上海辞书出版社，2009：3113.

政府的，进行大数据相关的计划、组织、领导、控制、创新等的机关、团体或其他工作单位，具备设定大数据发展目标，制定相应规划，统筹社会各方数据资源和各方力量服务于政府数据开放的发展，激励社会各方为实现社会整体利益的最大化而促进政府数据开放，监督政府数据开放相关行为，尤其是不正当行为、违法行为并使数据发挥深层次价值，更好地服务于社会大众的职能。

6.1.1　政府机构的数据意识不足

我国是全球互联网用户、移动互联网用户最多的国家，拥有庞大的数据生产和数据消费的主体，同时具备建设数据大国的潜力。政府作为政务数据的采集者、管理者和占有者，掌握着80%以上的数据，也就是掌握着对于数据开放、共享及价值利用的主动权。如果政府部门将数据开放视为额外的工作负担，没有认识到数据开放的重要性及其产生的广泛的社会效益，则在数据创建阶段忽略对数据的结构性、元数据的完整性、数据内容的准确性等关键要素把控，不仅影响数据的质量，甚至会出现数据丢失的情况，导致数据资源建设路径狭窄，无法保证政府数据来源的数量与质量。

根据对我国市级公务员信息素养的调查，目前在行政单位中普遍存在信息敏感意识较低、信息安全保密意识不强、信息知识较弱的问题①。此外，在政府部门对于用户的数据需求、数据利用方式不甚了解的情况下，易导致被采集的数据类目不科学、不合理，从而使开放数据的利用价值低下，无法达到用户的期望值及深度利用的要求。

6.1.2　政府机构的风险规避文化

保守的组织文化被视为阻碍政府数据开放的重要因素之一②。研究表明，

---

① 闫馨戈.我国市级政府公务员信息素养状况调查研究[D].哈尔滨：黑龙江大学，2015.

② 谭军.基于TOE理论架构的开放政府数据阻碍因素分析[J].情报杂志，2016，35（8）：175-178.

自身规定较为复杂，绩效观念薄弱且政府高层官员参与度较高的政治组织往往更容易产生风险规避文化，而且制度理论说明，在现状的基础上开展新的行动易产生新的风险。政府组织作为开放数据的主体，需要对数据资源的来源、质量、准确性进行负责，并需要慎重处理由于数据开放可能带来的知识产权、隐私保护、民众质疑、数据滥用、数据安全等一系列问题，风险难以预估。

我国公务员体系心态相对保守①，部分政府部门变革意愿不足，开放政府数据尚未成为部门的主线业务，缺乏挖掘数据价值的观念与驱动力，因此，多以保守的策略来应对国家层面对于数据开放与共享的要求，认为多一事不如少一事，不求有功但求无过，不开放或尽量少开放数据。例如，若数据开放相关负责人员行事风格过于保守，则会相信政府数据开放涉及个人隐私，如有追责其职位将会不保，同时，他们会担心数据外泄是否会引起民众、媒体的声讨与批评，影响国家公务人员的形象②。此外，开放的数据增加了公众的监督渠道，易暴露行政部门日常管理中的不足与漏洞，进一步削弱机构工作人员开放数据的主动性。仅开放非关键领域的数据较为普遍，以减少犯错，维持组织的地位。

如果政府部门风险规避的组织文化不能及时扭转，政府公务人员惧怕担责的心态不能及时改变，完全依靠命令与义务强制推行数据开放，则导致开放的数据多来自非关键领域、数据质量低以及数据的可用性不强。

6.1.3 政府部门之间的数据壁垒

由于政府数据产权的部门利益化、数据和信息产权界定不明确、政府数据开放所带来的安全政治风险等原因，我国政府数据开放"反公地悲剧"现象持

---

① 陈丽冰. 我国政府数据开放的推进障碍与对策[J]. 情报理论与实践，2017，40（4）：16-19，31.

② 陈丽冰. 我国政府数据开放的推进障碍与对策[J]. 情报理论与实践，2017，40（4）：16-19.

续存在。其主要表现为在政府数据资源这块"公地"内，存在着众多权利所有者，为了达到某种目的，政府部门有权阻止其他政府部门或者个人使用该资源或相互设置使用障碍，因为没有人拥有所有的使用权，导致政府信息孤岛的状况，造成政府数据资源的闲置和浪费①。

从客观来看，我国的国家信息化建设是以部门为中心开展的，形成了信息化发展的垂直的行政管理体系，在地方上自然形成了条块分割的格局，呈现出纵强横弱的特点，各部门将自己掌握的数据资源作为重要资产，容易成为寻求经济利益和政治利益的手段，造成政府数据资源的垄断，导致很强的负外部性，会造成数据寻租和数据私有化现象。因此，在政府数据产权部门利益化格局下，为求实现自身利益最大化，政府各部门的数据资源会形成各自封闭的堡垒，数据的协同与共享难以进行。此外，在技术层面，政府内部网络有各自的系统，不统一，数据的实时提供和更新会存在困难。

时任总理李克强曾点出了信息壁垒这一突出问题。他指出，由于较长时期内一些地方和部门的信息化建设各自为政，形成了"信息孤岛"和"数据烟囱"不利局面，严重制约政府效能提升②。在相关法规对于政府数据的归属权没有明确规定的情况下，政府部门垄断本部门的数据资源，数据仅在本系统内纵向流动，横向共享难度大，易造成数据采集总量少，数据重复率高，关联开放数据的价值难以实现。

6.1.4 政府数据管理机构设置不够合理

目前，我国地方层面的政府数据开放共享工作大多由大数据管理机构负责。根据调查，我国政府大数据管理机构的归口较长时间集中于工商局（招商

---

① 迪莉娅."反公地悲剧"视角下的政府数据开放研究[J].情报理论与实践，2016，39（7）：56-60.

② 政府信息数据"深藏闺中"公开决心不够难破壁垒［EB/OL］.［2024-01-01］.https：//www.chinacourt.org/article/detail/2016/05/id/1870959.shtml.

局)、国家互联网信息办公室、经信委(工信委)、人民政府、信息产业办公室、政府办公室、政务中心共7类。其中,大数据管理机构归口在经济与信息化委员会的最多,其次是归口在人民政府的,也有归口在其他单位。

由此来看,政府大数据管理机构归口多样、机构形式多样,政府大数据管理机构的运行机制存在职能交叉、机构设置不合理、关系尚未理顺的问题。主要表现为两个方面:第一,已经成立的各政府大数据管理机构归口所属不同,具体负责的大数据事务有差异,在就大数据事务进行交流合作或者任务分配时不能完全实现事务对应。比如归口于工信部的大数据管理机构与归口于电子政务中心的大数据管理机构,工作内容有差异,大数据经济类事务不能交给电子政务类大数据管理机构负责,还是需要转回到政府经济类工作机构来负责,难以进行直接合作与统筹。第二,已成立大数据管理机构的政府与未成立大数据管理机构的政府、双方都未成立大数据管理机构的政府进行合作交流或上下级工作对接时,首先需要确定工作的责任主体,甚至需要临时组建工作小组,导致工作效率低。

此外,当前我国政府数据开放仅确定了政府数据开放平台的管理主体,包括政府办公厅直接管理、经济与信息化委员会进行管理及成立专门的大数据管理机构进行管理,其他协同建设单位的职责并不明确,哪些单位应参与政府数据开放的资源建设、这些单位应对数据承担什么样的责任和义务等都没有明确的制度规定,这造成其他政府机构在管理数据时普遍存在不敢开放、不愿开放的观念。2023年以来各地相继成立的大数据局,承接了部分政府数据开放共享的工作,上述问题略有改观。

6.1.5 相关公务人员缺乏专业知识背景

数据开放涉及数据选择与采集的业务层面、数据处理和发布的技术层面、数据开放监督与评估的管理层面、数据再利用许可的法律层面等诸多问题,因此相关负责人不仅需要是数据管理的专家,同时也要知悉部门业务的特点,为本机构的数据开放制定合理的实施方案。而目前，我国地方政府大数据管理机构多是在原来部门基础上抽调人员新建组成或者直接在与大数据相关科室的基础上更名改建而来。部门抽调而来的大数据工作人员没有专业的大数据知识，新招聘的大数据专业背景的工作人员又缺乏实践经验与管理技能。政府数据开放的具体业务未能与对应的专业人力资源相匹配，成为阻碍我国政府数据开放的一大障碍。正因如此，本项目专辟一章讨论我国政府数据开放的人才保障。

6.2 政策和法律层面

公共政策是政府依据特定时期的目标，通过对社会中各种利益进行选择与整合，在追求有效增进与公平分配社会利益的过程中所制定的行为准则。公共政策的本质是解决利益的增进与分配问题。公共政策对利益的分配，服从于政策主体对利益的追求是一个动态过程，有时间与空间限制[1]。政府数据的开放是一项系统性工程，需要完善的政策体系使得所有工作的展开都有法可依[2]，需要通过政策和法律为政府、非政府公共组织和民众管理和利用社会公共数据资源提供行为准则和行为规范。放眼全球，国家政策是开放数据计划的根本导向和战略目标。在政府信息公开走向开放政府数据的发展过程中，战略体系构建、政策法规制定是推进政府数据开放工作顺利发展的重要实施维度，对于推动开放政府数据的发展具有全局、指导和保障的意义[3]。

---

[1] 陈庆云. 公共政策分析[M]. 北京：北京大学出版社，2006：232.

[2] 杨瑞仙，毛春蕾，左泽. 国内外政府数据开放现状比较研究[J]. 情报杂志，2016，35(5)：167-172.

[3] 赵润娣. 国外开放政府数据政策：一个先导性研究[J]. 情报理论与实践，2016，39(1)：44-48.

6.2.1 顶层制度不够完善，难以保证战略实施效果

在中央层，我国政府实行大数据部际联席会议制度，采用"3+X"工作机制，由工业和信息化部、国家发展改革委和国家互联网信息办公室三个部门牵头，联合其他40个政府部门共同促进大数据发展。在大数据部际联席会议制度的前提下，工业和信息化部、国家发展改革委、国家互联网信息办公室和其他相关部委共同沟通协商不同意见，从而商定大数据的相关工作。

虽然促进大数据发展部际联席工作组已经在国家发展改革委高技术产业司设立办公室，但从制度本身性质来看，该制度只是一种制度安排和工作机制，不是实体的组织机构或者领导岗位，且部际联席会议具有过渡性和临时性①。再者，从三个主要部委工作情况看，虽然工业和信息化部、国家发展改革委和国家互联网信息办公室三个部门承担了主要工作，各有分工，但是三个部门牵头还是难以确定具体由哪个部门牵头，容易造成无部门牵头，最终导致在国家层面上没有真正的统筹机制。

2023年10月25日，国家数据局正式揭牌，负责协调推动建设数据基础制度、统筹和整合数据资源、共享和开发利用数据价值、推动数字中国、数字经济、数字社会规划和建设等各项工作。上述情况有所改观。

6.2.2 政府数据开放政策环境尚待优化

中国政府数据开放政策环境是一个涉及面广泛、非常复杂的问题，从社会、政治、法律法规、技术与技能、财政等不同视角均产生了不同诉求②。2015年国务院印发了《促进大数据发展行动纲要》，提出了我国建设数据强国所面临的迫切任务，并对近期政府数据开放目标做了宏观的战略指导和规划；

① 张志红，字强. "部际联席会议制度"探析[J]. 延边党校学报，2015(4)：39-41.
② 赵润娣. 多元视角下的中国开放政府数据政策环境研究[J]. 电子政务，2016(6)：97-104.

2022年12月，中共中央、国务院下发《关于构建数据基础制度更好发挥数据要素作用的意见》，指出"对各级党政机关、企事业单位依法履职或提供公共服务过程中产生的公共数据，加强汇聚共享和开放开发，强化统筹授权使用和管理，推进互联互通，打破数据孤岛"；2023年2月，国务院办公厅印发《数字中国建设整体布局规划》，提出"推动公共数据汇聚利用，畅通数据资源大循环"。2024年1月，国家数据局等部门联合发布《"数据要素×"三年行动计划（2024—2026年）》，进一步指出"发挥数据要素乘数效应，加快发展新质生产力，赋能经济社会高质量发展"。

我国政府数据开放迫切需要系列性的政策，指导并规范政府数据开放的基础行为，具体内容包括：政策目标、机构设置与人员协调；开放政府数据的内容、范围、方式、程序、监督与责任、法律救济等；政府开放数据的管理，即数据类型、数据格式和标准、数据质量、元数据管理、与其他数据的互操作、数据可访问性、数据重复使用、数据许可、数据收费、数据表示、发布的数据量、开放数据发布之前的处理；与数据用户的联系、用户反馈机制；数据开放成本；政策实施计划及政策评估策略等[1]。

6.2.3 政府数据开放相关法律法规较少且位阶较低

数据开放本质上还是政府信息公开的一种形式，因此，目前以政府数据公开为调整对象的是《政府信息公开条例》，以及2013年通过的《关于进一步加强政府信息公开回应社会关切提升政府公信力的意见》，除此之外就是国务院于2015年出台的关于大数据的规范性文件。《政府信息公开条例》作为一部行政法规，其法律效力低于《保守国家秘密法》《档案法》等以信息保密为立法取向的法律，这就削弱了政府数据公开的动力，在强制性上力度也不够。同时，

---

[1] 赵润娣. 多元视角下的中国开放政府数据政策环境研究[J]. 电子政务，2016（6）：97-104.

一些职能部门在政府数据开放的工作中存在推诿扯皮的问题，对政府部门或个人利益没影响或影响较小的公开、有影响或影响较大的不公开等怪现象时有发生①。总的来看，相关职能部门仍是"重形式、轻实效"的应付式公开，是一种供给主导而需求遭轻视的机制②。

6.2.4　政府数据开放的相关法律问题不明确

第一，数据权属关系是政府数据开放过程中需要着重关注的基本法律问题。公民的社保缴费记录、患者的就诊记录、企业的工商登记信息等，这些数据的产权是个人或企业，还是属于政府部门？如何做出清晰界定，将直接决定谁享有数据的权益。研究者认为，当前关于数据的产权归属问题还远未达成共识，特别是在去除个人身份属性的数据交易中，到底是数据主体（产生数据的个人）还是记录数据的企业拥有数据的所有权，各方莫衷一是。

数据权基本谱系分为数据主权和数据权利两大框架。"数据主权"是指国家享有对其政权管辖地域内的数据生成、传播、管理、控制、利用和保护的权力。对数据跨国流动的管理和控制是数据主权的重要内容。数据主权包括数据管理权和数据控制权③。其主要功能是在信息社会巩固国家主权的地位。数据权利是一种兼具人格权和财产权双重属性的权利，数据人格权主要包括数据知情同意权、数据修改权、数据被遗忘权等三大权属，主要功能是保障公民隐私空间；同时，数据财产权主要包括数据采集权、数据可携权、数据使用权和数据收益权，其功能是促进数据资源合理高效利用。我国政府数据权属关系也需要在数据主权和数据权利两方面分别构建不同的框架，对各类数据权属关系的

---

① 崔洪宇. 我国政府数据开放法律问题研究［D］. 北京：中国社会科学院研究生院，2016.

② 丁艺. 从《联合国 2014 年电子政务调查报告》看全球政府数据公开［J］. 电子政务，2014（9）：9-14.

③ 肖冬梅，文禹衡. 数据权谱系论纲［J］. 湘潭大学学报（哲学社会科学版），2015，39（6）：69-75.

界定加以深入研究①。

第二，数据开放效率不断提高，传统的隐私保护路径已经失效，难度在逐渐加大。尽管我国已颁布《数据安全法》《个人信息保护法》，但仍需补充和完善个人信息的处理、跨境提供、权利范围、义务规定、职责部门、法律责任等条目，并对一些存在一定理解偏差的具体条目进行修订，以不断适配我国国情从而形成日臻完善的真正保障隐私安全的《个人信息保护法》②。

第三，完善的许可机制是开放数据资源深度利用的重要前提，在法律授权协议的指导下规范数据利用与再利用过程中的限制③，在政府数据受版权保护的情况下，应根据许可条款提供访问权限，允许公众获取、重用和传播。为了便于开放政府数据资源的合理再利用，英国、美国、法国、加拿大、澳大利亚、新西兰等政府数据开放的代表性国家均有专门的政策规定，明确所采用的开放许可协议。如美国联邦政府使用知识共享公有领域贡献工具许可协议（Creative Commons Zero，CC0），法国制定了政府数据开放许可证 *Licence Ouverte*，并且推荐使用。我国数据开放平台根据政府数据分级分类规则和数据目录，制定差异化的开放清单；还通过"网站声明"或者"版权声明"来规定用户使用开放数据资源的权限，且有些条款规定用户不能转载、复制网站上的数据，高度限制的数据的利用，与政府数据开放的初衷不符④。

6.2.5　数据安全问题缺乏强有力的保障

由于政府数据具备高度的敏感性和价值性，因此政府数据开放的安全问题

---

① 鲍静，张勇进，董占广. 我国政府数据开放管理若干基本问题研究[J]. 行政论坛，2017，24（1）.

② 杨巧云，张彦菲，李欣，等. 政府开放数据个人隐私保护政策保障——基于 10 个国家政策实践的内容分析[J]. 图书情报工作，2024，68（11）：56-71.

③ 迪莉娅. 政府数据开放许可适用研究[J]. 图书馆，2014（6）：91-93.

④ 黄如花，李楠. 国外政府数据开放许可协议采用情况的调查与分析[J]. 图书情报工作，2016（13）：5-12.

格外重要。政府数据开放的安全问题主要由三部分构成：一是政府数据资源是否涉及国家安全、商业秘密和个人隐私，对这部分数据要防止泄露，予以保护；二是作为政府数据获取重要渠道的政府数据开放平台是否容易被攻击和操控；三是数据使用的安全性，即数据本身是否会被滥用和篡改。

目前，虽然中央及地方出台了多层级的政府数据分类分级管理政策，如《政务信息资源目录编制指南(试行)》，建立了政务信息共享与开放的标准规范，但仍存在国家秘密和工作秘密的确定规范不足、工作秘密与敏感信息的关系不清晰等问题①。政府机构在数据管理方面没有一部专门的数据管理综合性法律法规可以参考，有的部门为了数据安全宁可不进行开放，而有的部门为了完成数据开放任务则较少考虑数据安全问题，无意识地产生数据泄露问题，引发数据安全事故。

6.3　技术层面

数据和元数据是政府数据开放共享的核心，在"互联网+"时代，政府数据开放平台则成为数据发布与获取的主要载体，更是数据发布者与使用者沟通与交流的主要桥梁。政府数据开放的技术要素包括数据的识别、数据的数量、质量及可获取性、政府数据开放平台的功能与特点、数据的可用性、为数据用户提供的技术服务、影响价值创新的技术因素以及技术实施流程②，在数据处理与分析这一关键环节发挥主要作用。根据《中国公共数据开放利用报告

---

① 刘崇瑞，徐东华，刘妍. 政府信息资源分类分级管理的国际比较与中国镜鉴[J]. 情报科学，2022，40(10)：90-96，122.

② Dawes S S, Vidiasova L, Parkhimovich O, et al. Planning and designing open government data programs：An ecosystem approach[J]. Government Information Quarterly, 2016, 33(1)：15-27.

（2023）》，截至 2023 年 8 月，我国已有 226 个省级和城市的地方政府上线了数据开放平台，其中省级平台 22 个（不含直辖市和港澳台），城市平台 204 个（含直辖市、副省级与地级行政区）。但从开放的内容、数据类型、整合度以及技术特征来比较，我国的政府数据开放平台与发达国家地区平台相比还有较大差距①。

6.3.1 国家层面的数据开放平台缺失

信息化基础设施建设日趋完善，基于互联网的数据开放平台是获得开放数据资源的主要渠道。响应促进大数据发展、"互联网+"政府服务、数字政府建设等战略要求，我国各省级、市级、区级的政府数据开放平台数量越来越多、覆盖范围越来越广泛，如北京市政务数据资源网、上海市政府数据服务网、深圳市政府数据开放平台等；同时，多个部委也开放了数据发布与获取的窗口。

《2022 联合国电子政务调查报告》显示，我国电子政务的排名在 193 个联合国会员国中从 2012 年的第 78 位上升到了 2022 年的第 43 位，成为全球增幅最高的国家之一。但我国国家层面政府数据开放平台仍未统一面向公众开放使用。

国家政府数据开放平台是政府数据开放的重要基础设施之一，是我国数字政府建设的重要任务。《中华人民共和国国民经济和社会发展第十四个五年规划和 2035 年远景目标纲要》明确提出："建设统一的国家数据开放平台和开发利用端口。"2022 年 6 月，国务院印发《关于加强数字政府建设的指导意见》，提出要"构建统一规范、互联互通、安全可控的国家公共数据开放平台"；2022 年 10 月，国务院办公厅印发《全国一体化政务大数据体系建设指南的通知》，再次申明"构建标准统一、布局合理、管理协同、安全可靠的全国一体

---

① 钱晓红，胡芒谷. 政府开放数据平台的构建及技术特征[J]. 图书情报知识，2014（3）：124-128.

化政务大数据体系，加强数据汇聚融合、共享开放和开发利用"。可见，构建国家层面政府数据开放平台是贯彻落实数字中国建设总体部署的重要举措，是推进国家治理体系和治理能力现代化的关键步骤。

6.3.2 地方政府数据开放平台发展水平不均衡

我国政府数据开放平台采取先建成地方项目，后建设国家项目的方式。总体而言，我国地方政府数据开放平台建设逐渐得到重视，且发展较快，但仍存在发展不均衡的问题。目前上线的平台在地区分布上呈现出从东南部地区向中西部、东北部地区不断延伸扩散、相连成片的趋势。

例如，北京、上海等地都较早地建设了政府数据开放平台，取得了相对较好的效果，也成为学术界研究的重要案例；又如，贵州省把大数据产业作为本区域内的重点新兴产业，因此贵州省和贵阳市的政府都高度重视政府数据开放平台的建设，已建成了省、市两级平台，理念和技术都较为领先。最直观的差别还体现在数据总量上。根据调查，北京开放的数据集最多，与山东、浙江、贵州处于第一梯队，开放了超过 1.4 万个有效数据集或接口；其次是四川，开放了 7236 个有效数据集。其后，上海、天津、德州等地开放了 5000 多个数据集；而青海、内蒙古等地仅开放了 200 个数据集。

6.3.3 地方政府数据开放平台功能有待完善

政府开放数据平台一般采用"数据+服务+应用"的模式设计，以数据为基础，为用户提供功能服务，实现数据应用，即通过调用服务来获取数据，实现应用逻辑。一个政府数据开放门户网站需实现的基本功能包括：第一，数据服务功能。实现数据集的发布，可对多类型、多格式政府数据和数据集进行浏览、基于关键词的检索、标签过滤加载和数据下载。第二，数据存储和管理功能。实现对数据本体和元数据的存储与管理，用图表、地图等形式对结构化数据实现可视化处理，具备对数据集的统计和使用监测。第三，信息交互功能。

实现平台各节点之间以及平台与用户之间的信息交互。节点之间的信息交互是平台工作网络化的具体体现，用户对开放数据的内容和质量进行讨论和评价，方便平台更了解公众对开放数据的需求。第四，数据互操作功能，鼓励开放平台用户对数据进行处理的权限，开放数据调用的 API，同时也应鼓励第三方开发者开发应用程序 Apps、进行链接检查、数据评论和数据分析，并回传到平台上与公众共享①。

政府数据开放平台是与用户直接交流的窗口，其界面、功能设计直接关系到用户使用该平台的体验，因此，平台的交互是否人性化，功能是否能够满足用户的需求非常重要。通过与英、美等国外政府数据开放平台的对比，发现各平台对于数据分类、数据检索、数据下载等基本功能实现较好，但由于平台主管方的技术能力参差不齐，需要投入更多人力、物力、技术资源去维护扩展性功能。

例如，在数据检索结果呈现方面，数据筛选字段数最少，北京政务资源数据网只有主题和机构两个标准，上海政府数据服务网除了主题和机构外，还增加了一个数据综合得分，整体而言数据细分层次低，数据较为粗糙。在用户参与功能方面，现有政府开放数据平台只具备与网站交互的信息交流功能，目前还不具备信息分享、信息定制和用户个性化参与等功能。在平台统计功能方面，仅有单个数据应用的访问和下载量统计，无平台整体的统计分析，也没有统计报告，在技术工具应用和站点统计分析功能方面还比较薄弱②。

6.3.4　缺乏完善系统的元数据描述规范

数据开放离不开标准规范的引领。合理、规范地组织数据是数据在开放平

①　钱晓红，胡芒谷. 政府开放数据平台的构建及技术特征[J]. 图书情报知识，2014（3）：124-128.

②　吴钢，曾丽莹. 国内外政府开放数据平台建设比较研究[J]. 情报资料工作，2016（6）：75-79.

台上发布、提高数据可获取性、可利用性的重要前提。2022 年 10 月，国务院办公厅印发《全国一体化政务大数据体系建设指南》指出，政务数据体系仍存在统筹管理机制不健全、标准规范不统一等问题①。

目前，我国的政府数据开放主要在地方层面展开，各地区、各部门各自为政，尚未实现数据组织的标准化管理。我国仅有极少数的地方政府启动了政府数据开放的标准制定工作，如广东省经济和信息化服务中心委托广东省标准研究院制定《数据开放和共享标准》，贵州省大数据发展领导小组办公室组织专业机构编制了贵州省《政府数据 数据分类分级指南（试行）》《政府数据资源目录第 1 部分：元数据（试行）》《政府数据资源目录第 2 部分：核心数据元素（试行）》及《政府数据资源目录 第 3 部分：编制指南（试行）》4 个工作规范文件。这些标准内容不一，且仅对地方使用，缺乏统一的标准来指导全国范围内开放数据的处理流程与数据描述，对于元数据的内容结构、语义结构、语法结构等细节内容缺乏规范性指导。虽然可通过不同数据开放平台获得基本的元数据信息，但由于多样的标准间存在差异，著录的元素、元素的取值范围和元数据文件格式等都不尽相同，无法进行大规模的数据共享与挖掘，阻碍数据开放基础设施建设和数据的创新性应用。

6.3.5 开放数据资源的可用性有待提升

数据的可用性主要包括数据格式和数据质量两个方面。政府数据开放平台上传的数据格式多样，主要包括文本格式如 DOC、XLS、PDF、TXT 等，图像格式如 JPEG、GIF 等，数据库格式如 CSV、JSON 等、关联数据格式如 XML、RDF 等以及开放数据接口格式 API。《政府数据开放八项原则》之一即为数据的可读性，指出，政府数据应以非专有的、机器可处理的数据格式向公众开放。

---

① 国务院办公厅. 全国一体化政务大数据体系建设指南［EB/OL］.［2024-01-01］. https://www.gov.cn/zhengce/content/2022-10/28/content_5722322.htm.

从整体上看，我国省级平台提供的数据格式类型以 XML、XLS、CSV、JSON 为主，大部分平台都提供机读格式的数据，各平台没有统一的数据格式。浙江、山东、四川、广西、广东、辽宁等省级政府数据开放平台还提供 RDF 格式的数据。虽然平台显示的数据格式多样，但是大多数平台同一个数据集可下载的格式有限，数据可用性有待提升。

数据质量则是关系到开放数据资源可利用性的另一重要维度。数据质量主要取决于数据的属性，如准确性、完整性、权威性、时效性和内部一致性等。时效性是政府数据可用性的重要指标，信息集合中每个信息应在合理的周期内更新以确保使用效能，数据价值会随着时间的推移而逐步贬值。山西省公共数据开放网站自 2023 年 7 月上线后，数据集罕见更新，失去了作为政府数据门户网站的重要意义。即使是已开放的数据集，真正实现动态更新的比例也极低。数据仅保持总量而含金量不够，同样会影响研究和挖掘的价值。在北京、上海两地政府数据平台开放的数据项中，相当多的是单位地址数据和政府审批统计数据，其他的数据也主要是经过简化后的审批数据，不具有较高信息量的行政管理数据和与民生相关的实时交通、物价、天气以及经济运行等原始数据①，难以实现信息的增值服务。

6.3.6　没有形成完善统一的数据标准规范体系

数据标准规范制定是强化政务数据全生命周期管理、流动、应用、归档，实现融合汇聚、价值挖掘、高效协同、安全有序的重要保障②。政府数据相关的标准体系不完善、不统一是造成数据开放共享困难的重要原因之一。

① 国务院办公厅. 全国一体化政务大数据体系建设指南［EB/OL］.［2024-01-01］. https://www.gov.cn/zhengce/content/2022-10/28/content_5722322.htm.
黄思棉，张燕华. 当前中国政府数据开放平台建设存在的问题与对策研究——以北京、上海政府数据开放网站为例［J］. 中国管理信息化，2015(14)：175-177.
② 建设全国一体化政务大数据体系 推进国家治理体系和治理能力现代化［EB/OL］.［2024-01-10］. http://www.gov.cn/zhengce/2022-11/01/content_5723178.htm.

目前，数据相关标准规范制定、实施、推广、应用、评估等引起了各地方政府的重视，也制定了一些相关标准，如：上海市制定了地方标准《公共数据资源目录 第 1 部分：编制指南》（DB31/T 1356.1—2022）、《公共数据资源目录 第 2 部分：元数据规范》（DB31/T 1356.2—2022）、《公共数据资源目录 第 3 部分：编码规范》（DB31/T 1356.3—2022）、《公共数据安全分级指南》（DB31/T 1446—2023）；浙江省制定了地方标准《数字化改革 公共数据目录编制规范》（DB33/T 2349—2021）、《数字化改革 公共数据分类分级 指南》（DB33/T 2351—2021）、《公共数据元管理规范》（DB33/T 2426—2022）、《公共数据交换技术规范》（DB33/T 2359—2021）、《公共数据安全体系建设指南》（DB33/T 2487—2022）和《公共数据安全体系评估规范》（DB33/T 2488—2022）。地方层面数据标准的制定促进了地方政府数据开放共享工作的开展，但同时也能明显地看到，关于数据共享的流程、数据开放共享平台、数据隐私保护、数据开发利用等方面的标准有待制定。政府数据开放共享涉及数据资源采集、治理、存储、流通、利用等全生命周期，为排除数据开放共享的障碍，亟须制定完善的标准体系。

我国国家层面也未出台关于政府数据开放共享的统一标准规范。通过检索国家标准全文公开系统（https://openstd.samr.gov.cn/bzgk/gb/）发现，与政府数据开放共享相关的国家标准包括《信息技术 大数据 政务数据开放共享 第 1 部分：总则》（GB/T 38664.1—2020）、《信息技术 大数据 政务数据开放共享 第 2 部分：基本要求》（GB/T 38664.2—2020）、《信息技术 大数据 政务数据开放共享 第 3 部分：开放程度评价》（GB/T 38664.3—2020）和《信息技术 大数据 政务数据开放共享 第 4 部分：共享评价》（GB/T 38664.4—2022）。显而易见，我国关于政府数据开放共享相关的国家标准较为单一，未形成统一的数据标准规范体系，不足以支撑政府数据开放共享工作的深入开展。政府开放共享数据目录不完整、底数不清、来源不一，数据采集、录入、共享的权责不明晰，各地区各部门采集数据所依据的技术标准和管理规范不尽相同，形成"各自为政"

的局面，造成在数据开发利用时，需要投入大量人力、财力对数据进行清洗、比对，大幅增加运营成本，而且也无法开放共享。因此，亟须完善全国统一的政务数据标准、提升数据质量。

6.4　用户参与层面

政府数据开放的重要社会价值之一就是提升公众对于公共事务和政治决策的参与度。政府机构工作人员、科研工作者、普通民众以及如数据分析公司、应用开发公司等互联网企业从业人员均是政府数据现实的或潜在的用户群体。牛津大学互联网研究所（Oxford Internet Institute）Tim Davies 曾对英国政府数据开放门户 Data.gov.uk 数据使用情况进行调查后发现，主要用户受教育程度高于人口平均水平，并且 39% 在私营部门（中小企业）工作，34% 就职于公共部门，仅有少数（3%）来自志愿部门，且用户标签高度与"公民""开放数据倡导者""IT 专家""数据专家""Web 开发人员"等关键词相匹配①。我国政府数据开放在用户参与层面存在的障碍主要来自两个方面：从主观来看，政府数据开放责任部门对于用户的需求与诉求关注度不够；从客观来看，信息鸿沟和数据素养问题是信息化发展以来持续存在的社会文化问题。

6.4.1　缺乏与用户深层次的互动交流

首先，政府部门仍掌握着决定开放数据目录的主动权。虽然部分政府数据服务平台已经关注到用户需求的重要性，设置了"互动交流"模块，但了解民众需求的渠道过于单一，也未能有相应的监督机制来确保用户需求的满足情

---

① Open data, democracy and public sector reform-A look at open government data use from Data.gov.uk［EB/OL］.［2024-01-01］. https://www.semanticscholar.org/paper/Open-data%2C-democracy-and-public-sector-reform.-A-at-Davies/71db30e07d5a2f08fcfb3e98d3ece41a19fce729.

况。复旦大学数字与移动治理实验室主任郑磊在《开放政府数据研究：概念辨析、关键因素及其互动关系》一文中将数据开放方的"需求出发"列为影响开放政府数据的关键因素之一，并指明"政府应从供给导向转向需求导向，从政府自身视角出发盲目地开放数据，转变为从公众视角出发有针对性地开放数据"。狭义地理解，政府数据开放的需求主要针对政府数据资源建设情况，包括数据主题、数据格式等；广义地来说，除了数据资源本身外，还包括数据开放的方式、数据获取是否便捷、对于数据安全的要求、数据集的费用情况以及下载数据是否有注册限制等。全面调研用户对政府数据服务的需求，是确定政府数据开放数据主题、完善政府数据服务平台功能的重要前提。

再者，用户在使用政府数据服务中也会遇到诸多瓶颈，或者产生新的想法或诉求。政府部门只有及时接收反馈信息，尽早予以反馈，有必要时对相关服务内容进行调整优化，才能促进政府数据开放服务的良性发展。目前，在国内政府数据开放实践中，对互动交流这一要素还未给予足够重视，反馈形式单一，使用不够便捷，对用户的实时反馈响应不够及时落实。例如，天津市信息资源统一开放平台的"需求列表"板块，最近的更新时间为 2023 年 4 月，在近一年的时间内均处于停滞状态，未能有效地发挥与用户互动交流的职能①。

6.4.2　数字鸿沟问题有待缓解

数字鸿沟是指在全球信息化背景下、在工业社会向信息社会转变过程中，由于不同主体(国家、地区、行业、企业、人群)之间在互联网等新兴信息技术接入和使用方面存在差距，从而引起的技术普及不平衡、经济发展不平等、知识配置不均匀以及社会分化等一系列现象。由于中国的信息化水平在地区之间、城乡之间还存在着较大发展差距，公众获取和使用信息技术的能力不同，

---

① 天津市信息资源统一开放平台-需求列表[EB/OL]．[2024-01-01]．https://data.tj. gov.cn/cms/data/interact/dataRequireList.jsp.

仍存在不会或无法使用政府在线服务、不具备基本信息能力的群体和个人"数字鸿沟"已成为影响我国电子政务全面发展的关键和难点问题[1]。

从《2023 中国地方公共数据开放利用报告》中的数林指数综合排名看，排名前 10 位的多集中在华东、华南两个地区，相对集中在沿海经济开发区或者省会城市，是国内或省内经济较为发达地区。排名后 10 位的大多地处我国西部或东北部，从区域分布看，呈现分布情况不均匀的特点。此外，语言、残障、受教育程度、性别、收入、地域和年龄都会造成"数字鸿沟"，使得政府数据开放普及度不够，出现数据获取与利用的弱势群体。

6.4.3 公众数据素养仍需增强

数据素养包括数据意识、数据能力和数据伦理，其中数据能力就是指贯穿于数据生命全周期的数据采集、表示、描述、发现与检索、选择与评价、分析、利用、引用、整合、复用、保存、管理等一系列活动所需的技能。大数据时代数据素养是信息素养的一种扩展，也是人们的必备素养[2]。政府数据开放面向的主要用户包括社会公众、商业组织、科研机构等，社会公众分布较为广泛，知识水平参差不齐，相比较而言数据素养处于较为弱势的水平。对于许多非科研机构或信息行业从业人员来说，没有认识到数据资源的有用性，不了解数据资源的获取方式，不具备足够的数据分析知识和能力，不愿意投入数据再利用的时间与物质成本，成为阻碍政府数据开放在公众中普及的重要因素。

大数据时代来临，开放数据环境日益成熟，商业组织与科研机构对于开放数据资源的需求较为迫切。受限于传统观念的影响，社会公众缺乏以数据为基础的精确管理的意识，数据资产意识淡薄、数据价值不明确、数据波动不敏

---

① 薛明轩，杜晓翠，杨思思. 大数据下我国电子政务的变革研究[J]. 现代情报，2015，35(10)：107-110.

② 黄如花，李白杨. 数据素养教育：大数据时代信息素养教育的拓展[J]. 图书情报知识，2016(1)：21-29.

感，因此缺乏主动寻求数据资源渠道的积极性。Anneke Zuiderwijk 和 Marijn Janssen 在分析政府数据发布与利用中存在的技术与社会障碍时也发现，用户不明确哪些机构创建了数据、难以理解数据创建的背景、缺少数据利用的知识和技能为数据再利用带来了负面影响。

此外，政府数据的深度开发利用需要专业的信息技术知识和较强的信息利用能力，面对日益紧迫的大数据分析与处理的需求，大数据分析人才的缺口也逐渐凸显。大数据分析人才是复合型人才，除了具备传统的数据收集整理、统计分析能力外，还需精通数学、计算机、统计学知识，掌握编程语言、数据挖掘、数据可视化等多种技能，通过对数据的深度分析、预测、建模，才能灵活运用开放的数据资源，为政府决策形成科学的咨询报告，为企业发展寻求新的商机，开发创新的应用软件。我国数据管理的基础教育起步较晚，根据新华社报道，我国数字化人才缺口在 2500 万至 3000 万，而且还在不断扩大。① 政府数据开放大幅度降低了政府数据资源利用的门槛，而人才储备不足难以使这些资源流动起来，在更广泛的领域发挥价值。

针对此问题，可先从与政府数据开放与利用密切相关的知识与技能培训入手。例如，新西兰政府数据开放门户 data.govt.nz 就专设"学习更多开放数据知识"（Learn More About Open Data）板块②，为用户提供多样的开放数据学习途径，包括参与开放数据机构的电子学习项目（Open Data Institute's e-Learning programme）、开放数据指南手册（Open Data Handbook）、开放数据工具包（Open Data Toolkit）及深入了解开放政府信息和数据项目（Open Government Information and Data Programme），其中开放数据机构的电子学习项目的一个重要内容就是"解锁开放数据价值"（Unlocking Value From Open Data）不仅简明扼

---

① 新华社. 方案来了！中国数字人才培育行动启航［EB/OL］.［2024-01-01］. https://www.gov.cn/.zhengce/202404/content_6945917.htm.

② Learn more about open data［EB/OL］.［2024-01-01］. https://data.govt.nz/toolkit/learn-more-about-open-data/.

要说明开放数据资源的利用价值，而且提供了相关案例①。在推进政府数据开放实践的同时，也要重视推广数据素养教育，在政府数据开放平台提供开放数据知识说明和使用指南，通过公共图书馆等社会文化服务机构开展面向社会公众的数据素养教育，并利用网络在线课程资源，鼓励相关从业人员积极参与。

6.4.4　数据应用场景不够丰富

数据资源是数字经济时代重要的生产要素，其打破了传统生产要素的质态并与之融合，是形成新质生产力的优质生产要素②。政府开放数据作为主要的数据资源，在推动经济高质量发展和新质生产力形成中的作用不容置疑，但在经济社会发展实践中数据价值尚未得到充分有效的释放，还未形成丰富多样的数据应用场景。中国信息通信研究院对我国部分企业的调研结果显示，2022年数据对农业、工业和服务业增加值的贡献度仅分别为 0.31%、0.65% 和1.69%③。多样化的数据应用场景开发不足阻碍了政府数据的开放和共享，缺乏市场主体参与和数据需求驱动，使得数据开放共享失去动力和方向。数据资源的供给侧和需求方实现良性互动、双向奔赴，创造丰富应用场景，才能促进政府数据的开放共享，以更好释放数据要素价值。

为了推进政府数据的开放共享，发挥数据要素的价值，数据应用场景的开发和培育受到高度重视。2022 年 12 月，中共中央、国务院发布《关于构建数据基础制度更好发挥数据要素作用的意见》④，强调发挥丰富应用场景优势，

---

① Unlocking value from open data [EB/OL]. [2024-01-01]. https://data.europa.eu/elearning/en/module2/.

② 冯永琦，林凰锋. 数据要素赋能新质生产力：理论逻辑与实践路径[J]. 经济学家，2024(5)：15-24.

③ 李涛，欧阳日辉. 数据是形成新质生产力的优质生产要素[N]. 光明日报，2024-04-23(011).

④ 中共中央 国务院关于构建数据基础制度更好发挥数据要素作用的意见[EB/OL]. [2024-01-01]. https://www.gov.cn/zhengce/2022-12/19/content_5732695.htm.

激活数据要素潜能。2024 年 1 月，国家数据局会同中央网信办、科技部、工业和信息化部等 17 个部门出台《"数据要素×"三年行动计划（2024—2026 年）》（国数政策〔2023〕11 号）①，提出"强化场景需求牵引，带动数据要素高质量供给、合规高效流通，培育新产业、新模式、新动能，充分实现数据要素价值"。2024 年 3 月 25 日，国家数据局局长刘烈宏在中国发展高层论坛 2024 年年会上表示，数据不同于其他传统要素，只有与场景结合，才能更好实现数据价值②。

---

① 十七部门关于印发《"数据要素×"三年行动计划（2024—2026 年）》的通知［EB/OL］.［2024-02-01］. https://www.cac.gov.cn/2024-01/05/c_1706119078060945.htm.

② 加快完善数据基础制度 一批政策文件将出台［EB/OL］.［2024-03-03］. https://www.gov.cn/lianbo/bumen/202403/content_6941404.htm.

7 国外政府数据开放的实践进展

政府数据作为一类重要的战略资源，在国家经济发展、政治进步、技术创新、社会繁荣中的重要地位日益凸显，政府数据开放已成为提升政府透明度、增强国家创新竞争力、提升社会民主程度的重要举措，在世界多国受到了与日俱增的关注与重视。

2009 年 1 月 21 日，美国时任总统奥巴马签署了《透明和开放政府备忘录》（*Memorandum on Transparency and Open Government*），2009 年 12 月美国行政管理和预算管理局发布《开放政府指令》（*Open Government Directive*），首次明确提及数据开放层面，开放政府数据运动展开。在此之后，全球许多国家纷纷掀起了政府数据开放运动，相继制定了众多的政府数据开放相关政策，完善了开放数据资源相关法规，建立了政府数据开放获取的门户网站。

7.1 国际组织支持政府数据开放的重要贡献

重要的国际组织采取设立专业机构、资助或启动相关项目、发布指导文件、举办研讨会议与宣传活动、建设数据平台等措施，推动全球政府数据开放水平的提升。本节将详述联合国、经济合作与发展组织、世界银行等 7 个在推进政府数据开放方面有重要贡献的国际组织的相关实践进展。

7.1.1　联合国

联合国(United Nations,UN)长期致力于推动政府数据开放,其突出贡献包括但不限于如下几个方面。

(1)成立"公共机构与数字政府部"

公共机构与数字政府部(Division for Public Institutions and Digital Government, DPIDG)是联合国经济与社会事务部(UN Department of Economic and Social Affairs, UN DESA)的一个下属部门。开放政府数据是 DPIDG 的重点、核心关注领域,DPIDG 为推动与指导全球的政府数据开放实验与研究作出诸多贡献。自 2010 年以来,DPIDG 一直致力于推进开放政府数据的相关研究,其认为:开放政府数据从根本上讲是为了更有效地利用公共资源和改善公民服务;开放政府数据是一种在线政府服务或电子政务,是加强参与式治理的重要举措;开放政府数据允许公民监测数据流,从而提高政府的问责制和透明度;开放政府数据还能让公民了解重要问题,并参与解决政策问题的决策过程中,即提升公众的电子参与(e-Participation)。DPIDG 围绕开放政府的四大主要工作分别是:政策和监管框架;组织框架;渠道和模式;案例研究①。

DPIDG 致力于帮助政府为世界人民服务,通过以下手段与措施协助各国开展变革性治理和创新的公共行政与服务,以推动实现《2030 年可持续发展议程》(*2030 Agenda for Sustainable Development*):向联合国大会和 UN DESA(包括其下设的公共行政问题专家委员会)提供关于治理和公共行政问题的秘书处性质与实质性支持;通过宣传和知识教育,促进各国对良好治理的认识与理解,对常见方法的掌握并选择可持续的政策,重点是支持可持续发展目标

---

① Department of Economic and Social Affairs. Open Government Data and Services[EB/OL].[2024-01-01]. https://publicadministration.desa.un.org/topics/digital-government/ogd.

（创建和平、包容的社会以促进可持续发展，让所有人都能诉诸司法，在各级建立有效、负责和包容的机构）；提供基于研究与分析的咨询服务和能力建设方法与工具，重点关注处境特殊的国家；加强与其他国际、区域和专业组织的合作伙伴关系，包括各种公共和私营组织以及联合国系统内部与外部的组织，包括整个联合国公共行政网络（United Nations Public Administration Network，UNPAN）①。

（2）发起联合国电子政务调查

2001 年，联合国首次发布了电子政务调查报告，自 2008 年开始，每两年发布一次。这是全球唯一对联合国所有成员国的电子政务发展状况进行评估的报告，对 193 个会员国及其人口最多城市的电子政务发展水平进行调查评估，分析数字技术对各国政府的关键性作用，阐释在全球各种挑战背景下数字化转型和数字政府建设发展情况、最新趋势和需要重点关注的问题，为研究各国电子政务发展潜力提供有效素材，从而促进 2030 年可持续发展议程所提出发展目标的实现。

目前最新发布的电子政务调查报告是于 2022 年 9 月发布的《2022 联合国电子政务调查报告》②。2022 年是第十二次发布此报告，主题是"数字政府的未来"。该报告中的政府数据开放指数（Open Government Data Index，OGDI）包含政策、平台和影响三个维度共 26 个指标，我国该指数得分 0.8873，延续2020 年、保持在第一梯队"非常高"（Very High）。该报告显示，全球电子政务发展趋势持续向前推进，许多国家从较低的电子政务发展指数（E-Government Development Index，EGDI）水平过渡到较高的水平。尽管如此，并非所有国家

---

① UN DESA. UN DESA's Division for Public Institutions and Digital Government（DPIDG）is committed to helping governments serve the people of the world［EB/OL］.［2024-01-01］. https://publicadministration.desa.un.org/about-us/what-we-do.

② UN. UN E-Government Survey 2022［R/OL］.［2024-01-01］. https://publicadministration.un.org/egovkb/en-us/Reports/UN-E-Government-Survey-2022.

的发展水平相同，虽然各级机构都承诺进行现代化和数字化转型，但方法和成果差异很大，并非所有国家都能通过电子政务发展获得相同的可持续发展收益，电子政务发展给不同社群和弱势群体带来的好处是不成比例且不均衡的。该报告呼吁，随着电子政务发展的加速以及各国在后疫情时期采取社会和经济复苏措施，现在正是启动联合国秘书长在"数字合作路线图"（Roadmap for digital cooperation）和"我们的共同议程"（Our Common Agenda）中所指出的优先事项的时候，通过提供有前瞻性的和以人为本的服务，以及加强与私营部门和不同利益相关者群体的数字合作，来增强包容、公平和参与。数字政府（包括电子服务和电子参与）的建立必须要加强而不是削弱公众对政府和公共机构的信任。

（3）发布《面向市民参与的开放式政府数据指导方针》

在增强电子参与方面，从 2010 年开始，UN DESA 及其下设的公共行政与发展管理部（Division for Public Administration and Development Management）就已经开始了此方面的研究，重要研究成果之一正是于 2013 年 12 月发布的《开放政府数据促进公民参与发展指导工具包》（*Open Government Data for Citizen Engagement in Managing Development Guidance Toolkit*）。该工具包侧重于如何推动政府数据的开放，以及如何通过提供易于使用的参考资料，介绍国际社会制定的政策指导方针和最佳实践建议，使决策者能够在其国家、区域、地方和文化背景下设计、实施、评估和维持促进公民参与政府数据开放的举措①。

（4）启动面向发展中国家的开放政府数据项目

2014 年夏季，联合国批准通过了"提升发展中国家提供信息的能力从而实现开放政府数据促进可持续发展"项目（Strengthening of Capacities of Developing Countries to Provide Access to Information for Sustainable Development through Open

---

① UN DESA. Open Government Data for Citizen Engagement in Managing Development Guidance Toolkit［EB/OL］．［2024-01-01］. https：//publicadministration.desa.un.org/sites/default/files/old-site/OGDCE%20Toolkit%20v1_13-Feb2013.pdf.

Government Data)，该项目由 UN DESA 通过下设的 DPIDG 负责实施，旨在提高政府官员和其他利益相关方对开放政府数据需求的认识，同时助力解决制定实施开放政府数据倡议的行动计划所需的能力障碍。该项目已于 2017 年 11 月截止，其重点关注的 4 个发展中国家——孟加拉国、尼泊尔、巴拿马和乌拉圭均通过该项目直接受益，帮助上述国家增强运用开放政府数据的能力，进而提升透明、尽责和可持续发展能力。

以在此项目中成效较大、进展较为显著的巴拿马和乌拉圭为例。巴拿马和乌拉圭的开放政府数据行动方案均受到该项目的支持与指导。巴拿马国家政府透明度与信息获取权威机构(The National Authority for Transparency and Access to Information，ANTAI)①与乌拉圭电子政府、信息与知识社会建设机构(The Agency for Electronic Government，Information and Knowledge Society，AGESIC)②分别发布了开放政府数据行动方案(Open Government Data Action Plan)。此方案为本国长远的开放政府数据行动设立了行动纲领，并且为建立可持续的开放政府数据生态系统指明方向，涉及政策框架、机构架构、程序设计、相关责任、开放容量与公民诉求③。

(5)举办开放政府数据主题的研讨活动

联合国围绕开放政府数据积极举办研讨会。2016—2017 年，连续举办开放政府数据促进可持续发展研讨会(Workshop on Open Government Data for Sustainable Development)，目的在于增强在政府开放数据促进可持续发展方面

---

① The National Authority for Transparency and Access to Information. Plans for Open Government Data [EB/OL]. [2024-01-01]. http://www. antai. gob. pa/plan-de-accion-datos-abiertos-de-gobierno/.

② The Agency for Electronic Government，Information and Knowledge Society. Plans for Open Government Data [EB/OL]. [2024-01-01]. https://agesic.gub.uy/innovaportal/v/6332/2/agesic/plan-de-accion-nacional-de-datos-abiertos-2016-2018.html.

③ United Nations. Open Government Data Action Plan of Panama and Uruguay[EB/OL]. [2024-01-01]. https://publicadministration.desa.un.org/zh/node/728.

的经验交流，包括国家开放政府数据战略部署，增强政府透明度与可信度的行动计划等等。研讨会帮助参与国，特别是一些经济落后的国家，反思如何通过开放政府数据战略最大化地促进可持续发展。2016 年的会议在泰国举办①，2017 年会议于荷兰举行②。

2024 年，联合国已密集举办多场不同类型、主题、级别的开放数据主题研讨会。全球性研讨有我国举办的"数据治理与数字化转型全球论坛"，旨在解决国家数据治理、数据管理和合作方面的挑战与差距，重点是通过区域和全球合作，提高各国以全面、客观和基于证据的方式利用、管理和治理数据的能力③；国家层面的研讨主要是着力促进发展中国家的政府数据开放，推动其数据治理能力提升，包括与埃塞俄比亚开展数据治理项目第二阶段研讨会④，分别与瓦努阿图⑤、萨摩亚⑥、塞拉利昂⑦开展国家数据治理框架能力发展与咨

---

① United Nations. Workshop on Action Planning for Open Government Data for Sustainable Development in Asia[EB/OL]. [2024-01-01]. https://publicadministration.un.org/en/news-and-events/calendar/ModuleID/1146/ItemID/2933/mctl/EventDetails.

② United Nations. Workshop on Open Government Data for Sustainable Development[EB/OL]. [2024-01-01]. https://publicadministration.desa.un.org/events/workshop-open-government-data-sustainable-development.

③ United Nations. Global Forum on Data Governance and Digital Transformation[EB/OL]. [2024-01-01]. https://publicadministration.desa.un.org/events/global-forum-data-governance-and-digital-transformation.

④ United Nations. Second Phase Workshop on the National Data Governance Project in Ethiopia[EB/OL]. [2024-01-01]. https://publicadministration.desa.un.org/events/second-phase-workshop-national-data-governance-project-ethiopia.

⑤ United Nations. Capacity Development and Consultation Workshop on Vanuatu National Data Governance Framework[EB/OL]. [2024-01-01]. https://publicadministration.desa.un.org/events/capacity-development-and-consultation-workshop-vanuatu-national-data-governance-framework-0.

⑥ United Nations. Capacity Development and Consultation Workshop on Samoa National Data Governance Framework[EB/OL]. [2024-01-01]. https://publicadministration.desa.un.org/events/capacity-development-and-consultation-workshop-samoa-national-data-governance-framework-0.

⑦ United Nations. Capacity Development and Consultation Workshop on Sierra Leone National Data Governance Framework[EB/OL]. [2024-01-01]. https://publicadministration.desa.un.org/events/capacity-development-and-consultation-workshop-sierra-leone-national-data-governance.

询研讨会。

7.1.2 经济合作与发展组织

经济合作与发展组织(Organization for Economic Co-operation and Development, OECD)推动全球政府数据开放的主要举措包括资助、启动多项开放政府数据项目,并持续、广泛地举办关于开放政府数据的会议等。

(1)开放政府数据项目

开放政府数据项目(Open Government Data)致力于提升全球评估开放政府数据的能力。项目的推进不仅帮助参与国建立开放数据政策、战略与行动的知识库,也协助创建了一个评估开放政府数据影响的方法①。该方法首先由 Ubaldi 在 2013 年提出,并由各参与国及利益相关群体共同实践②。Ubaldi 认为某些数据的开放可以创造巨大的价值,例如公共数据、微观统计、政府项目经营及支出情况、公共服务对象的数据以及公众文化信息等。若要确保开放政府数据创造出预期的价值,政府需要完成以下三项任务:辨别对公众有高价值、高影响力的数据;确保数据在精确度、连贯度、时效性方面的质量;激发民众数据需求。在此基础上,项目从三个方面创建 Harrison 等提出的数据生态系统:信息生产者系统、信息中介系统以及信息使用者系统③。此外,政府也需建立起一个法律法规框架。在项目实践过程中,政府需要面对来自以下 5 个方面的挑战:政策、技术、机构、文化以及法律。在上述步骤基础上,Ubaldi 提

---

① OECD. Open Government Data [EB/OL]. [2024-01-01]. http://www.oecd.org/gov/digital-government/open-government-data.htm.

② Ubaldi B. Open Government Data:Towards Empirical Analysis of Open Government Data Initiatives[J]. 2013.

③ Harrison T M, Guerrero S, Burke G B, et al. Open Government and E-government:Democratic Challenges from A Public Value Perspective[C]//The 12th Annual International Digital Government Research Conference:Digital Government Innovation in Challenging Times. 2011:245-253.

出评价国家开放数据项目的分析框架：评估首要问题、评估实践过程以及评估项目影响。随着框架的不断完善，目前 OECD 的开放政府数据评估主要包括商业信息、注册信息、专利与商标信息、公共投标数据库、地理信息、法律信息、气象信息、社会信息以及交通信息。

（2）墨西哥开放政府数据项目

2016 年，墨西哥启动国家开放数据政策（National Open Data Policy）项目，目的在于解决其国内严峻的腐败问题，提升公共服务提供水平以及公共服务部门效率、增强公众参与度、并且营造出创新的经济环境以激发民营经济的发展。在项目早期，墨西哥政府颁布了国家开放数据政策，该政策为开放数据的发展订立了宏观的目标并指出了发展的关键节点。此外，政府也制定了开放数据实践法（Open Data Executive Decree），创建了开放政府数据中心门户（Central Open Government Data Portal），提供相关技术支持与指导，并为政府机构和民众搭建交流平台。

（3）波兰开放政府数据项目

2015 年，OECD 根据前述开放政府数据项目中的评估方法评估了波兰的开放政府数据现状，主要目的是向波兰政府提出有用的建议，以提升其开放政府数据水平与影响力。评估小组首先分析了波兰的现状，发现开放政府数据仍未受到民众广泛认可，开放数据的生态系统尚处于初期发展阶段，政府与民众未将开放政府数据视为价值创造的来源。基于这些较为消极的发展态势，波兰开放政府数据项目"高效的国家战略"（Efficient State Strategy）提出波兰政府应当营造开放政府数据所需的社会环境，从政人员应具有远见并认识到政府的公有性，同时为数据发布创建相应的机制①。

---

① OECD. Open Government Data Review of Poland[EB/OL]. [2024-01-01]. http://www. oecd.org/gov/digital-government/open-government-data-review-of-poland-9789264241787-en.htm.

（4）阿联酋开放政府数据项目

阿联酋政府大力支持本国的开放政府数据项目，原因之一就是阿联酋《2011—2013 年政府战略》(*UAE Government Strategy：2011-2013*)中提到的发展目标与 OECD 提出的开放政府数据倡议相契合。通过阿联酋开放政府数据创始计划(Open Government Data Initiatives)，公共部门的信息变得更为透明因而能够获取公众更多的信任。此外，在开放政府数据环境下，政府会创新公共服务方式，并且以民众利益为中心。在开展项目的过程中，阿联酋政府采取了一系列措施来应对主要挑战，包括：2011 年颁布《开放数据原则》(*Open Data Principles*)与开放数据指导方针；提升公众对于开放数据的理解；向数据使用者征求意见；强化公众参与度以激发社会创新；将开放政府数据应用到政策制定的全过程，通过社交媒体最大化开放政府数据的影响力等①。

（5）召开政府数据开放会议

OECD 多次召开政府数据开放会议，围绕不同议题探讨政府数据开放的方案、实施价值等，如表 7-1-1 所示。

表 7-1-1　OECD 召开的政府数据开放主题会议

会议名称	时间	地点	会议内容
全球开放数据会议(International Open Data Conference)②	2015 年 5 月 29 日	加拿大渥太华	主要讨论如何优化当前开放数据评估方法，整合定性定量研究方法

① OECD. Rebooting Public Service Delivery：How can Open Government Data Help to Drive Innovation[EB/OL].［2024-01-01］. https://www.oecd.org/mena/governance/Rebooting-Public-Service-Delivery-How-can-Open-Government-Data-help-to-drive-Innovation.pdf.

② OECD. Canada：International Open Data Conference[EB/OL].［2024-01-01］. https://web-archive.oecd.org/2015-09-15/372376-canada-international-od-conference.pdf.

续表

会议名称	时间	地点	会议内容
开放政府数据专家组会议（OGD Expert Group Meeting）①	2015年4月22日	法国巴黎	主要围绕四个主题：回顾波兰开放政府数据，开放政府数据生态系统，"我们的数据指数"，通过开放政府数据与众筹促进政策制定
在东亚与北非地区构建开放数据文化会议（Building an Open Data culture in the MENA region）②	2015年10月19日至20日	意大利卡塞塔	研讨如何与本国民众以及民间组织合作来制定与实施开放政府改革政策
开放政府数据专家组会议（Expert Group Meeting on Open Government Data）③	2016年4月20日	法国巴黎	主要围绕三个主题：探讨墨西哥开放政府数据方案的可行性；探讨公共政策在促进公共机构发展方面的潜能；发布开放政府数据调查第三版
利用开放政府数据提升价值突尼斯会议（Using Open Government Data to create value in Tunisia）④	2016年4月27日	突尼斯突尼斯市	讨论了数据可用性，公共组织推进数据再利用，开放政府数据的战略性使用

---

①　OECD. OGD Expert Group Meeting 2015［EB/OL］.［2024-01-01］. https://web-archive. oecd.org/2015-05-28/363078-summary-oecd-expert-group-meeting-on-ogd-22%20april-2015.pdf.

②　OECD. Building an Open Data culture in the MENA region［EB/OL］.［2024-01-01］. https://web-archive.oecd.org/2021-02-24/413111-training-centre-of-caserta-italy-2015.pdf.

③　OECD. Expert Group Meeting on Open Government Data［EB/OL］.［2024-01-01］. https://web-archive. oecd. org/2021-02-24/413112-open-government-data-expert-group-paris—2016.pdf.

④　OECD. Using Open Government Data to create value in Tunisia［EB/OL］.［2024-01-01］. https://www.oecd.org/mena/governance/open-government-seminar-tunisia-april2016.pdf.

会议名称	时间	地点	会议内容
开放政府数据第三次专家组会议(3rd Expert Group Meeting on Open Government Data)①	2017 年 5 月 18 日至 19 日	法国巴黎	重点是鼓励经合组织成员国和伙伴国之间交流最佳做法,强调开放数据的战略使用和管理与公共部门数字化转型的相关性
开放政府数据第四次专家组会议(4th Expert Group Meeting on Open Government Data)②	2018 年 6 月 7 日至 8 日	法国巴黎	强调需要支持开放政府数据政策的长期可持续性和连续性及其相关条件。鼓励各国政府分享创建开放数据生态系统的经验,支持健全的治理模式
开放政府数据第五次专家组会议(5th Expert Group Meeting on Open Government Data)③	2019 年 6 月 6 日至 7 日	法国巴黎	分享了政府和开放数据社区在确保开放数据政策对良好治理的贡献所取得的进展、面临的挑战
开放政府数据第六次专家组会议(6th Expert Group Meeting on Open Government Data)④	2020 年 6 月 11 日（线上会议）	法国巴黎	重点关注开放政府数据及其政策为应对新冠疫情所发挥的作用,从而成为 OECD 支持各国应对新冠疫情及其对经济和社会造成的影响的广泛努力的一部分

① OECD. 3rd OECD Expert Group Meeting on Open Government Data［EB. OL］.［2024-01-01］. https://web-archive. oecd. org/2018-03-29/477783-open-government-data-expert-group-paris-2017.pdf.

② OECD. 4th OECD Expert Group Meeting on Open Government Data［EB/OL］.［2024-01-01］. https://web-archive. oecd. org/2019-01-09/503852-open-government-data-expert-group-paris-2018.pdf.

③ OECD. 5th Expert Group Meeting on Open Government Data［EB/OL］.［2024-01-01］. https://web-archive. oecd. org/2020-03-04/547396-5th-oecd-expert-group-meeting-on-open-government-data-summary.pdf.

④ OECD. 6th Expert Group Meeting on Open Government Data［EB/OL］.［2024-01-01］. https://web-archive. oecd. org/2020-09-08/563344-6th-oecd-expert-group-meeting-on-open-government-data-summary.pdf.

续表

会议名称	时间	地点	会议内容
开放政府数据第七次专家组会议(7th Expert Group Meeting on Open Government Data)①	2021年6月14日至15日(线上会议)	法国巴黎	探讨开放政府数据与错误信息之间的关系,以及开放数据如何支持以个人需求为中心的以人为本的服务的发展,以实现更大的信任和福祉

（6）我们的数据指数

OECD 支持的"我们的数据"指数（OURdata Index）项目从三个方面评估政府在开放数据方面所做的努力,包括开放度、有用度以及数据重复使用率等②。指数的数据均来源于 OECD 的成员国,并且该指数是基于 OECD 的评估方法与 G8 开放数据宪章的要求计算得出的。

7.1.3 世界银行

世界银行(World Bank,WB)建立开放数据网站和启动多个项目。

（1）世界银行开放数据网站

为了帮助各政府机构、民间组织以及个人用户做出更好的策略决定,更好地评估全球形势的发展,世界银行建立了开放数据网站(World Bank Open Data),该网站(https://data.worldbank.org/)向用户提供世界银行的各项数据,并

---

① OECD. 7th Expert Group Meeting on Open Government Data［EB/OL］.［2024-01-01］. https://web-archive. oecd. org/2022-05-20/632529-7th-oecd-expert-group-meeting-on-open-government-data-summary.pdf.

② OECD. OECD OURdata Index on Open Government Data［EB/OL］.［2024-01-01］. http://www.oecd.org/gov/digital-government/open-government-data.htm.

且在符合要求的前提下用户可以免费使用这些数据①。此外，网站为用户提供专门的数据工具：数据银行(Data Bank)，这是一种分析与形象化数据的工具，内含多个专题的时间序列数据，用户可以自助搜索、并根据需求生成表格或图片②。

(2)开放政府与公共财政管理项目

坦桑尼亚开放政府与公共财政管理(Open Government and Public Financial Management)发展项目由世界银行在2015年6月发起，持续了半年，目的在于支持坦桑尼亚政府数据开放以增强政府公共服务信息的提供与利用，同时提高政府预算的可信程度与执行力度，因而项目的两个核心维度为开放政府与公共金融管理。加入开放政府项目后，坦桑尼亚政府采用了新的政府成果发布模型Big Results Now!(BRN)③，同时政府也意识到了开放数据是增强民众参与度、加大项目完成力度的先行条件，因而政府从供与求的两个方面启动改革。世界银行发起的项目有效地支持了坦桑尼亚政府的改革，促进了坦桑尼亚政府公共服务的提供④。

(3)蒙古智慧政府项目

智慧政府(SMART Government)项目是世界银行在2014年6月于蒙古国发起的项目，项目为期6年⑤，目的是帮助蒙古国政府利用信息通信技术提升公

---

①　The World Bank. Get started [EB/OL]. [2024-01-01]. https://data.worldbank.org/about/get-started.

②　The World Bank. Data Bank [EB/OL]. [2024-01-01]. http://databank.worldbank.org/data/home.aspx.

③　The World Bank. Open Government and Public Financial Management：details[EB/OL]. [2024-01-01]. http://projects.worldbank.org/P133798/? lang=en&tab=details.

④　The World Bank. Open Government and Public Financial Management：overview[EB/OL]. [2024-01-01]. http://projects.worldbank.org/P133798/? lang=en&tab=overview.

⑤　The World Bank. MN：SMART Government：details[EB/OL]. [2024-01-01]. http://projects.worldbank.org/P130891/? lang=en&tab=details.

共服务的透明度、有效度以及普及度。项目包含三个方面：首先，世界银行通过向蒙古国政府提供技术协助、投资支持和商业分析项目帮助蒙古国提升公民参与和反馈。其次，构建智慧政府使得蒙古国公共机构拥有稳健的政府服务提供模式，这同样也得益于信息通信设施带来的规模效益以及更为高效的在线政务。再者，开放数据促进政府搭建高质量的数据系统，及时与公众沟通从而实现政府与民众间需求驱动的、富有创新的合作①。

(4) 关于增强哥伦比亚政府在成果管理方面的公共信息监管与评估能力项目

关于增强哥伦比亚政府在成果管理方面的公共信息监管与评估能力 (Strengthening Public Information, Monitoring, Evaluation for Results Management in Colombia) 项目是在 2008 年 12 月由世界银行发起的一个为期 6 年的项目②，旨在协助哥伦比亚政府加强管理与评估系统来确保与提升政府能力相关的高质量信息的提供与产生。这些能力涵盖多个方面，包括跨部门委员会 (Inter-Sectoral Committee) 与政府共同制定的项目与政策的能力；国家政策制定部门 (Department of National Planning) 订立投资计划的能力；管理与评估本国与本地区的能力③。

---

① The World Bank. MN: SMART Government: Overview [EB/OL]. [2024-01-01]. http://projects.worldbank.org/P130891/? lang=en&tab=overview.

② The World Bank. Strengthening Public Information, Monitoring, Evaluation for Results Management in Colombia: Details [EB/OL]. [2024-01-01]. http://projects. worldbank. org/P099139/strengthening-public-information-monitoring-evaluation-results-management-colombia? lang=en&tab=details.

③ The World Bank. Strengthening Public Information, Monitoring, Evaluation for Results Management in Colombia: Overview [EB/OL]. [2024-01-01]. http://projects. worldbank. org/P099139/strengthening-public-information-monitoring-evaluation-results-management-colombia? lang = en&tab=overview.

（5）摩尔多瓦和加纳政府数字化改革项目

世界银行在摩尔多瓦开展了政府数字化改革项目（Governance eTransformation Project），起止时间为 2011 年 6 月和 2016 年 12 月①。项目的目标是通过信息通信技术改革部分政府公共服务的提供方式。项目通过两个方面来实现这一目标：首先是创建数字领导的实施环境。这一环境的构建可以帮助数字政府中心实现全国性的数字变革。此外，项目协助进行数字领导培训、公务员能力培养、合作交流、构建相关政策框架以及项目管理。另一方面是共享基础设施与数字化服务发展。世界银行向摩尔多瓦政府提供资金支持，用于政府云计算设施建设、提供数字政府平台等②。

而后，世界银行又在 2013 年 10 月于加纳发起数字化变革项目（eTransform Ghana），项目于 2019 年 12 月截止③。发展目标是通过信息通信技术提高政府服务的覆盖范围，具体构成与上述摩尔多瓦政府数字化改革项目类似。

7.1.4 万维网基金会

万维网基金会（World Wide Web Foundation，W3F）通过成立专门机构、发布评估数据、弥合不同国家与不同群体之间的开放政府数据资源获取与利用不平等等方式，推动全球政府数据开放水平的提升。

（1）成立开放数据实验室

开放数据实验室（Open Data Lab）于 2014 年在雅加达成立，目标是帮助使用者运作可持续开放数据项目。为了扩大影响力，实验室将自身所学与所运用

---

① The World Bank. Governance eTransformation Project：Details［EB/OL］.［2024-01-01］. http://projects.worldbank.org/P121231/governance-etransformation-project? lang=en&tab=details.

② The World Bank. Governance eTransformation Project：Overview［EB/OL］.［2024-01-01］. http://projects.worldbank.org/P121231/governance-etransformation-project? lang=en.

③ The World Bank. GH eTransform Ghana：Details［EB/OL］.［2024-01-01］. http://projects.worldbank.org/P144140/gh-etransform-ghana? lang=en&tab=details.

的工具公开，同时也鼓励用户将这些知识运用到实际工作中。实验室的项目包括：构建公民社会——提高财政透明度，以班达亚齐为例连接信息自由与开放数据，促进雅加达广泛开放数据等①。

（2）发布开放数据晴雨表

开放数据晴雨表是由万维网基金会与开放数据研究所（Open Data Institute）联合开发的，用于评估开放数据在全球的使用情况以及影响力。2013 年发布了首版《开放数据晴雨表》（Open Data Barometer），截至 2024 年 3 月，共发布了四次全球评估报告，最新版的完整报告是于 2017 年 5 月发布的《开放数据晴雨表（第 4 版）》②。2018 年 9 月发布《开放数据晴雨表——引领者版》，该报告特别关注了 30 个政府，这一类政府已通过采纳《开放数据宪章》或作为二十国集团（G20）成员签署《G20 反腐败开放数据原则》（G20 Anti-Corruption Open Data Principles），且此 30 个政府的平均分数比《开放数据晴雨表（第 4 版）》测量的 115 个政府高出 2~3 倍，也因此被视作开放数据的"引领者"③。作为国际政府数据开放评估体系之一，《开放数据晴雨表》分析全球开放数据趋势，提供国家及地区之间的对比数据，旨在揭示世界各国开放数据计划的真正趋势和影响。晴雨表是政策制定者与公民社会在使用开放数据时的重要标准。

评估指标方面，《开放数据晴雨表》的评估指标包括准备度、执行度和影响力。准备度评估前期的准备工作，子指标包括政府政策、政府行动、公司和企业以及公民和社会团体，由 14 个评估问题进行具体评估，准备度的总分和子指标权重见图 7-1-1；执行度评估政府开放的数据集，包括创新型数据集、

---

① Open Data Lab. How do we work? [EB/OL]. [2024-01-01]. http://labs.webfoundation. org/labs/.

② World Wide Web Foundation. Open Data Barometer-4th Edition [EB/OL]. [2024-01-01]. https://opendatabarometer.org/4thedition/.

③ World Wide Web Foundation. Open Data Barometer-Leaders edition[EB/OL]. [2024-01-01]. https://opendatabarometer.org/doc/leadersEdition/ODB-leadersEdition-Report.pdf.

社会政策数据集和问责型数据集，下分为 15 个具体的评估数据集，执行度的总分和子指标权重见图 7-1-2；影响力评估后期的影响，包括对政治、经济和社会 3 个方面的影响力，由 6 个评估问题具体评估，影响力的总分和子指标权重见图 7-1-3。其中，准备度与影响力的各项子指标以评估问题的形式组成，评估问题是指标中的最小评估层级。而执行度中，评估数据集的评估问题是固定的，共 10 项评估问题，即每个数据集均考察这 10 项评估问题，包括数据是否存在、在线获取、机读格式、数据整体可用、免费获取、开放许可、更新、数据集报告连续性、数据集信息获取简易性、数据关键元素的链接提供等 10 个方面。

Readiness (35%) (Primary & secondary data)			
Government policies (¼)	Government action (¼)	Entrepreneurs & business (¼)	Citizens & civil society (¼)

图 7-1-1　准备度指标的总分和子指标权重

（资料来源：Open Data Barometer-4th edition，ODB Methodology-v1.0 28th April 2016）

Implementation (35%) (Dataset assessments)		
Accountability dataset cluster (⅓)	Innovation dataset cluster (⅓)	Social policy dataset cluster (⅓)

图 7-1-2　执行度指标框架图

（资料来源：Open Data Barometer-4th edition，ODB Methodology-v1.0 28th April 2016）

Impacts (30%) (Primary data)		
Political (⅓)	Economic (⅓)	Social (⅓)

图 7-1-3　影响力指标框架图

（资料来源：Open Data Barometer-4th edition，ODB Methodology-v1.0 28th April 2016）

三项指标从前期的准备、中期的执行到后期的影响，贯穿了政府数据开放的各个阶段，对应的各项子指标深入政府数据开放的各个方面，使得《开放数据晴雨表》成为最具影响力的国际评估体系之一。通过《开放数据晴雨表》，万维网基金会对全球各国政府的数据开放情况进行了持续、系统的评估，在已有的四次评估中部分评估指标有相应的增加和细化，体现了《开放数据晴雨表》的不断完善，以及全球政府数据开放评估的与时俱进。

(3) 开放数据宪章

开放数据宪章(Open Data Charter)是由万维网基金会支持的项目。该宪章是各政府与开放数据领域专家合作研讨的产物①。宪章于 2015 年发布，涵盖了 6 条规定政府发布信息的原则：数据默认开放、及时且广泛、可使用、可比较且共通、数据可提升政府执政能力与公民的参与度、数据可被广泛地用于发展与创新②。宪章的愿景是实现数据默认开放、及时发布、共同使用。超过 70 个国家与组织参与了这个项目。2017 年，开放数据宪章组建了 4 个团队来支持宪章的运作，且长期致力于依据采用者建议的重点领域，开发工具帮助实施用于整合数据供需的开放专题政策。即使宪章于近十年前发布，当前依然不断有新增国家或地区予以采纳，如阿根廷、乌克兰等宣布采用开放数据宪章原则。

(4) 发展中经济体开放数据项目

发展中经济体开放数据项目(Open Data for Developing Economies)旨在解决以下问题：在国家发展过程中哪一个阶段是开放数据最为有效及无效的阶段；

---

① Open Data Charter. Principles [EB/OL]. [2024-01-01]. https://opendatacharter.net/principles/.

② Open Data Charter. Who We Are[EB/OL]. [2024-01-01]. https://opendatacharter.net/who-we-are/.

何种策略可以增强开放数据在发展中国家的积极影响；何种策略可以减轻开放数据在发展中国家的消极影响。为了解答这些问题，项目总结当前开放数据对于中低收入国家的影响并收集一系列有深度的示范性案例以此探索发展中国家政府如何通过开放数据来满足公众需求①。

（5）探索开放数据在发展中国家的影响项目

探索开放数据在发展中国家的影响项目（Exploring the Emerging Impacts of Open Data in Developing Countries，ODDC）是一项由万维网基金会支持的为期两年半的调查项目，开始于2013年2月。项目旨在探索开放数据如何提升执政能力，以及在发展中国家如何开展开放数据能力建设。项目为12个国家提供开放数据基金，并于2014年对这些国家进行了评估，发现这些开放数据工具仍旧在使用中并且有了更大的影响力②。

（6）非洲开展的开放数据项目

非洲调查报告网络中心（African Network of Centers for Investigative Reporting，ANCIR）主导的数据调查项目（The Panama Papers）主要研究在巴拿马文件泄密事件（Panama Papers）中流出的文件，这些文件描述世界领导人的海外资产，以及地下金融交易等。万维网基金会支持该项目的研究，因为它帮助社会大众理解开放数据在调查报道中所扮演的重要角色，并且强调了数据必须是开放的、官方的，其次，项目指出了新闻行业正在经历转型③。

---

①　Open Data for Developing Economies. What is the Social and Economic Value of Open Data for Developing Economies？［EB/OL］［2024-01-01］. https：//thegovlab.org/project/project-open-data-in-developing-economies.

②　Exploring the Emerging Impacts of Open Data in Developing Countries［R］. ODDC1 Follow-up Outcome Evaluation Report. New York：ODDC，2016.

③　Web Foundation. 4 Open Data Lessons from Reporting the Panama Papers in Africa［N］. News and blogs of Web Foundation，2018-11-07.

（7）发布网页指数

网页指数（Web Index）是首个评估网页对社会、经济与政治带来影响的指数，它涵盖了全球 86 个国家的网页。它提供网页使用以及影响力数据，帮助解决当前存在的一些网络问题，涉及网络审查评估机制、网络中立、针对女性的网络暴力等。网页指数发布以来，已经成为各个国家与政策制定者在践行职责与进行公共讨论时的重要参考①。

（8）重视女性网络权益

虽然互联网革命在不断推进，但女性的权益保障却没有有效的进一步提升。女性网络权益（Women's Rights Online）项目发现，贫穷地区的女性接触到互联网的可能性比男性小 50%，此外，在全球将近一半的无网络人群中，大部分是女性，且以发展中国家女性居多②。因此，为了解决这一发展中的问题，参与人号召该改革政策与规章来解决互联网络中的"性别鸿沟"（Gender gap）问题。项目组在国家政策制定、开放数据方面进行持续不断的努力。目前，该项目组有来自 15 个中低等收入国家的成员，项目组希望通过努力能在未来五年内让至少 7 名成员国拥有相关互联网通信技术，并制定出解决网络性别鸿沟的方案③。

7.1.5　开放知识基金会

开放知识基金会（Open Knowledge Foundation，OKF）通过推出开放数据项

---

①　The Web Index. Introduction［EB/OL］.［2024-01-01］. https://webfoundation.org/our-work/projects/the-web-index/.

②　Women's Rights Online. Translating Access into Empowerment［EB/OL］.［2024-01-01］. https://webfoundation.org/research/womens-rights-online-2015/.

③　Women's Rights Online. Introduction［EB/OL］.［2024-01-01］. https://webfoundation.org/research/womens-rights-online-2015/.

目，研制开放数据方面的方案、标准、工具等，为全球开放政府数据的研究与实践提供指导与参考。

（1）全球开放数据指数

全球开放数据指数（Global Open Data Index，GODI）是年度开放政府数据的全球参考，这一项目通过广泛的调查来评判政府数据的开放程度。GODI 的研究范围包括政府如何发布公开数据，哪些政府的数据发布存在问题，最常与最少发布的政府资料包，公开数据过程中的难易方面等①。GODI 为政府数据的发布者提供有价值的信息，并且让发布者关注到"数据鸿沟"这一问题。同时，这一项目也帮助发布者理解如何使数据更有影响力。由此可见，GODI 为政府提供了它们所欠缺的重要信息。

（2）CKAN

CKAN 项目为数据开发者提供一个成熟的开源数据管理方案，通过整合渠道来让用户的数据可检索。每一个独立数据集都配有丰富的元数据，这在提升数据价值的同时也让受众群易于检索。CKAN 具有 7 个特点，分别为：具有易用网络界面和强大 API 的完整目录系统；细粒度获取控制；与 Drupal 和 WordPress 等第三方内容管理系统（Content Management System，CMS）紧密整合；集成数据存储和完整数据 API；数据可视化及分析；便于通过普通查询建立新例子的联合结构；以及支持部门或者小组管理自身数据发布的工作流（Workflow）功能，涉及发布、查找、保存、管理、交互和扩展等整个开放数据生命周期②。CKAN 是一款免费开源工具，用户虽无需支付任何费用，但仍

① Global Open Data Index. The Global Open Data Index 2016/2017-Advancing the State of Open Data Through Dialogue[EB/OL].［2024-01-01］. https://index.okfn.org/about/.

② 余文婷，梁少博，吴丹. 基于 CKAN 的社会科学开放数据服务平台构建初探[J]. 情报工程，2015，1(5)：68-76.

保有输入的数据的版权。目前，多个发达国家的政府部门广泛地使用CKAN来发布数据，例如美国、加拿大、澳大利亚等①。

（3）数据学校

数据学校（School of Data）是由开放知识基金会与同伴大学（Peer-to-Peer University，P2PU）在2012年共同发起的项目。随着科技的发展，公众运用信息的能力与信息的发展速度之间的差距不断扩大，为了解决这一能力鸿沟，数据学校应运而生。为了使公众得到系统的数据知识训练，该项目通过搭建全球化的网站为公众普及数据知识。项目参与者坚持的核心价值包括赋予、合作、道德、拒绝政治偏见。在2013年，该项目开设了线下课程培训，并且越来越多的课程受益者也自发将课程翻译成本国语言，这使得数据学校的覆盖范围不断扩大。目前，项目主要由13个机构参与者与101位活跃个人组成，通过工作室与社区活动，最新数据显示，该项目已经为超过6500人提供了数据能力训练②。

（4）无摩擦数据

无摩擦数据（Frictionless）项目通过开发一系列的数据工具和标准来消除数据工作中存在的问题。项目核心是数据包标准，它是一个集装化的版式，适用于任何以现有开源软件为基础的数据。该项目提供简单的包装类与基础的结构用于数据传输，这些结构与包装类可以在没有对数据包主要数据进行更改的前提下，极大地减少数据共享与数据整合的过程中存在的问题，并且支持自动化③。

① CKAN. The World's Leading Open Source Data Management System［EB/OL］.［2024-01-01］. https：//ckan.org/.

② School of Data. Our history［EB/OL］.［2024-01-01］. https：//schoolofdata. org/our-history/.

③ Frictionless Data. Get A Quick Introduction to Frictionless in "5 Minutes"［EB/OL］.［2024-01-01］. http：//frictionlessdata.io/about/.

项目有六大原则：专注于数据链，数据特征与数据类型中的某一部分；以网页使用为导向；专为分散式系统设计；免费开放；以现有工具为基础；简便。目前，Frictionless data协助许多机构或项目解决了数据使用中存在的问题，例如mySociety、人类生物分子图谱计划（Human BioMolecular Atlas Program）等①。

7.1.6　欧盟

欧盟（European Union，EU）通过多种方式推动政府数据开放。

（1）欧盟开放数据门户

欧盟开放数据门户（European Union Open Data Portal）建立于2012年，它旨在帮助使用者获取欧盟各机构的海量数据，不管是商用还是非商用，使用者都可以重复利用这些数据。数据类别涵盖了地理、地域政治、金融、统计、法律等领域，同时也包括与犯罪、健康、环境、交通和科学研究有关的数据。所有的欧盟机构都受邀将自己的数据随时公布，所以用户可以免费使用这些数据并且没有任何的版权限制，前提是在使用时注明出处。开放数据项目使得公众可以利用数据来促进欧盟经济的发展并且增强欧盟各机构的运作透明度②。

（2）欧洲数据门户

欧洲数据门户（European Data Portal）旨在收集欧洲各国公共数据门户所发布的各项公共信息的元数据。门户将收集的元数据根据规定整合起来，该规定是在数据目录词汇表的基础上制定出的元数据使用规范（DCAT Application Profile，DCAT-AP），但某些数据的原始编目可能存在数据集问题，该门户会将

---

① Frictionless Data. Case-Studies Tag［EB/OL］.［2024-01-01］. https://frictionlessdata. io/tag/case-studies/.

② European Union Open Data Portal. The Benefits and Value of Open Data［EB/OL］. ［2024-01-01］. https://data.europa.eu/en/publications/datastories/benefits-and-value-open-data.

评估问题反馈给原有者。这个过程极大地提高了欧洲元数据与数据的质量。同时，数据提供者也可以根据指导将数据提供给该门户。项目同时会跟进数据的使用信息，使用者也可以了解开放数据所带来的经济利益。对于开放数据缺乏了解的使用者，可以在项目提供的在线学习板块获得帮助①。

(3)地平线2020计划

地平线2020计划(Horizon 2020-The EU Framework Program for Research and Innovation)是欧盟最大的研究与创新项目。该项目是一项资金保障手段，目的在于促进创新欧盟(Innovation Union)的实现②。在运作的7年间(2014—2020)，地平线2020计划承诺通过将知识导向市场来实现更多的知识突破与发现。早在2012年，欧盟委员会就已开始鼓励欧盟各成员国将公共的项目成果开放给公众，以此来促进欧盟科技与知识经济的发展。2020计划将欧盟之前3个独立的科研计划合并到统一框架内，适用同一套规则体系，以达到创新链条的整体无缝链接，即"基础研究(科学前沿领域研究)——应用技术(工业技术进步)——市场化运用"。该项目的亮点之一为开放获取政策。开放获取是指终端用户可以免费获得传统的成果出版物或者在线提供的科学信息，涵盖原始数据、辅助数据、基础信息等③。若某项目决定公开传播和分享，则开放获取的方式可以分为绿色开放(Green Open Access)和金色开放(Gold Open Access)。前者支持所有人将论文提交至在线数据库，并通过向使用者收取费用以实现回收投资，收取方式包括要求订阅数据库或者支付下载费用；而在金色开放条件下，使用者无需支付任何费用即可进入开放数据库，获取完整文档。

① European Data Portal. About data. europa. eu[EB/OL]. [2024-01-01]. https://data.europa.eu/en/about/about-dataeuropaeu.
② European Commission. What is Horizon 2020? [EB/OL]. [2024-01-01]. https://ec.europa.eu/programmes/horizon2020/en/what-horizon-2020.
③ 韩缨. 欧盟"地平线2020计划"相关知识产权规则与开放获取政策研究[J]. 知识产权，2015(3)：92-96.

（4）数字化单一市场战略

数字化单一市场战略（Digital Single Market Strategy）旨在为公众与商业参与者提供电子化的发展机会，并且增强欧洲作为国际数字经济领头羊的地位。在促进数字行业发展方面，数字化欧洲行业的目标是确保商业、中小企业以及非科技行业都可以在数字化创新中获益并且实现价值的提升；在构建欧洲数据经济方面，该项目打破数据流动的壁垒来实现欧洲单一市场，与此同时，电子数据的潜力可以让经济与社会获益；此外，在项目中，欧盟委员会也力图确保公众获取信息的渠道，在全欧洲增强宽带网建设与无线网络搭建，以期提升商业生产能力；为了让民众在未来获取高速、易联的互联网，欧盟委员会对5G网络等新兴科技领域进行投资；为了向欧洲科学界、行业与公共部门提供数字化基础设施诸如超级计算机与数据存储，该项目确保可以开放获取科技成果并加强数字科技与基础设施建设；欧盟委员会希望从搭建数字化单一市场中实现数字化社会，建立更加智能化的城市（Smarter Cities）与开放城市（Open Cities）①，在此社会中，民众可以接触到数字化政府、医疗服务等数字化技术，并且各个开放城市之间可以开放获取数据；项目同时致力于确保互联网用户在上网时的安全，从而提升欧洲网络安全与电子隐私水平②。

7.1.7　开放政府合作组织

开放政府合作组织（Open Government Partnership，OGP）在2011年9月20日正式启动，包括8个创始国：巴西、印度尼西亚、墨西哥、挪威、菲律宾、南非、英国和美国，他们就《开放政府宣言》（Open Government Declaration）达成共识③，

①　European Commission. Open and Smart Cities for the Common Future [EB/OL]. [2018-08-27]. https://ec.europa.eu/digital-single-market/en/blog/open-and-smart-cities-common-future.

②　European Commission. Digital Single Market [EB/OL] [2018-08-27]. https://ec.europa.eu/digital-single-market/.

③　Open Government Partnership. Open Government Declaration [EB/OL] [2024-01-01]. https://www.opengovpartnership.org/open-government-declaration.

并宣布各国的政府数据开放国家行动计划。该组织旨在确保政府提升透明度、赋予民众权力、整治腐败、利用新科技加强政府统治①。当前最新数据显示，自 2011 年成立以来，OGP 会员已发展到 75 个国家和 150 个地区，并与数千个民间社会组织合作，仅 2024 年以来就已有 55 个地方政府加入。每两年，每个成员都会提交一份与民间社会共同制定的行动计划，概述加强政府透明度、问责制和公众参与的具体承诺。当前最新数据显示，OGP 会员就提升政府开放与可信度方面已做出超过 4000 项承诺②。OGP 设定的独立汇报机制（Independent Reporting Mechanism, IRM）使得参与方能及时了解成员国项目实施进展，此外，OGP 将评估成员国项目开展情况、开放政府原则实践情况，在此基础上提出针对性完善建议，并且将组织数据以开放数据的方式发布，其中 OGP 探索者（The OGP Explorer）为公众提供方便快捷的通道，公众可以通过图表获取直观的信息；IRM 开放数据（IRM Open Data）主要提供涉及独立汇报机制相关的数据。IRM 在 2020 年更新了其方法，使其更简单、更具协作性，以帮助提高参与度并改善承诺履行情况。2023 年，OGP 发布最新的《独立报告机制问责报告》，指出 IRM 进行了人事改革，作为《OGP 的 2023—2028 战略》③实施的一部分，并将进行进一步的内部变动；重点描述了开放政府行动在加纳、菲律宾所取得的成果④。

为了确保多边性，成员国之间组成了监督委员会（Steering Committee）对组织进行监管。此外，OGP 还设置了秘书处与委员会共同促进开放政府关系的

---

① Open Government Partnership. About OGP［EB/OL］.［2024-01-01］. https://www. opengovpartnership.org/about/about-ogp.

② Open Government Partnership. Approach［EB/OL］.［2024-01-01］. https://www.open govpartnership.org/about/approach/.

③ OGP. OGP Strategy 2023—2028［EB/OL］.［2024-01-01］. https://www.opengovpartne rship.org/strategy—2023—2028/.

④ Open Government Partnership. Independent Reporting Mechanism Accountability Report（2023）［EB/OL］.［2024-01-01］. https://www. opengovpartnership. org/independent-reporting-mechanism-accountability-report—2023/.

实现，其独立于监督委员会成员，可平衡两方的关系。秘书处的任务包括管理
OGP 的对外交流、维系成员国合作关系等。此外，OGP 还成立了 6 个主题工
作小组，包括开放数据小组、信息获取小组、财政公开小组、开放自然资源小
组、立法公开小组、反腐败小组；OGP 设置这些小组的目的在于支持高层次
的开放政府实践①。成员国可以根据意愿加入小组，每个主题小组至少有一名
政府成员与一名民间组织成员。小组成员之间互相分享在实践过程中总结的经
验教训，并在开放会议上商讨小组工作的首要任务。未来，OGP 还会进一步
拓展工作小组主题。目前，有学者号召 OGP 应当支持开展民众媒体普及教育，
以完善开放政府项目，提升参与度②。

7.2　多国政府制定的政府数据开放政策、法规和行动计划

本节选取全球政府数据开放水平较高，或近年来实践进展较为突出的国
家，详述其制定政府数据开放政策、法规的实践及其他重要的行动计划。

7.2.1　英国

英国是政府数据开放的先驱和领导者，同时也是世界上政府数据开放程度
最高的国家。万维网基金会发布的《开放数据晴雨表》四个版本的结果均显示，
英国的政府数据开放得分已连续位列全球第一，且总体得分遥遥领先于其他
国家。

---

①　Open Government Partnership. Peer Exchange and Working Groups［EB/OL］［2024-01-
01］. https://www.opengovpartnership.org/wp-content/uploads/2001/01/091116_OGP_Booklet_
digital.pdf.

②　Network O. The media and open government：Partners or adversaries［J］. An Independent
Report into the Open Government Partnership, 2013.

（1）英国政府数据开放主要政策

政府数据开放需要国家相关政策的指导和支持，为了促进本国政府数据的开放，英国相继出台了一系列相关政策，见表7-2-1。

表7-2-1 英国发布的政府数据开放相关政策（以时间为序）

发布时间	政策名称	制定或发布机构
2009 年 12 月	《迈向第一线：更聪明的政府》（*Putting the Frontline First：Smarter Government*）	财政部（HM Treasury）
2010 年 5 月	《联合政府：我们的政府计划》（*The Coalition：Our Programme for Government*）	内阁办公室（Cabinet Office）
2010 年 9 月	《英国政府许可框架》（*UK Government Licensing Framework*）	国家档案馆（The National Archives）
2011 年 9 月	《开放政府伙伴关系英国国家行动计划 2011—2013》（*Open Government Partnership UK National Action Plan 2011 to 2013*）	内阁办公室（Cabinet Office）
2011 年 11 月	《2011 秋季声明》（*Autumn Statement 2011*）	财政部（HM Treasury）
2011 年 11 月	《关于开放数据措施进一步细节的秋季声明 2011》（*Further Detail on Open Data Measures in the Autumn Statement 2011*）	财政部（HM Treasury）
2011 年 12 月	《促进增长的创新与研究战略》（*Innovation and Research Strategy for Growth*）	商业、创新与技能部（Department for Business, Innovation & Skills）
2012 年 6 月	《公共部门透明委员会：公共数据原则》（*Public Sector Transparency Board：Public Data Principles*）	公共部门透明委员会（Public Sector Transparency Board）
2012 年 6 月	《开放数据白皮书：释放潜能》（*Open Data White Paper：Unleashing the Potential*）	内阁办公室（Cabinet Office）

发布时间	政策名称	制定或发布机构
2012 年 11 月	《开放标准原则》(*Open Standards Principles*)	内阁办公室(Cabinet Office)
2013 年 10 月	《国家信息基础设施叙事：首次迭代》(*National Information Infrastructure Narrative：First Iteration*)	内阁办公室(Cabinet Office)
2013 年 10 月	《开放政府伙伴关系英国国家行动计划 2013—2015》(*Open Government Partnership UK National Action Plan 2013 to 2015*)	内阁办公室(Cabinet Office)
2013 年 10 月	《抓住数据机遇：英国数据能力战略》(*Seizing the Data Opportunity：A Strategy for UK Data Capability*)	商业、创新与技能部(Department for Business, Innovation & Skills)
2013 年 11 月	《G8 开放数据宪章英国行动计划 2013》(*G8 Open Data Charter UK Action Plan 2013*)	内阁办公室(Cabinet Office)
2014 年 10 月	《身份管理与隐私原则》(*Identity Management and Privacy Principles*)	苏格兰政府(The Scottish Government)
2014 年 12 月	《英国开放数据路线图 2015》(*Open Data Roadmap for the UK 2015*)	开放数据研究所(Open Data Institute)
2015 年 2 月	《地方政府透明行为准则 2015》(*Local Government Transparency Code 2015*)	社区和地方发展部(Department for Communities and Local Government)
2015 年 3 月	《国家信息基础设施实施文件》(*The National Information Infrastructure Implementation Document*)	内阁办公室(Cabinet Office)
2016 年 5 月	《英国开放政府国家行动计划 2016—2018》(*UK Open Government National Action Plan 2016—2018*)	内阁办公室(Cabinet Office)
2019 年 5 月	《英国 2019—2021 年开放政府国家行动计划》(*UK National Action Plan for Open Government 2019—2021*)	内阁办公室(Cabinet Office)

发布时间	政策名称	制定或发布机构
2020 年 9 月	《国家数据战略》(*National Data Strategy*)	数字、文化、媒体和体育部(Department for Culture, Media and Sport)
2022 年 1 月	《英国开放政府国家行动计划 2021—2023 年》(*UK National Action Plan for Open Government 2021—2023*)	内阁办公室(Cabinet Office)
2022 年 6 月	《数据拯救生命:用数据重塑健康和社会护理》(*Data Saves Lives: Reshaping Health and Social Care with Data*)	卫生和社会保健部(The Department of Health and Social Care)
2023 年 12 月	《英国开放政府国家行动计划 2024—2025 年》(*UK National Action Plan for Open Government 2024—2025*)	内阁办公室(Cabinet Office)

①政府数据开放战略规划

英国政府为了促进政府数据开放共享,制定了一系列阶段性指导文件,对某时间段内要完成的计划以及需要采取的行动等内容做出明确规定,其中既有中央政府制定的战略规划,也有各部门和地方政府制定的战略规划。

作为开放政府伙伴关系(Open Government Partnership,OGP)的发起国,从2011 年开始,英国每两年都会发布一次国家行动计划,至 2024 年已发布六次,分别为《开放政府伙伴关系英国国家行动计划 2011—2013》《开放政府伙伴关系英国国家行动计划 2013—2015》《英国开放政府国家行动计划 2016—2018》《英国 2019—2021 年开放政府国家行动计划》《英国开放政府国家行动计划 2021—2023》以及《英国开放政府国家行动计划 2024—2025》,每一次国家行动计划中都会涉及政府数据开放的内容,例如《英国开放政府国家行动计划 2016—2018》中承诺实施授予数据、公众参与、开放政策制定、开放合同数据等，并且详细列出了实施的意义、当前现状、责任机构、分步目标以及开始和结束时间等信息。再比如 2014 年 12 月，英国开放数据研究所发布《英国开放数据路线图 2015》，对 2015 年的英国政府行动计划进行了阐述，包括继续制定一个清楚连贯的开放数据战略，开放更多关于社会、环境和经济利益的数据，支持更广泛的数据利用，为政府、企业和市民提供数据培训和技能拓展等①。除了这些中央政府制定的战略规划之外，英国财政部、卫生部、司法部、国防部等许多部门以及地方政府也制定了自己的开放数据战略。

2020 年 9 月，英国数字、文化、媒体和体育部（Department for Culture, Media and Sport, DCMS）发布了《国家数据战略》（National Data Strategy）②，旨在推动英国建设世界领先的数据经济，同时确保公众对数据使用的信任。该战略着眼于如何利用英国现有的优势，进一步推动数据在政府、企业、社会中的使用，并通过数据的使用推动创新，提高生产力，创造新的创业和就业机会，改善公共服务，帮助英国经济尽快从疫情中复苏。该战略确立了数据利用的四项核心能力和五项优先任务，四项核心能力包括：数据基础（Data Foundations）、数据技能（Data Skills）、数据可获取（Data Availability）以及数据责任（Responsible Data）；五项优先任务包括：释放数据在经济领域的价值（Unlocking the Value of Data Across the Economy）；确立一个促增长、可信赖的数据体制（Securing A Pro-growth and Trusted Data Regime）；转变政府对数据的使用以提高效率并改善公共服务（Transforming Governments' Use of Data to Drive Efficiency and Improve Public Services）；确保数据基础设施的安全性和弹性（Ensuring the Security and Resilience of The Infrastructure on Which Data Relies）；倡导数据的跨境流动（Championing The International Flow of Data）。

---

① Open Data Roadmap for the UK 2015［EB/OL］.［2024-01-01］. https://theodi. org/insights/reports/open-data-roadmap-for-the-uk-2015/.

② National Data Strategy［EB/OL］.［2024-01-01］. https://www. gov. uk/government/publications/uk-national-data-strategy/national-data-strategy.

②政府数据开放的依据

政府开放数据的依据，即政府为什么要开放数据，开放的理由是什么。明确政府数据开放的依据，有助于减少政府数据开放的阻力与障碍，使政府数据开放能够为更多的机构以及社会大众所认可和接受。英国政府数据开放政策主要从以下两个角度对其进行阐述：

第一，从公民权利的角度。公共部门数据是一种公共资产，纳税人有权利免费获取这些数据①。例如《迈向第一线：更聪明的政府》提到，公共部门在运行和提供服务过程中会产生许多非个人的公共数据，在数据收集过程中，纳税人已经支付了费用，因此有权利免费获取这些信息②。政府作为公共部门，理应将其所持有的数据对公众免费开放。

第二，从数据开放价值的角度。政府数据开放能够带来巨大的政治、经济和社会效益。这是政府数据开放最为重要的内在因素，在英国政府数据开放有关的政策中几乎都有论述。例如《开放数据白皮书：释放潜能》第三章提到要建立信任，指出政府数据开放不仅可以促进政府透明，增强公民权利，打击腐败，同时可以利用新技术手段来增强施政。2011 年 8 月，内阁办公室发布的《开放数据咨询》详细阐述了开放数据对与公民和纳税人息息相关的问责制、支持明智的选择、公共服务效率、公共服务质量、社会发展、经济增长等六个方面的价值。

③政府数据开放的责任机构

政府数据开放与共享是一项长期性的、复杂性的实践活动，需要国家设置专门的机构和人员去规划、领导、协调和实施相关具体事宜。英国政府数据开

① Open Letter from ODUG to the New Government[EB/OL]. [2024-01-01]. http://odug.org.uk/wp-content/uploads/2015/06/ODUG_Letter_to_the_new_Government.pdf.

② Putting the Frontline First：Smarter Government [EB/OL]. [2024-01-01]. https://www.gov.uk/government/uploads/system/uploads/attachment_data/file/228889/7753.pdf.

放政策中有关责任机构的内容主要体现在以下两个方面：

一是明确政府数据开放的责任机构。从全局来看，英国政府数据开放的领导机构是内阁办公室，负责各部门的协调、监管以及相关政策的制定，社区和地方发展部负责地方政府数据开放政策的相关事宜，国家档案馆负责公共部门信息再利用方面的中央政策的制定以及开放政策许可协议的制定和推广①。就某一具体的数据开放项目而言，英国也通过政策的形式明确了所有的责任机构，以《英国开放政府国家行动计划2016—2018》为例，该政策做出了"确定和发布核心数据集"的承诺，并详细列出了具体的责任机构，比如"领导实施机构"是内阁办公室（政府数字服务），"其他相关的政府责任机构"是所有的政府部门，"政府之外的其他参与机构（民间组织、私营部门、工作小组、多边机构等）"是mySociety和开放数据研究所②。各个机构分工明确，各司其职，有助于政府数据开放项目的顺利实施。

二是建立一些专门负责政府数据开放的机构并规定其职责。为实施政府数据开放，英国建立了许多专门机构来负责处理不同的事务，例如《2011秋季声明》和《关于开放数据措施进一步细节的秋季声明2011》提出建立开放数据研究所（Open Data Institute，ODI）、数据战略委员会（Data Strategy Board，DSB）以及公共数据小组（Public Data Group，PDG）等机构，其中开放数据研究所负责开放数据的推广、研究和利用；数据战略委员会负责为政府提供有关数据开放的建议，推动开放数据研究，推广最佳实践案例等；公共数据小组则负责数据政策的制定，重要的数据集的采集、管理和分发等。

---

① Cross-government Review Implementing Transparency［EB/OL］.［2024-01-01］. https://www.nao.org.uk/wp-content/uploads/2012/04/10121833.pdf.

② UK Open Government National Action Plan 2016-18［EB/OL］.［2024-01-01］. https://www.gov.uk/government/uploads/system/uploads/attachment_data/file/522781/UK_Open_Government_National_Action_Plan_2016-18.pdf.

④政府数据开放的目标

明确政府数据开放的目标，才能使政府数据开放处在良好的轨道上。通过分析英国的政府数据开放政策，可以发现，英国的政府数据开放以致力于实现开放数据的价值为目标，特别是政治、经济和社会等方面的价值。例如《G8 开放数据宪章英国行动计划 2013》提出要使英国政府成为世界上最透明的政府，并保持英国作为全球开放数据的领导者地位。《开放数据白皮书：释放潜能》希望英国政府能够真正实现透明，使开放数据成为经济发展、社会福利、政治问责和公共服务改善的有效引擎①。《开放政府伙伴关系英国国家行动计划 2013—2015》指出，要通过彻底开放政府数据来增强政府问责制，改善公共服务，促进经济增长，并提出到 2015 年成为开放政府伙伴关系和 20 国集团中最透明的社会投资市场②。

⑤ 政府数据开放的原则

2010 年，英国公共部门透明委员会发布《公共部门委员会：公共数据原则》，要求各公共部门将该原则应用于其开放数据战略中，以指导各部门的数据发布，该原则共 14 条，包括公共数据将以可重复利用的、机器可读的格式进行发布，公共数据将以相同的许可进行发布，公共数据可以通过一个易用的、在线站点（www.data.gov.uk）进行发现和获取等③。2013 年《开放数据宪章》发布之后，英国又将该宪章规定的五项原则作为数据发布和利用的基础，这五项原则分别为默认开放数据、质量与数量原则、可被所有人利用、开放数

---

①　G8 Open Data Charter UK Action Plan 2013［EB/OL］. ［2024-01-01］. https://www.gov.uk/government/uploads/system/uploads/attachment _ data/file/254518/G8 _ National _ Action _ Plan.pdf.

②　Open Government Partnership UK National Action Plan 2013 to 2015［EB/OL］. ［2024-01-01］. https://www.gov.uk/government/uploads/system/uploads/attachment _ data/file/255901/ogp _ uknationalactionplan.pdf.

③　Public Sector Transparency Board：Public Data Principles［EB/OL］. ［2024-01-01］. https://assets. publishing. service. gov. uk/government/uploads/system/uploads/attachment _ data/file/665359/Public-Data-Principles_public_sector_transparency_board.pdf.

据以改善治理以及开放数据以促进创新①。2015 年，英国出台《国家信息基础设施实施文件》，规定安全、以用户为中心、良好管理、可靠、维护、灵活性以及互联与可用等七项为国家信息基础设施的指导原则②。由此可以看出，英国政府数据开放原则不是单一的，而是由多个原则构成，这些原则之间并不排斥，共同指导着英国的政府数据开放。

⑥ 政府数据开放的范围

政府数据开放的范围即规定开放哪些数据以为社会所利用，英国政府数据开放的范围在不同时期有着不同的侧重点，整体来看，其开放的范围越来越广泛，涉及的领域和部门也越来越多。2010 年 5 月，英国首相卡梅伦在发给英国各部门关于开放政府数据计划的信中要求各部门公开财务、资源、采购等方面的数据集③；2011 年 11 月发布的《关于开放数据措施进一步细节的秋季声明》明确了十多种数据的开放措施细节，如实现小学和初中医疗健康数据集的关联，进一步公布处方数据和社会保障数据，实现火车或公共汽车实时数据的开放获取，公布铁路费用数据和信用数据等④；同年 12 月颁布的《促进增长的创新与研究战略》提出政府部门将在未来一段时间开放交通、气象和健康等核心公共数据集⑤；

---

① G8 Open Data Charter[EB/OL].［2024-01-01］. https：//assets. publishing. service. gov. uk/government/uploads/system/uploads/attachment_data/file/207772/Open_Data_Charter.pdf.

② The National Information Infrastructure （NII） Implementation Document ［EB/OL］.［2024-01-01］. https：//assets. publishing. service. gov. uk/government/uploads/system/uploads/attachment_data/file/416472/National_Infrastructure_Implementation.pdf.

③ A Letter from Prime Minister David Cameron to Government Departments on Plans to Open Up Government Data［EB/OL］.［2024-01-01］. https：//www. gov. uk/government/news/letter-to-government-departments-on-opening-up-data.

④ Further Detail on Open Data Measures in the Autumn Statement 2011［EB/OL］.［2024-01-01］. https：//assets.publishing.service.gov.uk/government/uploads/system/uploads/attachment_data/file/61959/Further_detail_on_Open_Data_measures_in_the_Autumn_Statement_2011.pdf.

⑤ Innovation and Research Strategy for Growth［EB/OL］.［2024-01-01］. https：//assets. publishing. service. gov. uk/government/uploads/system/uploads/attachment _ data/file/32450/11-1387-innovation-and-research-strategy-for-growth.pdf.

2013 年 11 月发布的《G8 开放数据宪章英国行动计划 2013》承诺英国将发布开放数据宪章确定的 14 个关键和高价值数据集①。

⑦ 政府数据开放的标准

只有采用统一的标准来开放数据，才能保证数据质量，实现大批量下载、处理和利用，真正发挥开放数据的价值。2012 年，《开放数据白皮书：释放潜能》发布，文件要求以开放标准来开放数据。为此，英国制定了专门的开放标准政策——《开放标准原则》，该政策对开放标准进行了定义，并要求政府及其相关责任机构在软件互操作、数据和文档格式等政府信息技术规范中必须采用开放标准原则。该原则在 2015 年 9 月进行了第一次更新，于 2018 年 4 月 5 日完成了第二次更新并进行发布。

《开放标准原则》为英国政府机构选择和实施开放标准以支持开放数据、信息技术和数字战略提供了基础。英国政府数据开放标准并不是唯一的，而是由一套标准构成的，这些标准既有英国自己制定的标准，也有一些国际通用标准，例如《国际发展数据开放标准》(*Open Standard for International Development Data*)、《开放合同数据标准》(*Open Contracting Data Standard*)等。其中，《开放合同数据标准》由万维网基金会制定，英国在《英国开放政府国家行动计划 2016—2018》中已决定采用，并相应发布了该标准的实施指南。除此之外，《开放数据白皮书：释放潜能》还提到英国政府将采用蒂姆·伯纳斯-李提出的"五星级机制"(Five Star Scheme)作为衡量开放数据可用性的标准，并希望发布的数据集要达到三星级，即以非专有格式来发布数据。

⑧ 政府数据开放的隐私保护问题

个人隐私保护是政府数据开放过程中必须考虑的内容之一，英国非常注重个人隐私保护，在其很多政府开放数据政策中都有涉及。例如《开放数据白皮

---

① G8 Open Data Charter UK Action Plan 2013［EB/OL］.［2024-01-01］. https://assets. publishing.service.gov.uk/government/uploads/system/uploads/attachment_data/file/254518/G8_ National_Action_Plan.pdf.

书：释放潜能》提出要提升公共部门在个人隐私保护的方面的意识和能力，并要求所有的公共部门委员会都必须任命一名具备隐私和数据保护专业知识或兴趣的人员，以确保能够带来最新的隐私保护措施方面的专业知识，公共部门在发布数据时必须引入隐私保护专家并且对可能涉及的隐私问题进行讨论。作为隐私影响评估的一部分，英国政府还要求所有部门在发布数据时都应该进行必要的公开测试，以发现可能存在的个人隐私威胁。《抓住数据机遇：英国数据能力战略》指出各部门要建立数据能力的具体行动规划，保障个人隐私和数据安全。英国商业创新与技能部在其制定的《开放数据战略 2014—2016》中提出在尽可能地实现数据开放的同时，也要保护个人数据特别是敏感性个人数据①。除此之外，苏格兰政府还制定了《身份管理与隐私原则》，以改善公共服务，保护个人隐私②。

⑨ 政府数据开放的人才培养问题

政府数据的开放和利用都需要大量具备数据技能的人才，为此，英国政府在《2011 秋季声明》中宣布设立预算高达 700 万英镑的数据开放基金（Release of Data Fund），由内阁办公室管理，该基金的主要用途之一就是培训公务员。在《抓住数据机遇：英国数据能力战略》这一政策中，英国提出要通过多种措施提升英国的数据能力，包括提高英国商业、学术机构和公共部门的数据能力；强化中小学教育、高等教育以及更高层次教育中的数据技能培养；继续促进专业数据能力的提升与发展。《开放数据路线图 2015》指出英国政府致力于政府

---

① Data Strategy Board and Public Data Group：Terms of Reference［EB/OL］.［2024-01-01］. https://www. gov. uk/government/publications/data-strategy-board-and-public-data-group-terms-of-reference.

② Identity Management and Privacy Principles［EB/OL］.［2024-01-01］. https://www. gov. scot/binaries/content/documents/govscot/publications/advice-and-guidance/2018/04/identity-management-and-privacy-principles/documents/identity-management-privacy-principles-v2-0-pdf/identity-management-privacy-principles-v2-0-pdf/govscot%3Adocument/Identity%2BManagement%2Band%2BPrivacy%2BPrinciples%2BV2. 0. pdf.

数据培训，提升政府、企业和公民的数据技能，开放数据培训应该致力于培养成明天的数据科学家，它还指出国家需要更多的具备数据分析能力的数据科学家和统计学家，公务员应该通过培训来获得基本数据素养技能，包括开放数据素养技能。

（2）英国政府数据开放的相关法规

政府数据开放不仅需要国家强有力政策的支持，还需要完善的法律法规保障，后者更具更强的权威性和稳定性，英国涉及政府数据开放的法律法规主要有5个。

①《信息自由法2000》

《信息自由法2000》（*Freedom of Information Act 2000*）①于2000年由英国议会通过，自2005年1月1日起正式实施。该法案为个人获取公共部门的信息提供了便利和法律依据，根据该法案，任何人都可以申请信息。为了适应数据开放的要求，2012年英国对《信息自由法2000》进行了修订，新增了有关数据集的条款并提出"数据权"概念。该法案要求公共部门开放数据集，并指出公共权力机构有责任使用指定的许可协议以可利用和重复利用的格式开放数据，公众可以根据该法律赋予的权利，要求政府以有用的格式提供相应的数据集。同时，该法案还为公众使用开放数据提供了便利，传统上，开放获取的信息并不能够自动取得再利用的权利，但是根据修改后的《信息自由法2000》，开放获取的数据集可以不经过附加请求而自动取得再利用的权利。为保护个人隐私，《信息自由法2000》规定了多种豁免情形，在这些情形下，公共部门等信息持有者可以拒绝向申请人提供相关数据，比如申请对个人身心健康、个人安全带来威胁的信息或访问与《数据保护法案1998》的规定相违背的他人的个人

---

① Freedom of Information Act 2000［EB/OL］.［2024-01-01］. https://www.legislation. gov.uk/ukpga/2000/36/contents.

信息等。

②《自由保护法2012》

《自由保护法2012》(*Protection of Freedoms Act 2012*)发布于2011年2月，旨在维护公民自由、减少政府对个人生活的侵扰①。2012年5月，英国众议院对该法案进行了修订，将《信息自由法案2000》中的"信息获取权"改变为"信息再利用权"，这意味着在《自由法案2000》中没有被豁免的任何数据如果被申请，公共权力机构都必须将其作为一种开放数据供申请者获取和再利用。《自由保护法2012》有关政府数据开放的规定主要在第六部分，该部分第102条对公共权力机构发布数据进行了详细规定。例如，如果申请者向公共权力机构申请该机构所持有的信息，公共权力机构必须以可重复利用的电子格式向申请者提供这些信息。

③《公共部门信息再利用条例2015》

2013年6月，欧盟委员会发布修订版的《公共部门信息再利用条例》，并于2014年7月下达政策指令，要求各成员国按照此版本指令公布本国的公共部门数据，因此，2015年，英国修订了本国的《公共部门信息再利用条例》，即《公共部门信息再利用条例2015》(*The Re-use of Public Sector Information Regulations 2015*)②。该条例对公共机构持有、生产、收集以及保存的各类型数据的再利用进行了规定，它要求公共部门在开放政府许可协议下，尽可能地以机器可读的形式来实现部门数据的获取和再利用。另外，该条例还在第五条规定了它所不适用的例外情形，以保护个人隐私，例如当文档中包含根据信息获取的相关法律禁止或限制访问的内容时，便不适用该条例。《公共部门信息再利用条例2015》为英国政府数据开放过程中数据的获取，特别是再利用提供

---

① Protection of Freedoms Act 2012[EB/OL].［2024-01-01］. https://www.legislation.gov. uk/ukpga/2012/9/part/6/crossheading/publication-of-certain-datasets/enacted.

② The Re-use of Public Sector Information Regulations 2015［EB/OL］.［2024-01-01］. https://www.legislation.gov.uk/uksi/2015/1415/contents/made.

了法律保障。

④《环境信息条例 2004》

《环境信息条例 2004》(*The Environmental Information Regulations 2004*)①是英国专门为公众获取环境信息而制定的法律,条例明确规定任何人均可依据该条例向英国公共机构申请获取环境信息,而且不需要做出任何解释说明。个人隐私保护也是该法案的内容之一,该条例的第三部分列举了一些免于披露的环境信息的情况,例如当信息申请中包含个人数据而申请者却不是数据资料的当事人时,公共部门将不会向申请者披露这些数据,再如,与《数据保护法案1998》规定相违背的个人数据也不会被披露。

⑤《数据保护法案 1998》

《数据保护法案 1998》(*Data Protection Act 1998*)是一部专门用于规范相关主体获取、持有、使用和披露有关个人信息的行为的法律,该法案对于政府数据开放实践中的个人隐私保护具有重要作用。依据该法案,公众不仅可以获取与其相关的个人数据,而且可以基于一定的理由要求政府等数据管理者停止处理其个人相关数据,如果个人权利受到损害,当事人还可以依据该法申请司法赔偿。此外,它还列出了个人数据保护的八项原则,例如处置个人数据应当正当合法;获取个人数据应当依据一个或多个明确合法的目的,并且不得以此目的之外的任何形式处置个人数据;个人数据不得转移到欧洲经济区以外的任何国家或地区,除非这个国家或地区与个人数据处理有关的数据自由和权利保护能够达到足够高的水平等②。

英国政府数据开放法律法规强调从公民权利的角度来推进政府数据开放,一方面强制要求政府等公共部门主动开放其所持有的数据并授权公众利用,另

---

① The Environmental Information Regulations 2004 [EB/OL]. [2024-01-01]. https://www.legislation.gov.uk/uksi/2004/3391/contents/made.

② Data Protection Act 1998 [EB/OL]. [2024-01-01]. https://www.legislation.gov.uk/ukpga/1998/29/contents.

一方面赋予公众数据获取权和利用权，公众可依据现有法律法规要求政府等公共部门提供相关数据。此外，十分注重相关法律法规的修订，英国没有为政府数据开放而专门制定一套独立的法律法规，而是通过不断修订现有法律法规中的相关条款来适应政府数据开放的要求，如《信息自由法 2000》增加数据集的内容，《信息自由法案 2000》中的"信息获取权"改变为"信息再利用权"等。同时特别重视个人隐私保护。英国几乎所有与政府数据开放相关的法律法规有涉及个人隐私或个人数据保护的内容，特别是《数据保护法 1998》，其对个人数据获取、利用、处理等各个方面都进行了详细规定，在保护个人数据和隐私方面发挥着不可替代的作用。

7.2.2　美国

美国是开放政府数据最早的国家之一，于 2009 年率先发布了《政府数据开放倡议》(*Open Government Initiative*)，要求政府各部门发布可机读的标准化高价值数据以取得更高的经济利益。此后又发布多项政令敦促其实施，这些举措内容全面，执行力度大，为美国政府数据开放的世界领先地位奠定了坚实基础。

（1）美国政府数据开放的机构与岗位设置

美国政府数据开放主要由信息政策办公室(The Office of Information Policy)和总务管理局(General Services Administration)统一管理。信息政策办公室主要负责相关政策及法规的制定，并向各机构执行数据开放提出建议和指导。总务管理局通过下属的公民服务与创新技术办公室(Office of Citizen Service and Innovative Technology)建设和维护集成性政府数据开放平台 Data.gov，统一发布各种有效数据。各个机构内部数据的开发挖掘和发布则由各自的信息资源管理部门负责，其人员与岗位设置也由该机构自行决定。

①公民服务与创新技术办公室

美国总务管理局(U. S. General Services Administration, GSA)下设的公民服务与创新技术办公室(Office of Citizen Services and Technology, OCSIT)是联邦政府向公众提供信息和服务的主要机构，它有助于改善向公众提供的信息和服务，主要职责包括 5 个方面：云安全、客户体验、数据服务、开放式创新、智能 IT 技术。其中，数据服务的目标是将政府数据资源更好地授权于公众。同时，还提供分析和数据管理功能，以帮助各机构做出更好的决策，提高对市民的服务。40 多年来，OCSIT 通过多种方式向消费者提供公共信息和服务。该办公室与其他联邦机构密切合作，以确保政府数据向公众开放。

OSCIT 的一项重要成果为政府数据开放门户网站 Data.gov。Data.gov 是联邦机构向市民、企业、研究人员等免费公开其所有数据库的集成性网站，该网站的数据主要由联邦政府授权机构进行采集与整理，还以地图索引的方式连接各州政府公开的数据集。Data.gov 提供的所有数据全部为可机读可检索的格式，包括 XML、RSS、CSV/Text、KML/KMZ、ESRIShapefile 等。据联邦政府要求，为了使用户使用政府数据更为方便，该网站不仅公布原始数据，还向公众提供数据分析工具和格式转换工具。

②管理与预算办公室与信息事务管理办公室

管理与预算办公室(Office of Management and Budget)不直接参与政府数据开放的过程，但它负责审查各机构数据清单的完整性和公开性。该办公室要求各政府机构必须为其所创建、收集、控制的数据设立账户，并且必须做到：保证其数据清单对政府数据管理机构公开；设立联系人以协助处理和回复因开放数据请求而引发的投诉。出于对隐私、安全、保密和管控的考虑，政府机构必须保证其数据清单中不对外公开数据的比例；评估各机构使用数据来支持其决策、节省成本的情况。信息事务管理办公室(Office of Information and Regulatory Affairs)是管理与预算办公室下的一个法定组成部分，根据《开放政府数据法案》，该办公室应与联邦首席信息官及美国总务管理局的负责人合作为数据的管理等政策的制定、实施等提供建议。美国首席信息办公室需要同政府信息服务办公室和科技政策办公室共同合作以促进数据在跨国政府间的数据可互操作性及可比较性。

③信息自由法案办公室

《信息自由法案》(*Freedom of Information Act*, *FOIA*)要求各行政机构设立信息自由法案办公室(Office of Freedom of Information Act)以应对民众的数据请求，其规模和运行由各机构自行决定。如退伍军人事务部在下属的检察长办公室设立了 FOIA 服务团队，由专职官员负责将申请转交给相应办公室；员工福利安全部也有一名 FOIA 官员和两名 FOIA 协调员负责处理相关事宜，其职责包括在收到请求后的 20 个工作日内进行应对，如无法在 20 个工作日期限内响应，则向请求提出者致电申请延长最后期限，并随后以书面形式向请求者确认。

④信息政策办公室

美国司法部专设信息政策办公室(The Office of Information Policy, OIP)。该办公室最初于 1969 年 12 月 8 日建立于法律顾问办公室下，原名为信息自由委员会(The Freedom of Information Committee)，其主要职责在于向各机构提供有关执行信息自由法的建议。1978 年，随着信息自由法相关事宜的扩张，新成立了信息法律与政策办公室(Office of Information Law and Policy)。信息自由委员会的各项事务也转交至这一新建机构。1981 年，信息法律与政策办公室作为新机构的一部分，和隐私与信息上诉办公室合并，成为信息与隐私办公室。1993 年 4 月 14 日，司法部部长珍尼特·雷诺提议成立 OIP 作为律政司直接向副检察长报告的一个独立组织，该办公室随后于 2008 年 8 月 18 日更名为信息政策办公室。

信息政策办公室负责督促所有机构遵守信息公开法，并确保由总统签署的信息自由法案备忘录与总检察长签署的信息自由法指导准则的实施；该办公室还负责为所有机构提供有关信息自由法管理的法律和政策咨询。

根据信息政策办公室工作手册(Organization, Mission and Functions Manual:

Office of Information Policy）①，其日常工作包括：制定并发布涉及信息自由法案各个方面的司法部指南和所有联邦机构实施 FOIA 的政策指导手册，并代表司法部监督各个机构遵守 FOIA 的法定职责；向寻求援助的所有机构提供有关 FOIA 的法律和政策咨询，并提供其他各种与 FOIA 实施和执行相关的培训课程、演示和简报；维护信息政策办公室的官方网站和 FOIA. gov 网站，向感兴趣的公众提供参与和合作的论坛平台，以开放政府社区；完成与 FOIA 相关的各项年度报告的编写与检查，包括各机构发布的年度报告，首席信息自由法案官员报告，编译各部门的信息公开年度报告，准备政府摘要总结，评估各机构执行进展；处理与信息自由法案相关的诉讼，包括新近提交的有关信息自由法案的诉讼案件清单，裁定司法部各部门 FOIA 相关行动带来的行政申诉，及在某些信息自由法相关事务的诉讼中进行辩护；代表司法部的高级领导办公室初步处理民众的信息公开请求；为部门评审委员会提供人事支持，负责审查包含机密信息的司法部记录。

（2）美国政府数据开放的政策

美国自提出政府数据开放倡议以来，先后发布了 10 余项政策（见表 7-2-2）以确保其实施。下文从参与广泛程度、开放数据形式、信息安全、许可协议几个方面来分析各项政策对美国政府数据开放的保障作用。

表 7-2-2　美国政府数据开放相关政策

名称	时间	主要内容
《透明和开放政府备忘录》（*Memorandum on Transparency and Open Government*）	2009 年 1 月	要求各部门与机构参与；规定具体执行步骤；要求制定《开放政府指令》

---

① Organization, Mission and Functions Manual［EB/OL］.［2024-01-01］. https://www.justice.gov/doj/organization-mission-and-functions-manual.

续表

名称	时间	主要内容
《信息自由法案指南》（Freedom of Information Act Guidelines）	2009 年 3 月	根据开放政府备忘录进行修改，增强其可行性
《M-10-06 开放政府指令》（M-10-06 Open Government Directive）	2009 年 12 月	首次明确提及数据层面的开放
《M-11-02 在保护隐私的同时共享数据》（M-11-02 Sharing Data While Protecting Privacy）	2010 年 3 月	开放数据过程中要注意对个人隐私权的保护
《13556 号执行命令——受控非密级信息》（Executive Order 13556 Controlled Unclassified Information）	2010 年 11 月	建立了管理需要保护但未涉密信息的标准化流程
《数字化政府：为更好服务于美国人民构建一个 21 世纪平台》（Digital Government: Building a 21st Century Platform to Better Serve the American People）	2012 年 5 月	要求政府各机构将所持有的数据转换成易开放的数字化形态
《开放数据政策》（Open Data Policy）	2013 年 5 月	要求发布一项开放数据政策来推进政府信息资产化管理，同时应保持与之前备忘录的一致性
《美国开放数据行动计划》（U. S. Open Data Action Plan）	2014 年 5 月	对数据开放工作进行了全面总结；提出了改进与完善的四项举措
《联邦数据战略 2021 行动计划》（Federal Data Strategy 2021 Action Plan）	2021 年 10 月	确立了建立流程、增强能力和协调现有工作所必需的里程碑
《促进数据共享与分析中的隐私保护国家战略》（National Strategy to Advance Privacy-Preserving Data Sharing and Analytics）	2023 年 3 月	提出发展支持隐私保护的数据共享和分析（Privacy-Preserving Data Sharing and Analytics，PPDSA）技术
《防止受关注国家获取美国人大量敏感个人数据和美国政府数据的行政令》（Executive Order on Preventing Access to Americans' Bulk Sensitive Personal Data and United States Government-Related Data by Countries of Concern）	2024 年 2 月	对特定国家与美国敏感个人数据和政府数据相关交易进行审查和限制

①政府数据开放的发布与机构

2009 年 1 月 21 日，美国时任总统奥巴马签发了《透明和开放政府备忘录》，该备忘录列出了要求联邦政府各部门和机构必须改善其透明度、公众参与度以及政府部门之间、政府部门与非政府组织、个人、企业之间合作的具体步骤。奥巴马指示首席信息官与管理和预算办公室、后勤管理署长共同合作，在有关的行政机关的协调下，在 120 天内制定了《开放政府指令》（ Open Government Directive ）。该《指令》由管理和预算办公室主任发布，指示各行政部门和机构采取具体行动来落实备忘录中提出的三项原则，即政务透明（ Transparency ）、公民参与（ Participation ）和协同合作（ Collaboration ）。

随后，管理和预算办公室发布《M-10-06 开放政府指令》，成为后续政府数据开放的重要基础。该指令首次明确提及了数据层面的开放，其中包括：发布政府数据开放网站；要求落实到一个具体的联系人而非只有联系方式；减少信息自由法案请求的积压；发布更多的数据集。在这一指令的指导下，美国发布了全球第一个政府数据开放平台 Data.gov。该平台已经发布的数据集涉及农业、气候、消费、生态系统、教育、能源、金融、健康、地方政府、制造业、海事、海洋、公共安全、科学与研究等 14 个领域。

②开放数据的形式与质量

2012 年 5 月，美国联邦政府发布了《数字化政府政策》，要求政府各机构将所持有的数据从原来的以文件为单位转换成易于开放的数据形态，将这些数据作为政府开放数据，采用健全的数据分类、适当的数据说明，通过网页和应用程序接口的方式进行数据开放，使这些数据不仅可以为政府内部使用，也可供公众、非营利单位和企业等使用。

2014 年 5 月 9 日，美国又发布了《美国数据开放行动计划》。该计划在较为系统的政策框架基础上，对数据开放工作进行了全面总结，提出了改进与完善的四项举措，分别是：以可发现、可机读、有利用价值的方式公开政府数据；与公众和民间组织合作，优化发布政府数据；支持创新，并根据反馈意见改善数据开放；继续发布和加强与气候变化、健康、能源、教育、经济和公共安全相关的高优先级别的数据。

③开放数据过程中的信息安全

2010 年 3 月，美国预算管理办公室发布了《M-11-02 在保护隐私的同时共享数据》。该指令表示，明智地使用准确可靠的数据在提高联邦方案的透明度和工作效率上发挥了关键作用。各机构间的数据共享使政府能够更准确地评估政策选择，改进对纳税人的资金的管理，减少文书工作的负担，更协调地为公众服务。这一陈述明确表达了开放政府数据的必要性。同时，在公开过程中泄密和侵犯个人隐私问题也不可忽视。这一指令要求联邦各机构执行数据开放行为时必须遵守现行的相应隐私法规和政策。

在公共政策、科学、医疗等其他研究领域，共享数据对公众是十分有价值的。在这些高价值数据可能包含部分受联邦隐私法保护信息的情况下，《隐私保护指令》鼓励各机构在法律允许的范围内制定和实施其他规定，允许在有适当安全保障措施的情况下出于研究目的获取这些数据。

2013 年 5 月 9 日，奥巴马总统发布行政命令《将政府信息开放与可机读性默认为政府工作》(Making Open and Machine Readable the New Default for Government Information)。其中，第 2 节为开放数据政策。该政策规定政府机构应当执行《开放数据政策》的要求，并按指定的期限完成相应任务。在实施《开放数据政策》过程中，政府机构应当在信息生命周期的每一个阶段进行完善的个人隐私、保密信息和安全风险分析，从而甄别出不应被公开的信息。此审查过程应由政府机构中负责隐私的高级官员监督。尤其重要的是，政府机构在发布信息时要避免违反法律或政策，或危及个人隐私、保密信息和国家安全。

2023 年 3 月 31 日，美国白宫科技政策办公室(The White House Office of Science and Technology Policy，OSTP)发布《促进数据共享与分析中的隐私保护国家战略》(National Strategy to Advance Privacy-Preserving Data Sharing and Analytics)。该战略指出，数据发展潜力巨大，但数据的潜力也受到法律、政

策、技术、社会经济和道德的限制和挑战，明确提出发展支持隐私保护的数据共享和分析（Privacy-Preserving Data Sharing and Analytics，PPDSA）技术。

（3）美国政府数据开放的法律法规

①《开放政府数据法案》

2016 年 5 月 25 日，美国参议院和众议院分别通过了《开放政府数据法案》（Open Government Data Act）的提案①。该提案旨在扩大政府对数据的使用和管理，以便增强信息透明度并提高政府管理的有效性。

第一，数据开放范围。该法案将数据定义为：不论形式和媒介，一切被记录下的信息。它强制要求政府必须主动以可机读、可搜索的形式完全公开这些信息。除非其他法律禁止，这些信息在世界范围内开放授权，供大众免费使用。

第二，对数据格式的要求。这一法案关键的内容体现在第 5 节。它指出，所有的数据必须为可机读的格式主动被开放许可使用。除非法律另有禁止的，所有数据需按照开放许可协议被公布，如果无法提供适当的开放协议，则应当被归入全球公共领域供自由使用。每个政府机构都可与非政府组织、公民、非营利组织、高校、私企和上市公司等机构合作以寻求机会，合法地利用该机构的公开数据，尽可能为公众提供创新机会。

第三，主要执行机构。该法案第 6 节规定，这一法案主要执行者由电子政务办公室改为信息事务管理办公室和联邦首席信息官。政府数据开放等政策的制定和实施由信息事务管理办公室与联邦首席信息办公室及管理与预算办公室其他部门负责人共同合作完成，主要工作包括监督和建议联邦信息资源管理政策。

该法案第 9 节加强了首席信息官员和首席信息官委员会的职责。法案要求他们参与数据集的管理、格式标准化、数据集的共享与发布；确保以最佳的形

---

① Open Government Data Act, S. 2852, 114th Cong. (2016) [EB/OL]. [2024-01-01]. https://www.govinfo.gov/content/pkg/BILLS-114s2852is/pdf/BILLS-114s2852is.pdf.

式开放数据；辅助获取数据以支持绩效改进；审查机构的信息技术基础设施建设以减少数据访问的障碍；确保该机构最大限度地使用公开的数据；响应管理和预算办公室与开放政府数据相关的其他要求。该法案目前已经通过提案和部分意见收集程序，还需要通过国会的监督与政府改革委员会和参议院的国土安全和政府事务委员会的审查。若该法案最终得以立法，将为保证数据的开放与利用效率提供制度保障，为社会创新提供有价值的公共数据。

②《信息自由法案》及其修正条例

约翰逊总统在 1966 年签署的《信息自由法案》(*Freedom of Information Act*, *FOIA*)是美国政务信息公开的里程碑，为政府数据的开放共享打下了坚实的基础。该法案赋予所有公民查阅和复制由联邦机构、合作方及联邦部门保管的记录和文件的权利。即使没有被要求，这些文件也必须自动公开。这一法案第一次以成文法的形式明确了政府机构向公民提供政府数据的义务和公民获取政府数据的权利，完成了政府数据从被动获取到主动公开的过程。

在该法案实行后，美国国会分别于 1974 年、1976 年、1978 年、1984 年、1986 年、1996 年 6 次对该法案进行修订，修改了公开范围、发布程序、处理时限和收费等问题。其中 1996 年的修订又被称为《电子信息自由法案》，对政府数据公开影响最为深远。这一修订案强调了政府各机构应主动将政府数据电子化，使公众能够通过电子形式获取数据，是今天政府数据以可机读格式开放的原型。为了方便用户使用，联邦机构被要求在网上提供说明，告诉公众提出获取文件要求的程序①。此外，为了应对日益增长的数据提取请求，这一修订案还缩短了请求的处理时限和程序，以提高政府的响应效率，减少申请的挤压和延迟②。

---

① Freedom of Information Act Regulations, 80 Fed. Reg. 45101(July 29, 2015)[EB/OL].[2024-01-01]. https://www.govinfo.gov/content/pkg/FR-2015-07-29/pdf/2015-18388.pdf#page=1.

② Revision of Department's Freedom of Information Act Regulations, 80 Fed. Reg. 18099 (Apr. 3, 2015 to be codified at 28 C. F. R. §16)[EB/OL]. [2024-01-01]. https://www.govinfo.gov/content/pkg/FR-2015-04-03/pdf/2015-07772.pdf#page=1.

③《阳光下的政府法案》

数据开放的重要目的之一在于提高执政透明度，增强政府公信力，提升社会民主程度。1976年通过的《阳光下的政府法案》(*Government in the Sunshine Act*)相一致。该法案提及，要将政府暴露在阳光下，使人民全面有效地监督政府，促进政府执政的公平性和公开性。

在《阳光下的政府法案》的界定下，公开政府数据的目的是提高政府运行的透明度，而不是在与政府职责无足够关联时公开公民隐私。就此，公共记录法案给出了公共记录与个人信息间的界定，即是否与政府事业有直接关系。

美国50个州都有各自的《公共记录法》。该法案确定了可供公开的政府数据类别——公共记录。出于对政府工作的监管，该法案允许公共成员向州政府及当地政府部门索取各类与政府事业直接相关的公共数据文件①。如华盛顿州出台的《华盛顿公共记录法案》(*Washington Public Records Act RCW* §42.56.030)表明人民应享有足够的知情权以持续掌控他们创造的机构(即政府)，而不是由他们的公仆决定他们应该了解哪些②。各州FIOA法案相似，但在豁免条款范围和响应期限上有所不同。

④《著作权法》

美国版权法包含在美国法典第17编的第1章至第8章和第10章至第12章。当前最新版为涵盖美国国会在2022年12月23日之前颁布的所有修正案的版本中，第105条规定，版权保护不适用于美国政府的任何作品，但不排除美国政府接收和持有通过转让、遗赠或其他方式转让给它的版权③。这一条款

①　Brobst J. Reverse Sunshine in the Digital Wild Frontier: Protecting Individual Privacy Against Public Records Requests for Government Databases[J]. Northern Kentucky Law Review, 2015 (42): 191-549.

②　Washington Public Records Act RCW §42.56.030[EB/OL]. [2024-01-01]. http://apps.leg.wa.gov/rcw/default.aspx? cite=42.56.030.

③　Copyright Law of the United States (Title 17) and Related Laws Contained in Title 17 of the United States Code[EB/OL]. [2024-01-01]. https://www.copyright.gov/title17/title17.pdf.

直接规避了在公开政府数据时的著作权侵权问题。同时，此条款也规定美国政府通过指定任命、遗赠等其他方式完成的成果可以取得的著作权。这一条款保障了项目承包商、受赠人使用政府拨款完成的工作成果有机会保有完整或部分著作权。在公开此类数据时需特别注意著作权的归属。

⑤《习惯法》

法庭记录向公众开放是一个较为悠久的传统。根据《习惯法》（*Common Law*），公民拥有索取和复制公共记录和法庭记录的权利。美国宪法第一修正案（*First Amendment*）要求部分司法审讯必须向公众公开。一旦某份记录历史上曾向公众公开或在司法审讯和政府工作中起到重要作用，它就应该向全体民众公开。只有在封存记录的目的有且仅有保护政府重大利益的情况下，政府才有权拒绝公开这一信息。

自 2010 年奥巴马总统发布 A-130 号通告以来，短短的 7 年间美国联邦政府已经发布近 10 项政策、行动计划、执行命令来保障政府数据开放的实施。这些政策涉及各个领域，明确规定了各项行动的执行部门与执行力度。随着这些政策的不断完善，美国政府数据的开放也达到了前所未有的高度与广度。

FOIA 是开放政府数据执行的法律基础之一，这一法案从根本上确定了政府数据应由政府相关部门主动、免费、完全公开这一原则。数据的主动开放与免费使用降低了用户对政府数据的使用门槛，而广泛的开放程度保障了各行各业均能行之有效地利用这些数据。

此外，由公民服务与创新技术办公室运行与维护的 Data.gov 是美国开放政府数据的唯一门户网站。Data.gov 内的所有数据均由美国政府开发、收集并免费提供给所有公司与个人，并且可用于商业与非商业目的。一站式的开放平台保障了政府数据获取渠道的单一性与权威性。除了广泛的数据外，该平台还提供数据分析、应用下载等各种技术支持服务，帮助用户更有效地利用政府开放的数据。在政策和法规的保障下，美国政府在开放政府数据方面已有所成就。在第 1-3 版的《开放数据晴雨表》中，美国均名列前茅。麦肯锡公司于 2013 年

10 月发布的《开放数据：用流动的信息释放创新与绩效潜力》(*Open Data：Unlocking Innovation and Performance with Liquid Information*) 报告显示，开放数据的经济利益可在教育、交通等 7 个方面总计达到 3 兆到 5 兆美元，GPS 数据的运用更是达到了每年 900 亿美元①。

7.2.3 法国

法国一贯坚持民主透明传统，尊重公民信息获取权利，致力于将被隐藏的信息公开共享，是政府数据开放的重要先行者之一。

（1）法国政府数据开放的机构与岗位设置

①国家首席数据官

2014 年法国成为欧洲首个设立"国家首席数据官"(State Chief Data Officer, SCDO)②的国家，SCDO 的设立有利于保证政策制定更趋于数据驱动。SCDO 与国务卿及总理一起处理各项重要的国家任务；有利于加快公共信息圈的扩大，提升公民的信息获取权利。SCDO 的职责还包括：在尊重隐私和机密的前提下组织政府机构中的经济信息流动；保证基本数据的产生和获取；启动政府开放数据领域的试验；根据各政府部门和机构的任务与目标，传播相关的工具、方法以及数据文化。

②行政文书获取委员会

为确保更好地保障公民获取行政公文的权利，1978 年成立监督《公众与政府关系法》条例施行的独立行政机关"行政文书获取委员会"(The Commission for

---

① McKinsey Global Institute. Open Data：Unlocking Innovation and Performance with Liquid Information[EB/OL].[2024-01-01]. https://www.mckinsey.com/capabilities/mckinsey-digital/our-insights/open-data-unlocking-innovation-and-performance-with-liquid-information.

② Open Government Data：France Creates the Role of State Chief Data Officer ｜ Le Blog de La Mission Etalab[EB/OL].[2024-01-01]. https://www.etalab.gouv.fr/open-government-data-france-creates-the-role-of-state-chief-data-officer/.

Access to Administrative Documents，CAAD）①。CAAD 每年发布一份年度报告，显示前一年可被公众获取的行政文书数量。据 2014 年印发的 CAAD 年度报告，获取行政公义仍是报告的重心，CAAD 处理了 6574 起相关事件，包括给出 5041 条指导和建议②。为改善公众信息获取权和公共信息再利用，CAAD 可以向政府提出必要的修订意见，并可对违反公共信息重用的行为进行制裁。但 CAAD 作为调解政府公共数据获取纠纷和相关问题的中间方，它的决定不具有约束力。

③Etalab

Etalab 由法国总理于 2011 年授权创立，是"公共数据跨部门开放行动现代化总秘书处"（Secrétariat Général pour La Modernisation De L'Action Publique Interministériel des Données Publiques，SGMAP）的一部分，主要负责创建"跨部门公共数据门户"的工作③，并协调国家公共服务部门间信息重用。Etalab 工作组为改革公共数据重用，举办"数据连接"（Dataconnexions）比赛来激励重用公共数据，奖励最具创新性的公共数据重用项目。由专业评委会评选出对公共数据集（至少一个）重用的最佳实践，包括最佳应用程序、服务或数据可视化。据目前可检索到的数据，Dataconnexions 从 2012 年开始，截至 2024 年共举行了 6 次④。比赛能够选出新的开放数据与潜在的创业计划以应对不同的社会问题，并为国家经济做贡献。经过前 5 次比赛，工作组已选出利用数据实现资金增长和资源整合的 200 多个公司或项目。

④"开放政府伙伴关系"组织联合主席

2014 年 4 月，法国宣布加入"开放政府合作伙伴"（Open Government

---

① CADA［EB/OL］.［2024-01-01］. http://www.cada.fr/.

② CADA. Rapport d'activité 2014［EB/OL］.［2024-01-01］. https://www.cada.fr/sites/default/files/rapport_activite_2014_0.pdf.

③ La Mission Etalab ｜ Le Blog de La Mission Etalab［EB/OL］.［2024-01-01］. http://www.etalab.gouv.fr/qui-sommes-nous.

④ Etalab. Dataconnexions［EB/OL］.［2024-01-01］. https://etalab.gouv.fr/dataconnexions/.

Partnership，OGP)①以实现其"开放政府"战略。继巴西、英国、印度尼西亚、墨西哥和南非之后，法国 2015 年 10 月起担任第 6 届 OGP 联合主席。设立 OGP 主席响应了政府数据开放共享的号召②，也呼应了法国《透明协作公共运动国家行动计划》(*National Action Plan for A Transparent & Collaborative Public Action*)③。设立该职位是法国处理内政外交有利的战略机遇，法国政府不仅能够向世界展示其创新形式解决社会利益关系问题(如防止气候变化)的能力，而且与其他国家共同发展 OGP，有利于增进法国与欧洲邻国以及与法语国家共同体的联系。

（2）法国政府数据开放共享的政策

①政府数据开放的总体规划

2013 年发行的《政府数据开放手册》(*Handbook on Open Government Data*)④承诺促进政府的公共数据开放进程，参与公共数据共享并给出指导意见。该手册指导公共部门全面理解开放数据政策内涵，促进所有机构参与开放公共数据服务政策的现代化公共行动。

2013 年 2 月，法国政府发布了《数字化路线图》⑤，该路线图第 3 部分第

---

① France Joins the Open Government Partnership to Develop Its Open Data Strategy［EB/OL］．［2024-01-01］．http：//www.rudebaguette.com/2014/04/24/france-joins-opengovpartnership-develop-open-data-strategy/．

② France joins the Open Gov Partnership to develop its open data strategy［EB/OL］．［2024-01-01］．https：//www.rudebaguette.com/en/2014/04/france-joins-opengovpartnership-develop-open-data-strategy/．

③ For a Transparent and Collaborative Government：France National Plan［EB/OL］．［2024-01-01］．https：//joinup.ec.europa.eu/sites/default/files/document/2015-08/2015_07_09_plan_gouvernement_ouvert_en_version_finale_0.pdf．

④ France Open Data Action Plan-G8［EB/OL］．［2024-01-01］．http：//www.slideshare.net/laurelucchesi/france-open-data-national-action-plan-g8．

⑤ Feuille de Route du Fouvernement Sur le Numérique［EB/OL］．［2024-01-01］．http：//www.eurocloud.fr/doc/feuille-route-gouvernement-numerique-fevrier—2013.pdf．

15 项措施提到"开放公共数据实现公共行动现代化",明确 Etalab 工作组的工作内容,包括于 2013 年组织 6 个有关医疗卫生、教育、公共开支、住房、环境和运输的公共数据主题辩论;上线运营新数据战略,数据包括:公共采购、新闻、商标和专利数据库及赴法旅游的数据;举办公共数据高效重用行政机构培训会;组织 3 次 Dataconnexions 比赛从而鼓励数据重用创新等。

法国为实现"开放政府"战略,2015 年 7 月 17 日发布《2015—2017 国家行动计划》(*Plan d'action national*)①。该计划由民间和政府协同创建,要求 2015—2017 年执行 5 个主要轴心主题 26 项承诺(见表7-2-3),由此表可见,该计划中与开放共享政府数据相关的承诺共 17 项,体现法国政府大力开放与政务相关的数据,提升行政透明度和公众参与度。

表 7-2-3 《法国 2015—2017 年国家行动计划》的 26 项承诺

轴心主题	编号	承诺内容概要	与政府数据开放密切相关
问责制	1	保障公民查找和重用财政数据和地方政府数据	√
	2	提升公共采购透明度	√
	3	提升国际发展援助的透明度	√
	4	开放获取公共政策和调查结果的评估数据	√
	5	提升公民参与审计院工作的深度	√
	6	促进获取政府官员行政透明度相关数据	√
	7	查明在法国注册的法律实体的实际受益人,有效打击洗钱活动	√
	8	增加采掘业收支透明度	√
	9	增加国际贸易商务谈判透明度	×

① Pour une Action Publique Transparente et Collaborative;Plan d'action national pour la France[EB/OL]. [2024-01-01]. https://etalab.gouv.fr/wp-content/uploads/2018/10/2015-07-09_Plan-gouvernement-ouvert-FR-Version-Finale.pdf.

续表

轴心主题	编号	承诺内容概要	与政府数据开放密切相关
协商、协调及共同创建公共行动	10	通过使公民参与身份认证问题为其提供参与公共生活新方式	✕
	11	与公民共建对社会经济至关重要的数据公共建设	✓
	12	进一步开放法律资源，并与公民就法律信息开放进行协作	✓
	13	利用先前的协商成果，并改革公民参与机制	✕
	14	加强司法仲裁和公民控诉能力	✕
创新经济和社会分享数字资源	15	加强政府关于开放和数据流动	✓
	16	促进计算模型和模拟器的开放	✓
	17	利用政府技术资源进行开放平台建设	✓
	18	加强与用户互动，通过电子政务提高公共服务	✓
继续开放行政部门	19	授权公民支持学校	✕
	20	公共机构内部多样化招聘	✕
	21	培养开放数据、数据素养和数字技术文化	✓
	22	传播公共创新思维，进行开放政府研究	✓
	23	灌输责任意识，并在利益冲突中保护公共机构	✕
开放政府服务促进气候和可持续发展	24	让民众参与 COP21 会议，促进议程和各项谈判的透明度	✕
	25	开放关于气候和可持续发展的数据和模型	✓
	26	与民众进一步合作，创新应对气候和可持续发展问题	✕

2018 年 4 月 3 日，《2018—2020 国家行动计划》(*Plan d'action de la France pour la période 2018—2020*)①发布。这项计划涉及 13 个政府部门、3 个政府机

---

① Le blog d'Etalab. Plan d'action de la France pour la période 2018—2020 [EB/OL]. [2024-01-01]. https://www.etalab.gouv.fr/wp-content/uploads/2017/03/20180503 _ France-national-action-plan-2018-2020-EN.pdf.

构、审计法院（la Cour des Comptes）和公共生活透明度高级管理局（la Haute
Autorité pour la Transparence de la Vie Publique，HATVP）的共21项承诺，其主
要内容围绕以下五个主题：公共行动的透明度，开放的数字资源和开放式创
新，加强公民参与度，开放政府为发展、环境和科学的全球挑战服务以及司法
管辖区和独立行政当局的开放。

秉持并延续发布国家行动计划的传统。2022年8月，《2021—2023国家行
动计划》（*Plan d'action national pour la France 2021—2023*）发布①，包含59项承
诺，延续了上一份行动计划中的主题，例如公民参与环境政策、游说透明度、
采购透明度和援助透明度，还涵盖了新领域，例如新冠疫情资金透明度以及公
民参与卫生和教育政策，体现了法国政府有意识地选择制定更广泛的计划，以
"发起和支持公共行政部门的文化变革"②。2023年12月，《2024—2026国家
行动计划》（*Plan d'action national pour la France 2024—2026*）③发布，该文件呈
现了法国如何通过开放政府来实现和推动新民主模式的建立和发展，以及在这
一过程中所取得的具体成果和正在进行的创新工作，并通过该文件强调了法国
加强在开放政府领域的行动力和战略规划，涵盖数据公开、公民参与、透明度
和问责制等多个方面。

②政府数据开放的范围

法国政府数据开放平台Data. gouv. fr可供浏览和检索的数据包括9大

---

①　Synthèse du plan d'action national pour la France 2021—2023[EB/OL]. [2024-01-01].
https：//www. opengovpartnership. org/wp-content/uploads/2022/01/France-Action-Plan-2021-2023
_Summary-FR.pdf.

②　Open Government Partnership. France Action Plan Review 2021—2023 [EB/OL].
[2024-01-01]. https：//www. opengovpartnership. org/documents/france-action-plan-review-2021-
2023/.

③　Plan d'action national pour la France 2024—2026[EB/OL]. [2024-01-01]. https：//
www. opengovpartnership. org/wp-content/uploads/2024/01/France _ Action-Plan _ 2023-2025 _
December_FR.pdf.

类①：农业与食品；文化；经济与就业；教育与研究；国际与欧洲；住房、可持续发展和能源；卫生与社会；公司；领土、运输、旅游。该门户中的数据集按政府部门、公共机构及组织进行组织，统计显示该门户资源共 98659 个，数据集共 18973 个，重用数据 1488 次。该门户支持多种数据发布格式，包括 PDF、XML、JSON、ZIP、HTML、ODS、TXT、XLSX、DOC、Odata、193、KMZ、ESRI、RDF、SHP、GeoJSON、CSV、XLS、TJS、GPX、KML、OSM②，有利于政府数据适应语义网环境，方便不同类型机器识别和实现数据互操作。

③政府数据开放的特点

纵观法国政府数据开放政策的内容，其政府数据开放特点如表 7-2-4 所示。

表 7-2-4　法国政府数据开放共享的特点

特点	时间	政策	内容
公益性	1998 年 7 月	奥胡斯公约	重视对民生数据的开放，是环境信息公开制度发展的阶段性成果。根据法国 2011 年《奥尔胡斯公约》国家执行报告，在重大灾害信息方面，法国《环境法》第 L125-2 条规定"公民有权知道法国境内灾害所在地区信息和保护措施对他们的影响。并同样适用于技术灾害和可预见性自然灾害"。《环境法》第 R125-9 ff 条规定行使这类灾害信息的权利。该公约确保法国政府环境数据公开有据可依，为法国政府开放共享的早期尝试

---

① Acceil[EB/OL].[2024-01-01]. http://www.data.gouv.fr/fr/.

② Métadonnées Des Jeux de Données Publiés Sur data. gouv. fr（RDF/Web Sémantique）[EB/OL].[2024-01-01]. https://www. data. gouv. fr/fr/datasets/metadonnees-des-jeux-de-donnees-publies-sur-data-gouv-fr-rdf-web-semantique/.

续表

特点	时间	政策	内容
兼容性	2011 年 10 月	开放许可	与英国《开放政府许可》（ *Open Government License*, *OGL* ）、《知识共享署名 2.0》（ *CCBY 2.0* ），以及开放知识基金会《开放数据共享署名》（ *ODC-BY* ）等主流数据开放许可兼容
可重用性	2011 年 5 月	"政府部门公共信息重用"政策	规定政府部门数据开放的格式、标准、收费、使用许可等，便于公共数据重用
有偿性			为透明化政府工作，公民可依据现有国家行政机构内部生效的定价制度通过 data.gouv.fr 获取信息
隐私保护	2011 年 10 月	开放许可	对个人数据重用有严格限定，须经当事人同意或当事人已被政府匿名，或当法律或监管规定许可时（在这三种情况下，数据重用需符合 1978 年 1 月 6 日第 78-17 号法令限制）才可以重用包含个人数据的未公开信息
	1998 年 7 月	奥胡斯公约	法国关于《公约》第四、五、六条解释声明"法国政府将会实现环境保护相关信息的传播，同时根据既定的适用于法国的法律实践，为确保工业和商业机密受保护提供参考"

（2）法国政府数据开放共享的法律法规

在相关政府数据开放共享法律法规的制定上，法国具有制定早、门类齐全、与时俱进等特点。

①行政文书公开法

1978 年 7 月 17 日法国《行政文书公开法》为所有人提供访问行政文件的权限。其特点是：非公开的文书，除隐私外，记名文书也不公开；实施机关有国家行政机关、地方公共团体、营造物法人及私法上的法人被委以公共职能的组织等①。其新法第10条扩大了公共数据再利用的范围，提出在第2章所规定的持保留的条件下可自由重用公共信息的原则(包括商业性利用)。表7-2-5展示了与获取行政文书相关的法令法规和简要内容。

表 7-2-5　法国与获取行政文书相关的法令、法规

法令、法规名称	时间	内容概要
第 78-753 号法令	1978 年 7 月 17 日	采取多种改进措施来管理行政机构和公众的利益关系，以及解决各种行政措施、社会和财政问题
第 2005-650 号法令	2005 年 6 月 6 日	关于自由获取行政文件和重用公共信息法令
第 2005-1755 号法令	2005 年 12 月 30 日	关于自由获取行政文件和重用公共信息，以此执行第 78-753 号法令
第 2011-577 号法令	2011 年 5 月 26 日	规定公民拥有无偿重用公共信息的权利
第 2011-194 号法令	2011 年 2 月 21 日	设立 Etalab 工作组负责创立跨部门的公共数据门户从而构建动态和分散传播的公共数据框架
第 2012-1199 号法令	2012 年 10 月 30 日	关于设立公共行动现代化跨部门委员会
第 2015-1342 号法令	2015 年 10 月 23 日	与《公众与政府关系法》相关

②"数字共和国"法案

2014 年年底法国第一个开放式法案《"数字共和国"法案》②重在加强网络数据监管和利用，关注数据安全等问题，该法案 9 个主要讨论主题的首项便是

---

① 张忠利，胡占祥. 论情报公开法［J］. 现代情报，2004，24(7)：20-22.

② Projet de Loi Pour une République Numérique：21 330 Citoyens ont Co-écrit le Projet de Loi［EB/OL］.［2024-01-01］. https://www. republique-numerique. fr/media/default/0001/02/da09b380f543bfab2d13da7424cec264dca669c6.pdf.

"开放公共数据"。且该法案重视提高与政府数据开放相关机构的权力，草案中"赋予 CAAD 更具约束力的权利（修正案）"规定 CAAD 有 2 项具体权利：CAAD 可催告行政部门履行开放义务，并将拒绝公开公共数据的行政机构列入"黑名单"向公众通报，直到该行政机构履行开放数据义务或者给出恰当的理由为止；CAAD 还可作为行政法官对其进行审理。

③公众与政府关系法

《公众与政府关系法》于 2016 年 1 月 1 日生效，其合订本第 3 卷"行政文件获得和公共信息重用"，承认人人有权获得被行政机构隐藏在其公共服务行政框架内的文件。该法适用于所有公共实体（国家、地方政府和公共机构）和负责公共服务的私人机构。公众可以遵从特殊规则（通常比一般规章制度宽松）获得特定资料，如电子病历、选举信息或者环境信息，但是该项法律第 3 卷标题 1 第 2 章"行政文件传播"的第 1 节"总则"第 312-1 条和第 3 卷标题 2 "公共数据重用"的第 2 章"总则"都提到为保护各种秘密（如个人隐私数据或竞争事务机密），设置必要的数据获取权限制和合法传播处理办法，例如个人数据只能在经过匿名处理之后公之于众，且重用这些公共数据须经当事方授权。

7.2.4　加拿大

加拿大政府开放运动的历史是建立在其政府透明度和问责制的基础之上，最早是 1983 年颁布的《信息获取法》（*Access to Information Act*）①，在 2006 年联邦责任法引入"主动披露"制度，其后于 2013 年与其他七国集团签署开放数据宪章。为保障数据开放的顺利进行，加拿大政府成立了专门的管理和监督机构，同时在各政府组织内部建立专门管理部门，也积极加入全球开放数据机构，在国内成立其分支机构，为该国和世界政府数据开放作出贡献。

---

① Access to Information Act（R. S. C., 1985, c. A-1）. [EB/OL]. [2024-01-01]. https://laws-lois.justice.gc.ca/eng/ACTS/A-1/index.html.

（1）政府数据开放管理机构

①加拿大数据开放管理中心

基于开放数据的巨大商业潜力，加拿大政府已宣布耗资 300 万美元，在 2014—2016 年建立一个新的开放数据机构——加拿大开放数据交换中心（Canadian Open Data Exchange，ODX）。作为一个国家机构，ODX 致力于增强加拿大技术力量和加速数据的商业化。ODX 将同政府、私营企业、社会团体和学术界共同努力，汇集所有的数据碎片，形成一个可持续、市场驱动、开放的数据生态系统，将开放数据的商业和社会潜在效益转化为现实效益。ODX 通过建立一个平台使数据拥有者和使用者取得联系，使新的企业和产品更加符合市场需求，提高加拿大人的生活质量，更重要的是将会提供新的就业机会。ODX 将开发开放数据的行业标准，建立一个国家级的数据市场，让商业化的开放数据能够蓬勃发展，并支持加拿大泛在开放数据创新社区，这将有助于培养下一代数据驱动的公司，同时提供相关的培训和交流机会，并影响政策和标准的制定。通过 ODX，加拿大人将能够看到开放数据可计量的经济效益，并以数据来驱动企业的投资，建立一个商业化的国家开放数据中心①。

②信息专员办公室

信息专员办公室是政府数据开放监管机构，是加拿大根据《信息获取法》于 1983 年设立的。信息专员的职位专门负责国家信息开放工作，是被《信息获取法》赋予明确权利和义务的议会官员。专员可根据该法案接受和独立调查申请人提出的关于政府机构信息公开过程中的投诉，同时根据调查结果提出相应的建议，必要时可以主动要求或者在法院介入下进入诉讼程序。此外，专员每年要在议会上做年度报告，如遇其职责范围内的重大问题可随时向议会报告。《信息获取法》第 54—58 条规定，信息专员办公室主要由信息专员、专员助理和工作人员组成。

---

① Canada's Action Plan on Open Government 2014-16. [EB/OL]. [2024-01-01]. https://open.canada.ca/en/content/canadas-action-plan-open-government-2014-16.

③政府机构内部管理部门

加拿大政府认为，公众获取政府机构信息的权利是民主制度下的一项基本权利。政府承诺在信息获取法及相关法规政策的要求下，努力保障政府的公开度和透明度。为确保《信息获取法》及其细则在政府机构中可以有效实施，提高法律法规的执行力度，同时确保实践工作与法律法规的一致性，以便查询申请人在整个申请流程中获得所需帮助，加拿大政府在三份政府文件中均要求机构内部成立专门的开放管理部门，并对部门及其工作人员的职责进行了详细规定。

第一，数据管理部门工作职责。

《信息获取政策》(Policy on Access to Information)①是根据《信息获取法》的规定，由加拿大国库委员会负责编制的有关该法及其实施条例的相关操作政策。通过该政策，加拿大政府要求政府机构作出一切合理努力以协助申请人便捷获取记录。政府机构必须确保其保存的是高质量的记录数据，完善的信息化管理是促进信息可获取性的关键因素。按照政策的规定，加拿大财政局秘书处有义务为政府机构解释该法案的相关内容，同时指导政府机构按照该法案的要求完成数据开放工作。

该政策同时规定了政府机构的数据开放工作的主要内容包括：第一，机构应出版年度工作指引，包括机构工作职责、工作项目和所拥有的数据索引；第二，机构要审查和发布机构信息资源更新情况，保证更新的数据资源使用的是法案规定的形式，并向议会报告信息的内容和格式；第三，紧密与加拿大公共服务学校合作，将信息获取的相关知识同培训的课程等整合在一起，以普及信息获取相关知识。

《政府数据开放指导》(Directive on Open Government)②则对机构内部数据开放部门的职责作出了详细规定：第一，确保由财政秘书处指定的加拿大网站和服务所开放的数据和信息的格式是可获取和可复用的；第二，建立和维护本机

---

① Policy on Access to information. [EB/OL]. [2024-01-01]. https://www.tbs-sct. canada.ca/pol/doc-eng.aspx? id=12453.

② Directive on Open Government. [EB/OL]. [2024-01-01]. https://www.tbs-sct.canada. ca/pol/doc-eng.aspx? id=28108.

237

构所持有的具有商业价值的数据和信息资源的全面清单，以确定其资格和优先次序，并有计划地进行数据公开；第三，在将部门信息资源转移到加拿大档案馆和图书馆之前，最大限度地消除公众对具有持久价值的信息资源的访问限制；第四，确保每年在指定的网站公开和更新部门政务公开实施方案和开放政府执行计划，包括概述部门的方向、战略和采取的举措等。

第二，数据管理人员工作职责。

《信息获取政策》对工作人员的职责作出了相关规定。机构负责人可以自己完成数据开放工作，也可以任命有足够能力的人员负责，一旦确定具体执行人员，要求其履行裁量权、实行人员培训、保护申请人的身份、协助义务、处理访问请求等8项权利和义务。

根据《信息获取法管理指导》(Directive on the Administration of the Access to Information Act)规定①，机构信息专员有13项具体的工作内容，主要包括：第一，行使自由裁量权，专员要衡量法案和其他相关政策，决定机构数据公开的豁免范围，必要时可以咨询其他机构和第三方，争取最大范围的数据公开，公平、合理、公正地执行裁量权；第二，培养信息意识，配合机构主管完成后面介绍到的机构工作人员信息获取知识学习，培养整个机构的信息获取意识；第三，义务协助，专员在协助申请人时，应不考虑其身份，尽一切合理努力来查找和检索其所需的记录，并提供准确完整的信息，不能无故拖延，如在规定时间内不能完成信息查找应及时澄清，同时要保护申请人的身份信息。

④开放数据研究所

开放数据研究所(Open Data Institute, ODI)是一个全球非营利性组织，自2012年12月建立以来，致力于全球开放数据研究工作。成立后包括加拿大在内的全球多个国家和地区加入其中，该研究所主要致力于开放数据的研究和创新工作、研究用户需求和商业模式、帮助建立相关政策法规和培养数据开放相关人才。

除加入该组织并在多伦多成立分部外，加拿大政府在2014年财政预算中

---

①　Directive on the Administration of the Access to Information Act. [EB/OL]. [2024-01-01]. https://www.tbs-sct.canada.ca/pol/doc-eng.aspx? id=18310.

提到，该国政府将与私营部门和学术研究机构共同努力，拟建立一个开放数据研究所，该研究所将作为开放数据中心项目，开发和推广开放数据标准，刺激开放数据在经济领域的应用，同时鼓励使用开放数据创造新的产品和服务，提高生产率，让更多的加拿大人受益，可见该组织将在促进开放数据商业化中起到关键作用①。

（2）加拿大政府数据开放的法规政策内容分析

政府数据开放的机构设置、部门职责、人员规范、开放范围、开放内容、数据保护等详细繁杂的内容，均依赖相关法规的配合，从数据开放的启动、运营到实施的细枝末节都离不开政策的指导。为此，加拿大颁布了多项法规或政策，如《信息获取法》对加拿大政府数据开放所包括的机构范围、数据开放和数据保护的对象作出规定，后颁布的《信息获取政策》和《信息获取法管理指导》作为《信息获取法》的补充和延伸，对机构数据开放的部门设置、工作内容、工作职责等细则作出规定；《政府数据开放指导》作为指导性文件，就政府数据默认开放的范畴、开放格式等作出指导；而《加拿大政府数据开放许可》(Open Government Licence-Canada)从公众利用的角度出发，规范了数据利用的格式等；《元数据标准》(Standard on Metadata)单纯从技术出发，规范了数据开放的标准格式。

①数据开放的范围

"开放数据"被定义为任何人都可以自由使用、重复使用或重新分发数据或内容，但要遵守保留来源和开放性的措施②。按照政策法规，政府有义务向公众提供所需资料，强制性要求规定范围内的机构在规定时间内对访问请求进行响应。

第一，开放数据的机构范围。

---

① Open Data Institute (ODI). [EB/OL]. [2024-01-01]. https://open.canada.ca/en/open_data_institute_%2528odi%2529.

② Open Data Essnetials. [EB/OL]. [2024-01-01]. https://opendatatoolkit.worldbank.org/en/data/opendatatoolkit/essentials.

《信息获取法》的第三条及补充条款明确规定了"政府机构"的范围，不仅包括加拿大政府的机构、部门和办事处，同时包括他们的母公司和全资子公司，还特别明确提出加拿大种族关系基金会和公共部门退休金投资局都包括在信息公开的机构范围内。随着《联邦问责法》的颁布，《信息获取法》的适用范围不断扩大，目前已经包括全国超过 200 家政府机构。

第二，开放数据的适用范围。

加拿大在多项政策法规中就使用开放数据的对象和适用范围进行了规定，根据《法案》，这些信息不仅对加拿大公民开放，同时对《移民和难民保护法》中所指的永久居民同样开放。在加拿大的开放数据原则中也有类似原则，称为"无差别性原则"，也称无歧视性，该原则指明可以使用开放数据的用户范围和使用权限。一般来说，使用数据的障碍包括注册或成员的资格要求。由加拿大政府发布的数据集应将使用障碍尽可能地减到最低。该原则的目的是使任何人在任何时间都可以访问数据，而不必确定他的身份或要求提供必要理由。例如："非商业用途"的要求也就是抵制了"商业用途"中对于信息的获取权利。

2012 年 11 月 26 日，加拿大政府发布了《加拿大政府数据开放许可》①的初步信息，该许可指明，用户在使用这些数据时只要标明数据的来源，对不清楚来源或多来源的数据只需标注其来自"政府数据开放许可"。该许可将授予公众一个全球性、永久性、非独占性、免费的数据使用权，包括用于商业用途。只要用于合法目的，公众可以自由复制、修改、发布、翻译、改编、散播或以其他方式使用任何格式的数据。

第三，开放数据的内容范围及要求。

加拿大自 1983 年至今颁布并不断完善其政府数据公开的相关法规，从法律层面上保障了公民有获取政府机构信息的权利，明确哪些信息可以被访问，政府要保证不能公开的必要例外信息是特殊有限的，同时政府信息的公开要独立于政府审查工作，不能替代审查。

---

① Open Data Essnetials. ［EB/OL］. ［2024-01-01］. https://opendatatoolkit.worldbank. org/en/data/opendatatoolkit/essentials.

a. 默认开放的数据。

《政府数据开放指导》于 2014 年 9 月生效，其目标是将政府数据和信息进行开放，确保公众能够找到并加以利用，以支持问责制，促进增值分析，通过信息复用最大限度地推动社会经济利益。根据该《指导》，政府应在加拿大财政局秘书处(Treasury Board of Canada Secretariat)确立的不受限制和开放许可下，最大限度地开放政府数据和信息。其中，政府数据主要指结构化数据，信息主要指非结构化文件和多媒体资源。原则上说，除所有权、隐私权、安全和保密信息等由部门确定的有效例外信息之外，所有具有商业价值的数据和信息都应开放，因此财政局秘书处支持部门制定一个信息开放清单或指导，确保在法规和政策的规定下开放其数据和信息，其中默认开放的信息至少要包括所有的强制性报告文件，例如议会报告、主动披露报告；所有在网上发布或计划通过部门网站发布的信息；出版的印刷物，包括统计报表、教育视频、活动照片、机构组织结构图等。

据《信息获取法》的规定，公开的信息包括一般性政府机构工作信息、管理信息，以及由该机构支付的如酒店、住宿等差旅费信息。

b. 不予公开的数据。

如前文所述，政府数据默认公开要除去特定信息，加拿大政策法规既要确保最大程度的政府数据公开，也要保护其他法律法规明确规定的保密信息，因此，《信息获取法》第 13—26 条明确规定了可以不予公开的信息范围，主要分为：政府安全信息、个人隐私信息和第三方信息等。政府安全信息主要指一旦披露可以合理地预期将损害加拿大联邦政府事务的信息，包括国际国防事务、执法信息、调查与审计信息、加拿大经济利益的信息等。个人隐私信息主要指加拿大 1985 年颁布的《隐私法》中所定义的个人信息，政府公开信息将按照《隐私法》的规定，除非个人同意，否则将保护个人的敏感信息，同时不提供确认个人身份的信息和可以确认身份的方法信息①。第三方信息指由第三方提供给政府机构的金融、商业、科学或技术信息，属于第三方的商业秘密，当披

---

① Frequently Asked Questions. ［EB/OL］. ［2024-01-01］. http://open. canada. ca/en/frequently-asked-questions#faq2.

露信息可以合理地预期将会导致重大财务损失或获得，或将损害第三方竞争地位的信息应予以保护，拒绝公开。

c. 开放的数据要求。

加拿大政府基于阳光基金会的"十项开放政府信息原则"设立了数据公开原则，原则是行事所依据的准则，也是法规政策制定的标准。该原则就所开放的数据给出了一定的要求：首先，要求具备完整性，数据集应尽可能地完整，所包含的记录应整体反映有关的特定主题。除了有关隐私的问题和资料，所有来源于数据集的原始信息应向公众发布。元数据应包括原始数据定义和解释，同时解释数据是如何计算的。其次是首要性，数据应尽量来源于第一手资料。该原则要求政府机构在提供原始资料的同时也要告知公众数据是如何采集的，确保用户在数据传播中可以随时验证数据的准确性和数据采集的合理性。再次是及时性，加拿大政府应及时向公众提供数据。考虑到数据有极强的时效性，在条件允许的情况下，政府应在第一时间发布其收集和组织的数据。最后是永久性，指数据的可用性不会随着时间推移而消失，而可以被永久利用。对于公众最好是在线提供的信息一直保持在线，只是随着时间的推移进行适当的版本更新和存档。同时，加拿大政府发布在政府网站上的数据是免费开放的。

②开放数据的格式标准

数据开放不仅是法律上的开放，更是一项技术上的开放，开放的数据应是一个机器可读的标准格式，这意味着它可以被计算机应用检索和做处理①。因此，加拿大不少的法规政策就开放数据的格式标准给出了明确要求。

第一，数据的存储格式。

数据资源作为一种战略资源可以被捕捉、描述、检索、获取、分享、利用及复用，真实可靠、完整的数据资源可以帮助政府制定有效的方案和服务，促进决策的制定和作为问责和监督的依据。加拿大政府数据开放原则中就其存储提出了两项基本要求：首先是机器可读性，机器的输入信息处理能力比其他方

① Directive on the Administration of the Access to Information Act.［EB/OL］.［2024-01-01］. https://www.tbs-sct.canada.ca/pol/doc-eng.aspx？id=18310.

式更强，因此由政府发布的数据集应采取广泛使用的文件格式存储，如 CSV、XML 等，方便用户通过机器读取和加工，同时文件中应附有文件的格式和使用说明；其次是使用通行的标准格式，如果只有一个公司编写的程序可以读取文件数据，访问该信息则必须使用该公司的程序，如果该公司的程序不能被公众获取，或者需要付费获取，那么将会影响用户对文件的使用。政府发布的数据集应尽可能采取通行标准格式，使得数据可以提供给更多的潜在用户群①。

根据前述原则的要求，加拿大政府制定了《元数据标准》，元数据定义和描述数据资源的结构、含义、内容及其存在的系统。统一创建、收割和使用元数据有利于数据资源的高效管理。该标准将元数据分为以下三种类型，并给出每种元数据的适用范围、详细的著录内容和格式：

记录元数据。采取 ISO23081 的通用元数据格式记录该元数据。支持记录作为一种管理功能，持续将部门存贮的信息资源进行元数据的创建、获取、收割和管理，以此来实现资源的商业价值和决策支持价值。

网页资源元数据。采取都柏林核心元数据倡议（Dublin Core Metadata Initiative，DCMI）格式来定义该种元数据，Web 资源发现元数据支持导航、搜索、显示和共享网络信息资源。

网页内容管理系统元数据。采取都柏林核心元数据倡议（DCMI）格式来定义该种元数据，Web 内容管理系统（Web Content Management System，WCMS）元数据支持在 Web 内容管理系统中对 Web 内容进行编写、管理和发布的业务和技术流程②。

第二，数据的接口标准。

易访问性意味着数据的易获取性，为达到由加拿大政府发布的数据集尽可能便于访问这一目的，加拿大就其数据的接口也给出了相应的规定。电子访问的障碍是指数据只能通过系统表单获取，这需要 Flash、Javascript、Cookie 等

① Open Data Essnetials. ［EB/OL］. ［2024-01-01］. https://opendatatoolkit. worldbank. org/en/data/opendatatoolkit/essentials.

② Standard on Metadata. ［EB/OL］. ［2024-01-01］. http://www.tbs-sct.gc.ca/pol/doc-eng.aspx? id=18909.

面向浏览器的技术支持。相比之下，只需为用户提供一个接口，无需插件，无需浏览器支持，通过应用程序接口（API）可以直接获取所需后台数据的方式使数据获取更加容易，分离了接口和实现，提高了复用性、扩展性和耦合性。

加拿大政府数据开放发展至今，从政府数据开放全球排名第八位上升至第四，说明其政府数据开放的不断进步与完善，而这些与其配套并不断完善的政策法规是分不开的。如前文所述，加拿大在数据开放方面的法规政策相互交叉、内容详细，为国家数据开放奠定了良好的法律基础，使得数据开放有法可依、有据可查。下文对加拿大政府数据开放政策的特点进行总结，为中国政府数据开放的发展提供参考：

a. 政策覆盖面广。

截至 2024 年年初，加拿大政府数据开放网站已发布来自加拿大自然资源、统计局、财政部等 60 余个主要领域的数据集①。开放数据来源广泛、格式多样，与加拿大相关政策法规要求的数据默认开放息息相关。

b. 政策法规相互关联并不断修订完善。

如前文所述，《信息获取政策》和《信息获取法管理指导》是在《信息获取法》的基础上制定颁布以作补充的。政府数据开放多项政策法规都进行过多次完善修订，如《信息获取法》和《信息获取法管理指导》等法案均在 2016 年进行了再版，能够适应现状需求与发展趋势。

c. 重视用户参与。

以《加拿大政府数据开放许可》为例，该许可在颁布之初，曾邀请社会各界对其进行讨论，通过反馈信息以求完善。该举措引起国内外积极反响，收到了来自加拿大国内和多个国际开放存取组织的反馈。通过这些积极的有建设性的意见，加拿大政府最终删除原先许可协议中针对政府开放数据复用的相关限制性条款。

d. 重视开放数据的复用。

数据开放的最终目的是数据复用、再现数据价值，加拿大为保障数据的再利用，从政府和个人两个层面作出努力。建立加拿大开放数据交换中心，作为

---

① Open Government Portal. [EB/OL]. [2024-01-01]. https://search.open.canada.ca/opendata/? _organization_limit=0.

数据拥有者和使用者的接口；颁布《政府数据开放许可》鼓励并规范公众对数据的复用。

e. 建立多层式机构管理架构。

加拿大建立了多层级的政府开放数据管理机构，从全国性的信息专员办公室，到各机构内部的数据开放管理部门。多层级的管理架构保障了法规政策的顺利实施，是其政府开放执行力的重要保障。

7.2.5　丹麦

丹麦是世界上公认的高度开放和自由的国家。其政府数据开放工作起步早，开放数据水平高。该国在各项有关数据开放的全球排名中都位居前列。

需要特别说明的是，丹麦的数字化机构（Agency for Digitisation）已经改革，现为"数字政府机构"（Agency for Digital Government）①，核实后发现原先的机构网站已无法打开，为此，依据本项目的前期调研成果，本节将如实呈现改革前关于数字化机构的详细情况。

（1）丹麦政府数据开放的机构与岗位设置

①数字化机构

数字化机构（Agency for Digitisation）②是丹麦财政部（Ministry of Finance）的一个下属机构，成立于2011年。数字化机构旨在推进丹麦数字化进程，贯彻落实丹麦政府在公共部门的数字化目标，提高中央和地方政府的办事效率，扩大开放资源，实现丹麦福利社会的服务现代化。数字化机构由一个主任和两个副主任负责机构的管理工作。以主任办公室为核心，其下划分为5个工作领域，工作重心分别是治理、系统管理、政策与分析、项目和跨领域职务③。在每个工作领域，分别设立若干个部门负责具体事务，如图7-2-1所示。

---

① Agency for Digital Government[EB/OL]. [2024-01-01]. https://en.digst.dk/.

② About the Agency for Digitisation. [EB/OL]. [2018-11-4]. http://www.digst.dk/Servicemenu/English/About-the-Danish-Agency-for-Digitisation.

③ Organisation and Responsibilities. [EB/OL]. [2018-11-4]. http://www.digst.dk/Servicemenu/English/Organisation.

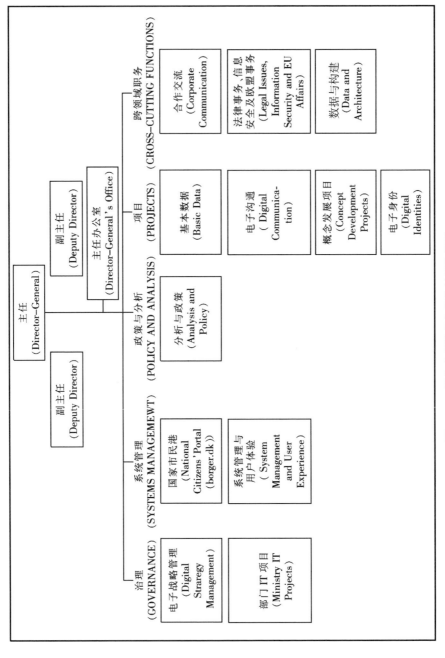

图7-2-1 丹麦政府数字化机构的机构设置

其中各部的主要职能如表 7-2-6 所示：在这 12 个部门中，电子战略管理部主要职责可简要总结为宏观调控数字化机构的数字化工作，它对政府数据开放共享做出发展规划，地位重要，作用关键；基本数据部和数据结构部是主要负责和政府数据开放共享相关的实质性事务的部门。基本数据部负责的基本数据项目早在 2012 年已开始施行，对本项目设置独立的部门进行管理，可见丹麦政府将实现丹麦基本数据开放共享作为一项重要的战略目标。数据结构部负责建构数据共享框架，着眼于实现数据的通用性。

表 7-2-6　丹麦数字化机构各办公室的主要职能

工作领域	部门名称	主要职能
治理	电子战略管理部（Digital Strategy Management Division）	负责 2016—2020 年联合政府电子战略的文件集管理。其目标是保障上述战略进展顺利，进行财务管理、跨机构协调和确定不同工作内容的优先级。
	部门 IT 项目部（Ministry IT Projects Division）	主要负责确保中央政府部门在实施 IT 项目时具有坚实的专业基础保障。
系统管理	国家市民港（National Citizens' Portal Division）	与在国家市民港提供信息和电子自助服务解决办法的机关部门紧密合作，确保国家市民港高质、持续发展。
	系统管理和用户体验部（Systems Management and User Experience Division）	确保用户在获取公共共享电子服务过程中有较好的用户体验。
政策与分析	分析与政策部（Analysis and Policy Division）	负责发展完善针对整个公共部门的整体电子化政策。

续表

工作领域	部门名称	主要职能
项目	基本数据部 （Basic Data Division）	在基本数据项目中，做秘书性质的工作。部门着眼于组织、管理在共享框架下国家和市民的核心数据并确保其可用性，实现中央政府机构、区域政府实体以及地方政府实体的协调合作。
	电子沟通部 （Digital Communication Division）	负责提供核心数字化建设方案，以实现简单、高效、安全的数字化通信。
	概念发展项目部 （Concept Development Projects Division）	负责设计项目，将其应用于联合政府电子战略的几个关键举措中。
	电子身份部 （Digital Identities Division）	负责身份安全和权限管理工作。
跨领域职务	合作交流部 （Corporate Communications Division）	提供横跨整个财政部团队的政府合作交流服务，专门向机构提供数字化方面的战略性交流咨询服务。
	法律事务、信息安全及欧盟事务部 （Legal Issues，Information Security，and EU Affairs Division）	负责确保安全高效地进行公共部门数字化，进行与数据保护规则、电子身份识别和信托服务相关的调度工作，提供与网页可访问指令有关的以及法律方面的专家支持。
	数据与结构部 （Data and Architecture Division）	主要致力于实现高质、有效数据的共享，实现数据再利用、数据增长及创新，使公民和企业能更加容易地接触政府。

　　数字化机构还负责运营丹麦的数据开放门户网站（http://data.digitaliser.dk）①。该网站前身是数字化机构网站中的一个子网页，于2010年被划分为独

---

　　① About Digitalisér. dk. ［EB/OL］. ［2023-11-04］. http://data. digitaliser. dk/resource/432458.

立的网站。网站着眼于向民众提供数据信息的交流平台，加速数字化进程。该网站既是一个正式的数据流通标准的中央信息库，也是一个大的开放数据平台。在这里，不仅丹麦政府可以分享公共数据，市民和企业也一改传统的被动状态，可以进行信息和知识的分享。用户可以通过这个网站查找并利用公共数据目录、数据交换的 XML 框架、政府推荐的互操作标准以及公共部门的开源软件等内容①。

②丹麦政府数据开放的岗位设置

丹麦政府尚未针对数据开放共享设置专门的岗位。对数据开放共享具体负责的人员即为数字化机构的主任和副主任。在管理数据开放的同时，他们还管理着其他数字化相关事务，如数字化沟通、数字化战略管理等。从丹麦的政府数据开放共享机构岗位设置可以看出，他们将政府数据开放视为国家数字化进程的一个环节，与文件资料数字化、市民服务数字化等工作作为一个有机整体共同推进。整体规划和整体推进有利于保证政府有效地实现宏观调控，使整体工作更有效率。

（2）丹麦政府数据开放共享的政策

丹麦政府数据开放政策起步较早。2002 年，为了提升公共部门的工作效率和服务质量，丹麦财政部颁布了《促进公共数据免费开放协议》，首次将政府所有的地址数据无偿对外开放。此举产生了巨大的经济效益和社会效益，进一步推动了政府将其他领域的数据开放共享。随后丹麦相关数据开放的战略、规划、政策等基本由财政部下属的丹麦数字化机构负责制定并监督实施。丹麦将推进数据开放作为建设数字丹麦、保障社会福利的一项措施，逐步深入推进。2002 年至今，丹麦陆续颁布了多项数据开放政策，内容涉及数据开放的范围、方式、管理、法律保障、数据安全等多个领域，见表 7-2-7。

---

① Kataloger. ［EB/OL］. ［2024-01-06］. https://digitaliser.dk/catalogue.

表 7-2-7　丹麦政府数据开放的政策

政策名称	颁布时间	相关内容	完成效果
《促进公共数据免费开放获取协议》	2002 年	将分散的地址数据通过统一的政府平台向公众免费提供。	公共数据服务器建立起来，用户只需支付传递数据所需的成本费用就可获取数据。
《开放政府联合行动计划——丹麦》	2013 年 10 月	《开放数据创新战略》：提升社会获取公共数据的意识，并确保公共数据可获取性。	数字化机构运营的数据开放门户网站提供数据目录服务，提供一系列公共数据。
		建立公共基本数据的集散器。	规划在 2017—2018 年期间逐步完成。
《开放关键领域的数据库承诺书》	2015 年 1 月	开放包括政府开支数据在内的关键领域数据；通过升级指南、工具等来促进关键领域数据的开放。	目前没有目标达成状况的报告。
《2011—2015 年数字政府战略》	2011 年 8 月	提供高质量核心数据；对政府部门使用的核心数据进行统一；通过数据集散器使数据传播更高效可靠。《基本数据项目》为该战略的一个组成部分，其内详述了关于开放数据的问题。	/
《基本数据项目》	2012 年 10 月	通过稳定有效的数据集散器，将高质量的基本数据在统一平台上完全免费开放，所有的数据遵循统一的技术标准；建立跨机构基本数据协会。	数字化机构将《基本数据项目》完成时间由 2017 年年中推迟到 2018 年年中。一个基本数据统一开放平台已经初步搭建，不过当前该平台尚未建立完成，相关基本数据尚不能由此获取；2012 年 10 月，基本数据项目的决策制定主体：基本数据理事会，项目协调和指导小组成立。

续表

政策名称	颁布时间	相关内容	完成效果
《2016—2020 年数字化战略》	2016 年 5 月	对基本数据项目进行进一步推进；使公共领域数据成为经济发展引擎；解决数据使用中的安全问题。	/

①政府数据开放必要性

丹麦的政府数据开放是多因素共同作用的结果。首先，政府数据的封闭和分散储存存在许多弊端。许多政府数据在社会运转过程中起着基础性的作用，大量冗余的、有误的或者不完整的数据将对丹麦的社会发展造成阻碍。数据储存在不同的政府职能部门造成了数据格式、标准不一致等问题。这些问题直接导致政府部门之间形成信息鸿沟，影响了政府的运作效率。同时，将同一份数据储存在多处，增加了储存和管理成本。

再者，处在信息时代，公众、商业实体以至于政府各部门自身对政府数据的需求都有了上升。但对于数据使用者而言，高额的数据获取费用、获取数据所需要的复杂行政手续让有需求的个人、组织以及政府部门自身不能高效快速地获取相关数据。这也阻碍了企业机构更好地发掘公共部门基本数据的商业价值。

最后，大数据时代要求政府数据开放，以建设更强健、更安全的数字丹麦。政府数据开放是数字丹麦整体战略的一个重要组成部分，信息时代，丹麦致力于建设基于数字化和网络的数字丹麦。一系列数字服务和用户自我服务都需要相应的数据作为支撑。繁杂的数据获取行政手续阻碍了数字丹麦的建设进程，而实时、准确、有效的政府数据开放将使政府的公共服务项目更加完善，并加速数字丹麦的建设进程。

②政府数据开放类型及范围

丹麦政府的数据开放从基本数据开始，逐步扩展到关键公共数据。

基本数据是指公共部门记录的关于丹麦和丹麦公民的基础信息。这些核心信息在政府的日常事务中被反复使用，被视作丹麦的电子原材料。在《基本数据项目》①及《2016—2020 年数字化战略》②中，数字化机构提出将以下基本数据免费开放：包括丹麦海拔模型、丹麦行政及地理边界在内的地理数据、地貌数据、气候数据、水资源数据；包括道路结构、地籍图、地图、水道、建筑与住房注册地址、不动产在内的地址数据；包括关于政府、个人和私人企业的商务注册信息、公司注册信息、公司结构信息、公司股份所有者数据、企业的财政状况、工资薪酬数据在内的商业数据；包括收入信息在内的个人数据；包括废弃物、地下基础设施、能源、GPS、电力生产和消耗、天然气和供暖、电缆在内的公共事业数据。

关键数据是指包括政府开支在内的一系列政府数据。关键数据将集中在数据目录中供用户获取、使用。数据目录是一个不断扩展的公共数据列表。在数据目录中，人们可以找到关于所有类型的公共数据源信息并可以自行添加任何相关的公共数据信息。数据目录免费提供给任何人使用，同时任何人都可以将公共数据源链接添加入此平台。为了保证数据高质有效，在数据开放的过程中，政府必须承担起持续存储、维护和更新数据的责任。所以在数据开放的初期，由于没有依托于数据的营利性活动，政府必然要承受亏空，但从长远看，开放数据将会带来包括税收增长在内的经济利益。

③政府数据开放目标

在《基本数据项目》③中，数字化机构提出四点最重要的基本数据开放目

---

① Good Basic Data for Everyone — A Driver for Growth and Efficiency Here. ［EB/OL］. ［2023-11-04］. https：//uk.fm.dk/~/media/publikationer/imported/2012/gode-grunddata-til-alle/basicdata_uk_web_2012,-d-,10,-d-,08.ashx？la＝da.

② Digital Strategy 2016—2020. ［EB/OL］. ［2023-11-05］. http：//www.digst.dk/Servicemenu/English/Policy-and-Strategy/Digital-Strategy-2016to2020.

③ Good Basic Data for Everyone — A Driver for Growth and Efficiency Here. ［EB/OL］. ［2023-11-04］. https：//uk.fm.dk/~/media/publikationer/imported/2012/gode-grunddata-til-alle/basicdata_uk_web_2012,-d-,10,-d-,08.ashx？la＝da.

标：第一，基本数据尽可能正确、完全、实时；第二，所有的公共部门使用统一的公共基本数据；第三，除敏感性个人信息外，所有基本信息免费对企业和公众开放；第四，基本数据必须有效传递，满足用户需求。

在前期的数据开放相关政策中，政府活动主要集中在扩展数据开放范围、提升数据开放质量、加快跨机构数据协调统一、建设统一数据获取平台等方面。这些举措围绕建设高质高效数据集进行，属于基础性的工作。随着近年数据开放工作的推进，丹麦政府对数据开放提出了更进一步的要求。

公众对数据价值认识不充分，政府部门对自身所拥有的数据价值不重视，是丹麦目前存在的一个问题。单纯将数据面向公众开放并不意味着这些数据将得到有效的利用。提升公众数据使用的意识，使其充分了解数据价值才能使数据得到更充分的使用。如何有效获取数据、怎样合法使用数据都是丹麦现阶段需要向市民普及的概念。丹麦政府计划配备专门的工作人员，引导和辅助公众获取和使用政府数据。

数据安全与保密问题也在《2016—2020 年数字化战略》中被提出。该战略指出，政府职员有义务有根据地搜集、储存、使用敏感的个人数据和机密数据，控制存取敏感数据的权限，并在工作中严格执行 ISO27001 信息安全标准①。另外，丹麦政府今后将从 IT 技术层面增强对敏感数据的保护。以上两个举措分别从数据的有效使用和数据的保护两个方面对开放数据工作进行了下一步的规划。在数据免费向公众提供的基础上，确保敏感数据和机密数据不泄露，以保护数据相关对象的权益，并鼓励公众主动获取数据、再利用数据。

丹麦政府数据开放范围广泛全面，步骤清晰明确。从基本数据到关键数据，从确保数据免费开放到确保数据有效利用，丹麦政府的数据开放策略是层

---

① Digital Strategy 2016—2020. [EB/OL]. [2023-11-05]. http://www.digst.dk/Servicemenu/English/Policy-and-Strategy/Digital-Strategy-2016to2020.

层递进的。相关政策强调数据开放的阶段性，规划安排十分具体，约每半年到一年就有一个阶段性小目标，规定在一定期限内免费开放某一领域的数据或提高某一领域数据质量。

政策颁布和实施具有连贯性。丹麦政府数据开放政策的主要责任单位皆为数字化机构。在数字化机构的核心领导和方向把控下，联合其他国家、地方政府组织进行数据开放的建设。这种单一机构的领导使相关政策的制定和实施具有连贯性。如《2016—2020 年数字化战略》就是对《2011—2015 年数字政府战略》的延续和发展。

政策强调数据的高质量，强调跨部门之间数据的共享性。丹麦政府在多个政策中强调要提高开放数据的质量，清除数据冗余，减少隐藏数据的存在，提高数据准确性，减少有误数据。为了提高数据质量，政策强调各行政部门之间要充分地进行数据共享，保证各机构之间的数据在格式、标准和内容上的一致性，并要求建立跨部门的统一的数据开放平台。

政策强调挖掘数据的附加价值。丹麦政府开放政府数据，很大程度上是从提升政府服务质量、拉动社会经济增长、建设福利社会的角度出发的。通过数据的挖掘，为社会提供比数据本身价值更高的服务。特别是近年，随着数据开放政策的推进，政策更加强调要通过数据开放，实现国家创新力的提升和经济的发展。

（3）丹麦政府数据开放共享的法律法规

①关于获取公共政府行政机构文件的法案

1985 年 12 月，《关于获取公共政府行政机构文件的法案》①颁布，于 1987 年正式生效。这份法案以法律形式赋予丹麦公民获取、查阅政府数据资料的权

---

① The Danish Access to Public Administration Files Act（Disclosure Act）.［EB/OL］.［2023-11-04］. http://www.wipo.int/wipolex/en/details.jsp? id＝1109.

利，与此同时也规范了个人获取公共文件的行为。其中，法案第二节指出个人可申请查看不涉及保密内容的政府文件；第三节对禁止开放的文件类型进行了范围限定；第四节对政府处理公共文件获取申请的流程进行了规范。不过这部法案只规定了公众可获取、查阅文件而非再利用文件。一方面，本法案通过开放行政机构数据，从法律层面促进了政府工作的透明化；另一方面，社会和个人再利用政府数据的行为仍然是无法可依的。但总体来说，这部法案可以被看作丹麦推进政府数据开放进程的开端。

②关于处理个人数据的法案

《关于处理个人数据的法案》①在 2000 年执行，自 2000 年至 2013 年经过多次修正。本法案主要涉及对个人数据的传播利用时个人数据的保护问题。如，其中第 8 节(3)规定了政府只能在规定情况下使用个人犯罪数据；第 11 节(1)对政府获取和使用个人身份号码的行为进行了规范；第 13 节(1)对政府处理市民来电信息的行为进行了规范；第 16 节(1)对政府将个人债务信息提供给其他机构进行使用的行为进行了规范。总体而言，本法案对不同种类的个人数据的获取、保存、传播、使用规范进行了规定。由于机构职能的特殊性，政府部门掌握着大量与个人相关的数据，在进行政府数据开放过程中，对个人数据若处理不当，会造成个人隐私泄露、个人权益受到侵犯等负面影响。该法案将政府部门作为制约对象之一，对政府使用个人数据的行为进行了规范，以确保公民合法权利不被侵犯。

③公共部门信息再利用法案

2005 年 6 月《公共部门信息再利用法案》②颁布，并在 2008 年及 2014 年先

---

① The Act on Processing of Personal Data. ［EB/OL］. ［2023-11-04］. https://www. datatilsynet. dk/english/the-act-on-processing-of-personal-data/read-the-act-on-processing-of-personal-data/compiled-version-of-the-act-on-processing-of-personal-data/.

② Act 596 of 24 June 2005 Act on the Re-Use of Public Sector Information. ［EB/OL］. ［2023-11-04］. http://workspace.unpan.org/sites/internet/Documents/UNPAN039758.pdf.

后颁布了修正案。该法案的目的是建设再利用公共部门文件和数据的统一规则。法案第 2 节规定了公共部门信息的合法使用范围；第 3 章对获取再利用文件及数据的合法程序进行了规范；第 7 节指出政府文件和数据集必须使用现存可用的语言和格式（包括电子格式）以保证可读性；第 8 节对再利用信息的收费问题进行了规定。这部法案并没有将公布文件与数据作为公共部门的一项义务，而是规定在政府文件或数据已公布的情况下，公共部门必须保证数据开放的手段是非歧视性、无限制性的。《公共部门信息再利用法案》对丹麦政府数据开放的再利用问题做出了宏观上的把控，将政府数据开放的使用范围、获取程序、格式、费用等问题都通过法律途径进行了规定。

④版权法 2010 合并本

丹麦于 1995 年编订《版权法》，并经过多次修正完成了《版权法 2010 合并本》①。该法第 9 节规定，法案、政策性指令、法律决定以及类似的官方文件不适用于该版权法，即在数据开放过程中，丹麦政府文件性质的数据资料不受版权法的保护。

丹麦政府通过关于数据开放共享的法律对政府数据开放的获取、利用以及隐私方面的问题进行了规定，使政府、企业、个人在使用数据时有法可依。到 2018 年，欧盟的《一般数据保护条例》正式施行②，丹麦将此条例纳入《2016—2020 年数字化战略》之中。由此可见，对于数据开放相关的法律，丹麦持有较高的重视度，并正在逐步加强法律体系的建设。

（4）政府数据开放带来的效益

①直接经济效益

数据开放给丹麦社会带来了直接的经济效益。以开放丹麦地址数据为例，

---

① Consolidated Act on Copyright 2010. ［EB/OL］. ［2023-11-04］. http://www.wipo.int/edocs/lexdocs/laws/en/dk/dk150en.pdf.

② The General Data Protection Regulation. ［EB/OL］. ［2023-11-05］. http://www.consilium.europa.eu/en/policies/data-protection-reform/data-protection-regulation/.

根据《丹麦地址数据价值评估》①，从 2005 年到 2009 年丹麦从开放地址数据获得的直接经济利益达 6.2 亿欧元，而开放这些数据的成本总计仅 200 万欧元，开放数据的战略间接促进了丹麦的经济增长。除使用数据获得的效益外，通过开放数据，政府还可以节省买卖数据及协商相关事宜的活动经费成本，相关支出也大幅度减少。

②社会效益

为了建设服务型社会，完善福利社会制度，丹麦政府通过一系列数字化措施来提升政府服务质量和服务效率。政府数据的开放使公众免费获取到大量有价值的信息，这些信息为公民生活提供了极大的便利。公众与政府部门的沟通交流将会更加通畅，因为公众不再需要为获取数据与不同的政府部门进行反复的交涉。对于社会组织而言，通过对政府数据进行再利用、再开发，可以为社会提供创新性的数字服务，这也是提高公民生活质量的重要途径。数据开放解放了政府一部分处在数据相关职位上的劳动力，丹麦政府将其投入其他社会福利性服务工作，为福利制度输送了更多的人力资源。

基础数据的免费开放可以拉动创新发展。具体来说，免费的数据资源可以刺激企业加强对数据的利用和对其潜在价值的发掘。数据再利用可刺激新产品甚至新行业的兴起和发展，创新性服务可以带动社会的进步。

数据开放拉动就业。在基于数据的新服务行业兴起的同时，也会出现新的就业岗位。不同于体力劳动，数据相关工作将对从业者知识水平，受教育情况有更严格的要求。对于丹麦这个发达国家而言，这样的工作岗位是符合社会发展需要的。

对于整个市场而言，开放数据使市场透明化，促进行业良性竞争。由于各

---

① The Value of Danish Address Data：Social Benefits from the 2002 Agreement on Procuring Address Data etc. Free of Charge. ［EB/OL］. ［2023-11-06］. http://www. adresse-info. dk/ Portals/2/Benefit/Value_Assessment_Danish_Address_Data_UK_2010-07-07b.pdf.

类数据向全社会开放，某些企业对信息、数据的垄断现象将会降低，原本承受不了高额数据购买费用的中小型企业将同样有能力从事一些基于数据的商业活动。同时，基于对数据的了解，个人可以理性地评价商业组织提供的数据服务质量。

社会的民主性进一步增强。丹麦本来就是民主性极高的国家，所以丹麦政府在进行数据开放时，并没有将这一点作为主要的考虑因素。不过政府数据，特别是与政府活动相关的核心数据的开放毋庸置疑提高了政府工作的透明性，提高了社会的民主程度。

③数据更新速度加快，数据质量提高

不同政府数据整合，冗余数据减少，使丹麦政府数据整体的体量减小。数据整合和统一也使管理和更新需要花费的人力、物力减少。由此，数据的更新将会更加快捷方便；数据开放也将使错误数据逐渐被淘汰。使用数据的用户越多，数据使用越频繁，错误数据被发现和纠正的可能性也就越大。相比之下政府数据封闭式储存和利用，通过政府部门自查自纠的效率明显较低。

7.2.6 新西兰

新西兰政府数据开放行动起步较早，2008 年开始实施国家层面数据开放项目，且各机构的信息公开与数据开放的意识较强，一直以来得到内阁的监督与支持，开放水平处于世界领先地位。

(1) 新西兰政府数据开放的机构与岗位设置

需要特别说明的是，与前述的丹麦类似，核实后发现新西兰的机构已经发生调整，原先的机构网站已无法打开，为此，本节依据本项目的前期调研成果，如实呈现之前的详细情况。

①政府数据开放治理小组

为了实现政府数据开放的高效稳定发展，新西兰政府曾专门设立了三个职责重点不同的政府数据开放治理小组①，以规范并监督各政府部门数据开放与发布行为。

第一，政府数据开放首席执行官小组。

政府数据开放首席执行官小组（Open Government Data Chief Executives' Governance Group）在 2013 年 12 月取代了原先的数据和信息重用首席执行指导小组（Data and Information Re-use Chief Executives Steering Group），主要职责是制定或修改跨部门的开放政府信息和数据工作项目的战略方向并监控其发展进程。

第二，政府数据开放指导小组。

开放政府数据指导小组（Open Government Data Steering Group）成立于 2013 年 12 月，旨在积极推动跨部门的开放政府信息和数据项目实施，优先释放可以促进政府发展、增加项目收益的数据并监督其进展。该部门与开放政府数据首席执行小组共同领导了《开放政府信息和数据项目》②（Open Government Information and Data Programme）。该项目自 2008 年开始实施，主要目标有：使政府持有的非个人的数据和信息在符合新西兰法律要求和开放政府数据原则前提下可以被更广泛地发现、获取和使用；促进政府机构开放持有的公众、社团、商业想利用和重用的非个人数据和信息。小组职责包括：支持中央政府数据的提供；鼓励更多的公共部门提供数据；明确公众对于公共数据的需求；完善政府信息和数据战略与政策；对其他机构或部门开展项目的战略性监督。

第三，开放政府数据秘书处。

开放政府数据秘书处（Open Government Data Secretariat）由新西兰土地信息

---

① Open Government Data Governance Groups［EB/OL］.［2023-11-25］. https://www.ict. govt.nz/governance-and-leadership/governance-groups/open-data-governance/.

② Open Government Information and Data Programme［EB/OL］.［2023-11-25］. https:// www. ict. govt. nz/programmes-and-initiatives/open-and-transparent-government/open-government-information-and-data-work-programm/.

部负责，为政府数据开放首席执行官小组和指导小组提供业务辅助。

②政府首席信息官团队

政府首席执行官团队①(The Government Chief Information Officer, The GCIO Team)的成员由新西兰国内事务部(Department of Internal Affairs)的工作人员兼任，负责政府信息和通信技术战略的顺利实施，政府数据开放是此战略的一个重要维度，其中一些岗位的设置同样为政府数据开放保驾护航，如表7-2-8所示。

表 7-2-8　新西兰 GICO 小组中与政府数据开放有关的岗位设置

岗　位	职　　责
政府首席技术官② (Government Chief Technology Officer, GCTO)	负责政府信息和通信技术战略行动计划、信息和通信技术保障；在政府部门中发展并管理信息和通信技术的基本能力
政府首席隐私官③ (Government Chief Privacy Officer, GCPO)	制定标准；提供问题指南；为公共部门提升隐私与安全管理能力提供支持
政府信息服务④ (Government Information Services, GIS)	在互联网发布政府信息；维护政府数据开放门户网站 data.govt.cn；对互联网标准及域名完整性提出建议；提升政府数字保存的质量

---

① The GCIO Team［EB/OL］.［2023-11-25］. https://www.ict.govt.nz/governance-and-leadership/governance-groups/open-data-governance/.

② Government Chief Technology Officer［EB/OL］.［2023-11-28］. https://www.ict.govt.nz/governance-and-leadership/the-gcio-team/government-chief-technology-officer/.

③ Government Chief Privacy Officer［EB/OL］.［2023-11-28］. https://www.ict.govt.nz/governance-and-leadership/the-gcio-team/government-chief-privacy-officer/.

④ Government Information Services［EB/OL］.［2023-11-28］. https://www.ict.govt.nz/governance-and-leadership/the-gcio-team/government-information-services/.

这些机构的主要负责人并非专职人员，而是由各政府部门的官员兼职担任，他们具备一定的工作经验且充分了解各部门实际业务中所涉数据的具体情况，对于政府的宏观指导有更为直观的把握，对于公众的数据利用需求有更为深刻的认识。他们负责政府数据开放治理项目的制定、修改可以更加贴合工作实际与应用环境，具备更高的可操作性，避免国家部门冗杂，提高人力资源的使用效率。

（2）新西兰政府数据开放的政策内容分析

新西兰政府数据开放之所以能够较早起步且其发展处于国际领先水平，与其长期以来提倡政府信息公开并为之所做的努力的历史背景息息相关。新西兰内阁在 1997 年就发布了《政府持有信息政策框架》①（*1997 Policy Framework for Government Held Information*），该框架指明了政府信息管理需遵循的 11 项原则；2000 年发布《新西兰政府数据管理政策与标准》②（*New Zealand Government Data Management Policies and Standards*）作为支持和补充，同时还有《新西兰地理空间战略》③（*New Zealand Geospatial Strategy*）、《数字战略 2.0》④（*Digital Strategy 2.0*）、《国家健康 IT 计划》⑤（*National Health IT Plan*）等一系列政府信息管理战

---

① New Zealand Data and Information Management Principles ［EB/OL］. ［2024-01-01］. https：//www. data. govt. nz/toolkit/policies/new-zealand-data-and-information-management-principles/.

② ZHAO F. The characteristics of New Zealand Government Data Management Policies and standards and their enlightenments to China ［C］// IEEE, International Conference on Communication Software and Networks. 2011：358-360.

③ New Zealand Geospatial Strategy ［EB/OL］. ［2024-01-01］. https：//www. mcguinnes sinstitute. org/wp-content/uploads/2021/04/37.-Understanding-Our-Geographic-Information-Landscpae-A-New-Zealand-Geospatial-Strategy-2007.pdf.

④ Digital Strategy 2.0［EB/OL］. ［2024-01-01］. https：//www.itu.int/ITU-D/cyb/events/2008/brisbane/docs/toye-new-zealand-strategy-2. 0-brisbane-july-08.pdf.

⑤ National Health IT Plan ［EB/OL］. ［2024-01-01］. https：//www. mcguinnessinstitute. org/wp-content/uploads/2021/04/19p.-National-Health-IT-Plan-Update.pdf.

略要求。2008 年，"政府信息和数据开放项目"开始实施，从政府信息管理迈入了政府数据开放的新阶段。内阁与各政府部门也相继出台战略、框架、原则等以完善对政府数据开放与利用的指导。新西兰出台政府数据开放的相关政策（包括国家层面的战略规划、数据发布与使用的具体指导等）的详细情况如表 7-2-9 所示。

表 7-2-9　新西兰政府数据开放的指导政策

政策名称	发布时间	发布机构
《新西兰国家行动计划 2014—2016》 (*New Zealand's National Action Plan 2014—2016*)	2014 年 7 月	新西兰政府 (New Zealand Government)
《新西兰国家行动计划 2018—2020》 (*New Zealand's National Action Plan 2018—2020*)	2018 年 12 月	
《新西兰第四部国家行动计划 2023—2024》 (*New Zealand's Fourth National Action Plan 2023—2024*)	2022 年 12 月	
《开放和透明政府声明》 (*Declaration on Open and Transparent Government*)	2011 年 8 月	新西兰内阁 (Cabinet)
《新西兰数据和信息管理的原则》 (*New Zealand Data and Information Management Principles*，*NZDIMP*)	2011 年 8 月	
《新西兰政府开放存取与许可框架》第一版 (*New Zealand Government Open Access and Licensing Framework，Version 1*)	2010 年 8 月	新西兰国家服务部 (Minister of State Services)
《新西兰政府开放存取与许可框架》第二版 (*New Zealand Government Open Access and Licensing Framework，NZGOAL*)	2014 年 12 月	
《高价值公共数据重用的优先级与开放——流程与指南》 (*Prioritisation and Release of High Value Public Data for Reuse：Process and Guidelines*)	2012 年 8 月	新西兰国内事务部 (Department of Internal Affairs)
《新西兰开放数据行动计划 2017—2020》	2017 年 7 月	

续表

政策名称	发布时间	发布机构
《新西兰统计部数据管理与开放实践指南》（*Statistics NZ Guidance on Good practice Data Management and Release*）	2012 年 11 月	新西兰统计部（*Statistics New Zealand*）
《新西兰统计部机密性指导》（*Statistics NZ Guidance on Confidentiality*）	2012 年 11 月	
《新西兰统计部元数据与文档指南》（*Statistics NZ Guidance on Metadata and Documentation*）	2012 年 11 月	
《新西兰统计部数据开放实践指南》（*Statistics NZ Guidance on Release Practices*）	2012 年 11 月	
《电子表格或 CSV：开放数据管理者指南》（*Spreadsheet or CSV：A Guide for Managers*）	/	/
《政府信息和通信技术战略 2015》（*Government ICT Strategy 2015*）	2015 年 10 月	新西兰内阁（*Cabinet*）
《政府信息和通信技术战略与行动计划 2013—2017》（*Government ICT Strategy and Action Plan to 2017*）	2013 年 7 月	

①政府数据开放的必要性

从政务信息公开到政府数据开放，政府持有的信息公开度和透明度越来越高，政府的执政能力与责任意识也越来越受到社会公众的认可，在调查中发现，《开放和透明政府声明》明确地从三个方面敦促政府开放数据并进行共享和利用。

首先，新西兰具有深厚的民主政治传统，政府是代表所有新西兰公众而持有数据，应积极承担起向公众开放高质量公共数据的义务。

再者，政府向公众开放数据可以提升个人、社会团体及企业对于这些数据的利用度，不仅可以促进经济增长，增强社会与文化结构及环境的可持续发展；而且公众对于政府部门服务效率与可靠性会提出更高的要求，因而在政府决策中有更高水平的参与度。

此外，新西兰意识到政府数据的开放可为社会发展带来诸多益处，包括四个主要方面①：改善政府(Improving Government)，如解决腐败问题和增加透明度，增强公共服务和资源分配；授予公民权力(Empowering Citizens)，公民享有更多通过明智的决策和社会运动的新模式来控制生活和需求变化的权利，并且可以获取更多交流和信息访问的新方法；创造机会(Creating Opportunity)，开放数据通过促进创新、促进经济增长和创造就业机会为公民和组织创造更多的机遇；解决公共问题(Solving Public Problems)，数据开放在解决大型公共问题中发挥着越来越重要的作用，社会公众和决策者更易获得该问题数据驱动的评估框架新形式，数据驱动的决策会产生更具针对性的干预措施和更为牢固的合作。

②政府数据开放的原则

2011年8月8日，《新西兰数据和信息管理原则》(NZDIMP)发布并实施，该原则取代了《1997年政府管理信息的政策框架》保证政府代表公众持有的信息可以在数据质量、持有者、管理者、管理工作等方面实现高质量的管理。政府信息和数据开放应遵循七个原则，见表7-2-10。

表7-2-10 新西兰政府数据开放的原则

原则	内　　容
开放性	政府持有的数据和信息应当向公众开放获取(官方信息法令或其他政府政策有相关规定某些应受到保护的数据可以拒绝或限制开放)
受保护	个人、机密和分类的信息受到保护

---

① Declaration on Open and Transparent Government [EB/OL]. [2024-01-01]. https://www.data.govt.nz/manage-data/policies/declaration-on-open-and-transparent-government/.

续表

原则	内　　容
可读性	应无差别地主动发布开放数据和信息，可通过互联网发现和获取
可信度和 权威度	数据和信息使用目的要求其在收集时是准确、相关、及时、一致、无差别的，且尽量确保数据来源是权威的、唯一的
合理组织	政府持有的数据和信息：有效地属于新西兰公众；是政府代表公众管理的核心战略资产；只有在特定的公共政策、业务经营和立法目的时才能被收集和使用； 政府机构的数据管理者需要提供覆盖其生命周期的良好的管理和实践，包括防止技术过时和长期保存及获取、与其他机构和公众进行合作、促进访问、提升管理意识并支持国际合作
价格合理	政府持有的数据和信息的使用应为免费的，不鼓励收费；只有明确表明定价不会成为数据利用和重用的障碍时，可以通过收取一定费用抵消其传播的成本；若对于数据获取的请求需要付费，也应为透明的、一致的、合理的，且对于所有请求者费用一致
可重用	已发布的数据和信息伴随时间推移和技术变化可以被发现、共享、使用和重用；根据《新西兰政府开放获取与授权协议框架》，有版权和无版权信息的重用均受到许可； 数据和信息的发布：应为数据源，尽可能实现最高细粒度；是可重用的、机器可读的格式；使用合适的元数据，如果数据无法以最原始的状态发布，可以进行适当的修改或聚合；有特定格式的信息在发布时应是开放、无特定格式的；无需将数字版权技术强加于信息的重用

③政府数据开放的范围

新西兰政府数据提倡所有公共资金资助的、非个人的和没有限制的信息和数据都应被开放，《开放和透明政府声明》指出政府部门应积极开放高价值的公共数据，高价值的公共数据是指这些数据的利用可以促进经济、社会、文化及环境保护的发展，客观说明政府现状且有利于提升政府工作效率。新西兰尚未有专门文件规定必须开放的数据类目与范围，但已有的政策对数据开放的范围作出导向。

在新西兰数据开放门户 data.govt.nz 中，可供检索的数据目录有 22 种①，包括农业、林业和渔业（Agriculture，Forestry and Fisheries），艺术、文化和遗产（Arts，Culture and Heritage），建筑、建设和住房（Building，Construction and Housing），商业、贸易和工业（Commerce，Trade and Industry），教育（Education），就业（Employment），能源（Energy），环境及自然保育（Environment and Conservation），财政、税收与经济（Fiscal，Tax and Economics），健康（Health），基础设施（Infrastructure），司法（Justice），土地（Land），地方和地区政府（Local and Regional Government），毛利人和太平洋岛民（Māori and Pasifica），移民（Migration），部长、内阁和档案（Ministers，Cabinet and Portfolios），人口与社会（Population and Society），科学和研究（Science and Research），国家部门业绩（State Sector Performance），旅游（Tourism）以及运输（Transport）等，涉及政府事务、社会发展、商业投资、公众利益等多个方面。《新西兰政府开放获取与许可框架》所描述的具有版权许可的信息也是开放数据的一部分，包括地理空间数据集、委托研究报告、科学数据集、官方统计数据、政府绩效数据集（财政及其他）、摄影图像、教育资源和电影存档文件。

新西兰具有较为悠久的开放政府信息的传统，各部门也具有开放数据的基本意识与积极性，且政府鼓励各部门在协调各方利益的前提下尽最大可能开放更多的数据，开放公共数据以实现更大范围的重用已成为各个部门的日常业务。

④政府数据发布的流程

《新西兰政府开放存取与许可框架》从版权许可的角度建议国家服务部门

---

① Category［EB/OL］.［2023-11-13］. https://data.govt.nz/search? q=&CategoryID=0.

将审查与发布数据流程分为七个阶段：版权及相关权利评估（Copyright-related Rights Evaluation），识别该机构提出的所发布数据的范围，判断这些数据是否具有版权，若有，则确定版权的归属并确定在版权许可中所属的类目；制约因素分析（Evaluation of Restrictions），若该数据拥有版权及相关权利，则这些数据可以在知识共享许可—署名许可［Creative Commons Attribution（BY）］的条件下发布，若数据不存在版权相关权利，则可以开放存取的方式发布；重用权利选择（Re-use Rights Selection），适用于在第二个步骤中发现了一个或多个限制因素但仍然有发布可能的那部分数据；应用许可或无所有权声明（Application of Licence or No Known Rights Statement），该步骤解释了机构如何应用 NZGOAL 许可和工具；道德权利审查（Moral Rights Check）仅在版权作品发布时使用；格式选择（Format Selection）：为不同类型的数据选择最适合利用的格式；数据发布（Release for Re-use）：在数据门户网站发布数据。这一流程的规范可以保障发布的数据都是符合版权法案要求的且是基于合适的许可协议的。

《高价值公共数据重用的优先级与开放——流程与指南》是新西兰国内事务部对于数据发布流程的指导与要求，适用于该机构内部，其他部门也可根据自身情况酌情调整并应用于该部门，该指南配合《开放数据识别、优化和计划工作表模板》，将数据发布流程归纳为 7 个阶段，如图 7-2-2 所示。

图 7-2-2 表明，新西兰政府数据的发布十分注重数据筛选与质量把关，通过多个步骤的审查，确保开放数据不存在版权纠纷且具备较高的利用价值。

⑤数据开放的格式

数据开放格式的要求关系到数据能否进行高效的管理、获取与重用，《新西兰政府开放存取与许可框架》指南 2① 对开放数据的格式做出规范，包括 16

---

① NZGOAL Guidance Note 2：File Formats，Updated August 2015［EB/OL］.［2024-01-01］. https://www.data.govt.nz/toolkit/policies/nzgoal/guidance-note-2/.

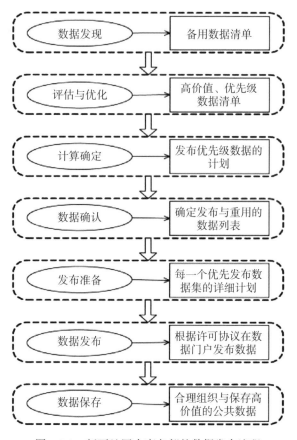

图 7-2-2　新西兰国内事务部的数据发布流程

种数据格式，均为机器可读，且对每一种数据指明了最佳用途的建议。结合数据在管理与应用中可能存在的问题提出，数据利用者在处理数据时根据不同的需求使用不同的工具，因此要对于一种数据提供多种可替代的格式以实现可利用范围的最大化；某些特定行业和领域对于数据的表示和交换往往有特定的格式，如公共交通与地理信息通用格式（General Transit Feed Specification）、虚拟立体城市模型存储与交换的格式（CityGML）、以互操作的形式管理数据的格式，因此这些数据的开放需要和该产业或行业的要求相一致。此外，该指南强调了在数据开放门户网站 data.govt.nz 发布的数据应实现最高细粒度，如某机构以一组电子表格或 CSV 文件发布的调查数据应对每一个表格和文件都提供一个描述，且每个描述均独立列出；对于每条记录应有足够详细的元数据描述，用户可识别他们在数据集中可以找到的数据类型，并确保其下载的数据即为所需。

（2）新西兰政府数据开放的法律支持

新西兰政府在版权保护、隐私权保护、信息自由等方面有着完备的法律支持，这些法律是政府数据开放有序进行、平衡各方利益的重要保障。数据开放的许可协议则从实际操作的角度搭建了数据发布与利用的法律框架。

①《版权法案》

《版权法案》（*Copyright Act 1994*）①1994 年 12 月 15 日批准执行，2016 年 3 月 1 日再版。该法案由商业、创新、就业部门（The Ministry of Business, Innovation, and Employment）管理，为判断一份作品是否具有版权且以何种方式进行版权保护提供了标准和依据，同样是《新西兰政府开放获取与许可框架》的重要法律基础。该法案第 14 条②明确指出，版权是一种存在于特定原始作品中的财产权，其中被认可的原始作品包括被认可的原始作品种类包括文学作品、戏剧作品、音乐作品、艺术作品、录音唱片、电影、通信工程作品等，包括表格、汇编及计算机程序。该法案第 2 条③对"汇编"做出解释说明，认为数据库或数据集属于"汇编"，因而适用于版权法案保护。版权存在于大多数由国家服务部门创造的原始作品中，该法案规定，在一些特定的政府和议会的材料中，如法律、法院判决和议会辩论等则不受版权保护。

---

① Copyright Act 1994 ［EB/OL］. ［2024-01-01］. https://legislation.govt.nz/act/public/1994/0143/latest/DLM345634.html.

② Part 1 Description, ownership, and duration of copyright ［EB/OL］. ［2024-01-01］. http://legislation.govt.nz/act/public/1994/0143/latest/DLM345921.html.

③ Interpretation ［EB/OL］. ［2024-01-01］. http://legislation. govt. nz/act/public/1994/0143/latest/DLM345639.html.

②《官方信息法案》

《官方信息法案》(*Official Information Act 1982*)①，1982 年 12 月 17 日批准执行，2016 年 3 月 1 日再版，该法案由司法部 (The Ministry of Justice) 管理，旨在提升新西兰公众对于官方信息的可获得性，为每个人提供获取官方信息的相应权限，保护官方信息与公共利益和个人隐私的保护相一致，为公众合理获取政府信息与数据提供了法律依据。该法案的第 12 条②和第 20 条③均提出，任何一位新西兰公民、新西兰永久公民、身在新西兰的人、在新西兰注册成立的法人团体、未在新西兰注册的但在新西兰开展有具体业务的法人团体均可享有获取政府部门特定信息的权利，可见开放范围十分广泛。

③《隐私权法案》

《隐私权法案》(*Privacy Act 1993*)④1993 年 5 月 17 日批准执行，2016 年 3 月 1 日再版，该法案由司法部管理，为新西兰公众的个人信息安全保护提供了绝对保障。该法案在第 6 条信息隐私原则⑤明确指出，个人信息只有在该机构为实现其合法职能的情况下才可被采集，且个人信息应受到绝对的保护，这与《新西兰数据和信息管理的原则》中个人信息受保护的原则相一致。

④《公共记录法案》

《公共记录法案》(*Public Records Act 2005*)⑥，2005 年 4 月 20 日批准执行，

---

① Official Information Act 1982 [EB/OL]. [2024-01-01]. https://legislation.govt.nz/act/public/1982/0156/latest/DLM64785.html.

② Part 2 Requests for access to official information [EB/OL]. [2024-01-01]. https://legislation.govt.nz/act/public/1982/0156/latest/DLM64785.html.

③ Part 3 Publication of, and access to, certain documents and information [EB/OL]. [2024-01-01]. https://legislation.govt.nz/act/public/1982/0156/latest/DLM64785.html.

④ Privacy Act 1993 [EB/OL]. [2024-01-01]. https://legislation.govt.nz/act/public/1993/0028/latest/DLM296639.html.

⑤ Part 2 Information privacy principles [EB/OL]. [2024-01-01]. http://legislation.govt.nz/act/public/1993/0028/latest/DLM297038.html.

⑥ Public Records Act 2005 [EB/OL]. [2024-01-01]. https://legislation.govt.nz/act/public/2005/0040/latest/DLM345529.html.

2016 年 6 月 30 日再版，该法案由国内事务部（The Department of Internal Affairs）管理，用于指导国家内部档案的保管与使用。该法案第 47 条①规定，基于合理的请求，公众可以免费查阅开放获取的档案，与此同时，在第 17 条②"档案创建与保护原则"中同样指出，受保护的档案需在符合本法律规定的前提下才可被获取，这既体现了政府数据开放的精神又明确了机密信息应受保护的原则。

⑤　政府数据开放的使用许可

许可的使用是指准许组织和个人再利用受到版权或数据库权保护的信息和资料的一种机制，它明确了利用者和再利用者准许做什么和受到哪些限制③。《新西兰政府开放获取与许可框架》是新西兰政府制定的信息许可措施，是机构在数据和信息的发布与再利用需要遵循的官方指导，以促进版权作品的合法使用及非版权作品更大程度的开放。

在该框架的指导下，新西兰政府数据开放采用的是新西兰知识共享许可 3.0（Creative Commons 3.0 New Zealand Licences）和国际知识共享许可 4.0（Creative Commons 4.0 International Licences）④，包括六个知识共享许可及对非版权的作品的"未知版权"声明。《NZGOAL 框架》中包括的许可类型有：署名许可（Attribution CC-BY）、署名—非商业许可（Attribution-NonCommercial CC-BY-NC）、署名—非演绎许可（Attribution-NoDerivs CC-BY-ND）、署名—非商业—非演绎许可（Attribution-NonCommercial-NoDerivs CC-BY-NC-ND）、署名—

①　Open access records［EB/OL］．［2024-01-01］．http∶//legislation.govt.nz/act/public/2005/0040/latest/DLM345777.html.

②　Part 2 Recordkeeping requirements［EB/OL］．［2024-01-01］．http∶//legislation.govt.nz/act/public/2005/0040/latest/DLM345729.html.

③　迪莉娅. 政府数据开放许可适用研究［J］. 图书馆，2014(6)∶91-93.

④　NZGOAL Guidance Note 5∶Comparison of Creative Commons 3.0 New Zealand and 4.0 International licences ［EB/OL］．［2024-01-01］．https∶//www. data. govt. nz/toolkit/policies/nzgoal/guidance-note-5/.

相同方式共享许可（Attribution-ShareAlike CC-BY-SA）、署名—非商业—相同方式共享许可（Attribution-NonCommercial-ShareAlike CC-BY-NC-SA）。

7.2.7　澳大利亚

澳大利亚是采取开放政府数据举措的早期领导者，其 2001 年发布的《空间数据访问和定价政策》（*Australian Government's Spatial Data Access and Pricing Policy*）是最早免费提供政府数据给公众的政策之一①。自 2009 年起，澳大利亚政府积极应用开放数据的理念和行动践行开放政府的愿景和目标，截至 2024 年 6 月，其政府数据开放网站 data.gov.au 已包括 1400 多个组织的 10.2 万多个数据集。

（1）澳大利亚政府数据开放的机构与岗位设置

随着大数据的发展，整个社会对于政府数据开放的呼声越来越大，一系列相关法律政策的颁布和实施都需要专门的数据开放机构，以制定前后一致、连续的数据开放政策，在政府部门内部、政府部门之间进行沟通，促进政府数据得到最大限度的利用与再利用②。澳大利亚政府数据开放共享涉及多个机构，主要机构包括信息专员办公室、政府信息管理办公室、总理内阁部、总检察院、国家档案馆、统计局及国防通信局等。

①澳大利亚信息专员办公室

澳大利亚信息专员办公室（Office of the Australian Information Commissioner，OAIC）于 2010 年 11 月正式运作，是一个整合性组织，分别位于首都直辖区、

---

① Parliament of Australia. Inquiry into Wireless Broadband [EB/OL]. [2024-01-01]. https://www. aph. gov. au/parliamentary _ business/committees/house _ of _ representatives _ committees? url=cita/wbt/subs/sub006.pdf.

② 陈美. 基于整体性治理的澳大利亚信息政策研究[J]. 情报理论与实践，2015，36（4）：123-128.

新南威尔士州、北部地区、昆士兰和西澳大利亚州这 5 个行政辖区，为政府收集、存储、组织、使用和揭露信息提供政策和行动上的建议。尽管各个州的信息专员办公室有细微差别，但整体结构都包含信息专员、信息自由专员、隐私专员。其整合了隐私保护、促进政府数据开放和帮助澳大利亚政府部门有效地实施信息政策这三大功能。

②澳大利亚政府信息管理办公室

澳大利亚政府信息管理办公室(Australian Government Information Management Office，AGIMO)设在澳大利亚财政与行政管理部，负责政府信息公开，特别是各政府相关的网络建设、管理和协调工作。AGIMO 致力于推动政府与公众之间的在线协作，作为政府 2.0 议程的一部分，因此在 2013 年 2 月成立了跨部门工作组——"政府 2.0 指导小组"，统筹规划，明确数据的所有权，同时由政府 2.0 指导小组联合其他部门共同制定大数据相关指南，以确保项目的顺利完成，随后由该工作组启动了《公共服务大数据战略》的制定工作，并于 2013 年 8 月正式对外发布。此外，AGIMO 还创建了博客①，以便公民更有效地参与和合作；建立博客托管空间 govspace，让其他机构快速创建自己的博客。AGIMO 支持多种整体的政府网站和服务，旨在使公众更容易获得政府服务信息，并提供在线协作工具和资源，包括 australia.gov.au、govspace.gov.au、govdex.gov.au、data.gov.au 和 directory.gov.au。

③总理内阁部

总理内阁部(Department of the Prime Minister and Cabinet，DPMC)的主要功能是针对公共部门和政府管理的前沿问题给总理和内阁提供政策建议，并且向澳大利亚政府机构提供公共和政府事务等方面的咨询和指导。其下属的隐私和信息公开政策科(Privacy and FOI Policy Branch)提供国内和国际的政府信息公开与隐私政策咨询、介绍和支持，包含在《隐私法》和《信息自由法》制定和实

---

① govspace [EB/OL]. [2023-11-13]. http://govspace.gov.au/.

施的改革工作内。隐私和信息公开政策科还在国际信息隐私保护中发挥重要作用，领导亚太经合组织(Asia Pacific Economic Cooperation，APEC)和经济合作与发展组织(Organisation for Economic Cooperation and Development，OECD)在制定国际制度促进企业利用跨境隐私规则适当监管以保护个人信息方面的工作。

④总检察院

总检察院(Attorney-General's Department)向澳大利亚政府提供法律和司法以及国家安全和应急管理系统的维护和改进的支持，在版权法和整个政府管理知识产权问题上是牵头机构。其发布和修订一系列支持政府数据开放的法律制度，如在 2010 年 10 月 1 日修订《澳大利亚政府机构知识产权原则》(Intellectual Property Principles for Australian Government Agencies)，以反映政府在软件知识产权的所有权下，信息和通信技术合同采购的有关决定，并免费使用公共部门信息。

⑤ 国家档案馆

国家档案馆(National Archives of Australia)创立于 1961 年，为了保存联邦政府的各项历史记录而建立，主馆位于澳大利亚首都特区堪培拉，在澳大利亚联邦境内的各州首府和领地皆设有分馆。《档案法》要求国家档案馆监督政府记录保存，制定标准，对澳大利亚政府机构提供信息记录管理上的咨询。其设有政府信息管理分馆，为澳大利亚政府的数据开放设定标准和提供建议，负责政府数据开放的文件存档、目录编制等事宜。此外，国家档案馆被要求建立开放时期的国家记录供公共访问，其中大部分记录能在 30 年后开放存取，现阶段内阁记录在 50 年后，而人口普查信息在 99 年后①。作为未来政府信息公开改革的一部分，内阁记录的开放访问期限将会由 50 年下调到 30 年，除了人口普查信息以外的其他政府记录的开放访问期限将减少到 20 年。

---

① Publications and tools — National Archives of Australia, Australian Government［EB/OL］.［2023-11-10］. http://www.naa.gov.au/records-management/publications/index.aspx.

⑥ 统计局

统计局(Australian Bureau of Statistics, ABS)是澳大利亚官方的统计机构,除了提供统计数据,也在澳大利亚其他政府机构的统计活动中发挥协调作用。它制定了评估和统计信息的标准,推动政府数据的利用与再利用。由于许多显著的公共政策问题跨越多个组合和机构的责任区域,跨机构整合统计数据能够提高效率和研究的质量,英联邦在2009年4月成立了跨组合统计一体化委员会(Cross Portfolio Statistical Integration Committee, CPSIC),由ABS和联邦卫生与老龄化部联合主办,目的是建立一个国家框架来集成联邦数据进行统计和研究。作为该框架的第一阶段,CPSIC已经产生了一系列数据集成的高水平原则,鼓励跨政府合作和透明度,实现公共部门信息的全部潜能,认识到政府数据是公共资产,应该被视为一种战略资源。这样的整合数据有利于促进新的数据集的创建和拥有最大化的联邦数据源,反过来也有助于决策的制定和服务的提供。

⑦ 国防通信局

国防通信局(Australian Signals Directorate, ASD)设在国防部,负责澳大利亚政府的数据开放安全政策,设置其管辖的政府信息和通信技术系统的安全性,并向政府机构提供指导①。

⑧ 政府2.0工作组

2009年6月,澳大利亚成立政府2.0工作组,旨在通过广泛获取公共部门信息、促进政府资源透明、创新与增值,扩大政府开放程度。工作组认为,公共部门信息应能在国际范围内机读,标准化许可下开放获取,并自由重用、转换和传播,因此建议将CC作为许可的默认标准,同时,建立、实施政府信息公开计划。工作组项目之一 Mashup Australia 鼓励公众创造性地聚合政府数据,

---

① Australian Signals Directorate. Who we are[EB/OL]. [2024-01-01]. https://www.asd. gov.au/.

并通过网络获取进行创新。为支持 Mashup Australia，工作组通过测试版的数据目录 data.australia.gov.au，公布了逾 15 家联邦政府机构，以及各州和地区政府的数据集①。

⑨ 信息咨询委员会

信息咨询委员会依据《澳大利亚信息专员法》而成立，旨在将公共部门外的专业知识引入，给信息专员提供建议，充分发挥信息专员的作用。该委员会由那些具有相关经验或资格的关键政府机构和政府部门之外的机构成员组成，包括各部门部长，如公共和私营部门中的提名者，以及从参议院和众议院各选出的一名代表②。

⑩ 澳大利亚政府通信委员会

澳大利亚政府通信委员会是一个国家部长级的论坛，通过审查和批准澳大利亚政府各行政区域所采纳的标准而增加信息的互用性。该委员会设有两个下属委员会，分别为政府通信常务委员会、跨行政辖区首席信息专员委员会。前者由宽带、通信和数字经济部秘书与各个中央政府、地方政府及澳大利亚政府信息管理办公室的高级官员共同负责，后者由联邦首席信息专员及包括各个中央政府、地方政府的首席信息专员的成员一起负责。

澳大利亚政府数据开放相关的机构具有层级性和整合性特点。首先，这些机构中起着领导作用的是澳大利亚信息专员办公室和政府信息管理办公室，其他几个主体更多的是参与机构，这些参与机构与领导机构共同协作处事，以统一的方式去处理技术和记录保存标准、许可安排、跨部门政策。此外，为了对这些机构进行统筹，推进政府数据开放共享的进展，澳大利亚设立了许多跨部门的信息管理委员会或工作小组，如政府 2.0 工作组、信息咨询委员会和政府通信委员会都是由许多部门的成员组成的，方便交流与沟通。而机构内部如信

---

① Mashup Australia[EB/OL].［2023-11-10］. https：//mashupaustralia.org/.
② 陈美. 基于整体性治理的澳大利亚信息政策研究［J］. 情报理论与实践，2015，36（4）：123-128.

息专员办公室也整合了隐私职能、信息自由职能和信息专员职能。

⑪澳大利亚数字转型局

2015 年 7 月，为了推动政府部门向数字化、透明化、开放化转型，澳大利亚成立了数字转型办公室(Digital Transformation Office, DTO)，是一个向通信部长报告的执行机构。2016 年 11 月，数字转型局(Digital Transformation Agency, DTA)取代了 DTO，DTA 是澳大利亚总理和内阁的一个执行机构，监督实施"数字化转型战略"，帮助政府实现"简单、清晰和快速的服务"，使澳大利亚政府"到 2025 年成为世界领先的数字化政府之一"①。

(2)澳大利亚政府数据开放共享的政策

在政府信息公开走向开放政府数据的发展过程中，许多国家政府都从战略体系构建、政策法规制定、政府数据网站建立等方面来推进开放政府数据工作，通过政策颁布来促进开放政府数据的发展成为普遍做法。开放政府数据政策对于推动开放政府数据的发展显然具有全局的、指导的、保障的意义。澳大利亚近年来发布了许多与政府数据开放共享相关的部分或全部政策，旨在提高政府进行数据开放实践的经验、培养创新力、增强政府透明度和拓宽公众获取公共部门信息的途径，主要政策如表 7-2-11 所示。

表 7-2-11　澳大利亚政府数据开放共享的主要政策

发布时间	政策名称	发布主体
2009 年 7 月	《澳大利亚政府信息政策与电子政务》(*Information Policy and E-governance in the Australian Government*)	总理内阁部
2009 年 7 月	《数字经济未来发展方向》(*Digital Economy Future Directions*)	宽带、通信和数字经济部

---

① Digital Transformation Agency[EB/OL].［2024-01-01］. https://www.dta.gov.au.

续表

发布时间	政策名称	发布主体
2009 年 8 月	《国家政府信息共享策略》（ *National Government Information Sharing Strategy*，*NGISS*）	澳大利亚政府信息管理办公室
2009 年 12 月	《参与政府 2.0 的报告》（ *Engage：Getting on with Government 2.0*）	政府 2.0 小组
2010 年 3 月	《捷足先登：澳大利亚政府行政改革的蓝图》（ *Ahead of the Game：Blueprint for the Reform of Australian Government Administration*）	政府行政改革咨询小组（由总理内阁部长领导）
2010 年 7 月	《开放政府宣言》（ *Declaration of Open Government*）	财政部
2011 年 5 月	《开放公共部门信息原则》（ *Principles on Open Public Sector Information*）	澳大利亚信息专员办公室
2013 年 8 月	《公共服务大数据战略》（ *The Australian Public Service Big Data Strategy*）	澳大利亚政府信息管理办公室
2018 年 11 月	《政府的数字化转型战略》（ *Government's Digital Transformation Strategy*）	澳大利亚政府数字转型局
2023 年 12 月	《数据和数字政府战略》（ *Data and Digital Government Strategy*）	澳大利亚政府数字转型局

①政府数据开放的原因和目的

澳大利亚进行政府数据开放共享主要有内外两个层次的原因。内因主要是机构内部信息沟通不畅，效率低下，缺乏整合性。例如 Ian Reinecke 博士在他的研究中发现政府机构间的信息管理支离破碎，因此编写《澳大利亚政府信息政策与电子政务》，提出应该制定一致的数据开放政策来协调现有机构在数据开放上的努力①。外因主要是国际上对政府数据开放的呼声越来越大，许多国家如英国等取得了重大的进展做出了榜样，因此《捷足先登：澳大利亚政府行政改革的蓝图》指出，澳大利亚在提供政府信息和服务的在线访问与政策制定和服务的设计上落后于国际同行，应通过各种渠道如互联网 2.0 技术促进政府与公众间的交流，尤其是公共部门信息的开放②。

目的也可分为两个方面。一是与政府本身相关的民主和参与，二是与政府所代表的整个国家的创新和发展。例如《参与政府 2.0 的报告》提出要建立"更加开放、负责、反应灵敏、高效的政府"③，《捷足先登：澳大利亚政府行政改革的蓝图》提出了 9 条促进澳大利亚公共服务的建议，其中第二条就是"创造更加开放的政府"④；《开放政府宣言》承认政府信息的更好获取与重用在实现更为开放、参与以及透明民主中发挥着重要作用，因此为了促进民主和广泛参与，政府承诺要实现基于参与文化的开放政府，建设能更好获取和利用政府所掌握信息的平台，并通过技术创新而持续发展⑤；《数字经济未来发展方向》认为政府应在公共和私营部门采取更为开放的信息政策以促进创新，从而促进澳大利亚数字经济成功。

---

①　Information Policy and E-Governance in the Australian Government：Report［EB/OL］.［2024-01-01］. https：//itlaw. fandom. com/wiki/Information_Policy_and_E-Governance_in_the_Australian_Government：_Report.

②　Ahead of the game：blueprint for the reform of Australian government administration［EB/OL］.［2024-01-01］. http：//www. asu. asn. au/documents/doc_download/256—2010-ahead-of-the-game-blueprint-for-the-reform-of-australian-government-administration.

③　Engage：getting on with Government 2. 0［EB/OL］.［2024-01-01］. https：//apo. org. au/node/19954.

④　Ahead of the game：blueprint for the reform of Australian government administration［EB/OL］.［2024-01-01］. http：//www. asu. asn. au/documents/doc_download/256—2010-ahead-of-the-game-blueprint-for-the-reform-of-australian-government-administration.

⑤　Parliament of Australia. Declaration of Open Government［EB/OL］.［2024-01-01］. https：//parlinfo. aph. gov. au/parlInfo/search/display/display. w3p；query = Id：%22media/pressrel/AKCX6%22.

②政府数据开放的主体

上述政策对政府数据开放的主体做了详细的规定。例如《参与政府 2.0 的报告》建议政府数据开放的领导机构应与其他相关机构合作，并成立一个指导小组来实施这些程序①；《对政府 2.0 工作组报告的回应》指定 AGIMO 和财政部为领导机构，小组成员包括 OAIC，拥有制定和实施政府 2.0 工作方案的责任，向有着政府 2.0 问题的机构提供帮助②。《澳大利亚政府信息政策与电子政务》提出 OAIC 应充分发挥中心参考点的作用，认为其他的机构包括 AGIMO、国家档案馆、澳大利亚公共服务委员会（Australian Public Service Commission）和 DPMC 也应在实行政策中发挥作用③。可以看出 AGIMO 和 OAIC 是比较公认的领导机构。

③政府数据开放共享的原则

《参与政府 2.0 的报告》提出了 5 条原则：拥有大量数据的政府部门信息应当被视为国家资源，数据应免费提供，获取速度快，有重复使用的许可，机器可读④。

《国家政府信息共享策略》提出了 9 条信息共享的原则：提供领导，传递价值，协同行动，政务明确，建立保管准则，互操作性，使用基于标准的信息，促进信息再利用，确保隐私和安全⑤。

---

① Engage：Getting on with Government 2.0[EB/OL]. ［2024-01-01］. https://apo.org.au/node/19954.

② Government Response to the Report of the Government 2.0 Taskforce | Department of Finance | Department of Finance Archive[EB/OL]. ［2023-11-15］. http://www.finance.gov.au/archive/publications/govresponse20report/.

③ Information Policy and E-Governance in the Australian Government：Report[EB/OL]. ［2024-01-01］. https://itlaw.fandom.com/wiki/Information_Policy_and_E-Governance_in_the_Australian_Government:_Report.

④ Engage：Getting on with Government 2.0[EB/OL]. ［2024-01-01］. https://apo.org.au/node/19954.

⑤ Towards an Australian Government Information Policy [EB/OL]. ［2024-01-01］. https://apo.org.au/node/23119.

《开放政府宣言》是《参与政府 2.0 的报告》的核心建议，提出了政府开放的 3 条原则：告知，参与，协作。要求各机构"减少在线参与的障碍，进行网络社交，增加资源量和网上合作项目，和在线协作项目，并支持员工的在线参与"①。

《开放公共部门信息原则》提出 5 条原则：信息默认可开放存取，基于标准格式，机器可读，高品质的元数据信息，信息公布要按照澳大利亚政府于 2009 年 11 月批准的《网络内容无障碍指南第 2 版》(*Web Content Accessibility Guidelines Version 2*，*WCAG 2.0*)进行②。

《公共服务大数据战略》提出 6 条"大数据原则"：数据是一种国家资产，应被用于人民福祉；数据共享和大数据项目开发过程中严保用户隐私；数据完整和过程透明；政府部门间以及政府与产业间应共享技术、资源和能力；与产业和学术界广泛合作；强制政府数据开放③。

综合上述原则，可以发现重复提到的原则主要有 4 点：政府数据是国家资产；数据格式基于标准；数据应机器可读；重视隐私与安全。

④政府数据开放人才培养

2012 年 10 月，澳大利亚政府发布《澳大利亚公共服务信息与通信技术战略 2012—2015》，强调应增强政府机构的数据分析能力从而实现更好的服务传递和更科学的决策，并将制定一份大数据战略作为战略执行计划之一④。

---

① Parliament of Australia. Declaration of Open Government［EB/OL］．［2024-01-01］． https://parlinfo.aph.gov.au/parlInfo/search/display/display.w3p；query = Id:%22media/pressrel/AKCX6%22.

② Principles on Open Public Sector Information［EB/OL］．［2024-01-01］．https://www.oaic.gov.au/about-the-OAIC/information-policy/information-policy-resources/principles-on-open-public-sector-information.

③ Australian Government Information Management Office. The Australian Public ServiceBig Data Strategy：Improved Understanding through Enhanced Data-analytics Capability Strategy Report［EB/OL］．［2023-11-20］．http://www.finance.gov.au/sites/default/files/Big-Data-Strategy.pdf.

④ 张勇进，王璟璇. 主要发达国家大数据政策比较研究［J］. 中国行政管理，2014（12）：113-117.

2013 年 8 月 AGIMO 正式发布《公共服务大数据战略》，决定成立数据分析卓越中心(Data Analytics Centre of Excellence，DACoE)，隶属于澳大利亚税务局。澳大利亚政府希望在大数据的分析运用方面领先全球，该中心将通过构建一个通用的能力框架帮助政府部门获得数据分析能力，提出了大数据分析的实践指南、会碰到的主要障碍以及对数据的登录和使用等，并促成政府部门与大专院校合作培养分析技术专家，包括信息和通信技术、信息和统计数据、数学、社会经济学、经营学、语言学和影响评估技能。同时计划将各类大数据分析技术纳入现行教育课程中，强化政府数据开放人才储备①。

澳大利亚政府数据开放政策具有领先性、继承性和具体性的特点。早在 2001 年澳大利亚便发布了政府数据开放有关的政策文件，是世界上制定政策数据开放政策较早且免费提供政府数据给公众的国家之一；澳大利亚很多政策都是基于之前的政策要求进行发布，或完善或延伸，具有继承和发展的关系；已发布的数据开放政策涉及数据开放的原因、目的、原则、人才培养等各个方面，甚至具体到数据发布的格式、标准等，指导性和可操作性很强。

(3)澳大利亚政府数据开放共享的法律法规

各国都在积极建立适合本国国情的政府数据开放政策法规体系。大多数法规明确提出政府开放数据的义务，并注重公民隐私权的保护。澳大利亚采用了成文立法和政策保障双重工具来推进政府开放数据，以法规形式保障公民的数据权、规制政府开放数据原则及范围，循序渐进地引导和支持开放数据运动，主要法律法规见表 7-2-12。

---

① Australian Government Information Management Office. The Australian Public ServiceBig Data Strategy：Improved Understanding through Enhanced Data-analytics Capability Strategy Report [EB/OL]. [2023-11-20]. http://www.finance.gov.au/sites/default/files/Big-Data-Strategy.pdf.

表 7-2-12 澳大利亚政府数据开放共享的主要法律法规

发布时间	法律法规名称
1982 年	《信息自由法》(*Freedom of Information Act 1982*)
1983 年	《档案法》(*Archives Act 1983*)
1988 年	《隐私法》(*Privacy Act 1988*)
1999 年	《电信传输法》(*Electronic Transactions Act 1999*)
2003 年	《反垃圾邮件法》(*Spam Act 2003*)
2010 年	《信息自由改革法修正案》 [*Freedom of Information Amendment(Reform)Act 2010*]
2010 年	《信息专员法案》(*The Australian Information Commissioner Act 2010*)
2011 年	《开放政府协议框架》 (*The Australian Governments Open Access and Licensing Framework,* *AusGOAL*)
2012 年	《隐私修正(提高国民隐私保护)法》 [*Privacy Amendment(Enhancing Privacy Protection)Act 2012*]
2020 年	《消费者数据权利法案》 (*Consumer Data Right*)
2022 年	《数据可用性和透明度法案》 (*Data Availability and Transparency Act 2022*)

①数据开放的强制性

1982 年澳大利亚颁布《信息自由法》，赋予每个公民和社团获取政府信息的权利，所有联邦政府机关必须执行该部法令①。2010 年 5 月，澳大利亚联邦议会通过了《信息自由改革法修正案》使得政府在信息披露和出版方面更加积极主动②，为促进政府数据开放和建立透明政府奠定了法律基础。

---

① Freedom of Information Act1982［EB/OL］.［2024-01-01］. https：//www.legislation.gov.au/Details/C2016C00364.

② Freedom of Information Amendment（Reform）Act2010［EB/OL］.［2024-01-01］. https：//www.legislation.gov.au/Details/C2012C00866.

②数据开放的主体

2010 年 5 月，联邦议会通过《信息专员法案》，促使了信息专员办公室的成立，使信息专员在各州各部门发挥作用①。

1983 年通过的《档案法》赋予了澳大利亚国家档案馆两项重要职责：保护澳洲政府的重要记录并鼓励公众正确解读并使用它们，通过政府部门提高历史记录的正面性②。从而保证了国家档案馆在存储澳大利亚政府的信息记录上的重要作用。

③隐私权

1988 年，澳大利亚颁布《隐私法》，该法令要求联邦政府机关在遵守信息隐私原则的前提下处理个人信息。该法将隐私定义为四个单独的但是又相互联系的四个方面：信息隐私；身体隐私；通信隐私；私密空间。另外该法还为联邦公共部门制定了 11 条信息隐私原则，为私人部门组织制定了 10 条国民隐私原则。这些隐私原则涉及个人信息处理过程中的所有阶段，针对个人信息的收集、使用、披露，以及信息的性质和安全性的判定提出了具体的标准。此外，这些原则还对有关人员查阅、更改个人信息作了具体规定③。

2012 年，澳大利亚颁布《隐私修正(提高国民隐私保护)法》，是对 1988 年隐私法的重大改变，包括用澳大利亚隐私原则替换信息隐私原则和国民隐私原则④，增加对个人身份标识的定义，并重申了个人信息的定义，强调个人信息是指可识别个人的信息或评价，不论该信息或评价的真假，也不论该信息是否

①　The Australian Information Commissioner Act 2010[EB/OL]. [2024-01-01]. https://www.legislation.gov.au/Details/C2014C00382.

②　Archives Act 1983[EB/OL]. [2024-01-01]. https://www.legislation.gov.au/Details/C2015C00398.

③　Privacy Act 1988[EB/OL]. [2024-01-01]. https://www.legislation.gov.au/Details/C2016C00278.

④　Privacy Amendment (Enhancing Privacy Protection) Act 2012[EB/OL]. [2024-01-01]. https://www.legislation.gov.au/Details/C2015C00053.

被有关载体记录下来。并增加了澳大利亚隐私保护（Australia Privacy Protection，APP）控诉，规定可以对因违反澳大利亚隐私原则而对个人隐私形成妨害的法案和实践守则进行控诉。

2020 年，澳大利亚政府出台《消费者数据权利法案》（*Consumer Data Right*），在 2010 年《竞争和消费者规则》（*Competition and Consumer Act 2010*）的基础上，新增添消费者数据权利部分，以此为核心，涉及用户隐私、信息获取自由与消费者权益议题①。

④数据许可协议

2011 年，澳大利亚政府发布了《开放政府协议框架》，将"知识共享署名—3.0 许可"（Creative Commons Attribution 3.0）作为政府开放数据的默认协议。此外，Data.gov.au 上的授权形式还包括署名—禁止演绎（CC BY-ND）、署名—非商业性使用（CC BY-NC）、署名—相同方式共享（CC BY-SA）、公共领域（Other-PD）、其他署名许可（Other-AT）、未规定类型等②。

⑤ 数据安全

澳大利亚政府及各部门制定了一系列与数据安全有关的法律、标准和指南。1999 年发布《电信传输法》③，2003 年在全世界率先制定了《反垃圾邮件法》，规定从 2004 年 4 月开始，任何从澳大利亚境内发送电子垃圾邮件的公司或者个人一旦被查获就有可能受到严厉的惩罚④。2009 年 11 月发布了《网络安全战略》（*Cyber Security Strategy*），详细描述了澳大利亚政府将如何保护经济组织、关键基础设施、政府机构、企业和家庭用户免受网络威胁。明确提出信

---

① What is CDR？[EB/OL].[2024-01-01]. https://www.cdr.gov.au/what-is-cdr.

② 罗博. 国外开放政府数据计划：进展与启示[J]. 情报理论与实践，2014，37（12）：138-144.

③ Electronic Transactions Act 1999[EB/OL].[2024-01-01]. https://www.legislation.gov.au/Details/C2011C00445.

④ Spam Act 2003[EB/OL].[2024-01-01]. https://www.legislation.gov.au/Details/C2014C00214.

息安全政策的目的是维护安全、恢复能力强和可信的电子运营环境，从而促进澳大利亚的国家安全并从数字经济中最大限度地获取收益。2012 年 7 月发布了《信息安全管理指导方针：整合性信息的管理》，为海量数据整合中所涉及的安全风险提供了最佳管理实践指导，为政府数据开放过程中的安全风险防范提供帮助。

澳大利亚政府数据开放的法律法规具有基础法律发布较早、注重修订并形成体系的特点。如《信息自由法》《档案法》《隐私法》《电信传输法》等都是在 20 世纪 90 年代就已发布；伴随时代不断变迁，澳大利亚政府也紧跟数据时代的潮流，修订基础法律，添加伴随技术经济发展而产生的新内容，基础法律中的《信息自由法》和《档案法》都在 2010 年以后重新颁布了修订版本；在重要领域有一系列的相关法律、法规、标准、指南互相补充，体系完善。

2022 年，澳大利亚政府颁布了《数据可用性和透明度法案》(*Data Availability and Transparency Act* 2022)①，该法案旨在规范与授权其他政府或私营部门实体对澳大利亚政府数据的访问，并依据该法案设立国家数据专员(National Data Commissioner)对数据访问进行控制与监督，同时设立国家数据咨询委员会(National Data Advisory Council)，以促进与规范数据共享。

7.3　国外政府数据开放实践的主要特点

上一节探讨了《开放数据晴雨表》中排名前 10 的部分国家的政府数据开放实践，本节总结国外政府数据开放实践的主要特点。

7.3.1　重视国家层面战略规划的引领作用

战略规划的引领作用是指通过国家级战略或规划，对政府数据开放的目标

---

①　Data Availability and Transparency Act 2022［EB/OL］．［2024-01-01］．https：//www.legislation.gov.au/C2022A00011/latest/text.

定位、主要内容、重点发展的应用领域、相应的管理体制等，为政府数据开放的技术能力储备、推广应用与项目实施提供宏观指导与执行依据。上节介绍的各国政府高度重视在国家层面对政府数据开放实践的引领作用，相继制定了一系列阶段性指导文件以促进政府数据开放共享，在出台的相关政策中对政府数据开放的依据、标准、范围、原则、目标等进行明确规定，如英国先后制定了多项有关政府数据开放的政策文本，对方方面面进行补充和完善；政府数据开放与共享是一项长期的、复杂性的实践活动，需要由专门的机构和人员去规划、领导、协调和实施相关具体事宜。

国外政府设置专门机构负责政府数据开放工作，如美国的信息政策办公室以及总务管理局，各机构各司其职共同保障政府数据开放工作开展。此外，国外政府从法律层面对政府数据开放与共享工作进行保障，制定完善的法律法规，使得该项工作更具权威性和稳定性，如英国与之相关的法律法规有 5 项、法国在政府数据开放领域的法律法规有 3 项。丹麦政府数据开放政策的主要责任单位皆为数字化机构，在数字化机构的核心领导和方向把控下，联合其他国家、地方政府组织进行数据开放的建设。这种单一机构的领导使相关政策的制定和实施具有连贯性，如《2016—2020 年数字化战略》就是对《2011—2015 年数字政府战略》的延续和发展。

7.3.2　优化政府数据开放的组织架构

开放政府数据战略的推进需要具有综合协调能力的实体管理机构来统筹政府数据开放工作的规划、方案制定与实施以及部门间的协调，实施政府数据的整体性治理。数据开放涉及数据选择与采集的业务层面、数据处理和发布的技术层面、数据开放监督与评估的管理层面、数据再利用许可的法律层面等诸多问题，因此相关负责人不仅需要是数据管理的专家，也要知悉部门业务的特点，为本机构的数据开放制定合理的实施方案。

澳大利亚政府设立了信息专员办公室这个综合协调部门，使其能在整个政府数据开放中发挥整合作用，此外，还设立了许多跨部门的办公室，并联合了许多相关部门，使政府各信息部门能协商并且密切合作，克服各个部门分散化的问题。新西兰政府专门设立跨部门的数据开放治理小组，担负起制定并完善开放政府信息和数据发展战略、监督开放政府信息和数据项目实施进程的职能，同时将政府数据开放纳入政府信息和通信技术战略中，设立政府首席技术官、隐私官、政府信息服务顾问等专门职位，特别是政府首席隐私官帮助各部门在数据开放的同时保障信息管理的隐私与安全。新西兰政府每一个部门都任命了一个了解用户和利益相关者对于开放数据需求的中高层领导作为数据管理员，且负责"政府信息和数据开放项目"的小组成员也来自不同部门。

7.3.3 制定内容全面，指导性和可操作性较强的政策

随着政府数据开放与共享工作的稳步推进，用户的需求愈来愈趋于多元化，国外政府出台多项政策，如英国出台了19项政策、美国出台了8项政策、丹麦出台了6项政策等，政策囊括了政府数据开放各个环节的要求，诸多政策之间互为补充，这些政策不仅内容全面、涉及面非常广而且发挥不同的作用，是指导政府数据开放实践的重要依据。通过完善的政策指南，对政府数据的开放的各项管理内容进行细致规定，是开放数据的重要保障。

澳大利亚建立了健全的政府数据资源开放共享的政策措施和标准体系，覆盖政府数据开放共享的方方面面，包括原因、目的、原则、标准、内容、范围等，使其具有指导性，以强化对政府数据资源开放共享的组织协调、统筹规划和监督管理，并跟随时代的发展而进行修订。

英国政府数据开放政策具备类型多样、有连贯性、覆盖面广的特点。英国已发布的政策包括标准政策、许可政策、规划政策等多种类型，英国几乎每年会出台政府数据开放的政策，且很多政策是基于之前的政策实施效果进行发布，前后政策具有继承和发展的关系。已发布的数据开放政策涉及数据开放的依据、责任机构、目的、原则、开放数据范围、标准、许可协议、战略规

划、隐私保护和人才培养等方面，这些政策规定细致、具体，很容易操作和实施；英国的政府数据开放政策不是孤立存在的，全国性的政策与部门及地方性的政策遥相呼应，之前发布的政策与之后发布的政策紧密相连，从整体上涵盖了政府数据开放的方方面面，这些政策共同形成了英国政府数据开放的政策体系。

7.3.4 修订完善现有法律内容，具有继承性

政府数据开放的发展对法律内容的与时俱进产生了新的需求，而现行的法律存在一定的滞后性，国外政府多采用对现有法律进行修订与完善的方法以补充对政府数据开放法律指导的空缺，通过在原有法律的基础上进行完善，能保证法律具有继承性，更能适应社会的发展与进步。数据开放涉及知识产权、财产权、隐私保护、国家机密、数据再利用的许可等诸多法律问题，需要有合理的法律框架约束。

新西兰政府以现有的《版权法案》《官方信息法案》和《隐私权法案》等为依托，对法案适时修订，将法案的规定与精神呈现于《新西兰数据和信息管理的原则》和《新西兰政府开放获取与许可框架》中，是数据规范发布与使用的重要依据。英国政府数据开放的法律法规保障主要是以修订现有法律法规的方式来实现的，如新增与数据开放有关的条款，保障政府数据的自由获取和利用，强化个人隐私保护等，使其逐渐适用于政府数据开放。

丹麦政府通过关于数据开放共享的法律对政府数据开放的获取、利用以及隐私方面的问题进行了规定，使政府、企业、个人在使用数据时有法可依。到2018年，欧盟的《一般数据保护条例》正式施行，丹麦将此条例纳入《2016—2020年数字化战略》。由此可见，对数据开放相关的法律，丹麦持有较高的重视度，并正在逐步加强法律体系的建设。在《2016—2020年数字化战略》中，丹麦明确提出要加强相关法律建设，丹麦有关开放数据的法律体系将会更加完善。

7.3.5 重视数据安全与个人隐私保护

数据在收集、存储和使用过程中面临着诸多安全风险，数据所导致的隐私泄露也会给数据提供者带来严重困扰，虚假数据将导致错误或无效的数据分析结果，所以数据的隐私与安全尤为重要，也是公众对政府数据最为关心的部分。在政府数据开放实践中，通过法规政策强化政府数据开放过程中对个人隐私与数据安全的保障尤为重要。

澳大利亚政府在这两个方面都制定了一系列相关的法律、标准和指南，要求各部门和机构在开放数据之前要考虑数据隐私和安全问题，特别是在使用跨部门数据、第三方数据时需要更加仔细认真，于 2012 年 7 月发布了《信息安全管理指导方针：整合性信息的管理》为海量数据整合中所涉及的安全风险提供了最佳管理实践指导。

法国《行政文书公开法》第 6 条规定免除公开的情况："如果查阅或告知行政文件可能产生以下损害时，第 2 条所指的行政机关可拒绝关系人查阅或不予告知；泄露政府和具执行权的责任当局决议的秘密；泄露国防、对外政策的秘密；损害货币和公共信贷、国家安全和公共安全；妨碍司法机关已进行的程序的进展或该程序的预备活动，但经主管机关许可的不在此限；泄露商业和工业秘密；妨碍主管机关调查税务和海关方面的违法行为；法律所保护的其他秘密。"

为了应对数据安全的问题，美国《信息自由法》规定了九条豁免条例和在特定情况下免于公开的数据类型，如石油勘探数据因关系到国家机密而不得公开；公司财务数据因涉及商业机密而不应公开。在美国目前的立法体系中，对个人数据隐私权没有明确的保护措施，由任何途径获取该数据的人都有权收集、储存和使用这些数据。在这一情况下，信息隐私法就数据公开过程中可能产生的侵犯公民隐私权问题作出了说明，规定除特定情况外，涉及公民个人隐私的各类信息都不应公开，即使这些数据由政府收集，政府也无权公开涉及公民个体隐私信息的一切数据。我国在制定相关政策时也应该注意这类问题的规避，对涉及国家机密或个人隐私的数据可以不予公开。

英国《开放数据白皮书》明确将在公共部门透明度委员会(监督各部门数据开放的核心机构)中设立一名隐私保护专家，确保数据开放过程中及时掌握和普及最新的隐私保护措施，同时还为各个部门配备隐私专家；二是内阁办公室强制要求所有政府部门在处理涉及个人数据时都要执行个人隐私影响评估工作(Privacy Impact Assessment)，为此还专门制定了非常详细的《个人隐私影响评估手册》，三是各政府部门开放数据策略均明确将开放数据划分为大数据(Big Data)和个人数据(My Data)，大数据是政府日常业务过程中收集到的数据，可以对所有人开放，而个人数据仅仅对某条数据所涉及的个人开放。

7.3.6 确保用户的知情权和参与度

新西兰在政府数据开放的实践中，时刻关注征求用户的建议，以便优化政府数据开放相关服务。2016年9月19日，"开放政府数据和信息项目"指导小组以邮件形式向注册用户征求优化政府数据开放服务的意见。此外，自《开放透明政府声明》2011年发布以来，2012—2015年每年都会编订年度报告，实事求是地总结机构执行该声明的情况及实施"开放政府数据和信息项目"的进展，为下一年的工作重点及需要改进之处做出反馈，在评估自身工作的同时体现重视社会监督的作用。

如前所述，加拿大在《加拿大政府数据开放许可》颁布之初，曾邀请社会各界对其进行讨论，通过反馈信息以求完善。该举措引起国内外积极反响，收到了来自加拿大国内和多个国际开放存取组织的反馈。通过这些积极的有建设性的意见，加拿大政府最终删除原先许可协议中针对政府开放数据复用的相关限制性条款。

7.3.7 积极开展国际合作共赢

澳大利亚和新西兰两国在地理空间数据元数据标准制定方面有诸多合作。

澳大利亚地理数据基础设施自 1986 年以来一直由澳大利亚和新西兰土地信息委员会(ANZLIC)协调,目的是为地理空间数据提供元数据描述。在国际性元数据标准发布之前,ANZLIC 就研制了适用于澳大利亚和新西兰的元数据文件,并于 2001 年发布了 ANZLIC 元数据指南:澳大利亚和新西兰地理空间数据的核心元数据元素(ANZLIC Metadata Guidelines:Core Metadata Elements)。2013 年,国际标准组织(International Organization for Standardization,ISO)颁布了标准 ISO 19115 地理空间信息—元数据,该标准被国际上许多地理空间组织采纳,因此 ANZLIC 对原有标准进行了修订。ANZLIC 元数据文件是基于国际标准 ISO 19115 2005 和 ISO 19139 2007 制定的。该文件旨在通过提供一个一致的信息交流基础来促进部门内部、各部门间、司法机构甚至国际的互操作。

7.4 国际代表性国家政府数据开放战略的比较

开放政府数据意味着政府数据在国家、市场以及社会之间的双向交流与良性互动,集中体现了数字化时代政府数据管理理念和方式的变化,核心是对政府信息资产的多元化开发与管理,以应对日益增长且复杂多变的信息需求。同时,从更广阔的视角出发,开放政府数据是现代社会打造开放政府的重要举措,政府数据的开放与再利用将极大改变政府治理的生态环境,对改革政府、提高效率和公众参与度乃至鼓励创新和促进经济增长均提供了变革性思路和方法。

比利时鲁汶大学(University of Leuven)的研究学者 Katleen Janssen 指出,政府存在多个动机启动开放数据战略,普遍认可的有两个主要动机:"一个是出于政治考量,植根于民主和信息自由的精神;另一个则是站在经济利益的角度,以此拉动信息市场增长。"[①]

---

① Janssen K. The Influence of the PSI Directive on Open Government Data:An Overview of Recent Developments [J]. Government Information Quarterly, 2011, 28(4):446-456.

除上述共性目标外，不同国家的战略计划略有差异，有些国家强调通过开放数据创造更大的政府责任和透明度，有些国家则更加关注政府效率和创新。例如，美国政府强调透明度以增进公共参与，而丹麦强调开放政府数据所提供的开发新产品新服务的机会。英国明确提到使用开放数据加强执法①。在亚洲，"印尼和菲律宾明确要通过开放数据实现好的政府治理，而新加坡强调通过开放数据促进创新和信息通信技术进而带动发展"②。通过比较，各国开放政府数据战略的驱动因素划分为以下四类：

第一，扩大民主参与，推动政府治理变革。大多数国家认为披露政府数据可以赋予公民权利，加强民主监督，扩大公众参政议政范围。例如奥巴马政府的数据开放战略聚焦在增加透明度、参与和协作，并假定这些目标将改进政府对美国人民的服务质量。加拿大开放政府数据的目的则是为加拿大人提供更多机会来了解和参与政府，推动创新和经济发展机会。

第二，鼓励创新，扩大信息再利用，促进经济发展。瑞士各州州长认为，开放政府数据的主要收益在于促进经济发展和创新，而该国中央行政机关认识到，此举可改善公共服务的执行品质，促进内部合作、经济发展和创新。欧盟则更加强调从开放政府数据的再利用中实现直接和间接经济目标。各国均认识到开放政府数据蕴含的巨大经济价值，重视开放数据为企业和个人所创造的创新机会。

第三，增进信息共享，加强执法，提高政府工作效率。丹麦和印度都提出要借助政府数据开放改善政府信息处理，但丹麦通过基础数据开放项目强调建立科学合理的政府数据系统，提高行政运行效率。印度政府在其《国家数据共享和无障碍政策》中明确其针对的是"当前数据管理制度不开放，政府拥有的

---

① Huijboom N, Van den Broek T. Open Data：An International Comparison of Strategies [J]. European Journal of ePractice, 2011, 12(1)：4-16.

② Ritter W. Open Data in Asia[EB/OL]. [2024-01-01]. https://www.researchgate.net/publication/304630303_Open_Data_in_Asia.

数据与政府拥有其他数据之间不能共享",强调侧重于政府内部间的数据共享以及公民数据访问的改革。

第四,抑制腐败,冲击保密文化,增强政府公信力。透明国际以及 G20 等国际组织均将开放数据作为抑制腐败的有效手段和重要原则。韩国开放公共数据政策始于要求利用公共数据的公众与竭力阻止数据披露的政府机构之间的冲突。肯尼亚、菲律宾、印度尼西亚等国纷纷将开放政府数据作为打击腐败、瓦解保密文化的重要手段。

7.4.1 代表性国家开放政府数据战略制定前后的相关制度准备

绝大多数国家开放政府数据战略的制定并不是一蹴而就的,既需要一定的制度条件与社会文化等背景支持,也需要不断总结开放数据的开发利用规律,并以制度文件的形式逐步调整和拓展开放政府数据战略的广度和深度(见表 7-4-1)。与发达国家开放政府数据战略的平稳推进模式相比,由于技术、经济乃至法律制度等开放数据条件基础并不充分,发展中国家开放政府数据战略的制定往往是快速推进,更多依靠政治领袖的强力支持和单项制度指令的颁布。虽然伴随着电子政务建设、信息公开运动等经历了一定的酝酿培育阶段,但时间较短,信息公开法等法规制度建设薄弱,开放数据战略体系的完备性与层级递进性相对不足。

表 7-4-1　代表性国家开放政府数据战略制定前后的相关制度准备

国家	开放数据战略制定前后的相关制度基础	政治改革及社会背景
英国	2009 年英国财政部发布《推向第一前线》; 2011 年时任首相卡梅伦发布《秋季报告中关于开放数据的更多细节》; 2011 年发布《英国公共部门信息原则》; 2012 年发布《开放数据白皮书:释放潜能》	议会开支丑闻; 《卫报》针对政府数据发起了"使我们的数据自由"运动; 保守党在议会选举中获胜

续表

国家	开放数据战略制定前后的相关制度基础	政治改革及社会背景
美国	2009 年签署《透明与开放政府备忘录》，发布《开放政府指令》； 2013 年发布《开放政府合作伙伴——美国第二次开放政府国家行动方案》《数字政府：建设 21 世纪的平台以更好服务于美国人民》； 《开放数据政策：将信息作为资产管理》	时任总统奥巴马就开放政府数据运动提出建设开放政府
加拿大	2010 年发起政府数字经济战略； 2011 年 3 月，加拿大联邦政府宣布《开放政府动议》，其目标包括开放信息、开放数据与开放对话； 2014 年发布《开放政府行动计划 2.0》； 2014 年 9 月公布《开放数据宪章——加拿大行动计划》	20 世纪 90 年代的政府数据解放计划； 信息委员会号召建设开放政府

在表现形式上，许多国家和国际组织以政府宣言、最高首长指令等形式发起了开放政府数据战略，如《肯尼亚开放数据倡议》《捷克开放数据宣言》等，目的是清楚表明政治意图，要求所有政府部门和其他公共机构切实采取行动，并给予最高级别的数据开放回应。在有些国家，如墨西哥等，开放数据战略往往是国家数字战略和电子政务战略的重要组成部分。有学者调查发现，在欧盟 28 个国家中，有71%的国家制定了开放数据战略或具体政策，其中有 45%的国家开放数据政策与公共部门信息政策是一样的①。此外，还有些已实施了开放政府数据的国家，并没有进行正式的文件阐明，只是在政治陈述和演讲中设

① European Commission. Open Data Maturity in Europe 2015 Insights into the European State of Play[EB/OL].[2024-01-01]. https://data.europa.eu/sites/default/files/edp_landscaping _insight_report_n1_-_final_0.pdf.

置或者涉及开放数据的叙述①。

从内容结构比较来看，各国之间的详略程度迥异。有些国家只是明确了开放数据的基本原则和出发点等一般性内容。美国的《透明与开放政府备忘录》和澳大利亚的《数字经济未来发展方向》分别设定了各自的关键原则"透明、参与和协作"以及"告知、促进和参与"。但也有很多国家的内容制定得十分翔实，包括一些具体实施举措。例如，英国首相除发表宣言外，还承诺披露特定的有助于提高政府透明度的高价值数据集；韩国《开放公共数据指令》不仅强调要改进公共数据库管理，还要求建立高质量的开放公共数据标准，完善术语表达和格式要求。

7.4.2 代表性国家最高领导人支持和参与开放政府数据战略的情况

通过对各国发起机构的比较发现，"那些开放数据战略不断向前推进的国家，其领导者都是开放数据的支持者或发起者"②。大多数国家开放政府数据战略的启动得到了政治领袖、最高领导人的强力支持乃至直接推进，如表 7-4-2 所示。但也有些国家仅由某单一政府部门发起，如丹麦的《开放数据创新战略》由国家信息和通信局于 2009 年发起，印度《国家数据共享与开放政策》则由政府科学技术部制定。

表 7-4-2　代表性国家最高领导人支持和参与开放政府数据战略的情况

国家	最高领导人代表	参与国家开放数据战略的表现
美国	总统 Barack Obama	积极推行开放政府理念，签署了一系列开放政府数据战略的指令、备忘录等

① Davies T G. Open Data Policies and Practice：An International Comparison［J/OL］. Social Science Electronic Publishing，2014［2024-01-01］. DOI：10. 2139/ssrn. 2492520.

② Hossain M，Chan C. Open Data Adoption in Australian Government Agencies：An Exploratory Study［J］. Computer Science，Political Science，2016(8).

续表

国家	最高领导人代表	参与国家开放数据战略的表现
英国	首相 David Cameron	发表了"保守的技术宣言",呼吁改变法律来支持政府数据权,并向所有政府部门发信,强调政府信息公开透明
法国	总理 Jean-Marc Ayrault	通过总理令的形式创建开放政府数据机构"Etalab"启动了开放数据战略和法国开放数据平台(data.gouv.fr)建设
澳大利亚	总理 Malcolm Turnbull	强有力地支持开放政府数据,颁发了一系列推进政策
墨西哥	总统 Enrique Peña Nieto	颁布了墨西哥《国家数字战略》,其中包含推进政府开放数据进程
肯尼亚	总统 Mwai Kibaki	颁布了《肯尼亚开放数据倡议》,并启动政府数据门户网站建设
摩尔多瓦	总理 Vlad Filat	签署了《摩尔多瓦开放数据》
塞拉利昂	副总统 Victor Bockarie Foh	发起了塞拉利昂国家数据门户网站建设,并发表重要讲话
斯洛伐克	总理 Iveta Radičová	启动政府治理改革,发布了《透明度倡议》,加入开放政府伙伴关系,支持民间社会开放数据活动

7.4.3 开放政府数据战略实施的组织体制与运行机制

根据各国开放政府数据战略实施的领导权架构,可划分为以下三种模式:

第一,一元统属型,集中型组织体制,指开放政府数据的领导权统一归属于某一政府部门或行政首长指挥监督,其他政府机构在该部门指导下具体实施。例如,韩国开放数据战略委员会由总理主持,并由总理任命数名开放公共数据专家,安全和公共管理部(MOSPA)作为负责引领和协调国家开放数据政策的主要政府职能部门；此外，其下属的国家信息社会局（NIA）开放数据中心为开放公共数据指令提供政策和技术支撑①。日本的内阁秘书处设立了政府数据开放委员会，成员来自公共部门和私营部门，负责政府数据开放的全面组织与实施。在菲律宾，开放数据战略由政府开放数据工作组管理，其代表包括总统发言人办公室、总统通信发展和战略规划办公室以及政府预算和管理部组成。

第二，多元统属型，分散型组织体制，即负责开放数据战略指导与执行的政府机构并不统一，而是分散在多个政府部门。以俄罗斯为例，负责联邦层面开放政府数据战略组织实施的机构分别有俄罗斯开放数据委员会、经济发展部、电信部和俄罗斯联邦政府分析中心。其中，开放数据委员会通过制定政府计划、提案和建议，收集和应用最佳实践，促进 OGD 理念的推广，并通过创建独立的反馈渠道协调开放政府数据的发展；经济发展部负责开发联邦门户，提供运作和程序支持并与联邦和地区行动同步；电信部负责政府机构开放政府数据发展的协调，包括相应的信息系统以及基于 OGD 的电子服务；而俄罗斯联邦政府分析中心负责将分析结果发表在开放数据公报中，该公报自 2015 年6 月起每 3 个月发布一次。

第三，单一机构主导型，即开放政府数据战略的实施完全依赖于单个中央政府部门的推进，往往以政府信息技术部或信息通信部为主，适用于数据开放范围较小并以数据门户网站建设为主要实施举措的国家。例如，哥伦比亚的开放数据战略由信息和通信技术部领导和实施，卡塔尔开放数据政策由政府信息技术部负责，阿根廷的政府信息和通信技术部聚焦该国《26899 法：开放存取、专有或共享的机构数字存储库的创建》，负责开放数据倡议的具体实施。

相比较而言，单一机构主导型的实施效果带有很大不确定性。2012 年年

---

① Jung K, Park H W. A Semantic (TRIZ) Network Analysis of South Korea's "Open Public Data" Policy[J]. Government Information Quarterly, 2015, 32(3): 353-358.

底，肯尼亚开放政府数据项目基本陷入"死胡同"，原因之一就是许多政府部门拒绝向政府信息和通信技术部提供数据①。"由于开放公共数据政策的开发并没有同步组织跨机构间的协同，开放公共数据政策在公共组织执行中的质量和数量会有很大的不同。"②根源在于保密传统和自身利益的惯性追求会促使公务员本能地抵制开放数据战略的实施，可见没有对官僚系统组织模式的强大改变，简单推行开放政府数据战略效果有限。

7.5 国外政府数据开放利用的案例

政府数据开放的先行国家不仅重视数据开放，还重视政府数据的利用。

7.5.1 英国政府：政府数据开放加强腐败防治

全球开放数据指数(Open Data Index)2015年的评估数据显示，英国的全国统计信息、政府预算、立法、全国地图、天气预报、公司注册信息均已达到100%开放。英国积极探索利用开放数据来防治腐败。2013年，作为开放数据合作伙伴联盟(Open Data Partnership)的创始成员国，英国在《2013—2015年国家行动方案》中作出承诺，要通过开放数据来惩治腐败、增强民主、提升政府透明度。2014年12月，英国政府发布《英国反腐败计划》，在历史上第一次整合了所有的英国反腐败行动和机构，而开放数据是该计划中的重要组成部分。

2015年，欧盟委员会启动了运用开放数据惩治腐败的项目TACOD，英国

① South African History Archive. Kenya's Open Data Initiative Has Stalled, Says Minister [EB/OL]. [2024-01-01]. https://www.saha.org.za/news/2012/December/kenyan_open_data_initiative_has_stalled_says_minister.htm.

② Zuiderwijk A, Janssen M. Open Data Policies, Their Implementation and Impact: A Framework for Comparison[J]. Government Information Quarterly, 2014, 31(1): 17-29.

是该项目的试点国家之一。TACOD 英国团队将已公布的腐败案例按照腐败行为(贿赂行为、诈骗行为、未声明的利益冲突与滥用公共资金、不当游说行为)进行了分类,重点关注了腐败行为被揭露的方式,揭示了不同数据集对不同腐败行为的作用和价值。该项目共运用腐败案例 95 件,包括 2009—2014 年透明国际英国团队所运用的腐败案例以及 2012—2014 年每日腐败新闻通报(Daily Corruption News Alert)中出现过的英国案例。

TACOD 团队发现,腐败行为的揭露仍需要大量数据的支撑,如果某些关键数据及早公开,大量腐败行为可以更早地被发现和侦测,开放政府数据有潜力成为反腐败的重要工具。

根据英国 2010 年《反贿赂法》和 1977 年《刑事法》的规定,贿赂是一种违法行为。贿赂行为具体包括现金支付、过度的招待、恩惠等,也包括以慈善捐助、佣金、雇佣等作为掩饰的行为。提早掌握一些相关数据会大大促进侦破工作的进行。例如,在三分之二的案件中,礼物与接待登记簿与被揭露的贿赂案件高度相关。如果当初公开了礼物与接待登记簿中的数据的话,可能会抑制贿赂行为的发生,或迫使罪犯撒谎,从而降低调查的难度。此外,游说数据(51%的案件)与合同数据(41% 的案件)的公开也有助于贿赂行为的揭发。2012 年,两名国防部高级官员因收受贿赂、偏袒北爱尔兰有线电视供应商而被判刑。在这个案件中,礼物与接待登记簿、利益登记簿以及员工工资与职责表的公开为本案的破获提供更详实的证据。游说集会记录、会议记录以及完整的政府支出与绩效信息也会提高决策的透明度,给未中标的公司和公众一个说法。

诈骗行为主要是指通过故意欺骗、滥用公共职权从而获得不法利益(金钱利益、政治利益等)的行为。据调查,利益登记簿是防治诈骗行为最重要的数据来源,67% 的案件都与利益登记簿相关。此外,58% 的案例与绩效数据相关,原因在于诈骗人通常都会挪用公共服务资金。2014 年,英国 4 位心脏专家因诈骗国民健康服务基金而判刑 2 ~3 年,他们在合作的医院只工作了 55%

的约定时间，却额外谎报了 14000 小时工作时间，价值约 43 万元英镑。如果当初公开了利益登记簿和绩效记录的话，这种欺诈行为会被更早地揭露。

7.5.2 美国企业 Opower：利用开放数据促进能源节约

Opower 是一家能源科技公司，目前已与超过 90 家能源公司合作，服务于约 2200 万户家庭的。企业的主要任务是帮助每个用户，无论在何时何地都尽可能节约能源。公司由 Alex Laskey 和 Daniel Yates 于 2007 年创立，目前已发展到 400 多名员工，业务遍布三大洲。

Opower 的重要企业理念是，他们希望吸引数百万对自己的能源使用毫不知情的人。为此，他们向用户提供信息，不仅是个人的能源消费信息，而且与其他类似的家庭进行对比，每个客户的能源使用均以个人为单位。Opower 对应用程序和第三方数据流进行合并和分析，创建单个客户配置文件，随后，使用这些配置文件生成通过不同渠道提供的个性化见解。无论用户的年龄、收入、教育或技术获取如何，当提供更好的关于如何减少能源消耗的信息和建议时，人们都可以更好地控制能源使用方式。

Opower 利用政府开放的数据为投资者及其公用事业伙伴创造经济价值，并通过居民用户减少能源消耗的形式为社会创造价值，从而为家庭节省资金，减少二氧化碳排放量。

Opower 使用美国住宅能源消费调查(Residential Energy Consumption Survey, RECS)的数据来了解家庭如何使用能源。调查提供了关于终端能源消费模式的地区特定数据，例如消费者使用的电器的类型和效率，他们用于加热和降温家庭的系统和能源等。Opower 将这些数据与美国人口普查局关于某个县的天然气和电加热源混合的数据结合起来，在分析个人家庭能源消耗时创建特定地点的基线。在这些数据的基础之上，Opower 建立了一个分析机制来告知和激励客户。他们的平台可以存储和处理来自智能电表的 15 分钟间隔数据，以及大规模和高速数百万家用设备的二级数据。这反过来又有助于 Opower 交付他们的家庭能源报告，提供针对个人客户个性化的提示，例如，识别并建议更换低效的加热或冷却系统。

7.5.3 欧洲政府数据开放行动与微软合作——环境数据共享：Eye on Earth

欧洲环境署（The European Environment Agency，EEA）作为欧盟的一个机构，旨在为决策者和普通公众提供独立可靠的环境信息。该机构正在努力提升欧洲各地的环保意识提供与环保主题相关的一些易于理解的信息，如水和空气质量，同时鼓励公民观察和记录自己周围的环境。

而后，欧洲环境署与微软合作开发了基于 Windows Azure 的 Eye On Earth 云服务操作平台。用户可以使用高清 Bing ⓒ地图，查看欧洲成员国的水或空气质量。同时，欧洲环境署也推出了"欧洲环境地图集"（The Environmental Atlas of Europe），目击者可在此记录他们关于气候变化的第一手经验。这两种方式都有助于扩大对环境变化影响的认识，帮助欧洲人民对自己的环境做出更明智的选择。

Eye On Earth 由云服务操作系统 Windows Azure 支持，它可以与现有的基础设施无缝配合，并且帮助开发者快速实现新的功能。基于服务的架构和云操作系统提供与企业数据中心具有相同的可靠性，但它们具备更高的灵活性，确保 Eye On Earth 能够快速扩展以满足数据和流量的快速增长。欧洲环境署的 Water Watch 应用程序在夏季会需要需求的高峰期，人们通过查找水质信息，来确定假期的目的地。同样，在夏季空气流通更加频繁的时候，Air Watch 的用户会更加关注臭氧的浓度，云技术使欧洲环境署能够轻松应对大规模的需求高峰。

8 我国政府数据开放共享的政策保障

如上章所述,越来越多的国际组织和国家参与政府数据开放运动,试图利用开放数据的契机改善政府治理、推动政治民主和社会发展。美国、英国、澳大利亚、加拿大、新西兰等国家都认识到开放治理对经济增长、包容性发展和改善公众参与的价值。经济合作与发展组织将开放政府数据视为一种理念和一系列政策,通过向公众开放政府数据,促进透明、问责和参与①。近年来,我国政府关于数据开放共享政策的步伐逐渐加快,不断探索适应中国国情的政策体系。然而,目前的研究仍然缺乏对我国政府数据开放共享政策现状的全局性把握。在这种背景下,本章旨在多源获取我国政府数据开放共享政策文本,对其内容进行系统分析,力图揭示我国政策的概貌,发现政策的空白或薄弱环节,并提出我国的政策框架以及相应的政策建议。

8.1 国家层面政策文本的内容分析

2015 年国务院发布《促进大数据发展行动纲要》(以下简称《纲要》),将

---

① OECD. What is Open Government Data? [EB/OL]. [2024-01-01]. http://www.oecd. org/gov/digital-government/open-government-data.htm.

"形成公共数据资源合理适度开放共享的法规制度和政策体系"①作为 5～10 年的目标，我国政府数据开放共享的顶层设计被正式提上日程。根据《开放数据晴雨表——全球报告（第 4 版）》（Open Data Barometer-Global Report 4th Edition）②，我国的政府数据开放在全球范围内排名第 71 位；"开放数据准备度"评估指标得分和排名落后于韩国、日本和新加坡等东亚和太平洋地区国家，其中，在该指标的 4 个评估维度中，"政府政策"分值最低。

目前，国外研究主要是对数据发布原则和过程、开放政府数据政策的制定和实施、开放数据的政策框架等进行研究；其中，A. Zuiderwijk 等从政策措施的类型、开放数据原则、发布前数据处理、开放数据的数量、开放数据的类型、开放数据的目标群体、数据格式、元数据提供、不开放的数据类型、开放数据的利用类型、利用开放数据的技术支持、数据质量等 14 个要素构建政策分析框架③④⑤⑥。J. C. Bertot 等提出由隐私、数据再利用、数据准确性、数据可获取、归档和保存、数据监管、建立可持续的数据平台和架构、数据标准的建立、跨部门数据共享政策等构成的开放数据政策框架⑦。总体来说，国内

---

① 中华人民共和国中央人民政府. 关于印发促进大数据发展行动纲要的通知［EB/OL］.［2024-01-01］. http://www.gov.cn/zhengce/content/2015-09/05/content_10137.htm.

② The World Wide Web Foundation. Open Data Barometer Global Report 4th Edition［R/OL］.［2024-01-01］. https://opendatabarometer.org/doc/4thEdition/ODB-4thEdition-GlobalReport.pdf.

③ Zuiderwijk A, Janssen M, Choenni S, et al. Design Principles for Improving the Process of Publishing Open Data［J］. Transforming Government：People, Process and Policy, 2014, 8（2）：185-204.

④ Zuiderwijk A, Janssen M. Open Data Policies, Their Implementation and Impact：A Framework for Comparison［J］. Government Information Quarterly, 2014, 31（1）：17-29.

⑤ Zuiderwijk A, Janssen M. A Comparison of Open Data Policies and Their Implementation in Two Dutch Ministries［C］//Bertot J, Luna-reyes L F, Mellouli S. Proceedings of the 13th Annual International Conference on Digital Government Research. New York：ACM, 2012：84-89.

⑥ Huijboom N, Van den Broek T. Open Data：An International Comparison of Strategies［J］. European journal of ePractice, 2011, 12（1）：4-16.

⑦ Bertot J C, Choi H. Big Data and E-government：Issues, Policies, and Recommendations［C］//Mellouli S, Luna-reyes L F, Zhang J. Proceedings of the 14th Annual International Conference on Digital Government Research. New York：ACM, 2013：1-10.

对政策制定和实施的推介性研究较多，一方面从数据开放原则、数据管理、隐私与数据安全、开放许可协议、政策实施与评估、组织协调管理、基础设施建设等角度对国外政策进行分析；另一方面主要是对我国政策研究方向的研判、中国开放政府数据的政策环境分析，以及数据开放的顶层设计、数据安全政策和数据产权等的研究。

8.1.1 我国政府数据开放共享政策的总体情况

经初步分析，我国政府数据开放共享政策时间跨度较大，且囊括在全国人大、中共中央和国务院及其各部委40多个机构的15种公文形式中。

(1)政策的时间分布

从图 8-1-1 可看出，我国的政府数据开放共享政策始于 1994 年由国家测绘局发布的《行政法规、规章和我国重要地理信息数据发布办法》。此后，政策经历了漫长的发展过程。直到 2005 年，数据开放共享政策受到中国地震局、

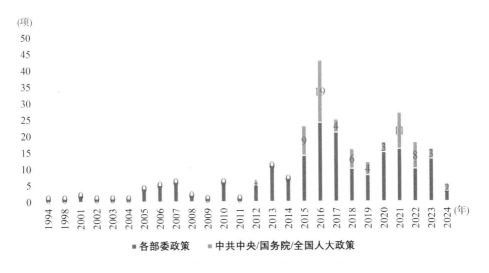

图 8-1-1 我国政府数据开放共享政策的增长趋势

国家海洋局、原国土资源部等个别部门的关注后，才有明显增长。随后，在
2007 年《中华人民共和国政府信息公开条例》及相关国家信息化政策的推动下，
数据管理和共享政策有了进一步发展，原环境保护部、交通运输部等部门也相
继发布了数据发布或交换政策，并且从 2012 年开始政策数量呈现小幅上涨。
伴随大数据、云计算、"互联网+"等的先后涌现，特别是 2015 年国务院将政
府数据开放共享上升为国家战略，国家相关的政策数量迅猛增长，中共中央、
国务院以及各部委的政策数量增长尤为显著。2020 年《关于构建更加完善的要
素市场化配置体制机制的意见》出台，将数据要素市场化作为宏观经济体制改
革的重要举措，使得数据开放共享在 2021 年成为国家及各部委"十四五"规划
等政策中的工作重点。

（2）政策的发布机构分布

政策发布主体绝大多数为国务院各部委，占样本总量的 71%（$n = 189$），
中共中央、国务院以及全国人大的政策占比相对较小（28.9%）。进一步分析发
现，国务院有 45 个部门不同程度地参与了数据政策的制定，占国务院所属部
门和直属机构的 80% 以上。其中，国家发展和改革委员会（$n=23$）、农业农村
部（$n=12$）、原国土资源部（$n=9$）、原国家卫生和计划生育委员会（$n=9$）及工
业和信息化部（$n=8$）分别占据前 5 位。2015 年国务院发布《促进大数据发展行
动纲要》以后，中共中央、国务院加速了相关政策的制定步伐，从组织、技术
等方面推动政务信息资源共享；全国人民代表大会更是将"加强公共数据开放
共享"列入《中华人民共和国国民经济和社会发展第十四个五年规划和 2035 年
远景目标纲要》（以下简称《"十四五"规划纲要》）中①。在 69 份国务院政策中，
有 66 份是 2015 年以后发布的，2016 年达到高峰，2021 年、2022 年达到次高

① 中华人民共和国中央人民政府. 中华人民共和国国民经济和社会发展第十四个五
年规划和 2035 年远景目标纲要［EB/OL］.［2024-01-01］. https://www.gov.cn/xinwen/2021-
03/13/content_5592681.htm.

峰，可见，我国政府数据开放共享已进入顶层设计阶段，国家对政府数据开放共享重视程度明显增强。

（3）政策的类型分布

政策发布采用的文种类型不同，产生的政策效力各异。在收集的样本中，政策共采用 15 种公文形式发布。"意见"在政策文本中所占比例最高（29%），说明很多政策只是国家有关部门对开放政府数据提出处理意见。"规划""方案""纲要"作为规划型文书，在政策样本中亦占较高比例，特别是在中共中央、国务院的政策中具有明显的数量优势。2016 年之前，针对性强、更具体的"办法"（$n=1$）和"规定"（$n=0$）在国务院的政策中寥寥无几。在所有政策中，科学技术部和国土资源部以"令"的形式发布了两份部门规章。随着实践的不断发展，政策中较多地出现了"方案"与"指南"。2018 年《电子商务法》明确指出，"国家采取措施推动建立公共数据共享机制，促进电子商务经营者依法利用公共数据。2021 年，我国发布《数据安全法》《个人信息保护法》，规范政府数据开放共享中存在的数据安全管理、个人信息保护问题。由此可见，在国家层面，数据开放共享政策由绝大多数效力不高、针对性不强，逐步走向国家立法，增强了制度约束力和执行力。

8.1.2 我国政府数据开放共享政策的内容

编码结果统计分析的结果显示，我国政府数据开放共享政策有 12 个组成部分：数据创建与汇交、数据组织与描述、数据归档与保存、数据发布、数据共享、数据获取与开发利用、数据监管、数据质量、数据安全与隐私、知识产权、基础设施建设和协调管理。可以看出，我国初步形成了政府数据开放共享的政策框架。

（1）数据创建与汇交

在数据创建与汇交主题中，5.4%（$n=14$）的政策描述了数据创建，81.1%

（$n=32$）的政策描述了数据汇交。数据创建只有中国地震局和国土资源部在其政策中有所涉及。中国地震局较早（2005年）在数据生产、服务和共享政策中规定了数据创建问题，内容较系统，包括统筹数据生产及生产数据的类型、生产方式和产出时间，并明确数据产品质量的责任者等①。中国地震局生产数据的具体分类，主要是在原始数据和二次数据产品二级类目下，详细列举了三级类目，规范了地震数据产出的内容；对首都圈的数据生产进行统筹规划，按行政区划提出具体要求。中国地震局②及重组划入自然资源部的原国家海洋局③、原国土资源部④的政策都各自描述了数据汇交的责任者、汇交内容、汇集方式、报送时间、数据质量控制以及汇交监督等内容。其中，政府数据汇交主要有三种模式：按行政区划逐级汇交；按"谁产生、谁提供、谁负责"的原则归集；科技数据由项目承担者负责。采取传统的电子表格和介质拷贝报送数据和数据直报系统两种方式汇交数据；报送时间以定期报送为主，随时报送为辅，按月报送的居多。汇集数据的质量控制是在汇交前、汇交中和汇交后三个阶段实现。此外，仅原国土资源部和中国地震局对汇交的数据类型有明确分类。中共中央、国务院和全国人民代表大会制定的10份文件都描述了数据汇交，政策主要强调政府与社会互动的大数据采集，涉及采集内容（$n=6$）和采集方式（$n=4$）。但与各部委的政策相比，这些政策都颇具原则性，并不具体。

（2）数据组织与描述

在数据组织与描述主题中，17.9%（$n=20$）的政策描述了数据处理，主要

---

① 黄如花，温芳芳. 我国政府数据开放共享的政策框架与内容：国家层面政策文本的内容分析[J]. 图书情报工作，2017，61（20）：12-25.

② 中国地震局. 地震科学数据共享管理办法[EB/OL].［2024-01-01］. https://www.cea.gov.cn/cea/zwgk/5500823/1228635/index.html.

③ 黄如花，温芳芳. 开放政府数据生命周期视角的我国政府数据资源管理政策文本内容分析——国家各部门的政策实践[J]. 图书馆，2018（6）：1-7，14.

④ 霍帆帆，霍朝光，马海群. 我国数据治理相关政策量化剖析：发展脉络、政策主体、政策渊源与政策工具[J]. 情报学报，2023，42（12）：1424-1437.

涉及数据整合集成（$n=10$）、数据资源目录（$n=17$）和数据分类（$n=6$）。数据整合在国务院及各部委的政策中各占 50%。经分析，政策涉及数据整合的领域、整合数据的类型、各级信息系统之间的衔接与整合以及数据库的集成和整合。国务院的政策在数据资源目录问题上着墨较多（$n=8$），提出"统筹建设政务信息资源目录体系""制定《政务信息资源目录编制指南》"①。《政务信息资源目录编制指南（试行）》（2017 年）涵盖了政务信息资源目录分类、元数据、政务信息资源代码、目录编制要求、目录报送以及目录汇总、管理和更新②。数据分类述及不多，中国地震局实行科学数据四级分类③，并建立了行业数据分类标准。《政务信息资源共享管理暂行办法》（2016 年）④将政务信息资源按共享类型，分为无条件共享、有条件共享、不予共享三种。很明显，这仅是国务院共享数据的分类，而对采集、使用等环节的分类尚有缺失。

2023 年 12 月，财政部印发《关于加强数据资产管理的指导意见》，明确了数据的资产属性，要求"推动技术、安全、质量、分类、价值评估、管理运营等数据资产相关标准建设"⑤。交通运输部重视数据开放共享标准规范相关技术性指导文件的制定和修订，如《关于推进交通运输行业数据资源开放共享的实施意见》（2016 年）提出，"加快信息资源核心元数据、信息资源标识符编码规则、信息平台互联共享、空间信息应用共享交换等基础性数据标准制修订"⑥，《推

---

① 中华人民共和国中央人民政府. 关于印发政务信息资源共享管理暂行办法的通知［EB/OL］.［2024-01-01］. http://www.gov.cn/zhengce/content/2016-09/19/content_5109486.htm.

② 中华人民共和国中央人民政府. 两部门关于印发《政务信息资源目录编制指南（试行）》的通知［EB/OL］.［2024-01-01］. https://www.gov.cn/xinwen/2017-07/13/content_5210203.htm.

③ 中国地震局. 地震科学数据共享管理办法［EB/OL］.［2024-01-01］. https://www.cea.gov.cn/cea/zwgk/5500823/1228635/index.html.

④ 中华人民共和国中央人民政府. 关于印发政务信息资源共享管理暂行办法的通知［EB/OL］.［2024-01-01］. http://www.gov.cn/zhengce/content/2016-09/19/content_5109486.htm.

⑤ 中华人民共和国财政部. 关于印发《关于加强数据资产管理的指导意见》的通知［EB/OL］.［2024-02-01］. https://zcgls.mof.gov.cn/zhengcefabu/202401/t20240111_3925710.htm.

⑥ 中华人民共和国交通运输部. 交通运输部办公厅关于推进交通运输行业数据资源开放共享的实施意见［EB/OL］.［2024-01-01］. https://xxgk.mot.gov.cn/2020/jigou/kjs/202006/t20200623_3317029.html.

进综合交通运输大数据发展行动纲要(2020—2025 年)》(2019 年)将"重点研究制定综合交通运输信息资源分类分级、脱敏、溯源、标识等标准规范,完善信息资源目录编制、采集、传输、交换共享等标准规范"作为主要任务之一①。

(3)数据发布

在所有的政策中,有 31.3%(n＝81)的政策描述了数据发布。政策给予数据开放平台(n＝31)、数据开放目录清单(n＝25)、发布数据的类型(n＝19)以很大关注。在国务院涉及数据发布的 18 份文件中,这三部分内容的占比也呈现相似的特点。经分析,中共中央、国务院的政策以及"十三五""十四五"规划中均提出建设国家政府数据统一开放平台,实施政府数据资源清单管理。可见,开放平台的建设和开放数据目录始终是政府数据开放共享的重中之重。

对于开放数据的类型,国家大数据发展战略提出优先开放的数据类型,即优先推动信用、交通、医疗等民生保障服务相关领域的政府数据向社会开放②。《关于全面推进政务公开工作的意见》(2016 年)③进一步将优先开放的数据内容从民生保障扩展至公共服务和市场监管等领域。《"十四五"规划纲要》提出"优先推动企业登记监管、卫生、交通、气象等高价值数据集向社会开放"④。

数据发布审核在国务院及其各部委的政策中出现频次较少。在具体的数据

---

① 中华人民共和国交通运输部. 交通运输部关于印发《推进综合交通运输大数据发展行动纲要（2020—2025 年）》的通知［EB/OL］.［2024-01-01］. https：//www. mot. gov. cn/zhengcejiedu/ytddxsqtdzhjtysdsjfz/xiangguanzhengce/201912/t20191213_3430331.html.

② 中华人民共和国中央人民政府. 关于印发促进大数据发展行动纲要的通知［EB/OL］.［2024-01-01］. http：//www.gov.cn/zhengce/content/2015-09/05/content_10137.htm.

③ 中华人民共和国中央人民政府. 中共中央办公厅 国务院办公厅印发《关于全面推进政务公开工作的意见》［EB/OL］.［2024-01-01］. http：//www. gov. cn/xinwen/2016-02/17/content_5042791.htm？from＝bdhd_site.

④ 中华人民共和国中央人民政府. 中华人民共和国国民经济和社会发展第十四个五年规划和 2035 年远景目标纲要［EB/OL］.［2024-01-01］. https：//www.gov.cn/xinwen/2021-03/13/content_5592681.htm.

发布机制上，政策要求制定数据发布计划，明确数据发布归口责任、发布主体、发布的内容、发布形式和时间，实施发布前数据的审核和管理。自然资源部规定了数据审核的具体内容，即从数据公布的必要性，资料的真实性与完整性，数据的可靠性与科学性、是否符合国家利益，是否影响国家安全，与相关历史数据、已公布数据的对比五个方面进行审核[①]。但总体上国务院政策对这一重要问题的关注显得十分欠缺。政府数据通过政府门户网站、新闻发布会、公报、公告和法令等多种形式发布，政策对发布时间涉及较少，仅以"随时""定期"概之。

（4）数据共享

在所有政策文本中，数据共享出现频次最多（$n = 112$），所占比例最大（43.2%）。112份数据共享的政策文本中，描述较多的是数据共享平台（$n = 32$）、共享交换（$n = 23$）、共享数据的类型（$n = 20$）和数据共享目录（$n = 18$）。而且，无论是国务院还是各部委的政策，共享平台在政策文本中的出现频率都属最多，分别占各自共享文本数量的43.3%和26%，并且对数据共享平台的规定主要集中在国务院的政策中。

除了采取数据共享平台的方式共享数据外，数据还通过部门间的交换获取，这种共享方式主要体现在各部委政策中。如原国家卫生计生委、公安部和民政部按月交换人口死亡信息，并建立了本部门跨区域非户籍人员死亡信息交换机制[②]。在国务院政策中，共享数据类型所占比例也相对较高，达到35.0%。目前，仅中国地震局等个别部门的政策明确了政府数据共享的范围或

---

① 中华人民共和国中央人民政府.自然资源部关于规范重要地理信息数据审核公布管理工作的通知［EB/OL］.［2024-01-01］. https://www.gov.cn/zhengce/zhengceku/2020-03/26/content_5495676.htm.

② 规划发展与信息化司.国家卫生计生委公安部民政部关于进一步规范人口死亡医学证明和信息登记管理工作的通知［EB/OL］.［2024-01-01］. http://www.nhc.gov.cn/guihuaxxs/gongwen12/201401/aadf7c912ca14ccaa28db315487d49a9.shtml.

重点领域，其他的政策文本对数据共享的范围都较为模糊，通常会以编制和发布数据共享目录清单概括。《政务信息资源共享管理暂行办法》提出了政务信息资源共享"以共享为原则，不共享为例外"和"需求导向，无偿使用"的基本原则①，为政府数据共享确立了政策导向。除此之外，极个别政策涉及数据共享的职责和义务。国家海洋局《关于实施海洋环境监测数据信息共享工作的意见》(2010年)把数据共享使用限于依法从事海洋行政管理工作和不以营利为目的的公益性行为，但把使用范围暂时限定于海洋系统内部，说明政府部门对数据共享仍持谨慎态度；明确了沿海各省海洋厅(局)等机构提供数据使用情况的义务②。中国地震局提出了数据共享服务机构向用户提供地震科学数据的义务③。

通过分析发现，数据共享从最初交通运输部、农业农村部等政府部门实现公共服务职能逐步向人大、政协、法院、检察院等行政职能扩大，国务院部门逐渐向地方数据平台、业务系统数据双向共享。如2022年《国务院关于加强数字政府建设的指导意见》明确提出"持续提升国家数据共享交换平台支撑保障能力，实现政府信息系统与党委、人大、政协、法院、检察院等信息系统互联互通和数据按需共享"④。

(5)数据获取与利用

11.9%($n=5$)的政策涉及了数据获取，其中有两份政策由国务院制定。从

---

① 中华人民共和国中央人民政府. 关于印发政务信息资源共享管理暂行办法的通知[EB/OL]. [2024-01-01]. http://www.gov.cn/zhengce/content/2016-09/19/content_5109486.htm.

② 中华人民共和国商务部. 国家海洋局关于实施海洋环境监测数据信息共享工作的意见[EB/OL]. [2024-01-01]. http://policy.mofcom.gov.cn/claw/clawContent.shtml? id=2338.

③ 中国地震局. 地震科学数据共享管理办法[EB/OL]. [2024-01-01]. https://www.cea.gov.cn/cea/zwgk/5500823/1228635/index.html.

④ 中华人民共和国中央人民政府. 关于加强数字政府建设的指导意见[EB/OL]. [2024-01-28]. https://www.gov.cn/zhengce/zhengceku/2022-06/23/content_5697299.htm.

政策内容分析看出，政府为方便用户获取，首先，加强了政府门户网站的数据资源组织，如"推动政府网站信息无障碍建设"；其次，为用户提供专业的数据利用服务，如为用户提供数据浏览、查询、下载和复制服务、数据调用、分析服务以及数据定制服务；再者，将用户获取限制在可控范围内，如实施可信身份验证认证及授权控制，"用户根据共享权限使用相应级别的数据，经批准也可以使用其他级别的数据"①；最后，数据提供部门也应遵守相应的约束条款，如中国地震局规定，应在遵守交换协议条款的前提下，向用户提供从其他单位和个人交换来的地震科学数据②。

政策还涉及数据开发（$n=6$）、数据分析挖掘（$n=17$）和数据应用（$n=46$），旨在推动数据要素价值最大化。其中，对数据应用的规定最多，特别是国务院29份数据利用政策中有20份提到了数据应用。这些政策多为云计算、大数据、人工智能等技术产生后制定，集中在大数据发展战略③、促进云计算创新发展培育信息产业新业态④、运用大数据加强对市场主体服务和监管⑤、健康医疗大数据应用⑥的政策中，内容涵盖政府数据应用的范围和重点应用领域，探索开展数据应用试点，开展大数据示范应用工程以及大数据分析应用的机构

①　黄如花，温芳芳. 开放政府数据生命周期视角的我国政府数据资源管理政策文本内容分析——国家各部门的政策实践[J]. 图书馆，2018(6)：1-7，14.

②　中国地震局. 地震科学数据共享管理办法[EB/OL]. [2024-01-01]. https：//www.cea.gov.cn/cea/zwgk/5500823/1228635/index.html.

③　中华人民共和国中央人民政府. 关于印发促进大数据发展行动纲要的通知[EB/OL]. [2024-01-01]. http：//www.gov.cn/zhengce/content/2015-09/05/content_10137.htm.

④　中华人民共和国中央人民政府. 关于促进云计算创新发展培育信息产业新业态的意见[EB/OL]. [2024-01-01]. http：//www.gov.cn/zhengce/content/2015-01/30/content_9440.htm.

⑤　中华人民共和国中央人民政府. 关于运用大数据加强对市场主体服务和监管的若干意见[EB/OL]. [2024-01-01]. http：//www. gov. cn/zhengce/content/2015-07/01/content_9994.htm.

⑥　中华人民共和国中央人民政府. 关于促进和规范健康医疗大数据应用发展的指导意见[EB/OL]. [2024-01-01]. http：//www. gov. cn/zhengce/content/2016-06/24/content_5085091.htm.

设置、专业人才配备、数据应用培训和示范推广。

政策在构建大数据分析模型、加强政府数据的关联分析、强化数据综合分析挖掘和实时可视化表达等方面着墨较多，但总体来说较为简略。只有农业农村部将建成全球农业数据调查分析系统列入工作计划，提出建立专业的数据分析制度，加强全球农业数据分析研究应用，完善农业数据分析预警指标体系，研发全球农业数据分析预警模型系统①②。

26.2%的政策涉及数据开发，内容包括建立数据开发利用的市场化机制，采取政府购买服务等方式引导社会资本进入大数据领域，规范社会力量开展政府数据的增值开发利用，培育大数据交易市场并建立健全数据资源交易机制和定价机制。特别是 2021 年国务院办公厅《关于印发要素市场化配置综合改革试点总体方案的通知》使得数据要素市场化成为我国数字经济、数字政府发展和建设的重要内容，政府数据开发利用的重要性显得尤为突出。

（6）数据质量

12.4%($n=32$)的政策描述了数据质量，包括数据校核($n=12$)、数据质量评估($n=6$)、数据生命周期的质量管理($n=3$)和数据弄虚作假行为处理($n=2$)。国务院各部委对数据质量的规定相对较多，主要集中在数据校核和数据质量评估两方面。国家海洋局实施监测数据三级审核，并要求通过评估的数据方可用于后续的共享和使用③。各部委对数据质量控制和数据造假行为处理的政策虽然不多，但很有代表性和针对性。如交通运输部为实施本行业数据资源

---

① 中华人民共和国农业农村部. 关于推进农业农村大数据发展的实施意见[EB/OL].[2024-01-01]. http://www.moa.gov.cn/nybgb/2016/diyiqi/201711/t20171125_5919523.htm.

② 中华人民共和国农业农村部. 农业农村部关于印发《"十四五"全国农业农村信息化发展规划》的通知[EB/OL].[2024-01-01]. http://www.moa.gov.cn/govpublic/SCYJJXXS/202203/t20220309_6391175.htm.

③ 北大法宝. 关于规范海洋生态环境监测数据管理工作的意见[EB/OL].[2024-01-01]. http://www.pkulaw.cn/fulltext_form.aspx? Gid=261894.

的开放共享，"从源头保障数据完整性和及时性"①；国家统计局《国家统计质量保证框架(2021)》从数据生命周期即采集、处理、发布与传播、整理与归档等环节对统计数据进行质量控制②；国家税务总局确立了由数据专业部门负责、各业务部门协作的数据质量保证模式③。生态环境部《环境监测数据弄虚作假行为判定及处理办法》(2015年)对数据弄虚作假行为进行清晰的界定，明确了数据篡改、伪造及涉嫌指使篡改、伪造数据的判定办法和处理措施④。

在国务院的政策中，数据质量也仅在3份政策文本中提及，所涉内容并不多，并且其中两份政策针对专门领域，不具有通用性，专门的数据质量政策极为欠缺。基于此，2024年国家发改委、国家数据局等部门发布《关于深化智慧城市发展 推进城市全域数字化转型的指导意见》提出"推动数据管理国家标准贯标评估工作，定期开展数据质量评价"⑤。

(7)数据安全与隐私

总体来看，在259份政策中，有30.8%($n=80$)的政策涉及了数据安全问题，主要内容有网络安全($n=23$)、个人数据保护($n=29$)、国家信息安全($n=18$)、全生命周期的数据安全防护($n=9$)、系统安全($n=8$)和数据跨境流动安

① 中华人民共和国交通运输部. 交通运输部办公厅关于推进交通运输行业数据资源开放共享的实施意见[EB/OL]. [2024-01-01]. https://xxgk. mot. gov. cn/2020/jigou/kjs/202006/t20200623_3317029.html.

② 国家统计局. 国家统计质量保证框架(2021)[EB/OL]. [2024-01-01]. https://www. stats.gov.cn/sj/zxfb/202302/t20230203_1901137.html.

③ 中华人民共和国商务部. 国家税务总局关于加强税收征管业务数据管理的通知[EB/OL]. [2024-01-01]. http://policy.mofcom.gov.cn/claw/clawContent.shtml? id=44320.

④ 中华人民共和国生态环境部. 关于印发《环境监测数据弄虚作假行为判定及处理办法》的通知[EB/OL]. [2019-11-02]. https://www. mee. gov. cn/gkml/hbb/bwj/201512/t20151230_320804.htm.

⑤ 中华人民共和国中央人民政府. 国家发展改革委 国家数据局 财政部 自然资源部关于深化智慧城市发展 推进城市全域数字化转型的指导意见[EB/OL]. [2024-02-28]. https://www.gov.cn/zhengce/zhengceku/2024/content_6952353.htm.

全($n=30$)。进一步分析显示，在这些主题中，国务院的政策都占较大比例，尤其是个人数据保护、网络安全、国家信息安全以及数据跨境流动安全问题受关注程度较高，数据跨境流动安全关注度极其突出。由此可知，国家已认识到网络安全、个人数据保护等问题的重要性和紧迫性。继 2016 年 11 月《网络安全法》颁布后，网络安全、国家信息安全相关政策的制定紧锣密鼓，包括《国家网络空间安全战略》(2016 年 12 月)、《信息通信网络与信息安全规划(2016—2020)》(2017 年 1 月)等；2021 年我国实现数据安全和个人信息保护立法，充分体现了国家对数据安全的高度重视。此外，政策要求采取完善身份鉴别、访问控制、安全审计、边界防护及信息流转控制等安全防护手段，实现对数据采集、传输、存储、使用、开放等各关键环节的安全控制和评估，并保障重要信息系统等关键信息基础设施安全防护。但应当注意的是，尽管政策就数据跨境流动问题极为重视，但目前缺乏清晰的保护思路。

(8)基础设施建设

基础设施在政策文本中出现的频率仅低于数据共享和数据开放，居第三位，占样本的 46.4%($n=103$)，足以见得基础设施作为政府数据开放共享的基础保障地位。政策主要关注大数据平台($n=30$)、信息系统($n=23$)、数据中心($n=21$)和大数据技术($n=18$)；与各部委的政策相比，中共中央、国务院的政策关于这四个方面的内容出现频率较高，说明国家力图对政府大数据平台、数据中心、大数据技术等进行统筹规划，为政府数据开放共享提供强有力的支持。《纲要》提出，在 2018 年底建成国家政府数据统一开放平台，同时将加强海量数据存储、数据清洗、数据分析发掘、数据可视化、信息安全与隐私保护等领域关键技术攻关①；国家发展和改革委员会也着手推动建立一批大数据国

---

① 中华人民共和国中央人民政府. 关于印发促进大数据发展行动纲要的通知[EB/OL]. [2024-01-01]. http://www.gov.cn/zhengce/content/2015-09/05/content_10137.htm.

家工程实验室①。2005 年，原劳动和社会保障部(现整合纳入人力资源和社会保障部)对其数据中心的建设从目标和原则、建设任务和功能、各级中心的功能、数据中心的建设要求、数据系统的逻辑结构等作了专门规定②。2015 年，工业和信息化部等国家部门确定了 84 个国家绿色数据中心试点单位，国家也着手统筹国家、省、市不同级别的数据中心，完善数据存储、管理和交换等功能。2020 年国家发改委等提出"构建全国一体化大数据中心协同创新体系"，实现政务云资源统筹建设和集约共享。2022 年国务院办公厅《全国一体化政务大数据体系建设指南》对政务大数据规划、建设、运维、运营等进行统筹布局。对信息系统的建设，国务院已在相关的政策中明确提出信息共享的要求，"原则上不再审批有关部门、地市级以下(不含地市级)政府新建孤立的信息平台和信息系统"③，并将"加快系统建设与改造升级，建立互联互通的公共数据共享平台和数据开放平台体系"④。

(9) 政府协调管理

标准制度($n=82$)、组织协调($n=40$)、统筹布局($n=21$)是政府协调管理维度政策描述较多的内容。中共中央、国务院与各部委的政策对本主题内容关注的优先程度较为相似；不同之处在于，中共中央、国务院政策对有关内容的

---

① 中华人民共和国中央人民政府. 国家发展改革委办公厅关于请组织申报大数据领域创新能力建设专项的通知[EB/OL]. [2024-01-01]. http://www.gov.cn/xinwen/2016-08/31/content_5103808.htm.

② 中华人民共和国人力资源和社会保障部. 关于做好劳动保障数据中心建设有关问题的通知(劳社厅函〔2005〕162 号) [EB/OL]. [2024-01-01]. https://www.mohrss.gov.cn/SYrlzyhshbzb/zhuanti/jinbaogongcheng/jbgczhengcewenjian/200811/t20081126_90342.html.

③ 中华人民共和国中央人民政府. 关于印发促进大数据发展行动纲要的通知[EB/OL]. [2024-01-01]. http://www.gov.cn/zhengce/content/2015-09/05/content_10137.htm.

④ 中华人民共和国中央人民政府. 国务院办公厅关于印发全国一体化政务大数据体系建设指南的通知[EB/OL]. [2024-01-30]. https://www.gov.cn/zhengce/zhengceku/2022-10/28/content_5722322.htm.

规定在该主题政策中所占比例较高，具有更高的集中度。

第一，政策强调利用标准制度进行规制，如《纲要》要求制定和完善数据共享制度和标准规范，制订政府数据资源共享管理办法，建立数据资源共享交换机制①。《全国一体化政务大数据体系建设指南》提出"重点围绕政务数据管理、技术平台建设和数据应用服务等方面推进国家标准编制"②。

第二，政策重点在于加强中央各部门之间、中央政府和地方政府之间的组织协调，明确各方的职责分工，发挥国家政府部门对不同领域数据开放共享的统筹规划作用。2016 年，经国务院批复，建立由发展改革委牵头的促进大数据发展部际联席会议制度，推进政府数据开放共享，强化数据资源统筹管理。在国家信息中心设立"促进大数据发展部际联席会议办公室秘书处"，作为办公室和专家委员会的日常办事机构。《政务信息资源共享管理暂行办法》也要求各政务部门应加强基于信息共享的业务流程再造和优化③。2023 年 10 月，国家数据局挂牌成立，负责协调推进数据基础制度建设，统筹数据资源整合共享和开发利用。

第三，通过经济激励和社会合作，鼓励和引导社会资本注入政府数据开放共享活动中。但不难发现，相较于制度标准规制和政府协调与统筹，政策在资金投入、社会合作以及人才培养方面显得较为薄弱。

除以上主要内容之外，政策文本还涉及数据归档与保存($n = 15$)、数据监管($n = 18$)和知识产权($n = 11$)。它们各自的政策数量与其他主题相比明显较

---

① 中华人民共和国中央人民政府. 关于印发促进大数据发展行动纲要的通知[EB/OL]. [2024-01-01]. http://www.gov.cn/zhengce/content/2015-09/05/content_10137.htm.

② 中华人民共和国中央人民政府. 国务院办公厅关于印发全国一体化政务大数据体系建设指南的通知[EB/OL]. [2024-01-30]. https://www.gov.cn/zhengce/zhengceku/2022-10/28/content_5722322.htm.

③ 中华人民共和国中央人民政府. 关于印发政务信息资源共享管理暂行办法的通知[EB/OL]. [2024-01-01]. http://www.gov.cn/zhengce/content/2016-09/19/content_5109486.htm.

少。而且政策主要集中在各部委，更高层面的政策寥寥无几。国家部委的数据归档与保存政策只有 15 份，占总样本的 5.8%。除中国气象局有专门的数据存储规范①外，其他部门如自然资源部②、国家税务总局③有关数据保存的内容都规定在数据管理政策中。政策涉及保存责任、保存形式、保存期限、数据维护和安全。值得一提的是，国家卫健委要求各级卫生行政部门应将涉及卫生监督信息报告的资料④和统计数据⑤纳入档案管理。2020 年农业农村部《农村土地承包数据管理办法(试行)》明确了农村土地承包数据定密，确定密级、保密期限和数据保管等事项⑥。但是，仍然有个别政策因没有及时修订，使得现行的政策中出现数据资料仅以纸介质和磁介质保存的陈述，无法与大数据时代新型载体的数据保存相适应。而且，国务院政策的缺失也表明数据保存没有作为政策问题引起决策者的注意。

数据监管政策的内容主要包括数据监管职责，建立数据全过程管理、考核和责任追究制度，对数据开放共享落实情况进行督查评估和考核，确保数据质

---

① 中国气象局. 中国气象局减灾司关于印发《全国智慧农业气象服务平台数据存储规范(试行)》的通知 [EB/OL]. [2024-01-01]. https://www.cma.gov.cn/zfxxgk/gknr/wjgk/qtwj/201612/t20161213_1711450.html.

② 中华人民共和国中央人民政府. 自然资源部关于印发《自然资源领域数据安全管理办法》的通知[EB/OL]. [2024-01-01]. https://www.gov.cn/zhengce/zhengceku/2024/content_6942232.htm.

③ 中华人民共和国商务部. 国家税务总局关于加强税收征管业务数据管理的通知 [EB/OL]. [2024-01-01]. http://policy.mofcom.gov.cn/claw/clawContent.shtml? id=44320.

④ 中华人民共和国国家卫生健康委员会. 卫生部关于印发《卫生监督信息报告管理规定(2011 年修订版)》的通知 [EB/OL]. [2024-01-01]. http://www.nhc.gov.cn/wjw/gfxwj/201304/d075bfd2df824e689d65e2d8825018da.shtml.

⑤ 中华人民共和国国家卫生健康委员会. 卫生部关于印发《国家卫生统计信息网络直报管理规定(试行)》的通知 [EB/OL]. [2024-01-01]. http://www.nhc.gov.cn/zwgkzt/ppxxhjs1/200806/36733.shtml.

⑥ 中华人民共和国农业农村部. 农业农村部办公厅关于印发《农村土地承包数据管理办法(试行)》的通知[EB/OL]. [2024-01-01]. http://www.moa.gov.cn/nybgb/2020/202006/202007/t20200708_6348271.htm.

量和安全使用。个别部门的政策笼统提及对数据归集、汇交、开放共享全过程的评估，同时也有一些部门的政策零星地涉及不同环节的数据监管，但政策碎片化特征十分明显。仅有两份部门政策述及知识产权，其政策仅简略涉及数据所有权，我国仍缺乏数据知识产权保护规则。

8.1.3　我国政府数据开放共享政策的特点

（1）政策制定主体不断延伸并呈现向顶层转移的趋势

中国数据开放政策起步较早。早期的政策主要由国家测绘局、中国地震局、原国土资源部和国家海洋局制定。随着国家信息化的发展和政府信息公开的实施，政策制定的主体向生态环境部、农业农村部等部委延伸。云计算、互联网+、大数据和人工智能的兴起使政府数据开放共享政策的制定主体向顶层转移的特点愈加显著。2015 年起，《纲要》的发布使政府数据开放共享政策的数量迅猛增长，中共中央、国务院、国家发展改革委以及工业和信息化部更是发挥着积极的推动作用，项目支持、技术支撑、产业规划乃至网络安全等政策密集性出台，《数据安全法》《个人信息保护法》相继发布，政策执行稳步推进。中央层面政策制定力度的加大表明我国政府数据开放共享已进入顶层设计阶段，国家层面政策对政府数据开放共享的影响越来越大。

（2）初步形成了贯穿数据生命周期的政策框架体系

中国政府数据开放共享政策初步形成了贯穿数据生命周期的框架体系。该体系包括以数据为中心的数据创建与汇集政策、数据组织与描述政策、数据归档与保存政策、数据发布政策、数据共享政策以及数据获取和利用政策，以及围绕政府数据开放共享活动形成的基础设施建设政策、数据隐私与安全政策、数据质量政策以及组织协调政策。这些政策共生共存，共同构成了政府数据开放共享政策的生态系统。总体来说，整个政策框架已经明确了数据生产和汇交、发布和共享的内容范围和方式，数据利用的义务等，贯穿数据生命周期的数据安全防护、数据质量保障和组织协调政策也正不断完善。该框架既为政府数据开放共享政策提供总体的发展脉络，也为政策框架体系深入拓展创造良好的基础条件。

（3）国务院各部委的数据开放共享政策为顶层设计奠定了基础

国家政府部门的政策为国家顶层设计奠定了基础。与世界发达国家相比，我国政府数据开放共享的顶层设计虽然稍晚，但国务院各部委的数据开放共享政策为顶层设计奠定了基础。目前，国务院一些部门已经发布了数据开放、数据共享或数据管理政策，产生了可供国家顶层设计借鉴的思路和方法。如中国地震局的数据分级分类，自然资源部确定的数据发布审核的具体内容，交通运输部实施的数据质量前端控制，国家税务总局采取的由数据专业部门负责、各业务部门协作的数据质量保证模式，生态环境部对数据弄虚作假行为的判定与处理等。这些思路和方法是政府部门数据开放共享实践的产物，同时也体现各部门的政策创新。在国家大数据战略背景下，国家政策决策部门可适当参考和借鉴各部门的政策，为政府数据开放共享的顶层设计打开新的思路。

8.1.4　我国政府数据开放共享政策存在的问题

自 20 世纪 90 年代国家测绘局制定数据发布政策以来，我国政府数据开放共享政策已有 20 多年的发展历程。如前所述，我国政府数据开放共享政策初步形成了贯穿数据生命周期的框架，各部门的政策为国家层面政策的制定奠定了一定的基础，国家顶层的政策在网络安全、基础设施、跨部门统筹等方面取得的成绩有目共睹。我国政府数据开放共享政策虽取得了一定的成绩，但与发达国家相比仍存在很大差距，一些关键性问题亟须关注。

（1）政府数据开放共享的政策体系尚未形成

我国初步形成了贯穿政府数据生命周期的开放共享政策框架。该框架既为政府数据开放共享政策提供总体的发展脉络，也为政策框架体系深入拓展创造良好的基础条件。但我国政府数据开放共享 2015 年才进入顶层设计阶段。政策虽然发布较为密集，但大多属于规划性政策，针对性不强、可操作性弱。除了中国地震局、原国土资源部等个别部门初步形成了数据开放共享的系统性政策内容外，我国政府数据开放共享政策仍缺乏系统性，数据开放共享政策的内容分散在很多政策文本当中。

国务院制定的与政府数据开放共享直接相关的政策是《关于全面推进政务公开工作的意见》（2016 年）、《政务信息资源共享管理暂行办法》（2016 年）和《关于印发政务信息系统整合共享实施方案的通知》（2017 年）。但前者对开放政府数据仅限于只言片语，有关政务信息共享的两项政策显然也无法满足政府数据开放共享的需要，原因在于数据开放共享不是孤立存在的，涉及一系列问题，如数据来源是否可靠、是否被置于安全的保存环境、数据传播是否畅通、个人隐私是否予以恰当地保护、用户是否积极参与等。这些问题得不到解决，将成为政府数据开放共享的障碍，影响政府数据开放共享的实施。《促进大数据发展行动纲要》提出要在未来 5~10 年形成公共数据资源合理适度开放共享的政策体系①。因此，我国的政府数据开放共享亟须在国家大数据战略的指导下形成目标明确、层次分明并且切实可行的政策体系。

（2）政府数据及其元数据缺乏统一的组织规范

虽然中国地震局建立了严密的科学数据分类体系，但当前国家尚未确立明

---

① 中华人民共和国中央人民政府. 关于印发促进大数据发展行动纲要的通知［EB/OL］.［2024-01-01］. http://www.gov.cn/zhengce/content/2015-09/05/content_10137.htm.

确的数据分类标准。很多政策要求建立政府数据开放共享目录体系，《政务信息资源目录编制指南》也已列入政策议程，但尚未有确定的数据目录体系编制方案。此外，政策对开放政府数据的格式无从提及。W3C 建议开放数据采用已建立的开放标准(如 XML、RDF 等非专有格式)发布。调查显示①，我国政府数据平台既有非结构化的文本、表格、XML 文件，也有半结构化的 HTML 文档，很多数据采用专有格式发布。数据格式的开放是开放政府数据的前提。同时数据集以不同格式、不同词表发布，增加了政府数据的异构性，既可能影响大数据分析的结果质量，也使政府数据实现跨领域和政治边界的整合面临挑战。

一些部门制定了各自的基础业务数据标准规范，并将基础数据的技术性指导文件的修订列入工作计划，然而面临数据结构的多样性，国家没有统一的标准解决政府数据的整合问题，这样会使各部门发布的数据仍然是孤立的，无法实现大数据分析和政府数据共享。元数据可以增强政府数据的易发现性和可理解性。但各部门之间的元数据及其质量不同，会造成大量政府数据不易被发现并充分利用。如第 7 章所述，英国 OGD 平台采用 CKAN 和 GEMINI 两种元数据标准②。澳大利亚 OGD 平台则采用澳大利亚政府信息定位服务(AGLS)元数据标准、澳大利亚与新西兰土地信息委员会(ANZLIC)地理空间元数据标准和数据目录词表(DCAT)三种元数据标准③。我国地方政府开放数据的元数据标准不一，而国家政府数据开放共享也亟待建立统一的元数据标准。

(3)数据创建与汇交、数据归档与保存和数据监管是薄弱环节

与开放数据、数据共享、基础设施政策相比，政策对数据创建与汇交、数

---

① 黄如花，王春迎. 我国政府数据开放平台现状调查与分析[J]. 情报理论与实践，2016，39(7)：50-55.

② 赵蓉英，梁志森，段培培. 英国政府数据开放共享的元数据标准——对 Data.gov.uk 的调研与启示[J]. 图书情报工作，2016，60(19)：31-39.

③ 黄如花，李楠. 澳大利亚开放政府数据的元数据标准——对 Data.gov.au 的调研与启示[J]. 图书馆杂志，2017，36(5)：87-97.

据归档与保存以及数据监管的关注严重不足。数据创建既是政府数据开放共享的起源和保证数据质量的源头，也是政府数据开放共享的基础。但目前仅原国土资源部、中国地震局的 3 份文件描述了数据创建的内容，国务院的政策无从提及。数据汇交作为数据开放共享的重要环节，国家海洋局、中国地震局和原国土资源部都在政策中明确了数据汇交的责任者、汇交的数据类型等内容，但中共中央、国务院的政策仅简略地涉及数据汇交的内容和方式，而且政策颇具原则性，并不具体。

数据归档和保存也只在极少数部门的政策中涉及。虽然政策涉及了保存责任、保存期限和形式、数据维护和异地备灾等，甚至某些部门将数据纳入档案管理的范畴或者制定了数据存储规范，但国务院的政策仍然处于缺失状态，数据归档与保存未得到政策决策者的关注。数字监管指贯穿整个数据生命周期的维护与管理活动，包含对数据创建或接收、鉴定与选择、采集、保存、获取与利用、数据描述、信息表示等活动的管理①。目前的政策中，极少数部门的政策提到对数据归集汇交、开放共享乃至全过程的监管，一些部门针对不同环节的数据监管进行了描述。国家政策对整个生命周期的监管并没有明确的策略，这会导致数据开放共享整个活动不可控，数据质量也无法控制，面向国家大数据战略的政府数据开放和共享无法实现有效的过程管理。

(4)政府与公众互动的政府数据利用政策需扩展深化

政府数据开放强调政府与公众的互动。公共部门与公众互动有 4 种模式：信息、咨询、参与和协作②。现代民主政治认为，参与意味着公民可以行使国家赋予的民主权利。政府数据开放为公众提供了参与政府治理的机会，通过公

---

① 王芳，慎金花. 国外数据管护（Data Curation）研究与实践进展[J]. 中国图书馆学报，2014，40（4）：116-128.

② Library of Congress. Promise and Problems of e-Democracy：Challenges of Online Citizen Engagement[EB/OL].［2024-01-01］. https：//www.loc.gov/item/2004422479/.

众向数据平台反馈需求以及政府为公众提供数据咨询，提高数据利用和政府治理的水平。同时，公众除了普通公民、社会团体，还包括很多互联网公司、大数据开发企业。这些企业参与开放政府数据，不仅有助于大数据产业链的形成，而且可以解决政府数据开放中复杂的技术问题。可以说，参与的进一步扩展即协作。

中共中央、国务院《关于全面推进政务公开工作的意见》(2016年)指出"鼓励社会力量充分开发利用政府数据资源，推动开展众创、众包、众扶、众筹"，并提出"扩大公众参与"和"回应社会关切"[①]。但目前，我国政府与公众互动存在来自公众与政府两方面的障碍：一方面，公众自身的数据素养不高，如公众对数据的认识以及公众数据搜索、处理和利用的知识或能力都存在很大欠缺，使数据需求和实际利用程度较低，公众参与程度弱；另一方面，政府对用户需求把握不足以及公务员不具备相应的数据能力。数据提供者只有对何种类型的数据允许发布和用户期望获得何种开放数据进行系统的分析，确定可以为社会开放数据的类型及形态，才是提高数据附加值的前提。而公务员的数据能力也成为开放数据的关键。英国有专门的政策即《抓住数据机会：英国数据能力的战略》(2013年)提升全社会的数据素养，巴西、丹麦等国家成立专门的用户服务机构或开发分析公众信息需求的系统，我国的政府数据开放共享正处于探索期，数据开发商等利益相关者与政府尚未建立参与和协作机制，政府数据利用也缺乏相应的数据素养培养政策及数据利用反馈机制，这些都会影响政府数据融入大数据产业链的进程，影响数据交易和再利用。

(5)政府数据开放共享全过程的质量管理政策有待建立

数据质量在ISO25012中被定义为在具体情况下利用时、数据满足现有需

---

① 中华人民共和国中央人民政府. 中共中央办公厅 国务院办公厅印发《关于全面推进政务公开工作的意见》[EB/OL]. [2024-01-01]. https://www.gov.cn/xinwen/2016-02/17/content_5042791.htm.

求和潜在需求的能力。数据质量由可用性、准确性、完整性、一致性、及时性、可获取性以及开放性等指标衡量①，并与元数据、技术和语义互操作以及对隐私、商业秘密和责任的关注相联系②。数据质量是数据开放共享的核心，不以数据质量为核心的政府数据开放共享实质上是舍本逐末。低质量的数据以开放数据的形式发布，会对再利用产生消极影响，同时也会增加以分散、未协调的方式核对数据质量的投入③。为此，由政府部门对数据质量进行控制是避免资源浪费的最佳选择。

在美国，政府制定了专门的《信息质量法》，《管理和预算办公室备忘录M-05-04》要求政府机构尽可能采取足够的安全措施确保信息不被篡改，并确保其准确性、保密性和可获取性，以符合政府机构的预期和用户的需求。2010年5月，美国政府专门制定《开放政府数据质量计划》，通过诚信经营、风险评估及环境控制提高数据质量④。相比之下，我国严格意义上的数据质量政策较少，而且很多政府数据开放共享政策忽视了数据质量这一关键性问题。个别部门实施基于数据生命周期的数据质量控制和"从源头抓起"的数据质量前端控制，并对数据弄虚作假行为进行处理。这些对于数据质量管理都是极为有益的，但政策制定都是自发性质的，具有分散性。国务院也没有制定专门的数据质量政策，数据质量仅在国务院的 3 份政策文本中提及，所涉内容并不多；并且其中 2 份政策针对专门领域，不具有通用性。我国政府数据开放共享迫切需

---

① Batini C, Cappiello C, Francalanci C, et al. Methodologies for Data Quality Assessment and Improvement[J]. ACM computing surveys (CSUR), 2009, 41(3): 1-52.

② Dawes S S, Vidiasova L, Parkhimovich O. Planning and Designing Open Government Data Programs: An Ecosystem Approach[J]. Government Information Quarterly, 2016, 33(1): 15-27.

③ Vetrò A, Canova L, Torchiano M, et al. Open Data Quality Measurement Framework: Definition and Application to Open Government Data[J]. Government Information Quarterly, 2016, 33(2): 325-337.

④ 相丽玲, 李彦如, 陈梦婕. 中外政府数据开放运行机制的实证分析[J]. 现代情报, 2020, 40(1): 134-143.

要国家层面制定专门基于数据生命周期的质量保证政策，从数据生产、汇集、组织与描述、共享和保存等阶段保障数据质量。

（6）个人隐私保护政策需进一步具体化

在大数据背景下，即使数据在发布前被匿名化，也可能存在通过数据挖掘、数据整合等大数据分析技术生成敏感数据。我国现行政策中有对个人隐私保护的说明，但缺乏系统性和可操作性。《关于加强网络信息保护的决定》（2012 年）指出，国家保护能够识别公民个人身份和涉及公民个人隐私的电子信息。《电信和互联网用户个人信息保护规定》（2013 年）提出了个人信息的收集和使用规则、安全保障和监督检查等要求。这两份文件虽然是对个人隐私保护有明确规定的政策，但个人对其数据在政府部门的状态，如数据利用是否可控、隐私是否泄露等，都不知情。数据主体完全丧失了对自己数据的主动控制权。而政府数据开放共享相关的政策对个人隐私保护的规定千篇一律地概括在"保护数据安全和隐私，特别是涉及国家安全、商业秘密和个人隐私"中。

虽然个人隐私是世界各国和国际组织面临的共同难题，但欧美的个人隐私保护政策相对而言更为具体，如设置专门隐私保护机构提供隐私政策咨询和支持，任命隐私保护专业人员负责可能涉及的隐私问题，实施个人隐私告知和许可，在发布数据时开展隐私影响评估，实施全生命周期的隐私监控等。相比之下，我国对政府数据开放共享涉及的隐私保护思路并不清晰。这些都导致在《开放数据晴雨表》中，中国的个人隐私保护指标很低。当前政策并没有提出切实可行的方案保护个人隐私，个人数据被泄露、滥用和倒卖的风险难以得到有效控制。

（7）政府数据知识产权政策亟待建立完善

政策对数据知识产权的规定甚少，仅在国防科工委和民航局的两份政策中提及。政府数据的所有权一直没有从制度层面予以明确，使得数据的管理权、使用权以及信息共享的责任主体等无法进一步厘清，给政府数据开放许可的实施增添了难度。公共部门害怕由于数据陈旧、不正确或者被错误解读产生数据利用的损害责任，一些部门或者不发布数据或者对利用设置诸多限制。跨部门数据共享产生数据所有权不清晰，由此会产生版权不一致的问题。从政策文本中可以看出，政府部门对数据开放共享持谨慎态度，对其所有的数据不敢共享。如国家海洋局生态环境监测数据共享使用范围限于海洋系统内部，使得政府数据无法真正地开放和共享。

《开放数据手册》将"应用一个合适的开放协议来确保知识产权"①作为开放数据的关键步骤。为了实现政府数据的开放和共享，美国、英国、加拿大等开放政府数据典型国家都在政策中明确了其所采用的开放许可协议。美国白宫在2013年5月推行的"开放数据项目"规定，美国政府数据默认被置于美国公共领域，美国管辖范围内没有使用限制；当在世界范围内使用时，采用国际公共领域许可协议，即放弃著作权法规定的各种权利。英国皇家版权是适用于皇家或官方监督下制作的官方作品、艺术作品的长期版权保护，是所有政府部门发布文件的默认版权。2010年英国建立了开放政府许可，公共机构可以在开放许可条件下，发布皇家版权资料，公众可以不受归属限制，免费永久获取。中国现有的地方性的开放政府数据平台声明了政府对数据的所有权，但大多未采用许可协议，给数据再利用增设了诸多限制，不利于政府数据的开放共享。

8.2　地方政府政策文本内容的比较分析：以北京和上海为例

上海作为我国的经济中心，建立并开通了国内首个"政府数据服务网"，

---

① Dawes S, Vidiasova L, Trutnev D. Approaches to Assessing Open Government Data Programs: Comparison of Common Traits and Differences[C] //Misnikov Y, Trutnev D, Chugunov A. Proceedings of the 2015 2nd International Conference on Electronic Governance and Open Society: Challenges in Eurasia. New York: ACM, 2015: 24-28.

2012年正式启动政府数据资源向社会公众开放试点工作，其开放水平在不断提升。北京作为我国的政治中心，通过政务数据资源网、宏观经济与社会发展基础数据库以及政府部门官网进行数据开放，十分符合社会公众和经济发展的需要①。

政府数据开放共享离不开相关政策的支持和引导。本节采用内容分析法，对我国北京和上海的政府数据开放政策文本进行比较分析。首先选取符合要求的政策文本作为内容分析样本，再对收集到的文本进行编码，归入事先确定的维度类目进行分析。接着从政策类型、政策发布形式、政策内容这三个方面进行比较，以期反映出我国地方层面政府数据开放政策的现状，并为我国国家层面政府数据开放政策的补充和完善提供一定的参考。

8.2.1 地方政府数据开放共享政策的总体情况

（1）政策类型

北京下分16个市辖区，上海下分15区1县，各个市辖区政策的出台紧跟着其上级人民政府，其政策内容也积极响应上级政府的号召。因此个别市辖区的政策文本仅作为背景理解和补充分析，但不包括在正式的文本分析中。用于分析的政策文本的最终清单如表8-2-1所示，北京有21份政策样本，上海有34份政策样本。它们被分为核心政策文本、支持性政策文本和背景性政策文本②。核心文件是北京和上海政府设想的和政府开放数据直接相关的政策，主

---

① 晴青，赵荣. 北京市政府数据开放现状研究[J]. 情报杂志，2016，35(4)：177-182.

② Kothari A，Gore D，MacDonald M，et al. Chronic Disease Prevention Policy in British Columbia and Ontario in Light of Public Health Renewal：A Comparative Policy Analysis[J]. BMC Public Health，2013(13)：1-14.

旨明确且整个文本仅围绕这一个主题；背景性文件是指在国家战略规划指导及大环境影响下，北京和上海政府紧跟国家步伐而制定的政策；除此之外的文件都是支持性政策，北京和上海政府通过一定的手段或方式旨在推动政府数据的开放。

表 8-2-1 北京和上海政府数据开放政策文本汇总

政策文本	北京	上海
核心政策文本	1.《大数据和云计算发展行动计划（2016—2020 年）》； 2.《北京市政务数据开放服务指南（试行）》； 3.《北京市公共数据专区授权运营管理办法(试行)》； 4.《北京市公共数据管理办法》； 5.《北京市数字经济全产业链开放发展行动方案》； 6.《关于更好发挥数据要素作用进一步加快发展数字经济的实施意见》。	1.《政务数据资源共享和开放 2016 年度工作计划》； 2.《市民体质监测数据开放管理办法》； 3.《政务数据资源共享管理办法》； 4.《关于推进政府信息资源向社会开放利用工作实施意见》； 5.《上海市公共数据和一网通办管理办法》； 6.《上海市公共数据开放暂行办法》； 7.《上海市公共数据开放实施细则》； 8.《上海市数据条例》； 9.《上海市公共数据开放 2023 年度重点工作安排》； 10.《上海市数字经济发展"十四五"规划》； 11.《立足数字经济新赛道推动数据要素产业创新发展行动方案（2023—2025 年）》。

续表

政策文本	北京	上海
支持性政策文本	7.《北京市东城区提升生活性服务业品质三年行动计划》； 8.《北京市"道路客运安全年"活动方案》； 9.《推动科技金融创新支持科研机构科技成果转化和产业化实施办法》； 10.《推进政府管理服务规范化透明化的意见》； 11.《简化优化公共服务流程方便基层群众办事创业工作方案》； 12.《统计资料发布管理办法》； 13.《进一步加强和完善部门统计工作的意见》； 14.《加快首都科技服务业发展的实施意见》； 15.《2016年推进简政放权放管结合优化服务改革工作要点的通知》； 16.《进一步促进软件产业和集成电路产业发展若干政策》； 17.《北京市统计条例》； 18.《做好2015年度北京地区卫生计生系统网站考核评议及十佳微博评选工作的通知》； 19.《北京市服务业扩大开放综合试点实施方案》；	12.《开展2015年度本市政府网站测评工作的通知》； 13.《2016年度上海市人民政府决策咨询研究重点课题公开招标的通知》； 14.《关于鼓励社会力量参与本市养老服务体系建设的若干意见》； 15.《2016年上海市卫生计生工作要点的通知》； 16.《加快建设具有全球影响力的科技创新中心的意见》； 17.《进一步推进政府效能建设的意见》； 18.《推进简政放权放管结合优化服务改革工作要点的通知》； 19.《2015年推进简政放权放管结合转变政府职能工作方案》； 20.《上海市贯彻〈国务院关于促进信息消费扩大内需的若干意见〉行动纲要（2014—2017年）》； 21.《进一步做好新形势下本市就业创业工作的意见》； 22.《加强审计工作的实施意见》； 23.《关于本市加强互联网领域侵权假冒行为治理的实施意见》；

续表

政策文本	北京	上海
支持性政策文本	20.《关于加快培育大数据产业集群推动产业转型升级的意见》; 21.《2015 年政府信息公开工作要点的通知》; 22.《2016 年政务公开工作要点的通知》; 23.《关于全面推进政务公开工作的实施意见》; 24.《北京市第三批新建和优化"高效办成一件事"场景工作方案》; 25.《北京市 2024 年政务公开工作要点》。	24.《2016 年上海市政务公开工作要点的通知》; 25/26.《2015/2016 年上海市政府电子政务重点工作安排的通知》; 27.《2015 年上海市政府信息公开工作要点的通知》; 28.《整合建立本市统一公共资源交易平台实施方案》; 29.《关于进一步促进科技成果转移转化的实施意见》; 30.《2016 年度上海市政务公开考核评估实施方案》; 31.《开展 2016 年度第一批上海市信息化发展专项资金(智慧城市建设)项目申报工作的通知》; 32.《开展 2015 年度上海市信息化发展专项资金项目申报工作的通知》; 33.《2014 年金山区政府信息公开工作要点的通知》; 34.《加强交通港航行业信息化工作指导意见》; 35.《关于全面深化本市地面公交行业信息化建设的行动计划(2016—2018)》; 36.《进一步加强道路运输车辆动态监管工作的通知》; 37.《2015 年宝山区政府重点工作安排的通知》; 38.《关于全面推进政务公开工作的实施意见》; 39.《2024 年上海市政务公开工作要点》。

续表

政策文本	北京	上海
背景性 政策文本	26.《关于积极推进"互联网+"行动的实施意见》； 27.《北京市国民经济和社会发展第十三个五年规划纲要》； 28.《智慧北京行动纲要》； 29.《北京市优化营商环境条例》； 30.《北京市促进通用人工智能创新发展的若干措施》。	40.《上海市国民经济和社会发展第十三个五年规划纲要》； 41.《闵行区科技发展"十二五"规划》； 42.《推进"互联网+"行动实施意见》； 43.《统计信息化"十一五"建设规划纲要》； 44.《上海市推动人工智能大模型创新发展若干措施（2023—2025年）》。

目前我国将进入"十五五"规划期间，尤为注重智慧城市的建设与发展，并加快大数据发展的步伐。在这样的背景下，北京和上海紧跟国家的步伐，出台了众多促进政府数据开放共享的政策文件。从政策数量和类型来看，上海比较有优势。北京市的政策多数体现了其从政府信息公开到政务公开，最终达到政府数据开放的过程，但是目前很多政策仍是支持和引导政务和信息公开，核心政策缺乏，从总体上说，政府数据开放不够明确。上海市和主题相关的核心政策具有优势，体现了政府数据开放的各个环节，对其工作的开展有明确的指示。比如《上海市政务数据资源共享管理办法》，该政策将数据资源管理平台、数据资源目录、数据采集、共享使用、安全保障等开放过程进行详细的阐述和明确的分工。上海市政府数据开放有了具体核心政策的指导，其整体政策配合良好，共同促进政府数据的开放共享。

（2）政策发布的形式

北京和上海颁布的政策形式的分布如图8-2-1所示。北京和上海的政策大部分以"通知"和"意见"的形式发布的，政策颁布的形式不同，其效力和影响力不同。以法律、条例、规定等形式颁布的政策效力和影响力要远远高于以通知和意见形式颁布的，因此，北京和上海目前出台的政策效力都比较弱。从政策形式分布来看，北京比较具有优势，除了通知、意见之外，还有条例、规划、纲要、办法和政策，而上海没有以条例和政策形式颁布的政策。北京政策形式丰富，说明政府对数据开放工作有足够的权威性和调控性，出台效力较强的政策以推动政府数据的开放共享。

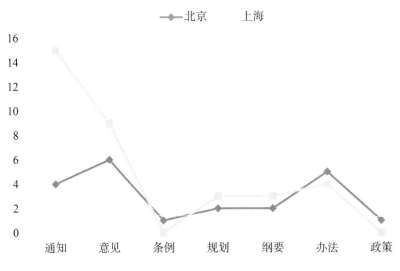

图 8-2-1　北京和上海政府数据开放政策发布的形式分布

8.2.2　地方政府数据开放共享政策的内容分析

总体上，在北京和上海的政府数据开放政策中，数据发布与开放、基础设施建立与平台完善的相关内容涉及较多，但数据采集、数据组织、数据安全等内容提到得较少，这也是我国政府数据开放已出台的政策中普遍存在的问题。在政策内容方面，北京和上海政府数据开放有共性也有其特性。从图 8-2-2 可以看出，数据组织、数据发布与开放、不同部门间的数据合作与共享、数据监管与评估以及数据安全的参考点覆盖率基本一致，而数据采集、数据的开发与增值利用、基础设施建立与平台完善以及招标项目、专项资金等外部推动的参考点覆盖率有较大的差别。

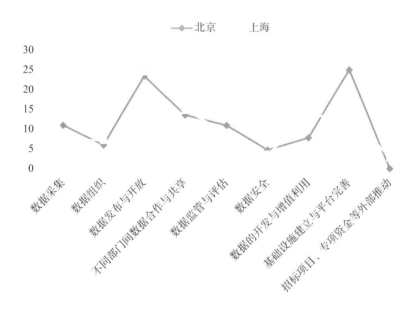

图 8-2-2 北京和上海政府数据开放政策内容的参考点分布

（1）数据采集

北京和上海政府开放数据采集的相同参考点总结如下：第一，数据采集有一定的原则可循，除涉及国家安全、商业秘密、个人隐私的数据外，其余数据都应主动采集；第二，我国将进入"十五五"规划期间，数据采集的重点在交通、医疗、教育、住房城乡建设、农业、旅游等和民生密切相关的领域。但是通过对北京和上海的政策文本的内容分析，本项目组发现目前的政策当中从未提及数据采集的相关标准问题。政府开放数据采集无标准可循会增加政府工作的负担。

北京的参考点覆盖面比上海广，主要体现在以下两个方面：一方面，数据采集过程中需要注意的是对原始数据的采集，而不是经过加工而成的数据。如《北京市统计条例》《关于进一步加强和完善部门统计工作的意见》中提到，各部门、各行业及各领域的统计资料在采集时必须注明其数据来源、调查方法以及指标涵义等，采集的只有是原始数据才能向社会公众开放。另一方面，数据采集不是一成不变的，采集工作更要定期开展，为开放数据的及时更新奠定基础。如《北京市东城区提升生活性服务业品质三年行动计划》中提到，政府要对东城区各街道的生活性服务相关的各类数据资源定期普查和采集，加以整合然后开放供居民增值利用。

（2）数据组织

我国北京和上海的政府数据开放政策中涉及数据组织的参考点基本一致。目前政策都要求建立政府数据资源目录体系。如北京市《关于全面推进政务公开工作的实施意见》中提到，建立政府数据资源开放目录，制定便民公共服务信息资源开放目录和规则标准，便于实行动态清单管理；《上海市政务数据资源共享管理办法》中提到，政府对于所掌握的政务数据资源进行梳理，在数据资源管理平台上进行目录编制，形成政务数据资源目录。但是现有政策中都没有涉及政府数据开放共享的标准规范问题。政府开放数据进行组织时，对于元数据标准、格式标准、通用技术标准等应进行统一，未来北京和上海的相关政策制定时应重视这一方面的作用。

（3）数据开放与共享

由上述图表可以看出，在北京和上海的政策中，数据发布与开放、不同部门间数据合作与共享的参考点覆盖率基本一致，主要内容体现在以下三个方面：第一，对于数据开放的范围有明确的规定。除涉及国家安全、商业秘密、个人隐私的数据外，都应向社会开放。北京和上海确实做到了，大力开放交通、教育、医疗、住房保障等各个领域的数据。第二，数据的开放要依法依规，并且依托政府现有的数据开放平台。第三，数据共享体现在所有数据应向社会公众开放以实现在社会上的共享，其次政府不同部门、不同机构间要实现数据互通和开放共享，提高各部门工作透明度的同时也提升政府管理能力。

但是北京和上海的相关政策在一些方面仍阐释不足，如对于发布权限以及责任归属问题缺乏具体分配易导致各部门不清楚自己的工作目标，易造成有问题互相推卸责任的局面；对于开放数据的更新周期问题缺乏详细规划，容易导致已失效数据过长时间滞留，无法及时满足社会公众的需要；政府开放数据是否全部免费向社会公众开放是公众比较关注的问题，未来的政策应该做出具体的说明。

（4）数据监管与评估

北京和上海政府开放数据监管与评估的政策参考点基本一致，主要体现在以下两个方面：第一，对政府数据开放共享的整个过程进行监管，并建立合理的审核机制。《北京市统计资料发布管理办法》中提到，政府各个部门对拟开放统计资料的数据质量进行严格的监管和审核，切实保证统计数据质量；上海市《关于本市进一步推进政府效能建设的意见》中提到，对于要开放共享的行政权力数据，要对其涉及的所有材料审核真实性并进行监督。第二，将政府数据开放共享成果和进展作为政府工作定期考核与评估的主要内容之一。如北京市通过对政府数据服务网站的开放情况及网站维护情况进行考核评议；上海市专门制定相关考核评估实施方案，要求对于政府开放数据资源进行单位自查和重点督查，然后通报考核评估结果。北京和上海相关政策对数据监管与评估做出的努力将会有效提升政府开放数据的质量，推进政府数据开放共享进程。

（5）数据安全

数据安全是政府数据开放共享过程中不可忽视的重要部分。北京和上海强调在数据开放过程中要做好安全保障工作。北京市政府要求各个部门要积极做好数据开放共享的技术支撑和安全保障工作，尤其是一些统计部门，保障数据安全以防泄密；上海市政府要求建立健全政务数据资源安全管理制度和工作规范，完善身份认证、访问控制等防控措施，而且规定行政部门提供的开放共享数据应当事先经过本部门的保密审查。北京和上海相关政策对于数据安全虽然提及不多，但胜在精致，值得借鉴。

（6）数据的开发与增值利用

政府数据开放共享只是一个手段，社会公众通过利用数据获得增值效益才是根本目的。北京和上海的政策都鼓励社会各个层级、各种类型的公众对数据进行深度分析和开发，以期对自己所从事的职业或所处的行业带来或多或少的增值效益。这个增值效益可以体现在很多方面，比如政府机关领导通过对政府开放数据的深入研究和分析以提高自身决策的合理性，带领整个团队前进；如商业、服务业负责人通过对政府开放数据的深度挖掘，推动产业转型升级并提高经济效益；社会普通公民通过政府开放数据的引导，使自己的衣食住行更加舒适、方便。

上海比北京的参考点覆盖率要多，主要因为上海政策文本比北京更多地鼓励数据开发与增值利用。上海是我国的经济中心，各个领域的经济发展都走在我国的最前沿，因此更迫切地希望产业结构更快地转型和升级以带来更高的经济效益；上海生活水平高，市民追求更高的生活质量，因此对自己的衣食住行等各个方面的要求越来越高。上海市政府非常重视对开放数据的开发与增值利用。最具代表性的是由上海市经济和信息化委员会主办的"上海开放数据创新应用大赛"（Shanghai Open Data Apps，SODA），自2015年起连续每年举办，坚持开放数据的理念共识，将数据蕴藏的无穷能量和价值比作苏打水瓶开启后散发的气泡；吸引全球数据人才关注和参与，通过数据挖掘和创新应用，汇聚多主题、多场景的应用案例，使数据价值造福于市民、创造城市智慧，已产生广泛的影响力和辐射作用。

（7）基础设施建设与平台完善

北京和上海政府数据开放平台完善与基础设施建立的相同参考点总结如下：第一，对北京和上海现有的政府数据开放平台加大建设力度，政府数据要依托其平台达到开放的目的；第二，除了已经正式开放的数据平台，还要将其他某一特定领域的政府数据开放平台或中心逐步建立起来。例如《北京市人民政府关于积极推进"互联网+"行动的实施意见》中提到，政府要推进旅游大数据开放共享平台的建设，鼓励旅游企业利用政府开放数据提升服务等；如《上海市关于印发加强交通港航行业信息化工作指导意见》中提到，政府要加强交通港航行业开放数据中心的建设，以形成权威数据中心，更好的引导这一行业的发展。

北京的参考点覆盖面比上海广，主要体现在以下两个方面：第一，北京正在逐步开放的某一特定领域的政府数据平台或中心比上海覆盖面广，如政策所述，科技、农业、旅游、政法等数据开放共享平台会一一建立。第二，北京的政策中有说明政府在基础设施建立与平台完善中扮演的角色，一方面政府会加大资金的投入力度，使平台建设有充足的资金保障，另一方面政府加强引导，决策方面起关键作用。但是通过对北京和上海的政策文本进行分析，本项目组发现关于政府数据开放平台建设与完善的责任归属问题界限很模糊，这不利于政府问责及工作的有效开展。

（8）招标项目等推动

政府数据开放共享并不是政府单方面的责任，也需要社会公众的积极参与。政府为了使数据开放这一工作有效率地开展以及得到可观的效益，会通过专项资金项目申报、重点研究课题公开招标等方式鼓励社会公众共同参与。北京的参考点覆盖率为 0，招标项目等外部推动的参考点全部集中在上海。如《开展 2016 年度第一批上海市信息化发展专项资金（智慧城市建设）项目申报工作的通知》中，专项资金支持"政务数据资源开发利用"这一项目，具体需要包括政府数据服务网建设、推进公共数据与社会数据融合利用等；《2016 年度上海市人民政府决策咨询研究重点课题公开招标的通知》中，政府决策咨询研究包括"大数据在本市政府决策中的应用研究"这一重点课题，旨在对面临的数据开放立法、数据安全保护、数据格式标准等实际问题提出具体对策和政策建议。

此外，《关于 2023 年度上海市人民政府决策咨询研究重大课题公开招标的通知》的课题目录之一为"上海促进数据要素流通研究"，旨在围绕国家数据基础制度的落地深化，深入把握数据要素流通的基本特性和发展规律，提出上海促进数据资源流通和应用、推动数据流通和交易制度合规高效建设、激发数据要素市场活力的新思路新举措①。《关于 2024 年度上海市人民政府决策咨询研究重大课题公开招标的通知》目录中包括"上海构建公共数据要素可信交易生态体系研究"，旨在构建数据可信流通环境，增强数据的可用、可信、可追溯水平，是提升公共数据开放质量、畅通数据流通的关键因素，对于充分发挥数据赋能经济社会发展的作用意义重大②。

---

①　上海市人民政府发展研究中心. 2023 年度上海市人民政府决策咨询研究重大课题指南［EB/OL］.［2024-01-02］. https：//www.fzzx.sh.gov.cn/zdkt_zbtz/20230315/3aa1cebdd0d84afb9d8001558071a29a.html.

②　上海市人民政府发展研究中心. 2024 年度上海市人民政府决策咨询研究重大课题指南［EB/OL］.［2024-03-02］. https：//www.fzzx.sh.gov.cn/zcjd/20240205/19384628918f420195d5c426c38e90a6.html.

8.3 我国政府数据开放共享的政策需求

政府数据作为国家的重要资产，是政府进行公共政策制定、服务传递的依据和条件，也是公民、组织和企业公共参与、决策和创造创新性产品和服务极其珍贵的资源。目前的研究多集中在开放政府数据政策问题的一个方面，对中国政府数据开放共享的政策问题缺乏全面的分析和研判。虽然一些学者从框架建构的角度进行政策分析，但他们更侧重于政策内容体系的建立。公共政策的制定是为了解决特定的社会问题而进行的，政策问题构建是政策分析的首要任务。只有在充分的数据论证的基础上确认政策问题，才能提出符合中国实际的更有针对性的政策方案。鉴于此，本节将对中国政府数据开放共享的政策问题进行界定和细化，为后续政策方案的提出奠定基础。

8.3.1 数据开放生命周期管理

开放政府数据不是孤立存在的，必须以坚实的数据管理为基础。对此，A. Zuiderwijk 等①将政府数据开放分为五个基本步骤：数据生产、收集并整合大量数据；公共部门决定是否开放自己的数据；潜在用户可搜索到开放数据；数据可不受版权等限制而被利用、重用和再分配；向公共部门提供利用数据的反馈信息。由此可见，政府数据开放共享不仅仅是指政府数据开放，而是一系列过程。在理论界，基于数据生命周期的政府数据开放共享已初步达成共识。

政府数据开放共享自身作为"元问题"，由一系列子问题共同构成中国政府数据开放共享的政策问题框架。这些子问题包括：政府数据的格式、质量及

① Zuiderwijk A, Janssen M, Choenni S, et al. Socio-technical Impediments of Open Data [J]. Electronic Journal of e-Government, 2012, 10(2)：156-172..

其元数据问题，数据生命周期管理问题，数据安全与隐私问题，数据基础设施建设问题和组织实施问题[1][2]。根据政府数据生命周期理论、我国政府数据开放相关政策的分析，以及用户对政策需求的调查，我国政府数据开放政策应该涉及以下几个方面的内容。

(1)数据生产与收集

政府数据开放共享要求政府所有部门必须以方便下游信息处理和开放利用的方式生产或收集数据，对其生产和收集的数据负责。对开放政府数据而言，明确数据出处特别重要。数据出处是指关于数据来源的细节，换句话说，由谁创建或生成数据。为了从源头上保证数据开放，数据生产就要遵循开放数据标准，遵循通用核心元数据和可扩展的元数据。在数据生产和收集阶段保证数据和元数据的质量，才能推动跨部门、跨机构的数据整合与分析。而且，如果数据出处不明确，开放数据无法随着数据生成部门更新或修改，将产生版本控制的问题。此外，政府部门横向和纵向的数据汇集会产生不同程度的交叉重复。不同部门接收到其他部门的数据会对其进行修改，或在这些数据的基础上形成新的数据。如果缺乏发布数据的收集指南，会导致数据交叉重复现象严重，如果数据产权归属不清晰，会进一步影响数据利用。

(2)数据处理与分析

不同数据集的聚合可以使人们从开放数据中获得创见。然而由于数据涉及国家安全、个人隐私，政府数据又缺乏明确的分级分类标准，数据分析会产生大量隐私泄露、甚至威胁国家安全的风险。政府数据目录是政府开放数据平台可用数据集的列表，包含元数据记录，并提供相应的在线资源链接。然而数据

---

① 黄如花，温芳芳. 我国政府数据开放共享政策问题的构建[J]. 图书情报工作，2017，61(20)：26-36.

② 温芳芳. 我国政府数据开放的政策体系构建研究[D]. 武汉：武汉大学，2019.

目录的实现提出了一个重要的问题：究竟应该存储什么元数据以及如何描述？目前，很多部门制定了各自的基本元数据标准。但因业务活动不同，各自的元数据标准各异。当数据整合到政府数据平台时，元数据问题就变得异常突出，因为元数据的含义和结构通常都不一致，给数据整合带来了难题。开放数据处理与分析除了面临数据和元数据方面的挑战外，还有技术方面的困境。2015年2月，《欧洲大数据价值战略研究与创新议事日程》确定了技术优先政策，其中包括数据处理架构优先、深层分析优先①。我国大数据处理分析和呈现与国外均存在较大差距②，很多平台无法实现可视化，总体上难以满足各行业大数据的应用需求。

(3) 数据归档与保存

由于数据集的大规模性，数据存储阵列必须产生足够的每秒输入输出量(Input/Output Operations Per Second，IOPS)才能满足用户读写的操作要求，但主存储的成本通常都很高③。为了减少数据主存储的消耗和成本，对日常业务不需要的旧数据，但可能偶尔获取的数据有必要进行数据归档。归档的数据可能是未来参考需要的旧数据，以及按法规要求必须保留的数据。英国建立了数据档案馆以保管社会科学数据，并成为英国国家档案馆数据基础设施的组成部分。据调查，中国目前的归档范围一般都是文件、图纸等。仅国家统计局的政策将统计数据纳入档案管理。除此之外，中国国家层面的政策基本没有类似的理念或实践，有必要研究和建立数据归档政策，并由此确立每类数据的具体保留要求。

---

① Data Economy. European Big Data Value Strategic Research & Innovation Agenda [EB/OL]. [2024-01-02]. https://dataeconomy.eu/sria/#page-content.

② 中国信息通信研究院. 大数据白皮书(2016)[R/OL]. [2024-01-02]. http://www.caict.ac.cn/kxyj/qwfb/bps/201804/P020161228288011489875.pdf.

③ Techtarget. Data Archiving [EB/OL]. [2024-01-02]. http://searchdatabackup.techtarget.com/definition/data-archiving.

随着信息和数据技术的发展，数据保存和管护（Data Curation）成为极其重要的问题。从全球来看，政府数据通常存储在开放数据存储仓库中。开放数据标准库存（Open Data Standards Inventory）项目扫描了政府的开放数据存储仓库，以确定使用的文件类型，发现在前40种文件格式中，PDF是最常用的数据集格式①，采用PDF格式可能是基于数据保存的考虑。但PDF文件无法修改，而且PDF格式的非开放性限制了用户访问。开放政府数据存在的数字管护问题，包括数据维护和互操作标准。鉴于互操作始终是开放数据的关键，数字监管人员必须考虑数据组合方式以及利用方式；同时，也需要先进的系统以确保根据保留期限处理数据。数据维护中会存在许可问题，数据保存没有标准化的开放许可会阻碍数据迁移到新的系统，同时会阻碍公众持续获取。如果不同的数据集有不兼容的许可时，管理许可证可能会更为复杂。

（4）数据开放和共享

政府的公共服务职能决定了共享不应限于政府机构内部。开放数据在很大程度上是政府公开地将其收集和拥有的数据与公众共享。不同部门将其数据上传到政府数据平台，目的就是与公众共享政府数据资源。政府持有的很多数据是适合于商业和广大社区共享的国家资产，能为科学知识增长、企业发展和政府服务创新提供助力。与公众共享的数据越多，政府部门就越开放，通过共享开放数据创造的公共价值潜力越大。很多国家最初几年似乎把开放政府数据的战略重点放在了开放政府数据平台建设和发布数据集上。然而，随着时间的推移，发现数据内容的可用性和格式的开放性都存在问题。目前中国政府数据积累少，只能发布极其有限的文本数据和统计数据②。而且，由于缺乏数据发布

① Chalifour J. Digital Curation Issues Involving Open Government Data[EB/OL]. [2024-01-02]. http://www. phydeau. org/wp-content/uploads/2015/05/digital-curation-open-govt-open-data_joshua-chalifour.pdf.

② 黄璜，赵倩，张锐昕. 论政府数据开放与信息公开——对现有观点的反思与重构[J]. 中国行政管理，2016(11)：13-18.

的适当立法或统一政策，缺乏处理政府开放数据的程序，如开放数据集的选择、发布数据最低的质量要求、可用于开放数据处理的工具等，全国不同的政府数据平台发布的数据集、采用的数据格式等都差异很大，影响数据的互操作性和数据质量。

（5）数据获取与利用

政府数据开放共享的重点不在于开发高水平的数据平台、发布尽可能多样的数据集，而在于通过数据获取与利用实现政府透明、政治民主和社会创新这些预期目标。政府权力是人民赋予的，人民有权监督政府的活动。只有开放数据，该权力才能在透明状态下得到切实履行。通常用于描述政府数据公开获取程度的主要有完整性、优先性、及时性、物理和电子访问的便利性、机器可读性以及将数据置于公共领域的许可等因素[①]。统一的平台及数据目录为数据提供可检索的地址。但元数据不完整、不准确直接影响数据的可发现性。如果用户不清楚数据来源，查找数据会变得更为困难。尤其是，数据平台的数据集来源分散，会进一步加剧数据获取问题。影响快速查找有用数据的因素还有门户网站的搜索、下载和浏览功能。中国的数据获取政策对数据平台的建设、数据目录提出了技术要求，但并未明确数据获取的范围，没有提出更具体的数据平台标准。

根据知名咨询机构国际数据公司（International Data Corporation，IDC）预测，2026 年中国大数据市场总规模预计将达 365 亿美元，与全球总规模相比，中国市场在五年预测期内占比持续增高[②]。《纲要》指出了优先开放数据的领域，但在数据利用方面政策显得较为薄弱，没有制定刺激公开数据再利用的政策，特别是针对政府数据商业化开发的问题，数据再利用的范围、数据定价问

---

① Dawes S S, Vidiasova L, Parkhimovich O. Planning and Designing Open Government Data Programs：An Ecosystem Approach[J]. Government Information Quarterly, 2016, 33(1)：15-27.

② IDC Research. IDC：2026 年中国大数据市场总规模预计将达 365 亿美元. https://www.idc.com/getdoc.jsp? containerId=prCHC50557923.

题尚未确定，而且数据交易还面临数据跨国跨境流通的问题。

8.3.2 政府数据质量

数据质量既包括用户对数据集满足其需求的感知的主观方面，也包含数据自身及数据活动过程的客观方面。从客观角度来说，数据质量主要取决于数据的属性，如准确性、完整性、权威性、时效性和内部一致性等。调查发现，在数据开放和利用的过程中普遍存在数据不准确、不一致、不及时的问题。其次是数据活动过程的特点。如果数据本身的属性在数据活动的各环节未予以重视，如数据未经鉴定或核实，会导致数据分析的结果是错误的，将严重影响决策和政策制定过程。

从主观角度来说，数据质量依赖于用户自身及其数据利用的类型。公共部门发布的政府数据如果对数据消费者而言没有良好的质量，那么数据就很难得到充分利用，甚至会损害数据集的再利用；同时也会增加以分散的方式核对并清洗数据的投入；更甚者会影响公民政治参与和政府公信力。数据质量与数据格式、元数据、技术和语义互操作以及用户实践密切相关。由于数据格式的异质性、元数据的缺失等，数据质量参差不齐成为各个国家开放政府数据都存在的问题。

8.3.3 数据安全和隐私

数据本身的开放性、关联性会引发数据安全问题。在透明政府、开放治理理念推动下实施的政府数据开放共享与国家数据安全、商业秘密和个人隐私存在价值和利益冲突。

（1）网络安全与数据主权

在大数据时代，信息安全向全社会、全方位、全视角、全链条渗透[1]。计

---

① 王世伟. 大数据环境下信息安全交织特征及其政策路径选择[J]. 信息安全与通信保密，2015(6)：26-29.

算机病毒、网络黑客、数据泄露、组织攻击等会变得更为猖獗。云计算的发展使机构使用云应用程序的数量不断增加。在云中托管的数据面临网络安全的风险更大。Symantec 公司的《互联网安全威胁报告》(2017 年)①指出，沙虫、Suckfly 等目标攻击集团将政府、军队等作为主要的攻击对象，通过网络钓鱼、磁盘擦拭和信息窃取程序等方式，开展间谍活动、肆意破坏和政治颠覆。国家互联网应急中心的《2021 年上半年我国互联网网络安全监测数据分析报告》指出，我国境内遭篡改的网站有近 3.4 万个，其中被篡改的政府网站有 177个②。2017 年 5 月，WannaCry 勒索病毒全球肆虐，国内政府办事终端等多个领域被感染③。

数据安全对一个主权国家来说属于非传统安全问题。不重视数据安全的政府数据开放恐使国家数据主权岌岌可危。美欧通过很多项目资助大数据安全技术研发，已经抢占了大数据情报工作的制高点④。美国一直借助互联网手段和信息技术对全球数据情报进行监控，其情报机构可直接进入微软、雅虎、谷歌等互联网公司的服务器和数据库，获取欧洲数据中心的数据⑤；同时，还收集和利用软件漏洞进行间谍活动。发达国家数据技术和能力相对于发展中国家的绝对优势，再加上国际霸权主义的盛行，会对发展中国家的经济、政治和文化主权造成严重威胁，甚至危及国防。相较于国际社会各政府国防部门对数据安全的极高关注度，中国的国防部门就显得较为滞后，国防部对新生的非传统安

① Symantec. Internet Security Threat Report [EB/OL]. [2024-01-02]. https://docs. broadcom.com/doc/istr-22-2017-en.

② 国家计算机网络应急技术处理协调中心. 2021 年上半年我国互联网网络安全监测数据分析报告[EB/OL]. [2024-01-02]. https://www.cert.org.cn/publish/main/upload/File/first-half%20%20year%20cyberseurity%20report%202021.pdf.

③ 新华网. 国内近 3 万家机构"感染"勒索病毒 覆盖几乎所有地区[EB/OL]. [2024-01-02]. http://m.xinhuanet.com/2017-05/14/c_1120969772.htm.

④ 惠志斌. 美欧数据安全政策及对我国的启示[J]. 信息安全与通信保密，2015(6)：55-60.

⑤ 杜雁芸. 大数据时代国家数据主权问题研究[J]. 国际观察，2016(3)：1-14.

全即数据安全重视度不够。当数据由一个主权国家拥有时，数据保护就成为一个更加复杂的领域。在数据跨国流通中，在考虑由包括云服务提供商在内的第三方托管的政府数据时，可能也会涉及数据主权问题。若不能妥善解决，会使数据安全的辐射面更广、对国家安全的威胁更大，造成的后果更不可控。

此外，引领新一轮科技革命和产业变革的人工智能技术迅猛发展，各国政府人工智能战略落地实施，同时，人工智能自身及其应用也给数据安全带来严峻挑战。一方面，人工智能自身面临着数据安全风险，开源学习框架存在安全风险，可导致人工智能系统数据泄露。另一方面，人工智能应用导致的数据安全风险，包括人工智能应用可导致个人数据过度采集，加剧隐私泄露风险；人工智能放大数据偏见歧视影响，威胁社会公平正义；人工智能技术的数据深度挖掘分析加剧数据资源滥用，加大社会治理和国家安全挑战；人工智能技术可提升网络攻击的智能化水平，进而实施数据智能窃取；基于人工智能技术的数据深度伪造将威胁网络安全、社会安全和国家安全①。

（2）个人隐私保护

个人数据正在成为一种新的资产。大数据背景下，政府可以使用数据挖掘、众包或在线调查等途径收集不同类型的个人数据，挖掘其潜在价值。与此同时，大规模政府数据的开放不可避免地要触及个人信息等敏感数据，不仅增加了个人信息泄露的可能性，而且会对个人隐私构成威胁。采用数据挖掘技术，通过抽取的信息可以找出不同个体的信息和关系，使个人数据面临隐私风险。为了对数据进行分析，在数据聚合时，即使数据在发布前匿名化，也可能存在通过不同数据集属性的组合生成敏感数据。新媒体时代的众包完全是基于数据环境，人们每一次信息活动都会留下数字痕迹。有很多科技公司在滥用

---

① 中国信息通信研究院. 人工智能数据安全白皮书[EB/OL]. [2024-01-02]. http://www.caict.ac.cn/kxyj/qwfb/bps/201908/P020190809481299621393.pdf.

Facebook 等社交媒体上的个人数据。当互联网公司、科技公司等协助跟踪其客户的个人资料和敏感个人资料时，情况会变得更糟糕。

从全球来看，联合国有 113 个成员国建立了网络个人信息保护法(数据保护法或其他等同法案)①。值得欣慰的是，《中华人民共和国个人信息保护法》已于 2021 年 8 月颁布实施②，明确了数据处理者应履行诸多信息保护义务，确定了多元化的个人信息保护履职体系，为政府数据开放共享涉及的个人数据保护提供思路和依据，进一步帮助规避政府数据开放共享中个人数据泄露的不可逆性的棘手问题。

8.3.4 数据基础设施建设

目前，政府对信息系统进行统筹建设。但由于一些部门存在垂直管理和水平管理，在实际的工作中，数据既要向本级政府的数据平台提交数据，同时也需要向上级数据中心提交数据。从市、省再到国家数据中心逐级提交数据使保存在数据中心的数据存在大量重复。随着数据的不断产生，政府部门需要不断地投入经费，政府推动信息化项目的资金来源很大程度上存在可持续性的问题。

8.3.5 数据开放的组织实施

政府数据开放在组织实施方面的需求主要包含财政资金安排、系统组织架构、工作权责等方面。

(1)组织协调

该方面主要表现在组织内部存在责任不明确的问题。当前数据具体由谁来

---

① United Nations. UN E-Government Survey 2016 [EB/OL]. [2024-01-02]. https://publicadministration.un.org/egovkb/en-us/Reports/UN-E-Government-Survey-2016.

② 中华人民共和国中央人民政府. 中华人民共和国个人信息保护法[EB/OL]. [2024-01-02]. https://www.gov.cn/xinwen/2021-08/20/content_5632486.htm.

开放、谁来审批，谁来处理用户反馈、谁负责隐私等都没有明确的要求。

（2）相关工作人员严重不足

相关工作人员严重不足是指承担开放数据工作的人员严重缺乏。编制内或合同制工作人员都无法满足当前工作的需要，给地方政府数据开放有关部门带来很大工作压力。

（3）财政经费支持不足

由于数据开放相关岗位的薪酬缺乏竞争力，一些数据管理部门招不来人、留不住人。财政经费紧张使政府部门在人力上很难提供保障。

（4）开放共享文化尚未形成

该方面主要表现在一些中西部省份数据共享开放的观念稍弱，数据开放工作处于初步规划阶段。各个部门对开放数据持谨慎态度。从公众的角度来说，大多公众对开放数据不甚了解，对开放数据的需求并不强烈。

8.4 我国政府数据开放共享的政策框架

8.4.1 政策框架构建的依据

我国政府数据开放政策体系的框架构建主要以公共政策理论、数据生命周期理论以及系统科学理论为理论依据①。

---

① 温芳芳. 我国政府数据开放的政策体系构建研究［D］. 武汉：武汉大学，2019.

（1）公共政策理论

根据公共政策理论，政策过程一般包括：问题确认、议程设置、政策制定、政策执行和政策评估。公共政策的内容通常包含政策制定和政策执行。本书将公共政策理论中的政策过程理论运用到政策体系的框架构建中，使政策内容既包含政策制定的内容，也包含政策执行的相关内容。将开放数据中有关数据创建、数据采集、数据描述、数据发布等政策与政府为实施开放数据所需要的组织、人事、物质等需要的政策相协调。

（2）数据生命周期理论

数据生命周期理论的主要内容见前文 4.5，其应用于我国政府数据开放政策体系构建，可以引导和规划数据开放整个生命周期的活动。

（3）系统科学理论

系统科学为政策框架体系的构建提供基本的方法论。在公共政策分析方法中，系统分析方法是重要的分析方法之一。在本书中，政府数据开放政策体系的框架构建以系统科学理论为指导，将政策体系视为一个大的政策系统。该系统内部以数据生命周期为主线，而该政策内部又划分为若干小的政策内容。

8.4.2　政策框架构建的实证参考

（1）我国政府数据开放政策框架的实证参考

为切实推动我国政府数据开放政策的制定，我国有很多学者对现有的政策进行分析。这些实证研究既有对国家层面数据开放共享政策框架的分析，也有对地方政府数据开放政策框架的探讨。有数据生命周期视角的政策框架构建，也有政策工具视角的政策框架构建。同时也有限定为数据发布的开放数据政策框架，如赵润娣建立的政府数据开放政策比较框架的内容包括①：政策目标、机构设置与人员协调、数据管理、政策实施计划、政策评估策略等内容。

（2）政府数据开放政策框架的域外借鉴

在国外，也有不少学者对政府数据开放政策框架进行了实证研究。研究对框架的构建大体分为两类：一类是从数据生命周期的角度进行探讨，另一类则将开放数据限定为数据发布这一具体环节，对数据发布建立相应的政策框架，进行实证研究。

从数据生命周期的角度构建政策框架的研究较早。J. C. Bertot 等（2014）②从数据获取与发布，隐私、安全、准确性和归档总结了美国政府的政策工具，研究指出当前美国信息政策框架在数据可获取和发布、隐私、安全、准确性和归档方面面临挑战，他建议大数据治理模式需要解决隐私、数据再利用、数据准确性、数据获取、数据归档和保存、数据监管、建立可持续的数据平台和架构、数据标准的建立、鼓励跨部门数据共享政策，并提出大数据治理的指导原则。

将开放数据限定为数据发布的政策框架实证研究较多。N. Huijboom 等（2011）比较了 5 个国家的开放数据政策的特点、障碍和驱动力，研究将开放数据战略实施的政策工具分为 4 种类型：教育与培训、自愿的方法（Voluntary Approaches）、经济工具以及立法和控制③。如 T. Davies（2014）④通过收集美

---

① 赵润娣. 国外开放政府数据政策：一个先导性研究[J]. 情报理论与实践，2016，39（1）：44-48.

② Bertot C J，郑磊，徐慧娜，包琳达. 大数据与开放数据的政策框架：问题、政策与建议[J]. 电子政务，2014（1）：6-14.

③ Huijboom N，Van den Broek T. Open Data：An International Comparison of Strategies [J]. European journal of ePractice，2011，12（1）：4-16.

④ Davies T. Open Data Policies and Practice：An International Comparision [EB/OL]. [2024-01-02]. https://papers.ssrn.com/sol3/papers.cfm? abstract_id=2492520.

国、英国、印度等国家的政府数据开放倡议、政治声明与演讲和其他的官方文件，采用扎根理论分析了不同国家在国家层面的开放政府数据计划的政策框架。

无论是国外的框架分析还是我国的框架构建，既有数据生命周期的视角，也有数据发布一个环节的政策框架。这些实证研究均为本研究提供了重要的参考依据。

8.4.3 政策体系框架构建的方法与过程

20世纪90年代末，英国、美国和加拿大循证医学（evidence-based medicine，EBM）运动崛起。循证医学利用"临床证据"的系统研究指导临床实践，并对公共政策等领域产生了重大影响。公共政策领域的政策制定者被敦促摆脱政治意识形态，采取更合理的基于"科学事实"的方法制定政策，人们称为循证决策（Evidence-based Policy Making），其重点是建立严格客观的证据以提供政策信息。政策制定者、政府官员在对证据的全面理解而不是主观经验判断的基础上制定政策。公共政策的政治语言出现"证据转向"，循证决策也逐渐被认为是以制定公共政策为目标的前瞻性方法。目前，循证政策已成为一种通过将最有效的证据作为政策制定的依据来帮助人们做出政策决策的政策分析方法。本研究着重为政府数据开放共享提供可供参考的政策方案，因此采用循证政策研究方法，收集组织证据，试图利用证据推动政策的制定和改进。

证据包括前文所述的几个方面：我国国家层面和地方层面的政府数据开放的政策文本及分析、我国政府数据开放的需求以及国内外政府数据开放政策研究的成果。本研究参考 Stetler 等的证据等级①，从准确性、客观性、可靠性、普适性、相关性、可获得性、根植于现实、实用性等对证据进行评

---

① Stetler C B, Brunell M, Giuliano K K, et al. Evidence-based Practice and the Role of Nursing Leadership[J]. Journal of Nursing Administration, 1998, 28(7): 45-53.

估。根据检得证据的质量将证据划分为 5 个等级：I 级证据为最强证据，是对有效的、现有研究的分析；V 级是最弱证据，通常是非研究性的专家意见或者利益相关者咨询。通过阅读研究性论文、政策文本和专家意见提取政府数据开放各子问题解决方案的证据。在提取证据基础上，对证据进行进一步的系统性分析和综合，归纳政策方案并对政策建议进行比较整合，从而得出最终结论。

8.4.4　政策体系框架的构成

（1）政策框架的构成要素

根据系统科学理论，政府数据开放涉及诸多要素。本研究对当前政府数据开放的政策框架要素进行了系统梳理，发现国内外学者将政府数据开放政策的框架要素归纳为数据创建/采集、数据组织、数据保存、数据发布、数据获取、数据利用/重用、数据质量、数据安全、隐私保护、基础设施、组织准备、人事支持、人才培养、财政金融支持和政府采购等。

根据公共政策理论，政策制定和执行是政策生命周期中重要的组成部分。政府数据开放政策的内容应包括政策制定和政策执行的内容。有关政策制定的构成要素包括数据生命周期中的数据创建/采集、数据组织、数据保存、数据发布、数据获取和数据利用/重用，以及贯穿数据生命周期的数据质量、数据安全和隐私保护。基础设施包括的要素则主要是开放数据平台、数据中心以及信息通信技术。政策执行的要素则主要是组织准备、资金投入、公私合作和人才培养等。政策体系内的各要素是相互联系的，它们之间联系的紧密程度形成各要素在政策体系内部的层次结构。

（2）政策框架的层次结构

在政策体系内部各要素之间联系的紧密程度可以揭示不同要素之间存在

的层次结构。在政策体系框架中，全生命周期的数据管理政策应是体系框架中最核心的子系统。政府数据开放过程中涉及的数据安全、个人隐私以及数据质量是贯穿整个数据生命周期的，与数据生命周期管理之间的联系较为密切。全生命周期的数据管理、数据安全、个人隐私以及数据质量等均属于数据管理层。组织支持、资金投入、公私合作以及人才培养为政府数据开放提供了良好的组织保障和外部条件，因此属于政府治理层，如图 8-4-1 所示。

①全生命周期的数据管理政策

全生命周期的数据管理政策是整个政策体系框架的核心。数据质量、数据安全与个人隐私都需要围绕整个生命周期。全生命周期的数据管理政策主要包括数据创建与采集政策、数据组织与描述政策、数据保存政策、数据发布政策、数据获取政策以及数据利用政策。

②数据质量政策

数据质量是确保政府数据开放有效实施的基础。数据质量应从源头即数据创建之初控制，并实施全生命周期的数据质量管理。数据质量的核对和反馈需要建立良好的组织协调机制，组织实施政策为数据质量提供组织保障。

③数据安全与隐私政策

政府数据开放必须在保证数据安全和个人隐私的前提下进行。数据安全与隐私政策为全生命周期的数据管理提供安全保障，主要包括：国家网络安全政策、国家安全信息分类政策、电子身份认证政策以及个人隐私保护政策。

④数据基础设施政策

数据基础设施为政府数据提供了基本的保存环境和技术条件，是全生命周期数据管理的基础保障。结合需求调查、现状分析以及国外政策分析，我们将数据基础设施政策划分为开放数据平台政策、数据中心政策、信息系统政策以及信息通信技术政策。

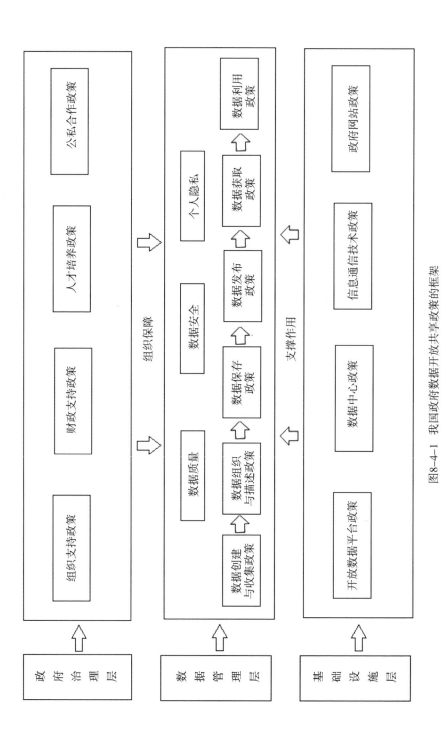

图8-4-1 我国政府数据开放共享政策的框架

⑤数据开放组织实施政策

政府数据开放需要政府部门对数据开放的组织、人员、资金等进行协调管理，保障全生命周期数据管理，推动政府数据开放。组织实施政策包含组织支持政策、资金投入政策、公私合作政策以及人才培养政策。

8.5 我国政府数据开放共享政策体系的内容

我国政府数据开放共享政策体系的内容非常丰富，项目组成员已在其学位论文①中进行了详细的论证，限于篇幅，下文仅对其中重要的且其他成果涉及较少的几项政策作简要总结。

8.5.1 全生命周期的数据管理政策

为了确保政府数据得到充分利用，政府有必要实施全生命周期的数据资源管理。

（1）数据创建与收集政策

数据创建与汇集是政府数据开放共享的起点，数据质量亦需要从源头控制。目前，数据收集相关的政策相对较多，政策内容主要涉及汇交责任、汇交内容、汇交方式和时间以及质量控制，但政策均难以适应开放数据的新环境。本研究建议：在遵守开放政府数据的基本原则和开放标准的前提下，创建与收集数据；在创建数据的同时创建元数据；开放数据提供者提供其创建数据的概况；政府收集的应是原始来源的数据；多主体参与数据创建与收集；创建数据详细目录或机构范围内完整的数据资产清单；优化数据收集方法，如使用数据

---

① 温芳芳. 我国政府数据开放的政策体系构建研究[D]. 武汉：武汉大学，2019.

收割原则，将一个门户网站的数据集整合到另一个门户网站；在数据创建和采集阶段就需加强数据质量控制。

（2）数据组织与描述政策

政府在数据发布之前需要对数据进行处理和加工，使其符合开放数据的标准，使其易于为公众获取和再利用。数据处理政策主要包括：第一，根据数据涉密等级对数据分级分类管理。第二，建立描述和编码政府数据的国家标准，包括可接受的开放数据格式列表，修订开放数据集的准则，以及使用国际元数据模型，使数据可以利用通用元数据和可扩展元数据恰当描述。第三，编制适合政府数据开放的叙词表。第四，制定政府数据开放编目策略或方法。以受控词表统一数据分类，规范数据编目，使用户可以通过目录连接到实际的数据资源。第五，创建并维护政府内部数据清单。如果已确定可将个别数据集公开发布，清单应酌情指出①。第六，创建并维护公共数据清单。政府机构可为公众获取的数据清单必须在开放数据门户以人可读和机器可读的格式列出。第七，将互操作性要求纳入核心机构的流程。第八，采用语义网技术特别是关联数据技术，实现数据互操作和整合。

元数据是有效使用开放数据的关键推动因素，便于用户获取和理解数据。本研究建议：开发满足用户需求的元数据，根据不同类型数据面向的用户群体确立元数据字段；明确元数据格式，应鼓励提供机器可读、结构化的元数据格式，甚至开放关联的元数据；使用受控词表（如 DCAT），提高元数据的质量；发布元数据结构指南；建立遵循国际标准的元数据与其他标准元数据的映射。

（3）数据保存政策

数据保存可从基础设施、数据归档、内容保存、保存元数据和版本控制

---

①　Burwell S M, Vanroekel S, Park T, et al. Open Data Policy—Managing Information as an Asset[EB/OL].［2024-01-02］. https://project-open-data.cio.gov/policy-memo/.

几方面着手：第一，提供可信数字存储库的指导方针。通过发展和提供国家存储库来保管不能开发自己平台的机构的数据。第二，数据归档政策，将有保存价值的政府数据纳入档案管理，明确数据归档的范围、期限、方式等内容。第三，数据内容存储政策。第四，提供数据保存程序。第五，提供保存元数据。《保存元数据：实施战略》(*Preservation Metadata：Implementation Strategies*，*PREMIS*)是数字资产保存中保存元数据管理的规范，可用于政府数据的保存。第六，制定政府档案数字化政策。政策包括数字化资料的选择与评估、版权等。第七，进行版本控制。政府数据经常更新，必须进行版本控制，以确保正确标明数据集。第八，建立数据提供者门户网站数据的镜像策略。第九，数据存档需要与一组元数据一起存储，以便存档数据变得具有自我描述性。

(4)数据发布政策

现有的政策包含发布的责任、发布的内容、发布的形式以及发布前的审核等内容。而在实际的数据发布过程中，哪些数据可以开放，哪些数据不能开放，以及采用怎样的流程开放，从上到下没有明确的政策文件。本研究建议：

第一，制定数据发布的法律框架。

政府数据发布需要有强有力的法律框架。我国应在数据发布方面加强相关立法。

第二，建立数据发布原则。

政府发布数据需要建立数据发布的基本原则。2009 年，英国政府发布《把前线放在首位：更聪明的政府》，确立了公共数据原则。2012 年公共部门透明度委员会对公共数据原则进一步进行了修订。

第三，明确对发布数据的要求。

在对发布数据的要求方面，具体包括：遵循开放数据的标准和要求，采用最大技术访问的数据格式，使发布的数据具有较高的质量；发布批量数据，满足用户批量下载的需要；提供针对具体目标群体设计开放的政府数据①；具体化数据发布的方法和工具，如使用技术方法和组织方法发布数据、使用标准化的工具发布数据；发布数据的同时发布其元数据；使用唯一标识符，提高数据分析的质量和准确性；发布数据的同时发布数据创建过程，使用户了解背景信息；持续发布数据并更新；在相同的开放许可下发布数据，使数据能够免费再利用；将开放的数据传递给特定目标群体；制定国家数据发布计划，分重点、分步骤发布公共数据。

第四，确定开放/不开放数据的类型。

一是确定发布/不发布的数据集。选择发布的数据集有 3 种途径②：将发布在公共领域中的数据升级为开放数据；遵循国际最佳实践，发布 G8 开放数据章程、《开放数据晴雨表》和 OKFN 开放数据指数中定义的关键数据集和高价值数据集；按照需求驱动方式。明确不发布的数据集，并列出清单。

二是确定哪些数据优先发布。优先发布高价值的、关键的数据集。确定数据发布优先级的方法。

第五，优化数据发布流程。

数据发布前需对财务、法律和组织框架进行合规性审查。在开放数据初期，可以优先发布不需要额外处理的数据集③。

（5）数据获取政策

数据获取是再利用的前提，政府应确保公共数据集易于被发现。本研究建

---

①　Federal Ministry of the Interior. Open Government Data Germany［EB/OL］.［2024-01-02］. https://cdn1. scrvt. com/fokus/8414f0b740831251/b88e6b34c5e755316eaf47d5aca824c4/SQC_Study_Open_Government_Data_Germany_EN.pdf.

②　Lee D. Building an Open Data Eosystem：An Irish Experience［C］//Estevez E，Janssen M，Barbosa L S. Proceedings of the 8th International Conference on Theory and Practice of Electronic Governance. New York：ACM，2014：351-360.

③　Federal Statistical Office. Open Government Data Strategy for Switzerland 2014—2018［EB/OL］.［2024-01-02］. https://www.bfs.admin.ch/asset/en/11147097.

议数据获取政策应包括以下内容：

第一，制定数据开放或数据发布法。

在我国，保障公民信息获取权利的主要是 2007 年颁布的《政府信息公开条例》。但 2019 年新修订的版本并没有涉及数据开放的相关内容。因此需要着手数据开放立法工作。

第二，推动数据获取立法。

国际上有很多国家除了《信息自由法》外，还有数据获取相关法。既有保障一般公民信息获取的法律如《电子政务法案》外，还针对特殊群体的信息获取专门作了规定。我国可以不断建立并完善保障公民数据获取的相关法律。

第三，建立国家开放数据平台及相关政策。

编制使用开放数据门户网站的指南。平台遵循 W3C 网站设计无障碍基本原则；具有搜索功能，使网站内容易于被搜索引擎索引和搜索；提供开放数据公众参与；提供多个设备访问政府信息的途径；遵守第三方网站和应用程序要求等。

第四，明确数据以开放格式或标准获取。

确保数据可以以开放或机器可读的方式获取。通过使用开放格式和标准来确保数据可供更广泛的受众访问。

第五，提供发布数据的元数据。

元数据可以帮助使用开放数据，用户可以获取数据的背景信息，提高正确解释开放数据和从中提取知识的机会。元数据还可以描述数据集的质量、准确性和完整性。

第六，消除获取数据的限制。

公共数据不必申请或注册，不必要求用户的详细信息①。开放政策可以增

---

① Public Sector Transparency Board. Public Data Principles [EB/OL]. [2019-11-26]. https://data.gov.uk/library/public-data-principles.

加免责声明，但不应对谁使用以及用于何种目的的使用作限制①。

(6)数据利用政策

数据再利用是在公共任务之外的任何商业或非商业目的的利用。目前我国政策要求积极推动数据的创新应用。本研究建议：

第一，制定数据重用政策。

数据重用政策主要包括如下内容：明确数据利用权利及其具体的保护对象；建立标准的利用条款；使用数据集的条款应该对其重用进行最小限制；明确数据版权；在许可的基础上建立重用数据集的条款，制定开放政府许可证的关键是创建一个许可证，该许可证实现②：可与其他国际公认的标准归属许可模式实现互操作；提供利用的方式。积极为数据开发商或科研机构开展定题数据服务，推动数据的广泛利用；采用共同的定价原则，数据获取应是免费的，鉴于政府数据公共物品属性，建议政府应尽可能地免费提供公共数据，积极鼓励开放数据再利用。

第二，建立数据权益政策。

信息权范式正向数据权范式转变，原有的信息立法无法适应当前的开放数据。为此，本研究建议：审查并修改《政府信息公开条例》。条例应包括规范每个政府组织应定期发布的数据集的最小数量③，明确规定公共部门数据请求具体的响应时间，及时响应数据请求等；明晰政府数据的版权权属；通过版权

---

① Sunlight Foundation. Open Data Policy Guideline [EB/OL]. [2019-11-26]. https://sunlightfoundation.com/opendataguidelines/.

② Paterson G, Nokes J. Simplifying PSI Re-use in the United Kingdom：the UK Government Licensing Framework and the Open Government Licence [EB/OL]. [2019-11-26]. https://www.europeandataportal.eu/sites/default/files/2011_united_kingdom_simplifying_psi_re_use_in_the_united_kingdom.pdf.

③ Open Government Partnership. Third Open Government National Action Plan for the United States of America [EB/OL]. [2019-11-20]. https://www.data.gov/meta/open-government-national-action-plan/.

法确定数据的使用条件；政府数据受版权保护的情况下，应根据许可条款提供访问权限，明确允许其重用和传播；用创作共用协议（Creative Commons，CC）作为公共数据再利用的默认许可；各政府使用统一的许可系统。系统应采用透明、易于理解和使用的 CC 许可方式；选择兼容的或单一的许可；明确如何利用和再利用政府和公共部门的信息；最小的许可限制，如消除用户注册；使用简单、标准化的许可条款；应用 CC 许可或资源描述框架（Resource Description Frame，RDF），使机器可读，应用程序容易获取和理解其条款。

第三，制定公众参与政策。

公众参与政策应包括：制定公众参与手册，提供公众参与的最佳实践并持续更新；鼓励公民参与政府决策；不断扩大公众参与制定规章制度；组织开展国家性的开放数据创新竞赛活动；发布数据前公开征集公众意见，鼓励利用社交媒体、网络会议、公共咨询征集意见；提供统一的机制，允许用户提供对于开放新数据集的需求和建议，如定制用户需求信息；对每个请求的处理进行监控；开展需求评估，评估不同用户群体的需求层次和性质，以及不同政府之间数据需求的程度；提供用户反馈的组织支持，如规划适当的外联活动，并支持围绕数据的对话；通过正式流程、协调机制和专职员工实施互动和反馈机制；建立连接数据用户与数据源的正式的反馈机制①。

8.5.2 政府数据质量政策

（1）数据质量法

美国《信息质量法案》为开放数据质量提供了法律依据。该法案要求每个

---

① Dawes S S, Helbig N. Information Strategies for Open Government：Challenges and Prospects for Deriving Public Value from Government Transparency［C］//Wimmer M A, Chappelet J L, Janssen M, et al. Proceedings of the 9th IFIP WG 8.5 international conference on electronic government. New York：ACM, 2010：50-60.

数据发布者发布指导方针，以确保并最大限度地提高组织发布的信息的质量、客观性、实用性和完整性。美国开放数据门户网站《数据政策》声明要求所有信息均受《信息质量法》的约束，各机构确认所提供的数据符合机构信息质量准则。2014 年美国通过了《数字责任和透明度法案》（也称《数据法案》）。《数据法案》扩大了 2006 年《联邦资金责任和透明度法》，已经建立了政府财务数据的数据标准，以提高政府支出的透明度，从而提高向 USASpending.gov 提交的数据的质量。其他国家如肯尼亚也在数据质量立法上作出尝试。通过制定数据质量相关法律，适用于发布数据的每个国家。目前我国没有数据质量相关的立法，因此可以制定数据质量法以及相关实施性法规，提升政府开放数据的质量。

（2）数据质量保证框架

由于新的数据集是通过整合不同政府部门、研究人员、社会组织和私营企业的不同数据来创建的，因此需要制定和确保数据质量标准。澳大利亚政府在参考《开放数据通用评估方法》《澳大利亚统计局数据质量框架》等质量框架的基础上制定了《澳大利亚联邦政府的数据质量框架》。我国国家统计局于 2013 年制定了《国家统计质量保证框架》对统计数据进行规范。虽然政府数据中有很多是统计数据，但开放数据不仅限于统计数据。目前我国国家层面仍缺乏数据质量标准。因此，笔者建议根据 ISO 国际标准，实施全面数据质量管理，制定《数据质量保证大纲》，对涉及数据生命周期的诸多因素进行全过程管理。

建立保证数据质量的流程。一方面，应考虑政府内部质量保证流程的机制，将修订流程的结果与每个已发布的数据集相关联。其次，利用外部质量保证流程。根据数据用户反馈提升数据质量将为数据用户提供更多获取数据动力。

（3）数据质量计划

Abdullah 等提出了大数据环境下需要制定管理数据质量的方案。本文结合 Abdullah 等提出的方案，认为我国政府数据质量管理政策中包含：制定政府数据开放质量计划或指南；建立开放数据质量工作组进行统筹协调；建立编辑数据的步骤以及确保数据完整性、一致性的流程；评估数据质量并进行数据审计；清理数据；监控数据；利用用户反馈。

（4）数据造假行为处理政策

我国虽然在国家层面缺乏数据质量政策，但个别部门如中国地震局、环境保护部还对数据造假行为作出了规定。特别是环境保护部还专门制定了数据弄虚作假行为处理相关的政策。国家可以借鉴环境保护部的政策，制定相关政策认定数据造假行为，并依法进行处理。

8.5.3 数据安全与个人隐私政策

（1）网络安全政策

网络安全为政府数据开放提供基本的网络环境。随着网络的发展，我国将网络安全置于重要的战略地位。2016年11月我国颁布《网络安全法》后，网络安全、国家信息安全相关政策的制定紧锣密鼓，《国家网络空间安全战略》（2016年12月）、《数据安全法》（2021年6月）、《数据出境安全评估办法》（2022年5月）等相继发布。但是随着大数据、数据开放的发展，相关的法律、法规和政策需要不断完善。因此，建议修订相关的政策，在政策中明确网络安全对开放数据的基本保障，并将关键基础设施网络安全等作为重点保障领域。

（2）国家安全信息分类政策

我国政府数据开放共享政策要求对政府数据进行分级分类管理。目前我国仍然缺乏针对国家安全信息分级的政策。

美国、英国在安全信息分类与评级方面的政策较多。如通过13526号行政命令《分类的国家安全信息》（Classified National Security Information），对政府信息进行了分类，对不应再向公众保留的大量政府信息进行解密。随着开放数据的发展，美国、英国对国家安全信息分类的政策出台也变得密集。

建议我国国家安全信息分类政策可以借鉴这些政策为数据分类和解密提供政策指导。

（3）个人隐私保护政策

目前我国国家战略要求制定个人隐私保护政策，而在实际的数据开放实践中，由于存在个人隐私问题，使政府开放数据都极其谨慎。《个人信息保护法》于2021年8月颁布实施，在此基础上，本研究建议：建立个人数据保护框架，保护公民个人的数据安全；设置专门的隐私保护机构，为政府数据开放的隐私政策和问题提供咨询和支持；任命隐私保护专业人员；授予个人以数据权利，实施隐私告知和许可；开展隐私影响评估。确保政府开放数据的程序符合所有适用的隐私要求①；将隐私分析纳入信息生命周期的每个阶段②；制定持续的隐私监控策略，以确保隐私和安全控制正常运行；制定特权用户访问敏感数据的政策；建立技术和组织措施，使个人数据与其他数据分离，如有必要采取法律措施③。

（4）电子身份认证政策

为推动数字经济的发展，个别国家制定了《电子交易法》，而在实际的交

---

① The White House. Open Government Initiative. Open Government National Action Plans［EB/OL］.［2024-01-02］. https://www.data.gov/meta/open-government-national-action-plan/.

② Burwell S M, Vanroekel S, Park T, et al. Open Data Policy—Managing Information as an Asset［EB/OL］.［2024-01-02］. https://project-open-data.cio.gov/policy-memo/.

③ Federal Ministry of the Interior. Open Government Data Germany［EB/OL］.［2024-01-02］. https://cdn1. scrvt. com/fokus/8414f0b740831251/b88e6b34c5e755316eaf47d5aca824c4/SQC_Study_Open_Government_Data_Germany_EN.pdf.

易过程中，需要对个人身份进行认证。美国《联邦政府机构电子认证指南》为各机构对电子交易进行"电子认证风险评估"提供了指导。我国在政策中要求制定电子认证相关的政策，建议以美国电子认证指南为参考制定相关的政策或指南，推动数字经济中的数据交易。

8.5.4 数据基础设施政策

（1）数据开放平台政策

数据开放平台是政府数据开放的主要基础设施。2017年6月《政府网站发展指引》对政府网站建设提出了明确要求，也对政府网站数据发布、网站互动交流、大数据分析以及数据安全防护等提出了要求。该政策对开放数据门户网站建设有指导作用，但由于不是针对数据开放，所以对开放数据门户网站的规定极其有限。本研究建议在政府门户网站相关的政策中进一步对开放数据的格式、数据目录以及公众参与等内容作出规定，具体包括：网站具有搜索功能，使网站内容易于被搜索引擎索引和搜索；提供开放数据公众参与；提供多个设备访问政府信息的途径；保护隐私；实施信息安全与隐私控制；等等。

（2）数据中心政策

我国在数据中心统筹规划、新的数据中心的建设等方面制定了一些政策，但在数据中心的优化上存在不足。经调查，一些政府部门的数据中心普遍存在数据重复的现象，因此需要对数据中心进行优化。

为进一步推动数据中心整合计划，2010年11月美国管理与预算办公室制定了《数据中心整合和战略可持续性绩效计划》。2012年美国政府又发布了《联邦数据中心整合倡议实施指南》备忘录，使政府能够降低基础设施采购成本，减少重复和浪费。因此，建议采取措施对数据中心进行优化整合，节省存储空间，降低能耗，减少财政浪费。

（3）信息通信技术政策

为推动开放数据的发展，国家将大数据关键技术的研发等作为重点支持项目。为支持国家数字经济战略、推动政府数据的利用，2012 年 10 月澳大利亚财政与解除管制部发布了《2012—2015 年澳大利亚公共服务 ICT 战略》(The Australian Public Service ICT Strategy 2012—2015)。该战略将创建、共享、管理和有效利用信息改进决策和推动经济等作为优先事项，推动政府数据发布，并通过开发数据分析工具和平台捕获、共享并分析信息。我国数据开放正处于快速发展时期，可以实施 ICT 投资战略，实施 ICT 定制，推动相关技术的发展。

（4）人工智能政策

2017 年，国务院发布《新一代人工智能发展规划》，要求建设智能化的大数据基础设施，"依托国家数据共享交换平台、数据开放平台等公共基础设施，建设政府治理、公共服务、产业发展、技术研发等领域大数据基础信息数据库，支撑开展国家治理大数据应用"，提出将"落实数据开放与保护相关政策"作为支持人工智能发展的重点政策予以完善①。人工智能技术特别是生成式人工智能的应用推动算力、算法和数据 3 个核心要素融合，为数智时代数据价值深度释放和赋能带来了诸多机遇，因此，有必要以前期政策为基础，协同政府数据开放和人工智能相关的政策内容和目标，利用人工智能技术推动多源政府数据的高效开放共享和有效创新利用，同时规避人工智能技术可能带来的潜在数据伦理、数据泄密等风险。

8.5.5 数据开放组织实施政策

政府数据开放的组织实施政策包括组织支持政策、资金投入政策、公私合

---

① 中华人民共和国中央人民政府. 国务院关于印发新一代人工智能发展规划的通知 [EB/OL]. [2024-01-02]. https://www.gov.cn/zhengce/content/2017-07/20/content_5211996.htm.

作政策、人才培养政策以及监督评估政策。第 7 章分析的 7 个国家均在政府数据开放的组织实施方面做出了有益的探索。

（1）组织支持政策

政府数据开放的实施需要有相应的组织准备。但目前开放数据相关的机构框架正在不断完善，工作流程尚未理顺。组织支持政策的内容包括：高层政治领导人的支持，高层管理支持方面的组织准备水平会影响政府机构实施开放数据；指定负责开放数据的主管部门，为了执行政策和分享经验，需要负责协调和实施公开数据或开放政府政策的指定机构；建立可行的组织结构，解决数据发布者和数据用户的问题；定位组织责任，为政策、技术等提供全方位的支持，在组织内部工作人员的角色划分上，明确不同人员的角色和责任；设置新的职位创新组织机构管理，如设置首席数据官、任命首席数据科学家等；建立开放数据运作模式和跨机构合作机制。

（2）资金投入政策

政府需要相应的财政政策支持 ICT 基础设施、确保工作人员掌握数据技能、开发应用程序以及支持创新性项目等。如麦肯锡建议政府领袖可以投资于人才、工具和系统，雇佣并培训不同级别的工作人员，以便利用数据做好更好的决策①。美国于 2015 年投入 3400 万美元的资金与实物，刺激气候相关数据应用程序的创新，支持国家气候变化防备②。

---

① Mckinsey & Company. How Government can Promote Open Data［EB/OL］.［2024-01-02］. https://www. mckinsey. com/industries/public-sector/our-insights/how-government-can-promote-open-data.

② United States Government. Third Open Government National Action Plan for the United States of America［EB/OL］.［2019-11-29］. https://oerknowledgecloud. org/content/open-government-partnership-third-open-government-national-action-plan-united-states-america.

（3）公私合作政策

为了确保开放数据的长期实施，政府数据开放政策应该鼓励所有相关利益相关者参与其中。政府有不同的合作类型，具体包括①：政府内部的合作（G2G——政府与政府）、政府与非营利组织以及私营部门之间的合作（G2B——政府与企业之间）以及政府与公民之间的合作（G2C——政府对公民）。

我国在相关的政策中提出，要加强大数据技术和国际网络空间的国际交流与合作。与此同时，已有的政策也要求通过政府采购服务、众包等方式进行政企合作，并开展产学研合作。这些政策基本围绕数据创新应用以及大数据技术等内容，缺少数字能力培养等方面的合作，因此政府数据开放实施需要将合作的范围不断扩大。

（4）人才培养政策

政策应为全社会的数据能力建设提供支持，其内容主要包括：建立政府数据开放培训计划，提高公务员队伍的数据能力；制定公民使用开放数据技能和知识的计划。政府应鼓励通过众包，提高公务员以及普通市民的计算机素养和数据素养；提高 IT 人员实施开放数据再利用的技能；实施国家课程改革，如英国《抓住数据机会：英国数据能力的战略》（2013 年）提出②，2014 年 9 月起，计算机国家课要求 5~16 岁的学生掌握构建应用程序和编写计算机程序所需的技能，并且数学课程也将要求学生具备统计、概率、高级计算和建模等能力。

---

①　Veljkovic N, Bogdanovicdinic S, Stoimenov L, et al. Benchmarking Open Government：An Open Data Perspective[J]. Government Information Quarterly, 2014, 31(2)：278-290.

②　GOV. UK. Seizing the Data Opportunity：a Strategy for UK Data Capability [EB/OL].[2024-01-02]. https://www.gov.uk/government/publications/uk-data-capability-strategy.

9 我国政府数据开放共享的法律保障

上章和本章都是我国政府数据开放共享的制度保障，是本项目的核心部分之一。从近几年我国在国家层面发布的涉及大数据或者专门关于大数据的主要政策文件与主要领导人的重要发言与指示可以看出，目前在我国，有关建立政府数据开放共享法律制度的环境、条件和愿景都是积极有利的，展开和推动政府数据开放共享的法制化工作，进而推进政府数据开放共享的法治化进程已经成为我们的重要任务。因此，本章主要从我国有关政府数据开放共享之法制化现状出发，结合国外政府数据开放共享的法制化实践进展，对我国制定有关政府数据开放共享的一般法进行法理推演，以期能对有关政府数据开放共享的理论研究与实践操作产生建言、助推与支撑作用。

9.1 我国有关政府数据开放共享之法制化概况

9.1.1 法律层面：缺乏直接且专门的立法

在大数据时代，我国基于大数据的发展，围绕与大数据有关的问题，针对大数据带来的新的社会关系①以及进一步明确在数据全生命周期的各个环节中

---

① 如在"大数据"时代中，得益于信息记录存储、传播和运用技术的突破发展，使得政府部门之间以及政府与社会之间的数据沟通发生了巨大变化，从而产生了异于传统的新的社会关系，有待法律法规的调整。

所涉及的主体们的资质①、权利、义务和责任，开展了一系列的立法与修法活动，以尽可能跟上大数据的发展速度，为大数据的进一步发展保驾护航。这是全面推进依法治国的需求，是对建设中国特色社会主义法治体系、建设社会主义法治国家总目标的具体落实。从现阶段的实际情况而言，我国并不绝对落后于欧美等传统的发达地区和国家，而是紧随全球立法趋势，在政府数据的开放共享方面与个人数据保护方面都在开展法制化工作，并且在大数据权利保护的问题上，也有了更进一步的立法实践，体现出我国在这个问题上的前瞻性，这些阶段性的成果都为今后设计更具可操作性的法律制度奠定了基础。

具体到我国有关政府数据开放共享的法制化现状而言。虽然，我国在政府数据开放共享领域的实践工作已经展开，也取得了阶段性成果。但是，关于政府数据开放共享的法治化现状并不十分乐观，尚未在法律的层面形成完整的制度体系来保障全国性的政府数据开放共享工作的有效运行。目前，我国对政府数据开放共享做出回应的法律均非专门针对政府数据开放共享的法律，而是在某些具体领域对政府数据开放共享问题做出回应；而且在这些法律中，对政府数据开放共享做出回应的法律规范都是较为原则性的。如《电子商务法》第69条第2款规定了公共数据共享机制的建立由国家采取措施推动，促进电子商务经营者在遵守法律规定的情况下利用公共数据②。又如《网络安全法》第18条第1款，鼓励公共数据资源开放；第39条第3项规定国家网信部门统筹协调其他相关部门保护关键信息基础设施的作用，并规定了一系列参考措施，如促进信息在相关部门、基础设施运营者、研究机构和网络安全服务机构间的安全

---

① 如通过法律法规规范政府数据开放共享的主体资质，以至于降低有关国家安全、个人隐私、商业秘密等数据的泄露风险。

② 中国人大网. 中华人民共和国电子商务法［EB/OL］.［2024-01-01］. http://www.npc. gov.cn/zgrdw/npc/lfzt/rlyw/2018-08/31/content_2060827.htm.

共享等①。当然，除了这些直接回应政府数据开放共享问题的法律条文外，基于政府数据开放共享、个人数据保护以及大数据产权保护的三者关系，《宪法》《刑法》《民法总则》等法律中有关个人数据保护以及大数据产权保护的制度内容也在一定程度上对我国政府数据开放共享的法制化进程产生了间接影响。如《宪法》第 40 条规定公民的通信自由和通信秘密受法律保护。又如《刑法》第 253 条之一规定违规出售或者向他人提供公民个人信息将受法律制裁。再如《民法总则》第 127 条规定："法律对数据、网络虚拟财产的保护有规定的，依照其规定。"

综上所述，虽然现阶段我国尚无与政府数据开放共享直接相关的专门法律，但是在如电子商务、网络安全、环境保护、个人隐私保护等一些具体领域已经有了有关政府数据开放共享的法制化实践。加之《宪法》《刑法》《民法总则》等与政府数据开放共享问题有着间接关系的具体法律制度，在一定程度上为我们针对性地研究应该如何推动我国政府数据开放共享提供了思考方向，同时也留下了充足的论证空间。

9.1.2 行政法规层面：信息公开制度的再延续的通信自由和通信秘密

(1)《政府信息公开条例》

与政府数据开放共享关系最为紧密的行政法规即为《政府信息公开条例》，该条例于 2008 年 5 月起正式施行，标志着我国的政府信息公开工作正式进入法治化阶段，这在我国的行政法领域乃至法治化进程中都具有里程碑的意义。2008—2019 年，《政府信息公开条例》在明确行政机关公开政府信息方面的权

---

① 中华人民共和国国家互联网信息办公室. 中华人民共和国网络安全法[EB/OL]. [2024-01-01]. http://www.cac.gov.cn/2016-11/07/c_1119867116.htm

力、权利与义务、明确政府信息公开的实体性和程序性内容、推进依法行政、建设法治政府、透明政府、提升政府公信力等方面，发挥了积极的作用，这是有目共睹的成绩。但是，随着大数据技术的迅猛发展、政府对于数据与信息的定位的提升，以及社会对于数据与信息需求的增长，由《政府信息公开条例》(2008年版)确立的我国政府信息公开工作体制已不能再继续满足时代发展的需要，甚至还会在一定程度上产生抑制作用。也正因如此，2016年2月17日，中共中央办公厅、国务院办公厅印发实施了《关于全面推进政务公开工作的意见》，该意见明确要求修订《政府信息公开条例》，完善主动公开、依申请公开信息等规定。2017年6月7日，国务院法制办公室将《政府信息公开条例(修订草案征求意见稿)》面向社会公开征求意见，其对《政府信息公开条例》(2008年版)进行了较大的修改，明确划定了政府信息公开的范围，详细规定了不予公开的信息，确定了公开义务主体，并以科学合理的方式设定公开职责分工，积极推进主动公开，推进并完善依申请公开，加强监督保障①。2019年4月3日，《政府信息公开条例》(2008年版)经中华人民共和国国务院令(第711号)修订。修订后的《政府信息公开条例》自2019年5月15日起施行②。《政府信息公开条例》(2019年版)在整体体例上，由原来的38条增加到56条，对有关政府信息公开的实体性和程序性规定更为细化，体现了与时代发展趋势相吻合、与现实实践需求相协调的特征。如《政府信息公开条例》(2019年版)第24条要求各级政府加强依托门户网站，充分利用公开平台发布政府信息，并强调政府信息公开平台的检索、查阅、下载等功能。这一条款体现出了与时代发展趋势相吻合的特征。再如《政府信息公开条例》(2019年版)第5条要求以公开

---

① 国务院. 中华人民共和国政府信息公开条例_国务院办公厅政府信息公开指南(试行)[EB/OL].[2024-01-02]. https://www.gov.cn/zhengce/content/2019-04/15/content_5382991.htm.

② 为方便区分和理解以至于不产生混淆，在具体讨论内容中会具体指明《政府信息公开条例》(2008年版)和《政府信息公开条例》(2019年版)。

政府信息为常态,强调便民原则,体现出了与现实实践需求相协调的特征,等等。

(2)《政务信息资源共享管理暂行办法》

除了《政府信息公开条例》之外,我们还应该给予高度重视的是由国务院于 2016 年 9 月 5 日发布实施的《政务信息资源共享管理暂行办法》。《政务信息资源共享管理暂行办法》中的客体为"政务信息资源",这一客体称谓并没有与《政府信息公开条例》(2008 年版)保持一致,并且《政府信息公开条例》(2019 年版)也没有使用"政府信息资源"这一客体称谓。但是对比《政府信息公开条例》(2008 年版)、《政府信息公开条例》(2019 年版)与《政务信息资源共享管理暂行办法》中有关客体概念的定义,可以很明显地发现,"政府信息"与"政务信息资源"其实并没有本质上的区别①,也就是说两者的客体其实是具有统一性的,即均为"政府信息"(或者称为"政务信息资源"),因此,进一步可以得出《政务信息资源共享管理暂行办法》与《政府信息公开条例》(2019 年版)共同在行政法规层面构成了有关政府信息公开共享的制度体系。在此需要明确指出的是,虽然《政务信息资源共享管理暂行办法》不是严格意义上的行政法规,而是国务院规范性文件,但是因为其初步构建了政务信息资源共享的程序性和实体性制度,故其所发挥出的阶段性作用是非常重要的。《政务信息资源共享管理暂行办法》的颁布和实施,解决了当前我国政府组织结构上的二元架构和

---

① 《政务信息资源共享管理暂行办法》第 2 条规定:"本办法所称政务信息资源,是指政务部门在履行职责过程中制作或获取的,以一定形式记录、保存的文件、资料、图表和数据等各类信息资源,包括政务部门直接或通过第三方依法采集的、依法授权管理的和因履行职责需要依托政务信息系统形成的信息资源等。"《政府信息公开条例》(2008 年版)第 2 条规定:"本条例所称政府信息,是指行政机关在履行职责过程中制作或者获取的,以一定形式记录、保存的信息。"《政府信息公开条例》(2019 年版)第 2 条规定:"本条例所称政府信息,是指行政机关在履行行政管理职能过程中制作或者获取的,以一定形式记录、保存的信息。"

部门之间的制约，从宏观的国家层面上搭建信息共享平台，为建设全国性、全面性、系统性、多层次的政府信息共享服务体系奠定了制度基础，是深化改革的一次创举，在更好地建设服务型政府上做出了与时俱进的尝试①。

综上所述，在我国行政法规层面也没有专门的有关政府数据开放共享的制度构建，还是更多地在沿用"政府信息"（或者使用"信息资源"），并围绕"政府信息"（或者使用"信息资源"）的开放和共享，在制定和修订相关的制度内容。但是，因为政府信息与政府数据的相近但不同，公开开放与开放共享的区别，使其无法完全成为政府数据开放共享的法律依据。不过正如上文所述，《政务信息资源共享管理暂行办法》与《政府信息公开条例》(2019年版)共同在行政法规层面构成了有关政府信息公开共享的制度体系，其中基本原则、具体制度，以及体系结构是对推进政府数据开放共享的法制化具有参考价值的。如在基本原则方面，《政务信息资源共享管理暂行办法》第5条第1项规定："以共享为原则，不共享为例外"，并规定政务信息资源在原则上应该予以共享。又如在具体制度方面，《政务信息资源共享管理暂行办法》与《政府信息公开条例》(2019年版)中有关负面清单的制度内容和工作平台化、信息化的制度内容等，都对政府数据开放共享的法制化具有借鉴价值。再如在体系结构方面，《政务信息资源共享管理暂行办法》与《政府信息公开条例》(2019年版)基本上是按照基本原则、主体范围、客体范围、实体性要求、程序性要求、监督保障等几个方面展开，而这对政府数据开放共享的法制化同样具有借鉴价值。

9.1.3 部门规章层面：制度实践体现部门需求

部门规章通常数量繁多，是构成调整特定对象的制度（体系）的关键部分之一。部门规章并不得与宪法、法律和行政法规相抵触，所以部门规章通常是结合本部门的工作性质和工作特性，在宪法、法律和行政法规的基础上，对特

---

① 李爱君.中国大数据法治发展报告[M].北京：法律出版社，2018：33.

定制度进行细化，甚至可以具体到操作细节，成为一项工作的实施细则，可以很好地弥补宪法、法律和行政法规的原则性，提升制度体系的可操作性。但是，由于我国现阶段还没有在法律层面和行政法规层面直接且专门地回应政府数据开放共享问题，故在部门规章方面也无法找到具体的制度构建实例。但是，结合上文所提到的《政务信息资源共享管理暂行办法》、《政府信息公开条例》(2019年版)，在部门规章方面已经有了诸多有关政务信息资源共享，以及政府信息公开的细化规定。如在政务信息资源共享方面的部门规章主要有：原农业部的《农业部政务信息资源共享管理暂行办法》、交通运输部的《交通运输政务信息资源共享管理办法(试行)》、人力资源社会保障部的《人力资源社会保障部政务信息资源共享管理暂行办法》，等等。又如在政府信息公开方面的部门规章主要有(包括已经颁布实施或者即将颁布实施)：生态环境部的《生态环境部政府信息公开实施办法》、海关总署的《中华人民共和国海关政府信息公开办法(征求意见稿)》、财政部的《政府采购公告和公示信息发布管理办法(征求意见稿)》，等等。①

综上所述，这些在部门规章层面的有关政务信息资源共享，以及政府信息公开的制度实践，体现出了部门对有关政务信息资源共享及政府信息公开的需求，这些部门规章与《政务信息资源共享管理暂行办法》、《政府信息公开条例》(2019年版)一起构成了现阶段我国国家层面有关政府信息公开与共享的制度体系。基于此，也可以判断出我国有关政府数据开放共享的制度体系将呈现

---

① 这里需要指出的是，正文中主要罗列与《政府信息公开条例》(2019年版)配套的已经颁布实施或者即将颁布实施的部门规章。其实在《政府信息公开条例》(2008年版)颁布实施之后，很多部门已经制定了自己的政府信息公开的部门规章，如财政部的《地方政府债务信息公开办法(试行)》与《政府和社会资本合作(PPP)综合信息平台信息公开管理暂行办法》、国家宗教事务局(原国务院宗教事务局)的《国家宗教事务局政府信息公开办法》、国家体育总局的《国家体育总局政府信息公开暂行办法》、国家中医药管理局的《国家中医药管理局政府信息公开办法》、国家邮政局的《国家邮政局政府信息公开工作办法》、海关总署的《中华人民共和国海关政府信息公开办法》等，有50多部部门规章。

出多层级、多部门的结构模式，而这也有利于政府数据开放共享工作的具体开展。

9.1.4 地方性法规与地方政府规章层面：具有有益的制度化实践

其实在《政府信息公开条例》(2008 年版)颁布实施之后一直至《政府信息公开条例》(2019 年版)颁布实施，我国各省市就陆续颁布实施了基于各省市实际情况的有关政府信息公开的地方性法规或者地方政府规章，如青海省的《青海省实施〈中华人民共和国政府信息公开条例〉办法》、宁夏回族自治区的《宁夏回族自治区实施〈中华人民共和国政府信息公开条例〉办法》、湖南省的《湖南省实施〈中华人民共和国政府信息公开条例〉办法》、河北省的《河北省实施〈中华人民共和国政府信息公开条例〉办法》、新疆维吾尔自治区的《新疆维吾尔自治区实施〈政府信息公开条例〉办法》、西藏自治区的《西藏自治区政府信息公开办法》等以及北京市司法局的《北京市司法局政府信息公开工作办法》、上海市体育局的《上海市体育局政府信息公开管理办法》等更为细化和具体的地方政府规范性文件。而在《政务信息资源共享管理暂行办法》①颁布实施后，我国各省市也随后陆续颁布实施了基于各省市实际情况的有关政务信息资源共享的地方性法规或者地方政府规章，如河北省的《河北省政务信息资源共享管理规定》、浙江省的《浙江政务服务网信息资源共享管理暂行办法》、北京市石景山区的《石景山区政务信息资源共享开放管理办法》、江苏省苏州市的《苏州市政务信息资源共享管理暂行办法》，等等。这些有关政务信息资源共享以及政府信息公开的地方性法规和地方政府规章与上文所列举的相关部门规章、《政务信息资源共享管理暂行办法》、《政府信息公开条例》(2019 年版)一起构成了现阶段我国有关政府信息公开与共享的整体制度体系。

---

① 国务院. 国务院印发《政务信息资源共享管理暂行办法》[EB/OL]. [2024-01-02]. https://www.gov.cn/xinwen/2016-09/19/content_5109574.htm.

但是，不同于法律层面、行政法规层面和部门规章层面有关我国政府数据开放共享法制化的进程，我国在地方法规与地方政府规章层面已具备有关政府数据开放共享的有益的制度化实践，很多省市陆续出台了有关政府数据开放共享的地方法规和地方政府规章(分别以条例和办法为主)，如《贵州省大数据发展应用促进条例》《贵州省政务数据资源管理暂行办法》与《贵州省政府数据共享开放条例(草案)》等贵州省有关政府数据开放共享的一系列规范性文件，以及贵州省贵阳市的《贵阳市政府数据共享开放条例》《贵阳市政府数据共享开放实施办法》《贵阳市政府数据资源管理办法》与《贵阳市政府数据共享开放考核暂行办法》等贵阳市有关政府数据开放共享的一系列规范性文件。

贵州、山西、浙江、湖南四省分别有针对性地出台了《贵州省政府数据共享开放条例》(2020)、《山西省政务数据管理与应用办法》(2020)、《浙江省公共数据条例》(2022)、《湖南省政务信息资源共享管理办法》(2022)。其中，《贵州省政府数据共享开放条例》是全国首个省级层面的政府数据共享开放地方性法规。该条例自 2020 年 12 月 1 日起正式施行，共包含七章四十五条，旨在推动政府数据共享开放，加快政府数据汇聚、融通、应用，培育发展数据要素市场，提升政府社会治理能力和公共服务水平，促进经济社会发展①。

贵阳市、沈阳市、抚顺市则分别制定了《贵阳市政府数据共享开放条例》(2017)、《沈阳市政务数据资源共享开放条例》(2020)、抚顺市政务数据资源共享开放条例(2022)。其中，《贵阳市政府数据共享开放条例》是我国在政府数据开放共享方面具有里程碑意义的地方性法规。

这些专门的地方性法规是依法推进和保障公共数据开放共享的重要立法成果，在积极落实国家规划任务方面产生了一定的示范立法效果。另外，上海、重庆等地制定了综合性的数据条例，其中上海市对公共数据的共享开放、授权

---

① 中国政府网. 贵州省政府数据共享开放条例[EB/OL]. [2024-01-02]. https://www. gov.cn/xinwen/2020-09/28/content_5547797.htm.

运营等作了专章规定，重庆市则将政务数据和公共服务数据纳入了公共数据资源体系，强调对其实行目录管理和分类管理等制度。虽然两地立法技术有所不同，但同样达到了地方示范立法效果。问题是，上述地方立法在法规名称、立法体例、规制目标、适用范围、制度设计等层面仍表现出明显差异，反映出各地在该问题上的不同认识①。

除此之外，还有如上海市的《上海市政务数据资源共享管理办法》、重庆市的《重庆市政务数据资源管理暂行办法》、福建省的《福建省政府数据管理办法》、福建省福州市的《福州市政务数据资源管理暂行办法》、浙江省的《浙江省公共数据和电子政务管理办法》、浙江省杭州市的《杭州市政务数据资源共享管理暂行办法》，等等。

综上所述，现阶段各省市根据法律、行政法规及各部门规章的有关规定，继续在地方层面推进有关政府信息公开共享的制度化进程，与此同时各省市开始了有关政府数据开放共享制度构建的有益实践。毫无疑问，上述地方性法规与地方政府规章一定程度上促进了政府部门的数据开放与共享工作的开展，规范了政府数据行为，保证了政府数据的质量、安全及正当使用，并维护了国家利益与社会利益。以上地方法规和地方政府规章对于政府数据资源的管理、共享、开放、应用、监督、法律责任等方面的制度构建做出了有价值的探索，为进一步推进政府数据开放共享的法制化进程奠定了基础，也是我国政府数据开放共享法律体系中不可缺少的一部分。但是，随着有关大数据技术的发展，以及社会对政府数据的整体性需求，我国政府数据开放共享的实践也必然会从现阶段的区域化转变到全国性的一体化。然而，从目前我国各省市有关政府数据开放共享的地方性法规与地方政府规章可以发现，其中客体的内涵与外延、具体的实体性与程序性制度内容并不完全统一，由此，各地政府数据开放共享工

---

① 中国社会科学网. 推进公共数据开放共享的立法进路［EB/OL］.［2024-01-02］. https://cssn.cn/zzx/xzx/202210/t20221031_5557417.shtml.

作必然会产生区域上的局域性，仍需在国家层面确立统一的法律制度。

9.2　全球有关政府数据开放共享之法制化概况

在大数据时代，全球各个国家或地区都普遍认识到大数据所蕴含的巨大的使用价值与价值，都在为如何进一步推动和促进大数据与大数据运用寻求符合自身实际情况的适宜的方式、方法，其中最为宏观的就是国家有关部门或国家间联合体的有关机构陆续颁布的有关大数据的战略布局和政策规划。尤其是分别作为最主要的传统发达国家和区域性国际组织的美国、欧盟，以及作为快速发展的最大的发展中国家的我国，都已将推动和促进大数据与大数据运用的发展上升到了国家和区域战略的高度，并相继颁布了有关大数据的战略性、政策性文件来系统地、稳定地、高效地为本国或本地区的大数据与大数据运用的发展进行战略布局和政策规划，进而期望能够在新一轮的国际竞争中将大数据与大数据运用作为获得与巩固国家或地区竞争优势的战略抓手与新突破口，同时又希望通过大数据与大数据运用提升国内经济发展水平和人民生活水平。有关大数据的战略性、政策性文件的最终落实需要通过法治化手段加以巩固强化，而有关大数据的实践活动也需要具有针对性的法律制度予以保驾护航①。其中最为核心的内容就是政府数据开放共享的法制化，而最具代表性的国家就是美国。

美国作为目前大数据规模最为庞大、大数据技术最为先进、大数据运用最为成熟的国家，也是最早正式将推动大数据发展上升至国家战略高度的国家。

---

① 有关内容已经在第 7 章"国外政府数据开放的实践进展"之"多国政府制定政府数据开放的政策、法规和行动计划"已详细介绍，为避免内容的重复在此不再赘述。在本部分，虽然不再具体罗列域外有关政府数据开放共享之法制化现状，但是会在一个更为宏观的、体系的层面来阐述政府数据开放共享在大数据法制化的整体进程中的位置。

本书7.2.2专门讨论了美国政府数据开放的法律法规，从中可以概括出4点价值追求趋势：将大数据与大数据运用作为在新一轮国际竞争中获得与巩固国家或者区域竞争优势的新重心；形成本国内或者本地区内共同扩展大数据规模与挖掘大数据价值的共识；强调大数据的安全与隐私保护的同时重视大数据的流通运用，并逐步扩展大数据运用的覆盖领域；开放和共享不涉及国家安全、个人隐私、商业秘密等较高安全风险的并且具有鲜明的公共产品属性的政府数据，并允许不同的社会主体共同参与运用。而以上4点也在其他国家的战略性、政策性文件中以及具体的立法实践中得以体现。

但是，当我们从一个更为宏观的、体系化的层面审视各国在大数据时代的法制化实践可知，政府数据开放共享问题并不是一个孤立的问题。在其制度构建的过程中，不可避免地与个人数据保护、数据产权保护等问题产生交集。即使对政府数据开放共享给予高度重视的美国也没有忽视对个人数据保护的制度构建，如《隐私权法》(*Privacy Act of 1974*)、《联邦电子通信隐私权法案》(*Electronic Communications Privacy Act of 1986，ECPA*)、《加州隐私权法案》(*The California Privacy Rights Act of 2020，CPRA*)等。此外，即使是高度重视个人数据保护的制度构建的欧盟也在推动着有关数据流通应用的制度化进程，如《公共部门信息再利用指令》(2003/98/EC)、《非个人数据在欧盟境内自由流动框架条例》(*On a Framework for the Free Flow of Non-personal Data in the European Union*)，等等。当然，有关数据产权保护的立法实践，由于数据本身所体现出的与传统物权客体之"物"和传统知识产权客体之"知识产品"的不同之处以及数据行为的技术特征，对传统法学理论可能会产生较大的冲击，故难以即刻体现于具体的法律制度中，而对此我国是较早在法律层面做出初步回应的国家。具体而言，在数据产权保护的问题上，我国除了在《著作权法》中给予汇编作品以保护来对数据库权利保护做出回应之外，《民法总则》作为我国民事领域的基本法，第一次对数据正式作出规定，即第127条："法律对数据、网络虚拟财产的保护有规定的，依照其规定。"至此，数据经《民法总则》的确认而成为独立的法律概念，也正是因为这一规定，拉开了数据权利保护的立法实践的帷幕，同时也留给了我们展开研究和讨论该问题的充足空间。

概括而言，从现阶段全球整体的有关数据的立法实践来看，主要从个人数据保护、政府数据开放共享与大数据产权保护这三个角度开展制度构建。虽然从价值追求上看，个人数据的保护、政府数据的开放和共享，以及大数据的产权保护分别主要建立在对安全风险最小化、公共利益最大化与大数据流通运用最优化的价值追求之上的。但是，这三个看似独立的大数据法制化问题，其实存在着内在交集，三者在根本上是相互影响的。这也是我国在进一步推进政府数据开放共享法制化进程中，在借鉴域外有关立法实践经验时，必须要给予重视的系统性问题。从讨论和研究政府数据开放共享问题的角度来看，在讨论和研究政府数据在什么情况下能够作为公共资源被予以开放或者作为工作基础被予以共享，或者政府数据以什么方式进行开放共享时，个人数据保护与数据产权保护的具体问题都将成为重要的参考因素，以至于最后构建有关政府数据开放共享的法律制度时，也必然需要与有关个人数据保护与数据产权保护的法律制度相衔接与协调。具体而言，首先，随着大数据与大数据运用的普及与发展，使得社会普遍对其中的安全与隐私问题产生担忧，故确立有效的个人数据保护制度以减少大数据利用带来的隐私和安全风险是极为必要的。诚然，高度的社会信任是推动和促进大数据及大数据运用发展的重要基础。因此，在构建有关政府数据开放共享的法律制度时必须要考虑有关个人数据保护的制度规定，即政府数据开放共享必须以不产生隐私和安全风险为前提，故两者在根本上是紧密联系的。其次，随着政府数据开放和共享程度的不断深入，政府作为占有、控制和发展大数据的主体之一，其本身也会如企业一般产生产权需求，这是政府数据开放和共享的发展趋势之一。因此，在构建有关政府数据开放共享的法律制度时也必须要考虑有关数据产权保护的制度规定，即保障公众知情权和保护政府的数据产权要协调和平衡，故两者在根本上亦是协调配套的。

9.3 推动我国政府数据开放共享之法制化

9.3.1 推动政府数据开放共享法制化之紧迫性与必要性

推动政府数据开放共享法制化是落实我国有关战略和政策的需要。随着大数据技术的发展，政府数据开放共享工作的升级刻不容缓，但是这需要政策的指向与相关法律的制定、修订有机衔接，以确保改革方向正确、改革措施准确。对此，早在 2015 年 8 月 31 日发布的《纲要》就要求加快相关法规制度建设，积极研究数据开放等方面制度。2016 年 3 月 17 日发布的《第十三个五年规划纲要》要求加快政府数据开放共享。研究制定数据开放、保护等法律法规，制定政府信息资源管理办法。2016 年 2 月 17 日发布实施的《关于全面推进政务公开工作的意见》要求建立健全政务公开制度，注重将政务公开实践成果上升为制度规范，对不适应形势要求的规定及时予以调整清理①。2017 年 12 月 8 日，习近平总书记在主持中共中央政治局第二次集体学习时进一步强调，要推动实施国家大数据战略，推进数据资源整合和开放共享，并明确提出，要制定数据资源开放相关制度。由此可知，有关政府数据开放共享的战略和政策都要通过法制化的方式来得以巩固强化，这也是最终推动政府数据开放共享法治化的必然前提，是对政府数据开放共享实践活动的必要保障。2021 年 3 月 11 日通过的《中华人民共和国国民经济和社会发展第十四个五年规划和 2035 年远景目标纲要》要求激活数据要素潜能，加强公共数据开放共享。建立健全国家公共数据资源体系，确保公共数据安全，推进数据跨部

---

① 中国政府网. 中共中央办公厅 国务院办公厅印发《关于全面推进政务公开工作的意见》[EB/OL]. [2024-01-02]. https://www.gov.cn/xinwen/2016-02/17/content_5042791.htm.

门、跨层级、跨地区汇聚融合和深度利用。健全数据资源目录和责任清单制度，提升国家数据共享交换平台功能。扩大基础公共信息数据安全有序开放，探索将公共数据服务纳入公共服务体系，构建统一的国家公共数据开放平台和开发利用端口。

《国务院办公厅关于建立健全政务数据共享协调机制加快推进数据有序共享的意见》（国办发〔2021〕6 号）和《国务院关于加强数字政府建设的指导意见》（国发〔2022〕14 号）都要求政府数据开放共享。其中，2022 年 6 月国务院发布的《关于加强数字政府建设的指导意见》明确指出，数字政府建设仍存在一些突出问题，政府治理数字化水平与国家治理现代化要求还存在较大差距。为此，该意见强调，要推动及时修订和清理现行法律法规中与数字政府建设不相适应的条款，将经过实践检验行之有效的做法及时上升为制度规范，加快完善与数字政府建设相适应的法律法规框架体系。

2022 年 9 月 13 日，《国务院办公厅关于印发全国一体化政务大数据体系建设指南的通知》（国办函〔2022〕102 号）要求"加强数据汇聚融合、共享开放和开发利用，促进数据依法有序流动"。

为了保障数据安全，保护个人信息权益，促进数据依法有序自由流动，2023 年 11 月 28 日国家互联网信息办公室 2023 年第 26 次室务会议审议通过了《促进和规范数据跨境流动规定》，该规定根据《中华人民共和国网络安全法》《中华人民共和国数据安全法》《中华人民共和国个人信息保护法》等法律法规，对于数据出境安全评估、个人信息出境标准合同、个人信息保护认证等数据出境制度的施行而制定的。

《中华人民共和国网络安全法》《中华人民共和国数据安全法》《中华人民共和国个人信息保护法》《关键信息基础设施安全保护条例》等法律法规出台后，亟须建立完善与政务数据安全配套的制度。

法制化是规范我国政府数据开放共享的必然要求。在我国，有的地方政府已经专门设置了针对大数据的管理机构或部门来统筹协调、管理和规划本地区的大数据工作，如贵州省的贵州省大数据局、杭州市的杭州市数据资源局等。自 2023 年国家数据局组建以来，全国各级地方政府相继组建相应的机构，有的省份还设置了从省到区的三级大数据管理机构，如贵州省就是如此，具体包括贵州省大数据局、贵阳市大数据发展管理委员会与贵阳高新区大数据发展办公室。这都说明在我国，政府数据开放共享行为已经在客观进行，具体包括政府数据的收集行为、政府部门对社会其他主体的数据开放行为、政府部门与政府部门之间的数据共享行为、社会其他主体的申请数据开放行为、政府部门的申请数据共享行为、对政府数据的应用行为、对政府数据开放共享行为的监督行为等。目前，规制这些行为的制度基本上就是各个地方的地方性法规和政府规章。但是，诚如上文所述，随着有关大数据技术的发展与成熟以及社会不同主体对政府数据的整体性、个性化的需求，我国政府数据开放共享的实践也必然会从现阶段的区域化转变到全国性的一体化。这种政府数据开放共享实践的演进趋势是需要政府数据开放共享的进一步法制化来予以保障，否则必然会在跨区域范围内或者全国范围内出现有关政府数据开放共享的行为之前不兼容、不协调、不配合等问题的出现。故现行的地方性法规和政府规章并非规范我国政府数据开放共享的长久之计。

法制化是推进我国政府数据开放共享标准化进程的需要。承上所述，推动政府数据开放共享法制化是落实我国有关战略和政策的需要，是规范我国政府数据开放共享行为的需要。但是，再进一步来看，在相关法律（一般法）颁布之后，法律的实施问题随之而来，不能实施的法律如同一纸空文。由此可见，法律的合理性、完整性、可操作性在立法之初就应该全面、认真考量。而就我国政府数据开放共享法律制度的构建而言，除了需要重视法律的合理性、完整性及可操作性之外，即法律制度本身是否存在错误、滞后、过于原则等问题，还需要重视所确立的法律制度是否会在技术层面产生混乱。原因在于政府数据开放共享具有显著的技术依赖这一特点，与之有关的活动以及所涉及的具体行为基本上需要通过相关的互联网、计算机等技术来完成，这无疑对政府数据开放共享的法律制度在具体实施环节提出了新的挑战。即使法律制度本身不存在缺乏传统意义上的合理性、完整性与可操作性的问题，也可能会因为在技术层面上缺乏指引和规范，而导致无法实施或者实施效果不佳。对此，标准可以起到良好的补充与辅助作用，在技术层面上指引和规范具体行为，进而使政府数据开放共享的法律制度得以有效实施。这是因为，法律和标准本身就具有千丝万缕的关系，而不是两个完全独立的部分。法律和标准其实都是规范性文件，它们在价值理念、追求目标都具有相似性。我国的强制性标准类似于域外所称的技术法规，实则是自身具有法律性质的规范性文件，违反需要承担法律责任，而推荐性标准，当主体选择使用后，对主体也将具有规范性。法律是原则性的指导，一旦确立就应力求稳定，而标准是详细的规定，并可以根据实际情况及时调整。因此，标准可以成为法律规范的有益补充，也是落实法律的有效手段①。

9.3.2 构建我国政府数据开放共享的专门法律体系

虽然，我国政府数据开放共享在制度构建层面上不断地在完善，但是仍旧暴露出了立法缺位、立法层次低、具体内容滞后、不统一的阶段性问题。

（1）立法缺位

首先，与产品质量、食品安全、环境保护、标准制定等领域相比，在我国政府数据开放共享领域缺乏具有明确立法宗旨、基本原则及具体制度的一般法，来统领相关法律、行政法规、部门规章与地方性法规和地方政府规章制定、修订和实施，不利于构建我国政府数据开放共享的专门法律体系，也可能会产生在我国政府数据开放共享领域中，各说各话，交叉矛盾的负面现象。其次，我国现阶段更多是对政府信息公开共享进行了国家层面的制度构建，但是

① 王世川，马艳霞. 小议我国标准与法律的关系[J]. 标准科学，2012(3)：19-23.

对政府数据开放共享问题较少在法律、行政法规、部门规章等层面做出回应，这会使得政府数据开放共享工作在寻求上位法依据时只能从有关政府信息公开共享的行政法规、部门规章等中寻找，而这并不利于稳步推进政府数据开放共享工作。

（2）立法层次低的问题

目前，我国政府数据开放共享的相关立法以地方性法规和地方政府规章为主，这种立法层次较低的状况与政府数据开放共享的重要性极不相称。地方性法规和地方政府规章从本质上来看，都仅仅是在特定行政区域内对各自职责进一步予以制度层面的明确，对相关工作流程予以细化，旨在解决特定行政区域内具体工作的运行操作问题。由于地方性法规和地方政府规章受其效力层级的限制，导致其中涉及跨区域的规定，往往难以落实。但是，需要明确的是，地方性法规和地方政府规章将会是我国政府数据开放共享的专门法律体系中很重要的一部分，因为特定行政区域内的政府数据开放共享工作具有共性的同时也会具有特性，这需要地方性法规和地方政府规章来予以调整。在法律和行政法规层面，我们更需要的是就政府数据这一整体的开放共享进行规则的制定，集中于共性层面，从而使国家政府数据开放共享工作整体上能更好地协调高效运行，各个部门、各个地方都能更好地协作联动配合。但是，不排除就个别非常重要的、又具有特殊性的政府数据制定专门的法律和行政法规（特别法）。

（3）具体内容滞后、不统一的问题

首先，我国目前与政府数据开放共享最相关的国家层面的制度规则就是《政务信息资源共享管理暂行办法》与《政府信息公开条例》（2019 年版）。但是，其中的具体内容并不完全能够适应政府数据开放共享的现实情况。其次，目前我国真正就政府数据开放共享的制度构建，还是以"多头立法"的模式开展，即各个省市基于各自实际情况而围绕政府数据开放共享进行制度构建，这使得相关规定之间存在不统一的问题。

综上所述，根据国家政府数据开放共享的现实情况，目前我国亟须就政府数据开放共享在法律层级上进行专门立法，即制定"政府数据开放共享法"，并以一般法的形式，提纲挈领式地对政府数据开放共享的共性问题和一般问题进行规范，各个省市可以根据一般法在不违背对共性问题和一般问题的制度内容的同时，结合本地区的实际情况，制（修）订相应的地方性法规和地方政府规章。与此同时，要结合我国现实国情和未来发展的需要对个别非常重要的、又具有特殊性的政府数据的开放共享进行专门立法和修法（包括法律、行政法规、部门规章等），从而形成完整的法律体系来保障我国政府数据开放共享工作的整体高效运行。

9.3.3 我国政府数据开放共享法治化之一般法制定

数据不同于信息，其核心价值就是利用，政府数据开放共享亦有别于政府信息公开。政府数据开放共享的内涵相比政府信息公开更为丰富，另从字面含义来看开放不同于公开。申言之，现有的政府信息公开的法律原则和法律制度无法完全适用于政府数据的开放共享，否则便会出现"橘生淮南则为橘，生于淮北则为枳"的现象。有必要另行推进实现我国政府数据开放共享的法制化，即如上文描述的，要构建直接的、专门的关于我国政府数据开放共享的法律制度体系。而在整个我国政府数据开放共享的法律制度体系之中，最为重要的、也是亟须制定的是一般法，即"政府数据开放共享法"。这可以有效地对现行地方性、分散性的国家政府数据开放共享立法现状进行统筹，对各自为阵的管理格局继续调整。通过对全局性、宏观性和综合性的把握，推动全国性的政府数据开放共享工作更有效地开展。诚然，这部法律的制定并非易事，需要对其法理基础、立法宗旨、调整范围、主要原则以及一般法核心制度的主要内容等问题，进行仔细研究和讨论。正因如此，基于我国政府数据开放共享的法制化现状，对于制定国家政府数据开放共享一般法的具体路径可以分为三个阶段：第一阶段：以"部门规章"的形式出现，即制定"政府数据开放共享管理办法"。虽然其法律效力较低，作用范围有限，但是这可以为今后更高位阶的立法积累经验。第二阶段：以国务院颁发的"行政法规"形式出现，即制定"政府数据开放共享条例"。毕竟政府数据开放共享涉及的很多问题，并非由一个部门就能够解决。由"部门规章"提升至"行政法规"后，其适用范围将更加广泛、具有更加的权威性，强制力也得以加强。第三阶段：以全国人大或者全国人大常委会制定的"法律"的形式出现，即制定"政府数据开放共享法"。由于国家政府数据开放共享肩负着提升我国在大数据时代国际竞争力等重任，以"行政法规"的形式予以规范是不够的，需要提升至"法律"的位阶，必要时可在《宪法》中予以适当的体现。"部门规章"和"行政法规"则只是过渡形式。

（1）制定一般法的法理基础

对于政府数据开放而言。人民主权和基本人权是宪法的基本原则。"一般认为，在宪法原则中人民主权是逻辑起点，基本人权是终极目的。"[1]洛克指出，国家的权力在道德上来源于被统治者们想要组成一个国家的愿望；卢梭也说，国家只能是自由的人民自由协议的产物[2]。雪莱认为，政府的权力来自人民的同意，政府权力应为保障人民权利而行使，政府权力应受到人民的监督。人民有权知晓政府权力的行使情况，其中当然包含知晓最直接反映政府权力行使情况的政府数据[3]。

对于政府数据共享而言。不同于政府数据开放，政府数据共享是政府部

---

① 李龙，李小萍. 论宪法中人民主权与基本人权原则的沟通——以哈贝马斯的宪法有效性理论为视角[J]. 法律科学，2008(1)：29.

② 王万华. 知情权与政府信息公开制度研究[M]. 北京：中国政法大学出版社，2013：13.

③ 雪莱. 雪莱政治论文选[M]. 杨熙龄，译. 北京：商务印书馆，2009：66.

门之间数据的共享使用。数据共享有助于打破部门各自的数据隔阂。而数据是最为客观反映事实的资料，其共享有利于政府部门的精准、高效决策，有效地配置公共资源、节约成本，实现最优的社会效益。政府数据共享可提升决策的效率和质量，而效率是法律的核心价值之一。效率是经济学上的概念，被解释为成本收益分析，即以最少的投入获得最大的产出或以同样的投入获得更多的产出。罗纳德·科斯（Ronald H. Coase）把经济学的交易成本与社会成本理论运用到法律分析中，归结为一点就是法律制度的基本取向在于效益。效率是法律所追求的目标之一。而在法理学或法学中，还强调法律运行过程中其本身的效率。政府数据共享是政府部门之间信息资源和法律资源（如权力、义务、责任和程序）的配置，应当以效率为目标并以有利于提高效率的方式进行。

基于此，政府数据开放和政府数据共享之间关系紧密但又界限清晰，在本质上均为公共服务的提供，且最终目标相同，即实现公共利益的最大化，有关它们的法律制度的创制所依据的法理基础，具体可以细化为以下4点。

①知情权的内在要求

知情权有广义和狭义之分：广义的知情权主要包括政治知情权、司法知情权、社会知情权和个人信息知情权等，即可概括为知悉、获取、传递官方与非官方信息的一系列权利束；而狭义的知情权主要包括政治知情权和司法知情权等等，即可概括为知悉、获取、传递官方信息的一系列权利束。综上，广义与狭义知情权的区分无非是对象的差异，而官方信息和非官方信息的标准并不明确。例如，政府部门为履行职责收集的个人信息，政府部门并非此信息的所有人。知情权是一项请求权，若知情权的对象广于政府信息公开或数据开放的范围，则知情权无法完全实现；反之，知情权不能充分实现。基于此，凡是政府在履行职责过程中收集的数据或获取的信息均应作为知情权的对象，法律规定不得开放或公开的除外。

知情权不是一般性的子权利，而是其他权利得以正确行使的先决性权利①。虽然中国宪法并未直接规定公民的知情权，但是公民选举权、政治自由、批评建议权和申诉、控告、检举权的行使无不建立在知情权之上。质言之，知情权具有基础性。人天生是社会动物，不可能孤立地生存，亦不可能与信息相隔绝。即政府数据开放具有必要性、现实性，是知情权的内在要求。开放数据的目标可被概括为以下 3 类：创新与经济增长；政治责任与民主参与；公共部门效率②。上述 3 个目标的实现固然离不开知情权的享有和行使，只有知悉、获取政府开放的数据，才能进行数据再利用和扩大民主参与、强化监督与政府责任、提升政府效率。

②国家善治的题中之义

善治是秩序危机的产物，从字面来看是向善的治理，"善治"可被看作治理的衡量标准和目标取向③。治理最早出现在 1989 年世界银行关于撒哈拉以南非洲的报告中，报告将该地区面临的危机称为"治理的危机"。世界银行把治理具体称为：基于发展目的，在管理国家经济、社会资源过程中的权力行使方式。然而治理包含标准要素，即善意的要求。基于此，世界银行提出："善治可被概称为可预见的和透明的决策过程，富有职业精神的政府机构、对政府行为负责的行政人员和参与公共事务的强力市民社会以及依法治理的所有行为。"④继世界银行之后，国际货币基金组织（International Monetary Fund，IMF）、联合国发展议程（United Nations Development Agenda）、经济合作与发展组织（Organization for Economic Co-operation and Development，OECD）、欧盟

---

① 汪习根，陈炎光. 论知情权[J]. 法制与社会发展，2003(2)：69.

② Borgesius F Z, Gray J, van Eechoud M. Open Data, Privacy, and Fair Information Principles: Towards a Balancing Framework[J]. Berkeley Technology Law Journal, 2015, 30(3): 2078.

③ 魏治勋. "善治"视野中的国家治理能力及其现代化[J]. 法学论坛，2014(2)：33.

④ Koivisto I. Varieties of Good Governance: A Suggestion of Discursive Plurality[J]. Int J Semiot Law, 2014(27): 591-592.

(European Union，UN)也提出并发展了善治的概念。其中，国际货币基金组织提出："善治和我们对宏观经济政策监管的联系最密切，即政府账目的透明、公共资源管理的有效性、私人部门活动的经济、管理环境的稳定和透明。"①由上述定义可以看出，善治强调的是公民和国家之间的平衡②。俞可平在《论国家治理现代化》一书中提出，善治包含"合法性、法治、透明性、责任性、回应、有效、参与、稳定、廉洁和公正"等 10 个要素。而政府数据开放共享是《纲要》的首要任务，包括 8 项子任务。其中，数据共享和开放是其他子任务的前提、基础设施建设则是有力保障，宏观调控科学化、治理精准化、商事服务便捷化、安全保障高效化和民生服务普惠化是政府数据开放的目的③。

毋庸置疑，政府数据的开放可增强政府的透明度、强化政府责任、扩大民主参与、提升政府决策的效率和精准度，抑制腐败及促进公平的实现。简言之，政府数据开放是善治的必然要求。从结果看，政府数据开放共享有利于公共利益最大化，其本质上与善治相一致；从过程看，政府数据开放应符合善治的标准。

③以人为本理念的重要体现

以人为本是科学发展观的核心，尊重人权、保障人权是以人为本的题中之义，人的全面需求的满足和全面发展是人本主义的目标。而马克思的人本主义思想被认为是以人为本的理论基础。《1844 年经济学哲学手稿》是马克思人本主义思想体系化的标志。马克思认为，法律是肯定的、明确的、普遍的规范。④ 他在《资本论》中指出，法律关系的主体是人。⑤ 考夫曼提出"每一个内

---

① IMF. Good Governance：The IMF's Role ［EB/OL］. ［2024-01-02］. http://www.imf.org/external/pubs/ft/exrp/govern/govern.pdf.

② 吴汉东. 国家治理现代化的三个维度[J]. 法制与社会发展，2014(5)：15.

③ 焦海洋. 中国政府数据开放共享的正当性辨析[J]. 电子政务，2017(5)：27-35.

④ 马克思恩格斯全集：第 1 卷［M］. 中共中央马克思恩格斯列宁斯大林著作编译局，译. 北京：人民出版社，1956：72.

⑤ 马克思恩格斯全集：第 23 卷［M］. 中共中央马克思恩格斯列宁斯大林著作编译局，译. 北京：人民出版社，1972：102.

容的法哲学观念只能是人的观念，因而法权的实际唯理理论也只能以整体的人为基础建立"①。而人的本质在于其社会属性，法律是以社会关系为调整对象，且法律不能独自运行。简言之，法律不能脱离人而存在。法律价值也是如此，法律价值是法律作为客体对主体需要的满足。申言之，法律价值以人的需要为参照，法律价值的基础关系是法律的属性与人的需要之间的供给与满足。故以人为本是法律价值的基础和源泉，法律价值的体系化只能以人为本。以人为本是法律价值的内在尺度，它决定法律的内在品质以及法律正义性的评价标准。② 宋方青教授指出："以人为本是和谐社会立法的价值取向，以人为本是和谐社会立法价值取向的核心，也是和谐社会立法的基本原则之一。"③综上，以人为本构成了法律价值的基础、和谐社会立法的价值目标。

政府数据的开放共享既以法律的公平、自由、效率价值为基础，又会扩大参与、增进信息自由、提升效率，进而确保公民政治权利和自由，并促进善治的实现。如前所述，以人为本是法律价值的基础、内在尺度与评价标准。以人为本自然作为公平、自由、效率价值的基础、内在尺度和评价标准。故政府数据的开放共享实际上遵循了以人为本的理念，并有利于以人为本理念的实现，有助于人的全面需求的满足和人的全面发展。诚然，政府数据的开放共享需要相应的法律制度予以保障，而法律的制定离不开价值的引领和原则的指导，以人为本应作为有关政府数据开放共享立法的价值取向和指导原则。

④国家治理现代化的必然选择

近年来，国家顶层设计文件和主要领导人讲话中都强调要推进国家治理体

---

① 考夫曼. 后现代法哲学：告别演讲［M］. 米健，译. 北京：法律出版社，2000：53-54.

② 李龙，程关松，占红沣. 以人为本与法理学的创新［M］. 北京：中国社会科学出版社，2010：87-94.

③ 宋方青. 立法与和谐社会——以人为本的理论基础及其制度化研究［M］. 北京：法律出版社，2015：26-28.

系和治理能力现代化。《纲要》提出"将大数据作为提升政府治理能力的重要手段"。国家治理体系是一个有机的制度系统，国家治理能力是指各主体对国家治理体系的执行力、国家治理体系的运行力和国家治理的方式方法①。国家治理体系与治理能力密不可分、相辅相成。国家治理体系是治理能力的制度基础，治理能力是国家治理体系运转、实施的必要条件，二者统一于国家治理现代化的进程中。大数据是提升政府治理能力的重要手段。政府数据的开放共享当然有利于政府治理能力的提升。而国家治理现代化包括国家制度体系和制度执行能力的现代化。俞可平教授认为，法治是国家治理现代化的基础②。国家治理的现代化自然包含法治的现代化，而国家治理的现代化必须通过法治才能推进，必须满足良法善治的要求，必须以公共利益的最大化为目标。而政府数据的开放共享能有效提升政府的形象，提高公共服务的质量，使民生服务的覆盖面更广。因此，政府数据对实现公共利益有着重要的推动作用。

（2）一般法的立法宗旨与调整范围

作为政府数据开放共享领域的一般法，须突出强调其规范我国政府数据开放活动之根本作用。应以"促进政府数据开放共享，提高政府数据的优化配置和有效利用，提升政府治理能力和服务水平，推动政府数据与社会经济的深度融合，加快数字中国的建设，规范政府数据行为"为立法宗旨。基于这一立法宗旨，通过一般法中政府数据开放共享法律原则的明确和法律制度的创制可以保障政府数据公开共享全过程的有序进行。其中法律原则指导法律制度的创制，而法律制度是对法律原则的具体化。为保证核心制度的科学合理性，减少片面局部性，须基于法律原则，围绕政府数据开放共享的全生命周期而展开，

---

① 张文显. 良法善治：民主、法治与国家治理[M]. 北京：法律出版社，2015：21.

② 俞可平. 论国家治理现代化[M]. 北京：社会科学文献出版社，2014：4.

即对需要法律回应的地方，针对性地创制具体法律制度，从而起到对政府数据开放共享的全生命周期中的各个主体的具体数据行为的指引、评价、预测、教育和约束作用。抑或说，一般法的调整范围覆盖了政府数据开放共享全生命周期中的特定的社会关系，规范的数据行为包括政府数据的收集行为、政府部门对社会其他主体的数据开放行为、政府部门与政府部门之间的数据共享行为、社会其他主体的申请数据开放行为、政府部门的申请数据共享行为、对政府数据的应用行为、对政府数据开放共享行为的监督行为等。

（3）一般法主要原则之明确

法律基本原则对于法律具体制度的制定和运行而言不可或缺，是法律的基础性真理、原理，也是协调规则冲突、提供判决依据、指导制定和修改法律的关键。具体到政府数据开放共享的法治化来看，法律原则是政府数据开放共享工作的指导准则。其中，一般法的主要原则对于整个政府数据开放共享法律体系的构建准则，也是其他特别法的基本原则的基础。

在域外，对于政府数据开放的原则已经有了较为成熟的认识，并基于此已经开展了具体的政府数据开放工作。

①开放政府工作组会议提出的政府数据开放的八项原则

国际开放政府数据组织（Open Government Data Organization）于 2007 年 12 月提出了政府数据开放的八项原则（Open Government Data Principles），即完整性、原始性、及时性、无障碍性、机器可读性、非歧视性、非专有性和免许可证①。

②八国集团缩减而成的政府数据开放的五项原则

2013 年，八国集团公布《八国集团开放数据宪章》（G8 Open Data Charter），发展了上述八项政府数据开放原则，并将其缩减为如下五项，即数据开放默

---

① Open Government Data Principles［EB/OL］.［2024-01-02］. https://opengovdata.org/.

许、质量与数量、所有人可用、开放数据以完善治理机制、开放数据以促进创新①。

③八国集团中美、英、加的政府数据开放原则

2011年，英美在联合国大会发起"开放政府伙伴关系"（Open Government Partnership）②，加拿大是该伙伴关系参与者之一，英美加三国都缔结了《八国集团开放数据宪章》约定、都基于本国国情进一步发展了政府数据开放原则。下文以美国、英国和加拿大为例，阐述其 OGD 原则。

第一，美国。

2013年5月9日，美国行政管理和预算局发布了《开放数据政策——管理信息财产》③备忘录，规定了政府数据开放应遵循的七项原则，见表 9-3-1。

表 9-3-1 美国开放数据项目原则

原则	内　　容
公共性	机构必须在法律允许的范围内采取有利于公开的推定，并受制于隐私、机密性、安全性或其他有效限制
无障碍性	提供便捷、可修改和开放的数据格式，以便其可以被检索、下载、索引和搜索。格式应是机器可读的（即数据的结构合理，允许自动处理）。开放数据结构不区分任何个人或集体，并且应通过提供多种格式的数据以为最广泛的用户提供最大范围的服务。在法律允许的范围内，这些格式应该是非专有的、公开的，对使用这些格式不应有任何限制

① G8 Open Data Charter［EB/OL］.［2024-01-02］. https://www.gov.uk/government/publications/open-data-charter.

② What is the Open Government Partnership?［EB/OL］.［2024-01-02］. https://www.Opengovpartnership.org./.

③ Attachment of Memorandum for the Heads of Executive Departments and Agencies-open Data Policy-managing Information as an Asset（M-13-13）［EB/OL］.［2024-01-02］. https//www.whitehouse.gov/sites/default/files/omb/assets/memoranda_2013/m-13-13.pdf.

续表

原则	内　容
描述性	充分描述开放数据,使数据消费者拥有足够的信息了解其优缺点、分析限制、安全性要求及处理方式。这包括使用强大的细粒度元数据(即描述数据的字段或元素),数据元素的全面文档、数据字典,以及(当适用时)对收集目的、利益相关者样本特征和数据收集方法进行补充描述
可重用性	根据开放许可内容,不限制开放数据使用
完整性	开放数据以原始形式(即从源头收集)以最佳可能的粒度级别(具有可行性并被法律及其他要求允许)发布。衍生或汇总开放数据也应发布,但须引用原始数据
及时性	开放数据可根据需要尽快提供,以保留数据的价值。发布频率根据主要观众和下游需求而定
管理后发布性	必须指定联络点以协助数据使用,并回应遵守开放数据要求的投诉

第二,英国。

2012年6月,英国内阁的《开放数据白皮书》认可了公共部门透明委员会拟定并经修改的数据开放原则,如关注公众数据需求和商业数据使用需求、选择便于再利用的格式和机器可读的格式、使用相同的许可协议等①,其详细的中文解释见《中国政府数据开放应遵循的原则探析》一文②。

第三,加拿大。

非政府组织阳光基金会(Sunlight Foundation)提出了"公开政府信息十原则",加拿大政府基于这十条原则确立了其 OGD 原则,即完整性、准确性、及时性、易获取、可机读、非歧视、采用通用标准、许可、永久保存、不收取使用费③。

---

① Open Data White Paper: Unleashing the Potential [EB/OL]. [2024-01-02]. https://www.gov.uk/government/uplaods/system/uploads/attachment_data/file/78946/CM8353_acc.pdf.

② 焦海洋. 中国政府数据开放应遵循的原则探析[J]. 图书情报工作,2017(15):84.

③ Open Data 101 [EB/OL]. [2024-01-02]. https://open. Canada. ca/en/open-data-principles.

综上所述，目前国外政府数据开放的相关原则均紧紧围绕"开放主体（政府）""开放对象（公众）"和"开放客体（数据）"，注重数据的公开、数据的获取和数据的质量。但是，并未对政府部门间数据共享从原则层面做出直接的回应。

④明确我国政府数据开放共享一般法的主要原则

如上文所述，《政务信息资源共享管理暂行办法》和《政府信息公开条例》（2019 年版）共同明确了我国政府信息公开共享的一个首要核心原则，即以公开共享为原则，以不公开共享为例外。我国首部有关政府数据开放共享的地方性法规的《贵阳市政府数据共享开放条例》规定："政府数据共享开放应当以问题和需求为导向。"但是，这些原则过于简单的表述，使得原则的指导性功能降低，并且这些原则更多的是围绕"开放主体（政府）"，而忽视了"开放对象（公众）"和"开放客体（数据）"①。基于域外较为成熟的政府数据开放原则，以及我国的实际国情，我国政府数据开放共享一般法的主要原则，应坚持六个原则，具体如下②：

第一，公开原则。《纲要》明确了推进数据资源向社会开放的目标，集中体现了公开原则。政府数据开放共享的公开包括开放共享范围和开放过程或程序的公开。政府数据开放共享的范围应实现数量上的最大化，公开共享是基本原则，而不公开的是例外。政府数据开放共享的程序、条件和许可协议等也应予以公开共享即开放的过程或程序的透明化。

第二，质量原则。数据质量和开放共享数据密不可分③。数据不一致性、不完整性、不准确性、不真实都会阻碍数据的进一步利用，妨碍科学决策。基

---

①　《贵阳市政府数据共享开放条例》暂行办法［EB/OL］．［2024-01-02］．http://news.sina.com.cn/sf/news/flfg/2018-08-01/doc-ihhacrce9916939.shtml.

②　焦海洋. 中国政府数据开放应遵循的原则探析［J］. 图书情报工作，2017（15）.

③　Zuiderveen Borgesius F，van Eechoud M，Gray J. Open Data，Privacy，and Fair Information Principles：Towards a Balancing Framework［J］. Berkeley Technology Law Journal，2015，30（3）：2073-2132.

于此，政府开放共享的数据应该一致、准确、完整、符合开放格式标准以及其他的数据质量标准；政府部门对于开放共享的不真实或不完整或格式不符的数据应予以修正。毫无疑问，数据不是一成不变的，且开放共享的数据也不可能100%一致、准确或完整，相应的修正有利于政府开放数据的持续有效利用。简言之，质量原则应包含以下两个层面：政府开放共享的数据应该一致、准确、完整，并符合格式标准和其他数据质量标准；政府有关部门应对不一致、不准确、不完整、不符合格式要求或其他质量标准的数据进行修正。

第三，及时原则。政府应尽快、及时地公开数据。政府数据资源具有较强的时效性，未能及时开放数据会使数据处于贬值，甚至失效的风险中。及时开放政府数据是实现数据价值、优化资源配置的必然要求。另一方面，在公共事件处置和危机管理上，只有确保数据是及时的，相关部门和社会公众才能快速反应，并积极采取各项措施。

第四，平等原则。平等理念是我国宪法的要求，也是现代社会的一大特点。行政法被认为是作为人权的保障法，也被称为"动态的宪法"，因此必须从人性尊严和人权保护出发充分尊重公民的平等权，并保证平等权得以实现①。政府数据开放八项原则、《八国集团数据开放宪章》、英美加三国政府数据都体现了平等原则，但没有直接规定。中国政府数据开放共享的法律应直接规定在政府数据开放中既体现形式上的平等，又体现实质上的平等，包括权利、规则机会平等。

第五，利益平衡原则。不同主体的有不同的利益，各主体间利益冲突在所难免。政府数据开放牵涉多种主体，涉及多种利益关系，数据开放中难免会出现利益冲突。因此，政府数据开放时要平衡各个利益相关方的利益点。当彼此的利益出现冲突时，理应优先考虑和重点保护公共利益。中国《政府信息公开

---

① 周佑勇，伍劲松. 行政法上的平等原则研究[J]. 武汉大学学报（哲学社会科学版），2007，60(4)：520-524.

条例》第 14 条明确规定了涉国家机密、商业机密和个人隐私的信息不予公开，但若行政机关认为不公开可能对公共利益造成重大影响，则可以公开上述信息。该条例规定了行政机关一定范围内的裁量权，体现了利益平衡原则。总之，政府数据开放共享的范围应设置例外情况，为了保障公共利益，行政机关应有权在遵循正当程序和比例原则的基础上，公开共享涉及国家机密、商业机密、个人隐私的部分数据除外。需要注意的是，在政府数据开放共享的时候，要灵活运用利益平衡原则，而不能机械地追求统一。

第六，安全原则。安全问题是信息化和大数据时代必须考虑的问题之一。2014 年 10 月 23 日，十八届四中全会通过了《中共中央关于全面推进依法治国若干重大问题的决定》，该决定明确要求"完善网络安全保护方面的法律法规"，体现了中央对数据安全的高度关切，数据安全问题成为政府数据开放过程中亟须解决的问题之一。为保障数据安全，政府出台相应法律法规，降低数据遗失和损坏、不法接触和利用、数据变更以及数据泄露的风险。政府应着力保障国家、个人、企业和非企业组织的数据在存储和传输的过程中的安全，保障主体合法权益，促进政府数据利用①。2021 年 6 月 10 日，第十三届全国人民代表大会常务委员会第二十九次会议通过了《中华人民共和国数据安全法》，此项自 2021 年 9 月 1 日起施行，让我国在数据安全领域有法可依，为各行业数据安全提供了监管依据。该法主要包括了法律适用范围、数据分类和安全等级、数据安全责任和义务、个人信息保护、国家安全保护、数据安全检查和评估以及法律责任和处罚等内容。数字经济的蓬勃发展正成为我国在国家环境中的核心竞争力，结合数据安全法及现有数据业务建设需求和建设情况全面优化管理体制，能够为我国数字化转型的健康发展提供法治保障，为构建智慧城市、数字政务、数字社会提供法律依据。

---

① 齐爱民，盘佳. 数据权、数据主权的确立与大数据保护的基本原则[J]. 苏州大学学报(社会科学版)，2015(1)：64-70.

（4）一般法核心实体性制度的创制

①政府数据开放共享的安全保障制度

在政府数据开放共享的实践操作过程中，存在许多风险，如果涉及国家秘密、个人隐私和商业秘密等这些敏感数据一旦向不特定的人开放将会危及国家安全、公共安全和经济安全，并且外溢于政府内部的数据安全风险，将更难控制甚至无法控制。《纲要》在要求政府数据开放共享的同时，也要求强化数据安全保障。简言之，政府数据本身的开放共享诉求对数据安全保护带来了新的挑战。诚然，不开放共享是对数据安全的最大程度的保障，但是这不利于对公民知情权的维护、不利于数据价值的挖掘，并且与数据流通数据要素价值发挥这一时代发展定位相违背。因此，创制政府数据开放共享的安全保障制度的关键目的是要将一些有效的数据安全保障措施通过法律进行巩固，进而保障政府数据的开放共享和政府数据的安全保障之间的平衡。政府数据的开放比共享更需要严格的安全保障。政府数据开放共享安全保障制度的创制可以从以下五点展开：

第一，明晰政府数据开放共享的边界。

通过法律明晰政府数据开放共享的边界是政府数据开放共享安全保障的第一步。政府数据开放共享的边界，就是指哪些数据可以或者不可以开放、哪些数据可以或者不可共享。很明显，政府数据开放共享的边界，是详细具体的，并且必然会随着整个综合环境的变化和数据处理技术的发展而变化。但是，由于法律本身的原则性和稳定性特点，与政府数据开放共享边界的具体性和变动性特征相冲突，因此政府数据开放共享的安全保障制度在明晰政府数据开放共享的边界时，可能更多地偏向于原则性的规定。其中，对于政府数据开放，可分为无条件的数据开放和依申请的数据开放。无条件的数据开放，即除了涉及国家安全、商业秘密、个人隐私的数据以及已经被其他法律规定不得开放的数据外，其他数据均可通过统一的政府平台获得。依申请的数据开放，即数据需求方可以申请开放其认为应当开放的数据。政府一旦同意这一开放申请，那么该类数据以后就转变为无条件的数据开放对象；对于政府数据共享，可分为无条件的数据共享和有条件的数据共享。无条件的数据共享即为主动共享，而有条件的数据共享即为申请共享。但不同于申请开放，申请共享的数据类，再次使用时仍须重新申请。而政府数据开放共享边界的具体表达则要基于法律的原则性规定和有关标准的具体指标通过制定和公布政府数据开放目录和共享目录来实现。

第二，明确政府部门保障数据安全的职责。

应对政府数据开放共享的大趋势，须建立政府数据主管部门，专门负责某一行政区域内政府数据开放共享的相关工作，以保障数据开放共享工作的完整执行。目前在我国，很多省市纷纷建立起政府数据主管部门，比如广东省政务服务和数据管理局、山东省大数据局、浙江省大数据发展管理局、贵州省大数据发展管理局、四川省大数据中心等，有的省市也叫数据资源管理局、大数据社会服务管理局、大数据发展管理局、政府信息化办公室、大数据管理服务局、大数据发展管理委员会等，这些名称不同但工作内容相近的政府部门都是大数据时代政府数据开放共享背景下的产物。政府数据开放共享的安全保障制度需要明确建立各级政府数据主管部门，并强调突出其除了综合协调等职能外的政府数据安全保障职能。这里应包括宏观和微观两个层面，宏观层面的政府数据安全保障职能包括：制修订有关政府数据安全保障的规范性文件，统筹协调政府数据安全保障体系建设；微观层面的政府数据安全保障职能包括：制定政府数据安全风险应急保障预案、定时开展审查评估和演练、对开放数据进行监控、综合采取多种措施防范数据安全风险等。除此之外，其他各政府部门亦应有部分进行或者配合进行政府数据安全保障工作的职责。

第三，吸纳标准作为政府数据安全保障的技术规范。

政府数据开放共享的安全保障制度中"安全保障"四个字，其实在具体运行过程中，是一项对行为和技术要求很高的工作。但法律的原则性特定使其无法对具体行为和技术做出详细回应，这就需要标准的进入，作为政府数据安全保障制度的重要部分。政务数据相关国家标准和地方性标准规范陆续启动研制工作，并取得一定成效。2020 年 6 月，《国家电子政务标准体系建设指南》正式出台，在政务数据共享开放标准子体系中明确建设重点包括数据安全等政务数据管理标准。

部分地区在推动数据共享开放工作中制定相关标准，明确共享开放数据范围，并将落实数据分类分级作为确保数据安全的第一步，为政务数据共享开放和安全防护提供指引。根据目前我国的标准化工作改革的实践情况以及新《标准化法》第 10 条第 1 款与第 11 条第 1 款对标准功能的重新划定，即强制性国家标准是保障人身健康和生命财产安全、国家安全、生态环境安全以及满足经济社会管理基本需要的技术要求；推荐性国家标准是指满足基础通用、与强制性国家标准配套、对各有关行业起引领作用等需要的技术要求，政府数据安全标准体系应以强制性国家标准与推荐性国家标准为核心，以其他标准为补充。如"安全指南"类的标准应是强制性国家标准，而如在平台设计方面可以由推荐性国家标准、地方标准、团体标准甚至企业标准进行规范。并且政府数据安全保障标准体系应和法律制度一样，须覆盖数据收集、处理、组织、开放、利用等整个政府数据生命周期，从而进一步提高法律制度的可操作性，并成为事后政府自我评估或者第三方机构评估的主要依据。贵州省率先制定发布了《政府数据数据分类分级指南》，在全国做到了先试先行，指南为贵州省政府部门在共享和开放政府数据时恰当分类和定级提供参考，是对政府数据实施有效有序管理的大胆尝试。实施数据分类分级有利于按类别正确开发利用政府数据，实现政府数据价值最大化。

第四，搭建统一的政府数据开放共享平台集中管控数据安全风险。

不同于传统的政府信息和政府信息公开模式，以电子化为特征的政府数据，更多的是通过网络平台进行开放共享，政府数据开放平台是实现政府数据开放共享的载体和保障政府数据安全的关口。但是，倘若每个政府部门都自行搭建网络平台进行数据的开放共享，势必会在造成资源浪费、平台质量参差不齐的同时加大政府数据安全风险。因此，有必要搭建统一的政府数据开放平台，这样有利于进行平台的安全性和可靠性评测、应用安全评测，也有利于监测预警以及风险评估。而政府数据开放平台应以中央、省、市、县为单位，涵盖同一行政区域内的具体政府部门数据，并对应于政府数据主管部门。如《纲要》要求："在 2018 年底建成国家政府数据统一开放平台。"同时，搭建统一的政府数据开放共享平台亦有利于对公众知情权的保障和对政府数据开放共享工作的监督。因此，政府数据开放共享的安全保障制度应对政府数据开放共享的网络平台做出"统一搭建"这一原则性规定，在保障政府数据安全的同时，亦可有效避免政府数据开放共享的乱象产生。

第五，引入政府数据开放许可协议。

大数据时代的政府数据开放共享，是一种以大数据为基础的数据集，而并非小批量的单个数据的开放共享。从数据获取方的角度而言，数据应当是可以批量获取的。而大数据的价值不在于单独的数据本身，不是简单的数据价值之和"1+1＝2"，而是在关联组合的数据集合中蕴含着更大的价值即"1+1>2"。并且大数据的价值并非如传统数据的价值如此直观，而是在不断挖掘的过程中，不断呈现出来。正是因为大数据具有这一价值特征，使得同一份"大数据"对于不同主体就有不同的价值体现。这也导致政府数据的安全风险不可能在开放共享时就已经可控。抑或说，即使在政府数据开放共享前通过技术手段将数据安全风险降低到最小，也不能排除政府数据在挖掘利用时这种数据安全风险的上升。尤其是对于政府数据的开放后利用。因此，开放的政府数据安全不仅需要国家法律的保障，通过相关许可协议来进一步澄清和约束数据的范围和使用也是非常重要的，这样才能为数据的深度开放与利用创造良好的环境。相较于英国的《英国政府许可框架》(*UK Government Licensing Framework*, *UKGLF*)、美国联邦政府的 CC0 许可协议、法国的"*Licence Ouverte*"政府数据开放许可协议、加拿大政府的开放政府许可(*Open Government License Canada*,

OGL Canada)等。许可协议对政府开放数据进行授权及限定开放范围，能够有效地保障个人隐私及国家安全。但国际通用政府数据开放许可协议和其他国家专门协议尚未充分规制各利益相关方权责，难以真正起到释放数据价值、规避开放风险的作用。

因此，我国可借鉴《英国政府许可框架》，结合我国实际制定政府数据开放许可协议。我国许可协议的内部兼容性要强，使政府数据能更好地被利用、重用和创造性使用。最后，许可方式不要单一，尽可能提供多种类型的许可方式，有免费的许可方式，也有收费的许可方式，以供政府数据开放平台或者相关单位选择适合自身的数据开放许可方式。作为政府数据开放共享的安全保障制度需要强调的是，政府数据开放共享和政府数据使用之间应以许可协议为连接，以使对政府数据安全风险能够得到进一步的控制。

我国对于相关许可协议的研究和重视起步较晚。在前期，我国政府数据开放平台对数据权限的规定仅停留在"版权声明"或"网站申明"的层次①。如今，浙江省数据开放平台、广州市公共数据开放平台、深圳市政府数据开放平台、上海市公共数据开放平台等均推出了自身的开放授权许可使用协议、服务协议、服务条款、用户协议等，大大规避了我国政府数据开放平台因数据开放许可协议的缺失而造成的数据开放风险。

国际组织制定的开放数据许可协议的类型包括知识共享许可协议和开放数据共用许可协议。知识共享许可协议是知识共享组织发布的许可，适用于创作内容，例如照片、文本、数据等内容，包含署名(CC-BY)、署名—相同方式共享(CCBY-SA)、署名—禁止演绎(CC-BY-ND)、署名—非商业性使用(CC-BY-NC)、署名—非商业性使用—相同方式共享(CC-BY-NC-SA)和署名—非商业性使用—禁止演绎(CC-BY-NC-ND)②六种基本许可类型。知识共享许可协议适

---

① 黄如花，李楠. 国外政府数据开放许可协议采用情况的调查与分析[J]. 图书情报工作，2016，60(13)：5-12.

② 关于许可协议[EB/OL]. [2024-01-03]. https://creativecommons.org/licenses/.

用范围广泛，具有许可层级丰富的特点。开放数据共用许可协议是开放知识基金会(OKF)发布的许可协议类型，目的是规范和约束数据提供者和数据使用者重用、发布、修改和传播数据的责任与义务，是国际通用的许可协议类型，其包含：公共领域贡献与许可(Public Domain Dedication and License，PDDL)——"Public Domain for Data/Databases"、开放数据共享署名许可(Attribution License，ODC-By)——"Attribution for Data/Databases"和开放数据库许可(Open Database License，ODC-ODbL)——"Attribution Share-Alike for Data/Databases"①三种类型。开放数据共用许可协议是专门针对数据或数据库开放的许可协议类型，具有许可对象单一的特点，其包含的三种许可类型均符合开放的条件，不限制商业领域使用和对数据的修改、演绎等。

诚然，政府数据开放许可协议的完善可能需要以数据权利的进一步明晰为前提。但是，目前对于数据的权利化问题还存在争议。2017年10月1日正式实施的《民法总则》，为了适应互联网和大数据时代发展的需要，作为我国民法基本法第一次对"数据"正式作出规定。《民法总则》第127条采取了一种较为折中的条文表述，"法律对数据、网络虚拟财产的保护有规定的，依照其规定"。但是，由于这一规定，是在《民法总则》的"民事权利"一章，基于文本分析可以初步推导出"数据"是一种民事权利客体这一结论。进一步可以推断出的是，第127条中与"网络虚拟财产"并列的"数据"，并不是第111条中的"个人信息"，其所对应的应该是一种财产权利。基于"数据"的无形、可复制、非消耗这三种物理形态，我们可以进一步发现，此处"数据"并非为物权和债权的客体。物权以"物"为客体，一般认为"物"系指"人的身体之外，能为人力所支配，具有独立性，能满足人类社会生活需要的有体物及自然力"。② 而债权的客体是民事主体的"行为"，而不是其他任何形式的客观存在。而如上文所

---

① Licenses — Open Data Commons：legal tools for open data[EB/OL].[2024-01-02]. https://opendatacommons.org/licenses/.

② 王泽鉴.民法物权[M].北京：中国政法大学出版社，2001：52.

述，"数据"与知识产权的客体——"知识产品"都是"非物质形态"的存在，"知识产品"的无形性、可复制性、非消耗性等特征都可适用于"数据"，两者具有一定的相似性。并且，郑成思先生在论及知识产权客体时认为，"作为知识产权客体的智力成果，一般均表现为一定的信息"①。而"数据"的本质则是数据化的信息，因此，两者不存在本质上的区别。最后，基于"数据"和"知识产品"一样，都是一定智力创造性劳动的产物，因此，将其定性为一种"知识产品"具有合理性和可行性。但是，在《民法总则》第 123 条第 2 款②所规定的知识产权客体中并未有"数据"之位，并且国内外现行知识产权客体体系中也未有"数据"之影，与之最相似的数据库和商业秘密，无论是客体本身还是对应的法律价值定位，都不能完全涵盖之。概括而言，"数据"应是一项民事权利的客体，更适合作为知识产权的客体，但是真正要实现"数据"的权利化则需要构建新的知识产权制度，以奠定其地位。但尽管如此，正如有专家所言，即使在知识产权保护范围不清晰的领域，应用一个许可协议来澄清使用许可也是非常重要的，因此，如果计划将数据开放，应该考虑对这些数据应用一个许可协议③。这是出于对数据安全分析控制的必要之考量。

②政府数据开放共享的监督制度

科学的政府数据开放共享监督制度可以保障开放共享的工作质量和数据质量。很多国家已经实现了国家数据监督的法治化。如英国通过法律法规的及时跟进，对政府开放数据进行监督，《2013 年至 2015 年英国开放政府伙伴关系行动计划》要求加强公民代表与政府部门开展合作、建立评价机制④等。我国的《政府信息公开条例》对政府信息开放的监督制度，值得肯定并需进一步完善。

---

① 郑成思. 知识产权法：第二版[M]. 北京：法律出版社，2004：10.
② 详见《民法总则》第七章民事权利 第 123 条第 2 款.
③ 杨孟辉. 开放政府数据 概念、实践和评价[M]. 北京：清华大学出版社，2017：16.
④ 朱贝，盛小平. 英国政府开放数据政策研究[J]. 图书馆研究，2016，6(3)：122.

要真正全面实现政府数据开放共享,除了依靠政府部门的自治和有关政府主管部门的监督外,还须通过法治化路径构建政府数据开放共享的全社会共治机制,实现政府数据开放共享的全社会共治局面。并且这些共治主体之间可以基于对政府数据开放共享的监督行为而互相监督。对此,应该明确共治的主要主体以及这些主体之间的分工与协调。共治机制的长久高效运行,必须以共治局面的层次分明,井井有条为前提。

就政府而言。首先分为进行政府数据开放共享工作的政府部门和对政府数据开放共享工作进行监督的政府部门(政府数据主管部门)。对于前者,又要分为内部数据行为和外部数据行为。对于政府部门的内部数据行为,政府数据放开共享的监督制度不可做过多的干预,更多的是要鼓励、引导和服务,以至其在内部建立科学合理的自我规范体系。但应引入首席信息官或者数据官来负责政府部门内具体有关政府数据放开共享的工作。但是对于政府外部的数据行为,法律须起到规范和约束的作用。这种政府部门外部的数据行为,其核心就是政府数据的开放共享。除了基于法律规范和约束,依靠政府部门的自治外,这种外部数据行为还需要政府数据主管部门的监督。而这种监督对政府数据开放共享工作的开展起到关键性作用。其他共治主体的监督目的,很多都要依靠政府数据主管部门的监管介入得到最终实现,因为其通常被依法授予在政府数据开放共享领域的行政执法权。但是,随着政府数据开放共享的数据量不断增加,政府数据主管部门不能也无法事无巨细地监管,必须做到有的放矢,应该将有限的行政资源集中用于营造更利于政府数据开放共享的环境,以及如上文所述的对数据安全性的监督,严控安全性这一底线,从而尽可能地让符合安全性要求的数据在社会中流通。

就社会而言。除了普通公民外,社会尤其是其中专业的社会组织对于政府数据开放共享的监督,可以很好地弥补政府监督有限和失灵所产生的弊端。因此,除了普通公民外,须进一步明确专业的数据评估机构、新闻媒体、大学、科研机构等在进行政府数据开放共享工作监督时的权利和义务。如对于专业的数据评估机构，政府数据开放共享的监督制度应该鼓励其定期开展政府数据开放共享工作的评估，并允许其向社会公布有关评估结果。又如，对于新闻媒体。作为主要信息传播者在政府数据公开共享领域的监督功能和作用应该在政府数据开放共享的监督制度中得到肯定。对此，有必要明确新闻媒体参与政府数据公开共享问题调查和报道政府数据公开共享新闻的自由空间，保障其权利的行使，从而实现及时、全面、客观的报道。再如大学、科研机构等。政府数据开放共享的监督制度亦应吸纳大学、科研机构等作为对政府数据开放共享工作的监督主体。鼓励其进行政府数据开放共享的评价和深入研究，对政府数据开放共享行为进行长期的跟踪、记录和监督，对政府数据开放共享进行实证调查等。

③政府数据公开共享的促进制度

目前在我国诸多领域都制定和实施了"促进法"，"促进法"的内容主要是将与"扶持、鼓励、奖励"等有关的如税收、奖项、专项资金等具体手段上升为法律制度，以使其能够在法律的保障下真正实施。例如环保领域的《循环经济促进法》和《清洁生产促进法》、教育领域的《民办教育促进法》、文化领域的《电影产业促进法》、就业领域的《就业促进法》、农业领域的《农业机械化促进法》（2004 年颁布）、经济领域的《中小企业促进法》，等等。此外，有几部"促进法"已经提出了制定法律的议案，有些则已处于创制过程之中，其中就包括了《质量促进法》《文化产业促进法》《金融科技发展促进法》《大数据发展促进法》《公共法律服务促进法》《养老促进法》等。除单独创制"促进法"外，有些领域的立法实践，则将"促进法"部分融入相关立法之中，如《电子商务法》就单设第五章"电子商务促进"，来更直接地体现该法对电子商务的促进作用。从其他领域的成功经验可得，真正要推动和发展一个领域，在法治化进程中，除了要重视监管法律制度、责任法律制度外还要重视促进法律制度。如在质量领域，美国、欧盟、日本等国家和地区除了拥有较为完善的产品质量责任和监管法律制度体系外，还制定了相关的产品质量促进法律制度，如美国于 1987

年颁布了《质量促进法案》(1987年)、欧盟的《欧洲质量促进政策》(1995年)、日本的《住宅质量确保促进法》(1999年)等,都是通过一系列的激励措施,推动质量提升,促进质量发展,最终转化为国家的核心竞争力。

数据要素安全治理作为数据基础制度的四大组成部分之一,贯穿数据流通交易的各个环节,涉及数据要素市场培育的方方面面,发挥着不可替代的重要作用,既有利于保障国家数据安全,也有利于维护企业、个人数字权益。《数据二十条》(2022年)是我国专门针对数据要素制定的首份基础制度文件,有利于充分激活数据要素价值,提高我国数字经济全球竞争力,它的出台对于我国加快推进数字经济发展具有里程碑意义。《中共中央 国务院关于构建数据基础制度更好发挥数据要素作用的意见》(2022年)、《关于促进数据安全产业发展的指导意见》(2023年)、《数字中国建设整体布局规划》(2023年)、《数字经济促进共同富裕实施方案》(2023年)等文件的发布均能够加快构建数据基础制度,充分发挥我国海量数据规模和丰富应用场景优势,激活数据要素潜能,做强、做优、做大数字经济,增强经济发展新动能,构筑国家竞争新优势。

具体到政府数据开放共享领域,有关促进的法律制度创制亦须重视。如前所述,政府数据开放共享是一个庞大的"生态系统",将涉及非常多的主体的参与,每个地方的实际情况不同,具体主体的能力(主要包括人力、物力、财力等)情况也不尽相同。然而,一个区域和国家整体的政府数据开放共享的水平,无法通过一两个政府部门的良好表现来代表。而政府数据开放共享责任法律制度与政府数据开放共享监管法律制度更多的是通过"规范、约束",发挥出法律的保障作用,这只能在一定程度上警示政府部门在为数据行为时"不犯错",但是无法更进一步地促使政府部门在为数据行为时"表现好"。但若要在大数据时代全面实现并可持续性地保持政府数据的开放共享,则势必需要创制政府数据开放共享促进法律制度,通过"激励、扶持",来更好地推动我国政府数据开放共享的进程,从而进一步实现,"开放数据质量高、政府服务效率高→阳光透明亲民的政府形象→提升数据开放共享的动力足→开放数据质量高、政府服务效率高"的良性循环。

在我国,《政府信息公开条例》《贵阳市政府数据共享开放条例》《贵阳市政府数据资源管理办法》《杭州市政务数据资源共享管理暂行办法》《贵州省政务数据资源管理暂行办法》《福建省政务数据管理办法》《河南省政务数据安全管理暂行办法》《襄阳市政务数据资源管理办法》《河北省政务数据共享应用管理办法》《山西省政务数据安全管理办法》等国家、省、市层面的有关制度创制实践都或多或少地体现了"促进"功能的规则内容,提供了有益的参考样板,但都不甚全面,需要进一步完善。基于此,我们认为政府数据开放共享法治化进程中,应该主要围绕以下两个核心目的进行具体的促进制度的创制。

第一个目的:激励有关政府数据开放共享的主体数据行为。

激励数据行为是政府数据公开共享促进制度的首要目的,并且其所激励的对象,应该是涉及政府数据公开共享整个过程的所有主体的数据行为。内容主要有以下四个方面:

第一,构建全社会共同参与政府数据开放共享的渠道。

政府主导推动政府数据开放共享并不意味着仅仅政府参与政府数据开放共享工作,倘若如此,将无法有效应对数据开放共享过程中的各种挑战,也会阻滞我国大数据战略目标的实现。若要真正全面实现政府数据公开共享,须通过法治化路径构建全社会共同参与的渠道。这里的法治化路径,在宏观层面上,就需要通过创制政府数据开放共享促进制度去营造出协调统一的全社会参与局面。只有这样,才能在微观层面上,进一步通过完善具体的制度去细化全社会共同参与政府数据开放共享机制。与全社会共同参与政府数据开放共享有关的主体主要分布于政府、市场和社会这三个方面。政府方面,主要为各级政府部门;市场方面,主要为企业;社会方面,主要为公民、社会团体、新闻媒体、大学、科研机构等。政府数据开放共享促进制度的任务就是要更加倾向于宏观地分清这些主体在政府数据开放共享生态体系中的定位,分清他们之间的关系,明确他们的基本职责范围,厘定他们的功能和作用。如就各级政府部门而言，除了微观层面的数据开放共享外，还应鼓励其如，掌握、记录、分析一个时间段一个部门、一个区域或者国家的整体数据开放共享的情况，作为今后制定、修订法律、政策、标准等的依据；再如企业、公民等除被动地被收集数据外，还应鼓励其更主动以合法合理的方式向政府部门提供数据等；最后如大学、科研机构等，除利用政府开放共享的数据外，还应鼓励其对数据质量进行跟踪评价，并反馈给政府有关部门。

第二，完善政府数据开放共享的考核评价。

在进行考核评价时，应将政府数据开放共享考核评价制度作用于各级的政府部门。尤其要将政府数据开放共享工作指标化、分值化，并纳入各级政府绩效考核体系之中。即要建立健全政府数据开放共享绩效考核评价体系，完善地方各级人民政府和有关部门政府数据开放共享工作评价指标和考核制度，建立健全政府数据开放共享工作绩效考核评价体系，将考核结果作为领导班子和领导干部综合考核评价的内容，综合性考评结果将直接与领导干部个人年终考核评价、干部使用以及年终奖金相关联。

第三，设置专门的政府数据开放共享奖励。

来自自身之外的奖励，是一个主体积极进行相关工作的催化剂，比惩罚更加有效。而作为政府行政管理活动中较为常用的施政手段的行政性奖励必然会在促进政府数据开放共享效率提升方面具有积极的作用。这在政府数据开放共享的地方实践中已经有所体现，如《贵阳市政府数据共享开放条例》等。首先，应建立和协调国家和地方各级政府数据开放共享奖励体系。使政府数据开放共享奖励覆盖领域广，增加政府部门的获奖机会。其次，明确政府数据开放共享奖励主要为精神奖励、物质奖励、权能奖励。根据不同获奖对象，可以有所侧重。再次，应该给予对各个对政府数据开放共享有贡献的政府、部门、企业、专业机构、高校、新闻媒体、个人等获得奖励的机会。最后，应尽量以能直接反映实际情况的指标作为评奖依据。

第四，丰富各项具体扶持措施。

"扶持、鼓励"过于抽象，但是却缺乏具体的扶持措施，往往会使制度处于"休眠"状态。在我国目前的"促进法"及其实践过程中，具体的扶持措施主要有纳入国民经济和社会发展规划等具体规划中、补贴等财政资金支持、专项资金、税收优惠、投资和金融支持、保险支持、场地支持、政府采购、培育孵化第三方扶持(如基金等)等。这些都会对特定主体的特定行为起到激励作用，激发其内在动力。对在政府数据开放共享领域的主体的数据行为亦是如此。因此，在创制政府数据开放共享促进制度时，应丰富在各项具体扶持措施，并按政府数据采集、政府数据开放共享、政府和数据利用、这一逻辑就不同的主体科学设置门槛，就具体数据行为合理分配资源，如针对基础设施建设、政府数据利用开发、政府数据人才培养等。这些具体的扶持措施可以独立开展，也可以组合开展，甚至可以作为奖励中权能奖励的一种形式。

第二个目的：塑造全国的政府数据开放共享文化。

如第 6 章所述，政府机构的数据意识不强，政府机构的风险规避文化、政府部门之间的数据壁垒都是我国政府数据开放管理机构层面的障碍。

塑造全国政府数据开放共享文化，并使之最终形成和稳定，会极大地改善和提升国家政府行政现象，它可以参与政府数据开放共享的各个主体的内在动力得以激发和持续，自我规范意识得以巩固和提升。一般来说，完全依赖外在处罚和奖励则无法实现社会规制的效果，而必须通过激发内在动力以遵守社会规定。这就是塑造全国政府数据开放共享文化的意义所在，而不能仅仅停留在通过创制法律制度完善我国政府数据开放共享制度环境的层面上。政府数据开放共享文化的塑造可以把外部的法律规制内化为治理主体的内部自觉性甚至为行为习惯，并可以极大地减少外部规制的执行成本。当然，塑造全国政府数据开放共享文化，必将是一场持久战，需要各方参与和推动，循序渐进，长期坚持。但是，通过法治化路径，可以使我们在塑造全国质量文化的道路上更有效率性、目的性和持久性。如在我国的《慈善法》中就有关于"慈善文化"的原则性规定。在政府数据开放共享领域，塑造全国政府数据开放共享文化应作为创制政府数据开放共享促进制度的第二个重要目的。而塑造全国质量文化的两个重要基础就是政府数据开放共享的信息和人才，信息是文化的载体是文化传播的介质，人才则是文化的创造者、传播者和发展者。

第一，推动政府数据开放共享的信息传播。

在政府数据开放共享领域，对政府数据开放共享信息的定义不能过于狭窄，应该包括：政府数据开放共享的依据信息。如法律、法规、标准、指南、目录等；政府数据开放共享的评价信息。如政府数据开放共享的年度报告、第三方对政府数据开放共享的评价报告等；政府数据开放共享的客观现象信息。如新闻报道；政府数据开放共享的知识信息。如科学知识、法律知识等；其他与政府数据开放共享有直接或者间接关系的信息，如有关的数据利用信息、司法判例等。由此可知，政府数据开放共享信息掌握在不同的主体手中，在创制政府数据开放共享促进制度时，应明确该领域的主要信息主体，鼓励这些主体传播政府数据开放共享信息。这也为建立一个科学有效的多元化政府数据开放共享信息传播网络奠定了基础。但是，这些政府数据开放共享信息主体的具体的权利、义务、责任的分配以及信息具体内容、传播的方式等，则更多地交给其他具体的法律制度来完成。

第二，政府数据开放共享人才的培养。

我国一直重视对各行各业人才的培养，对于政府数据开放共享领域的人才教育和培养亦应如此。在我国的现行"促进法"中，基本上有关于人才培养教育的规定，如《就业促进法》的"第五章职业教育和培训"、《电影促进法》的第42条、《农业机械化促进法》第5条、《清洁生产促进法》第15条、《中小企业促进法》第48条等。政府数据开放共享人才是一个多元化的梯队，其中包括理论人才、技术人才、管理人才等。与之对应的教育体系亦应是多元化的，其中包括义务教育、普通高校教育、职业技术教育、在职教育、政府培训等。除了加强现有教育资源对政府数据开放共享人才的教育培养外，还可以整合资源联合培养，如政府和高校间的联合。诚然，多元化的教育体系和人才梯队，会对整个国家的政府数据开放共享发展产生巨大的正外部性，是塑造国家政府数据开放共享文化的关键之所在。因此，在创制政府数据开放共享促进制度时，应对人才的教育培养问题进行原则性的回应，并且辅以专门的扶持措施。通过法律的形式保障我国政府数据开放共享人才的教育和培养。本书第 11 章专门讨论我国政府数据开放共享的人才保障。

④政府数据开放共享的责任制度

构建政府数据公开共享的责任制度，就是要通过明确具体的规定来表明，在政府数据公开共享的全生命周期中，违反法律的主体（自然人、法人、非法人组织）对其具体的违法行为所应承担的具有强制性的法律上的责任。对于政府数据开放共享而言，涉及的主要法律责任包括行政责任、民事责任和刑事责任。

对于政府数据开放共享中的行政责任而言，在《贵阳市政府数据共享开放条例》第六章法律责任中，则更多的就是对政府数据开放共享中的行政责任进行了规定，对此在制定有关政府数据开放共享一般法时可以借鉴。但是，《贵阳市政府数据共享开放条例》第六章更多的是围绕行政主体及其公务员所需承担的行政责任而展开，并没有关于数据使用者承担的行政责任的规定。因此，我们建议，在制定有关政府数据开放共享一般法时有关行政责任的条文内容可以根据行政主体及其公务员承担的行政责任和行政相对人承担的行政责任来展开，严格按照政府数据开放共享的全生命周期来制定。对此可以采用罗列具体行为模式加兜底条款的条文表述，如对行政主体及其公务员而言，具体条文内容的表述模式可以是："违反本法规定，行政机关及其工作人员有下列行为之一的，由其上级机关或者监察机关责令限期改正；逾期不改正的，依法给予相应处分：不按照本法规定收集数据的（可进一步展开）；不按照本法规定开放数据的（可进一步展开）；不按照本法规定共享数据的（可进一步展开）……违反本条例规定的其他行为。"又如对数据使用者而言，具体条文内容的表述模式可以是："违反本法规定，数据使用者有下列行为之一的，由政府数据开放共享的机关责令限期改正;逾期不改正的,由相应的政府部门依法给予相应处罚:不按照本法规定使用数据的(可进一步展开);不按照本法规定破坏数据系统的(可进一步展开)……违反本条例规定的其他行为。"

对于政府数据开放共享中的民事责任而言,《贵阳市政府数据共享开放条例》第31条以指引性的条文规定,违反条例规定时依照相关法律法规处罚。如果有关法律、法规已经规定了关于政府数据开放共享的民事责任,那么这种表述模式可以防止法与法之间的内容重复。但是由于政府数据开放共享是一个较新的社会实践,我们建议,在制定有关政府数据开放共享一般法时有关民事责任的条文内容,可以严格根据《民法总则》《侵权责任法》等法律,并严格按照政府数据开放共享的全生命周期来进一步具体化,建议如下:

第一,各级人民政府或其委托的组织非法收集自然人、法人或其他组织数据的,应当立即停止侵害、赔偿损失,并应当及时且彻底删除所收集的数据。

第二,数据存储、传输、接入服务提供者明知或应知其所存储、传输、接入的数据是非法收集,却仍然提供存储、传输、接入服务的,应当立即采取删除、屏蔽、断开链接等必要措施,并应赔偿损失。如果数据存储、传输服务提供者能够证明其所存储、传输、接入的数据有合法来源的,可免于承担赔偿责任。但因数据存储、传输、接入服务提供者未及时采取删除、屏蔽、断开链接等必要措施导致数据权利人损失扩大的,数据存储、传输、接入服务提供者应就损失扩大部分承担连带赔偿责任。

第三,各级人民政府或其委托的组织收集涉及个人隐私或商业秘密数据的,应当立即停止收集、彻底删除所收集的数据、消除影响,并应赔偿由此给数据所有人造成的损失,但数据所有人明示同意收集或法律另有规定的除外。

第四,各级人民政府或其委托的组织公开的数据涉及个人隐私或商业秘密的,应当立即停止公开、消除影响、赔偿损失,但数据所有人明示同意公开或法律另有规定的除外。

第五,各级人民政府或其委托的组织之间共享的数据涉及个人隐私或商业秘密的，应当立即停止共享、消除影响、赔偿损失，但数据所有人明示同意共享或法律另有规定的除外。

第六，数据使用人超出许可范围使用数据的，应当立即停止使用，由此导致数据权利人合法权益受损的，应当消除影响，并应依法承担赔偿责任。

第七，数据使用人未经数据权利人许可而公开数据的，应当立即停止使用，由此导致数据权利人合法权益受损的，应当消除影响，并应依法承担赔偿责任。

第八，数据使用人明知或应知使用的数据涉及个人隐私或商业秘密的，应当立即停止使用、消除影响、赔偿损失。

第九，数据所有人要求修正或撤回数据的，数据收集者、数据管理者、数据存储服务、接入服务和公开服务提供者等应当及时协助数据所有人修正或撤回，否则应当消除影响、赔偿损失。但不可抗力或法律另有规定的除外。

第十，政府数据开放平台管理者未采取或未充分采取必要安全措施，导致数据泄露的，应当立即消除影响，并应赔偿由此给数据权利人所造成的经济损失，不可抗力除外。

对于政府数据开放共享中的刑事责任而言，其中主体的哪些行为构成犯罪，犯何种罪，则应该基于罪刑法定原则，严格按照我国《刑法》的有关规定来判断，而政府数据开放共享中是否会产生新罪则需要基于实践情况，进一步研究和讨论。目前我国《刑法》中与政府数据开放共享有直接或者间接关系的规定主要有：侵犯公民个人信息罪（第253条之一）、侵犯商业秘密罪（第219条）、非法获取国家秘密罪（第282条）、故意泄露国家秘密罪（第398条）、非法侵入计算机信息系统罪（第285条）、破坏计算机信息系统罪（第286条）、拒不履行信息网络安全管理义务罪（第286条之一）、受贿罪（第385条）、单位受贿罪（第387条）、行贿罪（第389条）、对单位行贿罪（第391条）、滥用职权罪（第397条），等等。基于此，我们建议，在制定有关政府数据开放共享一般法时有关刑事责任的条文内容，可以采用一种指引性表述，即"在政府数据开放共享过程中构成犯罪的，依法追究刑事责任"。

（5）一般法核心程序性制度的创制

政府数据开放共享是系统化的过程，数据开放的顶层设计和统筹规划应包括数据开放共享的程序设计，并通过立法加以巩固，程序的公正性保障着政府数据开放的实际效果和目的实现。在政府数据开放共享法治化进程中，数据开放、更新程序、不予开放的告知程序、数据开放申请程序、数据共享程序、反馈程序将是一般法创制过程中的核心程序制度。

①数据开放、更新程序制度

在大数据背景下，政府数据飞速增长，每时每刻都在不断产生着大量新的数据，因此政府开放数据的及时更新十分重要。《政府信息公开条例》规定了政府公开信息的时间，并要求及时更新政府信息公开的指南和目录。这一条文是对政府公开信息更新的程序要求。对于政府数据开放共享，这一程序要求仍应保留，并适度强化。2009 年，美国 Data.gov 上线之初，仅有 47 组数据和 27 个数据分析工具。三个月后，Data.gov 一次性新增了 178 项数据。2009 年 12 月，行政管理预算局发布了《开放政府指令》，责令每个联邦部门在 45 天内至少开放 3 项高价值数据，推动了政府数据的开放，确保了数据及时更新。截至 2011 年年底，网站共开放原始数据 3721 项、地理数据 386429 项；到 2012 年年底被更新为 37853 个数据集、1264 个政府应用程序、236 个公民开发的程序、103 个移动应用程序，覆盖 180 个机构和子机构；而到 2014 年 1 月改版前，网站开放的数据集数量达到了 88137 个，覆盖了 349 个应用程序和 140 个移动应用，有 175 个部门加入了数据开放的队伍中，目前，美国 Data.gov 中数据集数量已达 297920 个，其中最常浏览的有地球科学 79566 个、当地政府 21723 个、气候 531 个。我国全国统一的政府数据开放平台为国家数据，此网站通过月份、季度、年份或者地区等分类对相应数据进行统计，与此同时地方政府数据开放平台的尝试也在及时地更新和维护。以北京的政府开放平台——

北京市政务数据资源网为例，截至 2024 年年初数据资源涉及 20 个主题，经过统计该网站共有 18573 个条数据集，单位数 115 个，数据接口 14799 个，数据量 71.86 亿条，根据以上统计数据可以发现，该网站可利用的数据较多，数据更新及时，可通过北京市不同的区及单位对数据进行搜索。再看上海的政府数据开放平台——政府数据服务网，截至 2024 年年初该平台涵盖了 15 个民生有关领域的主题，51 个数据部门，135 个数据开放机构，5531 个数据集（其中有 2123 个数据接口），84 个数据应用，45621 个数据项，19.92 亿条数据，其中经济领域、城市建设、资源环境、信用服务等更新数据较多。政府数据开放程序制度应对各级政府部门开放更新数据的时间和内容予以原则性的规定。

②不予开放的告知程序制度

公民申请公开政府数据的，如果属于不能公开的数据，应告知申请人并说明理由；如果该政府数据不存在或申请公开的数据不属于政府公开范围，应告知申请人；如果申请公开的政府数据涉及商业秘密、个人隐私，公开后可能会损害第三方合法权益的，应征求第三方意见，若第三方不同意公开的，不得公开，但应及时通知申请人。政府数据开放的告知程序，可借鉴《政府信息公开条例》的相关规定。

③政府数据申请开放程序制度

目前，多数国家立法对政府数据申请开放程序没有明确规定，唯一有迹可循的是英国开放数据研究院于 2015 年发布的《开放数据白皮书》，其附录 B"如何申请数据"以图示的方式对数据访问申请流程进行完整描述①：申请人提出数据申请，如果有可以直接利用的数据集，申请人可直接进入 data.gov.uk 或进入公共政府网站在数据合法协议或其他协议授权下重复使用数据集；如果该数据集由数据开放平台直接提供，申请人可根据《信息自由法》提出申请，公共

---

① OFFICE C. Open Data: unleashing the potential[EB/OL]. [2024-01-02]. https://www.gov.uk/government/publications/open-data-white-paper-unleashing-the-potential.

权力机构向申请人反馈是否存在可提供的数据集，申请人根据答复作出两种选择。其一，如数据集不存在，申请人可直接结束查询；如对公共权力机构的答复不满意，可申请内部复查，公共权力机构需向申请人反馈是否有该数据集存在，如该数据集存在，应提供该数据集，如不存在，应通知申请人。申请人可选择结束数据查询，或向信息专员办公室查询，信息专员办公室决定是否发布数据集，如对信息专员办公室的最终决定不服，可以诉至更高级的法庭或法院。其二，如该数据集存在，公共权力机构应告知申请人是否可以免费使用全部或部分数据，如可以使用该数据集，在数据合法协议或其他授权下使用该数据集；如该数据集全部或部分不能被申请人获取，申请人可选择接受这种结果，或提请内部复查，再由公共权力机构通知申请人审查结果。申请人可根据该结果结束查询或申请向信息专员办公室查询，由信息专员办公室决定是否发布数据集，如对信息专员办公室的最终决定不服，可以诉至更高级的法庭或法院。

我国的《政府信息公开条例》规定了信息公开分为主动公开和依申请公开，但如将数据公开直接纳入其中仍存在一定的困难：第一，主动公开界限不明显，可操作性差，和政府数据开放后的再利用无关。第二，主动公开深度不够，和公众信息需求之间还存在差距。现在公开的大多是文件类和结果类信息，公众更需要获取决策前的原始数据和信息。第三，主动公开目录编制存在着内容不全面、编制时间滞后的问题。第四，主动公开信息标准不明确。如将政府数据直接用《政府信息公开条例》调整，需对该条例进行修改，一方面各行政机关对自己拥有的政府数据进行盘点，科学编制政府主动公开数据目录；另一方面建立主动公开和依申请公开之间的转换机制，对申请次数较多的数据酌情考虑转为政府主动公开。并且公民、法人或其他组织（公众）申请获取政府数据的，根据申请获取政府数据的性质，如果属于一般脱敏数据，公众无须在网站注册即可下载获取；可能涉及商业秘密和个人隐私的数据，需要通过网站指定申请模块填写申请，行政机关在规定时间内给予是否能够获取该数据的回复。

④数据共享程序制度

一般来说，数据共享分为数据提供者之间的共享、数据提供者和使用者之间的共享，这里主要是指提供者之间的共享。数据共享是数据开放的前提和基础，因此设定共享程序十分必要。不同的政府数据掌握在不同层级的不同政府部门手中，只有数据共享流动起来，不同来源的数据之间互联互通才能真正实现数据的价值。当前我国缺乏严格规范数据共享的法律制度，对数据共享缺乏刚性约束和考核管理体系，各级政府部门之间"信息孤岛"严重，有的政府部门和机构将自己掌握和获取的数据作为利益和权力的一部分不愿开放，有的担心数据泄密失控，不敢分享自己掌握的数据。另外，部分政府数据有较强的敏感性，因此政府数据应以渐进的方式共享，《纲要》提出建设"国家政府数据统一开放平台"，构建跨部门的"政府数据统一共享交换平台"，加快整合各类政府信息平台，消除信息孤岛。但需要划清各个部门数据共享的边界，明确数据如何使用，并明确各部门主体的责任和权利。

政府数据共享程序的构建，首先要对政府数据共享制度进行顶层设计和整体布局，划清数据共享边界，明确主体责任义务，以数据平台为基础，推进基础数据资源库建设及金税、金关、金财等信息系统跨部门、跨区域共享。其次，消除孤岛。政府内的主要部门在各自的专网和信息系统中发布信息，彼此割裂，致使信息交流不畅，重复度高。《国务院办公厅关于促进电子政务协调发展的指导意见》提出，将数据纳入统一的平台，将信息由业务专网迁移至国家电子政务内网或外网。再次，互联互通。资源要在统一平台中便于查找，也要能够易于转移。从《纲要》安排的步骤看，金税、金关、金财等信息系统可能最先实现通过统一平台进行数据共享和交换。

⑤反馈程序制度

政府数据的开放，不断调整着政府和社会之间的权力分配。在政府数据的使用方面，政府数据开放强调分析性和互动性，允许公众能够在获知所需政府数据的基础上，借助各类工具自主分析出有用的信息，并针对其中发现的问题向政府提出质疑或问责，从而改变政府信息或数据仅从政府部门单向流出的局面，体现出开放的内涵①。我国政府与公众的互动主要体现在公众向行政机关提出申请，行政机关对申请人的申请状态给予反馈结果。《政府信息公开条例》规定了公民法人或其他组织认为行政机关不依法履行政府信息公开义务的，可以向上级行政机关、监察机关或政府信息公开工作主管部门举报，若侵犯自己合法权益的，可依法申请行政复议或提起行政诉讼。该条例对公众反馈程序只字未提。在大数据时代，公众对透明政府呼声较高。透明即要求政府数据公开，公民有权获得与自己利益相关的政府决策信息并对公共管理过程实施监督。而在各国的数据开放过程中，对公众反馈信息的重视也成为立法的趋势。2009 年奥巴马签署的《透明和开放的政府》备忘录明确指出："本届政府将根据法律和政策，采取适当的措施，以便于公众以查询、获取的方式发布信息，各部门还要利用现代信息技术，将日常工作和决策的相关信息上网公示，以方便公众获取。各行政部门和机构还应征求公众的反馈，以确定哪些信息对公众最有价值。"②英国 2012 年制定的《公务员使用社会媒体指南》指出，社会媒体的使用有很多优点，加强政府与公民的沟通，促进政府更加透明和提高效率。通过社会媒体，政府愿意成为对话的一部分，并且让公众理解政府并非万能的，可从公众中获得更多的协助，对开放式的决策模式的形成也是非常有用的。加拿大简化了公民网上咨询和参与程序。2011 年联邦政府建立了新的 Web2.0 公共咨询的公民参与平台，在政府部门使用社会性的网络和 Web2.0 标准化的方法，扩大公民和企业参与以及通过众包的创意让公民通过网络对话，寻找解决问题的方案、创新思想和参与公共政策的议程。在中国建设民众

---

① 任晓玲. 个人数据保护立法推动技术创新——欧盟拟修订数据保护指令[J]. 中国发明与专利，2011，12(1)：100.

② 涂子沛. 大数据：正在到来的数据革命，以及它如何改变政府、商业与我们的生活[M]. 桂林：广西师范大学出版社，2012：10.

广泛参与的政府治理模式，必须注重与民众的充分沟通和互动。如前所述，政府数据开放目录应以民众的实际需求为准来编制，尊重公民和社会需求，如何让社会民众发声、扩大决策参与的深度制度化，是政府数据开放的重要阶段。政府部门或地方政府可以尝试将关系民生的公共政策放在网上广泛征求民众意见。

法国政务平台网站 service-public.fr 在 2021 年 1 月 28 日上线一个名为"Service publics+（公共服务平台）"的新服务板块，法国民众在公共机构或官方平台办完事之后，可到此平台上对官方服务进行"评价""打分"甚至"举报"。这是法国官方首次在电子政务平台上推出此类服务。民众不论是办居留证、出生证明，还是补办身份证、缴税，或者申请补贴、注册失业等，只要与官方打交道时遇到服务不到位、浪费时间精力、办事效率低的情况，无论是亲历者还是旁观者，都可以在平台上反馈。平台也鼓励民众讲述自己好的服务体验，或者对一些政务进行提问，让不少对政务"有话说"的民众找到了"出口"。

为了能够点对点解决群众问题，我国各地市人民政府设立由便民服务热线12345、市长信箱、手机短信、手机客户端、微博、微信等方式组成的专门受理热线事项的公共服务平台，提供"7×24 小时"全天候人工服务。12345 热线可以提高为民服务水平，推进依法行政，创新社会治理，维护自然人、法人和其他组织的合法权益。

为了更好地倾听群众心声，采纳群众意见，2022 年 5 月 1 日至 2022 年 5 月 31 日期间，江西省人民政府"我向省长建言"栏目共收到 163 条有效留言，按期办理完成的留言共 163 条，办结率 100%。有效留言均在一天内被分发和处理。省直部门、设区市政府按时受理及回复留言分别为 81 条、82 条，按时办结率分别为 100%、100%。省长建言栏目收到有效留言数类型为：疫情防控类 48 条，占比 29%；教育类 27 条，占比 17%；住房类 22 条，占比 13%。

2023 年 12 月 12—25 日，通过云南省昆明市人民政府门户网站面向全市公开征集对 2024 年市政府工作报告的意见和建议，活动共收到意见建议 46 条，涉及民生实事、城乡建设、经济发展、营商环境等方面，从职业分布来看，此次活动得到了其他行业人员，专业技术人员，国家机关、党群组织、企业、事业单位人员，以及商业、服务业人员的积极支持。从建言领域来看，意见建议主要集中在民生实事和城乡建设两个方面，分别占意见建议的34.8%和23.9%。

国家出版基金项目
NATIONAL PUBLICATION FOUNDATION

A Study on the Theory and Guarantee Strategies
of Open Government Data in China

II

我国政府数据开放的理论及其保障策略研究

（下）

黄如花　等　著

WUHAN UNIVERSITY PRESS

武汉大学出版社

10 国家政府数据统一开放平台的设计与实现

《促进大数据发展行动纲要》提出，我国"于 2018 年底前建成国家政府数据统一开放门户"，建设开放数据平台是各国政府数据开放普遍采用的方式。但目前我国国家级的政府数据平台还未建成。

本章主要将前文关于政府数据开放共享的各项研究对策落地，即完成国家政府数据统一开放平台的功能设计，并建立一个我国国家政府数据统一开放平台实验系统。

10.1 国家政府数据统一开放平台建设的需求

2009 年 5 月，美国率先建立政府数据开放平台 data.gov，英国紧随其后，于 2010 年 1 月建立 data.gov.uk，拉开了国际政府数据开放运动的序幕。2011 年 9 月，由美国发起倡议的开放政府联盟成立；2013 年，世界银行开放政府数据工作组研发了开放数据准备度评估工具，同年，开放知识基金会发布全球开放数据指数。此外，万维网基金会启动开放数据晴雨表项目，旨在揭示世界范围内政府数据开放程度；2014 年，经济合作与发展组织开展针对 30 个成员国(包括候选成员国)中央/联邦政府的开放政府数据情况调查，同年，联合国将各国政府数据开放情况纳入电子政务调查范畴。全球范围内政府数据开放运动蓬勃发展。

在全球掀起政府数据开放运动的浪潮中，作为政府数据开放依托的平台亦受到极大关注，尤其是国家政府数据统一开放平台，其作为公共部门主动向社会开放政府数据的中央门户，是联结政府、企业及公民的重要场所。近年，发达国家诸如美国、英国、加拿大、澳大利亚、新西兰等均已建立国家政府数据统一开放平台，而我国差距较大。截至 2023 年 8 月，我国已有 226 个省级和城市的地方政府上线了数据开放平台，其中省级平台 22 个(不含直辖市和港澳台)，城市平台 204 个(含直辖市、副省级与地级行政区)。但是，我国尚无国家级统一政府数据开放平台。随着有关中央文件接连出台，建成国家政府数据统一开放平台早已提上议程。

10.1.1　政策需求

《促进大数据发展行动纲要》①首次明确提出建设国家政府数据统一开放平台。

第一章所述的中共中央、国务院的政策以及"十三五""十四五"规划中均提出建设国家政府数据统一开放平台，并强调开放平台的建设和数据开放目录始终是政府数据开放的重中之重。2016 年发布的《"十三五"规划纲要》②和《"十三五"国家战略性新兴产业发展规划》③分别要求"加快建设国家政府数据统一开放平台，推动政府信息系统和公共数据互联开放共享""加快数据资源开放共享，构建政府数据共享交换平台和数据开放平台"。2021 年发布的《"十四五"国家信息化规划》④要求"构建统一的国家公共数据开放平台和开发利用端

---

①　国务院. 国务院关于印发促进大数据发展行动纲要的通知[EB/OL]. [2024-01-01]. http://www.gov.cn/zhengce/content/2015-09/05/content_10137.htm.

②　新华社. 中华人民共和国国民经济和社会发展第十三个五年规划纲要[EB/OL]. [2024-01-01]. http://news.xinhuanet.com/politics/2016lh/2016-03/17/c_1118366322.htm.

③　国务院. 国务院关于印发"十三五"国家战略性新兴产业发展规划的通知[EB/OL]. [2024-01-01]. http://www.gov.cn/zhengce/content/2016-12/19/content_5150090.htm.

④　中央网络安全和信息化委员会办公室."十四五"国家信息化规划[EB/OL]. [2024-01-01]. https://www.cac.gov.cn/2021-12/27/c_1642205314518676.htm.

口"。

2017 年 6 月 8 日国务院办公厅发布《政府网站发展指引》①，其中，对于数据开放相关的安全与隐私保障、开放数据格式、开放的方式、更新速度、数据接口、数据应用以及政府网站功能与内容等做出明确规定，要求国家政府数据统一开放平台与中国政府网站要做好数据对接和前端整合。

政策的连贯性体现了中央对国家政府数据统一开放平台建设的持续关注，充分表明政府基于互联网等基础设施，在国家大数据战略部署下，大力推动政府数据开放，提升政府透明度，完善问责制度以及推动创新。

10.1.2　国际排名的需求

国际上，政府数据开放作为打造阳光透明的整合型政府的重要手段，已成为共识，其对于彰显社会民主、树立积极正面的大国形象有着不言而喻的必要性。而伴随政府数据开放运动的推进，如何评估政府数据开放实践亦成为重要议题。近年来，联合国、经济合作与发展组织、欧盟、万维网基金会、开放知识基金会等国际组织纷纷开展了关于政府数据开放的评估项目，其中，数据的可获取性及可利用性是评估的重点。

在联合国 2014 年电子政务调查②中，其评估指标——电子政务发展指数进行了修改，各国政府数据开放情况开始纳入调查范围。在新的评估体系中，国家是否建有专门的数据门户网站作为评价开放政府数据获取便捷性的指标之一。

在经济合作与发展组织制定的 OUR Data Index 评估体系③中，一级指标分

---

①　国务院办公厅. 国务院办公厅关于印发政府网站发展指引的通知[EB/OL]. [2024-01-01]. http://www.gov.cn/zhengce/content/2017-06/08/content_5200760.htm.

②　United Nations Department of Economic and Social Affairs. United Nations E-Government Survey 2014：E-Government for the Future We Want [R], 2014.

③　OECD(2015). Government at a Glance 2015 [R/OL]. Paris：OECD Publishing, 2015. [2024-01-01]. http://dx.doi.org/10.1787/gov_glance-2015-en.

为数据可利用性、数据可获取性以及政府在数据再利用方面主动支持程度，而前两个指标的评估对象仅限于成员国的中央/联邦开放数据门户，这与该评估体系理论基础之一《G8 开放数据宪章》不无关系——在《G8 开放数据宪章》中，建立国家开放数据门户被明确写入。

在开放知识基金会组织实施的全球开放数据指数评估体系①中，开放政府数据可获取性、获取的便捷性等指标均在调查范围内。

《开放数据晴雨表——全球报告》从准备度、执行度和影响力三个方面评估开放数据，建立开放数据平台正是准备度指标中政府行动子指标的具体体现②。虽然地方政府的实践不计入《开放数据晴雨表——全球报告》的评估，但仍可通过加强数据开放许可授权、提高开放数据可机读比例、开放符合地方需求的关键数据集等途径为将来的国家级统一开放数据平台打下基础③。

由此可见，政府数据开放平台的建立对于中国在政府数据开放领域的国际排名有明确的影响。建立政府数据开放平台，尤其是国家政府数据统一开放平台，有助于我国实现政府数据开放，提升我国在该领域的国际排名。遗憾的是，《开放数据晴雨表——全球报告》④⑤⑥⑦显示，我国自 2013—2016 年数据

---

① Open Knowledge International. Global Open Data Index：Methodology［EB/OL］.［2024-01-01］. https://index.okfn.org/methodology/.

② 张晓娟，孙成，向锦鹏. 基于开放数据晴雨表的我国政府数据开放提升路径分析［J］. 图书情报知识，2017(6)：60-72.

③ 张晓娟，孙成，向锦鹏，翟丹. 基于国际评估体系的政府数据开放指标特征与模式分析[J]. 图书与情报，2017(2)：28-40.

④ World Wide Web Foundation. Open Data Barometer：2013 Global Report［EB/OL］.［2024-01-01］. http://opendatabarometer.org/1stEdition/.

⑤ World Wide Web Foundation. Open Data Barometer Global Report（Second Edition）［EB/OL］.［2024-01-01］. http://opendatabarometer.org/2ndEdition/.

⑥ World Wide Web Foundation. Open Data Barometer Global Report（Third Edition）［EB/OL］.［2024-01-01］. http://opendatabarometer.org/3rdEdition/report/.

⑦ World Wide Web Foundation. Open Data Barometer Global Report（Fourth Edition）［EB/OL］.［2024-01-01］. http://opendatabarometer.org/4thedition/report/.

开放得分(总分100)分别为11.82、28.12、21.16以及19.64，分别位列61/77、46/86、55/92、71/115；2015年12月英国开放知识基金会公布的《2015年全球开放数据指数》①显示，我国排名从2014年第58名②跌落至第93名。由数据专家组成的国际性非营利组织——开放数据观察(Open Data Watch)发布的《开放数据清单》③(Open Data Inventory，ODIN)衡量一个国家的统计产品的完整性及其数据是否符合国际开放标准，2020—2021年我国总分仅35分(满分100分)，低于菲律宾、印度尼西亚、蒙古国、马来西亚、巴西、阿拉伯、印度、泰国、孟加拉国等发展中国家，位列155/187，与中国的地位极不相符。可见，我国建立全国统一的政府数据开放平台迫在眉睫。

10.1.3　促进政府数据开发利用的需求

政府数据开放的目的在于利用、鼓励创新。数据的价值必须通过开发利用才能得以实现。已有研究④表明，开放政府数据在许多情况下对基于Web的应用程序和信息服务的创新至关重要。开放数据在许多方面激发创新进程，而其缺乏会阻碍创新创业的进展。

目前，政府占有绝对优势的数据资源以辅助决策，但是，单靠政府自身无法充分发挥所有数据的效用，只有通过开放政府数据，鼓励企业和公众发掘利用开放数据资源，创造新产品、新服务，才能充分释放数据红利，为国民经济净增长注入新活力，从而产生更加广泛切实的经济、社会效益。

---

① Open Knowledge Foundation. 2015 Global Open Data Index：Place overview［EB/OL］.［2024-01-01］. http://2015.index.okfn.org/place/.

② Open Knowledge Foundation. Global Open Data Index：Place overview 2014［EB/OL］.［2024-01-01］. http://2015.index.okfn.org/place/2014/.

③ Open Data Watch. Open data inventory［EB/OL］.［2024-01-01］. https://odin.opendatawatch.com/report/rankings

④ Lakomaa E, Kallberg J. Open Data as a Foundation for Innovation：The Enabling Effect of Free Public Sector Information for Entrepreneurs［J］. IEEE Access, 2013, 1：558-563.

　　但是，对于如此庞大的政府数据资源，如何为企业/公众提供利用、怎样激发企业/公众利用亦是难题。对此，美国于 2009 年 12 月 8 日发布了《开放政府指令》①，具体阐述了建立开放政府的三大基本原则——透明、参与和合作，要求联邦政府各部门通过 data.gov 发布开放政府数据，除此，在对合作原则阐述中，开放创新被不断提及，美国联邦政府拟通过各种奖励、竞赛，与私营部门、非营利性组织或学术机构加强合作，以充分利用开放政府数据。英国通过 data.gov.uk 发布利用开放政府数据开发的 App，覆盖了交通、定位、社会、健康、教育等领域，这种开放数据服务方式为公共部门创造了价值，改善了公众与政府的互动②。

　　在政府数据开放领域处于领先地位的国家基本上建立了中央的数据开放门户，并借此平台鼓励企业、公众参与以及与政府合作，充分利用开放政府数据，激发创造力，改善公共服务以及提高经济效益。除此，我国正加快转变经济发展模式，促使新一代信息技术与制造业深度融合，国务院发布的《中国制造 2025》③要求"为企业提供创新知识和工程数据的开放共享服务"，这也表明我国对政府数据开发利用的需求。

　　因此，建立国家政府数据统一开放平台势在必行，这将为企业、公民开发利用开放政府数据提供专门的数据获取渠道，促进经济社会发展。政府数据开放平台作为我国关键的数字基础设施，为推进国家数字资源整合和开放共享奠基，更是迈向数字中国的重要一步。

---

①　Executive Office of the President Office of Management and Budget. Open Government Directive [EB/OL]. [2024-01-01]. https://obamawhitehouse. archives. gov/open/documents/open-government-directive.

②　Susha I, Grönlund Å, Janssen M. Driving Factors of Service Innovation Using Open Government Data: An Exploratory Study of Entrepreneurs in Two Countries [J]. Information Polity: The International Journal of Government & Democracy in the Information Age, 2015, 20(1): 19-34.

③　国务院. 国务院关于印发《中国制造 2025》的通知[EB/OL]. [2024-01-01]. http://www.gov.cn/zhengce/content/2015-05/19/content_9784.htm.

10.2 我国政府数据统一开放平台的设计

10.2.1 平台思路

数据驱动的政府数据开放平台建设不再是以应用、系统平台为重点的传统建设架构，需要以数据为中心，更多地关注数据生命周期，应用和资源的需求①。数据、数据管理、平台功能是影响政府数据开放的重要因素，也是在平台建设之前着重考虑与研究的问题。

首先是数据问题，本平台的目标定位为国家级政府数据开放平台实验系统，因此平台需具备采集国内其他政府数据开放平台数据的能力；其次是数据管理问题，政府数据开放平台是政府面向公众开放数据的主要渠道，数据组织、管理与序化是影响平台数据质量的重要因素。在平台建设之前项目组对国内外政府数据开放平台进行了全面调查。国外方面，根据《开放数据晴雨表(第3版)》对英国、美国、法国、加拿大等国家开展了研究，并重点对排名前两位的英美两国的平台建设情况、数据管理模式进行了详细调研与对比分析。国内则对现在已经建设的19个平台进行了盘点与分析；最后平台建设的主要目的是帮助用户获取数据与服务，平台功能设计至关重要。为了更好地了解用户需求，项目组开展了用户需求调查。研究发现用户对平台功能的需求分为期望型需求、魅力型需求2类，其中期望型需求包括数据检索、数据下载、友好交互界面、数据分类和数据目录索引；魅力型需求包括数据可视化、数据评价、数据互动、数据订阅这4个平台高级功能和数据定制、跨平台数据共享、

---

① 黄明峰, 刘军, 靖剑波. 贵阳市政府数据开放平台设计与实现[J]. 电信科学, 2017, 33(9): 136-147.

数据增值服务、第三方应用接口这些其他需求(详见第 4 章)。根据用户调查结果、文献梳理以及访问《开放数据晴雨表——全球报告》中排名较为靠前的国家的政府数据开放平台,本项目组设计了我国政府数据统一开放平台的框架与各项功能。

10.2.2 面向用户的功能设计

平台应具备数据的收集、组织、发布、检索等功能,用户可自行上传、下载数据、应用程序,对数据集、应用程序进行评论、评分,向平台反馈意见,平台同时在首页利用可视化技术展示数据分布情况。针对不同用户其所需功能不同。

(1)普通用户

普通用户指通过浏览器访问网站的非管理员用户,可以通过浏览器检索、浏览、预览、下载数据集及其元数据,登录之后可以访问和使用论坛,评论数据集。

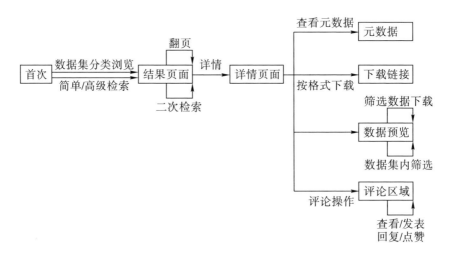

图 10-2-1 普通用户使用政府数据的典型业务流程图

（2）机构用户

机构用户是政府数据开放平台的数据提供者，可以执行所有普通用户可以执行的操作。还可以执行以下操作：通过 Web 界面导入本部门需要开放的数据；对自己发布的数据集进行元数据描述、数据更新等操作；向平台提交申请，以约定方式提供数据供开放平台进行收割，或者将网站中的网页交给平台的爬虫爬取；查看本部门开放数据集（单个或指定若干个）的利用情况（统计报表）。

（3）管理员

①网站管理员

管理员分为网站管理员和后台管理员。网站管理员通过浏览器进行操作，普通用户可以由其他网站管理员授权提升为网站管理员。网站管理员可以执行的操作主要包括：查看、导出各种统计报告；导入、更新、编辑、规范控制所用的主题词表和机构词；动态添加、删除，数据收割、网页爬取所用的数据源；指定、更改、收割、爬取规则；调整网页的 UI 布局；借助 CMS 系统调整设置前端模块以及调整模块的样式；通过 Web 界面查看系统的实时性能监控信息；用户和应用的审核与授权。

②网站编辑

网站编辑应具备除了用户授权之外，所有的网站管理员的权限操作。

③后台管理员

后台管理员需要登入后台服务器的权限，具备此权限的用户应尽可能地少。此职能主要为：数据库管理员（DBA）应具备的职能；系统配置的调整，系统的扩展以及系统数据的迁移等。

④应用/App 用户

应用或 App 用户都是通过 API 的方式调用平台开放的数据或者指定特定的操作。

10.2.3　系统选择

CKAN 是搭建开放数据网站的工具，是开放源码软件，帮助用户管理和发布开放数据。数据发布之后用户可以使用其多面的搜索功能来浏览和查找所需的数据，并使用地图，图表和表格进行预览。世界各国政府还使用了其他开放数据平台，包括 Socrata(肯尼亚、华盛顿州、芝加哥市等)，Junar(圣荷西市、拉斯维加斯市、哥斯达黎加政府等)和开放政府平台(加纳、卢旺达、印度等)。

目前世界范围内诸多国家与组织采用 CKAN 搭建数据开放平台，例如英国、美国、德国、日本、意大利、澳大利亚、瑞典等多个国家均采用了 CKAN 数据管理系统搭建数据管理平台。CKAN 数据管理系统能够存储 CSV、XML、PDF 等各种格式的数据，具备数据采集、组织、发布、检索、利用以及用户反馈参与等多种功能。除了采用 CKAN 开源系统，为了使平台功能更加丰富完善，英国数据开放平台 Data.gov.uk 的博客、论坛、评论等功能采用 Drupal 系统运行；美国则利用 WordPress 内容管理软件，使 Data.gov 的内容更丰富、美观。在进行广泛调研的基础上，本项目组借鉴国外经验，采用 CKAN 数据管理系统搭建政府数据管理平台。由于 CKAN 的原始代码为英文，项目组在 CKAN 系统基础上进行汉化，使其更适合中国用户使用。

10.2.4　平台架构设计

Attard 认为开放政府数据生命周期包含 3 个阶段 9 个环节，即政府数据预处理阶段的数据创建、数据选择、数据协调和数据发布；数据开发阶段的数据关联、数据发现、数据探索和数据挖掘；数据维护阶段的数据管理等①。本平台根据生命周期全过程将平台分为数据采集、数据处理、数据管理、数据服务四层架构，并通过数据标准规范和安全体系保证数据规范和平台安全（如图10-2-2 所示）。

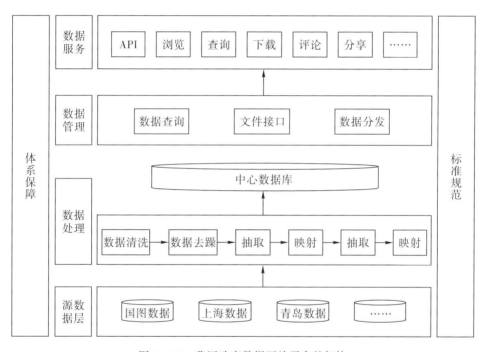

图 10-2-2　我国政府数据开放平台的架构

(1) 数据采集层

数据是平台的基础和根本，本平台目标定位为政府数据统一开放平台实验

---

① Attard J, Orlandi F, Scerri S, et al. A Systematic Review of Open Government Data Initiatives[J]. Government Information Quarterly, 2015, 32(4): 399-418.

系统，平台要具备采集其他开放数据平台数据的能力。根据项目组前期全面与详实的调研，本平台选择了上海与青岛两个建设时间早、数据量丰富，平台功能较为完善的两个平台数据作为本平台的基础数据。以及导入国家图书馆信息公开平台数据构成平台基础数据。

（2）数据处理层

数据采集之后需要处理才能保证数据质量，使数据更便于用户挖掘利用。因此需要通过数据清洗、数据去噪、抽取、映射、过滤转换等方式处理数据，结合实际情况对出现的各类数据问题进行处理。数据处理之后形成本平台的中心数据库，平台在此基础上开展各项服务。

（3）数据管理层

为了帮助用户更好地访问数据、利用数据，平台利用数据查询、文件接口、数据分发等方式进一步集成数据，将分布式异构数据源集成到一起，使用户能够访问平台采集的各类数据源。

（4）数据服务层

这是平台数据开放利用的关键，与用户息息相关，数据浏览、查询、下载、评论、分享、API 等服务是平台应实现的重要功能；标准规范是政府数据开放的重要保障，是提升数据质量、标准化和关联度，保证政府数据开放可用的关键。

此外，政府数据从采集到发布的整个生命周期均需要遵循一定的标准规范；平台要通过一定的技术手段保障平台的数据安全。

10.3 平台实现

我国政府数据开放平台收录了 5128 个数据集，实现了数据浏览、检索、下载、分享等一系列功能，用户能够轻松从平台获取数据，挖掘数据潜在价值。平台数据主要有两部分来源，一是国家图书馆主持搭建的中国政府公开信息整合服务平台，二是上海市政府数据开放平台和青岛市政府数据开放网的开放数据。

10.3.1 平台汉化

CKAN 是英文版本，项目组通过翻译的形式实现了平台汉化，方便后期开发和用户的最终利用。

10.3.2 平台接入方式

平台分为 Web 终端界面和移动嵌入式终端界面。

10.3.3 系统运行环境

（1）硬件环境

客户端和服务端：Intel(R) Xeon (R) CPU E5345 主频：2.33GHz（2 处理器），内存：40G，硬盘：2T。

备用服务器：Intel(R) Xeon (R) CPU E5345 主频：2.32GHz（2 处理器），内存：48G，硬盘：2T。

（2）软件环境

系统软件：Windows 2008 R2；数据库管理系统：PostgreSQL。

安装及初始化：本系统基于 B/S 结构，无须安装以及初始化，通过服务器可将本系统页面连接到互联网，用户直接通过网页登录的方式进入系统操作。

10.3.4　平台首页展示

CKAN 自身有一定的模块设计，但是显示结果较为死板。平台建成后进行了页面设计与优化。平台整体以蓝色为主调，平台主题为"遇见数据、预见未来"。平台首页分为工具栏、导航栏、检索框、资源主题分类、群组机构展示、可视化统计以及友情链接等（详情见表 10-3-1）。

表 10-3-1　我国政府数据开放平台首页栏目简介

首页页头	系统 Logo、系统登录登出、个人中心、系统管理、用户设置、用户帮助、控制台等
导航栏	包括首页、数据集分类浏览、机构、群组、关于、隐私政策、简单检索、高级检索
信息展示	检索数据、数据平台统计、数据可视化、机构链接
首页页尾	显示友情链接、单位、版权信息、技术支持

10.4　数据加工与处理

10.4.1　数据收集

平台数据主要有两部分来源，一是国家图书馆主持搭建的中国政府公开信息整合服务平台，二是上海市政府数据开放平台和青岛市政府数据开放网的开放数据。

中国政府公开信息整合服务平台自建设以来收集了大量政务数据，通过数据整理和元数据映射的方式批量导入目前搭建的政府数据开放平台。目前我国已经搭建了北京、上海、青岛、贵阳等地方政府数据开放平台，项目组根据前期的数据调研与评估，选择采集上海与青岛两市数据为样本进行实验。平台利用万方 iRMS 互联网文档信息资源采集工具实现对上海市政府数据开放平台和青岛市政府数据开放网数据资源的自动采集、内容过滤、智能化模板提取入库。

10.4.2 数据清洗

数据收集之后需要对数据进行清洗，保证数据质量。包括缺失值处理、格式处理、去重、错误辨析等。

缺失值处理，根据实际情况对于不重要的数据进行删除，对于重要数据进行内容填充或者重新读取数据；格式处理：由于数据是网络采集会有一些数据出现格式问题，例如一些数据或者文字显示为其他符号，或者出现多余的空格，需要人工进行校对，去除不需要或者错误的字符、空格；去重：数据自动爬取可能会出现重复爬取的现象，首先对数据进行排序，对比邻近数据是否有重复或者相似数据，然后经过检验和校对确定是否予以删除；错误辨析：爬取的数据会存在一些不合理数据或者数值与标题不符合的情况，需要根据具体情况予以删除或者人工修改。

10.4.3 数据分类

数据收集、清洗完成之后需要对数据进行分类，便于用户的查找和利用。确定数据分类和建立数据目录先要明确开放或者优先开放的数据类型，并为要开放的数据建立一个符合数据内在联系的数据目录。首先要确定采集的数据是否属于一个高价值的类别，高价值数据列表旨在帮助数据持有者将开放的重点放在具有最高潜在价值的数据类型，这些类型的数据应该优先开放，但这并不意味着其他数据没有开放的价值。《G8 开放数据宪章》提出的 14 个高价值政府数据类型，但是这 14 个类别不宜作为政府开放数据的分类目录，政府需按照我国需求对数据进行分类，建立目录。

国务院编制的政府信息公开目录分类方法从宏观管理和部门管理的角度，为政府信息设置了 22 个类别①。由于这种分类对象和划分原则的差异，该方法并不能适用于我国政府数据开放共享。制定我国政府数据分类标准是一项重中之重的任务，不仅要依据合理的原则，还应具备一定的预见性和扩充性，充分考虑新兴行业的兴起、行业名称变化、专业术语使用等因素，确保分类标准的弹性扩展和持久应用。因此在数据分类标准研制之前，可参考国外成熟的分类方法，如美国开放数据门户网站使用 5 个大类主题（地方政府、气候、老年人健康数据收集、能源等）和 49 个细分主题类别（北极、水、生态系统脆弱性、人类健康等）进行数据划分；英国划分的 14 个分类，包括商业与经济、犯罪与司法、国防安全、数字服务、教育、环境、政府、政府参考资料、政府支出、健康、映射、社会、城镇与城市、交通。

本项目组建议我国政府数据开放平台的组织机构分类标准采用 GB/T 20091《组织机构类型》分类标准；通用分类标准采用 GB/T 13745《学科分类与代码》、GB/T 4754《国民经济行业分类》和《中国图书馆分类法》。由于本平台是以中国政府公开信息整合服务平台数据为基础数据，因此本平台综合考虑了原来的数据分类和英、美国家分类以及国家政策出台的重点领域，按照主题分为财政、金融、审计；城乡建设、环境保护；对外事务；港澳台侨

---

① 国务院办公厅政府信息公开目录（简介）[EB/OL].［2024-01-01］. http://www.gov. cn/zhengce/node_331.htm.

工作；工业、交通；公安、安全、司法；国防；国民经济管理；国土资源、能源；科技、教育；劳动、人事、监察；民政、扶贫、救灾；民族、宗教；农业、林业、水利；人口与计划生育；商贸、海关、旅游；市场监管、安全生产；卫生体育；文化、广电、新闻出版；综合政务；组织机构(详情见图10-4-1)。

图 10-4-1　我国政府数据开放平台的数据分类

10.4.4　数据描述

根据国外开放政府数据元数据元素集中被使用频率较高的元素、受控词表和国际标准，并结合我国实际情况，本项目组按照上述扩展方式和词汇编码方案选取推荐，提出中国开放政府数据元数据元素集(China Open Government Data Metadata Elements Set，COGDMES)，拟定元素分别为创建者、主题、日期、标题、公共获取安全层级、权限、授权、其他贡献者、描述、格式、标识符、出版者、关联、来源、类型、保护标记、覆盖范围、语种、受众、版本管理。相关内容参考本项目组成员林焱的硕士毕业论文①。

―――――――――

① 林焱. 我国政府数据开放的元数据管理研究［D］. 武汉：武汉大学，2018.

10.4.5 数据质量管理

数据质量高低影响着用户平台使用体验，关系着平台的长期发展。平台在数据处理过程中进行了清洗，包括缺失值处理、格式处理、去重、错误辨析等。除了数据处理过程中保证数据质量，数据质量的提升需要一个不断改进的闭环流程，依赖于流程的优化、问题的及时处理。项目组根据前期调研制订了数据质量各项标准，在具体实施过程中人工或者借助工具进行审核检测，对于出现的问题及时分析并予以整改，同时优化规则，建立预防手段避免已有问题再次发生。

10.5 数据服务

主要的数据服务包括数据浏览、数据检索以及检索结果的处理。

10.5.1 数据浏览

对于平台已经开放的数据，用户进入平台点击图标、文字超链接进入数据资源，浏览到数据资源的元数据字段，点击数据来源可以进入数据资源来源网站进一步浏览数据相关信息。

10.5.2 数据检索

数据检索是平台的核心功能之一，数据检索的易操作性与准确性是影响用户使用平台的重要因素，本平台采用 Solr 实现平台的数据检索功能。Solr 是一种开放源码的、基于 Lucene Java 的搜索服务器，易于加入 Web 应用程序。Solr 提供了层面搜索、命中醒目显示并且支持 JSON、XML、XSLT 等多种输出格式，符合本平台对格式输出的需求。本平台既实现了简单检索功能，也实现了高级检索功能。用户既可以在检索框输入关键词查找数据和应用，也可以利用布尔逻辑组配，短语检索，字段限制等检索技巧查找数据与应用，帮助提高检全率和检准率。平本台设置了多种条件限定，用户可以通过对数据集持有的机构、名称、主题、发布时间、更新时间、数据格式等条件对数据进行检索。此外，本平台对检索结果进行了分面排序，帮助用户更准确地查找到所需数据。用户可以根据主题、资源格式、发布机构等方式对检索结果分类，并显示具体的数据量。用户浏览分类结果后，还可以根据需求点击可以扩大和缩小显示的检索结果。

（1）简单检索示例

系统导航栏和信息展示区域，通过链接可进入相应板块，可以通过标题中的关键词对数据进行检索。

示例：在首页检索框输入"大学"检索结果见图 10-5-1。

图 10-5-1　我国政府数据开放平台的简单检索结果示例

445

（2）高级检索

高级检索可依据多种限定，包括对数据集持有的机构、名称、主题、发布时间、更新时间、数据格式等条件对数据进行检索。

示例：输入标题"上海"与标题"大学"进行高级检索，过程与结果见图 10-5-2。

图 10-5-2　我国政府数据开放平台的高级检索结果示例

10.5.3　数据下载

可以通过数据集分类浏览、机构分类、群组分配、简单检索、高级检索对数据进行查询，在数据的详细页可以对其进行下载。下载类型提供 XSL、XML、CSV 等多种格式。

（1）前往资源页面下载

对于原网页有好几文件的数据资源，由于 CKAN 自身结构无法实现直接下载，需要用户通过平台提供的原网址，前往原网址资源页面实现数据资源下载。

（2）本地下载

CKAN 本身不具备本地下载功能，为了完善平台功能，实现对象数据的直接下载，对于本身仅含有一个 Excel、Word 等可下载模式的数据资源，通过机构用户直接上传文件替换原网页的形式实现了本地下载，用户可以直接点击下载获取所需数据资源。

10.5.4　数据关联

用户进入数据资源页面之后，在平台页面的左下方有一个相关推荐，展示 5 条机构或者主题相关资源推荐(如图 10-5-3 所示)。

图 10-5-3　我国政府数据开放平台的数据关联

10.5.5   互动交流

互动交流是连接用户与平台，持续优化数据质量的重要途径，包括数据分享与数据反馈申请等。

（1）数据分享

社会化网络环境下，数据分享是提升用户体验的重要途径，平台为用户提供了 QQ 空间、微信、腾讯微博、新浪微博等社交工具分享渠道，用户可以直接将资源页面的链接分享到社交网络（详情见图 10-5-4）。

图 10-5-4   我国政府数据开放平台的数据分享

（2）数据反馈与申请

数据反馈与申请是用户获取数据和平台互动的重要方式。如果用户在本政府数据开放平台中没有找到所需数据，需要申请数据或者有其他建议，可

以通过平台专属邮箱反馈，保障用户对平台意见与建议反馈的畅通(详情见图
10-5-5)。

图 10-5-5 我国政府数据开放平台的数据申请示意图

10.5.6 API 调用

API 接口是数据开发者调用数据，开发利用数据的重要渠道，提供 API 调
用途径，能促进用户对数据的调用开发，提高数据开放程度，增强用户黏性。
本平台 API 接口遵循 restful 风格，结合 SOLR 全文检索技术，支持 get 和 post
多种传值方式，可灵活配置检索参数，满足不同数据需求，同时响应 XML、
JSON 等多种格式返回结果。同时，平台提供了完整的 API 文档，用户可以通
过浏览使用案例对数据进行开发和利用，平台数据调用 URL 为：http://

449

202.106.126.242/api/3/action/package_list。

10.5.7 可视化统计

本平台定位是全国性数据开放平台，为了更直观展现平台数据源的全国分布情况及数量，平台实现了以机构为查询条件的可视化查询。可视化地图使用echart图表技术，通过 API 接口统计各地域数据集数量，将统计结果以图表（地图、饼状图、漏斗图）形式展示。用户用鼠标扫过首页中国地图，可以依次获取各省市数据分布情况，点击任何省份，可以进入具体数据集页面获取所需数据。用户也可以将可视化图切换为饼图和漏斗图，来了解各个省份开放数据分布的占比情况。

10.6 平台安全保障

从宏观层面来看，平台安全体系的构建遵循"纵深防御"的原则，通过多重安全屏障的设置，最大限度地降低安全风险。在微观层面，则采用"最小权限"原则，严格控制用户的访问权限，以减少潜在的安全威胁。政府开放数据平台安全体系包含基础设施、数据库、应用等多个方面，其核心在于保障开放数据的安全，涵盖数据采集、处理、发布等整个生命周期，在每个环节都实施相应的安全措施，如数据源可靠性验证、传输加密、数据清洗和脱敏等。

本平台通过角色权限控制、安全加密机制、数据脱敏、数字水印、手动备份等多个途径保障平台安全。

10.6.1 角色权限控制

角色权限控制是平台安全体系中的重要组成部分。研究表明，基于 RBAC（Role-Based Access Control）模型的权限管理系统能够有效降低未授权访问的风险。同时，职责分离原则的实施也能显著提高系统的安全性。通过为不同用户分配特定的角色和权限，平台能够确保只有授权人员才能访问和操作特定的数据。管理员可以根据用户的职责和需求设置不同的访问级别，从而有效防止未经授权的访问和数据泄露。严格的权限管理机制不仅保护了数据的机密性，还确保了操作的可追溯性，方便事后审计和责任追究。

10.6.2 安全加密机制

安全加密机制在数据保护中发挥着关键作用。平台采用先进的加密标准（如 AES，RSA 等）对数据进行加密处理，确保数据在传输和存储过程中的安全。无论是数据在网络中的传输还是在服务器上的存储，加密技术都能有效防止数据被窃取或篡改。此外，平台还采用了 SSL/TLS 协议，确保数据在传输过程中不会被截获或解读。

10.6.3 数据脱敏

为了在开放数据时保护个人隐私和敏感信息，平台实施了数据脱敏技术。数据脱敏通过将敏感信息（如身份证号码、电话号码等）进行模糊处理，使其无法被识别和还原。这样，在确保数据价值和可用性的同时，有效防止了个人隐私的泄露。数据脱敏技术的应用范围广泛，涵盖数据采集、处理和发布的各个环节。

10.6.4 数字水印

数字水印技术是平台使用的特色安全保障技术，平台借助 python PIL 图片水印技术，分四步实现：获取目标对象；构造一个水印文字或图片；设置文字图片格式大小和位置；把水印和目标对象合并起来，以此来保护平台信息安全。

通过在数据中嵌入不可见的数字水印，平台能够追踪数据的使用情况和流向。一旦发现数据泄露或未经授权的复制，平台可以通过数字水印追踪到源头，采取相应的措施。数字水印不仅保护了数据的版权和完整性，还增强了数据的安全性和可靠性。

10.6.5 手动备份

为了防止数据丢失和损坏，平台定期进行手动备份。手动备份是一种重要的应急措施，能够在数据遭受意外损坏或攻击时快速恢复数据，确保平台的正常运行。备份数据存储在独立的安全环境中，并定期进行恢复测试，以确保备份数据的可用性和完整性。手动备份与自动备份相结合，形成了完善的数据保护体系。

10.6.6 综合保障措施

除了上述措施外，平台还采取了一系列综合保障措施，如安全审计、漏洞扫描、防火墙保护、入侵检测等。这些措施共同作用，构建了一个多层次、全方位的安全防护体系，有效保障了平台的安全性和数据的完整性。

10.7 平台系统功能可用性测试

可用性是人机界面设计过程中的基本概念之一。Joo 和 Lee(2010)将可用性定义为："数字图书馆易于使用，执行信息任务的效率以及用户满意的程度。"①可用性测试通常在设计周期的后期进行，该测试衡量真实用户在目标用户界面中完成实际任务的能力以及用户对体验的满意度。可用性测试的目的是

---

① Joo S, Lee J Y. Measuring the Usability of Academic Digital Libraries: Instrument Development and Validation[J]. The Electronic Library, 2011, 29(4524).

更好地了解实际用户如何与系统交互，并根据测试结果改进系统设计。

10.7.1 测试设计

为了更好地评估平台访问和使用的便利性，项目组研究人员制定了一个可靠的测试计划，招募参与者，然后分析并报告调查结果。根据平台的现有功能设计了五项任务和一个评估问卷。

这五项任务旨在帮助用户理解和使用该平台，五项任务分别为：在平台检索教育，环境或经济数据；根据搜索结果下载不同格式的数据；使用平台的高级搜索功能查找到有关上海市的大学的数据；在任何社交网络平台（例如微博）上共享搜索结果；向平台申请所需的数据。

评估问卷是用户对平台各种功能和结果的评估，包括七个重要项目：数据提供能力，数据搜索和下载能力，用户级别的反馈能力，页面友好性，平台性能，数据质量和未来行为。

在测试执行阶段，参与者按照预定的测试计划完成各项任务，并在每项任务完成后填写评估问卷。研究人员通过观察和记录参与者的操作过程、收集问卷数据，分析参与者在任务完成过程中遇到的困难和挑战。同时，研究人员还对参与者的主观反馈进行定量和定性分析，以全面评估平台的使用便利性。

测试结束后，研究人员汇总所有的测试结果和反馈意见，编写详细的测试报告。报告内容包括测试任务的完成情况、用户反馈的统计分析、发现的问题和改进建议等。通过这些系统性的分析和报告，研究人员能够全面了解平台在实际使用中的表现，为进一步优化和改进平台功能提供科学依据。

10.7.2 测试结果

根据自愿的原则，在各个社交平台招募志愿者参与测试。在实验开始前，项目团队首先会向志愿者简要介绍平台的设计理念，目的和各项功能。用户根据用户指南使用平台并完成指定的任务。然后，用户根据完成任务的经验填写评估问卷。问卷结合平台的实际功能，使用李克特量表 5 分为七个部分。共有 29 名志愿者参与实验并完成了评估，其中 10 名男性和 19 名女性，年龄在 20 至 50 岁之间，职业分布在机构官员，研究人员，学生和政府官员中。结果示 于表 10-7-1。

表 10-7-1　我国政府数据开放平台的测试后调查结果

数据集		4.05
	1.1　平台提供了丰富的数据。	3.90
	1.2　平台提供了许多不同主题的数据，例如经济，健康和教育等	3.93
	1.3　平台提供了许多有用的数据	3.83
	1.4　平台提供了最新的数据	3.93
	1.5　平台提供了准确和可靠的数据	4.21
数据检索和下载		4.07
	2.1　平台提供了强大的检索功能	3.90
	2.2　检索结果的进一步分类能帮助我获取所需的数据	3.90
	2.3　我可以轻松地从该平台下载数据	4.17
	2.4　数据具有合适的数据格式以满足我的需求	4.10
	2.5　数据集有正确的元数据，以帮助我理解数据	4.17
	2.6　平台提供 API 来帮助我查找和下载数据	4.21
互动交流		3.95
	3.1　我可以轻松反馈自己遇到的问题	3.86
	3.2　平台提供相关的联系信息	4.03
交互设计		4.30
	4.1　平台为用户提供了友好便捷的服务	4.31
	4.2　很容易理解如何使用该平台	4.34
	4.3　平台界面简洁美观	4.31
	4.4　获取所需数据的步骤简单	4.24
	4.5　平台支持创建个性化的用户账户	4.31

续表

服务器性能	4. 20
5.1　平台服务器稳定	4. 41
5.2　平台的平均加载速度很高	4. 28
5.3　平台运行过程中错误较少	3. 90
数据质量	4. 18
6.1　平台数据不断更新	4. 17
6.2　平台发布的数据是经过处理的	3. 97
6.3　平台提供了相关数据集的链接	4. 45
6.4　平台提供可视化功能	4. 14
总体满意度	4. 17
7.1　我认为使用此平台对我的工作和研究有益	4. 28
7.2　我将再次使用该平台	4. 17
7.3　我会向周围的人推荐这个平台	4. 07

　　我国政府数据开放平台启用了一系列基本功能,例如数据分类、数据检索(基本和高级检索)、数据下载、数据关联、数据共享、API 调用、数据反馈和数据应用程序。除了基本功能外,项目团队还开发了三个功能,包括数据可视化、数据本地上传和下载以及数字水印。因此,用户可以轻松地从平台获取数据,重用数据并探索数据的潜在价值。基于通过浏览、检索、下载和 API 获得的数据,用户可以借助其他资源或技术实现创新。同时,用户可以通过评论、共享和留下反馈来与平台人员进行交互。根据评估结果,所有主要项目的平均分数均超过 4 分。每个项目的最低分是 3.83,最高分是 4.52,表明平台设计的各项功能得以较好地实现,平台具有较好的可用性和易用性。用户认为该平台可以提供各种有用的数据,可以帮助他们完成工作和研究。同时,他们有兴趣继续使用开放数据平台,并愿意向其他人推荐该平台。

10.8 平台优化与完善

未来的平台将继续加强和改善数据提供、数据检索和分类以及数据质量保证方面的功能，具体包括：第一，自动数据收集。随着 OGD 运动的进一步发展，越来越多的组织和机构正在参与公开的政府数据。由于开放程度的差异，建立一个可以自动收集具有不同来源和结构的数据的适当平台至关重要。这也是实现统一数据开放的主要任务。第二，元数据。为了实现高级别的数据可访问性，管理和共享，设置元数据标准是应考虑的关键任务。同样，标准化是获得开放数据的关键。当前的问题是，如果没有元数据标准，元数据的管理就会十分混乱。因此，现在是相关组织制定元数据转换标准的好时机。第三，关联数据。关联数据描述了一种发布结构化数据的方法，以便可以相互关联以实现有效的语义查询。由于格式和标准的限制，无法设计关联数据。因此，项目团队将更加关注此主题，以进一步开发和利用政府开放数据。

此外，如何将人工智能(Artificial Intelligence，AI) 技术应用到政府数据开放平台，从而推进政府数据的开放共享也是未来平台优化与完善的重要发力点。AI 技术在社会生产生活的各个领域应用广泛，与政府数据开放共享存在密切的关联。一方面，数据资源对人工智能技术的发展和应用至关重要，人工智能发展离不开数据、算法与算力，而数据是促成人工智能应用的核心，可以说所有的智能应用都是大数据的应用[1]。在我国，政府掌握着超过 80% 的数据资源[2]，人工智能应用场景依赖于政府数据资源，否则就是"无米之炊"。另一

---

① 南方都市报 | "智能+"驱动政府数据深度开放 [EB/OL]. [2024-01-01]. https://zfsg.gd.gov.cn/xxfb/mtbd/content/post_2264725.html.

② 胡税根, 王汇宇, 莫锦江. 基于大数据的智慧政府治理创新研究 [J]. 探索, 2017 (1)：72-78, 2.

方面，AI 技术的应用将会促进政府数据的开放共享。具体而言，AI 技术推进政府数据开放共享的作用体现在以下四个方面。

10.8.1 赋能数据智能处理与管理

AI 技术可以通过大数据分析工具来帮助政府更有效地处理和管理大量复杂的数据集，提高数据处理与管理的效率和质量，自动对政府数据进行分类和标签化，使数据更易于被公众检索、发现和使用。在政府开放数据平台上，AI 技术可以根据数据的主题、来源、格式等特征进行自动分类和标签化，用户只需输入关键词或选择标签，就能快速找到所需的数据集。这种智能化的数据分类和标签化方式，降低了数据使用的门槛，促进了政府数据的开放共享。

机器人流程自动化(Robotic process automation, RPA)技术应用于政务领域①，优化数据开放共享工作流程，可以自动执行数据清洗和数据整合任务，提高数据质量，促进不同政府部门之间的数据共享，通过自动化流程减少协作障碍。

美国、加拿大、新加坡等诸多国家政府开放数据平台采用了开源数据管理系统(Comprehensive Knowledge Archive Network, CKAN)。CKAN 提供了自动化数据发布流程，优化数据的搜索和分类，使用户更容易找到和利用政府数据；使用 CKAN API 导入和导出数据，便于完成进一步的统计分析和机器学习任务②。澳大利亚联邦科学与工业研究组织(Commonwealth Scientific and Industrial Research Organisation, CSIRO)开发了开源数据管理和共享平台 Magda。澳大利亚联邦政府开放数据平台 Data.gov.au 由 Magda 组建，其构建了一个有指导、有主见且高度自动化的数据发布流程，这使得发布数据更轻松，并提高了元数

---

① 艾瑞咨询研究院. 一叶知秋：中国 RPA 行业研究报告 2020 年[R]. 艾瑞咨询系列研究报告(2020 年第 9 期), 2020.

② The world's leading open source data management system[EB/OL]. [2024-01-01]. https://ckan.org.

据质量，使下游数据用户更容易搜索和使用数据集①。

10.8.2 增强公众参与和实时交互

AI 技术可以通过聊天机器人、智能客服等形式，增强公众与政府数据平台的互动，提高公众参与度。在政府数据开放平台上设置智能机器人，将智能互动服务系统与政府数据开放场景及相关政务知识相结合，搭建互动知识库，构建全天候、引导式智能交互平台，可以快捷提供公众需要的数据和信息，带给公众"智慧政府"的新体验，从而更有兴趣和意愿参与互动。

目前，国内的山东公共数据开放网、济南市公共数据开放网、青岛市公共数据开放网、广州市公共数据统一开放平台、深圳市政府数据开放平台、武汉市公共数据开放平台、贵阳市政府数据开放平台等已经设置了提供查询服务的智能客服或者智能机器人。图 10-8-1 为武汉市公共数据开放平台智能机器人互

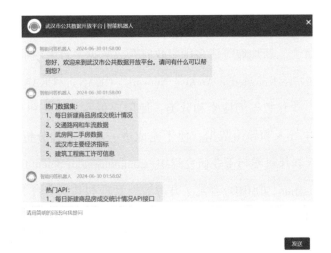

图 10-8-1 武汉市公共数据开放平台智能机器人

---

① A federated, open-source data catalog for all your big data and small data [EB/OL].
[2024-01-01]. https://magda.io.

动界面。智能机器人基于政府数据分类结构表，按照日常"一问一答"的格式，批量导入政府开放数据相关的知识。同时，智能机器人还具有自然语言处理、相似问法聚类学习、未知处理、机器学习自动优化、自动学习动态成长等机制。

澳大利亚政府的数字化转型局(Digital Transformation Agency, DTA)致力于提高政府服务的数字化水平，开发了聊天机器人，在公共部门为客户提供信息服务①，可以帮助公众更好地访问和理解政府数据。

10.8.3　深入挖掘用户参与行为数据

应用 AI 技术数据挖掘和知识发现技术，可以对公众在政府数据开放门户网站上的各种行为进行监控、发现和分析，以此优化门户功能、丰富数据资源、完善数据服务。一方面，通过 AI 技术构建用户参与政府数据开放的满意度监控体系。社会公众在访问政府数据开放门户网站和利用数据资源过程中，其对数据资源和服务的满意度评价，一般是通过网站设置的评分模块进行评价和反馈。但访问政府数据开放门户网站的社会公众更多是"沉默的大多数"，不会或者不愿意直接表达自己的评价。因此，智能系统可以主动地收集社会公众访问、利用数据资源的行为数据，经过综合分析后判断服务质量。另一方面，通过 AI 技术构建数据发掘与分析系统，可以根据社会公众访问政府数据开放门户网站记录数据，挖掘他们的兴趣点、关注点、意见集中点等，以此作为提升政府数据开放服务的参考信息。

10.8.4　助力数据安全与隐私保护

AI 技术在保护数据安全和隐私方面也起着重要作用。政府数据开放共享

---

① 姚清晨，黄璜. 聊天机器人在公共部门管理中的应用研究综述[J]. 图书情报知识，2022，39(5)：144-156.

工作中应用 AI 相关技术可以自动执行合规性检查，确保数据在开放共享前符合隐私保护和数据安全的相关法规。例如：IBM 公司开发了一系列人工智能技术 IBM Watson①、Watson Knowledge Studio、Watson Data Privacy 等工具能够对数据进行分类，区分敏感数据和非敏感数据，分析和识别数据资源中隐私信息，并执行相应的数据脱敏技术，以确保数据在开放共享时的合规性。

---

① IBM Watson to watsonx［EB/OL］.［2024-01-01］. https://www.ibm.com/watson.

11 我国政府数据开放共享的人才保障

政府数据的开放与利用都需要大量掌握数字化技术和具备数据技能的人才，但目前我国满足这些要求的人才远远不够。为贯彻落实党中央、国务院关于发展数字经济的决策部署，发挥数字人才支撑数字经济的基础性作用，2024年4月2日，人力资源社会保障部、中共中央组织部、中央网信办、国家发展改革委、教育部、科技部、工业和信息化部、财政部、国家数据局等九部门印发《加快数字人才培育支撑数字经济发展行动方案（2024—2026年）》，要求紧贴数字产业化和产业数字化发展需要，用3年左右的时间扎实开展数字人才育、引、留、用等专项行动，增加数字人才有效供给，形成数字人才集聚效应。《行动方案》部署了数字技术工程师培育项目、数字技能提升行动、数字人才国际交流活动、数字人才创新创业行动、数字人才赋能产业发展行动、数字职业技术技能竞赛活动等6个重点项目，并从优化培养政策、健全评价体系、完善分配制度、提高投入水平、畅通流动渠道、强化激励引导等6个方面加大政策支持。

本书第8—10章分别阐述了我国政府数据开放的政策、法律与技术保障，人是最活跃的因素，政策制定、法律实施与技术实现都需要人才去落实。本章调研我国政府数据开放人才的需求，分析我国数据开放人才的现状，提出加强我国政府数据开放人才队伍建设的建议。鉴于政府数据开放的人才与数据管理人才、数字人才等具有密切的联系、且相互交织，为行文方便，我们不做严格区分。

461

11.1　我国政府数据开放共享的人才需求

11.1.1　研究设计

(1)研究方法

本章采用内容分析法(Content Analysis)对政策文本和招聘信息进行研究分析。美国传播学家伯纳德·贝雷尔森(Bernard Berelson)于1952年首先将内容分析法定义为一种对明确内容进行客观、系统和定量的描述交流的研究方法①。国内学者将其看作一种透过现象看本质并对研究对象的内容进行深入分析的科学方法②。内容分析法被国内外众多学者广泛应用于研究之中。Kothari等③运用内容分析法对加拿大不列颠哥伦比亚省和安大略省有关慢性疾病预防的31份政策文本进行了比较分析;Kevin M等运用内容分析法对美国国防部有关烟草控制的97份政策文本进行了研究分析④;黄如花与苗森运用内容分析法对我国北京和上海现有的政府数据开放政策文本进行了比较分析⑤。使用常规内容分析法的步骤有:确定内容分析的文本;确定分析单元;制定编码目录;对文本进行编码;信度和效度检验;统计和分析结果。

---

① 卜卫. 试论内容分析方法[J]. 国际新闻界, 1997(4): 56-60.
② 邱均平, 邹菲. 关于内容分析法的研究[J]. 中国图书馆学报, 2004, 30(2): 12-17.
③ Kothari A, et al. Chronic Disease Prevention Policy in British Columbia and Ontario in Light of Public Health Renewal: A Comparative Policy Analysis[J]. BMC Public Health, 2013 (13): 934.
④ Kevin M, et al. A Content Analysis of Tobacco Control Policy in the US Department of Defense[J]. Journal of Public Health Policy, 2011, 32(3): 334-349.
⑤ 黄如花, 苗森. 北京和上海政府数据开放政策的异同[J]. 图书馆, 2017(8): 20-26.

本节采用内容分析法对我国开放政府数据政策文本、数据管理机构的招聘信息以及企业数据岗位的招聘信息进行编码，通过层层归纳分析揭示我国开放政府的数据人才需求。在此基础上采用定量的描述性统计，利用 Excel 对编码结果进行统计，用以辅助分析我国的数据人才需求状况。

（2）研究样本选取

①政府数据开放的政策文本

政府数据开放有赖于国家政策的支持和引导，通过对开放政府数据的政策文本进行内容分析，可归纳总结出国家大数据战略实施所需要的数据人才的类型和数据人才的工作职责。国家大数据战略的实施包括推动我国的政府数据开放、促进大数据产业发展等多个方面。

不同学者以不同方式定义了政策。Schmid 等将政策定义为"政府、政府机构或非政府组织所采取的立法或监管行动，包括明确或隐含的正式和非正式规则和设计标准"①。Bull 等将政策定义为"政府、非政府或私营部门组织发起的为实现预期目标的行动指南，并可以以书面形式（例如立法、政策文件）或不成文的形式存在"②。Signe 等将政策定义为"由公共行政部门发布的包含战略、优先事项、明确的目标和意图的书面文件"③。因此本节中的开放政府数据政策是指国家公共行政管理部门缔结的旨在促进我国政府数据开放的战略、规划及其他法规性文件。

① Schmid T L, Pratt M, Witmer L. A Framework for Physical Activity Policy Research [J]. J Phys ActHealth, 2006(1): 20-29.

② Bull F C, Bellew B, Schöppe S, et al. Developments in National Physical Activity Policy: An International Review Andrecommendations Towards Better Practice [J]. Journal of Science and Medicine in Sport, 2004, 7(1): 93-104.

③ Daugbjerg S B, Kahlmeier S, Racioppi F, et al. Promotion of Physical Activity in the European Region: Content Analysis of 27National Policy Documents [J]. Journal of Physical Activity and Health, 2009(6): 805-817.

本节政策样本主要选取国家层面的政策文本，原因如下：第一，政府数据开放作为复杂事务涉及多个方面，需要国家层面的顶层设计与统筹进行推进，国家层面的政策是国家有关数据开放顶层设计的集中体现；第二，地方政府接受中央政府的指挥和领导，出台的众多政策文件紧跟中共中央办公厅、国务院等机构的步伐。本项目对我国开放政府数据政策文本进行了全面搜集，通过在涵盖我国绝大多数的法规政策的数据库北大法宝、北大法意网，以及中国政府网、中国人大网等官方网站，对"开放政府数据""政府数据开放"等相关主题词进行检索与内容浏览、访问，进行逐一筛查，只选取国家层面如中共中央办公厅、国务院办公厅、全国人大等出台的关于政府数据开放的政策文本，且尽可能多地选取在《促进大数据发展行动纲要》发布之后推出的文本。样本收集截止时间为 2024 年 1 月 30 日，最终获取政策文本 103 个。

2015 年，国务院在《促进大数据发展行动纲要》中明确提出"加快政府数据开放共享，建成国家政府数据统一开放平台"。虽然目前国家层面还没有出台针对开放政府数据的专门性政策，但在与开放政府数据有关的各项政策文件中，对其均有不同程度的涉及。根据政策检索的结果将部分政策文件整合形成表 11-1-1。

表 11-1-1　我国与政府数据开放相关的部分政策文本（以出台时间为序）

序号	政 策 文 本	出台时间
1	《促进大数据发展行动纲要》	2015 年 8 月
2	《中华人民共和国国民经济和社会发展第十三个五年规划纲要》	2016 年 3 月
3	《关于全面推进政务公开工作的意见》	2016 年 4 月
4	《国家信息化发展战略纲要》	2016 年 7 月
5	《政务信息资源共享管理暂行办法》	2016 年 9 月
6	《"十三五"国家信息化规划》	2016 年 12 月

续表

序号	政 策 文 本	出台时间
7	《政务信息系统整合共享实施方案的通知》	2017 年 5 月
8	《政府网站发展指引的通知》	2017 年 5 月
9	《2018 年政务公开工作要点》	2018 年 4 月
10	《国务院关于加快推进全国一体化在线政务服务平台建设的指导意见》	2018 年 7 月
11	《国务院办公厅关于促进平台经济规范健康发展的指导意见》	2019 年 8 月
12	《交通运输部关于印发〈推进综合交通运输大数据发展行动纲要（2020—2025 年）〉的通知》	2019 年 12 月
13	《中共中央 国务院关于构建更加完善的要素市场化配置体制机制的意见》	2020 年 3 月
14	《国务院办公厅关于进一步优化营商环境更好服务市场主体的实施意见》	2020 年 7 月
15	《中华人民共和国国民经济和社会发展第十四个五年规划和2035 年远景目标纲要》	2021 年 3 月
16	《中华人民共和国数据安全法》	2021 年 9 月
17	《中央网络安全和信息化委员印发〈"十四五"国家信息化规划〉》	2021 年 12 月
18	《国务院办公厅关于印发全国一体化政务大数据体系建设指南的通知》	2022 年 9 月
19	《中共中央 国务院印发〈质量强国建设纲要〉》	2023 年 2 月
20	《信息化标准建设行动计划（2024—2027 年）》	2024 年 5 月

②数据管理机构的招聘信息

2014 年 2 月广东省率先成立大数据管理局，贵州省大数据发展管理局和浙江省数据管理中心于 2015 年纷纷挂牌成立。各级政府智慧城市建设和政府数据开放平台的建立需要开放政府成立专门的数据管理机构和吸纳专业的数据人才。2018 年 3 月中共中央印发了《深化党和国家机构改革方案》，要求中央和国家机关机构改革要在 2018 年年底前落实到位。随着 2023 年 10 月国家数据局的成立，多个省份迅速反应，纷纷成立或挂牌省级数据局。截至 2024 年年初，我国已有广东省、贵州省、浙江省、河南省、山东省、福建省、江西省、吉林省、重庆市、上海市、天津市、内蒙古自治区、广西壮族自治区等省、市、区设立了省级的数据管理机构，地市级的大数据管理机构也为数不少。

为了更好地实施国家大数据战略，各级政府大数据管理局用人需求增加，为了壮大大数据人才队伍，促进开放政府大数据事业健康发展，不少数据管理机构发布了招聘公告，如 2015 年云南省保山市大数据管理局招聘 6 人、2017 年贵州省大数据发展管理局招聘 5 人、2018 年天津市大数据管理中心招聘 15 人、2018 年广东东莞长安镇大数据发展管理局招聘 6 人、2019 年山东省大数据局招聘 5 人等，2020 年贵州省大数据发展管理局及其所属事业单位招聘工作人员 21 名，其中专业技术人员 17 名、管理人员 3 名、机关工勤人员 1 名，2023 年国家数据局招考工作人员 12 人。这些招聘公告中对所需数据人才的岗位职责、学历、学科背景、工作经验、知识技能等方面有明确的要求。本小节将对我国大数据管理局发布的招聘信息进行收集并分析，然后从中探寻我国开放政府数据管理机构对数据人才的需求特点，以期为我国的数据人才培养提供值得借鉴的建议。

首先采用网络调查法，检索时间为 2018 年 12 月—2024 年 1 月，调研我国公务员考试、招聘、培训等相关机构的信息网中关于大数据管理局的职位信息栏目，以"大数据局""大数据管理局"等相关主题词进行检索，并进行逐一筛查，共得到有效信息 416 份。

③企业数据岗位的招聘信息

发展新质生产力背景下，我国各行各业对数据人才的需求量逐年提高，

2025 年前大数据人才需求仍将保持 30%~40% 的增速，需求总量在 2000 万人左右；近 3 年，数据人才缺口在以每年 50 万人的规模持续增加，到 2025 年我国大数据人才缺口将达 230 万人①。本小节将对几个招聘网站中不同行业的数据人才招聘信息进行收集并分析，然后从中探寻社会众多企业对数据人才的需求特点，以期为我国政府数据开放的数据人才培养提供建议。

首先采用网络调查法，检索时间为 2024 年 1 月，调研我国发布招聘信息且口碑较好的几个网站中对数据相关岗位如"数据分析"等关键词，检索全职、公司性质为国企和民营公司、学历要求为本科及以上且一周内发布的招聘信息。逐一筛查后共得到企业数据岗位的招聘信息 992 份。运用内容分析法对获取的招聘信息中的职责、要求等进行分析，为归纳概括我国开放政府的数据人才的需求情况提供参考。

（3）内容分析的维度类目与编码

本章将选取的政策文本和招聘信息作为本节的分析单元，即在内容分析法中用于描述研究对象的重要元素。接着确定分析单元的分类标准即维度类目，本节分为 5 个一级类和 29 个二级类，具体分类情况如表 11-1-2 所示。提前确定好维度类目使接下来的编码工作有方向可循。采用内容分析法对政策文本和招聘信息进行分析时需要对分析单元进行编码，即把符号语言转换成计算机能够识别的数据进行统计分析。我们对收集到的政策文本和招聘信息重复研究，对于符合要求的分析单元一一编码，使之归类到已经确定的维度类目下面②。内容分析所有的类目均来源于选取的政策文本和招聘信息，最终内容分析的编码目录如表 11-1-2 所示。

① "十五五"趋势解读 ｜ 数字经济是当前发展新质生产力的常态化手段［EB/OL］.
［2024-01-02］. https://www.thepaper.cn/newsDetail_forward_27867318.
② 黄如花，苗淼. 北京和上海政府数据开放政策的异同［J］. 图书馆，2017（8）：20-26.

表 11-1-2 内容分析的编码目录

一级类	一级编码	二级类	二级编码
岗位技能	A	数据创建与采集	A_1
		数据组织与描述	A_2
		数据存储与发布	A_3
		数据获取与利用	A_4
		数据增值与评价	A_5
落实人才保障，建设多层次数据人才队伍	B	高等院校设立数据科学相关专业，跨学科跨界培养复合型人才	B_1
		高校及企业联合培养人才，加强实习实践	B_2
		企业开展在职人员大数据技能培训	B_3
		开展社会化大数据知识普及和教育培训	B_4
		政府建立数据人才培养和评价机制，畅通职业发展通道	B_5
		政府设置首席数据官等职位	B_6
		加强国际交流合作，积极引进大数据高端人才	B_7
学历要求	C	本科	C_1
		硕士	C_2
		博士	C_3
工作经验要求	D	有	D_1
		无	D_2
学科背景	E	计算机科学与技术	E_1
		统计学	E_2
		经济学	E_3
		数学	E_4
		电子信息类	E_5
		软件工程	E_6
		图书、情报与档案管理	E_7
		工商管理	E_8
		信息与通信工程	E_9
		数据科学	E_{10}
		管理科学与工程	E_{11}
		其他专业	E_{12}

11.1.2　人才需求的分析结果

（1）政府数据人才的基本要求

①学历

关于数据人才的学历要求，我们通过对获取的招聘信息进行内容分析得到。在 292 份企业招聘信息中，本科及以上学历要求占 48%，硕士及以上学历要求占 37%，博士研究生学历要求占 15%。总体来说，我国对数据人才的学历要求比较高。

在各个数据管理机构的公开招聘中，要求硕士及以上学历的存在两种情况：一是当地政府通过人才引进方式招纳高学历高层次人才；二是专业技术岗位所需高学历人才。在企业的公开招聘中，拥有博士研究生学历的数据人才多担任数据科学家、首席数据官、大数据产品经理、数据要素专家等职位，博士有丰富的知识底蕴和实践经验，能更好地扮演数据领导者这一角色。对于企业普通的数据分析师或数据工程师职位，硕士和本科学历即满足要求，但需要几年的工作经验和一定的工作技能。

②学科

对获取的招聘信息进行内容分析后发现，在政府数据开放背景下，我国所需的数据人才为跨学科跨界的复合型人才。如国务院《促进大数据发展行动纲要》所言，大力培养具有统计分析、计算机技术、经济管理等多学科知识的跨界复合型人才。在招聘中，各类企业数据相关岗位所需人才的专业背景也不会限制为单一专业，会给出多种参考范围，如天津市大数据管理中心 2018 年招聘人才的专业背景为计算机、电子信息、软件工程、通信工程等相关专业；如上海数据交易所招聘的数据要素流通与跨境业务研究员则要求法学、国际贸易、经济学等相关专业背景。由于一个岗位专业背景的复合交叉，因此对数据人才专业背景的统计分析不能像之前对学历要求和工作经验要求一样用数量或百分比来衡量。我们统计出需求较大的专业领域(不分排名)有:计算机科学与技术、统计学、经济学、数学、电子信息类、软件工程、信息与通信工程。我们发现,对工商管理、管理科学与工程、数据科学以及图书、情报与档案学科的需求量暂时较少。同时,也有部分对法学、财务、材料、物理等领域人才的需求。

③工作经验

数据人才的工作经验要求通过对获取的招聘信息进行内容分析得到。在我国政府大数据管理局(处)获取的416份招聘信息的568个岗位中,仅有20%左右的工作岗位需要工作经验。而在获取的992份企业招聘信息中,有30%左右的岗位需要工作经验,数据科学家和首席数据官等重要岗位至少需要三年以上工作经验,数据分析师和数据工程师需要两年到四年的工作经验。从工作经验年限看,我国对数据人才的要求普遍较高。

由于大数据管理局是近两年才陆续成立的政府机构,多以公务员公开招聘、事业单位公开招聘、人才引进等方式招纳人才,同时更多面向应届生招考,因此对工作经验的要求放得较宽。我国企业众多,面临巨大的竞争压力,企业以及整个行业每天都会产生海量的数据需要处理分析,工作经验越丰富的数据人才能够为企业带来更大的价值,因此企业对数据人才的工作经验要求较高。但随着政府数据开放的逐步成熟,公共数据授权运营等领域的发展,政府数据管理机构的人才招聘也逐渐对学历、专业对口程度有更高的要求。

(2)政府数据人才的技能要求

①数据创建与采集

政府数据的创建与采集是开放政府数据生命周期的第一阶段,是政府数据开放的前提。数据创建即数据生产,政府在日常工作中产生大量的数据,除了本部门生产的数据外,还有来自政府其他部门、下级部门、企业和事业单位等上报的数据,这些都是要采集的范围。通过对政策文本的内容分析,数据创建与采集对数据人才的要求有：第一，注意数据采集的原则与内容。必须加强对原始数据的采集而不是经过二次加工之后的数据，注明数据来源、调查方法等。除了涉及国家安全、商业机密、个人隐私的数据外，其余数据都要主动采集。优先采集信用、医疗、交通、卫生、教育、就业等民生领域的数据集。第二，制定统一规范的数据采集标准，包括数据采集格式、汇交即统一归聚方式、报送时间和更新周期、质量把控标准等内容。第三，数据采集环节的安全防护。明确数据采集过程中保障网络安全的范围边界，加强个人数据的保护，严厉打击非法采集、泄露、出卖个人数据的行为。第四，打破各部门间数据采集的壁垒。加强政府数据的纵向和横向流动，提高数据采集总量。

②数据组织与描述

加强对政府数据的组织管理和规范化描述，有利于政府数据开放的有序展开，方便用户访问、获取及利用数据，减少政府工作中繁琐的环节。目前我国国家层面已经出台了政务数据开放共享的系列国家标准，包括《信息技术 大数据 政务数据开放共享 第1部分：总则》（GB/T 38664.1—2020）、《信息技术 大数据 政务数据开放共享 第2部分：基本要求》（GB/T 38664.2—2020）、《信息技术 大数据 政务数据开放共享 第3部分：开放程度评价》（GB/T 38664.3—2020）、《信息技术 大数据 政务数据开放共享 第4部分：共享评价》（GB/T 38664.4—2022），对政府数据的组织与描述描摹了方向。同时较多的地方政府也已出台正式的标准文件，如广东省工业和信息化厅支持编制的数据开放和共享系列标准①于2018年4月25日正式实施，具体包括《政务信息资源标识编码规范》（DB44/T 2109—2018）、《电子政务数据资源开放数据技术规范》（DB44/T 2110—2018）、《电子政务数据资源开放数据管理规范》（DB44/T 2111—2018）这3个地方标准；贵州省出台了地方标准《政府数据 分类分级指

---

① 数据开放和共享系列标准正式发布［EB/OL］．［2024-01-02］．http://www.gdei.gov.cn/ywfl/dsjgl/201802/t20180201_128759.htm.

南》(DB 52/T 1123—2016)①，还有包括元数据描述规范②、编制工作指南③、核心元数据④三个部分的《政府数据资源目录》。扬州市大数据管理局出台的《公共数据共享与开放安全管理规范》(DB3210/T 1152—2023)，武汉市出台的公共数据资源开发系列标准包括《公共数据资源开放 第 1 部分：核心元数据》(DB4201/T 677.1—2023)、《公共数据资源开放 第 2 部分：分类分级指南》(DB4201/T 677.2—2023)。只有国家标准规范的出台才能更好指导地方政府数据开放工作。通过对政策文本的内容分析，数据组织与描述对数据人才的最大要求即为制定政府数据资源目录，形成数据资源开放清单和规范标准，便于实现动态管理。对于元数据标准、格式标准、通用技术标准等统一描述，例如元数据描述应注重其语义结构、内容结构、语法结构等方面。

③数据存储与发布

数据存储的目的是为了随之发布数据。政府数据开放工程的核心步骤就是通过开放平台发布数据。我国目前存在两种形式的数据开放平台：一是地方政府数据开放平台，如贵州省政府数据开放平台、广东省政府数据统一开放平台、北京市政务数据资源网等；二是根据主题分类的国家基础数据资源库，如空间地理基础信息库、法人单位信息资源库等。但是我国尚未建成国家政府数据统一开放平台。通过对政策文本的内容分析，数据存储与发布对数据人才的要求有：第一，积极参与政府数据开放平台的搭建。除此之外，针对主题分类的某一特定领域的数据开放平台或数据中心也应建设，如健康医疗大数据开放

---

① 贵州省地方标准——政府数据 数据分类分级指南(DB52/T 1123—2016)[EB/OL]. [2024-01-02]. http://www.gzzn.gov.cn/sj/bzgf/201806/t20180620_3313102.html.

② 贵州省地方标准——政府数据资源目录第 1 部分：元数据描述规范[EB/OL]. [2024-01-02]. http://www.gzzn.gov.cn/sj/bzgf/201806/t20180620_3313189.html.

③ 贵州省地方标准——政府数据资源目录第 2 部分：编制工作指南[EB/OL]. [2024-01-02]. http://www.gzzn.gov.cn/sj/bzgf/201806/t20180620_3313326.html.

④ 关于印发贵州省《政府数据数据分类分级指南(试行)》等 4 个规范文件的通知[EB/OL]. [2024-01-02]. http://www.gzjxw.gov.cn/jxdt/tzgg/201611/t20161107_1311681.html.

平台、旅游大数据开放平台等，随后能引导相关行业的发展。第二，建立政府数据开放目录。开放目录的制定可以提高所开放数据的安全可控性。不同主题的数据集要按照其工作性质划分不同层级的目录。第三，明确开放数据的发布机制。包括发布的责任主体、权限归属、许可协议、发布格式、更新时间等。

④数据获取与利用

开放政府数据生命周期的前三个环节的责任主体是政府，而数据获取与利用最大的受众是访问平台的用户，是与用户最紧密相关的一个环节。数据开放的直接目的是方便用户获取与利用。通过对政策文本的内容分析，数据获取与利用对数据人才的要求有：第一，提供全面的数据利用服务。要逐渐完善平台的功能，如数据检索、数据下载、数据格式提供、数据分析、开发工具应用等服务。平台功能设计得越人性化，服务提供得越全面，用户则更容易访问、获取和利用数据。第二，加强数据获取过程中的安全保护。首先要保证用户能够获取的数据一定是经过本部门的保密审查，以防机要数据的泄露。用户访问平台时要完善身份认证、访问控制等措施，推动许可协议、用户条款等制度的制定。加强对非法获取、泄露、出卖个人数据行为的监管和打击。第三，关注社会公众数据素养能力的培养。用户想要获取与利用开放政府数据，除了政府自身提供优质服务之外，个人的数据素养高低也是一大影响因素。可以通过在开放平台上增设在线学习模块，提供开放数据的培训课程，以培养社会公众的数据能力。

⑤数据增值与评价

政府数据开放是一个过程，更是一种手段，社会公众从获取的数据资源中深度分析和挖掘其价值，获得增值效益才是政府数据开放的最终目的。不同行业不同身份的增值效益也不同。政府部门领导深入研究数据以帮助自己科学决策；企业业务团队深入挖掘数据寻找新的经济增长点，推动产业转型升级；科研工作者关注数据动态发掘新的课题；公民掌握医疗、交通、卫生、教育等领域的数据，使自己的衣食住行更加方便。数据评价的范围应包括整个数据开放过程中的监管以及开放后的考核评估，它应贯穿于数据生命周期的始终。加强对数据的评价有利于及时反思过程中的不足并加以修正。通过对政策文本的内容分析，数据增值与评价对数据人才的要求有：第一，建立健全数据评价机制。加强对全过程的监管和审核，严格把控数据质量和安全，例如某部门对拟开放的统计资料的真实性和质量进行监督。各地方政府数据开放的进展情况应作为政府定期考核评估的内容之一。除此之外还要评价政府数据开放的投入与产出比值，效益回报是否与所有成本投入成正比。第二，鼓励和引导各行各业培养大数据人才，组建专业的数据团队。数据增值效益的取得是通过专业数据团队对数据的深度分析和挖掘。因此，政府部门不仅要培养数据人才，更应引导各行各业组建自己的数据团队。

通过对样本的内容分析可得，政府数据人才在国家大数据战略实施过程中围绕数据创建与采集、数据组织与描述、数据存储与发布、数据获取与利用、数据增值与评价这五个方面展开。要求掌握统计分析、数据挖掘、平台设计开发、编程、数据可视化、沟通决策等方面的技能。为了能够更好地掌握这些技能，要求熟悉使用数据分析处理的工具/语言，如 Java、Python、SPSS、SAS、R 语言、C 语言、Hadoop、Spark、MapReduce、SQL 等，一般要求熟练掌握一到两种，有利于在实践中更好地处理数据。而人工智能、深度学习、云计算等在招聘中常作为理论基础需要应聘者掌握。

11.2　我国政府数据开放共享的人才现状

11.2.1　数据人才培养现状的调研

(1)高校数据人才培养的调研

高等院校是高水平数据人才培养的重要基地。国务院《促进大数据发展行动纲要》指出，各高校应设立数据科学和数据工程相关专业，重点培养专业化数据工程师等大数据专业人才。设立数据科学（Data Science）及相关学科的博硕士培养点，为国家输送高水平数据人才已得到了我国绝大多数高校的重视。尤其是近年来政府数据开放热潮和数据人才的紧缺，使得各高校加快了提供优质教育以培养数据人才的步伐，数据科学已成为国内高校教学热点，涌现了多个跨学科数据科学教育项目。

作为与数据相关密切的学科领域，LIS 领域的相关学院义不容辞地承担着培养高水平数据人才的责任，特别是加入全球顶尖信息学院联盟 iSchool 的我国成员高校。作为国内图书情报学领域的顶尖院系，iSchool 成员院校积极响应国家号召，并学习海外同行经验，通过增设相关项目、开设各类课程等方式，参与国家大数据战略，开展数据人才培养。项目组访问了 iSchools 中国成员武汉大学信息管理学院、南京大学信息管理学院、华中师范大学信息管理学院、北京大学信息管理系、中国人民大学信息资源管理学院、中山大学信息管理学院的官网以及我国其他开设图书情报学教育的高校官网，如南开大学商学院、复旦大学管理学院、上海大学图书情报档案系、中国科学院文献情报中心、黑龙江大学信息管理学院、浙江大学公共管理学院、四川大学公共管理学院、湘潭大学公共管理学院、郑州大学信息管理学院等。通过调研得到：在武汉大学信息管理学院，数据科学是 8 个博士学位点之一，9 个硕士学位点之一；在中国人民大学信息资源管理学院，开设了数据科学与大数据分析，研究方向分别面向本科生和硕士研究生开设了数据科学导论和数据科学课程；在复旦大学，图书情报档案学科领域尚无开设数据科学学位项目或课程，但是在复旦大学大数据学院的学科体系中数据科学有着扎实的基础。总体来说，数据科学专业教育在我国高校 LIS 学科中尚未得到全面开展，与国外相比存在较大的差距。iSchools 中国成员在图书情报档案领域居于我国高等院校的前沿地位，将数据人才的培养纳入其教育体系应该具有一定的示范和引领作用，也应承担将我们 LIS 学科更进一步地推向国际的职责。

反观我国高校其他学科数据科学学位教育的开展情况受到重视。北京航空航天大学于 2013 年设立了数据科学专业硕士课程，这是我国最早培养数据科学硕士的高校①。"数据科学与大数据技术"课程于 2015 年开始申报，目前已经有 9 批共计 790 所高校成功获批"数据科学与大数据技术"本科专业。表 11-2-1 列出了 2022 年、2023 年普通高等学校新增备案数据科学与大数据技术本科专业名单。我们很高兴地看到越来越多的高校认识到数据科学专业对于培养数据人才的重要性，因此纷纷向教育部申请备案开设这个学科，修业年限为四年，授予理学或工学学士学位。

表 11-2-1 2023 年、2022 年度普通高等学校
新增备案"数据科学与大数据技术"本科专业名单

年度	学校名称	学位授予门类	修业年限
2023年度普通高等学校新增备案名单	上海海关学院、河北地质大学华信学院	理学	四年
	太原科技大学、沈阳工业大学、哈尔滨剑桥学院、哈尔滨广厦学院、无锡太湖学院、南京理工大学紫金学院、南京师范大学泰州学院、苏州科技大学天平学院、黄山学院、安徽外国语学院、赣南师范大学、齐鲁师范学院、山东管理学院、华北水利水电大学、郑州工业应用技术学院、中原科技学院、新乡工程学院、湖北理工学院、武汉纺织大学外经贸学院、湖北经济学院法商学院、湖南第一师范学院、广州新华学院、广西警察学院、广西外国语学院、成都文理学院、四川工商学院、遵义医科大学医学与科技学院、西安翻译学院、伊犁师范大学、新疆警察学院、新疆政法学院	工学	四年

① 阮敬，刘宏晶，纪宏. 国外大数据硕士人才培养的经验与启示——基于大数据文本挖掘[J]. 统计与信息论坛，2017(9)：29-36.

年度	学校名称	学位授予门类	修业年限
2022年度普通高等学校新增备案名单	河北建筑工程学院	理学	四年
	河北科技师范学院、山西师范大学现代文理学院、沈阳城市学院、黑龙江外国语学院、宿迁学院、杭州师范大学、中国计量大学、阜阳师范大学信息工程学院、淮北理工学院、福建农林大学、烟台理工学院、山东华宇工学院、中原科技学院、湖北汽车工业学院、湖南女子学院、湖南第一师范学院、长沙师范学院、嘉应学院、广州新华学院、南宁理工学院、四川交通大学希望学院、贵州黔南经济学院、贵州黔南科技学院、红河学院、伊犁师范大学、塔里木大学、北京语言大学、大连工业大学艺术与信息工程学院	工学	四年

注：本表系本项目组据教育部关于公布2023年及2022年度普通高等学校本科专业备案和审批结果的通知整理编制。

我国面临大数据人才缺口较大的问题，政府的数据人才需求持续增长，而数据科学专业教育在这两年才逐渐起步，其中我国LIS学科在数据科学专业教育的重视有待加强。LIS学科是一个和数据密切相关的学科领域，数据科学专业教育必不可少。为了壮大开放政府数据的人才队伍，促进开放数据事业蓬勃发展，高校数据科学专业教育应在LIS学科中广泛开展。

（2）政校企联合数据人才培养的调研

国务院《促进大数据发展行动纲要》明确提出要推动大数据与云计算、物联网、移动互联网等新一代信息技术融合发展，探索新业态、新模式，同时要创新人才培养模式，建立健全多层次、多类型的大数据人才培养体系。政府、企业、高校或研究所等都认识到合作培养数据人才的重要意义以及各自所具备的优势。政府从国家大数据战略高度提出顶层设计方案，高校有着优质的师资力量，企业有丰厚的资金和良好的实践机会。在我国政府数据开放的热潮中，政校企纷纷合作建立大数据学院。有三种联合培养方式：一是政校企三方合作，如山东科技大学阿里云大数据学院，是由青岛西海岸新区人民政府、山东科技大学、阿里云计算有限公司和青岛青软实训教育科技股份有限公司合作创建；二是政校两方合作，如清华—青岛数据科学研究院，是由清华大学和青岛市人民政府合作创建；三是校企两方合作，这种方式占大多数，如成都信息工程大学阿里巴巴大数据学院，是由成都信息工程大学、阿里巴巴集团和慧科集团合作创建。作者认为政校企联合培养是一种创新的人才培养模式，将国家战略、企业需求和学校人才培养结合起来，不仅聚焦于培养数据人才，同时还合作探索破解学科分隔导致的人才培养困局。在这种环境下培养的数据人才能更好地为政府、企业、高校等提供优质的数据服务。表 11-2-2 展示我国目前政校企合作建立大数据学院的概况。

表 11-2-2　我国政校企合作建立的大数据学院概况 (部分)

学院名称	成立时间	合作方	备注
西安文理学院阿里云大数据应用学院			
西安铁路职业技术学院阿里云大数据应用学院	2018 年 5 月 28 日	西安文理学院、西安铁路职业技术学院、西安职业技术学院、阿里巴巴集团·阿里云计算有限公司、慧科集团	计划在三年内培养至少 1000 名云计算与大数据人才
西安职业技术学院阿里云大数据应用学院			

续表

学院名称	成立时间	合作方	备注
北京大学健康医疗大数据国家研究院	2018 年 4 月 28 日	北京大学、中国卫生信息与健康医疗大数据学会	培养跨界复合型人才，与临床医学、生命科学、量子力学等其他学科融合
深圳大学阿里云大数据学院	2018 年 3 月 28 日	深圳大学、阿里云计算有限公司	粤港澳大湾区数据智能人才培养战略合作，培养融合型跨界创新人才
内蒙古农业大学阿里云大数据学院	2018 年 1 月 8 日	内蒙古农业大学、阿里云计算有限公司、江苏知途教育科技有限公司	旨在打造有较强影响力的农牧业大数据人才培养基地
南通大学阿里云大数据学院	2017 年 12 月 22 日	南通市港闸区人民政府、南通大学、阿里云计算有限公司、青软实训教育科技股份有限公司	计划每年培养数据人才 300~500 名
常州大学阿里云大数据学院	2017 年 11 月 30 日	常州大学、阿里云计算有限公司	旨在打造江苏乃至全国大数据领域高素质人才培养重要基地
山东科技大学阿里云大数据学院	2017 年 10 月 11 日	青岛西海岸新区人民政府、山东科技大学、阿里云计算有限公司、青岛青软实训教育科技股份有限公司	旨在 5 年内培养 5000 名云计算、大数据云安全和人工智能方面的高端专业人才

续表

学院名称	成立时间	合作方	备注
西安交通大学阿里巴巴大数据学院	2017年8月19日	西安市人民政府、西安交通大学、阿里云计算有限公司、杭州数梦工场科技有限公司	旨在建设云计算、人工智能、数据安全等前沿专业高地
北京城市学院阿里巴巴大数据学院	2017年6月10日	北京城市学院、阿里云计算有限公司、慧科教育科技集团	面向云计算、大数据、云安全等领域，创立校企联合培养人才新机制
贵州理工学院阿里巴巴大数据学院	2017年5月25日	贵州省人民政府、阿里巴巴集团、贵州理工学院	推动贵州成为"数据之都"，旨在三年之内为贵州培养2500名云计算与大数据高端专业人才和1000名专业技术人才
成都信息工程大学阿里巴巴大数据学院	2017年5月23日	成都信息工程大学、阿里巴巴集团、慧科集团	旨在面向政府、企业、学校培训2000~3000名云计算大数据方面的专业技术人才
福州职业技术学院阿里巴巴大数据学院	2017年5月4日	福州职业技术学院、阿里巴巴集团、慧科集团	融合云计算、大数据、人工智能、网络技术等多领域知识
南京信息职业技术学院阿里巴巴大数据学院	2017年4月26日	南京信息职业技术学院、阿里巴巴集团、知途教育集团	计划开展云计算大数据相关社会培训，承接政府机关事业单位及企业培训工作

学院名称	成立时间	合作方	备注
辽宁科技学院曙光大数据学院	2016 年 10 月	辽宁科技学院、曙光信息产业股份有限公司	"数据中国"百校工程产教融合创新项目
复旦大学大数据学院大数据研究院	2015 年 10 月 8 日	上海市虹口区人民政府、复旦大学、中植企业集团	旨在培养具备扎实的数据科学理论基础和广阔的数据应用视野的复合型人才
清华—青岛数据科学研究院	2014 年 4 月 26 日	清华大学、青岛市人民政府	旨在服务国家大数据战略，引领产业发展

政校企合作建立大数据学院为国家输送数据人才，这无疑是一个巨大的进步。复旦大学大数据学院在建设过程中整合了复旦大学的计算机科学、统计学、数学、经济学、管理科学、工程学等多个学科，在学科交叉背景下开设数据科学与大数据技术本科专业、统计学科学硕士、应用统计博士等，打造了一支高水平的专业教师团队，同时注重国际交流与合作以及政产学研合作。辽宁科技学院曙光大数据学院新办了数据科学与大数据技术本科专业，其主干课程有 Python 语言、Java 语言、Hadoop 大数据技术、数据挖掘技术、数据可视化技术等。这些政校企合作建立的大数据学院的发展也存在一些问题，一是目前成立的政校企合作大数据学院大多并非双一流院校，在师资力量方面可能较为薄弱；二是这些合作建立的大数据学院的可持续发展存在难题，部分学院受制于资金减少等问题，招生和科研方面的发展出现难题，同时为数不多的信息资源管理学科在政校企合作建立大数据学院上的推动力和贡献。

11.2.2　我国政府数据开放人才培养的特点

作者调研了我国目前数据人才的培养现状，本小节将从培养目标、培养对象、培养主体、培养形式与内容这四个方面从总体上分析我国政府数据开放人才培养的特点。

（1）培养目标

各大高校深知不管是自然科学领域还是社会科学领域，乃至各行各业在当下都需要大量的数据人才，因此致力于打造大数据人才的培养学府和专业摇篮。培养多层次、多类型的复合型数据人才，兼具计算机科学、统计学、数学、经济学、社会学等多个学科基础，全力探索数据科学专业学位教育。使培养的毕业生不仅具备扎实的理论知识，同时拥有较为丰富的实践经验，向政府机构、各大企业、高校及研究院等输送高质量的数据人才，在国家大数据战略实施背景下，推动数据的全面开放，推动大数据产业的发展，提升大数据在全社会的再利用率。

（2）培养对象

数据人才培养的对象仍是针对学生的培养。其中，覆盖面最广的是本科生，针对硕士研究生的培养也在逐渐成熟，而针对博士研究生的培养还处在探索之中。我国目前数据人才培养对象存在的这种现象不难理解，国家大数据战略实施时间不算长，数据科学在我国作为一门新兴的学科，即使国外的专业培养已经趋于成熟，但对我国来说仍然是摸着石头过河的探索。因此我国高等教育培养的主要精力放在本科生和硕士研究生的培养上，博士研究生的培养训练则在不断强化中，力求使数据人才的培养向精准化方向发展。

同时调研也可以发现，目前我国数据人才培养的对象过于单一，仅仅针对在校学生有一定的局限性。一方面我国数据人才缺口较大，对数据人才的需求较为迫切，另一方面高校教育的培养周期过长，不能在短时间内补上数据人才的缺口。因此，针对政府机构和企业工作人员的在职培训或短期培训也应提上日程。在职工作人员本身就较为了解数据岗位的工作需求且已经具备一定的基础，通过短期集中的培训学习能使自身的数据素养达到更高的水平。高校的老师也应成为培养对象之一，不可否认高校老师具备非常扎实的专业知识，这是一大优势，但是很少有老师真正清楚国家大数据战略背景下的数据开放具体过程及当下大数据产业的发展趋势与实际操作，因此对于高校老师在数据管理实践方面的培养也十分必要。

（3）培养主体

我国数据人才的培养主体是以高等院校为主，尤其近两年越来越多的高校开设数据科学专业学位教育，承担起向全社会输送高质量数据人才的责任。我国在数据人才培养上开始了多元主体共同培养的探索，较为突出的成果是政校企合作建立大数据学院。山东科技大学阿里云大数据学院正是由青岛西海岸新区人民政府、山东科技大学、阿里云计算有限公司和青岛青软实训教育科技股份有限公司合作创建，这是政府、高校和企业多元化培养数据人才的有益探索。打破传统仅靠高校培养人才的局限，政府机构和企业纷纷加入数据人才培养的队伍当中，更好的向学生传递自身的需求。面向国家大数据战略，政府数据不断开放，大数据产业不断发展，多元化的培养主体使数据人才的能力与岗位需求更加匹配。

多元化的培养主体不应该只体现在由政校企合作建设的大数据学院挂牌成立，更应该思考如何使多元化培养的价值和效益落到实处并发挥到最大化。师资力量、基础设施建设等都应是重点考虑的因素。高校邀请企业数据管理经验丰富的工作人员扮演讲师的角色，为学生讲授在实际工作中数据处理的技巧，弥补现有高校教师理论知识扎实而缺乏实践经验的不足。政府就国家大数据战略项目应主动与企业、高校、研究所等展开合作，发挥各方面的优势获得价值，同时在合作中培养和发掘数据人才。

（4）培养形式与内容

我国数据人才的培养的形式主要以理论学习和实践训练两方面为主，在理论知识学习期间，通常要求学生掌握 Python 语言、Java 语言、Hadoop 大数据技术、数据挖掘技术、数据可视化技术等专业技能，具备良好的数据分析和数据利用的基础；在实习实践期间，要求学生在与本专业相关的岗位进行实践，将理论与实践有效融合。目前我国为培养数据人才，校企合作建设的大数据学院专门开设了大数据实训基地，例如贵州理工学院大数据学院与阿里巴巴联合共建大数据实训基地占地 5000 平方米，可容纳 2000 人，其基地功能有实验室、实训教学、实战演练、项目研讨、路演、创新学习中心等。可见，我国数据人才培养不仅重视理论的培养，同时也重视其实践经验的培养。

11.2.3 我国数据人才培养存在的问题

（1）政策文件对人才培养的指导性不够明确

在笔者选取的 103 份有关政府数据开放的政策文本中只有 48 个政策中有提到关于数据人才培养的问题，这个比例从侧面反映我国在国家政策层面对数据人才尚未引起高度的重视。现有的提及数据人才培养的政策文件中，一般在最后"政策机制"或"保障措施"中提到"建设多层次或复合型人才队伍""强化人力支撑""落实人才保障"或"加强专业人才培养"，所占篇幅很少。笼统地提出希望高校开设数据科学专业，培养大数据专业人才，并提出加强企业和高校展开合作。但并未针对如何进行人才培养、如何开展校企合作提出具体的目标和方向指引，指导性不够明确。

（2）政府数据人才岗位专业性不足

我国各地市政府陆续成立了大数据管理局，截至 2024 年年初，我国已经有 22 个地区设立了省级的大数据管理机构及相关数据管理机构，相关数据岗位的数量逐年增加，但岗位设置和人才聘用的专业程度较弱。已经挂牌成立的大数据管理局的领导班子虽然齐全，但机构人员编制大部分是保留原单位人马，即为原来行政人员的承接，局长由上级单位直接指派。目前仅有广东、上海、北京、江苏、广西、浙江和天津等 7 个省、市、区设有首席数据官，但并未实质邀请数据管理或数据治理相关的专家担任，而是由行政领导兼职。同时，政府的数据开放工程比如开放政府数据平台的开发与运维存在大量外包情况，这说明政府内部专业的数据人才缺乏，因此依赖外部的数据人才提供技术支持。考虑到我国的实际情况，政府工作人员最了解自身工作动态及工作中产生的数据，内部设置数据人才岗位可以减少不必要的麻烦甚至为随后的数据清洗奠定基础。因此我国应尽快落实政府各部门数据官的配备情况，以壮大政府数据人才队伍。

(3)政府数据人才使用和评价机制有待提出

我国缺乏对于政府数据人才的使用和评价科学的机制。目前，我国针对数据开放的实践评估中使用较多的是复旦大学数字与移动治理实验室开展的中国开放数林指数，评估我国地方政府数据开放平台的数据质量，由四个一级指标构成：数据集总量、数据开放度、数据覆盖面、数据持续性。但这些指标忽视数据人才这种软实力。我国若将政府数据官员设置情况及其数据素养能力纳入评估体系，能倒逼我国积极壮大政府数据人才队伍，则开放数据的质量问题将迎刃而解。

(4)高校数据科学专业教育与实践需求存在差距

通过前面章节的调研，我国 2022 年和 2023 年向教育部备案获批在本科教育中开设数据科学与大数据技术专业的高等院校呈上升趋势，这是令人感到欣慰的事情，说明数据科学专业教育已经引起重视。但对比目前用人方对数据人才的需求，可以发现目前高校培养的人才与企业、政府等用人方所需的人才存在一定差距。一是在培养人才数量的不足，我国数据科学相关专业起步较晚，培养的专业人才数量较少对用人方的需求满足不充分；另一方面，高校中的培养存在重技术轻管理或重管理轻技术的倾向，对复合人才的培养还不够成熟和充分，培养出的人才难以满足企业实际工作中的需求。

（5）信息资源管理学科对人才培养的参与度较低

前文已经调研了目前我国拥有信息资源管理学科的高校数据科学专业教育的开设情况及政校企合作建设大数据学院的情况，我国的信息资源管理学科的参与状况不太乐观。信息资源管理学科是与数据紧密联系的一门上升的学科，信息资源学科在国家大数据战略背景下的对政府数据开放研究、科学数据、人机交互、数据挖掘、数据可视化、数据建模等方面已有重要探索和成果产出，但在相关人才的培养上存在缺位，仅有少量学院进行专业人才培养，如武汉大学信息管理学院设置有数据科学博士点，大量高校对数据相关人才的培养还处在起步和发展阶段，对人才培养力度有待加强。

（6）政校企联合培养不够深入

企业参与国家大数据战略实施的合作实践有两种形式：一是政府和企业的合作，由于政府缺乏专业的数据人才，因此公开招标企业的数据服务。例如贵州省政府数据开放平台的建设是由贵州省大数据发展管理局主办，由云上贵州大数据产业发展有限公司和贵州中软云上数据技术服务有限公司来提供技术支持。我国政府和企业的合作较多是研究项目的合作开发和政府数据开放平台的建设，目前还没有深入到数据人才合作培养上。二是高校和企业的合作。高校缺乏数据管理实践经验丰富的行业师资、优秀案例、设备、实习岗位等资源，而企业可以弥补这一不足。例如西安交通大学阿里巴巴大数据学院是西安交通大学、阿里云计算有限公司及杭州数梦工场科技有限公司合作建立的。就作者前期调研的情况来看，目前与高校合作建设大数据学院的企业多为阿里巴巴集团，这反映出我国企业参与数据人才培养的合作与实践在数量上处于弱势。企业有自己的优势比如经验丰富的从业人员、优秀案例、设备等，但也有很明显的劣势如缺乏项目机会、资金、场地等。因此要改变企业参与数据人才培养的合作与实践较少这一现状，与政府、高校优势互补，合作培养有较高专业素养的数据人才。

11.3 加强我国政府数据开放共享人才培养的建议

国务院《促进大数据发展行动纲要》要求我国建设多层次的数据人才队伍，培养主体的多元化能更好地实现这一目标。我国的培养主体应该包括政府、高校以及企业，这三方各自扮演着不同的角色，各尽其责却又相互合作。政府完善数据人才培养的政策法规体系，设置相关岗位并定期审核，从顶层设计使人才培养具有合法性；高校开展数据科学专业教育，形成教育体系，使人才培养的过程具有规范性；企业积极与高校、政府参与合作实践，优势互补，使人才培养的形式更具灵活性。

11.3.1 加强政府对数据人才培养的战略指导

(1)建立完善的数据人才培养政策体系

国家层面应尽快出台推动数据人才培养的规划纲要。我国早在 2015 年 8 月国务院印发的《促进大数据发展行动纲要》中就提到要建立多层次、多类型的大数据人才培养体系，2021 年颁布的《国务院办公厅关于印发全国一体化政务大数据体系建设指南的通知》针对政务数据提到要加强专业力量建设，建立专业数据人才队伍，提升其数字思维、数字技能和数字素养，补齐运营主体缺位、专业能力不足短板，创新政务数据开发运营模式；同年 12 月颁布的《"十四五"国家信息化规划》指出"支持第三方专业机构推行大数据岗位专项技能培训，开展大数据人才岗位能力认证，加快知识型、技能型、创新型岗位人才培养"。这些政策都指引了数据人才培养的方向，但其细化程度和可操作性仍较低。我国应针对数据人才培养出台更有针对性更细致的政策体系，打造以政府主导、高校实施、企业参与的可执行的数据人才培养体系。政府要保障资金投入、加强组织领导及监督问责，以此站在战略高度上协同高校和企业培养一支强大的数据人才队伍。

各省市的数据人才培养政策在国家层面政策的指导下还要结合地方特色。一方面地方政府应与当地高校、企业展开合作，优势互补，联合培养，尽可能在保证质量的同时缩短培养周期。

（2）优化政府数据管理的岗位设置

目前虽然越来越多的省份设置了数据管理部门，但相关岗位的设置还需要进一步优化。首先，专业政府数据管理岗位的数量应进一步提升，对于数字政府，尤其是在数据要素化战略的推进下，对于任何一个政府部门而言，其都需要专业的数据岗位依靠数据人才支持部门运转，换言之，任何一个产生政府数据的公共部门都应设立相应的数据管理岗位。比如我国应急管理部门设置首席数据官职位，则该部门的数据团队将在首席数据官的带领下定期监测我国边远地区和贫困山区的灾情数据、防灾救灾物资数据等，指导数据团队进行部门数据开放平台的建设，积极打破部门间的数据壁垒以推动数据共享。而现实是我国政府目前并没有设置这些数据人才岗位。其次，数据管理岗位的专业性需要进一步提升，目前政府部门内部许多重要的数据岗位主要以其他人员兼任的方式为主，相应人员的专业性不够充分，难以从专业视角大力支持政府数据开放、共享、授权运营等行动的进展。以美国为例，首席数据官和数据科学家在美国联邦政府中是一个重要的角色①，首席数据官需管理开放政府数据相关事

---

① Meet Government's Chief Data Officer in 2023 [EB/OL]. [2024-01-02]. https://deloitte.wsj.com/cio/meet-governments-chief-data-officer-in—2023-d44bf722.

宜，包括协调如何提供 API 和创建公共数据产品，改进收集、使用、管理和发布数据的方式，确保数据可用、可靠、一致、可访问、安全和及时，以支持机构的任务和活动，往往都是由专业的数据管理专家担任。随着我国政府数据开放的进程越来越快，为了促进政府数据开放、政府授权运营等顺利运行，应吸纳更多的专业人才填充现有政府部门数据人才的空缺，提升政府数据部门的专业度。

（3）完善数据人才使用和评价机制

我国政府机构公开招聘毫无疑问会通过公务员考试、事业单位考试、遴选、人才引进这些途径进行。数据工作不同于传统的行政工作，它更看重专业知识和技能操作。因此人才选拔环节除了以往的考察方式之外应增加更严格的专业技能测试，如编写算法、程序设计、数据建模、数据可视化分析等。当然也可以创新数据人才选拔方式，例如通过大数据竞赛直接录取表现突出的选手。全球数据分析领域巨头 SAS 公司创办了中国高校 SAS 数据分析大赛，不仅为学生提供展示自己的舞台，更提供了宝贵的就业机会。

开放政府数据评估是政府数据开放的重要组成部分①，将政府数据官员的设置及其数据素养能力的考察纳入评估之中，有利于激发政府培养数据人才的积极性，提高对数据人才培养的重视度，最终推动开放政府数据工作的开展。国外已经推出众多体系较为成熟完备的开放政府数据评估②，其中不乏具有代表性的对数据人才的关注比较高的评估体系，这些评估指标和方法可供尚无一套科学完备的开放政府数据评估的我国参考。表 11-3-1 展示了目前国外几个较具有代表性的开放政府数据评估及其与数据人才相关的指标。

---

① 夏义堃. 国际组织开放政府数据评估方法的比较与分析[J]. 图书情报工作，2015（19）：75-83.
② 郑磊，关文雯. 开放政府数据评估框架、指标与方法研究[J]. 图书情报工作，2016(18)：43-55.

表 11-3-1 国际上涉及数据人才指标的开放政府数据评估

评估项目	评估主体	一级指标（维度）	二级指标	评估方式
开放政府数据指数（OGD指数）	世界经济合作组织（Organization for Economic Cooperation and Development）	数据再利用方面政府的支持度	组建政府数据分析团队；培训公务员的数据能力	对各国政府的首席信息官/数据官进行问卷调查
联合国电子政务调查（将开放政府数据评估纳入其中）（UN E-Government Survey）	联合国经济和社会发展事务部（The Department of Economic and Social Affairs of the United Nations Secretariat）	组织结构	信息/隐私/数据专员的设置；这些专员是否可以独立履行职责	志愿者评估、专家评估数据
开放数据准备度评估（Open Data Readiness Assessment）	世界银行开放政府数据工作组（The World Bank's Open Government Data Working Group）	体制框架	与开放政府数据相关的技能培训；公务员机制	对政府官员和其他利益相关者者进行问卷调查和访谈
		公众参与	高校每年培养的技术型和计算机专业的毕业生的情况	
		数据持有者（各种官员）	与官员职责有什么问题？如何提供供什么数据？如何处理隐私问题？现有的制度和保障措施等	
开放数据晴雨表（Open Data Barometer）	万维网基金会（World Wide Web Foundation）	开放数据准备度——企业准备度	希望利用开放政府数据提升技能可获得培训的程度	专家调查、同行评估、数据集评估等
全球开放数据指数（Global Open Data Index）	开放知识基金会（Open Knowledge）	—	—	志愿者问卷调查、专家评估等

注："—"代表该评估项目没有相应的指标。

由此可见，国外开放政府数据评估关注到了在各国政府数据开放进程中数据人才的重要性。一方面开放政府是否具备数据人才资源，即考察各国数据官员的设置情况；另一方面开放政府数据人才的数据素养，即考察其公务员数据能力的培养情况。评估结果的高低能反映一个国家在政府数据开放过程中的优势与不足，因此将政府数据官员的设置及其数据素养能力培养纳入评估体系有利于提高各国培养数据人才的积极性。没有设置数据官员岗位的国家会加大数据人才的培养力度，尽快向开放政府输送数据人才；已经设置数据官员岗位的国家会提升数据人才的培养质量，使数据人才具备更好的数据素养以处理工作中的各项数据问题。

数据人才的评价有多种形式：一是将政府数据官员的设置及其数据素养能力培养纳入政府数据开放评估体系之中，我国应尽快出台指标覆盖全面的开放政府评估标准；二是开展数据人才的年度考核工作，考核业务能力、本年度参与的数据项目以及首席数据官的评分；三是创新评价方式，可以定期组织业务知识技能竞赛，倒逼数据人才不断学习进步。数据人才选拔任用和评估是检验人才培养的成果，因此建立成熟的人才选拔任用和评价机制，也是提高数据人才培养积极性的助推器。

（4）重视海外数据人才的引进

我国数据人才培养起步晚、建设慢，高校培养周期长，这意味着短期内向政府输送数据人才有一定的困难。

引进人才不失为一个好办法。吸引国际顶尖数字人才入驻，积极招募并引进一批来自海外的卓越数字领域专家与数据管理高端人才，如充分利用国家级的"海外高层次人才引进计划(简称千人计划)"等海外人才引进计划，向政府、高等院校和企业输送高质量的数据人才；鼓励并支持具有海外留学背景的数据领域人才回国创业，通过政策扶持、资金援助等方式，助力其将国际先进技术与理念转化为国内创新成果；组织策划专项活动，邀请并引导具备丰富国际经验和专业技能的海外数字人才回国交流、服务，加强国内外数字技术的交流与合作。

推动数字人才的全球胜任力提升。我国的数据科学教育相对发达国家较为落后，可鼓励学生积极参与国际数据科学、信息管理领域的学术会议、交换生项目；构建多元化的国际交流平台，促进国内数字人才在技术研发、项目管理、市场策略等方面的高效地与国外数据科学、数据管理领域的团队进行深度对话与合作，鼓励企业技术人员参与跨国合作项目；支持政府工作人员在适当、必要的条件下出国交流、实地调研。引进来和走出去相结合，在数据人才培养上探索国际先进模式，提高我国数据人才培养水平。

11.3.2 提升高校数据科学专业教育的培养质量

(1)优化数据科学专业的培养方案

百年大计，教育为本。高校承担着培养高级专门人才、发展科学技术文化、促进社会主义现代化建设的重大任务。在国家大数据战略实施进程加快，数据要素战略加速推进，数据人才缺口较大的背景下，高校必须全力以赴加强数据科学专业教育，培养高质量的数据人才，将人才培养目标与国家大数据战略紧密联系起来，培养满足国家需要的数据人才。

同时，高校应制定清晰详细的培养方案，明确地为政府、企业及高校输送数据人才的培养目标及前景。结合我国的实际情况，高校需要明确并重视数据科学不是一个单一的学科，它与统计学、数学、计算机科学、经济学、软件工程等学科密切相关。因此需跨学科联合培养复合型数据人才，即在课程设置上就应考虑到邀请统计学、数学、计算机科学、经济学等专业老师开设统计学导论、微积分、离散数学、计算机程序设计、市场分析等多样化课程。除了掌握扎实的理论基础，还应学会使用多种工具如 Python、SPSS、SAS 等以提升数据技能。为了让学生更充分地掌握在数据创建与采集、数据组织与描述、数据存储与发布、数据获取与利用、数据增值与评价方面的知识和技能，学科应积极主动地与政府、企业合作，使学生获得挂职锻炼、实习的机会，以此能够积累学生的工作经验。我们应致力于培养学生成为数据科学领域的佼佼者，在我国政府的指导下，解决社会、经济、健康等数据问题，使他们在各自的行业中具有较强的竞争力。

（2）扩展数据科学专业的培养项目和形式

国外 iSchools 数据科学专业教育的培养项目及形式多样，分别针对本科生、硕士研究生及博士研究生开设层级不同的学位项目，采取多样化的教学方式，例如面授或在线视频等。了解国外部分 iSchools 数据科学专业教育的培养项目及形式总结制表，能对我国高校增加数据科学专业的培养项目及形式提供参考。

参考国外数据科学培养项目及结合我国教育实际情况，LIS 学科的数据科学培养项目可分为以下三种类型：第一，开展学位教育，本科学位四年，硕士学位(学硕/专硕)三年或两年，博士学位四年。学位教育培养年限固然很长，但随着培养层次的上升，学生的理论基础越加扎实，实践经验越加丰富。学位教育应该是数据科学专业教育和数据人才培养的重中之重。第二，开展辅修教育，即双学位教育，培养参考年限为两年。学生在自己第一学位教育的基础上可根据自身的学科发展需要、兴趣爱好甚至未来职业规划来选择数据科学辅修教育。完成辅修方案中的所有要求之后授予辅修学位。第三，开展证书教育，培养参考年限为半年或一年。证书教育具有培养时间短、费用低、见效快的优势，但课程难度并不会过于降低，因此建议政府或企业中已经具备一定数据基础或工作经验丰富的人选择该项目。短期的培养在一定程度上能够快速补上数据人才缺口。

创新培养形式。课程除了传统的面授之外，可以学习在线课程，专业老师选择国家智慧教育平台或中国大学 MOOC 平台上一些优秀的与学科关联度高的课程推荐给学生，也是获得学分的途径之一。在培养过程中加大学生挂职锻炼或实习所占的比重，工作经验在求职过程中的重要性不言而喻。参与大数据竞赛、项目合作、平台开发等多种类型的培养，有利于提升学生的竞争力，助其成为未来数据领域的佼佼者。

（3）完善数据科学专业课程体系

国外 iSchools 数据科学专业教育在课程设置方面更加体现了它是一门与统计学、数学、经济学、计算机科学密切相关的学科，例如加州大学欧文分校数据科学本科学位教育中的低年级课程需要微积分、线性代数等数学基础，也需要计算机组织、程序设计等计算机基础。将国外部分 iSchools 数据科学专业教育的课程设置总结制表，以期对我国高校数据科学专业教学内容设计提供参考。

结合我国实际情况，高校数据科学专业教学内容应紧紧围绕开放政府数据创建与采集、组织与描述、存储与发布、获取与利用、增值与评价这五个环节设计①，提升学生的数据统计、数据分析挖掘、平台设计开发、编程、数据可视化、决策沟通等多重能力。再结合统计学、数学、计算机科学、经济学等学科背景，对于教学内容设计提出如下建议。《微积分》《线性代数》《离散数学》《统计学概论》《管理学》《计算机基础》等可以作为先导课程，旨在拓展学生的学科知识面，拥有较为扎实的公共理论基础，为将来深入开展的专业课铺路。统计学思维是不可缺少的，除了要掌握多种数理统计的原理和方法之外，还要培养学生熟练使用统计分析工具，推荐 SPSS、SAS、R。培养学生的数据分析与挖掘能力，可开设《数据可视化》《数据检索》《数据组织与描述》《数据分析》等专业课程，指导学生使用 Python、Java、Weka、Oracle Data Mining 等工具，掌握工具能更好地将数据呈现给用户。在政府数据开放平台建设热潮中，重点

---

① 黄如花，林焱. 大数据背景下数据素养教育研究[J]. 数字图书馆论坛，2016(5)：19-26.

引导学生掌握编写程序代码、建立数据模型，致力于平台的搭建、测试、运行及维护升级。《数据库系统》《数据建模》《编程与软件开发》《人机交互》《机器学习》《数据隐私与安全》等课程可以帮助学生熟悉 Hadoop、MapReduce、ETL 等平台技术和 Java、C、C++等编程语言。以上的课程是远远不够的，服务于政府数据开放的数据人才还要致力于引导用户深入发掘数据的价值，为政治、经济、文化等生活带来可观的增值效益。在这个环节中数据人才还要擅长市场营销、商务智能、决策分析、人际沟通等，可开设《用户行为研究》《科学交流》《决策支持》《市场分析》《商务智能》等课程以培养学生更好地引导用户深度利用开放数据。

课程以"学科公修课+专业必修课+专业选修课"的形式分配，除了学科必需的知识外，学生可根据自己的研究方向或兴趣爱好选择课程。考虑到该学科需要掌握多种语言或工具，因此以"理论课+上机实验课"相结合的形式来完成一门课程的教学任务，比如对于 Python 的教学可以在一次理论授课之后安排一次上机操作课，学以致用，巩固所学的理论。课程的考核形式也应是理论与实践相结合的，传统的试卷或论文可以考察学生对于理论知识是否融会贯通，另外应要求学生以小组合作的形式完成一个数据开放平台的设计与开发。扎实的理论基础加上高超的实战能力才能具有强大的竞争力。

（4）调整数据科学专业的师资队伍结构

很多高校的数据科学专业处于正在筹备建设和未建设之中，师资队伍是否强大对于学科点的建设起着关键性作用。客观来说，学科现有的很多老师虽然拥有丰富的理论知识和教学经验，但是缺乏大数据实践经验。为壮大数据科学专业的师资队伍，可采取以下措施：对现有的老师加强数据技能培训，可以组织集体培训，也鼓励老师自学；积极引进国内外顶尖的数据人才以补充师资团队的空缺；学科定期邀请企业经验丰富的数据人才作为客座讲师，向学生传授在实际工作中的数据处理问题，可采纳讲座培训、部分项目参与、实地考察等多样化形式;遴选并主动联系从事数据工作的已毕业学生,邀请其返校介绍数据岗位需要的知识和技能,分享求职、实习、就业、招聘、职业培训等活动中的相关经验,同时可引导其引入较为可靠的实习与招聘信息。在壮大师资队伍时一定要结合学科培养现状,基于对我们目前缺的是什么、想要重点教授学生哪方面的知识等问题的思考,有计划、有针对性地增强师资力量。

11.3.3 引导企业积极参与数据人才的培养

(1)加强专业教育与岗位实践的融合

我国高等院校是培养专业人才的摇篮,但在培养数据人才上客观存在两个问题:一方面我们专业教师的理论基础扎实,但真正从事数据行业工作的实践老师欠缺;另一方面高校传统学科建设倾向于完备的理论体系构建而忽略实践平台的搭建①。校企协同,将专业教育与岗位实践相结合,能优势互补、实现共赢。企业将自己的人才需求传达给高校,可以利用高校建设自己的人才培养基地或实践平台,但同时也为高校提供经验丰富的行业师资、优秀案例、设备、实习岗位等资源;高校针对企业的需求和市场反馈,有针对性地调整自己的培养方案,为企业输送优质人才,同时也获得了企业所提供的实践机会与技术资源。

以下合作方式可供参考:

第一,合作授课,强化课程内容的行业前沿性与实践指导性。结合数据科学导论、数据挖掘、数据可视化、C/R 语言、数据建模等核心课、专业课、平台课、实习实践课等的教学需求、实践需求、行业需求以及学习成果转化需求,邀请来自数据管理与应用、数字技术等领域的企业选送师资走进高校课堂

---

① 高琪. 面对大数据"人才荒"校企如何协同人才培养?[J]. 大数据时代,2018(2):38-42.

进行授课，或作为教学团队顾问为教师的课程内容设计、课程教学资源研制、教学评估等提供行业发展视角的建议，以实践经验和行业洞察丰富教学体验。

第二，合作共建产学研一体化基地，实现知识、经验与技术的双向交流。高校与企业合作建立数据科学研究中心/实验室、大数据人才实践中心、大数据人才实训基地等机构，促进企业中的高层次数字人才能够顺畅地进入高校担任流动岗位、兼职岗位，如吸引并接纳来自企业界符合条件的高层次数字人才担任兼职教师/导师、研究员、创新创业导师/顾问等。

第三，合作设立实习实践项目。签署人才培养的实习项目合作计划，邀请数据行业相关企业为本、硕、博不同阶段的学生提供不同内容、时长、类型的实习实践机会；引导企业为实习生中特别优秀、表现突出的学生提供正式就业机会。

贵州理工学院阿里巴巴大数据学院是一个值得参考的案例。贵州理工学院依托阿里云的行业人才标准与权威认证体系，同时借助慧科集团前沿方向课程知识体系与丰富的校企协同育人成功经验，开设数据科学与大数据技术、网络工程(云计算)两个核心支撑专业。校企同时合作打造了大数据创新人才实训基地、嵌入企业场景学习空间、智慧教学信息化云平台等实践平台，三方共同组建一支大数据师资团队，致力于建设一支国家大数据战略背景下能够助力贵州省大数据产业发展的核心数据人才队伍。

（2）促进政企间在人才培养上的资源共享

政府将个别业务外包给第三方企业是实现合作双赢的事情。政府开发先进的项目资源，具备良好的财力、物力基础，但专业人才的欠缺使得政府不得不通过公开招标的方式选择业务精良的企业合作。企业内部通常拥有一支专业素养过硬的业务团队，但缺乏合适的机遇、资金及人脉等使得发展受阻。政企开展合作，业务外包与资源共享能够优势互补。在我国地方政府数据开放平台建设过程中，政府负责顶层设计、提供各业务部门的原始数据，但开放平台的前期开发和后期运维很多外包给大数据领域的有限公司，如数字广东网络建设有限公司给广东省政府数据统一开放平台提供技术支持。这就意味着企业的数据人才为政府提供数据服务。

随着国家大数据战略实施的进程加快，新的经济增长点也应运而生。政府数据岗位的空白和数据人才的缺口是一大阻力，企业应积极响应政府的号召，参与政府的公开招标以承接项目，及时为政府输送数据人才。同时在合作过程中，企业数据人才可以对政府工作人员开展数据业务培训，实施"一带一"帮扶，这也是间接地为政府培养数据人才。

（3）推动企业内部数据人才的职业培训

鼓励行业内部成立数据人才培养协会，各大企业可申请加入。协会主要承担组织数据人才的职业培训和资格认证工作，此举也有利于企业为政府开展更专业化的开放数据服务提供更强大的技术、平台、人才支撑。

①推出职业培训活动品牌

设计系统性的数据素养、数字素养与技能研讨培训班，并面向全国开放报名通道，鼓励各行业领域的政产学研界主体、乃至交叉行业领域的主体参与；不定期开设数据业务培训，可轮流邀请企业的数据团队来讲授成功的案例或在处理数据过程中的心得体会，在培训过程中，各个企业的数据团队人员能互相交流、分享经验，甚至可以资源共享。

②推动建立各行业的数据人才资格认证制度

设立不同业务类型资格例如数据工程师、数据分析师、数据架构师，同一类型不同级别资格例如一级数据工程师与二级数据工程师；聚焦大数据、人工智能、智能制造、集成电路、数据安全等前沿数字技术在各行业、各场景的应用与落地，协同政府部门、行业协会、龙头企业、高等院校、社会培训评价组织等主体，研制并发布一系列国家层面的行业标准、职业标准、能力评估标准、面向各行业的数字素养或数据素养的能力框架等，并据此研发系统化、分类化、分级化的培训方案、线上线下教学与培训资源等。

参 考 文 献

中文部分

著作

[1] 弗里曼. 战略管理：一种利益相关者方法[M]. 王彦华，梁豪，译. 上海：上海译文出版社，2006：30-44.

[2] 陈庆云. 公共政策分析[M]. 北京：北京大学出版社，2006：232.

[3] 考夫曼. 后现代法哲学：告别演讲[M]. 米健，译. 北京：法律出版社，2000：53-54.

[4] 李爱君. 中国大数据法治发展报告[M]. 北京：法律出版社，2018：33.

[5] 李龙，程关松，占红沣. 以人为本与法理学的创新[M]. 北京：中国社会科学出版社，2010：87-94.

[6] 罗宾斯，库尔特. 管理学（第 7 版）[M]. 北京：中国人民大学出版社，2003：7.

[7] 马克思恩格斯全集：第 1 卷[M]. 中共中央马克思恩格斯列宁斯大林著作编译局，译. 北京：人民出版社，1956：72.

[8] 马克思恩格斯全集：第 23 卷[M]. 中共中央马克思恩格斯列宁斯大林著

作编译局，译. 北京：人民出版社，1972：102.

[9] 宋方青. 立法与和谐社会：以人为本的理论基础及其制度化研究[M]. 北京：法律出版社，2015：26-28.

[10] 涂子沛. 大数据：正在到来的数据革命，以及它如何改变政府、商业与我们的生活[M]. 桂林：广西师范大学出版社，2012：10.

[11] 王万华. 知情权与政府信息公开制度研究[M]. 北京：中国政法大学出版社，2013：13.

[12] 王泽鉴. 民法物权[M]. 北京：中国政法大学出版社，2001：52.

[13] 徐继华，冯启娜，陈贞汝. 智慧政府：大数据治国时代的来临[M]. 北京：中信出版社，2014：20-21.

[14] 雪莱. 雪莱政治论文选[M]. 杨熙龄，译. 北京：商务印书馆，2009：66.

[15] 杨孟辉. 开放政府数据：概念、实践与评价[M]. 北京：清华大学出版社，2017：1-10，16.

[16] 俞可平. 论国家治理现代化[M]. 北京：社会科学文献出版社，2014：4.

[17] 张文显. 良法善治：民主、法治与国家治理[M]. 北京：法律出版社，2015：21.

[18] 郑成思. 知识产权法：第2版[M]. 北京：法律出版社，2004：10.

[19] 智富，郭忠新. 现代汉语大词典：下册[M]. 上海：上海辞书出版社，2009：3113.

期刊论文

[1] Bertot C J，郑磊，徐慧娜，等. 大数据与开放数据的政策框架：问题、政策与建议[J]. 电子政务，2014(1)：6-14.

[2] 白清礼. 政务公开与政府信息公开之辨析[J]. 图书馆工作与研究，2012(8)：61-64.

［3］鲍静，张勇进，董占广. 我国政府数据开放管理若干基本问题研究［J］.
行政论坛，2017，24（1）：25-32.

［4］卜卫. 试论内容分析方法［J］. 国际新闻界，1997（4）：56-60.

［5］才世杰，夏义堃. 发达国家开放政府数据战略的比较分析［J］. 电子政务，
2015（7）：17-26.

［6］蔡婧璇，黄如花. 美国政府数据开放的政策法规保障及对我国的启示［J］.
图书与情报，2017（1）：10-17

［7］曹凌. 大数据创新：欧盟开放数据战略研究［J］. 情报理论与实践，2013
（4）：118-122.

［8］陈朝兵. 超越数据质量：政府数据开放质量的几个理论问题研究［J］. 情
报杂志，2019（9）：185-191.

［9］陈朝兵，郝文强. 国外政府数据开放隐私影响评估的政策考察与启示——
以美英澳新四国为例［J］. 情报资料工作，2019（5）：23-30.

［10］陈丽冰. 我国政府数据开放的推进障碍与对策［J］. 情报理论与实践，
2017（4）：16-19，31.

［11］陈立枢. 中国大数据产业发展态势及政策体系构建［J］. 改革与战略，
2015，31（6）：144-147.

［12］陈美. 基于整体性治理的澳大利亚信息政策研究［J］. 情报理论与实践，
2013（4）：123-128.

［13］陈美. 英国开放数据政策执行研究［J］. 图书馆建设，2014（3）：22- 27.

［14］陈美. 澳大利亚中央政府开放数据政策研究［J］. 情报杂志，2017，36
（6）：134-140.

［15］陈美. 政府数据开放利用：内涵、进展与启示［J］. 图书馆建设，2017
（9）：44-50，77.

［16］陈美. 日本开放政府数据分析及对我国的启示［J］. 图书馆，2018，285
（6）：12-18.

[17] 陈美. 基于 CKAN 的政府数据开放平台构建[J]. 现代情报，2019，39（3）：71-78.

[18] 陈美. 面向增值利用的政府开放数据平台顶层设计研究[J]. 图书馆，2019(8)：23-28.

[19] 陈涛，李明阳. 数据开放平台建设策略研究——以武汉市政府数据开放平台建设为例[J]. 电子政务，2015(7)：46-52.

[20] 陈雅迪，李娟，梁栋，等. 基于借阅曲线分析的高借阅型馆藏生命周期研究[J]. 大学图书馆学报，2021，39(2)：35-44.

[21] 陈勇. 深化政务公开的若干思考[J]. 党政论坛，2001(3)：39-40.

[22] 程银桂，赖彤. 新西兰政府数据开放的政策法规保障及对我国的启示[J]. 图书情报工作，2016，60(19)：15-23.

[23] 邓胜利，夏苏迪. 中美城市政府开放数据平台对比研究[J]. 图书馆杂志，2019(6)：57-68.

[24] 邓崧，葛百潞. 中外政府数据开放比较研究[J]. 情报杂志，2017(12)：142-148.

[25] 迪莉娅. 政府数据开放许可适用研究[J]. 图书馆，2014(6)：91-93.

[26] 迪莉娅. 国外政府数据开放研究[J]. 图书馆论坛，2014(9)：86-93.

[27] 迪莉娅. "反公地悲剧"视角下的政府数据开放研究[J]. 情报理论与实践，2016，39(7)：56-60.

[28] 翟军，于梦月，林岩. 世界主要政府开放数据元数据方案比较与启示[J]. 图书与情报，2017(4)：113-121.

[29] 翟军，翁丹玉，袁长峰，等. 英国政府开放数据的"国家信息基础设施"建设及启示[J]. 情报科学，2017，35(6)：107-114.

[30] 翟军，陶晨阳，龙莎等. 欧盟开放数据的元数据标准 DCAT-AP 及启示[J]. 情报科学，2019，37(2)：104-112，121.

[31] 丁念，夏义堃. 发展中国家开放政府数据战略的比较与启示[J]. 电子政

务，2015(7)：27-36.

[32] 丁依霞，郭俊华. 中国电子政务服务创新研究 20 年：一个系统性分析
[J]. 中国科技论坛，2021(1)：44-54.

[33] 丁艺. 从《联合国 2014 年电子政务调查报告》看全球政府数据公开[J].
电子政务，2014(9)：9-14.

[34] 杜雁芸. 大数据时代国家数据主权问题研究[J]. 国际观察，2016(3)：
1-14.

[35] 段尧清，邱雪婷，何思奇. 主题与区域视角下我国城市政府开放数据利
用现状分析[J]. 图书情报工作，2018(20)：65-76.

[36] 樊博. 推进开放政府数据：提升政府部门大数据能力[J]. 学海，2018
(2)：5-10.

[37] 范梓腾，谭海波. 地方政府大数据发展政策的文献量化研究——基于政
策"目标—工具"匹配的视角[J]. 中国行政管理，2017(12)：46-53.

[38] 冯永琦，林凰锋. 数据要素赋能新质生产力：理论逻辑与实践路径[J].
经济学家，2024(5)：15-24.

[39] 付熙雯，郑磊. 政府数据开放国内研究综述[J]. 电子政务，2013(6)：
8-15.

[40] 高琪. 面对大数据"人才荒"校企如何协同人才培养？[J]. 大数据时代，
2018(2)：38-42.

[41] 顾磊，王艺. 基于政府数据开放的智慧城市构建[J]. 电信科学，2014，
30(11)：38-43.

[42] 韩普，康宁. 国内政府数据开放共享的关键因素分析及评价[J]. 情报科
学，2019(8)：29-37.

[43] 韩缨. 欧盟"地平线 2020 计划"相关知识产权规则与开放获取政策研究
[J]. 知识产权，2015，(3)：92-96.

[44] 郝文强. 政府数据开放中的利益相关者：界定、分类及管理策略[J]. 现

代情报，2021，41（7）：137-145.

[45] 侯人华. 政府数据公共服务模式研究[J]. 情报杂志，2014（7）：180-182.

[46] 胡昌平. 论网络化环境下的用户信息需求[J]. 情报科学，1998，16（1）：
16-23.

[47] 胡税根，王汇宇，莫锦江. 基于大数据的智慧政府治理创新研究[J]. 探
索，2017（1）：72-78，2.

[48] 黄璜，赵倩，张锐昕. 论政府数据开放与信息公开——对现有观点的反
思与重构[J]. 中国行政管理，2016（11）：13-18.

[49] 黄璜. 美国联邦政府数据治理：政策与结构[J]. 中国行政管理，2017
（8）：47-56.

[50] 黄敏聪. 美国政府数据开放新趋势及其对我国的启示[J]. 图书情报工
作，2017（18）：60-65.

[51] 黄明峰，刘军，靖剑波. 贵阳市政府数据开放平台设计与实现[J]. 电信
科学，2017，33（9）：136-147.

[52] 黄如花，李白杨. 数据素养教育：大数据时代信息素养教育的拓展[J].
图书情报知识，2016（1）：21-29.

[53] 黄如花，林焱. 大数据背景下数据素养教育研究[J]. 数字图书馆论坛，
2016（5）：19-26.

[54] 黄如花，王春迎. 我国政府数据开放平台现状调查与分析[J]. 情报理论
与实践，2016（7）：50-55.

[55] 黄如花，刘龙. 英国政府数据开放中的个人隐私保护研究[J]. 图书馆建
设，2016（12）：47-52.

[56] 黄如花，李楠. 国外政府数据开放许可协议采用情况的调查与分析[J].
图书情报工作，2016（13）：5-12.

[57] 黄如花，刘龙. 英国政府数据开放的政策法规保障及对我国的启示[J].
图书与情报，2017（1）：1-9.

[58] 黄如花，李楠. 美国开放政府数据中的个人隐私保护研究[J]. 图书馆，2017(6)：19-24，76.

[59] 黄如花，苗淼. 北京和上海政府数据开放政策的异同[J]. 图书馆，2017(8)：20-26.

[60] 黄如花，李楠. 澳大利亚开放政府数据的元数据标准——对 Data. gov. au 的调研与启示[J]. 图书馆杂志，2017，36(5)：87-97.

[61] 黄如花，何乃东，李白杨. 我国开放政府数据的价值体系构建[J]. 图书情报工作，2017，61(20)：6.

[62] 黄如花，林焱. 国外开放政府数据描述规范的调查与分析[J]. 图书情报工作，2017，61(20)：37-52.

[63] 黄如花，温芳芳. 我国政府数据开放共享的政策框架与内容：国家层面政策文本的内容分析[J]. 图书情报工作，2017，61(20)：12-25.

[64] 黄如花，温芳芳. 我国政府数据开放共享政策问题的构建[J]. 图书情报工作，2017，61(20)：26-36.

[65] 黄如花，赖彤. 数据生命周期视角下我国政府数据开放的障碍研究[J]. 情报理论与实践，2018，41(2)：7-13.

[66] 黄如花，温芳芳. 开放政府数据生命周期视角的我国政府数据资源管理政策文本内容分析——国家各部门的政策实践[J]. 图书馆，2018(6)：1-7，14.

[67] 黄如花，温芳芳. 在开放政府数据条件下如何规范政府数据——从国际开放定义和开放政府数据原则谈起[J]. 情报理论与实践，2018(9)：37-44.

[68] 黄如花，温芳芳，黄雯. 我国政府数据开放共享政策体系构建[J]. 图书情报工作，2018，62(9)：5-13.

[69] 黄思棉，张燕华. 当前中国政府数据开放平台建设存在的问题与对策研究——以北京、上海政府数据开放网站为例[J]. 中国管理信息化，2015

（14）：175-177.

[70] 惠志斌. 美欧数据安全政策及对我国的启示[J]. 信息安全与通信保密，2015(6)：55-60.

[71] 霍帆帆，霍朝光，马海群. 我国数据治理相关政策量化剖析：发展脉络、政策主体、政策渊源与政策工具[J]. 情报学报，2023，42(12)：1424-1437.

[72] 姜鑫，马海群. 政府数据开放评估方法与实践研究——基于《全球开放数据晴雨表报告》的解读[J]. 现代情报，2016，36(9)：22-26.

[73] 焦海洋. 中国政府数据开放共享的正当性辨析[J]. 电子政务，2017(5)：27-35.

[74] 焦海洋. 中国政府数据开放应遵循的原则探析[J]. 图书情报工作，2017，61(15)：81-88.

[75] 赖茂生，李爱新，梅培培. 信息生命周期管理理论与政府信息资源管理创新研究[J]. 图书情报工作，2014，58(6)：6-11，41.

[76] 李龙，李小萍. 论宪法中人民主权与基本人权原则的沟通——以哈贝马斯的宪法有效性理论为视角[J]. 法律科学，2008(1)：29.

[77] 李平. 开放政府视野下的政府数据开放机制及策略研究[J]. 电子政务，2016(1)：80-87.

[78] 李樵. 我国促进大数据发展政策工具选择体系结构及其优化策略研究[J]. 图书情报工作，2018，62(11)：5-15.

[79] 李燕，张淑林，陈伟. 英国政府数据开放的实践、经验与启示[J]. 情报科学，2016(8).

[80] 梁宇，李潇翔，刘政，等. 我国政府数据治理人才能力的核心要素与培养路径研究[J]. 图书馆，2022(4)：34-41.

[81] 刘崇瑞，徐东华，刘妍. 政府信息资源分类分级管理的国际比较与中国镜鉴[J]. 情报科学，2022，40(10)：90-96，122.

[82] 刘桂琴. 政府数据开放平台用户评论情感差异分析[J]. 数字图书馆论坛, 2019(2)：18-23.

[83] 陆健英, 郑磊, Sharon, 等. 美国的政府数据开放：历史、进展与启示[J]. 电子政务, 2013(6)：26-32.

[84] 罗博. 国外开放政府数据计划：进展与启示[J]. 情报理论与实践, 2014, 37(12)：138-144.

[85] 罗辉. 政务公开概念辨析[J]. 中国地质大学学报(社会科学版), 2002, 2(2)：75-78.

[86] 吕红, 马海群. 国内政府信息公开研究现状与展望——迈向政府数据开放[J]. 现代情报, 2016, 36(5)：158-164.

[87] 马宝成. 政务公开的基本概念和基本理念探析[J]. 辽宁行政学院学报, 2001, 3(1)：5-7.

[88] 马费成. 信息经济学综论[J]. 图书与情报, 1991(3)：11-17.

[89] 马海群, 王茜茹. 美国数据安全政策的演化路径、特征及启示[J]. 现代情报, 2016, 36(1)：11-14.

[90] 马海群. 数据开放与开放数据[J]. 数字图书馆论坛, 2016(6)：1.

[91] 马海群, 王今. 基于DEA的政府开放数据网站效率评价[J]. 数字图书馆论坛, 2016(6)：2-7.

[92] 马海群, 汪宏帅. 我国政府开放数据战略的SLEPT分析及战略部署[J]. 情报科学, 2016, 34(3)：3-8.

[93] 马海群, 徐天雪. 我国政府数据安全政策评估体系构建研究[J]. 图书馆理论与实践, 2018(1)：1-4.

[94] 马海群, 邹纯龙, 王今. 公共数据用户感知价值内涵及量表构建研究[J]. 情报理论与实践, 2022(10)：11-18.

[95] 马鸿佳, 肖彬, 王春蕾. 大数据能力影响因素及效用：基于元分析的研究[J]. 南开管理评论, 2023, 26(2)：143-153, 165.

［96］马仁杰，金一鼎. 价值实现视角下政府数据利用路径研究［J］. 图书馆学研究，2018（13）：20，41-46.

［97］马伍翠，刘文云，苏庆收，等. 我国地方政府数据开放现状分析及发展对策研究［J］. 数字图书馆论坛，2019，178（3）：36-43.

［98］门理想. 公共部门数字领导力：文献述评与研究展望［J］. 电子政务，2020（2）：100-110.

［99］孟庆良，何林. 基于模糊 KANO 模型的质量属性分类方法及其应用［J］. 工业工程，2013，16（3）：121-125.

［100］彭秋平. 广东省地级市开放政府数据平台组织与建设现状调研［J］. 图书馆学研究，2019（12）：53-63.

［101］蒲攀，马海群. 大数据时代我国开放数据政策模型构建［J］. 情报科学，2017，35（2）：3-9.

［102］齐爱民，盘佳. 数据权、数据主权的确立与大数据保护的基本原则［J］. 苏州大学学报（社会科学版）2015（1）：64-70.

［103］钱晓红，胡芒谷. 政府开放数据平台的构建及技术特征［J］. 图书情报知识，2014（3）：124-128.

［104］钱瑛，徐绪堪，朱昌平，等. 面向图书情报专业硕士的数据素养能力评价指标体系构建［J］. 情报理论与实践，2022，45（10）：62-68.

［105］晴青，赵荣. 北京市政府数据开放现状研究［J］. 情报杂志，2016，35（4）：177-182.

［106］邱均平，邹菲. 关于内容分析法的研究［J］. 中国图书馆学报，2004，30（2）：12-17.

［107］任红梅，岳宏志. 马克思供给需求理论：一个文献综述［J］. 西安财经学院学报，2015，28（3）：101-106.

［108］任红梅. 马克思经济学与西方经济学供给需求理论的比较研究［J］. 西安财经学院学报，2016，29（6）：10-15.

［109］任晓玲．个人数据保护立法推动技术创新——欧盟拟修订数据保护指令［J］．中国发明与专利，2011，12（1）：100.

［110］阮敬，刘宏晶，纪宏．国外大数据硕士人才培养的经验与启示——基于大数据文本挖掘［J］．统计与信息论坛，2017（9）：29-36.

［111］尚珊，阴晓慧．基于用户视域的政府数据需求与利用行为研究［J］．图书馆理论与实践，2017（9）：48-54

［112］沈国麟．大数据时代的数据主权和国家数据战略［J］．南京社会科学，2014（6）：113-119，127.

［113］沈晶，胡广伟．利益相关者视角下政府数据开放价值生成机制研究［J］．情报杂志，2016，35（12）：92-97.

［114］沈亚平，许博雅．"大数据"时代政府数据开放制度建设路径研究［J］．四川大学学报（哲学社会科学版），2014（5）：111-118.

［115］盛小平，吴红．科学数据开放共享活动中不同利益相关者动力分析［J］．图书情报工作，2019，63（17）：40-50.

［116］司莉，赵洁．美国开放政府数据元数据标准及启示［J］．图书情报工作，2018，62（3）：86-93.

［117］司文峰，胡广伟．电子政务服务价值共创实现内容、过程及资源要素分析［J］．情报杂志，2018，37（1）：132-139.

［118］司文峰，胡广伟．"互联网+政务服务"价值共创概念、逻辑、路径与作用［J］．电子政务，2018（3）：75-80.

［119］宋帆帆，苏君华．数智驱动下档案公共服务价值共创：价值、模式与路径［J］．档案学研究，2024（2）：30-37.

［120］宋鹤．从国务院 APP 看政府数据开放平台的建设［J］．中国统计，2016（4）：25-27.

［121］孙艳艳，吕志坚．中国开放政府数据发展策略浅析［J］．电子政务，2015（5）：18-24.

[122] 谭必勇，刘芮. 我国地方政府开放数据政策研究——以 15 个副省级城市为例[J]. 情报理论与实践，2018(11)：51-56.

[123] 谭海波，张楠. 政府数据开放：历史、价值与路径[J]. 学术论坛，2016，39(6)：31-35.

[124] 谭军. 基于 TOE 理论架构的开放政府数据阻碍因素分析[J]. 情报杂志，2016，35(8)：175-178.

[125] 汤志伟，龚泽鹏，郭雨晖. 基于二维分析框架的中美开放政府数据政策比较研究[J]. 中国行政管理，2017(7)：41-48.

[126] 汤志伟，郭雨晖. 我国开放政府数据的利用：基于 CNKI 的系统性文献综述[J]. 情报杂志，2018，37(7)：69，180-185.

[127] 陶希东. 西方发达城市政府数据开放的经验与启示[J]. 城市发展研究，2016(9)：30-32.

[128] 汪习根，陈炎光. 论知情权[J]. 法制与社会发展，2003(2)：69.

[129] 王本刚，马海群. 开放政府理论分析框架：概念、政策与治理[J]. 情报资料工作，2015，36(6)：35-39.

[130] 王本刚，马海群. 开放政府数据的政策比较研究[J]. 情报资料工作，2017(6)：33-40.

[131] 王芳. 政府信息共享障碍及一个微观解释[J]. 情报科学，2006，24(2)：194-199，221.

[132] 王芳，赖茂生. 我国电子政务发展现状与对策研究[J]. 电子政务，2009(8)：51-57.

[133] 王芳，慎金花. 国外数据管护(Data Curation)研究与实践进展[J]. 中国图书馆学报，2014，40(4)：116-128.

[134] 王芳，陈锋. 国家治理进程中的政府大数据开放利用研究[J]. 中国行政管理，2015(11)：6-12.

[135] 王今，马海群. 政府开放数据质量的用户满意度评价研究[J]. 现代情

报，2016，36(9)：4-9.

[136] 王世川，马艳霞. 小议我国标准与法律的关系[J]. 标准科学，2012
(3)：19-23.

[137] 王世伟. 大数据环境下信息安全交织特征及其政策路径选择[J]. 信息
安全与通信保密，2015，(6)：26-29.

[138] 韦柳融. 关于公共信息资源开放共享若干问题的研究[J]. 通信管理与
技术，2014(4)：27-29.

[139] 韦忻伶，安小米，李雪梅等. 开放政府数据评估体系述评：特点分析
[J]. 图书情报工作，2017(18)：119-127.

[140] 卫军朝，蔚海燕. 上海推进政府开放数据建设的路径及对策[J]. 科学
发展，2014(11)：80-88.

[141] 魏治勋. "善治"视野中的国家治理能力及其现代化[J]. 法学论坛，
2014(2)：33.

[142] 吴迪，袁勤俭. 我国省级政府数据开放平台服务的优化策略研究[J].
现代情报，2024，44(1)：109-115，142.

[143] 吴钢，曾丽莹. 国内外政府开放数据平台建设比较研究[J]. 情报资料
工作，2016(6)：75-79

[144] 吴汉东. 国家治理现代化的三个维度[J]. 法制与社会发展，2014(5)：
15.

[145] 武琳，刘珺. 数据消费与孵化创新——政府数据开放商业应用发展趋势
[J]. 情报资料工作，2016(3)：90-94.

[146] 武琳，吴绮琪. 英美公共安全领域政府开放数据应用进展[J]. 情报杂
志，2018(4)：183-186，207.

[147] 夏姚璜. 开放政府数据平台的地理空间元数据标准研究[J]. 图书馆建
设，2018(8)：40-46，53.

[148] 夏姚璜，邢文明. 开放政府数据评估框架下的数据质量调查与启示——

基于《中国地方政府数据开放报告（2018）》[J]. 情报理论与实践，2019，42(8)：44-49，66.

[149] 夏义堃. 国际组织开放政府数据评估方法的比较与分析[J]. 图书情报工作，2015(19)：75-83.

[150] 夏义堃. 国际比较视野下我国政府数据开放的现状、问题与对策[J]. 图书情报工作，2016(7)：34-40.

[151] 夏义堃. 开放政府数据战略的国际比较与中国的对策选择[J]. 电子政务，2017(7)：45-56.

[152] 相丽玲，李彦如，陈梦婕. 中外政府数据开放运行机制的实证分析[J]. 现代情报，2020，40(1)：134-143.

[153] 肖冬梅，文禹衡. 数据权谱系论纲[J]. 湘潭大学学报(哲学社会科学版)，2015，39(6)：69-75.

[154] 肖敏，郭秋萍，莫祖英. 政府数据开放发展历程及平台建设的差异分析——基于四个国家的调查[J]. 图书馆理论与实践，2019，233(3)：44-49.

[155] 肖卫兵. 政府数据开放机制的建立和完善：结合《政府信息公开条例》谈起[J]. 理论探讨，2015(4)：154-157.

[156] 徐慧娜，郑磊，Theresa，等. 国外政府数据开放研究综述：公共管理的视角[J]. 电子政务，2013(6)：2-7.

[157] 徐慧娜，郑磊. 面向用户利用的政府数据开放平台：纽约与上海比较研究[J]. 电子政务，2015(7)：37-45.

[158] 徐丽新，袁莉. 地方政府数据开放门户的成熟度评估研究[J]. 图书情报工作，2019(12)：52-58.

[159] 薛明轩，杜晓翠，杨思思. 大数据下我国电子政务的变革研究[J]. 现代情报，2015，35(10)：107-110.

[160] 闫倩，马海群. 我国开放数据政策与数据安全政策的协同探究[J]. 图

书馆理论与实践，2018（5）：1-6.

［161］杨东谋，罗晋，王慧茹，等.国际政府数据开放实施现况初探［J］.电子政务，2013（6）：16-25.

［162］杨孟辉，刘华.政府数据开放评价方法研究［J］.情报资料工作，2015，36（6）：40-45.

［163］杨巧云，张彦菲，李欣，等.政府开放数据个人隐私保护政策保障——基于10个国家政策实践的内容分析［J］.图书情报工作，2024，68（11）：56-71.

［164］杨瑞仙，毛春蕾，左泽.国内外政府数据开放现状比较研究［J］.情报杂志，2016，35（5）：167-172.

［165］姚清晨，黄璜.聊天机器人在公共部门管理中的应用研究综述［J］.图书情报知识，2022，39（5）：144-156.

［166］应松年，陈天本.政府信息公开法律制度研究［J］.国家行政学院学报，2002（4）：59-64.

［167］于浩.大数据时代政府数据管理的机遇、挑战与对策［J］.中国行政管理，2015（3）：127-130.

［168］余文婷，梁少博，吴丹.基于CKAN的社会科学开放数据服务平台构建初探［J］.情报工程，2015，1（5）：68-76.

［169］袁远明，吴产乐，艾浩军.关联政府数据开放的研究与应用进展［J］.电信科学，2012，28（9）：69-73.

［170］岳丽欣，刘文云.国内外政府数据开放现状比较研究［J］.图书情报工作，2016，60（11）：60-67.

［171］詹希旎，李白杨，孙建军.数智融合环境下AIGC的场景化应用与发展机遇［J］.图书情报知识，2023，40（1）：75-85，55.

［172］张红春，王胜梅.大数据背景下英国公务员数据能力建设的路径与启示——一项制度文本分析［J］.贵州大学学报：社会科学版，2020，38

(6): 14.
[173] 张起. 欧盟开放政府数据运动：理念、机制和问题应对[J]. 欧洲研究，2015，33(5)：66-82，6.
[174] 张廷君，曹慧琴. 地方政府数据开放平台发展模式及影响因素分析[J]. 电子政务，2019(4)：109-121.
[175] 张晓娟，王文强，唐长乐. 中美政府数据开放和个人隐私保护的政策法规研究[J]. 情报理论与实践，2016(1)：38-43.
[176] 张晓娟，孙成，向锦鹏，等. 基于国际评估体系的政府数据开放指标特征与模式分析[J]. 图书与情报，2017(2)：28-40.
[177] 张晓娟，孙成，向锦鹏. 基于开放数据晴雨表的我国政府数据开放提升路径分析[J]. 图书情报知识，2017(6)：60-72.
[177] 张毅菁. 从信息公开到数据开放的全球实践——兼对上海建设"政府数据服务网"的启示[J]. 情报杂志，2014(10)：175-178.
[179] 张勇进，王璟璇. 主要发达国家大数据政策比较研究[J]. 中国行政管理，2014(12)：113-117.
[180] 张志红，字强. "部际联席会议制度"探析[J]. 延边党校学报，2015(4)：39-41.
[181] 张忠利，胡占祥. 论情报公开法[J]. 现代情报，2004，24(7)：20-22
[182] 赵橙涔，刘红. 硕士研究生对政府数据开放的认知程度分析[J]. 管理评论，2018，30(9)：270-276.
[183] 赵龙文，罗力舒. 基于关联数据的政府数据开放：模式、方法与实现——以上海市政府开放数据为例[J]. 图书情报工作，2017，61(19)：102-112.
[184] 赵龙文，莫荔媛，潘卓齐. 基于关联数据的政府数据开放实现方法研究[J]. 情报资料工作，2016(6)：55-62.
[185] 赵龙文，洪逸飞，莫进朝. 政府开放数据价值共创过程及模式研究[J].

情报杂志，2022，41（10）：147-155.

［186］赵蓉英，梁志森，段培培．英国政府数据开放共享的元数据标准——对 Data. gov. uk 的调研与启示［J］．图书情报工作，2016（19）：31-39.

［187］赵润娣．国外开放政府数据政策——一个先导性研究［J］．情报理论与实践，2016（1）：44-48.

［188］赵润娣．多元视角下的中国开放政府数据政策环境研究［J］．电子政务，2016（6）：97-104.

［189］赵润娣．开放政府数据思想的时代已经到来——中美开放政府数据政策议程分析［J］．电子政务，2018（7）：108-117.

［190］赵需要，姬祥飞，樊振佳．政府数据开放到公共数据开放的嬗变［J］．情报理论与实践，2024，47（4）：50-58，83.

［191］赵雪娇，张楠，孟庆国．基于开放政府数据的腐败防治——英国的实践与启示［J］．公共行政评论，2017（1）：74-90，207.

［192］赵宇翔，张妍，夏翠娟，等．数字人文视域下文化记忆机构价值共创研究及实践述评［J］．中国图书馆学报，2023，49（1）：99-117.

［193］郑磊．政府数据开放的价值创造机理：生态系统的视角［J］．电子政务，2015（7）：2-7.

［194］郑磊．政府数据开放研究：概念辨析、关键因素及其互动关系［J］．中国行政管理，2015（11）：13-18.

［195］郑磊，关文雯．开放政府数据评估框架、指标与方法研究［J］．图书情报工作，2016（18）：43-55.

［196］郑磊，吕文增．公共数据开放的产出与效果研究——以上海开放数据创新应用大赛为例［J］．电子政务，2017（9）：2-10.

［197］郑磊，韩笑，朱晓婷．地方政府数据开放平台研究——功能与体验［J］．电子政务，2019（9）：12-22.

［198］郑石明．数据开放、公众参与和环境治理创新［J］．行政论坛，2017

（4）：76-81.

[199] 中国行政管理学会课题组，鲍静，贾凌民，等. 我国政府数据开放顶层设计研究[J]. 中国行政管理，2016(11)：6-12.

[200] 钟源. 美国地方政府数据开放政策研究[J]. 国家图书馆学刊，2016，25(2)：32-41.

[201] 周和. 开放政府与政府数据公开战略[J]. 广州大学学报(社会科学版)，2012，11(10)：11-16.

[202] 周文泓. 新西兰政府数据开放的特点及其启示[J]. 图书情报工作，2017(61)：76-82.

[203] 周文泓. 澳大利亚政府开放数据的构件分析及启示[J]. 图书馆学研究，2018(1)：53-59.

[204] 周文泓，夏俊英，代林序. 我国地方政府开放数据平台建设进展及优化策略探析[J]. 图书情报知识，2019(3)：62-71.

[205] 周佑勇，伍劲松. 行政法上的平等原则研究[J]. 武汉大学学报(哲学社会科学版)，2007，60(4)：520-524.

[206] 周志峰. 创新创业视域下促进政府开放数据开发利用的对策分析[J]. 情报杂志，2017(6)：145-151.

[207] 朱贝，盛小平. 英国政府开放数据政策研究[J]. 图书馆研究，2016，6(3)：122.

[208] 朱红灿，胡新，王新波. 基于S-O-R框架的政府数据开放平台用户持续使用意愿研究[J]. 现代情报，2018，38(5)：102-107，118.

[209] 朱红灿，胡新，李顺利. 基于Kano模型的政府数据开放平台用户体验要素分类研究[J]. 现代情报，2018，38(12)：15-23.

学位论文

[1] 陈波波. 基于KANO模型的质量评价研究[D]. 北京：北京邮电大学，

2008.

［2］崔洪宇.我国政府数据开放法律问题研究［D］.北京：中国社会科学院研究生院，2016.

［3］邓发云.基于用户需求的信息可信度研究［D］.成都：西南交通大学，2006.

［4］何林.Kano模型拓展方法及应用研究［D］.镇江：江苏科技大学，2014.

［5］黄镭.开放平台个人数据的商业化利用与私法保护［D］.北京：北京邮电大学，2013.

［6］李白杨.我国政府数据开放的用户需求及其保障策略研究［D］.武汉：武汉大学，2017.

［7］林焱.我国政府数据开放的元数据管理研究［D］.武汉：武汉大学，2018.

［8］钱丽丽.电子政务公众服务需求及其对系统成功的影响路径研究［D］.上海：复旦大学，2010.

［9］唐协平.面向社会公众的电子政务最终服务需求识别与管理研究［D］.上海：上海交通大学，2008.

［10］温芳芳.我国政府数据开放的政策体系构建研究［D］.武汉：武汉大学，2019.

［11］闫馨戈.我国市级政府公务员信息素养状况调查研究［D］.哈尔滨：黑龙江大学，2015.

报告

［1］中国互联网络信息中心.第53次中国互联网络发展状况统计报告［R/OL］.［2024-01-06］.https://www3.cnnic.cn/n4/2024/0322/c88-10964.html.

［2］中国信息通信研究院.大数据白皮书：2016［R/OL］.［2024-01-02］.http://www.caict.ac.cn/kxyj/qwfb/bps/201804/P020161228288011489875.pdf.

报纸

[1] 李涛，欧阳日辉. 数据是形成新质生产力的优质生产要素[N]. 光明日报，2024-04-23(11).

标准

[1] 贵州省经济和信息化委员会. 政府数据 数据分类分级指南：DB 52/T 1123-2016 [S/OL]. [2024-01-02]. http://www. gzzn. gov. cn/sj/bzgf/201806/t20180620_3313102.html.

[2] 贵州省经济和信息化委员会. 政府数据资源目录：第 1 部分：元数据描述规范：DB 52/T 1124-2016[S/OL]. [2024-01-02]. http://www.gzzn.gov.cn/sj/bzgf/201806/t20180620_3313189.html.

[3] 贵州省经济和信息化委员会. 政府数据资源目录：第 2 部分：编制工作指南：DB 52/T 1125-2016[S/OL]. [2024-01-02]. http://www.gzzn.gov.cn/sj/bzgf/201806/t20180620_3313326.html.

外文部分

著作

[1] Case K E，Fair R C. Principles of Microeconomics（7th Edition）[M]. New Jersey：Prentice-Hall，Inc，2003.

[2] Debons A，Cameron W J. Perspectives in Information Science[M]//Kochen M. Information and the Quality of Life. Dordrecht：Springer，1975.

[3] Gurin J. Open Data Now：The Secret to Hot Startups，Smart Investing，Savvy

Marketing, and Fast Innovation[M]. New York: McGraw Hill Education, 2014.

[4] Ostrom E. Governing the Commons: The Evolution of Institutions for Collective Action[M]. Cambridge: Cambridge University Press, 1990.

[5] Smith A. An Inquiry into the Nature and Causes of the Wealth of Nations [M]. Beijing: China Social Sciences Pub. House, 1999.

[6] Post J E, Lawrence A T, Weber J, et al. Business and Society: Corporate Strategy, Public Policy, Ethics(8th ed)[M]. New York: McGraw-Hill, 1996.

期刊论文

[1] Ackoff R L. From Data to Wisdom[J]. Journal of Applied Systems Analysis, 1989, 16(1): 3-9.

[2] Aguilera U, López-de-Ipiña D, Pérez J. Collaboration-centred Cities Through Urban Apps Based on Open and User-generated Data[J]. Sensors, 2016, 16 (7): 1022.

[3] Alderfer C P. An Empirical Test of a New Theory of Human Needs [J]. Organizational Behavior & Human Performance, 1969, 4(2): 142-175.

[4] Ansell C, Torfing J. Co-creation: The New Kid on the Block in Public Governance[J]. Policy & Politics, 2021, 49(2): 211-230.

[5] Attard J, Orlandi F, Scerri S, et al. A Systematic Review of Open Government Data Initiatives[J]. Government Information Quarterly, 2015, 32(4): 399-418.

[6] Attard J A. Systematic Review of Open Government Data Initiatives [J]. Government Information Quarterly, 2015, 32(4): 399-418.

[7] Batini C, Cappiello C, Francalanci C, et al. Methodologies for Data Quality

Assessment and Improvement[J]. ACM Computing Surveys (CSUR), 2009, 41(3): 1-52.

[8] Benitezpaez F, Comber A J, Trilles S, et al. Creating a Conceptual Framework Toimprove the Re-usability of Open Geographic Data in Cities[J]. Transactions in Gis, 2018, 22(3): 806-822.

[9] Berger C, Blauth R, Boger D, et al. Kano's Methods for Understanding Customer-defined Quality[J]. Center for Quality Management Journal, 1993 (3): 3-35.

[10] Boulton G, Rawlins M, Vallance P, et al. Science as a Public Enterprise: The Case for Open Data[J]. Lancet, 2011, 377 (9778): 1633-1635.

[11] Brobst J. Reverse Sunshine in the Digital Wild Frontier: Protecting Individual Privacy against Public Records Requests for Government Databases [J]. Northern Kentucky Law Review, 2015 (42): 191-549.

[12] Bull F C, Bellew B, Schöppe S, et al. Developments in National Physical Activity Policy: An International Review Andrecommendations Towards Better Practice[J]. Journal of Science and Medicine in Sport, 2004, 7(1): 93-104.

[13] Carrasco C, Sobrepere X. Open Government Data: An Assessment of the Spanish Municipal Situation[J]. Social Science Computer Review, 2015, 33 (5): 631-644.

[14] Cerrillo-Martinez A, Casadesús-de-Mingo A. Data Governance for Public Transparency[J]. Profesional de la Información, 2021, 30(4).

[15] Charalabidis Y, Alexopoulos C, Loukis E A. Taxonomy of Open Government Data Research Areas and Topics[J]. Journal of Organizational Computing & Electronic Commerce, 2016, 26(1-2): 41-63.

［16］ Chatfield A T, Reddick C G. The Role of Policy Entrepreneurs in Open Government Data Policy Innovation Diffusion: An analysis of Australian Federal and State Governments［J］. Government Information Quarterly, 2018, 35(1): 123-134.

［17］ Chen C C, Chuang M C. Integrating the Kano Model into a Robust Design Approach to Enhance Customer Satisfaction with Product Design ［J］. International Journal of Production Economics, 2008, 114(2): 667-681.

［18］ Chen W K, Chang J R, Chen L S, et al. Using Refined Kano Model and Decision Trees to Discover Learners' Needs for Teaching Videos ［J］. Multimedia Tools and Applications, 2022, 81(6): 8317-8347.

［19］ Conradie P, Choenni S. On the Barriers for Local Government Releasing Open Data［J］. Government Information Quarterly, 2014, 31: S10-S17.

［20］ Daugbjerg S B, Kahlmeier S, Racioppi F, et al. Promotion of Physical Activity in the European Region: Content Analysis of 27National Policy Documents［J］. Journal of Physical Activity and Health, 2009(6): 805-817.

［21］ Dawes S S, Vidiasova L, Parkhimovich O, et al. Planning and Designing Open Government Data Programs: An Ecosystem Approach［J］. Government Information Quarterly, 2016, 33(1): 15-27.

［22］ Ding L, Peristeras V, Hausenblas M. Linked Open Government Data［J］. IEEE Intelligent Systems, 2012, 27(3): 11-15.

［23］ Elliot M, Mackey E, O'Shea S, et al. End User Licence to Open Government Data? A Simulated Penetration Attack on Two Social Survey Datasets［J］. Journal of Official Statistics, 2016, 32(2): 329-348.

［24］ Erickson J S, Viswanathan A, Shinavier J, et al. Open Government Data: A Data Analytics Approach［J］. Intelligent Systems IEEE, 2013, 28(5): 19-

23.

[25] Fitriani W R, Hidayanto A N, Sandhyaduhita P, et al. Determinants of Continuance Intention to Use Open Data Website: An Insight from Indonesia [J]. Pacific Asia Journal of the Association for Information Systems, 2019, 11(2), 96-120.

[26] Fragkou P, Galiotou E, Matsakas M. Enriching the e-GIF Ontology for an Improved Application of Linking Data Technologies to Greek Open Government Data[J]. Procedia-Social and Behavioral Sciences, 2014, 147(147): 167-174.

[27] Freeman R E, Reed D L. Stockholders and Stakeholders: A New Perspective on Corporate Governance[J]. California Management Review, 1983, 25(3): 88-106.

[28] Galiotou E, Fragkou P. Applying Linked Data Technologies to Greek Open Government Data: A Case Study [J]. Procedia - Social and Behavioral Sciences, 2013, 73: 479-486.

[29] Gao Y, Janssen M, Zhang C. Understanding the Evolution of Open Government Data Research: Towards Open Data Sustainability and Smartness [J]. International Review of Administrative Sciences, 2023, 89(1): 59-75.

[30] Gascohernandez M, Martin E G, Reggi L, et al. Promoting the Use of Open Government Data: Cases of Training and Engagement [J]. Government Information Quarterly, 2018, 35(2): 233-242.

[31] Gonzalez-Zapata F, Heeks R. The Multiple Meanings of Open Government Data: Understanding Different Stakeholders and Their Perspectives [J]. Government Information Quarterly, 2015, 32(4): 441-452.

[32] Hoffman K M, Poston W S, Jitnarin N, et al. A Content Analysis of Tobacco

Control Policy in the US Department of Defense[J]. J Public Health Policy, 2011, 32(3): 334-349.

[33] Huang R, Wang C, Zhang X, et al. Design, Develop and Evaluate an Open Government Data Platform: A User-centred Approach [J]. The Electronic Library, 2019, 37(3): 550-562.

[34] Huijboom N, Van den Broek T. Open Data: An International Comparison of Strategies[J]. European Journal of ePractice, 2011, 12(1): 4-16.

[35] Huiskonen J, Pirttilä T. Sharpening Logistics Customer Service Strategy Planning by Applying Kano's Quality Element Classification[J]. International Journal of Production Economics, 1998, 56-57(1): 253-260.

[36] Janssen K. The Influence of the PSI Directive on Open Government Data: An Overview of Recent Developments [J]. Government Information Quarterly, 2011, 28(4): 446-456.

[37] Janssen M, Charalabidis Y, Zuiderwijk A. Benefits, Adoption Barriers and Myths of Open Data and Open Government [J]. Information Systems Management, 2012, 29(4): 258-268.

[38] Janssen M, Kuk G. Big and Open Linked Data (BOLD) in Research, Policy, and Practice[J]. Journal of Organizational Computing & Electronic Commerce, 2015, 26(1-2): 3-13.

[39] Janssen M, Zuiderwijk A. Infomediary Business Models for Connecting Open Data Providers and Users[J]. Social Science Computer Review, 2014, 32(5): 694-711.

[40] Joo S., Lee J Y. Measuring the Usability of Academic Digital Libraries: Instrument Development and Validation[J]. The Electronic Library, 2011, 29(4): 523-537.

［41］ Jung K, Park H W. A Semantic（TRIZ）Network Analysis of South Korea's "Open Public Data" policy［J］. Government Information Quarterly, 2015, 32 （3）: 353-358.

［42］ Kano N, Seraku N, Takahashi F, et al. Attractive Quality and Must-be Quality［J］. The Journal of Japanese Society for Quality Control, 1984, 41 （2）: 39-48.

［43］ Kassen M. Adopting and Managing Open Data: Stakeholder Perspectives, Challenges and Policy Recommendations［J］. Aslib Journal of Information Management, 2018, 70（5）: 518-537.

［44］ Koivisto I. Varieties of Good Governance: A Suggestion of Discursive Plurality ［J］. Int J Semiot Law, 2014（27）: 591-592.

［45］ Kothari A, Gore D, MacDonald M, et al. Chronic Disease Prevention Policy in British Columbia and Ontario in Light of Public Health Renewal: A Comparative Policy Analysis［J］. BMC Public Health, 2013（13）: 1-14.

［46］ Lakomaa E, Kallberg J. Open Data as a Foundation for Innovation: The Enabling Effect of Free Public Sector Information for Entrepreneurs ［J］. IEEE Access, 2013, 1: 558-563.

［47］ Lassinantti J, Stahlbrost A, Runardotter M, et al. Relevant Social Groups for Open Data Use and Engagement ［J］. Government Information Quarterly, 2019, 36（1）: 98-111.

［48］ Lee J, Ham J, Choi B, et al. Effect of Government Data Openness on a Knowledge-based Economy［J］. Procedia Computer Science, 2016: 158-167.

［49］ Lee Y, Lee J, Hwang Y. Relating Motivation to Information and Communication Technology Acceptance: Self-determination Theory Perspective ［J］. Computers in Human Behavior, 2015, 51: 418-428.

［50］ Li Y, Tang J, Luo X, et al. An integrated Method of Rough Set, Kano's model and AHP for Rating Customer Requirements' Final Importance［J］. Expert Systems with Applications, 2009, 36(3): 7045-7053.

［51］ Loenen B V, Kulk S, Ploeger H. Data Protection Legislation: A Very Hungry Caterpillar［J］. Government Information Quarterly, 2016, 33(2): 338-345.

［52］ Lourenço R P, Piotrowski S, Ingrams A. Open Data Driven Public Cccountability［J］. Transforming Government: People Process and Policy, 2017, 11(1): 42-57.

［53］ Máchová R, Hub M, Lnenicka M. Usability Evaluation of Open Data Portals ［J］. Aslib Journal of Information Management, 2018, 70(3): 252-268.

［54］ Marijn Janssen, Yannis Charalabidis, Anneke Zuiderwijk. Benefits, Adoption Barriers and Myths of Open Data and Open Government ［J］. Information Systems Management, 2012, 29(4): 258-268.

［55］ Maslow A H. A Theory of Human Motivation［J］. Psychological Review. 1943, 2: 21-28.

［56］ McClelland D C. Toward a Theory of Motive Acquisition ［J］. American Psychologist, 1965, 20(5): 321-333.

［57］ Mccusker J P, Lebo T, Chang C, et al. Parallel Identities for Managing Open Government Data［J］. Intelligent Systems IEEE, 2012, 27(3): 55-62.

［58］ Meijer R, Conradie P, Choenni S. Reconciling Contradictions of Open Data Regarding Transparency, Privacy, Security and Trust ［J］. Journal of Theoretical and Applied Electronic Commerce Research, 2014, 9(3): 32-44.

［59］ Mitchell R K, Agle B R, Wood D J. Toward a Theory of Stakeholder

Identification and Salience: Defining the Principle of Who and What Really Counts [J]. Academy of Management Review, 1997, 22(4): 853-886.

[60] Nahon K, Peled A. Data Ships: An Empirical Examination of Open (Closed) Government Data[J]. Social Science Electronic Publishing, 2014, 156(5): 2209-2220.

[61] Nugroho R P, Zuiderwijk A, Janssen M, et al. A Comparison of National Open Data Policies: Lessons Learned[J]. Transforming Government: People, Process and Policy, 2015, 9(3): 286-308.

[62] Osborne S P, Nasi G, Powell M. Beyond Co-production: Value Creation and Public Services[J]. Public Administration, 2021, 99(4): 641-657.

[63] Parycek P, Hochtl J, Ginner M. Open Government Data Implementation Evaluation [J]. Journal of Theoretical and Applied Electronic Commerce Research, 2014, 9(2): 80-99.

[64] Prahalad C K, Ramaswamy V. Co-creation Experiences: The Next Practice in value creation[J]. Journal of Interactive Marketing, 2004, 18(3): 5-14.

[65] Ruijer E, Grimmelikhuijsen S, Hogan M, et al. Connecting Societal Issues, Users and Data: Scenario-based Design of Open Data Platforms [J]. Government Information Quarterly, 2017, 34(3): 470-480.

[66] Sáez Martín A, Rosario A H D, Pérez M D C C. An International Analysis of the Quality of Open Government Data Portals[J]. Social Science Computer Review 2016, 34(3): 298-311.

[67] Sambrook R. The Media and Open Government: Partners or Adversaries? An Independent Report Into the Open Government Partnership [J]. Open Government Partership, 2013.

[68] Saxena S. Proposing a Total Quality Management (TQM) Model for Open

Government Data (OGD) Initiatives: Implications for India[J]. Foresight, 21 (3): 321-331.

[69] Saylam A, Yildiz M. Conceptualizing Citizen-to-citizen (C2C) Interactions Within the E-government Domain [J]. Government Information Quarterly, 2022, 39(1): 101655.

[70] Sayogo D S, Pardo T A, Cook M. A Framework for Benchmarking Open Government Data Efforts[J]. 2014: 1896-1905.

[71] Schmid T L, Pratt M, Witmer L. A Framework for Physical Activity Policy Research[J]. Journal of Physical Activity and Health, 2006(1): 20-29.

[72] Shadbolt N, O'Hara K, Berners-Lee T, et al. Linked Open Government Data: Lessons from Data. gov. uk [J]. IEEE Intelligent Systems, 2012, 27 (3): 16-24.

[73] Shen X X, Xie M, Tan K C. An Integrated Approach to Innovative Product Development Using Kano's Model and QFD [J]. European Journal of Innovation Management, 2000, 3(2): 91-99.

[74] Stetler C B, Brunell M, Giuliano K K, et al. Evidence-based Practice and the Role of Nursing Leadership[J]. Journal of Nursing Administration, 1998, 28(7): 45-53.

[75] Stigler G J. The Economics of Information[J]. Journal of Political Economy, 1961, 69(3): 213-213.

[76] Susha I, Grönlund Å, Janssen M. Driving Factors of Service Innovation Using Open Government Data: An Exploratory Study of Entrepreneurs in Two Countries [J]. Information Polity: The International Journal of Government & Democracy in the Information Age, 2015, 20(1): 19-34.

[77] Tan K C, Pawitra T A. Integrating Servqual and Kano's Model into QFD for

Service Excellence Development［J］. Managing Service Quality, 2001, 11 (11): 418-430.

［78］Tan K C, Shen X X. Integrating Kano's Model in the Planning Matrix of Quality Function Deployment［J］. Total Quality Management, 2000, 11(8): 1141-1151.

［79］Taylor S, Todd P A. Understanding Information Technology Usage: A Test of Competing Models［J］. Information Systems Research, 1995, 6(2): 144-176.

［80］Ubaldi B. Open Government Data: Towards Empirical Analysis of Open Government Data Initiatives［J］. 2013.

［81］Vargo S L, Wieland H, O'Brien M. Service-dominant Logic as a Unifying Theoretical Framework for the Re-institutionalization of the Marketing Discipline［J］. Journal of Business Research, 2023, 164: 113965.

［82］Veljkovic N, Bogdanovicdinic S, Stoimenov L, et al. Benchmarking Open Government: An Open Data Perspective ［J］. Government Information Quarterly, 2014, 31(2): 278-290.

［83］Vetrò A, Canova L, Torchiano M, et al. Open Data Quality Measurement Framework: Definition and Application to Open Government Data ［J］. Government Information Quarterly, 2016, 33(2): 325-337.

［84］Wang D, Chen C, Richards D, et al. A Prioritization-based Analysis of Local Open Government Data Portals: A Case Study of Chinese Province-level Governments［J］. Government Information Quarterly, 2018, 35(4): 644-656.

［85］Wang H J, Jin L. Adoption of Open Government Data Among Government Agencies［J］. Government Information Quarterly, 2016, 33(1): 80-88.

[86] Whitmore A. Using Open Government Data to Predict War：A Case Study of Data and Systems Challenges[J]. Government Information Quarterly，2014，31(4)：622-630.

[87] Wilson T D. Models in Information Behavior Research. [J]. Journal of Documentation，1999，55(3)：249-270.

[88] Wirtz B W，Piehler R，Thomas M J，et al. Resistance of Public Personnel to Open Government：A Cognitive Theory View of Implementation Barriers towards Open Government Data[J]. Public Management Review，2015：1-30.

[89] Yang T M，Jin L，Jing S. To Open or Not to Open? Determinants of Open Government Data[J]. Journal of Information Science，2015，41(5)：596-612.

[90] Yannoukakou A，Araka I. Access to Government Information：Right to Information and Open Government Data Synergy [J]. Procedia - Social and Behavioral Sciences，2014，147：332-340.

[91] Zeleti F A，Ojo A，Curry E. Exploring the Economic Value of Open Government Data [J]. Government Information Quarterly，2016，33：535-551.

[92] Zhang H，Xu X，Xiao J. Diffusion of E-government：A Literature Review and Directions for Future Directions [J]. Government Information Quarterly，2014，31(4)：631-636.

[93] Zuiderwijk A，Gascó M，Parycek P，et al. Special Issue on Transparency and Open Data Policies：Guest Editors' Introduction[J]. Journal of Theoretical and Applied Electronic Commerce Research，2014，9(3)：1-9.

[94] Zuiderwijk A，Janssen M，Choenni S，et al. Design Principles for Improving

the Process of Publishing Open Data[J]. Transforming Government: People, Process and Policy, 2014, 8(2): 185-204.

[95] Zuiderwijk A, Janssen M, Choenni S, et al. Socio-technical Impediments of Open Data[J]. Electronic Journal of e-Government, 2012, 10(2): 156-172.

[96] Zuiderwijk A, Janssen M, Dwivedi Y K. Acceptance and Use Predictors of Open Data Technologies: Drawing upon the Unified Theory of Acceptance and Use of Technology[J]. Government Information Quarterly, 2015, 32(4): 429-440.

[97] Zuiderwijk A, Janssen M. Open Data Policies, Their Implementation and Impact: A Framework for Comparison[J]. Government Information Quarterly, 2014, 31(1): 17-29.

[98] Zuiderveen Borgesius F, van Eechoud M, Gray J. Open Data, Privacy, and Fair Information Principles: Towards a Balancing Framework [J]. Berkeley Technology Law Journal, 2015, 30(3): 2073-2132.

会议论文

[1] Andersen A B, Gür N, Hose K, et al. Publishing Danish Agricultural Government Data as Semantic Web Data[C]//Semantic Technology: 4th Joint International Conference, JIST 2014. Cham: Springer, 2015: 178-186.

[2] Bertot J C, Choi H. Big Data and E-government: Issues, Policies, and Recommendations[C]//Mellouli s, Luna-reyes L F, Zhang J. Proceedings of the 14th Annual International Conference on Digital Government Research. New York: ACM, 2013: 1-10.

[3] Charalabidis Y, Loukis E, Alexopoulos C. Evaluating Second Generation Open Government Data Infrastructures Using Value Models[C]//Hawaii International

Conference on System Sciences. 2014: 2114-2126.

[4] Davies T. Open Data Policies and Practice: An International Comparison[C]// ECPR General Conference Glasgow, 2014: 356.

[5] Dawes S S, Helbig N. Information Strategies for Open Government: Challenges and Prospects for Deriving Public Value from Government Transparency[C]// Wimmer M A, Chappelet J L, Janssen M, et al. Proceedings of the 9th IFIP WG 8. 5 International Conference on Electronic Government. New York: ACM, 2010: 50-60.

[6] Dawes S, Vidiasova L, Trutnev D. Approaches to Assessing Open Government Data Programs: Comparison of Common Traits and Differences[C] //Misnikov Y, Trutnev D, Chugunov A. Proceedings of the 2015 2nd International Conference on Electronic Governance and Open Society: Challenges in Eurasia. New York: ACM, 2015: 24-28.

[7] Degbelo A. Open Data User Needs: A Preliminary Synthesis[C]//Web and the City: 6th International Workshop: Web Intelligence and Smart Cities. 2020.

[8] Gao Y, Janssen M. Generating Value from Government Data Using AI: An Exploratory Study [C]//Electronic Government: 19th IFIP WG 8. 5 International Conference, EGOV 2020, Linköping, Sweden, August 31-September 2, 2020, Proceedings 19. Springer International Publishing, 2020: 319-331.

[9] Harrison T M, Guerrero S, Burke G B, et al. Open Government and E-government: Democratic Challenges from a Public Value Perspective [C]// Proceedings of the 12th Annual International Digital Government Research Conference: Digital Government Innovation in Challenging Times. 2011: 245-253.

[10] Hossain M, Chan C. Open Data Adoption in Australian Government Agencies: An Exploratory Study[C]// Association for Information System, 2015.

[11] Jetzek T, Avital M, Bjørn-Andersen N. The Generative Mechanisms of Open Government Data[C]//ECIS 2013 Proceedings. Atlanta, GA: Association for Information Systems. AIS Electronic Library (AISeL), 2013: Paper 179.

[12] Kuǎźera J, Chlapek D, Neǎźaský M. Open Government Data Catalogs: Current Approaches and Quality Perspective[C]//International Conference on Electronic Government and the Information Systems Perspective. Berlin: Springer, 2013: 152-166.

[13] Kukimoto Nobuyuki. Open Government Data Visualization System to Facilitate Evidence-Based Debate Using a Large-Scale Interactive Display[C] //The 28th International Conference on Advanced Information Networking and Applications. IEEE, 2014.

[14] Lee D. Building an Open Data Eosystem: An Irish Experience[C]//Estevez E, Janssen M, Barbosa L S. Proceedings of the 8th International Conference on Theory and Practice of Electronic Governance. New York: ACM, 2014: 351-360.

[15] Maccani G, Donnellan B, Helfert M. Exploring the Factors that Influence the Diffusion of Open Data for New Service Development: An Interpretive Case Study[C]//Proceedings of the European Conference on Information Systems (ECIS). Germany: Munster, 2015: 127-134.

[16] MilićP, VeljkovićN, Stoimenov L. Linked Relations Architecture for Production and Consumption of Linksets in Open Government Data[C]//Open and Big Data Management and Innovation: 14th IFIP WG 6. 11 Conference on

E-Business, E-Services, and E-Society. Cham: Springer, 2015: 212-222.

[17] Pérocheau G. Using a User Centered Methodology to Drive Open Data Initiatives. Lessons Learned From the U-Home Case. [C]//Ifkad 2014 International Forum on Knowledge Asset Dynamics. 2014.

[18] Sayogo D S, Pardo T A, Cook M. A Framework for Benchmarking Open Government Data Efforts [C]. Hawaii International Conference on System Sciences. 2014: 1896-1905.

[19] Zhao F. The Characteristics of New Zealand Government Data Management Policies and Standards and Their Enlightenments to China [C]// IEEE, International Conference on Communication Software and Networks. 2011: 358-360.

[20] Zuiderwijk A, Janssen M, Choenni S. Open Data Policies: Impediments and Challenges[C]//Proceedings of the European Conference on E-Government, Barcelona, Spain, 2012: 794-801.

[21] Zuiderwijk A, Janssen M. A Comparison of Open Data Policies and Their Implementation in Two Dutch Ministries [C]//Proceedings of the 13th Annual International Conference on Digital Government Research, Maryland: ACM, 2012: 84-89.

报告

[1] Exploring the Emerging Impacts of Open Data in Developing Countries[R]. ODDC1 Follow-up Outcome Evaluation Report. New York: ODDC, 2016.

[2] Obama B. Executive Order-making Open and Machine Readable the New Default for Government Information [R]. White House Press Releases, Fact Sheets and Briefings/FIND, Washington, May, 9, 2013.

［3］OECD（2015）. Government at a Glance 2015［R/OL］. Paris: OECD Publishing，2015.［2024-01-01］. http://dx. doi. org/10. 1787/gov_glance-2015-en.

［4］UN. UN E-Government Survey 2022［R/OL］.［2024-01-01］. https://publicadministration. un. org/egovkb/en-us/Reports/UN-E-Government-Survey-2022.

［5］UN. UN E-Government Survey 2014［R/OL］.［2024-01-01］. https://publicadministration. un. org/egovkb/en-us/Reports/UN-E-Government-Survey-2014.

［6］The World Wide Web Foundation. Open Data Barometer Global Report 4th Edition［R/OL］.［2024-01-01］. https://opendatabarometer. org/doc/4thEdition/ODB-4thEdition-GlobalReport.pdf.

报纸

［1］Web Foundation. 4 Open Data Lessons from Reporting the Panama Papers in Africa［N］. News and Blogs of Web Foundation，2018-11-07.

附录1 2015年以来我国国家级政府数据开放相关政策

（以发布时间为序）

序号	时间	发文机构	文件名称与文号
1	2015年8月	国务院	《促进大数据发展行动纲要》（国发〔2015〕50号）
2	2016年1月	国家发展改革委办公厅	《关于组织实施促进大数据发展重大工程的通知》（发改办高技〔2016〕42号）
3	2016年8月	国家发展改革委办公厅	《关于请组织申报大数据领域创新能力建设专项的通知》（发改办高技〔2016〕1918号）
4	2016年12月	工业和信息化部	《关于印发大数据产业发展规划（2016—2020年）》（工信部规〔2016〕412号）
5	2017年5月	中央网信办、国家质检总局、国家标准委	《"十三五"信息化标准工作指南》
6	2017年5月	国家林业局办公室	《关于成立国家生态大数据研究院的通知》（办信字〔2017〕82号）

续表

序号	时间	发文机构	文件名称与文号
7	2017 年 7 月	国家发展改革委、中央网信办、工业和信息化部、人力资源社会保障部、税务总局、工商总局、质检总局、国家统计局	《关于促进分享经济发展的指导性意见》(发改高技〔2017〕1245 号)
8	2017 年 10 月	国家粮食局办公室	《国家粮食局政务信息系统整合共享工作方案》(国粮办发〔2017〕278 号)
9	2017 年 12 月	财政部	《政务信息系统政府采购管理暂行办法》(财库〔2017〕210 号)
10	2018 年 1 月	中央网信办、发展改革委、工业和信息化部	《公共信息资源开放试点工作方案》(中网办发文〔2017〕24 号)
11	2018 年 7 月	国家发展改革委办公厅	《关于进一步完善行政许可和行政处罚等信用信息公示工作的指导意见》(发改办财金〔2018〕424 号)
12	2018 年 10 月	国家能源局综合司	《贯彻落实全国深化"放管服"改革转变政府职能电视电话会议重点任务分工方案》(国能综通法改〔2018〕143 号)
13	2019 年 8 月	国务院办公厅	《关于促进平台经济规范健康发展的指导意见》(国办发〔2019〕38 号)
14	2019 年 12 月	国家发展改革委、教育部、民政部、商务部、文化和旅游部、卫生健康委、体育总局	《关于促进"互联网+社会服务"发展的意见》(发改高技〔2019〕1903 号)

序号	时间	发文机构	文件名称与文号
15	2020 年 7 月	国家发展改革委、中央网信办、工业和信息化部、教育部、人力资源社会保障部、交通运输部、农业农村部、商务部、文化和旅游部、国家卫生健康委、国资委、市场监管总局、国家医保局	《关于支持新业态新模式健康发展 激活消费市场带动扩大就业的意见》（发改高技〔2020〕1157号）
16	2020 年 8 月	国家发展改革委办公厅、生态环境部办公厅	《关于加强全国投资项目在线审批监管平台与全国环评统一申报和审批系统信息共享的通知》（发改办投资〔2020〕624 号）
17	2020 年 12 月	国家发展改革委、中央网信办、工业和信息化部、国家能源局	《关于加快构建全国一体化大数据中心协同创新体系的指导意见》（发改高技〔2020〕1922 号）
18	2021 年 3 月	第十三届全国人民代表大会第四次会议	《中华人民共和国国民经济和社会发展第十四个五年规划和2035 年远景目标纲要》
19	2021 年 5 月	工业和信息化部、中央网络安全和信息化委员会办公室	《关于加快推动区块链技术应用和产业发展的指导意见》（工信部联信发〔2021〕62 号）
20	2021 年 6 月	中华人民共和国全国人民代表大会常务委员会	《中华人民共和国数据安全法》（第八十四号主席令）
21	2021 年 7 月	国家发展改革委、自然资源部、生态环境部、交通运输部、水利部、国家能源局	《关于加强投资数据资源共享持续深化投资审批"一网通办"的指导意见》（发改投资〔2021〕1119 号）
22	2021 年 10 月	国务院	《关于开展营商环境创新试点工作的意见》（国发〔2021〕24 号）
23	2021 年 11 月	工业和信息化部	《"十四五"大数据产业发展规划》（工信部规〔2021〕179 号）

续表

序号	时间	发文机构	文件名称与文号
24	2022 年 1 月	国家发展改革委、商务部	《关于深圳建设中国特色社会主义先行示范区放宽市场准入若干特别措施的意见》（发改体改〔2022〕135 号）
25	2022 年 3 月	国家发展改革委	《关于推动长江三角洲区域公共资源交易一体化发展的意见》（发改法规〔2022〕355 号）
26	2023 年 3 月	国家能源局	《关于加快推进能源数字化智能化发展的若干意见》（国能发科技〔2023〕27 号）
27	2023 年 11 月	国务院	《支持北京深化国家服务业扩大开放综合示范区建设工作方案》（国函〔2023〕130 号）
28	2023 年 11 月	国务院	《全面对接国际高标准经贸规则推进中国（上海）自由贸易试验区高水平制度型开放总体方案》（国发〔2023〕23 号）
29	2023 年 12 月	国家发展改革委、国家数据局	《数字经济促进共同富裕实施方案》（发改数据〔2023〕1770 号）
30	2023 年 12 月	国家数据局、中央网信办、科技部、工业和信息化部、交通运输部、农业农村部、商务部、文化和旅游部、国家卫生健康委、应急管理部、中国人民银行、金融监管总局、国家医保局、中国科学院、中国气象局、国家文物局、国家中医药局	《"数据要素×"三年行动计划（2024—2026 年）》（国数政策〔2023〕11 号）
31	2024 年 3 月	国家互联网信息办公室	《促进和规范数据跨境流动规定》［国家互联网信息办公室令（第 16 号）］

以下按上表顺序、依次汇总各政策原文。

1 《促进大数据发展行动纲要》(国发〔2015〕50 号)

大数据是以容量大、类型多、存取速度快、应用价值高为主要特征的数据集合,正快速发展为对数量巨大、来源分散、格式多样的数据进行采集、存储和关联分析,从中发现新知识、创造新价值、提升新能力的新一代信息技术和服务业态。

信息技术与经济社会的交汇融合引发了数据迅猛增长,数据已成为国家基础性战略资源,大数据正日益对全球生产、流通、分配、消费活动以及经济运行机制、社会生活方式和国家治理能力产生重要影响。目前,我国在大数据发展和应用方面已具备一定基础,拥有市场优势和发展潜力,但也存在政府数据开放共享不足、产业基础薄弱、缺乏顶层设计和统筹规划、法律法规建设滞后、创新应用领域不广等问题,亟待解决。为贯彻落实党中央、国务院决策部署,全面推进我国大数据发展和应用,加快建设数据强国,特制定本行动纲要。

一、发展形势和重要意义

全球范围内,运用大数据推动经济发展、完善社会治理、提升政府服务和监管能力正成为趋势,有关发达国家相继制定实施大数据战略性文件,大力推动大数据发展和应用。目前,我国互联网、移动互联网用户规模居全球第一,拥有丰富的数据资源和应用市场优势,大数据部分关键技术研发取得突破,涌现出一批互联网创新企业和创新应用,一些地方政府已启动大数据相关工作。坚持创新驱动发展,加快大数据部署,深化大数据应用,已成为稳增长、促改革、调结构、惠民生和推动政府治理能力现代化的内在需要和必然选择。

（一）大数据成为推动经济转型发展的新动力。以数据流引领技术流、物质流、资金流、人才流，将深刻影响社会分工协作的组织模式，促进生产组织方式的集约和创新。大数据推动社会生产要素的网络化共享、集约化整合、协作化开发和高效化利用，改变了传统的生产方式和经济运行机制，可显著提升经济运行水平和效率。大数据持续激发商业模式创新，不断催生新业态，已成为互联网等新兴领域促进业务创新增值、提升企业核心价值的重要驱动力。大数据产业正在成为新的经济增长点，将对未来信息产业格局产生重要影响。

(二)大数据成为重塑国家竞争优势的新机遇。在全球信息化快速发展的大背景下，大数据已成为国家重要的基础性战略资源，正引领新一轮科技创新。充分利用我国的数据规模优势，实现数据规模、质量和应用水平同步提升，发掘和释放数据资源的潜在价值，有利于更好发挥数据资源的战略作用，增强网络空间数据主权保护能力，维护国家安全，有效提升国家竞争力。

(三)大数据成为提升政府治理能力的新途径。大数据应用能够揭示传统技术方式难以展现的关联关系，推动政府数据开放共享，促进社会事业数据融合和资源整合，将极大提升政府整体数据分析能力，为有效处理复杂社会问题提供新的手段。建立"用数据说话、用数据决策、用数据管理、用数据创新"的管理机制，实现基于数据的科学决策，将推动政府管理理念和社会治理模式进步，加快建设与社会主义市场经济体制和中国特色社会主义事业发展相适应的法治政府、创新政府、廉洁政府和服务型政府，逐步实现政府治理能力现代化。

二、指导思想和总体目标

（一)指导思想。深入贯彻党的十八大和十八届二中、三中、四中全会精神，按照党中央、国务院决策部署，发挥市场在资源配置中的决定性作用，加强顶层设计和统筹协调，大力推动政府信息系统和公共数据互联开放共享，加快政府信息平台整合，消除信息孤岛，推进数据资源向社会开放，增强政府公信力，引导社会发展，服务公众企业；以企业为主体，营造宽松公平环境，加大大数据关键技术研发、产业发展和人才培养力度，着力推进数据汇集和发掘，深化大数据在各行业创新应用，促进大数据产业健康发展；完善法规制度和标准体系，科学规范利用大数据，切实保障数据安全。通过促进大数据发展，加快建设数据强国，释放技术红利、制度红利和创新红利，提升政府治理能力，推动经济转型升级。

（二）总体目标。立足我国国情和现实需要，推动大数据发展和应用在未来 5—10 年逐步实现以下目标：

打造精准治理、多方协作的社会治理新模式。将大数据作为提升政府治理能力的重要手段，通过高效采集、有效整合、深化应用政府数据和社会数据，提升政府决策和风险防范水平，提高社会治理的精准性和有效性，增强乡村社会治理能力；助力简政放权，支持从事前审批向事中事后监管转变，推动商事制度改革；促进政府监管和社会监督有机结合，有效调动社会力量参与社会治理的积极性。2017 年底前形成跨部门数据资源共享共用格局。

建立运行平稳、安全高效的经济运行新机制。充分运用大数据，不断提升信用、财政、金融、税收、农业、统计、进出口、资源环境、产品质量、企业登记监管等领域数据资源的获取和利用能力，丰富经济统计数据来源，实现对经济运行更为准确的监测、分析、预测、预警，提高决策的针对性、科学性和时效性，提升宏观调控以及产业发展、信用体系、市场监管等方面管理效能，保障供需平衡，促进经济平稳运行。

构建以人为本、惠及全民的民生服务新体系。围绕服务型政府建设，在公用事业、市政管理、城乡环境、农村生活、健康医疗、减灾救灾、社会救助、养老服务、劳动就业、社会保障、文化教育、交通旅游、质量安全、消费维权、社区服务等领域全面推广大数据应用，利用大数据洞察民生需求，优化资源配置，丰富服务内容，拓展服务渠道，扩大服务范围，提高服务质量，提升城市辐射能力，推动公共服务向基层延伸，缩小城乡、区域差距，促进形成公平普惠、便捷高效的民生服务体系，不断满足人民群众日益增长的个性化、多样化需求。

开启大众创业、万众创新的创新驱动新格局。形成公共数据资源合理适度开放共享的法规制度和政策体系，2018 年底前建成国家政府数据统一开放平台，率先在信用、交通、医疗、卫生、就业、社保、地理、文化、教育、科技、资源、农业、环境、安监、金融、质量、统计、气象、海洋、企业登记监管等重要领域实现公共数据资源合理适度向社会开放，带动社会公众开展大数据增值性、公益性开发和创新应用，充分释放数据红利，激发大众创业、万众创新活力。

培育高端智能、新兴繁荣的产业发展新生态。推动大数据与云计算、物联网、移动互联网等新一代信息技术融合发展，探索大数据与传统产业协同发展的新业态、新模式，促进传统产业转型升级和新兴产业发展，培育新的经济增长点。形成一批满足大数据重大应用需求的产品、系统和解决方案，建立安全可信的大数据技术体系，大数据产品和服务达到国际先进水平，国内市场占有率显著提高。培育一批面向全球的骨干企业和特色鲜明的创新型中小企业。构建形成政产学研用多方联动、协调发展的大数据产业生态体系。

三、主要任务

（一）加快政府数据开放共享，推动资源整合，提升治理能力。

1. 大力推动政府部门数据共享。加强顶层设计和统筹规划，明确各部门数据共享的范围边界和使用方式，厘清各部门数据管理及共享的义务和权利，依托政府数据统一共享交换平台，大力推进国家人口基础信息库、法人单位信息资源库、自然资源和空间地理基础信息库等国家基础数据资源，以及金税、金关、金财、金审、金盾、金宏、金保、金土、金农、金水、金质等信息系统跨部门、跨区域共享。加快各地区、各部门、各有关企事业单位及社会组织信用信息系统的互联互通和信息共享，丰富面向公众的信用信息服务，提高政府服务和监管水平。结合信息惠民工程实施和智慧城市建设，推动中央部门与地方政府条块结合、联合试点，实现公共服务的多方数据共享、制度对接和协同配合。

2. 稳步推动公共数据资源开放。在依法加强安全保障和隐私保护的前提下，稳步推动公共数据资源开放。推动建立政府部门和事业单位等公共机构数据资源清单，按照"增量先行"的方式，加强对政府部门数据的国家统筹管理，加快建设国家政府数据统一开放平台。制定公共机构数据开放计划，落实数据开放和维护责任，推进公共机构数据资源统一汇聚和集中向社会开放，提升政府数据开放共享标准化程度，优先推动信用、交通、医疗、卫生、就业、社保、地理、文化、教育、科技、资源、农业、环境、安监、金融、质量、统计、气象、海洋、企业登记监管等民生保障服务相关领域的政府数据集向社会开放。建立政府和社会互动的大数据采集形成机制，制定政府数据共享开放目录。通过政务数据公开共享，引导企业、行业协会、科研机构、社会组织等主动采集并开放数据。

专栏 1　政府数据资源共享开放工程

推动政府数据资源共享。制定政府数据资源共享管理办法，整合政府部门公共数据资源，促进互联互通，提高共享能力，提升政府数据的一致性和准确性。2017 年底前，明确各部门数据共享的范围边界和使用方式，跨部门数据资源共享共用格局基本形成。

形成政府数据统一共享交换平台。充分利用统一的国家电子政务网络，构建跨部门的政府数据统一共享交换平台，到 2018 年，中央政府层面实现数据统一共享交换平台的全覆盖，实现金税、金关、金财、金审、金盾、金宏、金保、金土、金农、金水、金质等信息系统通过统一平台进行数据共享和交换。

形成国家政府数据统一开放平台。建立政府部门和事业单位等公共机构数据资源清单，制定实施政府数据开放共享标准，制定数据开放计划。2018 年底前，建成国家政府数据统一开放平台。2020 年底前，逐步实现信用、交通、医疗、卫生、就业、社保、地理、文化、教育、科技、资源、农业、环境、安监、金融、质量、统计、气象、海洋、企业登记监管等民生保障服务相关领域的政府数据集向社会开放。

3. 统筹规划大数据基础设施建设。结合国家政务信息化工程建设规划，统筹政务数据资源和社会数据资源，布局国家大数据平台、数据中心等基础设施。加快完善国家人口基础信息库、法人单位信息资源库、自然资源和空间地理基础信息库等基础信息资源和健康、就业、社保、能源、信用、统计、质量、国土、农业、城乡建设、企业登记监管等重要领域信息资源，加强与社会大数据的汇聚整合和关联分析。推动国民经济动员大数据应用。加强军民信息资源共享。充分利用现有企业、政府等数据资源和平台设施，注重对现有数据中心及服务器资源的改造和利用，建设绿色环保、低成本、高效率、基于云计算的大数据基础设施和区域性、行业性数据汇聚平台，避免盲目建设和重复投资。加强对互联网重要数据资源的备份及保护。

专栏 2　国家大数据资源统筹发展工程

整合各类政府信息平台和信息系统。严格控制新建平台，依托现有平台资源，在地市级以上（含地市级）政府集中构建统一的互联网政务数据服务平台和信息惠民服务平台，在基层街道、社区统一应用，并逐步向农村特别是农村社区延伸。除国务院另有规定外，原则上不再审批有关部门、地市级以下（不含地市级）政府新建孤立的信息平台和信息系统。到 2018 年，中央层面构建形成统一的互联网政务数据服务平台；国家信息惠民试点城市实现基础信息集中采集、多方利用，实现公共服务和社会信息服务的全人群覆盖、全天候受理和"一站式"办理。

整合分散的数据中心资源。充分利用现有政府和社会数据中心资源，运用云计算技术，整合规模小、效率低、能耗高的分散数据中心，构建形成布局合理、规模适度、保障有力、绿色集约的政务数据中心体系。统筹发挥各部门已建数据中心的作用，严格控制部门新建数据中心。开展区域试点，推进贵州等大数据综合试验区建设，促进区域性大数据基础设施的整合和数据资源的汇聚应用。

加快完善国家基础信息资源体系。加快建设完善国家人口基础信息库、法人单位信息资源库、自然资源和空间地理基础信息库等基础信息资源。依托现有相关信息系统，逐步完善健康、社保、就业、能源、信用、统计、质量、国土、农业、城乡建设、企业登记监管等重要领域信息资源。到 2018 年，跨部门共享校核的国家人口基础信息库、法人单位信息资源库、自然资源和空间地理基础信息库等国家基础信息资源体系基本建成，实现与各领域信息资源的汇聚整合和关联应用。

加强互联网信息采集利用。加强顶层设计，树立国际视野，充分利用已有资源，加强互联网信息采集、保存和分析能力建设，制定完善互联网信息保存相关法律法规，构建互联网信息保存和信息服务体系。

4. 支持宏观调控科学化。建立国家宏观调控数据体系，及时发布有关统计指标和数据，强化互联网数据资源利用和信息服务，加强与政务数据资源的关联分析和融合利用，为政府开展金融、税收、审计、统计、农业、规划、消费、投资、进出口、城乡建设、劳动就业、收入分配、电力及产业运行、质量安全、节能减排等领域运行动态监测、产业安全预测预警以及转变发展方式分析决策提供信息支持，提高宏观调控的科学性、预见性和有效性。

5. 推动政府治理精准化。在企业监管、质量安全、节能降耗、环境保护、食品安全、安全生产、信用体系建设、旅游服务等领域，推动有关政府部门和企事业单位将市场监管、检验检测、违法失信、企业生产经营、销售物流、投诉举报、消费维权等数据进行汇聚整合和关联分析，统一公示企业信用信息，预警企业不正当行为，提升政府决策和风险防范能力，支持加强事中事后监管和服务，提高监管和服务的针对性、有效性。推动改进政府管理和公共治理方式，借助大数据实现政府负面清单、权力清单和责任清单的透明化管理，完善大数据监督和技术反腐体系，促进政府简政放权、依法行政。

6. 推进商事服务便捷化。加快建立公民、法人和其他组织统一社会信用代码制度，依托全国统一的信用信息共享交换平台，建设企业信用信息公示系统和"信用中国"网站，共享整合各地区、各领域信用信息，为社会公众提供查询注册登记、行政许可、行政处罚等各类信用信息的一站式服务。在全面实行工商营业执照、组织机构代码证和税务登记证"三证合一"、"一照一码"登记制度改革中，积极运用大数据手段，简化办理程序。建立项目并联审批平台，形成网上审批大数据资源库，实现跨部门、跨层级项目审批、核准、备案的统一受理、同步审查、信息共享、透明公开。鼓励政府部门高效采集、有效整合并充分运用政府数据和社会数据，掌握企业需求，推动行政管理流程优化再造，在注册登记、市场准入等商事服务中提供更加便捷有效、更有针对性的服务。利用大数据等手段，密切跟踪中小微企业特别是新设小微企业运行情况，为完善相关政策提供支持。

7. 促进安全保障高效化。加强有关执法部门间的数据流通，在法律许可和确保安全的前提下，加强对社会治理相关领域数据的归集、发掘及关联分析，强化对妥善应对和处理重大突发公共事件的数据支持，提高公共安全保障能力，推动构建智能防控、综合治理的公共安全体系，维护国家安全和社会安定。

专栏3　政府治理大数据工程

推动宏观调控决策支持、风险预警和执行监督大数据应用。统筹利用政府和社会数据资源，探索建立国家宏观调控决策支持、风险预警和执行监督大数据应用体系。到2018年，开展政府和社会合作开发利用大数据试点，完善金融、税收、审计、统计、农业、规划、消费、投资、进出口、城乡建设、劳动就业、收入分配、电力及产业运行、质量安全、节能减排等领域国民经济相关数据的采集和利用机制，推进各级政府按照统一体系开展数据采集和综合利用，加强对宏观调控决策的支撑。

推动信用信息共享机制和信用信息系统建设。加快建立统一社会信用代码制度，建立信用信息共享交换机制。充分利用社会各方面信息资源，推动公共信用数据与互联网、移动互联网、电子商务等数据的汇聚整合，鼓励互联网企业运用大数据技术建立市场化的第三方信用信息共享平台，使政府主导征信体系的权威性和互联网大数据征信平台的规模效应得到充分发挥，依托全国统一的信用信息共享交换平台，建设企业信用信息公示系统，实现覆盖各级政府、各类别信用主体的基础信用信息共享，初步建成社会信用体系，为经济高效运行提供全面准确的基础信用信息服务。

建设社会治理大数据应用体系。到2018年，围绕实施区域协调发展、新型城镇化等重大战略和主体功能区规划，在企业监管、质量安全、质量诚信、节能降耗、环境保护、食品安全、安全生产、信用体系建设、旅游服务等领域探索开展一批应用试点，打通政府部门、企事业单位之间的数据壁垒，实现合作开发和综合利用。实时采集并汇总分析政府部门和企事业单位的市场监管、检验检测、违法失信、企业生产经营、销售物流、投诉举报、消费维权等数据，有效促进各级政府社会治理能力提升。

8. 加快民生服务普惠化。结合新型城镇化发展、信息惠民工程实施和智慧城市建设，以优化提升民生服务、激发社会活力、促进大数据应用市场化服务为重点，引导鼓励企业和社会机构开展创新应用研究，深入发掘公共服务数据，在城乡建设、人居环境、健康医疗、社会救助、养老服务、劳动就业、社会保障、质量安全、文化教育、交通旅游、消费维权、城乡服务等领域开展大数据应用示范，推动传统公共服务数据与互联网、移动互联网、可穿戴设备等数据的汇聚整合，开发各类便民应用，优化公共资源配置，提升公共服务水平。

专栏4　公共服务大数据工程

医疗健康服务大数据。构建电子健康档案、电子病历数据库，建设覆盖公共卫生、医疗服务、医疗保障、药品供应、计划生育和综合管理业务的医疗健康管理和服务大数据应用体系。探索预约挂号、分级诊疗、远程医疗、检查检验结果共享、防治结合、医养结合、健康咨询等服务，优化形成规范、共享、互信的诊疗流程。鼓励和规范有关企事业单位开展医疗健康大数据创新应用研究，构建综合健康服务应用。

社会保障服务大数据。建设由城市延伸到农村的统一社会救助、社会福利、社会保障大数据平台，加强与相关部门的数据对接和信息共享，支撑大数据在劳动用工和社保基金监管、医疗保险对医疗服务行为监控、劳动保障监察、内控稽核以及人力资源社会保障相关政策制定和执行效果跟踪评价等方面的应用。利用大数据创新服务模式，为社会公众提供更为个性化、更具针对性的服务。

教育文化大数据。完善教育管理公共服务平台，推动教育基础数据的伴随式收集和全国互通共享。建立各阶段适龄入学人口基础数据库、学生基础数据库和终身电子学籍档案，实现学生学籍档案在不同教育阶段的纵向贯通。推动形成覆盖全国、协同服务、全网互通的教育资源云服务体系。探索发挥大数据对变革教育方式、促进教育公平、提升教育质量的支撑作用。加强数字图书馆、档案馆、博物馆、美术馆和文化馆等公益设施建设，构建文化传播大数据综合服务平台，传播中国文化，为社会提供文化服务。

交通旅游服务大数据。探索开展交通、公安、气象、安监、地震、测绘等跨部门、跨地域数据融合和协同创新。建立综合交通服务大数据平台，共同利用大数据提升协同管理和公共服务能力，积极吸引社会优质资源，利用交通大数据开展出行信息服务、交通诱导等增值服务。建立旅游投诉及评价全媒体交互中心，实现对旅游城市、重点景区游客流量的监控、预警和及时分流疏导，为规范市场秩序、方便游客出行、提升旅游服务水平、促进旅游消费和旅游产业转型升级提供有力支撑。

(二)推动产业创新发展，培育新兴业态，助力经济转型。

1. 发展工业大数据。推动大数据在工业研发设计、生产制造、经营管理、市场营销、售后服务等产品全生命周期、产业链全流程各环节的应用，分析感知用户需求，提升产品附加价值，打造智能工厂。建立面向不同行业、不同环节的工业大数据资源聚合和分析应用平台。抓住互联网跨界融合机遇，促进大数据、物联网、云计算和三维(3D)打印技术、个性化定制等在制造业全产业链集成运用，推动制造模式变革和工业转型升级。

2. 发展新兴产业大数据。大力培育互联网金融、数据服务、数据探矿、数据化学、数据材料、数据制药等新业态，提升相关产业大数据资源的采集获取和分析利用能力，充分发掘数据资源支撑创新的潜力，带动技术研发体系创新、管理方式变革、商业模式创新和产业价值链体系重构，推动跨领域、跨行业的数据融合和协同创新，促进战略性新兴产业发展、服务业创新发展和信息消费扩大，探索形成协同发展的新业态、新模式，培育新的经济增长点。

专栏5　工业和新兴产业大数据工程

工业大数据应用。利用大数据推动信息化和工业化深度融合，研究推动大数据在研发设计、生产制造、经营管理、市场营销、售后服务等产业链各环节的应用，研发面向不同行业、不同环节的大数据分析应用平台，选择典型企业、重点行业、重点地区开展工业企业大数据应用项目试点，积极推动制造业网络化和智能化。

服务业大数据应用。利用大数据支持品牌建立、产品定位、精准营销、认证认可、质量诚信提升和定制服务等，研发面向服务业的大数据解决方案，扩大服务范围，增强服务能力，提升服务质量，鼓励创新商业模式、服务内容和服务形式。

培育数据应用新业态。积极推动不同行业大数据的聚合、大数据与其他行业的融合，大力培育互联网金融、数据服务、数据处理分析、数据影视、数据探矿、数据化学、数据材料、数据制药等新业态。

电子商务大数据应用。推动大数据在电子商务中的应用，充分利用电子商务中形成的大数据资源为政府实施市场监管和调控服务，电子商务企业应依法向政府部门报送数据。

3. 发展农业农村大数据。构建面向农业农村的综合信息服务体系，为农民生产生活提供综合、高效、便捷的信息服务，缩小城乡数字鸿沟，促进城乡发展一体化。加强农业农村经济大数据建设，完善村、县相关数据采集、传输、共享基础设施，建立农业农村数据采集、运算、应用、服务体系，强化农村生态环境治理，增强乡村社会治理能力。统筹国内国际农业数据资源，强化农业资源要素数据的集聚利用，提升预测预警能力。整合构建国家涉农大数据中心，推进各地区、各行业、各领域涉农数据资源的共享开放，加强数据资源发掘运用。加快农业大数据关键技术研发，加大示范力度，提升生产智能化、经营网络化、管理高效化、服务便捷化能力和水平。

专栏 6   现代农业大数据工程

农业农村信息综合服务。充分利用现有数据资源，完善相关数据采集共享功能，完善信息进村入户村级站的数据采集和信息发布功能，建设农产品全球生产、消费、库存、进出口、价格、成本等数据调查分析系统工程，构建面向农业农村的综合信息服务平台，涵盖农业生产、经营、管理、服务和农村环境整治等环节，集合公益服务、便民服务、电子商务和网络服务，为农业农村农民生产生活提供综合、高效、便捷的信息服务，加强全球农业调查分析，引导国内农产品生产和消费，完善农产品价格形成机制，缩小城乡数字鸿沟，促进城乡发展一体化。

农业资源要素数据共享。利用物联网、云计算、卫星遥感等技术，建立我国农业耕地、草原、林地、水利设施、水资源、农业设施设备、新型经营主体、农业劳动力、金融资本等资源要素数据监测体系，促进农业环境、气象、生态等信息共享，构建农业资源要素数据共享平台，为各级政府、企业、农户提供农业资源数据查询服务，鼓励各类市场主体充分发掘平台数据，开发测土配方施肥、统防统治、农业保险等服务。

农产品质量安全信息服务。建立农产品生产的生态环境、生产资料、生产过程、市场流通、加工储藏、检验检测等数据共享机制，推进数据实现自动化采集、网络化传输、标准化处理和可视化运用，提高数据的真实性、准确性、及时性和关联性，与农产品电子商务等交易平台互联共享，实现各环节信息可查询、来源可追溯、去向可跟踪、责任可追究，推进实现种子、农药、化肥等重要生产资料信息可追溯，为生产者、消费者、监管者提供农产品质量安全信息服务，促进农产品消费安全。

4. 发展万众创新大数据。适应国家创新驱动发展战略，实施大数据创新行动计划，鼓励企业和公众发掘利用开放数据资源，激发创新创业活力，促进创新链和产业链深度融合，推动大数据发展与科研创新有机结合，形成大数据驱动型的科研创新模式，打通科技创新和经济社会发展之间的通道，推动万众创新、开放创新和联动创新。

专栏 7　万众创新大数据工程

大数据创新应用。通过应用创新开发竞赛、服务外包、社会众包、助推计划、补助奖励、应用培训等方式，鼓励企业和公众发掘利用开放数据资源，激发创新创业活力。

大数据创新服务。面向经济社会发展需求，研发一批大数据公共服务产品，实现不同行业、领域大数据的融合，扩大服务范围、提高服务能力。

发展科学大数据。积极推动由国家公共财政支持的公益性科研活动获取和产生的科学数据逐步开放共享，构建科学大数据国家重大基础设施，实现对国家重要科技数据的权威汇集、长期保存、集成管理和全面共享。面向经济社会发展需求，发展科学大数据应用服务中心，支持解决经济社会发展和国家安全重大问题。

知识服务大数据应用。利用大数据、云计算等技术，对各领域知识进行大规模整合，搭建层次清晰、覆盖全面、内容准确的知识资源库群，建立国家知识服务平台与知识资源服务中心，形成以国家平台为枢纽、行业平台为支撑，覆盖国民经济主要领域，分布合理、互联互通的国家知识服务体系，为生产生活提供精准、高水平的知识服务。提高我国知识资源的生产与供给能力。

5. 推进基础研究和核心技术攻关。围绕数据科学理论体系、大数据计算系统与分析理论、大数据驱动的颠覆性应用模型探索等重大基础研究进行前瞻布局，开展数据科学研究，引导和鼓励在大数据理论、方法及关键应用技术等方面展开探索。采取政产学研用相结合的协同创新模式和基于开源社区的开放创新模式，加强海量数据存储、数据清洗、数据分析发掘、数据可视化、信息安全与隐私保护等领域关键技术攻关，形成安全可靠的大数据技术体系。支持自然语言理解、机器学习、深度学习等人工智能技术创新，提升数据分析处理能力、知识发现能力和辅助决策能力。

6. 形成大数据产品体系。围绕数据采集、整理、分析、发掘、展现、应用等环节，支持大型通用海量数据存储与管理软件、大数据分析发掘软件、数据可视化软件等软件产品和海量数据存储设备、大数据一体机等硬件产品发展，带动芯片、操作系统等信息技术核心基础产品发展，打造较为健全的大数据产品体系。大力发展与重点行业领域业务流程及数据应用需求深度融合的大数据解决方案。

专栏8　大数据关键技术及产品研发与产业化工程

通过优化整合后的国家科技计划(专项、基金等)，支持符合条件的大数据关键技术研发。

加强大数据基础研究。融合数理科学、计算机科学、社会科学及其他应用学科，以研究相关性和复杂网络为主，探讨建立数据科学的学科体系；研究面向大数据计算的新体系和大数据分析理论，突破大数据认知与处理的技术瓶颈；面向网络、安全、金融、生物组学、健康医疗等重点需求，探索建立数据科学驱动行业应用的模型。

大数据技术产品研发。加大投入力度，加强数据存储、整理、分析处理、可视化、信息安全与隐私保护等领域技术产品的研发，突破关键环节技术瓶颈。到 2020 年，形成一批具有国际竞争力的大数据处理、分析、可视化软件和硬件支撑平台等产品。

提升大数据技术服务能力。促进大数据与各行业应用的深度融合，形成一批代表性应用案例，以应用带动大数据技术和产品研发，形成面向各行业的成熟的大数据解决方案。

7. 完善大数据产业链。支持企业开展基于大数据的第三方数据分析发掘服务、技术外包服务和知识流程外包服务。鼓励企业根据数据资源基础和业务特色，积极发展互联网金融和移动金融等新业态。推动大数据与移动互联网、物联网、云计算的深度融合，深化大数据在各行业的创新应用，积极探索创新协作共赢的应用模式和商业模式。加强大数据应用创新能力建设，建立政产学研用联动、大中小企业协调发展的大数据产业体系。建立和完善大数据产业公共服务支撑体系，组建大数据开源社区和产业联盟，促进协同创新，加快计量、标准化、检验检测和认证认可等大数据产业质量技术基础建设，加速大数据应用普及。

专栏 9　大数据产业支撑能力提升工程

培育骨干企业。完善政策体系，着力营造服务环境优、要素成本低的良好氛围，加速培育大数据龙头骨干企业。充分发挥骨干企业的带动作用，形成大中小企业相互支撑、协同合作的大数据产业生态体系。到 2020 年，培育 10 家国际领先的大数据核心龙头企业，500 家大数据应用、服务和产品制造企业。

大数据产业公共服务。整合优质公共服务资源，汇聚海量数据资源，形成面向大数据相关领域的公共服务平台，为企业和用户提供研发设计、技术产业化、人力资源、市场推广、评估评价、认证认可、检验检测、宣传展示、应用推广、行业咨询、投融资、教育培训等公共服务。

中小微企业公共服务大数据。整合现有中小微企业公共服务系统与数据资源,链接各省(区、市)建成的中小微企业公共服务线上管理系统,形成全国统一的中小微企业公共服务大数据平台,为中小微企业提供科技服务、综合服务、商贸服务等各类公共服务。

(三)强化安全保障,提高管理水平,促进健康发展。

1. 健全大数据安全保障体系。加强大数据环境下的网络安全问题研究和基于大数据的网络安全技术研究,落实信息安全等级保护、风险评估等网络安全制度,建立健全大数据安全保障体系。建立大数据安全评估体系。切实加强关键信息基础设施安全防护,做好大数据平台及服务商的可靠性及安全性评测、应用安全评测、监测预警和风险评估。明确数据采集、传输、存储、使用、开放等各环节保障网络安全的范围边界、责任主体和具体要求,切实加强对涉及国家利益、公共安全、商业秘密、个人隐私、军工科研生产等信息的保护。妥善处理发展创新与保障安全的关系,审慎监管,保护创新,探索完善安全保密管理规范措施,切实保障数据安全。

2. 强化安全支撑。采用安全可信产品和服务,提升基础设施关键设备安全可靠水平。建设国家网络安全信息汇聚共享和关联分析平台,促进网络安全相关数据融合和资源合理分配,提升重大网络安全事件应急处理能力;深化网络安全防护体系和态势感知能力建设,增强网络空间安全防护和安全事件识别能力。开展安全监测和预警通报工作,加强大数据环境下防攻击、防泄露、防窃取的监测、预警、控制和应急处置能力建设。

专栏 10 网络和大数据安全保障工程

网络和大数据安全支撑体系建设。在涉及国家安全稳定的领域采用安全可靠的产品和服务，到 2020 年，实现关键部门的关键设备安全可靠。完善网络安全保密防护体系。

大数据安全保障体系建设。明确数据采集、传输、存储、使用、开放等各环节保障网络安全的范围边界、责任主体和具体要求，建设完善金融、能源、交通、电信、统计、广电、公共安全、公共事业等重要数据资源和信息系统的安全保密防护体系。

网络安全信息共享和重大风险识别大数据支撑体系建设。通过对网络安全威胁特征、方法、模式的追踪、分析，实现对网络安全威胁新技术、新方法的及时识别与有效防护。强化资源整合与信息共享，建立网络安全信息共享机制，推动政府、行业、企业间的网络风险信息共享，通过大数据分析，对网络安全重大事件进行预警、研判和应对指挥。

四、政策机制

(一)完善组织实施机制。建立国家大数据发展和应用统筹协调机制，推动形成职责明晰、协同推进的工作格局。加强大数据重大问题研究，加快制定出台配套政策，强化国家数据资源统筹管理。加强大数据与物联网、智慧城市、云计算等相关政策、规划的协同。加强中央与地方协调，引导地方各级政府结合自身条件合理定位、科学谋划，将大数据发展纳入本地区经济社会和城镇化发展规划，制定出台促进大数据产业发展的政策措施，突出区域特色和分工，抓好措施落实，实现科学有序发展。设立大数据专家咨询委员会，为大数据发展应用及相关工程实施提供决策咨询。各有关部门要进一步统一思想，认真落实本行动纲要提出的各项任务，共同推动形成公共信息资源共享共用和大数据产业健康安全发展的良好格局。

(二)加快法规制度建设。修订政府信息公开条例。积极研究数据开放、保护等方面制度，实现对数据资源采集、传输、存储、利用、开放的规范管理，促进政府数据在风险可控原则下最大程度开放，明确政府统筹利用市场主体大数据的权限及范围。制定政府信息资源管理办法，建立政府部门数据资源统筹管理和共享复用制度。研究推动网上个人信息保护立法工作，界定个人信息采集应用的范围和方式，明确相关主体的权利、责任和义务，加强对数据滥用、侵犯个人隐私等行为的管理和惩戒。推动出台相关法律法规，加强对基础信息网络和关键行业领域重要信息系统的安全保护，保障网络数据安全。研究推动数据资源权益相关立法工作。

（三）健全市场发展机制。建立市场化的数据应用机制，在保障公平竞争的前提下，支持社会资本参与公共服务建设。鼓励政府与企业、社会机构开展合作，通过政府采购、服务外包、社会众包等多种方式，依托专业企业开展政府大数据应用，降低社会管理成本。引导培育大数据交易市场，开展面向应用的数据交易市场试点，探索开展大数据衍生产品交易，鼓励产业链各环节市场主体进行数据交换和交易，促进数据资源流通，建立健全数据资源交易机制和定价机制，规范交易行为。

（四）建立标准规范体系。推进大数据产业标准体系建设，加快建立政府部门、事业单位等公共机构的数据标准和统计标准体系，推进数据采集、政府数据开放、指标口径、分类目录、交换接口、访问接口、数据质量、数据交易、技术产品、安全保密等关键共性标准的制定和实施。加快建立大数据市场交易标准体系。开展标准验证和应用试点示范，建立标准符合性评估体系，充分发挥标准在培育服务市场、提升服务能力、支撑行业管理等方面的作用。积极参与相关国际标准制定工作。

（五）加大财政金融支持。强化中央财政资金引导，集中力量支持大数据核心关键技术攻关、产业链构建、重大应用示范和公共服务平台建设等。利用现有资金渠道，推动建设一批国际领先的重大示范工程。完善政府采购大数据服务的配套政策，加大对政府部门和企业合作开发大数据的支持力度。鼓励金融机构加强和改进金融服务，加大对大数据企业的支持力度。鼓励大数据企业进入资本市场融资，努力为企业重组并购创造更加宽松的金融政策环境。引导创业投资基金投向大数据产业，鼓励设立一批投资于大数据产业领域的创业投资基金。

（六）加强专业人才培养。创新人才培养模式，建立健全多层次、多类型的大数据人才培养体系。鼓励高校设立数据科学和数据工程相关专业，重点培养专业化数据工程师等大数据专业人才。鼓励采取跨校联合培养等方式开展跨学科大数据综合型人才培养，大力培养具有统计分析、计算机技术、经济管理等多学科知识的跨界复合型人才。鼓励高等院校、职业院校和企业合作，加强职业技能人才实践培养，积极培育大数据技术和应用创新型人才。依托社会化教育资源，开展大数据知识普及和教育培训，提高社会整体认知和应用水平。

（七）促进国际交流合作。坚持平等合作、互利共赢的原则，建立完善国际合作机制，积极推进大数据技术交流与合作，充分利用国际创新资源，促进大数据相关技术发展。结合大数据应用创新需要，积极引进大数据高层次人才和领军人才，完善配套措施，鼓励海外高端人才回国就业创业。引导国内企业与国际优势企业加强大数据关键技术、产品的研发合作，支持国内企业参与全球市场竞争，积极开拓国际市场，形成若干具有国际竞争力的大数据企业和产品。

2　《关于组织实施促进大数据发展重大工程的通知》（发改办高技〔2016〕42 号）

中央和国家机关有关部门、直属机构办公厅（室），各省、自治区、直辖市及计划单列市、新疆生产建设兵团发展改革委，有关中央管理企业：

为贯彻落实《国务院关于印发促进大数据发展行动纲要的通知》（国发〔2015〕50 号，以下简称《大数据纲要》），加快推动数据资源开放共享流通，强化数据资源在各领域应用，促进产业转型升级，培育发展新业态，我委拟依托国家重大建设项目库组织开展促进大数据发展重大工程，现将有关事项通知如下：

一、总体思路

加快落实《大数据纲要》，从破解制约大数据创新发展的突出矛盾和问题出发，重点推进数据资源开放共享，推动大数据基础设施统筹，打破数据资源壁垒，深化数据资源应用，积极培育新兴繁荣的产业发展新业态。各地方、各部门及中央企业要加强统筹研究，提出具有全国性示范效应、产业带动性强的促进大数据发展重大工程项目建议。通过一批重大工程项目实施，有效促进数据要素流通，以数据流引领技术流、物质流、资金流、人才流，推动社会生产要素的网络化共享、集约化整合、协作化开发和高效化利用，创造新的增长点，加快实现经济发展方式转变。

二、重点方向

(一)重点支持大数据示范应用。

开展社会治理大数据应用。在企业监管、环境治理、食品安全、信用体系等领域，推动政府部门、公共机构和社会企业有关市场监管数据、检验监测数据、违法失信数据、企业生产经营数据、物流销售数据、投诉举报数据的汇聚整合和关联分析，感知、洞察企业行为，预警企业不正当行为，提升政府决策支持和风险防范能力。

开展公共服务大数据应用。在健康医疗、社保就业、教育文化、交通旅游等领域，推动传统公共服务数据与互联网、移动互联网、移动穿戴设备数据的汇聚整合，鼓励社会机构开展应用研究，开发便民服务应用，优化公共资源配置，提升公共服务水平。

开展产业发展大数据应用。在工业制造、新型材料、航空航天、生物工程、金融服务、现代农业、商贸物流等领域，提升大数据资源采集获取能力和分析利用能力，充分发掘数据资源的创新支撑潜力，带动传统产业技术研发体系创新、生产管理方式变革、商业模式创新和产业价值链体系重构，推动跨领域、跨行业的数据融合和协同创新，促进新兴产业发展和传统产业转型升级，探索形成协同发展的新业态、新模式，形成新的经济增长点。

开展创业创新大数据应用。实施大数据开放行动计划，优先推进与民生保障服务相关政府数据集向社会开放。组织开展大数据全民创新竞赛。依托政府开放数据，引导和鼓励全社会企业、公众进行挖掘分析，开发应用，激发创新创业活力，推动万众创新、开放创新。

(二)重点支持大数据共享开放。

建立完善公共数据共享开放制度。制定公共数据共享开放的制度法规，建立公共数据共享开放的评估、考核和安全审查制度，落实公共数据共享开放责任。建立数据资源目录体系，形成公共数据资源共享清单和开放清单，明确公共数据共享开放的范围、边界和使用方式，向社会公开公共数据的开放清单和开放计划。

建立统一的公共数据共享开放平台体系。按照"平台整合共建、系统分布部署"的原则，依托统一的国家电子政务网络，构建全国一体、区域统一、互联互通的公共数据共享平台和数据开放平台体系，推进公共机构数据资源依托统一的平台体系共享、交换和开放。

(三)重点支持基础设施统筹发展。

整合分散的政务数据中心。强化政务数据中心的统筹布局，利用现有政务和社会数据中心资源，结合区域的能源、气候、地质、网络、交通、政策、市场需求等条件，采用云计算、绿色节能等先进技术对规模小、效率低、能耗高的分散数据中心进行整合，形成布局合理、规模适度、保障有力、绿色集约的大型区域性政务数据中心，避免造成资源、空间的浪费损失。

探索构建国家数据中心体系。依托大型区域性数据中心，运用云计算等技术，探索建立"物理分散、逻辑互联、全国一体"的政务公共云，构建形成国家数据中心体系，面向本省市、其他省市和中央部门、行业企业以及中小型企业用户提供应用承载、数据存储、容灾备份等数据中心服务。

开展绿色数据中心试点。鼓励采用可再生能源、分布式供能、废弃设备回收处理等绿色节能方式，强化新建工程项目的绿色采购、绿色设计、绿色建设，提高数据中心绿色节能水平，推动节能环保技术产品在已建数据中心的替代应用，引导数据中心走低碳循环绿色发展之路。

(四)重点支持数据要素流通。

建立完善国家大数据标准体系，开展数据采集、指标口径、分类目录、交换接口、访问接口、数据质量、数据开放、数据共享等标准的研究、制定、验证和推广应用，解决政府内部数据共享、政府数据对外开放、政府和企业数据交换等突出问题。

探索建立大数据交易平台和制度。依托已建的大数据交易所，探索建立大数据交易平台，提供丰富的数据产品、解决方案，以及统一的检索服务和开发环境。建立覆盖大数据交易主体、交易平台、交易模式等方面的规则制度，完善大数据交易的法律制度、技术保障、真实性认证等保障措施，规范大数据交易行为，确保交易数据的质量和安全，防范交易数据的滥用和不当使用行为，形成大数据交易的流通机制和规范程序。

三、有关要求

(一)项目实施单位应符合国家产业政策准入条件以及建设项目规定的各项资格条件，具有一定的大数据研发和产业化基础。

(二)项目实施单位要实事求是制定项目实施方案，并对项目实施方案、证明材料的真实性负责。对于存在失信造假的行为，将失信记录纳入社会信用体系，对失信企业实施联合惩戒。

(三)各项目主管单位要督促项目实施单位落实项目建设条件，并负责审核环保、土地、节能等证明材料，下达资金前需落实相关建设条件。

(四)鼓励多个单位联合提出项目建议，优先支持跨部门、跨区域、跨行业的具有全国性示范效应的大数据应用。

（五）引导和带动更多社会资本特别是民间资本参与工程建设。鼓励探索由企业牵头开展项目建设和运营服务。鼓励探索政府资金与股权、信贷、债券、众筹、风投、创投、基金、保险等相结合的多种融资组合，有效扩大大数据发展的社会投资规模，推动大数据量级增长和应用。

（六）基础设施和公共服务平台项目要重点解决行业或领域共性问题，注重资源整合与信息共享。政府内部信息化改造和电子政务建设类项目，不纳入本工程支持范围。

四、组织方式

（一）请根据本通知要求，抓紧制定工作方案，明确总体考虑、支持重点、配套政策等，按照项目建议报送条件、编制要点和时限要求，认真做好项目组织、审核和报送工作。

（二）请积极协调项目实施中存在的问题，加快项目建设，根据技术、市场等发展变化，及时动态调整建设任务和组织实施方式。同时，切实加强对项目实施过程中的监督、检查和管理，确保建设目标的实现，发挥应有效益。

（三）请于2016年2月5日前将项目汇总表（格式见附件1）报送我委高技术产业司，并按照《国家发展改革委关于加强政府投资项目储备编制三年滚动投资计划的通知》（发改投资〔2015〕2463号）要求，将项目建议提交国家重大建设项目库。资金申请报告（一式三份，编制要点参考附件2）报送时间另行通知。

（四）我委将按照"择优选取、成熟一批、启动一批、储备一批、谋划一批"的原则和要求，委托第三方机构开展评审评估，择优推荐项目进入国家重大建设项目库审核区，并根据资金总体情况予以支持。

特此通知。

联系人：国家发展改革委高技术产业司   苏大勇   张铠麟

电话：68502544   68501272   68501530（传真）

3　《关于请组织申报大数据领域创新能力建设专项的通知》（发改办高技〔2016〕1918 号）

国务院有关部门、直属机构办公厅（办公室），各省、自治区、直辖市及计划单列市、新疆生产建设兵团发展改革委，有关中央管理企业：

为贯彻落实《国家发展改革委关于实施新兴产业重大工程包的通知》（发改高技〔2015〕1303 号）和《国务院关于印发促进大数据发展行动纲要的通知》（国发〔2015〕50 号），着力提高大数据领域自主创新能力，促进大数据产业快速发展，我委决定组织实施大数据领域创新能力建设专项，构建大数据领域创新网络。现将有关事项通知如下：

一、专项总体思路

以提升政府治理能力、促进经济转型升级、助力大众创业万众创新为着力点，按照坚持问题导向、应用导向、全面提升的原则，建立和完善大数据领域的技术创新平台，构建支撑国家大数据战略实施的创新网络，加快大数据融合技术率先在相关领域的深度应用，为推动我国新经济发展汇聚新动能。

二、专项目标

未来 2—3 年，建成一批大数据领域创新平台，为大数据领域相关技术创新提供支撑和服务。以推进经济发展方式转变为着力点，通过建立和完善大数据领域的技术创新平台，集聚整合创新资源，加强产学研用结合，突破一批关键共性技术并实现产业化，促进大数据产业的快速发展，为培育和发展战略性新兴产业提供动力支撑。

三、专项建设内容和重点

(一)提升大数据基础技术支撑能力方面

1. 大数据系统计算技术国家工程实验室。针对我国大数据计算平台安全可信性差和软件通用性低的问题,建设大数据系统计算技术创新平台,支持开展通用大数据计算软件框架和算法库、智能诊断和自动纠错等可靠性信息高速转发、统一框架内不同类型和格式数据批处理和流处理等技术的研发和工程化。申报单位需具备高性能处理器互联芯片和计算平台安全管理控制芯片自主研发能力,并满足国家加密算法要求。

2. 大数据系统软件国家工程实验室。针对我国大数据系统软件开源创新不足的问题,建设大数据系统软件创新平台,支撑开展大规模多源异构数据一体化管理、交互式异构数据分析框架、数据可视化与智能数据工程、领域大数据应用开发运行环境、大数据混源软件可信验证等技术的研发和工程化。申报单位需具备管理超大规模数据的软硬件基础。

3. 大数据分析技术国家工程实验室。针对我国大数据挖掘与分析能力弱、大数据算法应用和综合能力不高等问题,建设大数据分析技术创新平台,支持开展大数据复杂性和不确定性特征描述、异构大数据预处理、挖掘与分析计算系统、大数据挖掘结果与决策支持、基于大数据的智能知识获取算法等技术的研发和工程化。申报单位须具备较强的大数据挖掘分析、知识管理与决策支持研发能力和应用经验。

4. 大数据流通与交易技术国家工程实验室。针对我国大数据共享交换及交易流通不畅、标准不明、数据质量参差不齐等问题,建设大数据流通与交易技术创新平台,支撑开展政企数据资源共享交换、公共数据开放流通、云上公共大数据分析与处理、跨系统公共大数据共享交换标准、大数据资源与服务确权估值建模等技术的研发和工程化。申报单位需具有丰富的数据共享交换平台建设和大数据交易流通及交割结算经验。

5. 大数据协同安全技术国家工程实验室。针对我国大数据环境下数据安全和系统安全监测、预警和控制处置能力不足等问题，建设大数据协同安全技术创新平台，支撑开展数据源可信验证、大流量数据安全传输、非关系型数据库存储安全、数据汇聚隐私保护、非结构数据动态脱敏、数据防泄漏、软件系统漏洞分析、大数据系统风险评估和安全监测等技术的研发和工程化。申请单位需具备较高的大数据安全漏洞和风险防控研发能力，并承担过网络安全相关领域国家级项目。

(二)提高大数据应用技术水平方面

1. 智慧城市设计仿真与可视化技术国家工程实验室。针对智慧城市建设中设计局限化、信息碎片化、无法模拟仿真等问题，建设智慧城市设计仿真与可视化技术创新平台，支撑开展智慧城市总体规划与顶层设计、建设运营可视化、三维空间模型(BIM)及时空仿真建模、室内导航与定位、虚拟现实、图像智能、机器学习等技术、设备的研发和工程化。申报单位需具有顶层设计、仿真建模、三维模拟、虚拟现实、计算机智能等方面的技术积累，并初步建立智慧城市规划设计仿真与互联网公众服务平台。

2. 城市精细化管理技术国家工程实验室。针对我国城市管理低效粗放等问题，建设城市精细化管理技术创新平台，支撑开展低功耗物联网、面向数据空间的协同感知和虚拟交互、城市管理数据流程重构、城市级信息融合与共享等技术的研发和工程化。申报单位需在治安防控、建筑节能、城市供水、网格化管理等城市管理领域有较好的技术积累。

3. 医疗大数据应用技术国家工程实验室。针对我国医疗质量监管、临床辅助诊疗、卫生经济分析、公共卫生政策评价水平不高等问题，建设医疗大数据应用技术创新平台，支撑开展医疗大数据整合管理、互联互通、互认共享、分析检索、标准规范、隐私保护等技术的研发和工程化。申报单位需具有长期医疗数据积累和丰富的医疗大数据分析利用经验，承担过医疗信息化国家级项目。

4. 教育大数据应用技术国家工程实验室。针对我国教学过程质量管理、学生学习成长监测、教育管理智能决策能力不足等问题，建设教育大数据应用技术创新平台，支撑开展多源异构数据汇聚、系统化监测与评估、教与学过程的综合建模和行为分析、数据可视化等技术的研发和工程化。申请单位需具有教育科学和数据科学交叉研究能力，并具有海量教育数据获取、监测分析和应用服务水平。

5. 综合交通大数据应用技术国家工程实验室。针对我国综合交通跨行业、跨地域管理服务能力不足等问题，建设综合交通大数据应用技术创新平台，支撑开展交通运输大数据采集处理、分析挖掘、管理决策、融合应用等技术的研发和工程化。申报单位需具有交通运输领域多类型大规模数据资源及综合分析应用经验。

6. 社会安全风险感知与防控大数据应用国家工程实验室。针对社会安全风险防控能力不足的问题，建设社会安全风险感知与防控大数据应用创新平台，支撑开展社会安全防控大数据信息感知探测、多源异构信息融合理解、海量多维信息关联分析、社会安全风险预测预警等技术的研发和工程化。申报单位需具有PB级社会安全防控大数据分析挖掘的能力和应用经验。

7. 工业大数据应用技术国家工程实验室。针对我国流程工业产品生命周期的质量管控和评价不足等问题，建设工业大数据应用技术创新平台，支撑开展面向海量在线设备的异构数据获取、数据甄别评价、聚类汇集和关联分析、云端处理、工业产品多维质量评价等技术的研发和工程化。申报单位需具有主要工业产品全生命周期质量数据获取、挖掘和服务能力。

8. 空天地海一体化大数据应用技术国家工程实验室。针对空天地海资源综合利用程度不高等问题，建设空天地海一体化大数据应用技术创新平台，支撑开展空天地海多源信息感知探测与存储管理、广域动态信息融合理解、多维重建与可视计算、多维情报关联挖掘与应用等技术的研发和工程化。申报单位需在空天地海大数据感知与挖掘、知识管理与决策支持等方面具有较好的研究与应用基础。

四、具体要求

(一)请相关主管部门按照《国家工程实验室管理办法(试行)》(国家发展改革委令第 54 号)、《国家高技术产业发展项目管理暂行办法》(国家发展改革委令第 43 号)和《国家发展改革委关于实施新兴产业重大工程包的通知》的要求,组织开展项目资金申请报告编制和申报工作。

(二)主管部门应结合本部门、本地区实际情况,认真组织好项目资金申请报告编写和备案工作(暂不需提供落实环评、节能、土地等建设条件的相关文件),并对其真实性予以确认。同一法人单位可选择其中 1 个实验室方向进行申报;同一主管部门对同一实验室方向,择优选择 1 个项目单位申报。项目主管部门和项目申请单位应承诺予以配套资金或政策支持,保障实验室建设和运行所需费用,促进相关产业的创新和发展。

(三)为构建创新网络,申报单位需承诺,若通过评审成为以上大数据领域创新平台的承担单位,将参与构建创新网络,以加强创新平台之间的协同。

(四)项目申报方案需充分体现产学研用等单位的紧密结合,并进行多个单位实质性联合共建(联合共建单位原则上不超过 5 个),建设内容和地点应相对集中;鼓励工程实验室建立技术成果应用示范基地,优先支持跨部门、跨区域、跨行业的具有全国性示范效应平台建设。

(五)该批国家工程实验室原则上将通过竞争择优确定(原则上支持本领域排名第一的单位),鼓励由企业牵头承担实验室的建设任务;并优先支持该批国家工程实验室承担国家大数据综合试验区促进大数据发展行动的相关任务和项目。

(六)请主管部门在 2016 年 10 月 10 日前,将审查合格的项目资金申请报告一式 2 份报送我委（双面打印）；同时请提供电子文本和有关附件等材料。

特此通知。

国家发展改革委办公厅

2016 年 8 月 26 日

4　《关于印发大数据产业发展规划（2016—2020 年）的通知》（工信部规〔2016〕412 号）

各省、自治区、直辖市及计划单列市、新疆生产建设兵团工业和信息化主管部门，各省、自治区、直辖市通信管理局，有关中央企业，部直属单位：

为贯彻落实《中华人民共和国国民经济和社会发展第十三个五年规划纲要》和《促进大数据发展行动纲要》，加快实施国家大数据战略，推动大数据产业健康快速发展，我部编制了《大数据产业发展规划（2016—2020 年）》。现印发你们，请结合实际贯彻落实。

工业和信息化部

2016 年 12 月 18 日

大数据产业发展规划

（2016—2020 年）

数据是国家基础性战略资源，是 21 世纪的"钻石矿"。党中央、国务院高度重视大数据在经济社会发展中的作用，党的十八届五中全会提出"实施国家大数据战略"，国务院印发《促进大数据发展行动纲要》，全面推进大数据发展，加快建设数据强国。"十三五"时期是我国全面建成小康社会的决胜阶段，是新旧动能接续转换的关键时期，全球新一代信息产业处于加速变革期，大数据技术和应用处于创新突破期，国内市场需求处于爆发期，我国大数据产业面临重要的发展机遇。抢抓机遇，推动大数据产业发展，对提升政府治理能力、优化民生公共服务、促进经济转型和创新发展有重大意义。为推动我国大数据产业持续健康发展，深入贯彻十八届五中全会精神，实施国家大数据战略，落实国务院《促进大数据发展行动纲要》，按照《国民经济和社会发展第十三个五年规划纲要》的总体部署，编制本规划。

一、我国发展大数据产业的基础

大数据产业指以数据生产、采集、存储、加工、分析、服务为主的相关经济活动，包括数据资源建设、大数据软硬件产品的开发、销售和租赁活动，以及相关信息技术服务。

"十二五"期间，我国信息产业迅速壮大，信息技术快速发展，互联网经济日益繁荣，积累了丰富的数据资源，技术创新取得了明显突破，应用势头良好，为"十三五"时期我国大数据产业加快发展奠定了坚实基础。

信息化积累了丰富的数据资源。我国信息化发展水平日益提高，对数据资源的采集、挖掘和应用水平不断深化。政务信息化水平不断提升，全国面向公众的政府网站达8.4万个。智慧城市建设全面展开，"十二五"期间近300个城市进行了智慧城市试点。两化融合发展进程不断深入，正进入向纵深发展的新阶段。信息消费蓬勃发展，网民数量超过7亿，移动电话用户规模已经突破13亿，均居世界第一。月度户均移动互联网接入流量达835M。政府部门、互联网企业、大型集团企业积累沉淀了大量的数据资源。我国已成为产生和积累数据量最大、数据类型最丰富的国家之一。

大数据技术创新取得明显突破。在软硬件方面，国内骨干软硬件企业陆续推出自主研发的大数据基础平台产品，一批信息服务企业面向特定领域研发数据分析工具，提供创新型数据服务。在平台建设方面，互联网龙头企业服务器单集群规模达到上万台，具备建设和运维超大规模大数据平台的技术实力。在智能分析方面，部分企业积极布局深度学习等人工智能前沿技术，在语音识别、图像理解、文本挖掘等方面抢占技术制高点。在开源技术方面，我国对国际大数据开源软件社区的贡献不断增大。

大数据应用推进势头良好。大数据在互联网服务中得到广泛应用，大幅度提升网络社交、电商、广告、搜索等服务的个性化和智能化水平，催生共享经济等数据驱动的新兴业态。大数据加速向传统产业渗透，驱动生产方式和管理模式变革，推动制造业向网络化、数字化和智能化方向发展。电信、金融、交通等行业利用已积累的丰富数据资源，积极探索客户细分、风险防控、信用评价等应用，加快服务优化、业务创新和产业升级步伐。

大数据产业体系初具雏形。2015 年，我国信息产业收入达到 17.1 万亿元，比 2010 年进入"十二五"前翻了一番。其中软件和信息技术服务业实现软件业务收入 4.3 万亿元，同比增长 15.7%。大型数据中心向绿色化、集约化发展，跨地区经营互联网数据中心（IDC）业务的企业达到 295 家。云计算服务逐渐成熟，主要云计算平台的数据处理规模已跻身世界前列，为大数据提供强大的计算存储能力并促进数据集聚。在大数据资源建设、大数据技术、大数据应用领域涌现出一批新模式和新业态。龙头企业引领，上下游企业互动的产业格局初步形成。基于大数据的创新创业日趋活跃，大数据技术、产业与服务成为社会资本投入的热点。

大数据产业支撑能力日益增强。形成了大数据标准化工作机制，大数据标准体系初步形成，开展了大数据技术、交易、开放共享、工业大数据等国家标准的研制工作，部分标准在北京、上海、贵阳开展了试点示范。一批大数据技术研发实验室、工程中心、企业技术中心、产业创新平台、产业联盟、投资基金等形式的产业支撑平台相继建成。大数据安全保障体系和法律法规不断完善。

二、"十三五"时期面临的形势

大数据成为塑造国家竞争力的战略制高点之一，国家竞争日趋激烈。一个国家掌握和运用大数据的能力成为国家竞争力的重要体现，各国纷纷将大数据作为国家发展战略，将产业发展作为大数据发展的核心。美国高度重视大数据研发和应用，2012 年 3 月推出"大数据研究与发展倡议"，将大数据作为国家重要的战略资源进行管理和应用，2016 年 5 月进一步发布"联邦大数据研究与开发计划"，不断加强在大数据研发和应用方面的布局。欧盟 2014 年推出了"数据驱动的经济"战略，倡导欧洲各国抢抓大数据发展机遇。此外，英国、日本、澳大利亚等国也出台了类似政策，推动大数据应用，拉动产业发展。

大数据驱动信息产业格局加速变革，创新发展面临难得机遇。当今世界，新一轮科技革命和产业变革正在孕育兴起，信息产业格局面临巨大变革。大数据推动下，信息技术正处于新旧轨道切换的过程中，分布式系统架构、多元异构数据管理技术等新技术、新模式快速发展，产业格局正处在创新变革的关键时期，我国面临加快发展重大机遇。

我国经济社会发展对信息化提出了更高要求，发展大数据具有强大的内生动力。推动大数据应用，加快传统产业数字化、智能化，做大做强数字经济，能够为我国经济转型发展提供新动力，为重塑国家竞争优势创造新机遇，为提升政府治理能力开辟新途径，是支撑国家战略的重要抓手。当前我国正在推进供给侧结构性改革和服务型政府建设，加快实施"互联网+"行动计划和中国制造 2025 战略，建设公平普惠、便捷高效的民生服务体系，为大数据产业创造了广阔的市场空间，是我国大数据产业发展的强大内生动力。

我国大数据产业具备了良好基础，面临难得的发展机遇，但仍然存在一些困难和问题。一是数据资源开放共享程度低。数据质量不高，数据资源流通不畅，管理能力弱，数据价值难以被有效挖掘利用。二是技术创新与支撑能力不强。我国在新型计算平台、分布式计算架构、大数据处理、分析和呈现方面与国外仍存在较大差距，对开源技术和相关生态系统影响力弱。三是大数据应用水平不高。我国发展大数据具有强劲的应用市场优势，但是目前还存在应用领域不广泛、应用程度不深、认识不到位等问题。四是大数据产业支撑体系尚不完善。数据所有权、隐私权等相关法律法规和信息安全、开放共享等标准规范不健全，尚未建立起兼顾安全与发展的数据开放、管理和信息安全保障体系。五是人才队伍建设亟需加强。大数据基础研究、产品研发和业务应用等各类人才短缺，难以满足发展需要。

"十三五"时期是我国全面建成小康社会决胜阶段，是实施国家大数据战略的起步期，是大数据产业崛起的重要窗口期，必须抓住机遇加快发展，实现从数据大国向数据强国转变。

三、指导思想和发展目标

（一）指导思想

全面贯彻党的十八大和十八届三中、四中、五中、六中全会精神，坚持创新、协调、绿色、开放、共享的发展理念，围绕实施国家大数据战略，以强化大数据产业创新发展能力为核心，以推动数据开放与共享、加强技术产品研发、深化应用创新为重点，以完善发展环境和提升安全保障能力为支撑，打造数据、技术、应用与安全协同发展的自主产业生态体系，全面提升我国大数据的资源掌控能力、技术支撑能力和价值挖掘能力，加快建设数据强国，有力支撑制造强国和网络强国建设。

（二）发展原则

创新驱动。瞄准大数据技术发展前沿领域，强化创新能力，提高创新层次，以企业为主体集中攻克大数据关键技术，加快产品研发，发展壮大新兴大数据服务业态，加强大数据技术、应用和商业模式的协同创新，培育市场化、网络化的创新生态。

应用引领。发挥我国市场规模大、应用需求旺的优势，以国家战略、人民需要、市场需求为牵引，加快大数据技术产品研发和在各行业、各领域的应用，促进跨行业、跨领域、跨地域大数据应用，形成良性互动的产业发展格局。

开放共享。汇聚全球大数据技术、人才和资金等要素资源，坚持自主创新和开放合作相结合，走开放式的大数据产业发展道路。树立数据开放共享理念，完善相关制度，推动数据资源开放共享与信息流通。

统筹协调。发挥企业在大数据产业创新中的主体作用，加大政府政策支持和引导力度，营造良好的政策法规环境，形成政产学研用统筹推进的机制。加强中央、部门、地方大数据发展政策衔接，优化产业布局，形成协同发展合力。

安全规范。安全是发展的前提，发展是安全的保障，坚持发展与安全并重，增强信息安全技术保障能力，建立健全安全防护体系，保障信息安全和个人隐私。加强行业自律，完善行业监管，促进数据资源有序流动与规范利用。

（三）发展目标

到 2020 年，技术先进、应用繁荣、保障有力的大数据产业体系基本形成。大数据相关产品和服务业务收入突破 1 万亿元，年均复合增长率保持 30% 左右，加快建设数据强国，为实现制造强国和网络强国提供强大的产业支撑。

——技术产品先进可控。在大数据基础软硬件方面形成安全可控技术产品，在大数据获取、存储管理和处理平台技术领域达到国际先进水平，在数据挖掘、分析与应用等算法和工具方面处于领先地位，形成一批自主创新、技术先进，满足重大应用需求的产品、解决方案和服务。

——应用能力显著增强。工业大数据应用全面支撑智能制造和工业转型升级，大数据在创新创业、政府管理和民生服务等方面广泛深入应用，技术融合、业务融合和数据融合能力显著提升，实现跨层级、跨地域、跨系统、跨部门、跨业务的协同管理和服务，形成数据驱动创新发展的新模式。

——生态体系繁荣发展。形成若干创新能力突出的大数据骨干企业，培育一批专业化数据服务创新型中小企业，培育 10 家国际领先的大数据核心龙头企业和 500 家大数据应用及服务企业。形成比较完善的大数据产业链，大数据产业体系初步形成。建设 10—15 个大数据综合试验区，创建一批大数据产业集聚区，形成若干大数据新型工业化产业示范基地。

——支撑能力不断增强。建立健全覆盖技术、产品和管理等方面的大数据标准体系。建立一批区域性、行业性大数据产业和应用联盟及行业组织。培育一批大数据咨询研究、测试评估、技术和知识产权、投融资等专业化服务机构。建设 1—2 个运营规范、具有一定国际影响力的开源社区。

——数据安全保障有力。数据安全技术达到国际先进水平。国家数据安全保护体系基本建成。数据安全技术保障能力和保障体系基本满足国家战略和市场应用需求。数据安全和个人隐私保护的法规制度较为完善。

四、重点任务和重大工程

（一）强化大数据技术产品研发

以应用为导向，突破大数据关键技术，推动产品和解决方案研发及产业化，创新技术服务模式，形成技术先进、生态完备的技术产品体系。

加快大数据关键技术研发。围绕数据科学理论体系、大数据计算系统与分析、大数据应用模型等领域进行前瞻布局，加强大数据基础研究。发挥企业创新主体作用，整合产学研用资源优势联合攻关，研发大数据采集、传输、存储、管理、处理、分析、应用、可视化和安全等关键技术。突破大规模异构数据融合、集群资源调度、分布式文件系统等大数据基础技术，面向多任务的通用计算框架技术，以及流计算、图计算等计算引擎技术。支持深度学习、类脑计算、认知计算、区块链、虚拟现实等前沿技术创新，提升数据分析处理和知识发现能力。结合行业应用，研发大数据分析、理解、预测及决策支持与知识服务等智能数据应用技术。突破面向大数据的新型计算、存储、传感、通信等芯片及融合架构、内存计算、亿级并发、EB 级存储、绿色计算等技术，推动软硬件协同发展。

培育安全可控的大数据产品体系。以应用为牵引，自主研发和引进吸收并重，加快形成安全可控的大数据产品体系。重点突破面向大数据应用基础设施的核心信息技术设备、信息安全产品以及面向事务的新型关系数据库、列式数据库、NoSQL 数据库、大规模图数据库和新一代分布式计算平台等基础产品。加快研发新一代商业智能、数据挖掘、数据可视化、语义搜索等软件产品。结合数据生命周期管理需求，培育大数据采集与集成、大数据分析与挖掘、大数据交互感知、基于语义理解的数据资源管理等平台产品。面向重点行业应用需求，研发具有行业特征的大数据检索、分析、展示等技术产品，形成垂直领域成熟的大数据解决方案及服务。

创新大数据技术服务模式。加快大数据服务模式创新，培育数据即服务新模式和新业态，提升大数据服务能力，降低大数据应用门槛和成本。围绕数据全生命周期各阶段需求，发展数据采集、清洗、分析、交易、安全防护等技术服务。推进大数据与云计算服务模式融合，促进海量数据、大规模分布式计算和智能数据分析等公共云计算服务发展，提升第三方大数据技术服务能力。推动大数据技术服务与行业深度结合，培育面向垂直领域的大数据服务模式。

专栏 1：大数据关键技术及产品研发与产业化工程

突破技术。支持大数据共性关键技术研究，实施云计算和大数据重点专项等重大项目。着力突破服务器新型架构和绿色节能技术、海量多源异构数据的存储和管理技术、可信数据分析技术、面向大数据处理的多种计算模型及其编程框架等关键技术。

打造产品。以应用为导向，支持大数据产品研发，建立完善的大数据工具型、平台型和系统型产品体系，形成面向各行业的成熟大数据解决方案，推动大数据产品和解决方案研发及产业化。

树立品牌。支持我国大数据企业建设自主品牌，提升市场竞争力。引导企业加强产品质量管控，提高创新能力，鼓励企业加强战略合作。加强知识产权保护，推动自主知识产权标准产业化和国际化应用。培育一批国际知名的大数据产品和服务公司。

专栏 2：大数据服务能力提升工程

培育数据即服务模式。发展数据资源服务、在线数据服务、大数据平台服务等模式，支持企业充分整合、挖掘、利用自有数据或公共数据资源，面向具体需求和行业领域，开展数据分析、数据咨询等服务，形成按需提供数据服务的新模式。

支持第三方大数据服务。鼓励企业探索数据采集、数据清洗、数据交换等新商业模式，培育一批开展数据服务的新业态。支持弹性分布式计算、数据存储等基础数据处理云服务发展。加快发展面向大数据分析的在线机器学习、自然语言处理、图像理解、语音识别、空间分析、基因分析和大数据可视化等数据分析服务。开展第三方数据交易平台建设试点示范。

（二）深化工业大数据创新应用

加强工业大数据基础设施建设规划与布局，推动大数据在产品全生命周期和全产业链的应用，推进工业大数据与自动控制和感知硬件、工业核心软件、工业互联网、工业云和智能服务平台融合发展，形成数据驱动的工业发展新模式，支撑中国制造 2025 战略，探索建立工业大数据中心。

加快工业大数据基础设施建设。加快建设面向智能制造单元、智能工厂及物联网应用的低延时、高可靠、广覆盖的工业互联网，提升工业网络基础设施服务能力。加快工业传感器、射频识别（RFID）、光通信器件等数据采集设备的部署和应用，促进工业物联网标准体系建设，推动工业控制系统的升级改造，汇聚传感、控制、管理、运营等多源数据，提升产品、装备、企业的网络化、数字化和智能化水平。

推进工业大数据全流程应用。支持建设工业大数据平台，推动大数据在重点工业领域各环节应用，提升信息化和工业化深度融合发展水平，助推工业转型升级。加强研发设计大数据应用能力，利用大数据精准感知用户需求，促进基于数据和知识的创新设计，提升研发效率。加快生产制造大数据应用，通过大数据监控优化流水线作业，强化故障预测与健康管理，优化产品质量，降低能源消耗。提升经营管理大数据应用水平，提高人力、财务、生产制造、采购等关键经营环节业务集成水平，提升管理效率和决策水平，实现经营活动的智能化。推动客户服务大数据深度应用，促进大数据在售前、售中、售后服务中的创新应用。促进数据资源整合，打通各个环节数据链条，形成全流程的数据闭环。

培育数据驱动的制造业新模式。深化制造业与互联网融合发展，坚持创新驱动，加快工业大数据与物联网、云计算、信息物理系统等新兴技术在制造业领域的深度集成与应用，构建制造业企业大数据"双创"平台，培育新技术、新业态和新模式。利用大数据，推动"专精特新"中小企业参与产业链，与中国制造 2025、军民融合项目对接，促进协同设计和协同制造。大力发展基于大数据的个性化定制，推动发展顾客对工厂（C2M）等制造模式，提升制造过程智能化和柔性化程度。利用大数据加快发展制造即服务模式，促进生产型制造向服务型制造转变。

专栏 3：工业大数据创新发展工程

加强工业大数据关键技术研发及应用。加快大数据获取、存储、分析、挖掘、应用等关键技术在工业领域的应用，重点研究可编程逻辑控制器、高通量计算引擎、数据采集与监控等工控系统，开发新型工业大数据分析建模工具，开展工业大数据优秀产品、服务及应用案例的征集与宣传推广。

建设工业大数据公共服务平台，提升中小企业大数据运用能力。支持面向典型行业中小企业的工业大数据服务平台建设，实现行业数据资源的共享交换以及对产品、市场和经济运行的动态监控、预测预警，提升对中小企业的服务能力。

重点领域大数据平台建设及应用示范。支持面向航空航天装备、海洋工程装备及高技术船舶、先进轨道交通装备、节能与新能源汽车等离散制造企业，以及石油、化工、电力等流程制造企业集团的工业大数据平台开发和应用示范，整合集团数据资源，提升集团企业协同研发能力和集中管控水平。

探索工业大数据创新模式。支持建设一批工业大数据创新中心，推进企业、高校和科研院所共同探索工业大数据创新的新模式和新机制，推进工业大数据核心技术突破、产业标准建立、应用示范推广和专业人才培养引进，促进研究成果转化。

（三）促进行业大数据应用发展

加强大数据在重点行业领域的深入应用，促进跨行业大数据融合创新，在政府治理和民生服务中提升大数据运用能力，推动大数据与各行业领域的融合发展。

推动重点行业大数据应用。推动电信、能源、金融、商贸、农业、食品、文化创意、公共安全等行业领域大数据应用，推进行业数据资源的采集、整合、共享和利用，充分释放大数据在产业发展中的变革作用，加速传统行业经营管理方式变革、服务模式和商业模式创新及产业价值链体系重构。

促进跨行业大数据融合创新。打破体制机制障碍，打通数据孤岛，创新合作模式，培育交叉融合的大数据应用新业态。支持电信、互联网、工业、金融、健康、交通等信息化基础好的领域率先开展跨领域、跨行业的大数据应用，培育大数据应用新模式。支持大数据相关企业与传统行业加强技术和资源对接，共同探索多元化合作运营模式，推动大数据融合应用。

强化社会治理和公共服务大数据应用。以民生需求为导向，以电子政务和智慧城市建设为抓手，以数据集中和共享为途径，推动全国一体化的国家大数据中心建设，推进技术融合、业务融合、数据融合，实现跨层级、跨地域、跨系统、跨部门、跨业务的协同管理和服务。促进大数据在政务、交通、教育、健康、社保、就业等民生领域的应用，探索大众参与的数据治理模式，提升社会治理和城市管理能力，为群众提供智能、精准、高效、便捷的公共服务。促进大数据在市场主体监管与服务领域应用，建设基于大数据的重点行业运行分析服务平台，加强重点行业、骨干企业经济运行情况监测，提高行业运行监管和服务的时效性、精准性和前瞻性。促进政府数据和企业数据融合，为企业创新发展和社会治理提供有力支撑。

专栏 4：跨行业大数据应用推进工程

开展跨行业大数据试点示范。选择电信、互联网、工业、金融、交通、健康等数据资源丰富、信息化基础较好、应用需求迫切的重点行业领域，建设跨行业跨领域大数据平台。基于平台探索跨行业数据整合共享机制、数据共享范围、数据整合对接标准，研发数据及信息系统互操作技术，推动跨行业的数据资源整合集聚，开展跨行业大数据应用，选择应用范围广、应用效果良好的领域开展试点示范。

成立跨行业大数据推进组织。支持成立跨部门、跨行业、跨地域的大数据应用推进组织，联合开展政策、法律法规、技术和标准研究，加强跨行业大数据合作交流。

建设大数据融合应用试验床。建设跨行业大数据融合应用试验床，汇聚测试数据、分析软件和建模工具，为研发机构、大数据企业开展跨界联合研发提供环境。

（四）加快大数据产业主体培育

引导区域大数据发展布局，促进基于大数据的创新创业，培育一批大数据龙头企业和创新型中小企业，形成多层次、梯队化的创新主体和合理的产业布局，繁荣大数据生态。

利用大数据助推创新创业。鼓励资源丰富、技术先进的大数据领先企业建设大数据平台，开放平台数据、计算能力、开发环境等基础资源，降低创新创业成本。鼓励大型企业依托互联网"双创"平台，提供基于大数据的创新创业服务。组织开展算法大赛、应用创新大赛、众包众筹等活动，激发创新创业活力。支持大数据企业与科研机构深度合作，打通科技创新和产业化之间的通道，形成数据驱动的科研创新模式。

构建企业协同发展格局。支持龙头企业整合利用国内外技术、人才和专利等资源，加快大数据技术研发和产品创新，提高产品和服务的国际市场占有率和品牌影响力，形成一批具有国际竞争力的综合型和专业型龙头企业。支持中小企业深耕细分市场，加快服务模式创新和商业模式创新，提高中小企业的创新能力。鼓励生态链各环节企业加强合作，构建多方协作、互利共赢的产业生态，形成大中小企业协同发展的良好局面。

优化大数据产业区域布局。引导地方结合自身条件，突出区域特色优势，明确重点发展方向，深化大数据应用，合理定位，科学谋划，形成科学有序的产业分工和区域布局。在全国建设若干国家大数据综合试验区，在大数据制度创新、公共数据开放共享、大数据创新应用、大数据产业集聚、数据要素流通、数据中心整合、大数据国际交流合作等方面开展系统性探索试验，为全国大数据发展和应用积累经验。在大数据产业特色优势明显的地区建设一批大数据产业集聚区，创建大数据新型工业化产业示范基地，发挥产业集聚和协同作用，以点带面，引领全国大数据发展。统筹规划大数据跨区域布局，利用大数据推动信息共享、信息消费、资源对接、优势互补，促进区域经济社会协调发展。

专栏 5：大数据产业聚区创建工程

建设一批大数据产业集聚区。支持地方根据自身特点和产业基础，突出优势，合理定位，创建一批大数据产业集聚区，形成若干大数据新型工业化产业示范基地。加强基础设施统筹整合，助推大数据创新创业，培育大数据骨干企业和中小企业，强化服务与应用，完善配套措施，构建良好产业生态。在大数据技术研发、行业应用、教育培训、政策保障等方面积极创新，培育壮大大数据产业，带动区域经济社会转型发展，形成科学有序的产业分工和区域布局。建立集聚区评价指标体系，开展定期评估。

（五）推进大数据标准体系建设

加强大数据标准化顶层设计，逐步完善标准体系，发挥标准化对产业发展的重要支撑作用。

加快大数据重点标准研制与推广。结合大数据产业发展需求，建立并不断完善涵盖基础、数据、技术、平台/工具、管理、安全和应用的大数据标准体系。加快基础通用国家标准和重点应用领域行业标准的研制。选择重点行业、领域、地区开展标准试验验证和试点示范，加强宣贯和实施。建立标准符合性评估体系，强化标准对市场培育、服务能力提升和行业管理的支撑作用。加强国家标准、行业标准和团体标准等各类标准之间的衔接配套。

积极参与大数据国际标准化工作。加强我国大数据标准化组织与相关国际组织的交流合作。组织我国产学研用资源，加快国际标准提案的推进工作。支持相关单位参与国际标准化工作并承担相关职务，承办国际标准化活动，扩大国际影响。

专栏 6：大数据重点标准研制及应用示范工程

加快研制重点国家标准。围绕大数据标准化的重大需求，开展数据资源分类、开放共享、交易、标识、统计、产品评价、数据能力、数据安全等基础通用标准以及工业大数据等重点应用领域相关国家标准的研制。

建立验证检测平台。建立标准试验验证和符合性检测平台，重点开展数据开放共享、产品评价、数据能力成熟度、数据质量、数据安全等关键标准的试验验证和符合性检测。

开展标准应用示范。优先支持大数据综合试验区和大数据产业集聚区建立标准示范基地，开展重点标准的应用示范工作。

（六）完善大数据产业支撑体系

统筹布局大数据基础设施，建设大数据产业发展创新服务平台，建立大数据统计及发展评估体系，创造良好的产业发展环境。

合理布局大数据基础设施建设。引导地方政府和有关企业统筹布局数据中心建设，充分利用政府和社会现有数据中心资源，整合改造规模小、效率低、能耗高的分散数据中心，避免资源和空间的浪费。鼓励在大数据基础设施建设中广泛推广可再生能源、废弃设备回收等低碳环保方式，引导大数据基础设施体系向绿色集约、布局合理、规模适度、高速互联方向发展。加快网络基础设施建设升级，优化网络结构，提升互联互通质量。

构建大数据产业发展公共服务平台。充分利用和整合现有创新资源，形成一批大数据测试认证及公共服务平台。支持建立大数据相关开源社区等公共技术创新平台，鼓励开发者、企业、研究机构积极参与大数据开源项目，增强在开源社区的影响力，提升创新能力。

建立大数据发展评估体系。研究建立大数据产业发展评估体系，对我国及各地大数据资源建设状况、开放共享程度、产业发展能力、应用水平等进行监测、分析和评估，编制发布大数据产业发展指数，引导和评估全国大数据发展。

专栏7：大数据公共服务体系建设工程

建立大数据产业公共服务平台。提供政策咨询、共性技术支持、知识产权、投融资对接、品牌推广、人才培训、创业孵化等服务，推动大数据企业快速成长。

支持第三方机构建立测试认证平台。开展大数据可用性、可靠性、安全性和规模质量等方面的测试测评、认证评估等服务。

建立大数据开源社区。以自主创新技术为核心，孵化培育本土大数据开源社区和开源项目，构建大数据产业生态。

（七）提升大数据安全保障能力

针对网络信息安全新形势，加强大数据安全技术产品研发，利用大数据完善安全管理机制,构建强有力的大数据安全保障体系。

加强大数据安全技术产品研发。重点研究大数据环境下的统一账号、认证、授权和审计体系及大数据加密和密级管理体系,突破差分隐私技术、多方安全计算、数据流动监控与追溯等关键技术。推广防泄露、防窃取、匿名化等大数据保护技术,研发大数据安全保护产品和解决方案。加强云平台虚拟机安全技术、虚拟化网络安全技术、云安全审计技术、云平台安全统一管理技术等大数据安全支撑技术研发及产业化,加强云计算、大数据基础软件系统漏洞挖掘和加固。

提升大数据对网络信息安全的支撑能力。综合运用多源数据,加强大数据挖掘分析,增强网络信息安全风险感知、预警和处置能力。加强基于大数据的新型信息安全产品研发,推动大数据技术在关键信息基础设施安全防护中的应用,保障金融、能源、电力、通信、交通等重要信息系统安全。建设网络信息安全态势感知大数据平台和国家工业控制系统安全监测与预警平台,促进网络信息安全威胁数据采集与共享,建立统一高效、协同联动的网络安全风险报告、情报共享和研判处置体系。

专栏8:大数据安全保障工程

开展大数据安全产品研发与应用示范。支持相关企业、科研院所开展大数据全生命周期安全研究,研发数据来源可信、多源融合安全数据分析等新型安全技术,推动数据安全态势感知、安全事件预警预测等新型安全产品研发和应用。

支持建设一批大数据安全攻防仿真实验室。研究建立软硬一体化的模拟环境,支持工业、能源、金融、电信、互联网等重点行业开展数据入侵、反入侵和网络攻防演练,提升数据安全防护水平和应急处置能力。

五、保障措施

（一）推进体制机制创新

在促进大数据发展部际联席会议制度下，建立完善中央和地方联动的大数据发展协调机制，形成以应用带动产业、以产业支撑应用的良性格局，协同推进大数据产业和应用的发展。加强资源共享和沟通协作，协调制定政策措施和行动计划，解决大数据产业发展过程中的重大问题。建立大数据发展部省协调机制，加强地方与中央大数据产业相关政策、措施、规划等政策的衔接，通过联合开展产业规划等措施促进区域间大数据政策协调。组织开展大数据发展评估检查工作，确保重点工作有序推进。充分发挥地方政府大数据发展统筹机构或协调机制的作用，将大数据产业发展纳入本地区经济社会发展规划，加强大数据产业发展的组织保障。

（二）健全相关政策法规制度

推动制定公共信息资源保护和开放的制度性文件，以及政府信息资源管理办法，逐步扩大开放数据的范围，提高开放数据质量。加强数据统筹管理及行业自律，强化大数据知识产权保护，鼓励企业设立专门的数据保护职位。研究制定数据流通交易规则，推进流通环节的风险评估，探索建立信息披露制度，支持第三方机构进行数据合规应用的监督和审计，保障相关主体合法权益。推动完善个人信息保护立法，建立个人信息泄露报告制度，健全网络数据和用户信息的防泄露、防篡改和数据备份等安全防护措施及相关的管理机制，加强对数据滥用、侵犯个人隐私等行为的管理和惩戒力度。强化关键信息基础设施安全保护，推动建立数据跨境流动的法律体系和管理机制，加强重要敏感数据跨境流动的管理。推动大数据相关立法进程，支持地方先行先试，研究制定地方性大数据相关法规。

（三）加大政策扶持力度

结合《促进大数据发展行动纲要》、中国制造 2025、"互联网+"行动计划、培育发展战略性新兴产业的决定等战略文件，制定面向大数据产业发展的金融、政府采购等政策措施，落实相关税收政策。充分发挥国家科技计划（专项、基金等）资金扶持政策的作用，鼓励有条件的地方设立大数据发展专项基金，支持大数据基础技术、重点产品、服务和应用的发展。鼓励产业投资机构和担保机构加大对大数据企业的支持力度，引导金融机构对技术先进、带动力强、惠及面广的大数据项目优先予以信贷支持，鼓励大数据企业进入资本市场融资，为企业重组并购创造更加宽松的市场环境。支持符合条件的大数据企业享受相应优惠政策。

（四）建设多层次人才队伍

建立适应大数据发展需求的人才培养和评价机制。加强大数据人才培养，整合高校、企业、社会资源，推动建立创新人才培养模式，建立健全多层次、多类型的大数据人才培养体系。鼓励高校探索建立培养大数据领域专业型人才和跨界复合型人才机制。支持高校与企业联合建立实习培训机制，加强大数据人才职业实践技能培养。鼓励企业开展在职人员大数据技能培训，积极培育大数据技术和应用创新型人才。依托社会化教育资源，开展大数据知识普及和教育培训，提高社会整体认知和应用水平。鼓励行业组织探索建立大数据人才能力评价体系。完善配套措施，培养大数据领域创新型领军人才，吸引海外大数据高层次人才来华就业、创业。

（五）推动国际化发展

按照网络强国建设的总体要求，结合"一带一路"等国家重大战略，加快开拓国际市场，输出优势技术和服务，形成一批具有国际竞争力的大数据企业和产品。充分利用国际合作交流机制和平台，加强在大数据关键技术研究、产品研发、数据开放共享、标准规范、人才培养等方面的交流与合作。坚持网络主权原则，积极参与数据安全、数据跨境流动等国际规则体系建设，促进开放合作，构建良好秩序。

5　《"十三五"信息化标准工作指南》

信息化标准是国家标准体系的重要组成部分，是增强国家信息化发展能力的重要支撑。近年来，我国信息化标准在制定修订、应用实施等方面取得积极进展，但整体水平还比较低，主要表现在：国家层面缺乏统筹推进工作机制，标准不一、越位错位、交叉重复等问题时有发生，不能有效支撑跨层级、跨地域、跨系统、跨部门、跨业务的协同管理和服务；国家标准制定存在重技术轻管理、重引进轻创新、重工程轻产品等问题，应用实施效果不佳；标准化政策、人才等基础能力不足，国际信息化标准工作进展缓慢，国际话语权不强。为贯彻落实《中华人民共和国国民经济和社会发展第十三个五年规划纲要》、《国家信息化发展战略纲要》、《"十三五"国家信息化规划》和《国家标准化体系建设发展规划(2016—2020 年)》，加强统筹协调和顶层设计，加快完善国家信息化标准体系，充分发挥标准对推进技术融合、业务融合、数据融合的引领和支撑作用，进一步增强我国信息化发展能力，提升经济社会信息化应用水平，特制定本指南。

一、总体要求

(一)指导思想。全面贯彻党的十八大和十八届三中、四中、五中、六中全会精神，深入贯彻习近平总书记系列重要讲话精神，认真落实党中央、国务院的决策部署，按照"五位一体"总体布局和"四个全面"战略布局的要求，牢固树立创新、协调、绿色、开放、共享的发展理念，落实国家信息化战略作出的增强发展能力、提升应用水平、优化发展环境三大战略方向，着力推进信息化领域标准化工作改革，建立统筹推进机制，完善信息化标准体系；着力增强标准化基础能力，提升标准规范的服务能力和应用水平；着力推动信息化标准国际战略布局，加快我国信息化标准走出去，提升国际话语权和影响力，为支撑和引领"十三五"信息化发展提供持续动力。

（二）基本原则。

统筹规划，协调发展。坚持统一谋划、统一部署、统一推进、统一实施，加强信息化各类各层级标准协调发展，推进信息化领域技术研发、产业发展、网络安全、政策规划等与标准体系的统筹衔接，增强标准制定、实施与监督的系统性和协调性。

需求导向，创新发展。围绕国家信息化发展战略部署，以需求为导向，发挥企业作为创新主体、研发主体的作用，增强标准化工作基础能力，推进信息化标准的技术创新、制度创新、应用创新和管理创新，引领和驱动信息化创新发展。

开放合作，引领发展。立足全球视野，统筹标准引进来与走出去，统筹国家标准与国际标准制定，积极参与信息化领域国际标准化工作，推动国家标准与国际标准双向转化，引领国际标准规则制定，提升标准领域国际话语权和影响力。

（三）工作目标。到 2020 年，建立起体系清晰、框架合理的信息化标准体系，信息化标准工作机制更加健全，标准科研、创新供给、社会化服务等基础能力大幅提升，信息化标准在引领技术创新、驱动产业发展中的作用得到充分发挥，信息化标准走出去工作取得突破性进展，国际信息化标准规则的制定权和话语权明显提升。

二、加强标准规划布局

(四)建立完善国家信息化标准体系。顺应全球新一代信息通信技术发展趋势,结合我国发展实际,加强顶层设计和统筹规划,建立完善信息化标准体系,充分体现技术先进、应用广泛、系统完整的要求,满足信息化创新发展的需要。围绕《国家信息化发展战略纲要》和《"十三五"国家信息化规划》的滚动实施,制定年度信息化标准工作计划,明确信息化相关标准化技术委员会的年度工作重点,充分考虑存量,做好制修订标准与现有标准的衔接和协调。适应信息技术快速迭代、应用创新迅猛发展的趋势和需要,精简和优化标准评审流程,缩短标准制修订周期。

(五)优化信息化标准管理制度。加强信息化领域重点标准制修订工作的统筹协调,完善标准制修订程序,规范标准化工作各环节管理,加强技术审查,避免信息化相关标准重复立项、内容交叉、指标不一,促进工作规范有序。加强对部门、行业、地方、团体和企业信息化标准工作的指导和监督,促进政府主导制定标准与市场自主制定标准协同发展、协调配套。推动优秀团体标准、企业标准转化为地方标准、行业标准和国家标准,扩大其适用范围。

三、提升标准化基础能力

(六)增强专业性标准机构的基础科研能力。加强专业性标准化科研机构能力建设,鼓励和支持科研院所开展信息化标准的理论、方法和技术研究,夯实标准化工作基础。鼓励信息化相关标准化技术委员会、科研院所与优势团体、企业深度合作,支持建设产学研用有机结合的信息化标准创新基地,培育形成技术研发—标准研制—产业应用的创新机制,促进信息技术研发与标准制定的有机结合。

(七)提升网信企业的标准创新能力。鼓励和支持网信企业将核心技术、关键设备、创新成果转化为技术标准和专利。建立完善先进的企业标准体系，引导企业建立标准化制度。鼓励企业制定严于国家标准、行业标准的企业标准，培育标准化意识，促进创新发展。培育和树立信息化标准研发和应用示范企业，总结推广试点示范经验，提升网信企业标准制定能力。

(八)强化信息化团体标准的供给能力。开展信息化团体标准试点工作，鼓励有条件的协会、学会、联合会等社会团体根据技术创新和市场发展的需求，协调相关市场主体，自主制定发布团体标准，供社会自愿采用。建立团体标准自我声明公开和监督制度，形成标准竞争机制。通过第三方对信息化团体标准的制定程序和良好行为开展评价，向社会公开评价结果。

(九)提高信息化标准的社会化服务能力。健全促进国家标准公开的机制和措施，进一步增强国家标准制修订工作的公开性和透明度，促进标准资源共享，提高标准信息公共服务能力与水平。鼓励信息化专业标准化机构面向社会开展以标准化为支撑的政策研究、技术咨询和专业技术支撑服务，对国家和行业重点标准发布解读报告。

四、推动重点领域标准化建设

(十)核心信息技术。开展操作系统、高端芯片、高端服务器、集成开发平台等基础通用性技术标准的制定，通过标准提升产品服务质量。加快推动量子信息、未来互联网、虚拟现实、人工智能等前沿性和颠覆性技术的标准研究，开展专利导航与布局，培育运营高价值专利和知识产权，抢占技术制高点。开展信息领域非对称、"杀手锏"技术标准研究，推动核心信息技术创新成果转化，拓展国际标准新领域。

(十一)信息基础设施。开展第五代移动通信、下一代互联网(IPv6)、三网融合等标准化工作。加快推进移动通信、光纤宽带、移动互联网、物联网、云计算、大数据等重点技术标准的研制。开展融合媒体云平台、有线无线卫星融合网、智能电视终端、地面数字电视无线传输等标准体系建设，推动国际标准关联标识符标准落地。加快空天一体信息技术基础设施标准研究，促进网络基础设施的互联互通。

（十二）数据资源。加快构建政务数据资源、社会数据资源、地理信息空间数据资源、互联网数据资源一体化的数据资源标准体系，开展数据资源语义描述、数据资源目录体系、数据质量管理标准研制，为部门间网络联通、信息共享、业务协同提供标准支撑。建立数据产权保护、数据开放、隐私保护标准体系，推动数据开放、数据共享管理标准研究，促进数据资源开放共享应用。加强数据资源采集、存储、开放和应用等环节的安全保护标准研究，保障敏感数据的安全。

（十三）信息经济。研究建立"互联网+"标准体系，加强产销环节信息化标准的统筹。加强农业生产、经营、管理和服务等环节信息化标准研制力度，加快农业物联网、农业农村大数据、农产品电子商务等标准化体系建设和标准制修订工作，支撑智慧农业建设。加快推进智能制造、工业互联网、工业大数据及其综合标准化体系和技术标准研究制定工作，加速两化融合管理体系标准研制和应用推广，完善工业控制系统安全的标准化体系，促进信息化和工业化深度融合。加强电子商务标准体系建设，研究电子商务基础性关键标准，研制电子商务企业信用信息公开规范，推动商务认证、交易、支付、物流等环节的标准化工作。研究工程设计、施工、运行维护等环节信息化标准，促进建筑产业现代化。

（十四）电子政务。加快开展国家电子政务标准化（二期）工作，修订完善电子政务标准化指南，制定集约化建设指南、政务数据共享协议等标准。推动"互联网+政务服务"业务支撑体系、一体化平台和关键保障技术标准规范建设。加快推进电子政务内网标准化建设。加快电子文件标准研制，开展电子发票、电子证照、电子病历、居民电子健康档案、电子票据、电子图纸、电子合同等标准研制。加快建设安全生产风险预警体系和社会治安立体防控标准体系。扩展和完善会计、审计信息化标准体系，加强会计审计数据接口、计算机会计审计技术、应用支撑和系统运维等标准研制。完善涉密信息系统标准体系。加强社会信用体系标准化建设。

（十五）信息惠民。建立新型智慧城市标准体系，加快研究制定分级分类推进新型智慧城市建设涉及的管理与服务标准，加快构建智慧城市时空大数据云平台建设标准体系。持续研制和完善建筑行业、综合交通、教育、人口与健康医疗、能源资源、循环经济、环境保护、智慧林业、社会保障、社会救助、城乡社区治理和服务、地理信息等领域信息化标准。

（十六）网信军民融合。健全国家和军队信息化标准体系，提高信息化领域军民标准通用化水平，促进军地信息化建设成果双向转移和资源共享。创新军民融合标准化工作机制，积极推动国家标准中纳入军事需求和在军事领域采用民用标准，鼓励军队人员参加国家标准制定。加强军民信息化领域标准信息通报，促进标准化专家技术组织、标准信息资源共建共享，支持各类社会科技资源参与国防和军队信息化标准建设。

五、强化标准贯彻落实和应用推广

（十七）加大标准宣传贯彻力度。多渠道、多层次、多形式开展标准宣传贯彻工作，加强对标准应用主体的宣传和解读，促进标准应用实施。积极引导各地各部门按照依法行政的要求，在政策制定和工作部署时尽量引用国家标准。推动重大工程或者科研项目考核指标和专业技术资格评审中明确标准要求，将标准作为考核和评审的重要参考。

（十八）开展标准符合性测试工作。依托专业标准化组织和标准化检测机构，建立信息化领域标准测试服务平台。开展对新型智慧城市、信息开放共享、电子政务等重大工程建设的信息化领域标准符合性检测工作，提高信息化建设的质量和效益。加强对市场信息化产品和服务的标准符合性测试和安全测试，推动信息软硬件产品研究开发、生产制造、推广应用的标准化和规范化，严格市场准入管理，并定期向社会公开发布测试报告，提升产品质量和服务水平。

(十九)强化标准实施考核评估。制定信息化标准实施考核评估办法和指标，委托第三方专业机构定期收集、汇总、整理考核指标数据，开展标准实施效果和标准化工作考核评估，发布信息化重点标准实施评估情况。

六、拓展国际标准化工作

(二十)加强信息化标准国际交流与合作。发挥世界互联网大会重要平台作用，通过中欧、中德、中英等标准合作机制，推动信息化重点领域标准国际交流与合作。加大信息化领域标准翻译力度，提升与主要贸易国的一致性程度。

(二十一)积极参与国际标准化组织工作。开展国内外信息化领域标准化工作比对分析研究和国际标准化组织影响力评估，做好我国信息化国际标准规划布局。鼓励和支持专业标准化机构、科研院所、社会团体和网信企业在信息化国际标准组织中，争取更多技术机构领导职务，承担秘书处工作，深入参与国际标准制修订工作。鼓励我国科研机构、团体和企业在互联网、移动通信、大数据、云计算、物联网、智慧城市、互联网金融、审计数据、智能运输、信息化与工业化融合管理体系等领域，积极筹建国际标准化机构、联盟或协会。

(二十二)加快信息化标准走出去。围绕"一带一路"信息化、中国—东盟信息港、中阿网上丝绸之路建设等重大项目和工程需要，充分依托外交、科技、商务、援助等合作平台和机制，建立信息化领域重点标准走出去项目库，优先在东盟、中亚、非洲和阿拉伯国家和地区开展标准应用培训和推广。

七、加强组织实施和保障

(二十三)建立统筹推进机制。建立国家信息化领域标准化工作统筹推进机制，定期召开信息化领域标准统筹推进工作会议，协调解决国家信息化标准工作中的重大问题，审议信息化领域重点国家标准立项和发布，确保信息化相关领域国家标准、行业标准、地方标准、团体标准的有效衔接。发布年度国家信息化标准工作报告，主动向社会公开国家信息化标准制修订情况、实施情况和应用效果。

(二十四)加强信息化标准人才队伍建设。加大信息化专业技术人才、标准制定人才和国际标准规则人才的培养力度，完善标准制定人才培养体系。加快标准化海外高层次人才的引进，建设一支结构合理、素质优良的信息化标准专业人才队伍，建立标准化专家库。积极推动从事标准化工作的业绩与个人荣誉、职务职称评定、福利待遇挂钩，吸引优秀专业人才从事标准化工作。

(二十五)开展信息化标准试点示范工作。遴选一批对产业发展有重大作用、在国际上有重大影响力的产品和技术标准，开展试点示范工作。依托研发设计、技术服务、基础建设等境外合作项目，综合利用对外援助、优惠贷款等多种手段，积极推动在信息通信、网络基础设施、广播电视、卫星导航、物联网、云计算、大数据、智慧城市、互联网金融等重点领域建立我国技术和标准在海外标准化示范基地。

(二十六)加快信息化领域标准化检测机构建设。研究信息软硬件产品检测新方法与信息技术，为相关政府部门、科研单位、研发生产企业等提供信息软硬件产品检测与咨询服务，促进网信产业健康有序发展。

(二十七)完善资金支撑政策。统筹用好国家现有财政渠道，加大对信息化国家标准和行业标准制修订、外文版编译出版、组织实施和监督等标准化工作及相关国际标准化工作的资金保障力度。对实质参与标准化工作的单位给予政策优惠。

（二十八）加强政策宣传引导。充分利用网络等新媒体，加强标准化法律法规、方针政策宣传和重大标准宣传，传播信息化标准知识，提高标准化意识。利用中国标准创新贡献奖等评比活动，进一步调动科研机构、社团组织、企业和个人的积极性和创造性，营造信息化标准工作的良好氛围。

6　《国家林业局办公室关于成立国家生态大数据研究院的通知》（办信字〔2017〕82 号）

各省、自治区、直辖市林业厅（局），内蒙古、吉林、龙江、大兴安岭、长白山森工（林业）集团公司，新疆生产建设兵团林业局，各计划单列市林业局，国家林业局各司局、各直属单位：

为深入贯彻落实国务院《促进大数据发展行动纲要》（国发〔2015〕50 号）精神，根据《国家林业局　国家发展改革委关于联合开展生态大数据应用与研究工作的战略合作协议》建设"一院一室一中心"（国家生态大数据研究院、国家生态大数据应用工程实验室、国家生态大数据中心）要求，经研究，我局决定组建国家生态大数据研究院。现将有关事项通知如下：

一、总体思路

深入贯彻落实国务院《促进大数据发展行动纲要》精神和《国家林业局　国家发展改革委关于联合开展生态大数据应用与研究工作的战略合作协议》要求，建设国家生态大数据研究院，整合政府机构、科研教学机构和企业市场三方面资源，充分利用大数据等新一代信息技术，以政产学研相结合的模式着力构建国内一流的创新平台和智慧联盟。

二、建设目标

国家生态大数据研究院以加强顶层设计、战略实施为重点，开展生态大数据建设的理论与实践研究，推动形成生态大数据发展的创新动力和开放模式，力争用3—5年的时间，精准目标发力，强化服务应用，促进项目合作，推动产业创新，建成国内一流的生态大数据人才培养、专题培训、咨询服务、科研创新和产业化平台，为国家宏观经济运行、林业现代化建设提供大数据服务支撑。

三、组织机构

国家生态大数据研究院领导机构由名誉院长、院长和副院长组成，研究院实行院长负责制。研究院下设秘书处和专家委员会，专家委员会由名誉主任、主任委员、副主任委员及由政府专家、院所专家、企业专家构成的特约研究员队伍组成。

国家生态大数据研究院秘书处设在国家林业局信息办，负责日常管理工作，协助院长制定研究发展战略，制定相关工作制度和工作计划，组织执行论坛研讨和学术活动，沟通联络专家委员会成员，协调相关业务咨询培训，保障管理工作的标准化、科学化、规范化，完成研究院领导交办的相关工作。

国家生态大数据研究院办公地点设在海南省陵水县(海南国际旅游岛先行试验区)，作为南海大数据应用研究院成员之一，保持咨询研究的独立性。

四、工作机制

(一)会商机制。国家生态大数据研究院每年度召开一次年会，以论坛或研讨的方式，研究生态大数据的战略发展规划、探讨交流大数据前沿技术、分析解决生态大数据共享发展问题，提出有针对性的对策建议和措施。

（二）研究机制。国家生态大数据研究院推行以项目为核心的研究机制，重点推进国家生态大数据基础平台体系建设工程及"三大战略"林业数据资源协同共享项目，开展绿色发展、资源保护、生态安全等方面的数据分析服务，推出有分量的专题分析报告、决策分析报告，同时报送国家发展改革委、国家林业局领导等决策参考。

（三）培训机制。国家生态大数据研究院探索全新的复合创新型人才培养机制，开展分级培训和咨询服务，面向不同的用户群体，科学制定培训方案，组织各类生态大数据的培训，致力于培养具有大数据思维和创新能力的复合型人才。

（四）开放机制。国家生态大数据研究院以生态大数据建设需求为导向，以资源共享为基础，动态设置专题研究组，聚合社会资源，优化人才结构，不断完善研究院组织机构，探索建立开放式、社会化、创新型的智库平台。

特此通知。

国家林业局办公室

2017 年 5 月 24 日

7 《关于促进分享经济发展的指导性意见》（发改高技〔2017〕1245 号）

各省、自治区、直辖市人民政府，国务院各部委、各直属机构，各中央管理企业：

大力发展分享经济，有利于提高资源利用效率和经济发展质量，有利于激发创新创业活力和拓展扩大就业空间，对于推进供给侧结构性改革，深入实施创新驱动发展战略，促进大众创业万众创新，培育经济发展新动能和改造提升传统动能，具有重要意义。为进一步营造公平规范的市场环境，促进分享经济更好更快发展，充分发挥分享经济在经济社会发展中的生力军作用，我们研究编制了《关于促进分享经济发展的指导性意见》，经国务院同意，现印发你们，请认真贯彻落实。

国家发展改革委

中央网信办

工业和信息化部

人力资源社会保障部

税务总局

工商总局

质检总局

国家统计局

2017 年 7 月 3 日

关于促进分享经济发展的指导性意见

分享经济作为全球新一轮科技革命和产业变革下涌现的新业态新模式，正在加快驱动资产权属、组织形态、就业模式和消费方式的革新。推动分享经济发展，将有效提高社会资源利用效率，便利人民群众生活，对推进供给侧结构性改革，落实创新驱动发展战略，进一步促进大众创业万众创新，培育经济发展新动能，具有重要意义。近年来，我国分享经济创新创业活跃，发展迅速，利用"互联网+"，创造众多新业态，化解过剩产能，带动大量就业，显示出巨大发展活力与潜力，已成为推动大众创业万众创新向更广范围、更深程度发展的重要抓手和我国经济社会发展的"生力军"。但是，分享经济发展也面临着认识不统一、制度不适应、保障不健全等诸多问题和挑战。按照深化简政放权、放管结合、优化服务改革的总体要求，为加强预期引导，优化发展环境，促进分享经济发展，现提出以下指导性意见。

一、分享经济在现阶段主要表现为利用网络信息技术，通过互联网平台将分散资源进行优化配置，提高利用效率的新型经济形态。

二、分享经济强调所有权与使用权的相对分离，倡导共享利用、集约发展、灵活创新的先进理念；强调供给侧与需求侧的弹性匹配，实现动态及时、精准高效的供需对接；强调消费使用与生产服务的深度融合，形成人人参与、人人享有的发展模式。

三、促进分享经济更好更快发展，要坚持以推进供给侧结构性改革为主线，以满足经济社会发展需求为目标，以支持创新创业为核心，以满足消费需求和消费意愿为导向，深入推进简政放权、放管结合、优化服务改革，按照"鼓励创新、包容审慎"的原则，发展与监管并重，积极探索推进，加强分类指导，创新监管模式，推进协同治理，健全法律法规，维护公平竞争，强化发展保障，充分发挥地方和部门的积极性、主动性，支持和引导各类市场主体积极探索分享经济新业态新模式。

四、合理界定不同行业领域分享经济的业态属性，分类细化管理。加强部门与地方制定出台准入政策、开展行业指导的衔接协调，避免用旧办法管制新业态，破除行业壁垒和地域限制。清理规范制约分享经济发展的行政许可、商事登记等事项，进一步取消或放宽资源提供者市场准入条件限制，审慎出台新的市场准入政策。拟出台各项市场准入、监管措施，必须事先公开征求公众意见，充分开展咨询评估，提高政策透明度。坚持底线思维，增强安全意识，对于与人民生命财产安全、社会稳定、文化安全、金融风险等密切相关的业态和模式，严格规范准入条件。

五、坚持包容审慎的监管原则，探索建立政府、平台企业、行业协会以及资源提供者和消费者共同参与的分享经济多方协同治理机制。强化地方政府自主权和创造性，做好与现有社会治理体系和管理制度的衔接，完善分享经济发展行业指导和事中事后监管。充分利用云计算、物联网、大数据等技术，创新网络业务监管手段。加快网络交易监管服务平台建设，实施线上线下一体化管理。平台企业要加强内部治理和安全保障，强化社会责任担当，严格规范经营。行业协会等有关社会组织要推动出台行业服务标准和自律公约，完善社会监督。资源提供者和消费者要强化道德约束，实现共享共治，促进分享经济以文明方式发展。

六、根据分享经济的不同形态和特点，科学合理界定平台企业、资源提供者和消费者的权利、责任及义务，明确追责标准和履责范围，研究建立平台企业履职尽责与依法获得责任豁免的联动协调机制，促进行业规范发展。平台企业应建立相应规则，严格落实网络主体资格审查，保护消费者合法权益，积极协助政府监督执法和权利人维权。资源提供者应履行信息公示义务，积极配合相关调查。消费者应依法合规使用分享资源。

七、引导平台企业建立健全消费者投诉和纠纷解决机制，鼓励行业组织依法合规探索设立分享经济用户投诉和维权的第三方平台。依法严厉打击泄露和滥用用户个人信息等损害消费者权益行为。加强对分享经济发展涉及的专利、版权、商标等知识产权的保护、创造、运用和服务。鼓励金融机构结合分享经济需求，创新金融产品和服务。研究制定适应分享经济特点的保险政策，积极利用保险等市场机制保障资源提供者和消费者的合法权益。

八、鼓励和引导分享经济企业开展有效有序竞争。切实加强对分享经济领域平台企业垄断行为的监管与防范，维护消费者利益和社会公共利益，营造新旧业态、各类市场主体公平竞争的环境。严禁以违法手段开展竞争，严厉打击扰乱正常的生产经营秩序的行为。

九、积极发挥全国信用信息共享平台、国家企业信用信息公示系统和金融信用信息基础数据库作用，依法推进各类信用信息平台无缝对接，打破信息孤岛，建立政府和企业互动的信息共享合作机制，充分利用互联网信用数据，对现有征信体系进行补充完善，并向征信机构提供服务。积极引导平台企业利用大数据监测、用户双向评价、第三方认证、第三方信用评级等手段和机制，健全相关主体信用记录，强化对资源提供者的身份认证、信用评级和信用管理，提升源头治理能力。依法加强信用记录、风险预警、违法失信行为等信息在线披露，大力推动守信联合激励和失信联合惩戒。平台企业要健全信用信息保全机制，承担协查义务，并协同有关部门实施失信联合惩戒措施。

十、鼓励和支持具有竞争优势的分享经济平台企业有序"走出去"，加强对外交流与合作，积极开拓国际市场，构建跨境产业体系，打造国际知名品牌，培育具有全球影响力的分享经济平台企业。

十一、大力推动政府部门数据共享、公共数据资源开放、公共服务资源分享，增加公共服务供给，提升服务效率，降低服务成本。完善相关配套政策，加大政府部门对分享经济产品和服务的购买力度，扩大公共服务需求。在城乡用地布局和公共基础设施规划建设中，充分考虑分享经济发展需求。鼓励企业、高校、科研机构分享人才智力、仪器设备、实验平台、科研成果等创新资源与生产能力。

十二、积极发挥分享经济促进就业的作用，研究完善适应分享经济特点的灵活就业人员社会保险参保缴费措施，切实加强劳动者权益保障。加大宣传力度，提升劳动者的自我保护意识。对与从业者签订劳动合同的平台企业，以及依托平台企业灵活就业、自主创业的人员，按规定落实相关就业创业扶持政策。

十三、研究完善适合分享经济特点的税收征管措施。依法加强对平台企业涉税信息的采集和税收风险分析工作，加快推进线上线下一体化管理。推广应用电子发票，不断提高分享经济纳税服务的信息化水平，持续增强分享经济纳税服务能力。

十四、建立健全反映分享经济的统计调查指标和评价指标。充分运用大数据等信息技术手段，创新统计调查方法，推动部门统计信息共享，多渠道收集相关数据并建立数据库，完善统计核算，科学准确评估分享经济在经济发展、改善民生、促进就业和增加居民收入、扩大国内消费等方面的贡献。

十五、加强释法、修法工作，按程序及时调整不适应分享经济发展和管理的法律法规与政策规定，不断优化法律服务。在相关立法工作中，根据国家有关战略部署和分享经济发展特点进行设计，加强制度与监管的适应性。根据需要及时研究制定分行业分领域分享经济管理办法。

十六、各地区、各部门要担起责任，主动作为，切实加强对分享经济的深入研究，因地制宜，不断完善发展环境，创造良好社会预期，务实推进分享经济健康快速发展。鼓励有条件的行业和地区先行先试，充分发挥专业化众创空间、科技孵化器的支撑作用和双创示范基地的示范作用，不断提升服务能力，积极开展相关探索实践。"互联网+"行动部际联席会议要加强对分享经济发展的统筹协调和政策解读，条件成熟时推动成立分享经济专家咨询委员会，为政府决策提供重要支撑。

8　《国家粮食局政务信息系统整合共享工作方案》（国粮办发〔2017〕278 号）

各司室、直属单位、联系单位：

为认真落实《国务院办公厅关于印发政务信息系统整合共享实施方案的通知》（国办发〔2017〕39 号）、《政务信息系统整合共享督查工作方案》（国办秘函〔2017〕21 号）和《加快推进落实〈政务信息系统整合共享实施方案〉工作方案》（发改高技〔2017〕1529 号）的要求，进一步做好我局政务信息系统整合共享工作，特制定《国家粮食局政务信息系统整合共享工作方案》（以下简称《工作方案》）。现印发给你们，请结合本单位实际认真贯彻落实。

根据国家发展改革委推进落实《政务信息系统整合共享实施方案》全国电视电话工作会议要求，完成"自查、编目、清理、整合、接入、共享、协同"七方面工作，时间紧、任务重、要求高。为确保按时保质保量完成分阶段工作任务，结合国家粮食管理平台建设做好顶层设计，统一规划，统筹实施，各司室、单位要高度重视、大局为重，认真学习领会国务院有关文件精神，仔细对照《工作方案》确定的重点任务及分工和时限要求，分解任务，落实责任，协同推进。10 月底前完成已有信息系统的整合联通并实现单点登陆，具有政务功能的事业单位网站与局门户网站链接；12 月底前，初步实现整合后的局政务信息系统平台统一接入国家数据共享交换平台。

国家粮食局办公室

2017 年 10 月 29 日

国家粮食局政务信息系统整合共享工作方案

根据《国务院办公厅关于印发政务信息系统整合共享实施方案的通知》（国办发〔2017〕39 号）、《政务信息系统整合共享督查工作方案》（国办秘函〔2017〕21 号）和《加快推进落实〈政务信息系统整合共享实施方案〉工作方案》（发改高技〔2017〕1529 号）等要求，为进一步加快推进我局政务信息系统整合共享，特制定本方案。

一、工作目标和总体要求

结合加快推进国家粮食管理平台建设，切实破解"信息孤岛、烟囱林立"等突出问题，落实《实施方案》和《工作方案》要求，明确任务分工和时限，加强顶层设计、统筹协调，加快构建互联互通、信息共享、协同互动的大平台、大数据和大系统。按照"先联通、后提高"的原则，2017 年 12 月底前，初步实现整合后的局政务信息系统管理平台统一接入国家数据共享交换平台（电子政务外网）。一是完成局政务信息系统自查、政务信息资源目录编制和数据整合，初步实现部门内部信息共享；二是结合国家粮食管理平台建设，完成已有系统与国家数据共享交换平台的对接，提供可共享的目录资源，初步实现与其他部门信息系统的基本联通，重点数据实现基于全国政务信息共享网站的共享服务。在完成阶段性目标基础上，逐步深化拓展粮食信息资源利用，为粮食收储制度改革、宏观调控和流通监管等重点工作提供数据服务和全面业务应用支撑。在数据整合方面实现"统一数据格式、统一数据目录、统一数据归集、统一数据共享和统一数据交换"，在应用系统整合方面实现"统一标准、统一用户管理、统一身份认证、统一门户集成和统一安全运维"。

二、重要任务及分工与时限

（一）信息系统清理自查

1. 开展政务信息系统自查。组织对各司室、单位政务信息系统建设应用情况进行全面自查，掌握系统底数。明确清理整合政务信息系统清单和接入共享交换平台的信息系统清单，形成自查报告（信息化推进办牵头，各司室、单位具体负责；2017 年 9 月底前完成初步清查）。

2. 消除"僵尸"信息系统。对信息系统使用与实际业务流程长期脱节、功能可被其它系统替代、所占用资源长期处于空闲状态、运行维护停止更新服务以及使用范围小、频度低的"僵尸"信息系统进行清理，停止信息系统服务，回收或报废相关软硬件资源（信息化推进办牵头，相关司室、单位负责；2017 年 9 月底前完成）。

（二）加快部门内政务信息系统整合

3. 加快内部信息系统统筹整合。将现有分散、独立的信息系统整合为一个互联互通、业务协同、信息共享的逻辑上的"大系统"，实现统一的用户管理、接入管理、资源管理、授权管理、流程管理和安全审计，杜绝以司室、单位名义存在的独立信息系统。整合后满足以下条件的，可视为一个"大系统"：（1）局内部所有政务信息系统实现统一身份、统一登陆；（2）局内部不存在功能类似或重复的政务信息系统。按照《国家粮食管理平台优化方案》，已有、在建和新建信息系统将依据其特性，分别部署在电子政务内网、电子政务外网、互联网中，实现有序整合。对 OA 系统、文件交换系统、档案管理系统、全国粮食动态信息系统、国家粮油统计信息系统(一期)等 5 个现有信息系统整合联通到局电子政务内网门户国家粮食管理平台，首先实现局内信息系统的"网络通、数据通、业务通"。在建信息系统应作为国家粮食管理平台中的重要组成部分，尽早实现与局平台的"网络通、数据通、业务通"(信息化推进办牵头并提出整合方案，各司室、单位分别负责各自的信息系统整合工作，组织相应软件开发商配合开展整合技术工作；已有信息系统 10 月底前完成初步整合，在建信息系统同步进行整合)。

4. 开展互联网相关信息系统整合。对国家粮食交易中心网站、中国粮食经济网、国家爱粮节粮网、中国好粮油网站、粮食宣传与服务网站、信息中心门户网站等 6 个信息系统进行整合链接，统一链接到国家粮食局门户网站，重要的政务信息系统二级模块实现链接，市场化、商业性的不链接(信息化推进办牵头，政策法规司、国家粮油信息中心、交易协调中心、粮食科学研究院、杂志社等相关单位分别负责各自门户网站整合，并组织相应开发商开展整合技术工作；2017 年 10 月底前完成)。

(三)政务信息资源梳理编目

5. 开展粮食政务信息资源目录编制。梳理各司室、单位业务流程，开展粮食数据资源调查，各单位提出政务信息资源清单，摸清数据底数，按照《政务信息资源目录编制指南》(发改高技〔2017〕1272 号)，编制《国家粮食局政务信息资源目录(2017)》，按照无条件共享、有条件共享和不予共享等三类，明确可共享和需共享的资源目录清单，逐步构建内容全面、标准统一、动态更新、有序开放的粮食政务信息资源目录体系。厘清共享数据的内容、范围和共享使用方式，确保共享数据质量、时效和安全(信息化推进办牵头，各司室、单位负责本单位信息资源目录填报；2017 年 9 月底前提交初步目录，10 月底前完成确认)。

（四）接入国家数据共享交换平台

6. 接入国家政务数据共享交换平台。构建并完善共享交换基础设施，推动局电子政务内网整合，加快搭建局电子政务外网平台，实现与国家电子政务外网、内网的联通和融合。推动国家粮食管理平台与全国政务信息共享网站（data.cegn.cn）的对接，逐步实现与国家平台间的"网络通、数据通、业务通"。依据共享目录清单，实现清单内的信息资源通过全国统一的数据共享交换平台体系跨部门、跨层级、跨区域的信息共享。接入数据开放网站（www.data.gov.cn），推进向社会开放。同时，加强对各类基础数据、业务数据、管理数据、成果资料等的有效集成汇聚，加快已有系统数据池搭建，将整合后的粮食数据资源集中到国家粮食管理平台数据中心内。积极推进国家粮食管理平台共享中储粮总公司等央企数据，开展与条件具备的部分省级粮食管理平台互联互通试点（信息化推进办负责，各司室、单位配合；2017年12月底前完成数据共享交换网站接入，2018年6月底前建成国家粮食管理平台一期）。

7. 推动政务数据共享和协同。推动基于共享网站的协同服务，提交基于共享网站提供服务的方案，以及跨部门协同应用的信息需求，并以此推动跨部门的业务协同办理。完善信息资源更新机制，按照业务职能和分级管理事权，明确信息资源更新责任主体（信息化推进办负责，各司室、单位配合；2017年10月底前提出共享需求清单，11月底前完成协同方案）。

8. 制定信息资源共享办法与标准。梳理《国家政务信息系统和资源整合共享相关文件汇编》。制定《国家粮食局政务信息资源共享管理试行办法》，建立数据资源常态化更新机制。制定《粮食行业信息化标准框架体系》和数据共享交换急需的技术标准规范（信息化推进办负责，各司室、单位配合；2017年11月底前出台《局政务信息资源共享管理办法》，12月底前制定《粮食行业信息化标准框架体系》等技术标准规范）。

三、保障措施

（一）建立工作机制

我局政务信息系统整合共享工作由局信息化工作领导小组统一领导。信息化推进办公室负责统筹推动落实各项工作，协调对接相关部门，提供技术支撑服务，加强统筹协调，有序推进。规划财务司根据信息化推进办公室等单位提供的资金申请等材料，全力争取有关部门支持。各司室、直属联系单位按分工做好本单位的系统自查、清理和整合共享工作。

（二）落实责任

各司室、单位主要负责人为第一责任人，要指定具体牵头部门、抽调精干人员具体负责，分解任务，细化责任，建立机制，加强对各自任务的推进落实力度，并签订《政务信息系统整合共享工作任务书》。

（三）加强考核评价

信息化推进办会同有关司室，加强对政务信息系统整合共享工作的考核评价，重点对各司室、单位政务信息系统整合数、共享信息数、协同应用数、系统联通率、任务进展情况等，按照有关要求进行考核。

（四）强化监督检查

信息化推进办建立跟踪监测、监督检查工作机制，对于工作完成情况较好的单位予以表扬，对于未按要求完成任务的单位要予以通报并责令整改，对于不符合共建共享要求的已建信息系统按照国务院有关要求，建议不再安排后续改造、运维经费。

（五）做好技术支撑

信息化推进办建立健全政务信息系统统筹整合和政务信息资源共享开放管理制度，并做好政务信息系统整合和政务信息资源共享工作中的技术培训、支撑服务和安全保障等工作。

9　《政务信息系统政府采购管理暂行办法》（财库〔2017〕210号）

党中央有关部门，国务院各部委、各直属机构，全国人大常委会办公厅，全国政协办公厅，高法院，高检院，各民主党派中央，有关人民团体，各省、自治区、直辖市、计划单列市财政厅（局），新疆生产建设兵团财政局，中共中央直属机关采购中心，中央国家机关政府采购中心，全国人大机关采购中心：

现将《政务信息系统政府采购管理暂行办法》印发给你们，请遵照执行。

财政部

2017年12月26日

政务信息系统政府采购管理暂行办法

第一条　为了推进政务信息系统政府采购工作规范高效开展，根据国家电子政务总体部署和《国务院办公厅关于印发政务信息系统整合共享实施方案的通知》（国办发〔2017〕39号）有关要求，制定本办法。

第二条　本办法所称政务信息系统是指由政府投资建设、政府和社会企业联合建设、政府向社会购买服务或需要政府运行维护的，用于支撑政务部门履行管理和服务职能的各类信息系统，包括执行政务信息处理的计算机、软件和外围设备等货物和服务。

前款所称政务部门是指中共中央、全国人大、国务院、全国政协、最高法院、最高检察院及中央和国家机关各部门，各级地方党委、人大、政府、政协、法院、检察院及其直属各部门(单位)。

第三条　政务信息系统政府采购工作由各相关政务部门(以下简称采购人)负责统一规划和具体实施，各级财政部门依法履行政府采购监管职责。

第四条　采购人应当按照可行性研究报告、初步设计报告、预算审批时核准的内容和实际工作需要确定政务信息系统采购需求(以下简称采购需求)并组织采购。

采购需求应当科学合理、明确细化，包括项目名称、采购人、预算金额、经费渠道、运行维护要求、数据共享要求、安全审查和保密要求、等级保护要求、分级保护要求、需落实的政府采购政策和履约验收方案等内容。

第五条　采购需求应当符合法律法规，满足国家、行业相关标准的要求，鼓励使用市场自主制定的团体标准。

专业性强、技术要求较高的政务信息系统，可以邀请行业专家或者第三方专业机构参与需求制定工作。采购人和实际使用者或受益者分离的项目，在制定需求时，应当征求实际使用者或受益者的意见。

第六条　采购需求应当落实政务信息系统整合共享要求，符合政务信息共享标准体系，确保相关系统能够按照规定接入国家共享数据交换平台。采购需求要与现有系统功能协调一致，避免重复建设。

采购需求应当体现公共数据开放有关要求，推动原始性、可机器读取、可供社会化再利用的数据集向社会开放。

第七条　采购需求应当落实国家支持云计算的政策要求，推动政务服务平台集约化建设管理。不含国家秘密、面向社会主体提供服务的政务信息系统，原则上应当采用云计算模式进行建设。

采购需求应当包括相关设备、系统和服务支持互联网协议第六版(IPv6)的技术要求。

第八条　采购需求应当落实国家密码管理有关法律法规、政策和标准规范的要求，同步规划、同步建设、同步运行密码保障系统并定期进行评估。

第九条　政务信息系统采用招标方式采购的，应当采用综合评分法；采用非招标方式采购的，应当采用竞争性磋商或单一来源采购方式。

除单一来源采购方式外，政务信息系统采购货物的，价格分值占总分值比重应当为30%；采购服务的，价格分值占总分值比重应当为10%。无法确定项目属于货物或服务的，由采购人按照有利于采购项目实施的原则确定项目属性。

第十条　采购人应当指派熟悉情况的工作人员作为采购人代表参加评标委员会或者竞争性磋商小组，参与政务信息系统采购活动的评审。

第十一条　政务信息系统采购评审中，评标委员会或者竞争性磋商小组认为供应商报价明显低于其他合格供应商的报价，有可能影响产品质量或者不能诚信履约的，应当要求其在评审现场合理时间内提供书面说明，必要时提供相关证明材料；供应商不能证明其报价合理性的，评标委员会或竞争性磋商小组应当将其作为无效投标或者无效响应处理。

第十二条　采购人应当按照国家有关规定组织政务信息系统项目验收，根据项目特点制定完整的项目验收方案。验收方案应当包括项目所有功能的实现情况、密码应用和安全审查情况、信息系统共享情况、维保服务等采购文件和采购合同规定的内容，必要时可以邀请行业专家、第三方机构或相关主管部门参与验收。

第十三条　采购人可以聘请第三方专业机构制定针对政务信息系统的质量保障方案，对相关供应商的进度计划、阶段成果和服务质量进行监督，形成项目整改报告和绩效评估报告，必要时邀请行业专家或相关主管部门评审论证。质量保障相关情况应当作为项目验收的依据。

第十四条　具有多个服务期的政务信息系统，可以根据每期工作目标进行分期验收。为社会公众服务的政务信息系统，应当将公众意见或者使用反馈情况作为验收的重要参考依据。采购人和实际使用者或受益者分离的政务信息系统，履约验收时应当征求实际使用者或受益者的意见。

第十五条　政务信息系统的项目验收结果应当作为选择本项目后续运行维护供应商的重要参考。

第十六条　在年度预算能够保障的前提下，采购人可以与政务信息系统运行维护供应商签订不超过三年履行期限的政府采购合同。

第十七条　本办法从 2018 年 1 月 1 日起施行。

10　《公共信息资源开放试点工作方案》（中网办发文〔2017〕24 号）

推进公共信息资源开放是党中央国务院部署的重要改革任务，是推进国家治理体系和治理能力现代化建设、促进经济转型升级的重要举措，对于建设法治政府、创新政府、廉洁政府和服务型政府以及发展壮大数字经济、共享经济具有重要意义。根据十八届中央全面深化改革领导小组第三十二次会议关于公共信息资源开放要"坚持全面部署和试点带动相结合，依法有序推进改革"的要求，按照推进公共信息资源开放的任务部署，现就开展公共信息资源开放试点工作，制定本方案。

一、总体要求

（一）指导思想

全面贯彻党的十九大精神，高举中国特色社会主义伟大旗帜，以马克思列宁主义、毛泽东思想、邓小平理论、"三个代表"重要思想、科学发展观、习近平新时代中国特色社会主义思想为指导，坚持以人民为中心，牢固树立创新、协调、绿色、开放、共享的发展理念，认真落实党中央、国务院关于推进公共信息资源开放的决策部署，统筹开放与开发、开放与安全、开放与共享的关系，以促进信息资源创新应用为目标，以人民群众最关心、经济社会效益潜力较大的领域为切入点，以破解公共信息资源开放中的难点为主要任务，以统一公共信息资源开放平台为途径，以确保国家安全、商业秘密和个人合法权益不受损害为底线，鼓励试点先行探索积累经验，释放数据红利，更好推动大数据和实体经济深度融合，推动国家治理体系和治理能力现代化。

（二）基本原则

——目标导向。坚持以充分释放数据红利为目标，进一步促进信息惠民，进一步发挥数据规模大、市场空间大的优势，促进信息资源规模化创新应用，培育新的经济增长点，推动国家治理体系和治理能力现代化。

——问题导向。针对开放数据数量不多、质量不高、更新不及时、开发利用不够以及开放体制机制和标准规范不完善等问题，积极探索，着力突破，为更大范围的推广积累经验。

——分步实施。坚持从人民群众最关心的领域做起，从经济社会效益潜力较大的领域着力，从具有一定工作基础的地区开始，优先推进重点领域和重点地区公共信息资源开放，逐步拓展广度和深度。

——保障安全。坚持把数据安全作为开放工作的前提，加强风险评估和综合研判，制度建设和技术手段要同步安排，安全审查和监督检查要同步跟进，守住国家安全、商业秘密和个人合法权益不受损害的底线。

（三）工作目标

到 2018 年底，在统筹协调、组织实施、运营保障、数据开发利用及保护等方面形成有效机制，在平台建设、目录编制、数据管理、考核评估、监督检查、安全保护等方面形成一批制度和标准规范，在国家治理和经济发展方面产生一批具有社会效益和经济效益的创新应用，在数据开发利用方面培育一批基于开放数据的新业态新模式，形成一批可借鉴、可复制、可推广的做法和经验，形成辐射带动和示范引领效应，为全面部署提供借鉴。

二、试点范围

根据各地区公共信息资源开放工作基础，确定北京市、上海市、浙江省、福建省、贵州省为试点地区，开展公共信息资源开放试点工作，重点开放信用服务、医疗卫生、社保就业、公共安全、城建住房、交通运输、教育文化、科技创新、资源能源、生态环境、工业农业、商贸流通、财税金融、安全生产、市场监管、社会救助、法律服务、生活服务、气象服务、地理空间、机构团体等领域的公共信息资源。

未纳入试点的其他省(区、市)，可参照本方案自行组织开展试点工作。

三、试点内容

(一)建立统一开放平台

试点地区要依托现有资源建立统一的省级公共信息资源开放平台，并与本地政府门户网站实现前端整合，与本地共享平台做好衔接。已建地市级公共信息资源开放平台要与省级开放平台互联互通。国家公共信息资源开放平台建成后，试点地区开放平台要率先与其对接，逐步实现上下联动、标准统一。开放平台域名鼓励采用 www.xxxdata.gov.cn 的统一格式(其中×××为地名拼音全称或首字母，如北京为 www.bjdata.gov.cn)。开放平台应具备目录发布、数据汇集、安全存储、元数据发布、便捷检索、数据获取、统计分析、互动参与、应用展示等功能，探索提供数据预览、可视化展现、分析组件等服务。平台应提供数据下载、接口访问等多种公共信息资源获取方式。鼓励试点地区结合本地区经济社会发展情况和形势要求优化平台功能，提供有特色的公共信息资源开放服务。

(二)明确开放范围

试点地区要结合本地区实际,从试点范围要求的领域中自行选择不少于 15 个开放公共信息资源,每个领域开放数据集不少于 10 个,数据集总量不少于 300 个,并结合地方发展特色、企业利用需求、公众生活需要拓展开放范围,深化开放内容,强化动态更新。凡是不涉及国家秘密、商业秘密和个人隐私以及法律法规规定不得开放的公共信息资源,都应逐步纳入开放范围。对非涉密但敏感的数据,要对原始数据进行脱敏加工后开放。

(三)提高数据质量

试点地区要优先开放民生紧密相关、社会迫切需要、商业增值潜力显著的高价值数据,并提高开放数据的质量,提升数据的完整性、准确性、有效性、时效性。试点地区要研究制定公共信息资源开放技术规范,明确开放数据的完整性、机器可读性、格式通用性等要求。可下载的数据集应采用可机器读取格式(如 CSV、JSON、XML、XLS 等)开放,可机读率不低于 90%,鼓励优先采用 CSV 格式。提高实时动态数据开放比重。立足便捷获取和开发利用,可用 API 接口下载的数据集占开放数据集总量的比例不低于 30%。研究建立公共信息资源开放的质量管理体系,明确各单位数据采集、发布、维护的质量规范和责任。加强开放数据的审核和更新,确保数据的准确性和时效性。建立社会参与公共信息资源开放的互动机制,及时响应用户数据需求。

(四)促进数据利用

试点地区要根据国家法律法规和部门规章等相关规定,积极推动公共信息资源的开发利用。要加强宣传引导,积极营造全社会广泛参与和开发利用公共信息资源的良好氛围。鼓励通过政府专项资金扶持和数据应用竞赛等方式,支持社会力量利用开放数据开展创业创新，促进大数据产业发展。引导基础好、有实力的机构和个人利用开放数据开展应用示范，带动各类社会力量开展数据增值开发。对于大规模、连续利用数据服务的机构和个人，要实行网络实名登记管理。

（五）建立完善制度规范

试点地区要制定公共信息资源开放管理办法，明确部门责任分工、开放流程、质量管理、安全保障、绩效评估、监督检查等内容。制定公共信息资源开放平台技术规范，明确平台总体架构、业务流程、应用功能、服务接口、平台间对接方式、用户交互方式、网络安全保障、运行维护等要求。根据国家《政务信息资源目录编制指南（试行）》（发改高技〔2017〕1272 号）制定本地区开放目录，并明确主题分类、开放部门、数据属性、更新时限、开放类型、开放方式、使用要求等内容。制定数据开放标准，明确数据开放格式、数据质量要求、下载获取方式、查询展现方式等。鼓励试点地区结合本地实际，加强制度创新，研究出台相关配套规章制度。探索建立容错机制，提升公共信息资源开放的积极性。

（六）加强安全保障

试点地区要按照相关法律法规和制度标准的要求，切实加强公共信息资源开放安全保障工作。网络安全技术措施要与公共信息资源开放平台同步规划、同步建设、同步运行。要建立健全公共信息资源开放安全管理制度和保密审查制度，加强动态管理，落实各项安全保护措施。建立健全公共信息资源开放应急工作机制，制定应急预案，定期组织演练。制定公共信息资源开放安全风险评估制度，定期开展安全评估，特别是不同领域数据汇集后的风险评估，对存在的问题进行督导和及时解决。鼓励各试点地区积极探索切实可行的安全保障措施，创新评估方式方法，实现公共信息资源开放、信息安全和公共利益的协调发展。

四、工作进度

(一)制定实施方案

试点地区要结合实际抓紧制定具体实施方案，明确试点范围，细化任务措施，于 2018 年 1 月底前报送中央网信办，同时抄送国办信息公开办、国家发展改革委、工业和信息化部。

(二)组织开展试点

试点地区要按照拟定的实施方案积极认真有序开展相关工作，着力提高开放数据质量、促进社会化利用，探索建立制度规范，并于 2018 年底前完成试点各项任务。

(三)总结经验做法

试点地区要于 2018 年底前，对本地区试点总体情况、主要做法和成效、存在的问题及建议等进行总结，形成试点工作总体报告，报送中央网信办，同时抄送国办信息公开办、国家发展改革委、工业和信息化部。

五、保障措施

(一)组织实施

建立由中央网信办牵头，国务院办公厅、国家发展改革委、工业和信息化部组成的试点工作协调小组，定期召开协调会议，研究解决试点工作中的重大问题。试点地区要建立和完善由网信办、政府办公厅、发展改革委、工业和信息化等部门组成的试点工作协调机制，明确牵头部门和责任分工，制定试点实施方案，协调解决试点工作中出现的问题。牵头部门要按照试点实施方案要求，组织实施平台建设、目录编制等工作，探索建立配套制度规范。其他相关部门要依据职能做好公共信息资源开放各项相关工作。中央网信办会同有关部门牵头建立国家公共信息资源开放工作专家组，在技术、标准、产业、应用、安全、推广等方面对试点地区进行指导。

（二）人员经费保障

试点地区要为公共信息资源开放工作提供有力的人员和经费保障。要加强公共信息资源开放人才培养和业务培训，全面提高队伍综合能力。通过现有资金渠道，逐步落实推进公共信息资源开放涉及的系统改造、数据整理、汇聚发布等所需资金。有关部门在信息化项目审批验收中，要把公共信息资源开放作为审核的重要内容。

（三）考核评估

试点地区应制定本地区的公共信息资源开放工作考核评估办法，建立考核评估指标体系，明确考核内容和考核方式，定期开展考核评估。考核评估可采用专家评估、第三方机构评估或社会满意度调查等方式。试点地区要将考核评估结果纳入政府年度绩效考核评价范围。

（四）加强指导

中央网信办、国家发展改革委、工业和信息化部、国办信息公开办按照责任分工，分别做好统筹协调、平台建设和目录制定、数据开发、考核评估等方面工作。中央网信办、国家发展改革委定期组织试点地区开展交流，总结推广经验做法。国办信息公开办、中央网信办等部门定期对试点工作完成情况进行督促检查，通报并公布评估报告和改进意见。

11 《关于进一步完善行政许可和行政处罚等信用信息公示工作的指导意见》（发改办财金〔2018〕424号）

各省、自治区、直辖市、新疆生产建设兵团发展改革委，北京市、江苏省经济和信息化委员会，黑龙江省工商局，社会信用体系建设部际联席会议各成员单位办公厅（室）：

为贯彻落实《国务院关于印发社会信用体系建设规划纲要（2014—2020年）的通知》（国发〔2014〕21号）、《国务院办公厅关于运用大数据加强对市场主体服务和监管的若干意见》（国办发〔2015〕51号）、《国务院关于建立完善守信联合激励和失信联合惩戒制度　加快推进社会诚信建设的指导意见》（国发〔2016〕33号）等文件精神，将行政许可和行政处罚等信用信息自作出行政决定之日起7个工作日内上网公开（以下简称"双公示"），进一步提升"双公示"信息质量，加大政府信息公开和数据开放力度，推进社会信用体系建设，现提出如下意见。

一、总体要求

（一）指导思想。

全面贯彻党的十九大和十九届二中、三中全会精神，以习近平新时代中国特色社会主义思想为指导，按照党中央、国务院关于社会信用体系建设的总体要求和部署，以加快推进简政放权、放管结合、优化服务为出发点，优化"双公示"工作流程，理顺数据报送路径，规范公示标准，畅通公开渠道，加强信息应用，建立"双公示"工作第三方评估机制，实现"双公示"数据的"全覆盖、无遗漏"，为构建信用联合奖惩大格局，促进社会信用体系建设提供有力支撑。

（二）基本原则。

——依法依规，公开透明。坚持"公开为常态、不公开为例外"的原则，依法将行政许可和行政处罚等信用信息及时、准确、无遗漏地向社会公开，应示尽示。

——权责清晰，科学考核。坚持"谁产生、谁负责"的原则，做到责任到人、落实到位。建立"双公示"信息动态管理机制和标准体系，完善长效评估和考核机制。

——拓展应用，联合奖惩。加大"双公示"信息应用力度，推动政府部门、企事业单位、行业协会商会、信用服务机构等共享共用"双公示"信息。鼓励开发"双公示"信息产品和信息服务。

二、完善"双公示"信息数据标准规范

（三）加快建立全国统一的"双公示"数据标准和技术规范。统筹兼顾涉及不同部门、不同区域、不同主体的"双公示"数据要求，制定出台全国统一的"双公示"数据标准和技术规范，实现各地区各部门按照统一标准采集、保存、共享、公示及应用"双公示"信息。

（四）制定"双公示"事项目录。各地区各部门应结合"权力清单"和"责任清单"，按照"应归尽归、应示尽示"的要求，全面梳理编制本地区本部门行政许可和行政处罚事项目录，并动态更新。事项目录公开前须经保密审查并按照国家"双公示"数据标准填写。事项目录及其数据项应在本地区本部门（单位）门户网站或地方信用门户网站，以及"信用中国"网站公开。

（五）规范"双公示"信息的分类归集和公示。各地区各部门应按照"双公示"事项目录和数据标准采集相关信息，并自作出行政决定之日起 7 个工作日内上网公示。公示形式应方便公众浏览和查询。依据简易程序作出行政处罚的信息和涉及个人的行政处罚信息不在"信用中国"网站归集和公示。

三、夯实"双公示"工作信息化支撑基础

(六)依托"信用中国"网站完善各地区各部门数据共享渠道。提升"信用中国"网站及各地方信用门户网站数据归集能力，构建全面、兼容、完整的"双公示"信息数据库，并通过向全国信用信息共享平台全量共享，实现与其他信用信息关联应用，促进数据资源广泛共享、高效开发，进一步提升"双公示"信息大数据汇聚使用价值。

(七)完善"双公示"数据质量控制系统和数据校验机制。按照信用门户网站一体化建设要求，依托"信用中国"网站和各级信用门户网站建设数据质量控制系统和数据校验机制，对不符合标准的数据实施质量控制和上传限制，确保数据完整性和规范性。

(八)加强各地区"双公示"工作信息化基础设施建设。"双公示"信息采取逐级上报的方式，由省级信用门户网站报送至"信用中国"网站。各地区应依托省级信用门户网站开发"双公示"信息报送系统，在各级信用门户网站设置"双公示"专栏；具有行政许可和行政处罚权限的行政机关应在本部门门户网站设置"双公示"专栏，公示行政许可和行政处罚信息。鼓励有条件的地方，探索应用大数据、移动互联等信息化手段，在法律法规允许范围内推动"双公示"移动端应用，开发智能便捷的"双公示"数据采集录入系统，提高工作效率。

四、优化"双公示"信息开发应用

(九)探索依托各级政务服务大厅归集公开"双公示"信息。推动"信用中国"网站及各级信用门户网站接入各级政务服务大厅，实现政务服务大厅"双公示"信息归集与上网公开同步实施。

(十)推动"双公示"信息与红黑名单信息融合应用。将"双公示"信息与红黑名单信息汇总记于同一主体名下，为对黑名单、重点关注名单主体实施联合

惩戒提供信息化支撑。

五、建立"双公示"长效评估和考核机制

(十一)开展线上月度评估。依托城市信用状况监测预警系统,结合"信用中国"网站和各级信用门户网站后台统计情况,按月对各地区的"双公示"在线公示情况进行实时监测,并对信息的报送数量和质量进行评估。

(十二)引入第三方机构按季度开展实地评估。引入信用服务机构按季度对各地区县级以上城市的"双公示"工作进行第三方实地评估,建立随机选派第三方机构的抽查评估机制,对于"双公示"第三方评估结果较好的地区,将减少抽查评估频率。鼓励各地区引入第三方机构对所辖地区"双公示"工作开展实地评估。

(十三)加强"双公示"评估结果的应用。按照公示率、优质数据占比、数据范围覆盖率等标准对各城市"双公示"工作情况进行评分考核,并将考核结果向各城市通报。

六、完善"双公示"信息主体权益保护机制

(十四)明确行政处罚信息公示期限及应用范围。作出行政处罚决定的行政机关在公示相关信息时应注明处罚的严重程度,明确行政处罚信息的公示期限。行政处罚信息自处罚决定作出之日起,在信用门户网站的一般公示期限为一年,涉及严重失信行为的行政处罚信息公示期限为三年。法律、法规、规章另有相关规定的,从其规定。公示期限届满的,应不再对外公示。失信主体因行政处罚而被列入失信受惩黑名单和重点关注名单的,按照相应名单管理要求公示和开展修复。

(十五)建立"双公示"信息的异议处理机制。按照"谁产生,谁负责"的原则,作出行政许可和行政处罚决定的行政机关对公示信息负有主体责任。行政相对人认为"双公示"信息存在错误、遗漏、超期公示等情况的,可依

法依规向公示网站提出异议申请。公示网站应逐级对公示信息进行核查，并与作出行政许可和行政处罚决定的行政机关进行核实，依照核查与核实结果维持、修改或撤下公示信息。同时，行政处罚行为被行政机关撤销或者被复议机关决定撤销、人民法院判决撤销的，作出行政处罚决定的行政机关应及时告知公示网站，公示网站应当自收到该告知之日撤下相关公示信息。

（十六）健全行政处罚信息公示信用修复机制。行政处罚信息在公示网站公示期限为一年的，行政相对人可在最短公示期三个月后向公示网站申请信用修复。申请人须向网站提供相关身份材料和已履行行政处罚材料等，公开做出信用修复承诺，并经公示网站核实情况后，撤下相关公示信息。对未能履行信用修复承诺的行政相对人视情节严重程度实施失信惩戒。属于严重失信行为或在信用修复后一年内再次受到行政处罚的，不予信用修复。法律、法规、规章有相关规定的，从其规定。

七、加强个人隐私和信息安全保护

（十七）保护个人隐私。明确个人信息查询使用权限和程序，做好数据库安全防护工作，建立完善个人信息查询使用登记和审查制度，防止信息泄露。对故意或因工作失误泄露个人隐私信息的，要依法严格追究相关单位和人员的责任。

（十八）保障信息安全。有关部门和单位要建立健全并严格执行保障信息安全的规章制度。严格按照相关法律法规，贯彻落实网络安全等级保护制度，加大对"信用中国"网站、全国信用信息共享平台、各地区各部门信用信息系统、信用服务机构数据库等的监管力度，保障信息主体合法权益，确保国家信息安全。对于涉及企业商业秘密和个人隐私的信息，发布前应进行必要的技术处理。

八、保障措施

(十九)落实主体责任。各地区要切实加强对"双公示"工作的组织领导,安排专人负责,给予资金保障,确保工作扎实推进。各省级社会信用体系建设牵头单位为本省"双公示"工作牵头单位。具有行政许可和行政处罚权限的各级政府部门应安排专人负责落实本部门"双公示"工作。按照"谁产生、谁负责"的原则,进一步强化"双公示"信息报送工作的责任意识。

(二十)加强媒体宣传。广泛利用新闻媒体、门户网站、社交平台等传播渠道,推广"双公示"信息的应用。利用微信、微博、客户端等新媒体平台拓展"双公示"信息的公开渠道,及时、准确发布公示信息。

(二十一)开展专业培训。开展"双公示"信息报送工作培训,普及相关法律法规知识,提高工作人员素质。针对"双公示"工作中的重点难点问题,开展实操性培训。发挥第三方机构专业优势,培养"双公示"专业化数据管理人才。

国家发展改革委办公厅

2018 年 7 月 25 日

12　《贯彻落实全国深化"放管服"改革转变政府职能电视电话会议重点任务分工方案》(国能综通法改〔2018〕143 号)

各司,各派出能源监管机构,各直属事业单位:

《国家能源局贯彻落实全国深化"放管服"改革转变政府职能电视电话会议重点任务分工方案》已经局领导同意,现印发给你们,请结合实际认真贯彻执行。

国家能源局综合司

2018 年 10 月 10 日

国家能源局贯彻落实全国深化"放管服"改革

转变政府职能电视电话会议重点任务分工方案

为贯彻落实全国深化"放管服"改革转变政府职能电视电话会议重点任务，现制定如下分工方案。

一、任务分工

(一)以简政放权放出活力和动力。

1. 对现有行政许可事项进行清理和论证。一是对我局现有行政许可事项及代委实施行政许可事项逐一进行核对，包括许可事项及子项名称、设定依据、共同审批部门、审批层级和部门、审批对象等要素，对不准确或不完整的内容提出修改意见。不得以备案、登记、行政确认、征求意见等为名进行变相审批和许可，确保经过清理和论证之后我局负责审批或实施的行政许可事项全部纳入行政许可事项清单。

二是对我局负责审批或实施的行政许可事项逐一深入研究论证，分别提出取消、下放或保留的初步意见，并详细说明理据。其中，建议取消的，要同步研究提出事中事后监管措施；建议下放的，要研究提出加强上下级衔接，确保接得住、管得好的措施；建议保留的，要列明法律法规依据外的理据，充分论证继续保留该许可的合理性、必要性，并说明有关发达国家对该事项的管理方式。(法改司牵头，科技司、电力司、核电司、煤炭司、油气司、新能源司、安全司、资质中心负责)

2. 对已取消下放行政许可等事项落实情况进行全面评估。认真对照 2013 年以来国务院决定取消和下放行政许可、行政审批中介服务、职业资格许可和认定等事项，对取消下放前由我局负责审批、实施或指导实施的事项进行全面自查评估。一是逐项自查已取消下放事项的落实情况，对取消的事项，重点自查取消是否落实到位，是否存在明放暗不放、变相审批等问题；对下放的事项，重点自查下放是否落实到位，下放后是否存在"接不住、用不上、管不好"等问题。

二是进一步明确已取消下放事项的事中事后监管措施。梳理对已取消下放事项采取的事中事后监管措施，并对这些措施的实施效果进行评估，包括取消下放后是否存在监管"模糊地带"、监管盲区、监管手段不足、监管不作为不到位等问题，相关领域是否出现新的问题和风险等。针对存在问题，要提出进一步加强事中事后监管的主要考虑。

三是推动我局已取消和下放行政许可事项涉及的法律、行政法规的修订工作。对照 2013 年以来国务院关于取消和下放行政许可等事项的决定，梳理修改或废止法律、行政法规修订工作完成情况，对尚未完成的修法项目，说明目前进展情况和下一步工作安排。（法改司牵头，科技司、电力司、核电司、煤炭司、油气司、新能源司、监管司、安全司、国际司、资质中心负责）

3. 配合发展改革委推进投资项目审批改革。一是开展投资审批事项清单化、标准化工作，规范审批实施方式。二是推行联合评审和企业投资项目承诺制，推进投资项目综合性咨询和工程全过程咨询改革，优化整合审批前的评价评估环节。三是推进全国投资项目在线审批监管平台一体化，加快项目审批管理服务"一网通办"。（法改司牵头，综合司、科技司、电力司、核电司、煤炭司、油气司、新能源司负责）

4. 配合住房城乡建设部优化项目报建审批流程。一是按照工程建设项目审批制度改革试点安排，统一审批流程，精简审批环节，完善审批系统，实现"一张蓝图"统筹项目实施、"一个系统"实施统一管理、"一个窗口"提供综合服务、"一张表单"整合申报材料、"一套机制"规范审批运行。

二是压缩项目报建审批时间。除水利、能源领域的重大工程外，按照五年内工程建设项目从立项到竣工验收全流程审批时间压缩一半以上的目标，压减项目报建时间。（电力司、核电司、煤炭司、新能源司负责）

5. 推动实施公平竞争审查制度。保障不同所有制主体在资质许可、科技项目、标准制定等方面的公平待遇，对于具有垄断性的行业，根据不同行业特点放开竞争性业务。一是对清理废除妨碍统一市场和公平竞争政策文件、执行公平竞争审查制度情况开展自查。

二是清理废除现有政策措施中涉及地方保护、指定交易、市场壁垒等的内容，纠正滥用行政权力排除限制竞争行为。（法改司牵头，各司、各派出能源监管机构、各直属事业单位负责）

6. 进一步研究清费减费举措。一是继续清理规范政府性基金和行政事业性收费，全面推行依清单收费。（各相关司、各直属事业单位负责）

二是继续清理整顿事业单位、行业协会商会收费。（综合司牵头，各派出能源监管机构、各直属事业单位负责）

7. 开展中介服务收费自查。为防止"红顶中介"与行政机关的利益关联，破除服务垄断，各单位认真梳理各项政务服务事项中是否存在中介服务收费的情况，重点自查是否存在将本应由政府部门承担的费用转嫁给企业承担等行政审批中介服务违规收费行为。督促取消、降低中介服务收费和行业协会商会收费。自查后如果出现针对违法违规中介服务收费行为的投诉举报等情况，由被投诉举报单位完全负责。对发现的腐败行为和线索，及时移送纪检监察机关。（各司、各派出能源监管机构、各直属事业单位负责）

8. 降低企业用能成本。全面落实好已出台的电网清费政策，推进区域电网和跨省跨区专项工程输电价格改革，规范和降低电网环节收费，全面清理规范电网企业在输配电价之外的收费项目等，2018 年一般工商业电价平均降低10%。（电力司负责）

（二）以创新监管管出公平和秩序。

9. 创新监管理念和方式，健全以"双随机、一公开"监管为基本手段、以重点监管为补充、以信用监管为基础的新型监管机制。一是推动市场监管日常检查"双随机"方式全覆盖，检查结果全部公开。（法改司牵头，各相关司、各派出能源监管机构、各直属事业单位负责）

二是完善能源行业信用体系，按照《关于对失信主体加强信用监管的通知》要求，建立防范和减少失信行为的长效机制。（资质中心牵头，各相关司、各派出能源监管机构、各直属事业单位负责）

10. 对有投诉举报反映问题集中的情况要进行重点检查，健全投诉举报和查处机制，对群众反映突出的用能问题开展预警。（监管司牵头，各相关司、各派出能源监管机构负责）

11. 推进跨部门联合监管和"互联网+监管"，实现综合监管、"智慧监管"。一是按照国务院办公厅部署，建设国家政务服务平台"互联网+监管"子系统，推动监管信息全程可追溯和"一网通享"。（各相关司、各直属事业单位负责）

二是有效应用国家企业信用信息公示系统数据资源，推进实施企业信用风险分类管理，进一步提升企业信用风险预测预警和动态监测能力。（各相关司负责）

12. 推进信用监管，加快推进能源企业信用归集共享，实行守信联合激励和失信联合惩戒机制，让市场主体"一处违法、处处受限"。（资质中心牵头，各相关司负责）

13. 坚持对新兴产业实施包容审慎监管。区分不同情况，量身定制包容审慎监管模式和标准规范，坚守安全质量底线。对符合发展方向但出现一些问题的，要及时引导或纠正，使之有合理发展空间；对潜在风险很大，特别是涉及安全和有可能造成严重不良社会后果的，要及早发现问题、果断采取措施；对以创新之名行侵权欺诈之实的，要予以严惩。（各相关司负责）

（三）以优化服务服出便利和品质。

14. 梳理企业和群众办事难的领域和环节，采取有针对性措施。一是配合发展改革委完成百项问题疏解行动，解决企业和群众关注的100项堵点难点问题。（综合司牵头，各相关司负责）

二是对照十省百家办事大厅暗访督查和改进提升窗口服务水平专题调研发

现的问题，推动加快整改，持续提升窗口服务质量和效率。（综合司、资质中心牵头，核电司、煤炭司、油气司、安全司、各派出能源监管机构负责）

15. 开展证明事项清理工作。按照《国务院办公厅关于做好证明事项清理工作的通知》（国办发〔2018〕47号）和《司法部办公厅关于印发〈关于证明事项清理工作有关问题的意见〉的函》（司密电〔2018〕60号）的要求，对照文件中给出的证明定义、清理范围、清理主体和处理原则，全面开展证明事项清理工作。各部门各单位认真填写法律、行政法规、部门规章、部门规范性文件设定的证明事项建议保留、取消的目录清单，并对各自清理结果完全负责。（法改司牵头，各司、各能源派出监管机构、各直属事业单位负责）

16. 大力发展"互联网+政务服务"。一是除法律法规另有规定或涉密等外，要按照应上尽上的原则，五年内政务服务事项基本上网办理。

二是推进线上线下融合，优化整合提升政务服务大厅"一站式"功能，实现"一个窗口""一次办成"。（综合司牵头，各相关司负责）

17. 压减供电企业办理电力用户用电业务时间。2018年，供电企业办理电力用户用电业务平均时间压减到50个工作日以内，2019年底前压减到45个工作日以内，五年内压缩三分之二以上、压减到40个工作日以内。做好与世界银行营商环境评价中获得电力时间口径的衔接工作。（监管司负责）

18. 按照国务院办公厅部署，打造全国一体化政务服务平台。坚持"联网是原则，孤网是例外"，配合发展改革委做好信息系统的整合接入工作，推进审查事项、办事流程、数据交换等方面的标准化建设。除法律法规另有规定或涉及国家秘密等外，政务服务事项全部纳入平台办理，全面实现"一网通办"。（综合司牵头，各相关司负责）

19. 按照国务院办公厅部署，大力推动跨地区、跨部门、跨层级信息数据开放共享。对照国务院部门数据共享责任清单，积极推进部门间数据共享，完成信息系统自查清理，做好涉及我局职责的数据共享工作。（规划司、综合司牵头，各相关司负责）

20. 进一步强化政务网络和数据信息安全管理。筑牢平台建设和数据共享安全防线，研究完善数据安全管理制度措施，强化政务数据安全管理，提升政务平台数据安全保障能力和水平。（综合司、信息中心负责）

二、工作要求

（一）强化改革意识，落实目标任务。各部门各单位要按照党中央、国务院确定的改革目标，进一步强化"放管服"改革意识，大力推进政府职能转变，结合实际细化重点工作任务，制定具体措施，层层压实责任，落实各项目标任务。

（二）加强改革协同攻关，支持地方先行先试。按照国务院统一部署，解决改革推进中存在的"最后一公里""中梗阻"和"最先一公里"问题，坚决清除各种障碍，加强与国务院其他部门之间以及与地方之间的协同支持，确保改革举措落地见效。及早落实我局的改革任务，支持地方先行先试，帮助解决实际困难。

（三）狠抓督办落实，加强督查问责。综合司要加大督办力度，确保"放管服"改革各项工作落到实处。机关纪委要加强督查问责，对工作落实不到位的单位和负责人，依照有关规定要求，严肃追究问责。

各部门各单位要在 2018 年 12 月 10 日前将贯彻落实情况送法改司。工作中取得的重大进展、存在的突出问题要及时报告。

13　《关于促进平台经济规范健康发展的指导意见》（国办发〔2019〕38 号）

各省、自治区、直辖市人民政府，国务院各部委、各直属机构：

互联网平台经济是生产力新的组织方式，是经济发展新动能，对优化资源配置、促进跨界融通发展和大众创业万众创新、推动产业升级、拓展消费市场尤其是增加就业，都有重要作用。要坚持以习近平新时代中国特色社会主义思想为指导，深入贯彻落实党的十九大和十九届二中、三中全会精神，持续深化"放管服"改革，围绕更大激发市场活力，聚焦平台经济发展面临的突出问题，遵循规律、顺势而为，加大政策引导、支持和保障力度，创新监管理念和方式，落实和完善包容审慎监管要求，推动建立健全适应平台经济发展特点的新型监管机制，着力营造公平竞争市场环境。为促进平台经济规范健康发展，经国务院同意，现提出以下意见。

一、优化完善市场准入条件，降低企业合规成本

（一）推进平台经济相关市场主体登记注册便利化。放宽住所（经营场所）登记条件，经营者通过电子商务类平台开展经营活动的，可以使用平台提供的网络经营场所申请个体工商户登记。指导督促地方开展"一照多址"改革探索，进一步简化平台企业分支机构设立手续。放宽新兴行业企业名称登记限制，允许使用反映新业态特征的字词作为企业名称。推进经营范围登记规范化，及时将反映新业态特征的经营范围表述纳入登记范围。（市场监管总局负责）

（二）合理设置行业准入规定和许可。放宽融合性产品和服务准入限制，只要不违反法律法规，均应允许相关市场主体进入。清理和规范制约平台经济健康发展的行政许可、资质资格等事项，对仅提供信息中介和交易撮合服务的平台，除直接涉及人身健康、公共安全、社会稳定和国家政策另有规定的金融、新闻等领域外，原则上不要求比照平台内经营者办理相关业务许可。（各相关部门按职责分别负责）指导督促有关地方评估网约车、旅游民宿等领域的政策落实情况，优化完善准入条件、审批流程和服务，加快平台经济参与者合规化进程。（交通运输部、文化和旅游部等相关部门按职责分别负责）对仍处于发展初期、有利于促进新旧动能转换的新兴行业，要给予先行先试机会，审慎出台市场准入政策。（各地区、各部门负责）

（三）加快完善新业态标准体系。对部分缺乏标准的新兴行业，要及时制定出台相关产品和服务标准，为新产品新服务进入市场提供保障。对一些发展相对成熟的新业态，要鼓励龙头企业和行业协会主动制定企业标准，参与制定行业标准，提升产品质量和服务水平。（市场监管总局牵头，各相关部门按职责分别负责）

二、创新监管理念和方式，实行包容审慎监管

（一）探索适应新业态特点、有利于公平竞争的公正监管办法。本着鼓励创新的原则，分领域制定监管规则和标准，在严守安全底线的前提下为新业态发展留足空间。对看得准、已经形成较好发展势头的，分类量身定制适当的监管模式，避免用老办法管理新业态；对一时看不准的，设置一定的"观察期"，防止一上来就管死；对潜在风险大、可能造成严重不良后果的，严格监管；对非法经营的，坚决依法予以取缔。各有关部门要依法依规夯实监管责任，优化机构监管，强化行为监管，及时预警风险隐患，发现和纠正违法违规行为。（发展改革委、中央网信办、工业和信息化部、市场监管总局、公安部等相关部门及各地区按职责分别负责）

（二）科学合理界定平台责任。明确平台在经营者信息核验、产品和服务质量、平台（含 APP）索权、消费者权益保护、网络安全、数据安全、劳动者权益保护等方面的相应责任，强化政府部门监督执法职责，不得将本该由政府承担的监管责任转嫁给平台。尊重消费者选择权，确保跨平台互联互通和互操作。允许平台在合规经营前提下探索不同经营模式，明确平台与平台内经营者的责任，加快研究出台平台尽职免责的具体办法，依法合理确定平台承担的责任。鼓励平台通过购买保险产品分散风险，更好保障各方权益。（各相关部门按职责分别负责）

（三）维护公平竞争市场秩序。制定出台网络交易监督管理有关规定，依法查处互联网领域滥用市场支配地位限制交易、不正当竞争等违法行为，严禁

平台单边签订排他性服务提供合同，保障平台经济相关市场主体公平参与市场竞争。维护市场价格秩序，针对互联网领域价格违法行为特点制定监管措施，规范平台和平台内经营者价格标示、价格促销等行为，引导企业合法合规经营。(市场监管总局负责)

(四)建立健全协同监管机制。适应新业态跨行业、跨区域的特点，加强监管部门协同、区域协同和央地协同，充分发挥"互联网+"行动、网络市场监管、消费者权益保护、交通运输新业态协同监管等部际联席会议机制作用，提高监管效能。(发展改革委、市场监管总局、交通运输部等相关部门按职责分别负责)加大对跨区域网络案件查办协调力度，加强信息互换、执法互助，形成监管合力。鼓励行业协会商会等社会组织出台行业服务规范和自律公约，开展纠纷处理和信用评价，构建多元共治的监管格局。(各地区、各相关部门按职责分别负责)

(五)积极推进"互联网+监管"。依托国家"互联网+监管"等系统，推动监管平台与企业平台联通，加强交易、支付、物流、出行等第三方数据分析比对，开展信息监测、在线证据保全、在线识别、源头追溯，增强对行业风险和违法违规线索的发现识别能力，实现以网管网、线上线下一体化监管。(国务院办公厅、市场监管总局等相关部门按职责分别负责)根据平台信用等级和风险类型，实施差异化监管，对风险较低、信用较好的适当减少检查频次，对风险较高、信用较差的加大检查频次和力度。(各相关部门按职责分别负责)

三、鼓励发展平台经济新业态，加快培育新的增长点

(一)积极发展"互联网+服务业"。支持社会资本进入基于互联网的医疗健康、教育培训、养老家政、文化、旅游、体育等新兴服务领域，改造提升教育医疗等网络基础设施，扩大优质服务供给，满足群众多层次多样化需求。鼓励平台进一步拓展服务范围，加强品牌建设，提升服务品质，发展便民服务新业态，延伸产业链和带动扩大就业。鼓励商品交易市场顺应平台经济发展新趋

势、新要求，提升流通创新能力，促进产销更好衔接。(教育部、民政部、商务部、文化和旅游部、卫生健康委、体育总局、工业和信息化部等相关部门按职责分别负责)

(二)大力发展"互联网+生产"。适应产业升级需要，推动互联网平台与工业、农业生产深度融合，提升生产技术，提高创新服务能力，在实体经济中大力推广应用物联网、大数据，促进数字经济和数字产业发展，深入推进智能制造和服务型制造。深入推进工业互联网创新发展，加快跨行业、跨领域和企业级工业互联网平台建设及应用普及，实现各类生产设备与信息系统的广泛互联互通，推进制造资源、数据等集成共享，促进一二三产业、大中小企业融通发展。(工业和信息化部、农业农村部等相关部门按职责分别负责)

(三)深入推进"互联网+创业创新"。加快打造"双创"升级版，依托互联网平台完善全方位创业创新服务体系，实现线上线下良性互动、创业创新资源有机结合，鼓励平台开展创新任务众包，更多向中小企业开放共享资源，支撑中小企业开展技术、产品、管理模式、商业模式等创新，进一步提升创业创新效能。(发展改革委牵头，各相关部门按职责分别负责)

(四)加强网络支撑能力建设。深入实施"宽带中国"战略，加快 5G 等新一代信息基础设施建设，优化提升网络性能和速率，推进下一代互联网、广播电视网、物联网建设，进一步降低中小企业宽带平均资费水平，为平台经济发展提供有力支撑。(工业和信息化部、发展改革委等相关部门按职责分别负责)

四、优化平台经济发展环境，夯实新业态成长基础

(一)加强政府部门与平台数据共享。依托全国一体化在线政务服务平台、国家"互联网+监管"系统、国家数据共享交换平台、全国信用信息共享平台和国家企业信用信息公示系统，进一步归集市场主体基本信息和各类涉企许可信息，力争 2019 年上线运行全国一体化在线政务服务平台电子证照共享服务系统，为平台依法依规核验经营者、其他参与方的资质信息提供服务保障。(国

务院办公厅、发展改革委、市场监管总局按职责分别负责)加强部门间数据共享,防止各级政府部门多头向平台索要数据。(发展改革委、中央网信办、市场监管总局、国务院办公厅等相关部门按职责分别负责)畅通政企数据双向流通机制,制定发布政府数据开放清单,探索建立数据资源确权、流通、交易、应用开发规则和流程,加强数据隐私保护和安全管理。(发展改革委、中央网信办等相关部门及各地区按职责分别负责)

(二)推动完善社会信用体系。加大全国信用信息共享平台开放力度,依法将可公开的信用信息与相关企业共享,支持平台提升管理水平。利用平台数据补充完善现有信用体系信息,加强对平台内失信主体的约束和惩戒。(发展改革委、市场监管总局负责)完善新业态信用体系,在网约车、共享单车、汽车分时租赁等领域,建立健全身份认证、双向评价、信用管理等机制,规范平台经济参与者行为。(发展改革委、交通运输部等相关部门按职责分别负责)

(三)营造良好的政策环境。各地区各部门要充分听取平台经济参与者的诉求,有针对性地研究提出解决措施,为平台创新发展和吸纳就业提供有力保障。(各地区、各部门负责)2019年底前建成全国统一的电子发票公共服务平台,提供免费的增值税电子普通发票开具服务,加快研究推进增值税专用发票电子化工作。(税务总局负责)尽快制定电子商务法实施中的有关信息公示、零星小额交易等配套规则。(商务部、市场监管总局、司法部按职责分别负责)鼓励银行业金融机构基于互联网和大数据等技术手段,创新发展适应平台经济相关企业融资需求的金融产品和服务,为平台经济发展提供支持。允许有实力有条件的互联网平台申请保险兼业代理资质。(银保监会等相关部门按职责分别负责)推动平台经济监管与服务的国际交流合作,加强政策沟通,为平台企业走出去创造良好外部条件。(商务部等相关部门按职责分别负责)

五、切实保护平台经济参与者合法权益，强化平台经济发展法治保障

(一)保护平台、平台内经营者和平台从业人员等权益。督促平台按照公开、公平、公正的原则，建立健全交易规则和服务协议，明确进入和退出平台、商品和服务质量安全保障、平台从业人员权益保护、消费者权益保护等规定。(商务部、市场监管总局牵头，各相关部门按职责分别负责)抓紧研究完善平台企业用工和灵活就业等从业人员社保政策，开展职业伤害保障试点，积极推进全民参保计划，引导更多平台从业人员参保。加强对平台从业人员的职业技能培训，将其纳入职业技能提升行动。(人力资源社会保障部负责)强化知识产权保护意识。依法打击网络欺诈行为和以"打假"为名的敲诈勒索行为。(市场监管总局、知识产权局按职责分别负责)

(二)加强平台经济领域消费者权益保护。督促平台建立健全消费者投诉和举报机制，公开投诉举报电话，确保投诉举报电话有人接听，建立与市场监管部门投诉举报平台的信息共享机制，及时受理并处理投诉举报，鼓励行业组织依法依规建立消费者投诉和维权第三方平台。鼓励平台建立争议在线解决机制，制定并公示争议解决规则。依法严厉打击泄露和滥用用户信息等损害消费者权益行为。(市场监管总局等相关部门按职责分别负责)

(三)完善平台经济相关法律法规。及时推动修订不适应平台经济发展的相关法律法规与政策规定，加快破除制约平台经济发展的体制机制障碍。(司法部等相关部门按职责分别负责)

涉及金融领域的互联网平台，其金融业务的市场准入管理和事中事后监管，按照法律法规和有关规定执行。设立金融机构、从事金融活动、提供金融信息中介和交易撮合服务，必须依法接受准入管理。

各地区、各部门要充分认识促进平台经济规范健康发展的重要意义，按照职责分工抓好贯彻落实，压实工作责任，完善工作机制，密切协作配合，切实

解决平台经济发展面临的突出问题，推动各项政策措施及时落地见效，重大情况及时报国务院。

国务院办公厅

2019 年 8 月 1 日

14 《关于促进"互联网+社会服务"发展的意见》(发改高技〔2019〕1903 号)

各省、自治区、直辖市及计划单列市人民政府，新疆生产建设兵团，国务院有关部门：

增进人民福祉、促进人的全面发展是我们党立党为公、执政为民的本质要求。社会服务是指在教育、医疗健康、养老、托育、家政、文化和旅游、体育等社会领域，为满足人民群众多层次多样化需求，依靠多元化主体提供服务的活动，事关广大人民群众最关心最直接最现实的利益问题。要以习近平新时代中国特色社会主义思想为指导，认真落实党中央、国务院决策部署，推动"互联网+社会服务"发展，促进社会服务数字化、网络化、智能化、多元化、协同化，更好惠及人民群众，助力新动能成长。经国务院同意，现提出以下意见。

一、以数字化转型扩大社会服务资源供给

运用互联网手段，充分利用"互联网+政务服务"发展成果，加快社会服务资源数字化，加大公共数据开放力度，推动服务主体转型，扩大社会服务资源覆盖范围，提升资源配置效率，有效解决社会服务资源相对短缺、优质服务资源供给不足问题。

（一）推进社会服务资源数字化，激发"互联网+"对优质服务生产要素的倍

增效应。健全社会服务领域国家数字资源服务体系，推动社会服务领域从业者、设施、设备等生产要素数字化，支持社会服务机构、互联网企业和其他市场主体根据市场需求，在确保数据安全的基础上开发教育、医疗健康、文化和旅游、体育健身等数字资源，提供网络化服务。鼓励发展互联网医院、数字图书馆、数字文化馆、虚拟博物馆、虚拟体育场馆、慕课(MOOC，大规模在线开放课程)等，推动社会服务领域优质资源放大利用、共享复用。

(二)加大社会服务领域数据共享开放力度，提升数据资源利用效率。建设完善国家数据共享交换平台体系，加强跨部门政务数据共享。研究跨领域数据共享开放统一标准，建立社会服务领域公共数据开放目录和开放清单，优先推进文化、旅游、体育、医疗等领域公共数据开放，明确通过国家公共数据开放网站向社会开放的原始数据集、数据类型和时间表，提供一体化、多样化的数据服务。支持社会服务各领域间、各类主体间的数据交易流通。充分发挥国家数据共享交换平台的基础支撑和交换通道作用，探索企业数据平台与全国一体化在线政务服务平台等对接，在保障隐私和安全的前提下，提供社会服务所需的数据资源和核验服务。

(三)推进社会服务主体数字化转型，有效提升资源匹配效率。推进学校、医院、养老机构、公共文化体育场馆、家政公司、社区等社会服务主体的信息化建设，拓展管理与服务的智慧化应用。实施"互联网+社区"行动，提升社区服务信息化、智能化水平。研究建立社会服务主体服务能力标准化和服务质量评价体系。通过互联网、大数据、人工智能等多种技术和模式，推动教育、医疗健康、养老、托育、体育、家政等服务领域供需信息对接，促进以市场化手段优化资源配置。

二、以网络化融合实现社会服务均衡普惠

针对城乡、区域间优质社会服务资源配置不均衡问题，继续推进欠发达地区网络接入和基础能力建设，充分运用互联网手段加快社会服务在线对接、线

上线下深度融合，促进优质社会服务惠及更广大人民群众。

（四）加快各类社会服务主体联网接入，推动实现偏远农村地区服务可及。深入开展电信普遍服务试点，提升农村及偏远地区网络覆盖水平。实施学校联网攻坚行动，加快建设教育专网，实现所有学校接入快速稳定的互联网。支持面向深度贫困地区开发内容丰富的在线教育资源。实施区域中心医院医疗检测设备配置保障工程，继续推动偏远农村地区远程医疗设施设备普及。继续实施信息进村入户工程，实现普通农户不出村、新型农业经营主体不出户就可享受便捷高效的数字化社会服务。

（五）开展发达地区和欠发达地区社会服务在线对接，助力基本公共服务公平普惠。鼓励以高水平社会服务机构为核心，建立面向基层地区、欠发达地区、边远地区的远程在线服务体系与基层从业人员培训体系，助力网络扶贫。借助互联网手段，推动具备条件的医养结合机构区域化、全国化拓展。支持发展东西部线上对口帮扶、优质资源"1 带 N"等方式，扩大优质资源的辐射覆盖范围。加强在线服务能力评估。

（六）推进线上与线下社会服务深度融合，扩大线下服务半径。探索教育、医疗健康、养老、社区、家政、旅游、体育等领域线上线下融合互动的社会服务供给体系，鼓励与全国一体化在线政务服务平台实现对接融通，拓展服务内容，扩大服务覆盖面。探索建立高校教育网络学习学分认定与学分转换、在线教育课程认证、家庭医生电子化签约等制度，支持发展社区居家"虚拟养老院"。

三、以智能化创新提高社会服务供给质量

进一步拓展社会服务便捷化、智能化、个性化、时尚化消费空间，加快新型数字基础设施建设，以技术创新推动产品创新、应用创新，有效培育新业态、激发新动能，更好满足人民群众对高品质社会服务的需求。

（七）鼓励新技术创新应用，培育壮大社会服务新产品新产业新业态。推进大数据、云计算、人工智能、物联网等新一代信息技术在社会服务领域集成

应用，支持引导新型穿戴设备、智能终端、服务机器人、在线服务平台、虚拟现实、增强现实、混合现实等产品和服务研发，丰富线上线下相融合的消费体验。鼓励开展同步课堂、远程手术指导、沉浸式运动、数字艺术、演艺直播、赛事直播、高清视频通讯社交等智能化交互式创新应用示范，引领带动数字创意、智慧医疗、智慧旅游、智慧文化、智能体育、智慧养老等新产业新业态发展。深入推进"互联网+中华文明"行动计划。

（八）加快布局新型数字基础设施，为智能化社会服务应用赋能。面向远程医疗、在线教育、智慧养老等领域，加快第五代移动通信技术（5G）行业应用试点，推进 4G、5G、窄带物联网（NB-IoT）多网络协同发展，加速构建支持大数据应用和云端海量信息处理的云计算基础设施，支持政府和企业建设人工智能基础服务平台，面向社会服务提供人工智能应用所需的基础数据、计算能力和模型算法，提升社会服务基础设施智能化水平。

四、以多元化供给激发社会服务市场活力

针对社会服务公益属性强、市场回报低、质量难评估、隐性门槛高等特点，着力破除体制机制障碍，探索市场主导、政府引导的多元化供给机制，促进多领域跨界融合发展，提升市场主体盈利能力和空间，有效激发社会服务市场活力。

（九）放宽市场准入，引导各类要素有序进入社会服务市场。深化"放管服"改革，鼓励各类市场主体依法平等参与"互联网+社会服务"供给，发挥市场主体资金、数据、技术、人才优势，激发社会服务市场创新活力。制定出台药品网络销售监督办法。鼓励社会力量参与大型开放式网络课程建设，支持符合条件的网络课程、社会化教育培训产品按照相应规定和程序纳入学校课程体系，培育在线辅导等线上线下融合的学习新模式。按照国家有关规定，规范和引导面向中小学利用互联网技术实施的学科类校外线上培训活动。

（十）培育社会服务平台，推动社会服务市场融合发展。促进社会服务与

互联网产业深度融合，大力培育跨行业跨领域综合性平台和行业垂直平台。支持互联网企业基于技术优势搭建社会服务平台，鼓励符合条件的社会服务机构向平台化拓展转型，培育一批具有引领示范效应的平台企业。创新教育、医疗健康、养老等社会服务平台建设模式，吸引社会力量参与公益性社会服务平台建设。通过各类平台有效链接服务主体和用户，加强产业链条延展协作，实现服务无缝对接。探索多领域跨界融合发展，推动医养结合、文教结合、体医结合、文旅融合。

五、以协同化举措优化社会服务发展环境

创新社会服务监管理念和方式，加大知识产权保护和维权保障力度，强化数据安全和个人隐私保护，加强社会信用体系建设和商业保险支撑，开展试点示范，营造包容审慎、鼓励发展的良好环境。

(十一)坚持包容审慎，营造良好环境。构建以信用为基础的新型监管机制，加大反垄断和反不正当竞争执法力度，重点加强事中事后监管，保障市场主体公平参与市场竞争。对于社会服务领域新业态新模式，原则上不得新增前置审批和行政许可事项，除涉及个人隐私、道德伦理、资金安全、责任事故、公共安全、社会稳定等情况外，给予市场主体充分的容错试错机会和更多的发展空间。加强"互联网+社会服务"领域内容创作、产品研发、模式创新等知识产权保护，特别是针对教育、医疗健康、文化等网络侵权假冒高风险领域，创新线上线下维权机制，加大侵权犯罪行为打击处罚力度，保障优质服务资源安心上网、放心共享。

(十二)强化安全保障，增强消费信心。坚持安全与发展并重原则，制定社会服务领域数据共享、开放、流通、交易和数据安全保护的法规标准，严禁社会服务提供机构违法违规收集、使用、篡改、泄露用户个人信息和隐私数据。对于以政府购买服务方式提供社会服务的，加强对承担企业数据使用的全过程监管。加快建立"智能+"产品和服务安全管理制度，研究制定安全应用指

南。加强社会服务领域信用体系建设，探索"互联网+医疗"、"互联网+养老"等商业保险支撑和保障机制，构建良好的社会服务消费环境。加大对网络坑蒙拐骗行为的监管和执法力度，让群众放心消费。

（十三）鼓励试点先行，加强经验推广。强化典型示范带动，选择部分领域和地区开展"互联网+社会服务"试点，从理念、制度、运营、技术、人才等方面深入剖析、系统总结成功经验和做法，通过现场观摩和经验交流会等方式，加大典型案例和经验复制推广力度。支持各地区和相关市场主体开展平台经济创新、服务产品创新、产业链协同创新、跨领域融合创新，打造一批"互联网+社会服务"示范平台。建立常态化宣传机制，营造典型经验学习推广的良好舆论氛围。

六、保障措施

（十四）加强教育培训，增强数字技能。鼓励依托各类高等学校、职业院校和研究机构建立"互联网+社会服务"试验平台和培训基地，加强技术技能人才培训。为偏远农村地区教师、医护人员等提供远程培训、远程手术示教等服务，为基层从业者提供便捷可得的终身教育渠道。加强全民数字技能教育和培训，针对信息技能相对薄弱的老年人等服务消费群体，普及信息应用、网络支付、风险甄别等相关知识，逐步培育群众新型服务消费习惯。

（十五）加大财政支持，优化融资服务。发挥财政资金引导作用，针对市场化机制缺位、薄弱的公共服务领域，坚持"尽力而为、量力而行"，采取政府购买服务等方式给予积极支持。鼓励创业投资基金、天使投资等加大对"互联网+社会服务"的投资力度。支持符合条件的"互联网+社会服务"企业发行包括创新创业公司债券在内的公司债券和"双创"债务融资工具。

（十六）强化统筹协调，推动任务落实。地方各级人民政府要强化主体责任，按照本意见要求，明确任务分工，优化服务流程，提高质量效率，结合各地实际抓好贯彻落实。教育部、工业和信息化部、公安部、民政部、人力资源社会保障部、商务部、文化和旅游部、卫生健康委、体育总局、医保局、药监局等有关部门要按照职责分工，加大对分管领域"互联网+社会服务"工作的支持力度，细化制定配套制度和政策，加强对地方工作的指导支持。发展改革委将会同有关部门加强统筹协调，强化部门协同、上下联动，建立健全"互联网+社会服务"工作协调推进机制，确保本意见提出的各项目标任务和政策措施落实到位。

国家发展改革委

教育部

民政部

商务部

文化和旅游部

卫生健康委

体育总局

2019 年 12 月 6 日

15　《关于支持新业态新模式健康发展 激活消费市场带动扩大就业的意见》（发改高技〔2020〕1157 号）

各省、自治区、直辖市、新疆生产建设兵团有关部门：

党中央、国务院高度重视数字经济发展，先后出台实施"互联网+"行动和大数据战略等一系列重大举措，加快数字产业化、产业数字化发展，推动经济社会数字化转型。在各方面共同努力下，数字经济助推经济发展质量变革、效率变革、动力变革，增强了我国经济创新力和竞争力。特别在抗击新冠肺炎疫情中，数字经济发挥了不可替代的积极作用，成为推动我国经济社会发展的新引擎。为落实《政府工作报告》部署，支持新业态新模式健康发展，激活消费市场带动扩大就业，打造数字经济新优势，提出如下意见。

一、总体要求

以习近平新时代中国特色社会主义思想为指导，全面贯彻党的十九大和十九届二中、三中、四中全会精神，坚持新发展理念，坚持推动高质量发展，坚持以供给侧结构性改革为主线，深入实施数字经济战略。把支持线上线下融合的新业态新模式作为经济转型和促进改革创新的重要突破口，打破传统惯性思维。从问题出发深化改革、加强制度供给，更有效发挥数字化创新对实体经济提质增效的带动作用，推动"互联网+"和大数据、平台经济等迈向新阶段。以重大项目为抓手创造新的需求，培育新的就业形态，带动多元投资，形成强大国内市场，更好地满足人民群众对美好生活的新期待，推动构建现代化经济体系，实现经济高质量发展。

二、发展原则

——打破惯性思维，创新治理理念。以抗击新冠肺炎疫情期间涌现的线上服务新模式发展为契机，打破传统业态按区域、按行业治理的惯性思维，探索触发式监管机制，建立包容审慎的新业态新模式治理规则。

——加快转型升级，拓展融合深度。深入推进各行业各领域数字化转型，着力提升数字化转型公共服务能力和平台"赋能"水平，推进普惠性"上云用数赋智"服务，增强转型能力供给，促进企业联动转型、跨界合作，培育数字化新生态，提高转型效益。

——激发市场活力，开辟发展空间。营造鼓励就业模式创新的政策氛围，支持大众基于互联网平台开展微创新，探索对创造性劳动给予合理分成，降低创业风险，激活全社会创新创业创富积极性。

——提升要素效率，畅通经济循环。探索生产资料所有权和使用权分离改革，大力推进实物生产资料数字化，促进生产资料共享，促进数据要素流通，引导增值开发应用，激活数字化对实物生产资料倍增作用，提升全要素生产率。

三、积极探索线上服务新模式，激活消费新市场

(一)大力发展融合化在线教育。构建线上线下教育常态化融合发展机制，形成良性互动格局。允许购买并适当使用符合条件的社会化、市场化优秀在线课程资源，探索纳入部分教育阶段的日常教学体系，并在部分学校先行先试。鼓励加大投入和教师培训力度，试点开展基于线上智能环境的课堂教学、深化普及"三个课堂"应用等。完善在线教育知识产权保护、内容监管、市场准入等制度规范，形成高质量线上教育资源供给。(教育部牵头负责)

(二)积极发展互联网医疗。以互联网优化就医体验，打造健康消费新生态。进一步加强智慧医院建设，推进线上预约检查检验。探索检查结果、线上处方信息等互认制度，探索建立健全患者主导的医疗数据共享方式和制度。探索完善线上医疗纠纷处理办法。将符合条件的"互联网+"医疗服务费用纳入医保支付范围。规范推广慢性病互联网复诊、远程医疗、互联网健康咨询等模式。支持平台在就医、健康管理、养老养生等领域协同发展，培养健康消费习惯。(国家卫生健康委、医保局按职责分工负责)

(三)鼓励发展便捷化线上办公。打造"随时随地"的在线办公环境，在部分行业领域形成对线下模式的常态化补充。支持远程办公应用推广和安全可靠的线上办公工具研发，满足日常性多方协同工作、异地协同办公需求，有效支撑工作效率提升、业务协同模式创新和业务组织方式变革。推动完善电子合同、电子发票、电子印章、电子签名、电子认证等数字应用的基础设施，为在线办公提供有效支撑。(国家发展改革委、中央网信办、工业和信息化部牵头，商务部、国家保密局、税务总局等按职责分工负责)

(四)不断提升数字化治理水平。促进形成政企多方参与、高效联动、信息共享的现代化治理体系和治理能力。结合国家智慧城市试点建设，健全政府社会协同共治机制，构建政企数字供应链，以数据流引领带动物资流、技术

流、人才流、资金流，有力支撑城市应急、治理和服务。支持民间资本参与水电路网等城市设施智慧化改造。结合国家区域发展战略及生产力布局，加快推进 5G、数据中心、工业互联网等新型基础设施建设。探索完善智慧城市联网应用标准，推进京津冀、长三角、粤港澳大湾区、成渝等区域一体化数字治理和服务。(国家发展改革委、中央网信办、工业和信息化部牵头负责)

四、加快推进产业数字化转型，壮大实体经济新动能

(五)培育产业平台化发展生态。着力发挥互联网平台对传统产业的赋能和效益倍增作用，打造形成数字经济新实体。开展重大工程布局，支持传统龙头企业、互联网企业打造平台生态，提供信息撮合、交易服务和物流配送等综合服务。鼓励金融机构在有效防范风险的前提下，依法依规为平台提供金融服务。建设跨产业的信息融通平台，促进农业全流程、全产业链线上一体化发展。支持工业互联网平台建设推广，发挥已建平台作用，为企业提供数字化转型支撑、产品全生命周期管理等服务。发展服务衍生制造，鼓励电子商务、转型服务等行业企业向制造环节拓展业务。大力发展众包、云外包、平台分包等新模式。(国家发展改革委、中央网信办、工业和信息化部、农业农村部、商务部牵头，交通运输部、人民银行、银保监会按职责分工负责)

(六)加快传统企业数字化转型步伐。助力降低数字化转型难度，发展线上线下融合的业务发展模式，提升企业发展活力。组织数字化转型伙伴行动，建立政府—金融机构—平台—中小微企业联动机制，发展普惠性"上云用数赋智"。鼓励各类平台、机构对中小微企业实行一定的服务费用减免。培育一批数字化服务企业和创新应用企业，发挥引领带动作用。组织面向数字化转型基础软件、技术、算法等联合攻关。鼓励发展开源社区，支持开放软件源代码、硬件设计和应用服务。(国家发展改革委、中央网信办、工业和信息化部牵头，农业农村部、商务部、国务院国资委、人民银行、银保监会等按职责分工负责)

(七)打造跨越物理边界的"虚拟"产业园和产业集群。实现产业供需调配

645

和精准对接，推进产业基础高级化和产业链现代化。实施数字经济新业态培育行动，支持建设数字供应链，推动订单、产能、渠道等信息共享。支持具有产业链、供应链带动能力的核心企业打造产业"数据中台"，以信息流促进上下游、产供销协同联动，保产业链供应链稳定，发展产业服务化新生态。支持出口园区和基地创新数字服务出口新业态新模式，大力发展数字贸易。（国家发展改革委、中央网信办、工业和信息化部、农业农村部、商务部、交通运输部按职责分工负责）

（八）发展基于新技术的"无人经济"。充分发挥智能应用的作用，促进生产、流通、服务降本增效。支持建设智能工厂，实现生产过程透明化、生产现场智能化、工厂运营管理现代化。发展智慧农业，支持适应不同作物和环境的智能农机研发应用。支持建设自动驾驶、自动装卸堆存、无人配送等技术应用基础设施。发展危险作业机器人，满足恶劣条件应用需求。试点探索完善智能公共服务新业态涉及的交通、食品等领域安全发展政策标准。（国家发展改革委、中央网信办、工业和信息化部、农业农村部、商务部、交通运输部按职责分工负责）

五、鼓励发展新个体经济，开辟消费和就业新空间

（九）积极培育新个体，支持自主就业。进一步降低个体经营者线上创业就业成本，提供多样化的就业机会。支持微商电商、网络直播等多样化的自主就业、分时就业。鼓励发展基于知识传播、经验分享的创新平台。鼓励商业银行推广线上线下融合的信贷服务，合理降低个体工商户融资成本。通过网络平台开展经营活动的经营者，可使用网络经营场所登记个体工商户。引导互联网平台企业降低个体经营者使用互联网平台交易涉及的服务费，吸引更多个体经营者线上经营创业。加强新业态新模式就业统计监测研究。（国家发展改革委、人力资源社会保障部、人民银行、市场监管总局、国家统计局、银保监会按职责分工负责）

（十）大力发展微经济，鼓励"副业创新"。着力激发各类主体的创新动力

和创造活力，打造兼职就业、副业创业等多种形式蓬勃发展格局。支持线上多样化社交、短视频平台有序发展，鼓励微创新、微应用、微产品、微电影等万众创新。引导"宅经济"合理发展，促进线上直播等服务新方式规范健康发展。探索运用区块链技术完善多元价值传递和贡献分配体系。实施新业态成长计划，建立微经济等新业态成长型企业名录，及时跟踪推动解决企业的政策堵点。（国家发展改革委、中央网信办、工业和信息化部、商务部按职责分工负责）

（十一）强化灵活就业劳动权益保障，探索多点执业。探索适应跨平台、多雇主间灵活就业的权益保障、社会保障等政策。完善灵活就业人员劳动权益保护、保费缴纳、薪酬等政策制度，明确平台企业在劳动者权益保障方面的相应责任，保障劳动者的基本报酬权、休息权和职业安全，明确参与各方的权利义务关系。探索完善与个人职业发展相适应的医疗、教育等行业多点执业新模式。结合双创示范基地建设，支持建立灵活就业、"共享用工"服务平台，提供线上职业培训、灵活就业供需对接等就业服务。推进失业保险金的线上便利化申领，方便群众办事。（人力资源社会保障部、国家卫生健康委、医保局等按职责分工负责）

六、培育发展共享经济新业态，创造生产要素供给新方式

（十二）拓展共享生活新空间。推动形成高质量的生活服务要素供给新体系。鼓励共享出行、餐饮外卖、团购、在线购药、共享住宿、文化旅游等领域产品智能化升级和商业模式创新，发展生活消费新方式，培育线上高端品牌。推动旅游景区建设数字化体验产品，丰富游客体验内容。扩大电子商务进农村覆盖面，促进农产品进城和工业品下乡。鼓励康养服务范围向农村延伸，培育农村消费新业态。完善具有公共服务属性的共享产品相关标准，优化布局，规范行业发展。（中央网信办、国家发展改革委、交通运输部、工业和信息化部、商务部、国家卫生健康委、文化和旅游部、市场监管总局按职责分工负责）

（十三）打造共享生产新动力。推动形成高质量的生产服务要素供给新体

系。鼓励企业开放平台资源，共享实验验证环境、仿真模拟等技术平台，充分挖掘闲置存量资源的应用潜力。鼓励公有云资源共享，引导企业将生产流程等向云上迁移，提高云资源利用率。鼓励制造业企业探索共享制造的商业模式和适用场景，促进生产设备、农用机械、建筑施工机械等生产工具共享。(国家发展改革委、中央网信办、工业和信息化部、农业农村部等按职责分工负责)

(十四)探索生产资料共享新模式。健全完善"所有权与使用权分离"的生产资料管理新制度。取消各种不合理的限制，畅通共享经济合作机制，鼓励各类所有制企业、行政事业单位等法人主体生产资料共享。依托互联网、云计算等技术，盘活空余云平台、开发工具、车间厂房等闲置资源，充分发挥市场在资源配置中的决定性作用。各类企业作为平等独立的市场主体，按市场化原则、商业化方式自主推进生产资料共享，提高资源利用效率。(国家发展改革委、工业和信息化部、国务院国资委等按职责分工负责)

(十五)激发数据要素流通新活力。推动构建数据要素有序流通、高效利用的新机制。依托国家数据共享和开放平台体系，推动人口、交通、通信、卫生健康等公共数据资源安全共享开放。在修订税收征收管理法的基础上，健全适应数据要素特点的税收征收管理制度。加快全国一体化大数据中心体系建设，建立完善跨部门、跨区域的数据资源流通应用机制，强化数据安全保障能力，优化数据要素流通环境。(国家发展改革委、中央网信办、工业和信息化部牵头，交通运输部、税务总局等按职责分工负责)

七、保障措施

(十六)持续加强统筹协调。要打破惯性思维，拿出硬招、实招、新招，支持新业态新模式健康发展。要加强统筹协调，强化政策联动和各部门协同配合，形成促进新业态新模式发展的合力。要结合实际进一步细化具体目标和任务，积极主动、大胆探索，全面激发市场主体创新活力。

(十七)有效释放改革活力。要继续推进简政放权、放管结合、优化服务改革，优化营商环境。要加快在知识产权保护、普惠金融支持等方面持续深化改革，降低新业态新模式创新发展成本。国家数字经济创新发展试验区等要重点发挥先行示范作用，率先探索改革举措，形成辐射带动效应。

（十八）坚持包容审慎监管。要探索创新监管模式，积极鼓励创新，健全触发式监管机制，构建各类主体参与的多方协同治理体系。要及时修订完善监管政策制度，为新业态新模式发展留足空间。要坚守安全和质量底线，强化安全监测和风险评估，对于侵犯他人合法权益、违背公平竞争秩序等违法行为要坚决依法打击。

（十九）积极营造良好氛围。要认真抓好相关政策出台、解读和宣传，及时回应社会关切，合理引导预期，激发市场创新活力。要及时总结宣传发展新业态新模式的好做法、好经验，充分调动社会各界推动新业态新模式健康发展的积极性，发挥各类主体创造潜力，增强广大群众参与感、获得感和幸福感，凝聚广泛共识。

国家发展改革委

中央网信办

工业和信息化部

教育部

人力资源社会保障部

交通运输部

农业农村部

商务部

文化和旅游部

国家卫生健康委

国资委

市场监管总局

国家医保局

2020 年 7 月 14 日

16 《关于加强全国投资项目在线审批监管平台与全国环评统一申报和审批系统信息共享的通知》（发改办投资〔2020〕624 号）

各省、自治区、直辖市及计划单列市、新疆生产建设兵团发展改革委、生态环境厅(局)，北京市政务服务管理局、天津市审批办、黑龙江省营商环境建设监督局、湖南省编办、重庆市政府电子政务办、贵州省政务服务中心、云南省投资项目审批服务中心、深圳市政务服务数据管理局、宁波市住建局、青岛市大数据局、青岛市行政审批局、大连市营商环境建设局、厦门市政务服务中心管委会、厦门市建设局:

为贯彻落实国务院关于加强投资审批数据共享的要求，提高投资审批效率，有效解决项目单位和审批部门重复申报、多头录入问题，切实减轻基层负担，现就进一步加强全国投资项目在线审批监管平台与全国环评统一申报和审批系统数据共享有关事项通知如下:

一、充分认识加强投资审批数据共享的必要性

投资审批链条长、涉及部门多、事项复杂，有关部门和地方陆续建设了一些用于办理审批和归集信息的政务系统，在实际运行过程中对投资审批信息填报的要求越来越多，导致项目多头申报、信息重复录入等问题日益加剧，加重了企业和行政审批机构负担，这些问题亟需尽快解决。

根据《政府投资条例》(国务院令第 712 号)、《企业投资项目核准和备案管理条例》(国务院令第 673 号)和《全国投资项目在线审批监管平台运行管理暂行办法》(国家发展改革委等 18 部门 2017 年 3 号令)，全国投资项目在线审批监管平台(以下简称投资平台)的审批监管系统是联接各级政府部门相关信息系统开展并联审批、电子监察、项目监管、数据分析的工作平台。各地要准确

把握投资平台的功能和定位，紧密结合各自审批系统的实际情况，大力推进投资平台与相关审批系统的互联互通，采取投资平台与相关审批系统充分交互、由投资平台提供多方共享的模式，加快实现项目单位一次申报、审批人员一次办理。

二、加强全国投资项目在线审批监管平台与全国环评统一申报和审批系统数据共享

投资平台是统一规划、分级建设的全国固定资产投资项目综合管理服务平台。全国环评统一申报和审批系统(以下简称环评系统)是生态环境部统一建设、各级环评审批部门使用的环评审批系统，目前正在各地分批推广。两者的数据共享采取中央层面交互、全国各级共享的方式。具体要求是：

(一)投资平台与环评系统在国家层面实行互联互通、集中交换。两者实现各类项目代码验证与共享，投资平台的中央平台(以下简称中央投资平台)向环评系统共享项目基本信息、项目审批(核准、备案)信息，环评系统向中央投资平台共享环评审批信息。

(二)通过投资平台按需向各地方有关部门共享环评审批数据。两系统顶层对接后，利用中央投资平台现有数据分发通道，将环评审批信息共享给地方投资平台。各省(区、市)投资平台负责接收中央平台分发的本地区环评审批数据，并可向本区域内相关部门及其信息化系统进行数据共享。各级环评审批部门不再向其他相关系统重复录入审批信息。

(三)依托投资平台减少项目单位申报负担。两系统对接后，在环评审批服务、排污许可管理等相关系统中，将以投资平台共享的项目单位、项目及项目审批(核准、备案)数据作为重要参考。系统运行稳定后，逐步过渡为以投资平台共享数据为基础，开展多方数据校验，并避免项目单位重复填报。

(四)投资平台综合管理部门要做好数据共享业务支撑工作。协调地方平台建设运维单位按照中央平台制定的数据对接方案(数据对接方案从中央投资平台互联网网站"下载专区"下载)进行相应改造及数据共享的相关技术支撑工

作，及时将从中央平台接收的数据按要求分发至下级平台及相关部门；确保项目基本信息、项目审批(核准、备案)信息及时、准确、全面归集至本地平台，并按要求报送至中央平台；采取有效措施确保数据安全。

（五）加强部门之间协调配合。各级生态环境部门要加强与本行政区内所有环评审批部门特别是行政审批部门的对接，推动环评系统推广应用，做好环评系统应用的指导服务。发展改革、生态环境部门和投资平台综合管理、应用部门及运维单位要加强协调配合，切实做到相关环评信息一次录入，依托投资平台实现各方共享。

三、进度安排

（一）2020 年 8 月 31 日前，完成中央平台与环评系统对接工作。

（二）2020 年 9 月 15 日前，河北、辽宁、江苏、青海等第一批省份完成投资平台改造工作；2020 年 9 月 30 日前，完成与中央平台对接调试，并上线试运行。

（三）2020 年 10 月 15 日前，吉林、安徽、江西、山东、广东、陕西、宁夏、湖南、西藏、新疆等第二批省份与新疆生产建设兵团完成投资平台改造工作；2020 年 11 月 15 日前，完成与中央平台对接调试；2020 年 11 月 30 日前，上线试运行。

（四）其他地方在 12 月 31 日前做好相关准备工作，根据环评系统推进情况逐步实现全国数据共享。

联系人：国家发展改革委固定资产投资司 李海超，联系电话：010—68501407；生态环境部环境影响评价与排放管理司 胡笑浒，联系电话：010—65646207；国家信息中心 李毅萍，联系电话：010—68501427；生态环境部环境工程评估中心 吴保见，联系电话：010—84757227

国家发展改革委办公厅

生态环境部办公厅

2020 年 8 月 19 日

17　《关于加快构建全国一体化大数据中心协同创新体系的指导
意见》(发改高技〔2020〕1922 号)

各省、自治区、直辖市及计划单列市人民政府，新疆生产建设兵团，国务院各
部委、各直属机构：

数据是国家基础战略性资源和重要生产要素。加快构建全国一体化大数
据中心协同创新体系，是贯彻落实党中央、国务院决策部署的具体举措。以深化
数据要素市场化配置改革为核心，优化数据中心建设布局，推动算力、算法、
数据、应用资源集约化和服务化创新，对于深化政企协同、行业协同、区域协
同，全面支撑各行业数字化升级和产业数字化转型具有重要意义。为进一步促
进新型基础设施高质量发展，深化大数据协同创新，经国务院同意，现提出以
下意见。

一、总体要求

(一)指导思想。

以习近平新时代中国特色社会主义思想为指导，全面贯彻党的十九大和十
九届二中、三中、四中、五中全会精神，全面落实习近平总书记关于建设全国
一体化大数据中心的重要讲话精神，按照国务院统一部署，以加快建设数据强
国为目标，强化数据中心、数据资源的顶层统筹和要素流通，加快培育新业态
新模式，引领我国数字经济高质量发展，助力国家治理体系和治理能力现
代化。

(二)基本原则。

统筹规划，协同推进。坚持发展与安全并重。统筹数据中心、云服务、数
据流通与治理、数据应用、数据安全等关键环节，协同设计大数据中心体系总

体架构和发展路径。

科学求实，因地制宜。充分结合各部门、各行业、各地区实际，根据国际发展趋势，尊重产业和技术发展规律，科学论证，精准施策。

需求牵引，适度超前。以市场实际需求决定数据中心和服务资源供给。着眼引领全球云计算、大数据、人工智能、区块链发展的长远目标，适度超前布局，预留发展空间。

改革创新，完善生态。正确处理政府和市场关系，破除制约大数据中心协同创新体系发展的政策瓶颈，着力营造适应大数据发展的创新生态，发挥企业主体作用，引导市场有序发展。

(三)总体思路。

加强全国一体化大数据中心顶层设计。优化数据中心基础设施建设布局，加快实现数据中心集约化、规模化、绿色化发展，形成"数网"体系；加快建立完善云资源接入和一体化调度机制，降低算力使用成本和门槛，形成"数纽"体系；加强跨部门、跨区域、跨层级的数据流通与治理，打造数字供应链，形成"数链"体系；深化大数据在社会治理与公共服务、金融、能源、交通、商贸、工业制造、教育、医疗、文化旅游、农业、科研、空间、生物等领域协同创新，繁荣各行业数据智能应用，形成"数脑"体系；加快提升大数据安全水平，强化对算力和数据资源的安全防护，形成"数盾"体系。

二、发展目标

到 2025 年，全国范围内数据中心形成布局合理、绿色集约的基础设施一体化格局。东西部数据中心实现结构性平衡，大型、超大型数据中心运行电能利用效率降到 1.3 以下。数据中心集约化、规模化、绿色化水平显著提高，使用率明显提升。公共云服务体系初步形成，全社会算力获取成本显著降低。政府部门间、政企间数据壁垒进一步打破，数据资源流通活力明显增强。大数据协同应用效果凸显，全国范围内形成一批行业数据大脑、城市数据大脑，全社会算力资源、数据资源向智力资源高效转化的态势基本形成，数据安全保障能力稳步提升。

三、创新大数据中心体系构建

统筹围绕国家重大区域发展战略，根据能源结构、产业布局、市场发展、气候环境等，在京津冀、长三角、粤港澳大湾区、成渝等重点区域，以及部分能源丰富、气候适宜的地区布局大数据中心国家枢纽节点。节点内部优化网络、能源等配套资源，引导数据中心集群化发展；汇聚联通政府和社会化算力资源，构建一体化算力服务体系；完善数据流通共性支撑平台，优化数据要素流通环境；牵引带动数据加工分析、流通交易、软硬件研发制造等大数据产业生态集聚发展。节点之间建立高速数据传输网络，支持开展全国性算力资源调度，形成全国算力枢纽体系。（发展改革委、工业和信息化部、中央网信办牵头，各地区、各部门负责）

四、优化数据中心布局

(一)优化数据中心供给结构。发展区域数据中心集群，加强区域协同联动，优化政策环境，引导区域范围内数据中心集聚，促进规模化、集约化、绿色化发展。引导各省(自治区、直辖市)充分整合利用现有资源，以市场需求为导向，有序发展规模适中、集约绿色的数据中心，服务本地区算力资源需求。对于效益差、能耗高的小散数据中心，要加快改造升级，提升效能。(工业和信息化部、发展改革委牵头，各地区负责)

(二)推进网络互联互通。优化国家互联网骨干直连点布局，推进新型互联网交换中心建设，提升电信运营商和互联网企业互联互通质量，优化数据中心跨网、跨地域数据交互，实现更高质量数据传输服务。积极推动在区域数据中心集群间，以及集群和主要城市间建立数据中心直连网络。加大对数据中心网络质量和保障能力的监测，提高网络通信质量。推动降低国内省际数字专线

电路、互联网接入带宽等主要通信成本。(工业和信息化部牵头,各地区负责)

(三)强化能源配套机制。探索建立电力网和数据网联动建设、协同运行机制,进一步降低数据中心用电成本。加快制定数据中心能源效率国家标准,推动完善绿色数据中心标准体系。引导清洁能源开发使用,加快推广应用先进节能技术。鼓励数据中心运营方加强内部能耗数据监测和管理,提高能源利用效率。鼓励各地区结合布局导向,探索优化能耗政策,在区域范围内探索跨省能耗和效益分担共享合作。推动绿色数据中心建设,加快数据中心节能和绿色化改造。(工业和信息化部、发展改革委、国家能源局牵头,各地区负责)

(四)拓展基础设施国际合作。持续加强数据中心建设与使用的国际交流合作。围绕"一带一路"建设,加快推动数据中心联通共用,提升全球化信息服务能力。加速"一带一路"国际关口局、边境站、跨境陆海缆建设,沿途积极开展国际数据中心建设或合作运营。整合算力和数据资源,加快提升产业链端到端交付能力和运营能力,促进开展高质量国际合作。(中央网信办、工业和信息化部、发展改革委牵头,各地区负责)

五、推动算力资源服务化

(一)构建一体化算力服务体系。加快建立完善云资源接入和一体化调度机制,以云服务方式提供算力资源,降低算力使用成本和门槛。支持建设高水平云服务平台,进一步提升资源调度能力。支持政企合作,打造集成基础算力资源和公共数据开发利用环境的公共算力服务,面向政府、企业和公众提供低成本、广覆盖、可靠安全的算力服务。支持企业发挥市场化主体作用,创新技术模式和服务体验,打造集成专业算力资源和行业数据开发利用环境的行业算力服务,支撑行业数字化转型和新业态新模式培育。(发展改革委、工业和信息化部牵头,各地区、各部门按职责分工负责)

(二)优化算力资源需求结构。以应用为导向,充分发挥云集约调度优势,引导各行业合理使用算力资源，提升基础设施利用效能。对于需后台加工存储、对网络时延要求不高的业务，支持向能源丰富、气候适宜地区的数据中心集群调度；对于面向高频次业务调用、对网络时延要求极高的业务，支持向城市级高性能、边缘数据中心调度；对于其它算力需求，支持向本区域内数据中心集群调度。（各地区、各部门按职责分别负责）

六、加速数据流通融合

（一）健全数据流通体制机制。加快完善数据资源采集、处理、确权、使用、流通、交易等环节的制度法规和机制化运营流程。建立完善数据资源质量评估与价格形成机制。完善覆盖原始数据、脱敏处理数据、模型化数据和人工智能化数据等不同数据开发层级的新型大数据综合交易机制。探索有利于超大规模数据要素市场形成的财税金融政策体系。开展数据管理能力评估贯标，引导各行业、各领域提升数据管理能力。（发展改革委、中央网信办、工业和信息化部牵头，各有关部门按职责分工负责）

（二）促进政企数据对接融合。通过开放数据集、提供数据接口、数据沙箱等多种方式，鼓励开放对于民生服务、社会治理和产业发展具有重要价值的数据。探索形成政企数据融合的标准规范和对接机制，支持政企双方数据联合校验和模型对接，有效满足政府社会治理、公共服务和市场化增值服务需求。（中央网信办、发展改革委牵头，各地区、各部门按职能分工负责）

（三）深化政务数据共享共用。充分依托全国一体化政务服务平台，发挥国家数据共享交换平台数据交换通道的支撑作用，建立健全政务数据共享责任清单机制，拓展政务数据共享范围。加快建设完善数据共享标准体系，解决跨部门、跨地区、跨层级数据标准不一、数据理解难、机器可读性差、语义分歧等问题，进一步打破部门数据壁垒。（国务院办公厅、发展改革委牵头，各地区、各部门按职责分工负责）

七、深化大数据应用创新

(一)提升政务大数据综合治理能力。围绕国家重大战略布局,推动开展大数据综合应用。依托全国一体化政务服务平台和国家"互联网+监管"系统,深化政务服务和监管大数据分析应用。支持各部门利用行业和监管数据,建设面向公共卫生、自然灾害等重大突发事件处置的"数据靶场",定期开展"数据演习",为重大突发事件期间开展决策研判和调度指挥提供数据支撑。(国务院办公厅、发展改革委牵头,各部门、各地区按职能分工负责)

(二)加强大数据公共服务支撑。聚焦大数据应用共性需求,鼓励构建集成自然语言处理、视频图像解析、数据可视化、语音智能问答、多语言机器翻译、数据挖掘分析等功能的大数据通用算法模型和控件库,提供规范统一的大数据服务支持。(各地区、各部门负责)

(三)推动行业数字化转型升级。支持打造"行业数据大脑",推动大数据在各行业领域的融合应用。引导支持各行业上云用云,丰富云上应用供给,加快数字化转型步伐。推动以大数据、云服务促进新业态新模式发展,支持企业线上线下业务融合,培育数据驱动型企业。(各地区、各部门负责)

(四)推进工业大数据平台建设。支持工业互联网大数据中心标准建设,加强工业互联网数据汇聚、共享和创新应用,赋能制造业高质量发展。鼓励构建重点产业、重大工程数据库,为工业发展态势监测分析和预警预判提供数据支撑。(工业和信息化部牵头,各地区、各部门按职能分工负责)

(五)加快城市大数据创新应用。支持打造"城市数据大脑",健全政府社会协同共治机制,加快形成统一规范、互联互通、安全可靠的城市数据供应链,面向城市治理、公共服务、产业发展等提供数据支撑。加快构建城市级大数据综合应用平台,打通城市数据感知、分析、决策和执行环节,促进提升城市治理水平和服务能力。(各地区负责)

八、强化大数据安全防护

(一)推动核心技术突破及应用。围绕服务器芯片、云操作系统、云数据库、中间件、分布式计算与存储、数据流通模型等环节,加强对关键技术产品的研发支持。鼓励 IT 设备制造商、数据中心和云服务提供商、数字化转型企业等产业力量联合攻关,加快科技创新突破和安全可靠产品应用。(发展改革委、工业和信息化部、中央网信办牵头,各地区负责)

(二)强化大数据安全保障。加快构建贯穿基础网络、数据中心、云平台、数据、应用等一体协同安全保障体系,提高大数据安全可靠水平。基础网络、数据中心、云服务平台等严格落实网络安全法律法规和政策标准要求,开展通信网络安全防护工作,同步规划、同步建设和同步运行网络安全设施,提升应对高级威胁攻击能力。加快研究完善海量数据汇聚融合的风险识别与防护技术、数据脱敏技术、数据安全合规性评估认证、数据加密保护机制及相关技术监测手段等。各行业加强上云应用的安全防护,保障业务在线安全运行。(中央网信办、发展改革委、工业和信息化部牵头,各地区、各部门负责)

九、保障措施

(一)完善工作机制。各地区、各部门要提高认识,加强跨地区、跨部门、跨层级协同联动。依托促进大数据发展部际联席会议制度,发展改革委、工业和信息化部、中央网信办会同有关部门建立一体化大数据中心协同创新体系工作机制,充分发挥专家决策咨询的作用。各地区要建立工作协调机制,统筹相关力量,积极推动大数据中心体系建设。(各地区、各部门负责)

(二)抓好任务落实。各地区、各部门要结合实际,坚持小切口大带动,在大数据机制管理、产业布局、技术创新、安全评估、标准制定、应用协同等方面积极探索,积累和推广先进经验。鼓励各地区创新相关配套政策,制定符合自身特点的一体化大数据中心建设规划和协同创新实施方案,并加快推进落

实。(各地区、各部门负责)

国家发展改革委

中央网信办

工业和信息化部

国家能源局

2020 年 12 月 23 日

18　《中华人民共和国国民经济和社会发展第十四个五年规划和 2035 年远景目标纲要》

中华人民共和国国民经济和社会发展第十四个五年(2021—2025 年)规划和 2035 年远景目标纲要,根据《中共中央关于制定国民经济和社会发展第十四个五年规划和二〇三五年远景目标的建议》编制,主要阐明国家战略意图,明确政府工作重点,引导规范市场主体行为,是我国开启全面建设社会主义现代化国家新征程的宏伟蓝图,是全国各族人民共同的行动纲领。

第一篇　开启全面建设社会主义现代化国家新征程

"十四五"时期是我国全面建成小康社会、实现第一个百年奋斗目标之后,乘势而上开启全面建设社会主义现代化国家新征程、向第二个百年奋斗目标进军的第一个五年。

第一章　发展环境

我国进入新发展阶段,发展基础更加坚实,发展条件深刻变化,进一步发展面临新的机遇和挑战。

第一节　决胜全面建成小康社会取得决定性成就

"十三五"时期是全面建成小康社会决胜阶段。面对错综复杂的国际形势、艰巨繁重的国内改革发展稳定任务特别是新冠肺炎疫情严重冲击，以习近平同志为核心的党中央不忘初心、牢记使命，团结带领全党全国各族人民砥砺前行、开拓创新，奋发有为推进党和国家各项事业。全面深化改革取得重大突破，全面依法治国取得重大进展，全面从严治党取得重大成果，国家治理体系和治理能力现代化加快推进，中国共产党领导和我国社会主义制度优势进一步彰显。

经济运行总体平稳，经济结构持续优化，国内生产总值突破 100 万亿元。创新型国家建设成果丰硕，在载人航天、探月工程、深海工程、超级计算、量子信息、"复兴号"高速列车、大飞机制造等领域取得一批重大科技成果。决战脱贫攻坚取得全面胜利，5575 万农村贫困人口实现脱贫，困扰中华民族几千年的绝对贫困问题得到历史性解决，创造了人类减贫史上的奇迹。农业现代化稳步推进，粮食年产量连续稳定在 1.3 万亿斤以上。1 亿农业转移人口和其他常住人口在城镇落户目标顺利实现，区域重大战略扎实推进。污染防治力度加大，主要污染物排放总量减少目标超额完成，资源利用效率显著提升，生态环境明显改善。金融风险处置取得重要阶段性成果。对外开放持续扩大，共建"一带一路"成果丰硕。人民生活水平显著提高，教育公平和质量较大提升，高等教育进入普及化阶段，城镇新增就业超过 6000 万人，建成世界上规模最大的社会保障体系，基本医疗保险覆盖超过 13 亿人，基本养老保险覆盖近 10 亿人，城镇棚户区住房改造开工超过 2300 万套。新冠肺炎疫情防控取得重大战略成果，应对突发事件能力和水平大幅提高。公共文化服务水平不断提高，文化事业和文化产业繁荣发展。国防和军队建设水平大幅提升，军队组织形态实现重大变革。国家安全全面加强，社会保持和谐稳定。

"十三五"规划目标任务胜利完成，我国经济实力、科技实力、综合国力和人民生活水平跃上新的大台阶，全面建成小康社会取得伟大历史性成就，中华民族伟大复兴向前迈出了新的一大步，社会主义中国以更加雄伟的身姿屹立于世界东方。

第二节　我国发展环境面临深刻复杂变化

当前和今后一个时期，我国发展仍然处于重要战略机遇期，但机遇和挑战都有新的发展变化。当今世界正经历百年未有之大变局，新一轮科技革命和产业变革深入发展，国际力量对比深刻调整，和平与发展仍然是时代主题，人类命运共同体理念深入人心。同时，国际环境日趋复杂，不稳定性不确定性明显增加，新冠肺炎疫情影响广泛深远，世界经济陷入低迷期，经济全球化遭遇逆流，全球能源供需版图深刻变革，国际经济政治格局复杂多变，世界进入动荡变革期，单边主义、保护主义、霸权主义对世界和平与发展构成威胁。

我国已转向高质量发展阶段，制度优势显著，治理效能提升，经济长期向好，物质基础雄厚，人力资源丰富，市场空间广阔，发展韧性强劲，社会大局稳定，继续发展具有多方面优势和条件。同时，我国发展不平衡不充分问题仍然突出，重点领域关键环节改革任务仍然艰巨，创新能力不适应高质量发展要求，农业基础还不稳固，城乡区域发展和收入分配差距较大，生态环保任重道远，民生保障存在短板，社会治理还有弱项。

必须统筹中华民族伟大复兴战略全局和世界百年未有之大变局，深刻认识我国社会主要矛盾变化带来的新特征新要求，深刻认识错综复杂的国际环境带来的新矛盾新挑战，增强机遇意识和风险意识，立足社会主义初级阶段基本国情，保持战略定力，办好自己的事，认识和把握发展规律，发扬斗争精神，增强斗争本领，树立底线思维，准确识变、科学应变、主动求变，善于在危机中育先机、于变局中开新局，抓住机遇，应对挑战，趋利避害，奋勇前进。

第二章　指导方针

"十四五"时期经济社会发展，必须牢牢把握以下指导思想、原则和战略导向。

第一节　指导思想

高举中国特色社会主义伟大旗帜，深入贯彻党的十九大和十九届二中、三中、四中、五中全会精神，坚持以马克思列宁主义、毛泽东思想、邓小平理论、"三个代表"重要思想、科学发展观、习近平新时代中国特色社会主义思想为指导，全面贯彻党的基本理论、基本路线、基本方略，统筹推进经济建设、政治建设、文化建设、社会建设、生态文明建设的总体布局，协调推进全面建设社会主义现代化国家、全面深化改革、全面依法治国、全面从严治党的战略布局，坚定不移贯彻创新、协调、绿色、开放、共享的新发展理念，坚持稳中求进工作总基调，以推动高质量发展为主题，以深化供给侧结构性改革为主线，以改革创新为根本动力，以满足人民日益增长的美好生活需要为根本目的，统筹发展和安全，加快建设现代化经济体系，加快构建以国内大循环为主体、国内国际双循环相互促进的新发展格局，推进国家治理体系和治理能力现代化，实现经济行稳致远、社会安定和谐，为全面建设社会主义现代化国家开好局、起好步。

第二节　必须遵循的原则

——坚持党的全面领导。坚持和完善党领导经济社会发展的体制机制，坚持和完善中国特色社会主义制度，不断提高贯彻新发展理念、构建新发展格局能力和水平，为实现高质量发展提供根本保证。

——坚持以人民为中心。坚持人民主体地位，坚持共同富裕方向，始终做到发展为了人民、发展依靠人民、发展成果由人民共享，维护人民根本利益，激发全体人民积极性、主动性、创造性，促进社会公平，增进民生福祉，不断实现人民对美好生活的向往。

——坚持新发展理念。把新发展理念完整、准确、全面贯穿发展全过程和各领域，构建新发展格局，切实转变发展方式，推动质量变革、效率变革、动力变革，实现更高质量、更有效率、更加公平、更可持续、更为安全的发展。

——坚持深化改革开放。坚定不移推进改革，坚定不移扩大开放，加强国家治理体系和治理能力现代化建设，破除制约高质量发展、高品质生活的体制机制障碍，强化有利于提高资源配置效率、有利于调动全社会积极性的重大改革开放举措，持续增强发展动力和活力。

——坚持系统观念。加强前瞻性思考、全局性谋划、战略性布局、整体性推进，统筹国内国际两个大局，办好发展安全两件大事，坚持全国一盘棋，更好发挥中央、地方和各方面积极性，着力固根基、扬优势、补短板、强弱项，注重防范化解重大风险挑战，实现发展质量、结构、规模、速度、效益、安全相统一。

第三节　战略导向

"十四五"时期推动高质量发展，必须立足新发展阶段、贯彻新发展理念、构建新发展格局。把握新发展阶段是贯彻新发展理念、构建新发展格局的现实依据，贯彻新发展理念为把握新发展阶段、构建新发展格局提供了行动指南，构建新发展格局则是应对新发展阶段机遇和挑战、贯彻新发展理念的战略选择。必须坚持深化供给侧结构性改革，以创新驱动、高质量供给引领和创造新需求，提升供给体系的韧性和对国内需求的适配性。必须建立扩大内需的有效制度，加快培育完整内需体系，加强需求侧管理，建设强大国内市场。必须坚定不移推进改革，破除制约经济循环的制度障碍，推动生产要素循环流转和生产、分配、流通、消费各环节有机衔接。必须坚定不移扩大开放，持续深化要素流动型开放，稳步拓展制度型开放，依托国内经济循环体系形成对全球要素资源的强大引力场。必须强化国内大循环的主导作用，以国际循环提升国内大循环效率和水平，实现国内国际双循环互促共进。

第三章　主要目标

按照全面建设社会主义现代化国家的战略安排，2035 年远景目标和"十四五"时期经济社会发展主要目标如下。

第一节　2035 年远景目标

展望 2035 年，我国将基本实现社会主义现代化。经济实力、科技实力、综合国力将大幅跃升，经济总量和城乡居民人均收入将再迈上新的大台阶，关键核心技术实现重大突破，进入创新型国家前列。基本实现新型工业化、信息化、城镇化、农业现代化，建成现代化经济体系。基本实现国家治理体系和治理能力现代化，人民平等参与、平等发展权利得到充分保障，基本建成法治国家、法治政府、法治社会。建成文化强国、教育强国、人才强国、体育强国、健康中国，国民素质和社会文明程度达到新高度，国家文化软实力显著增强。广泛形成绿色生产生活方式，碳排放达峰后稳中有降，生态环境根本好转，美丽中国建设目标基本实现。形成对外开放新格局，参与国际经济合作和竞争新优势明显增强。人均国内生产总值达到中等发达国家水平，中等收入群体显著扩大，基本公共服务实现均等化，城乡区域发展差距和居民生活水平差距显著缩小。平安中国建设达到更高水平，基本实现国防和军队现代化。人民生活更加美好，人的全面发展、全体人民共同富裕取得更为明显的实质性进展。

第二节　"十四五"时期经济社会发展主要目标

——经济发展取得新成效。发展是解决我国一切问题的基础和关键，发展必须坚持新发展理念，在质量效益明显提升的基础上实现经济持续健康发展，增长潜力充分发挥，国内生产总值年均增长保持在合理区间、各年度视情提出，全员劳动生产率增长高于国内生产总值增长，国内市场更加强大，经济结构更加优化，创新能力显著提升，全社会研发经费投入年均增长 7% 以上、力争投入强度高于"十三五"时期实际，产业基础高级化、产业链现代化水平明显提高，农业基础更加稳固，城乡区域发展协调性明显增强，常住人口城镇化率提高到 65%，现代化经济体系建设取得重大进展。

——改革开放迈出新步伐。社会主义市场经济体制更加完善，高标准市场体系基本建成，市场主体更加充满活力，产权制度改革和要素市场化配置改革取得重大进展，公平竞争制度更加健全，更高水平开放型经济新体制基本形成。

　　——社会文明程度得到新提高。社会主义核心价值观深入人心，人民思想道德素质、科学文化素质和身心健康素质明显提高，公共文化服务体系和文化产业体系更加健全，人民精神文化生活日益丰富，中华文化影响力进一步提升，中华民族凝聚力进一步增强。

　　——生态文明建设实现新进步。国土空间开发保护格局得到优化，生产生活方式绿色转型成效显著，能源资源配置更加合理、利用效率大幅提高，单位国内生产总值能源消耗和二氧化碳排放分别降低 13.5%、18%，主要污染物排放总量持续减少，森林覆盖率提高到 24.1%，生态环境持续改善，生态安全屏障更加牢固，城乡人居环境明显改善。

　　——民生福祉达到新水平。实现更加充分更高质量就业，城镇调查失业率控制在 5.5% 以内，居民人均可支配收入增长与国内生产总值增长基本同步，分配结构明显改善，基本公共服务均等化水平明显提高，全民受教育程度不断提升，劳动年龄人口平均受教育年限提高到 11.3 年，多层次社会保障体系更加健全，基本养老保险参保率提高到 95%，卫生健康体系更加完善，人均预期寿命提高 1 岁，脱贫攻坚成果巩固拓展，乡村振兴战略全面推进，全体人民共同富裕迈出坚实步伐。

　　——国家治理效能得到新提升。社会主义民主法治更加健全，社会公平正义进一步彰显，国家行政体系更加完善，政府作用更好发挥，行政效率和公信力显著提升，社会治理特别是基层治理水平明显提高，防范化解重大风险体制机制不断健全，突发公共事件应急处置能力显著增强，自然灾害防御水平明显提升，发展安全保障更加有力，国防和军队现代化迈出重大步伐。

第二篇　坚持创新驱动发展　全面塑造发展新优势

　　坚持创新在我国现代化建设全局中的核心地位，把科技自立自强作为国家发展的战略支撑，面向世界科技前沿、面向经济主战场、面向国家重大需求、面向人民生命健康，深入实施科教兴国战略、人才强国战略、创新驱动发展战略，完善国家创新体系，加快建设科技强国。

第四章 强化国家战略科技力量

制定科技强国行动纲要，健全社会主义市场经济条件下新型举国体制，打好关键核心技术攻坚战，提高创新链整体效能。

第一节 整合优化科技资源配置

以国家战略性需求为导向推进创新体系优化组合，加快构建以国家实验室为引领的战略科技力量。聚焦量子信息、光子与微纳电子、网络通信、人工智能、生物医药、现代能源系统等重大创新领域组建一批国家实验室，重组国家重点实验室，形成结构合理、运行高效的实验室体系。优化提升国家工程研究中心、国家技术创新中心等创新基地。推进科研院所、高等院校和企业科研力量优化配置和资源共享。支持发展新型研究型大学、新型研发机构等新型创新主体，推动投入主体多元化、管理制度现代化、运行机制市场化、用人机制灵活化。

第二节 加强原创性引领性科技攻关

在事关国家安全和发展全局的基础核心领域，制定实施战略性科学计划和科学工程。瞄准人工智能、量子信息、集成电路、生命健康、脑科学、生物育种、空天科技、深地深海等前沿领域，实施一批具有前瞻性、战略性的国家重大科技项目。从国家急迫需要和长远需求出发，集中优势资源攻关新发突发传染病和生物安全风险防控、医药和医疗设备、关键元器件零部件和基础材料、油气勘探开发等领域关键核心技术。

第三节 持之以恒加强基础研究

强化应用研究带动，鼓励自由探索，制定实施基础研究十年行动方案，重点布局一批基础学科研究中心。加大基础研究财政投入力度、优化支出结构，对企业投入基础研究实行税收优惠，鼓励社会以捐赠和建立基金等方式多渠道投入，形成持续稳定投入机制，基础研究经费投入占研发经费投入比重提高到8%以上。建立健全符合科学规律的评价体系和激励机制，对基础研究探索实行长周期评价，创造有利于基础研究的良好科研生态。

第四节　建设重大科技创新平台

支持北京、上海、粤港澳大湾区形成国际科技创新中心，建设北京怀柔、上海张江、大湾区、安徽合肥综合性国家科学中心，支持有条件的地方建设区域科技创新中心。强化国家自主创新示范区、高新技术产业开发区、经济技术开发区等创新功能。适度超前布局国家重大科技基础设施，提高共享水平和使用效率。集约化建设自然科技资源库、国家野外科学观测研究站（网）和科学大数据中心。加强高端科研仪器设备研发制造。构建国家科研论文和科技信息高端交流平台。

第五章　提升企业技术创新能力

完善技术创新市场导向机制，强化企业创新主体地位，促进各类创新要素向企业集聚，形成以企业为主体、市场为导向、产学研用深度融合的技术创新体系。

第一节　激励企业加大研发投入

实施更大力度的研发费用加计扣除、高新技术企业税收优惠等普惠性政策。拓展优化首台（套）重大技术装备保险补偿和激励政策，发挥重大工程牵引示范作用，运用政府采购政策支持创新产品和服务。通过完善标准、质量和竞争规制等措施，增强企业创新动力。健全鼓励国有企业研发的考核制度，设立独立核算、免于增值保值考核、容错纠错的研发准备金制度，确保中央国有工业企业研发支出年增长率明显超过全国平均水平。完善激励科技型中小企业创新的税收优惠政策。

第二节　支持产业共性基础技术研发

集中力量整合提升一批关键共性技术平台，支持行业龙头企业联合高等院校、科研院所和行业上下游企业共建国家产业创新中心，承担国家重大科技项目。支持有条件企业联合转制科研院所组建行业研究院，提供公益性共性技术服务。打造新型共性技术平台，解决跨行业跨领域关键共性技术问题。发挥大企业引领支撑作用，支持创新型中小微企业成长为创新重要发源地，推动产业链上中下游、大中小企业融通创新。鼓励有条件地方依托产业集群创办混合所有制产业技术研究院，服务区域关键共性技术研发。

第三节　完善企业创新服务体系

推动国家科研平台、科技报告、科研数据进一步向企业开放，创新科技成果转化机制，鼓励将符合条件的由财政资金支持形成的科技成果许可给中小企业使用。推进创新创业机构改革，建设专业化市场化技术转移机构和技术经理人队伍。完善金融支持创新体系，鼓励金融机构发展知识产权质押融资、科技保险等科技金融产品，开展科技成果转化贷款风险补偿试点。畅通科技型企业国内上市融资渠道，增强科创板"硬科技"特色，提升创业板服务成长型创新创业企业功能，鼓励发展天使投资、创业投资，更好发挥创业投资引导基金和私募股权基金作用。

第六章　激发人才创新活力

贯彻尊重劳动、尊重知识、尊重人才、尊重创造方针，深化人才发展体制机制改革，全方位培养、引进、用好人才，充分发挥人才第一资源的作用。

第一节　培养造就高水平人才队伍

遵循人才成长规律和科研活动规律，培养造就更多国际一流的战略科技人才、科技领军人才和创新团队，培养具有国际竞争力的青年科技人才后备军，注重依托重大科技任务和重大创新基地培养发现人才，支持设立博士后创新岗位。加强创新型、应用型、技能型人才培养，实施知识更新工程、技能提升行动，壮大高水平工程师和高技能人才队伍。加强基础学科拔尖学生培养，建设数理化生等基础学科基地和前沿科学中心。实行更加开放的人才政策，构筑集聚国内外优秀人才的科研创新高地。完善外籍高端人才和专业人才来华工作、科研、交流的停居留政策，完善外国人在华永久居留制度，探索建立技术移民制度。健全薪酬福利、子女教育、社会保障、税收优惠等制度，为海外科学家在华工作提供具有国际竞争力和吸引力的环境。

第二节　激励人才更好发挥作用

完善人才评价和激励机制，健全以创新能力、质量、实效、贡献为导向的科技人才评价体系，构建充分体现知识、技术等创新要素价值的收益分配机制。选好用好领军人才和拔尖人才，赋予更大技术路线决定权和经费使用权。全方位为科研人员松绑，拓展科研管理"绿色通道"。实行以增加知识价值为导向的分配政策，完善科研人员职务发明成果权益分享机制，探索赋予科研人员职务科技成果所有权或长期使用权，提高科研人员收益分享比例。深化院士制度改革。

第三节　优化创新创业创造生态

大力弘扬新时代科学家精神，强化科研诚信建设，健全科技伦理体系。依法保护企业家的财产权和创新收益，发挥企业家在把握创新方向、凝聚人才、筹措资金等方面重要作用。推进创新创业创造向纵深发展，优化双创示范基地建设布局。倡导敬业、精益、专注、宽容失败的创新创业文化，完善试错容错纠错机制。弘扬科学精神和工匠精神，广泛开展科学普及活动，加强青少年科学兴趣引导和培养，形成热爱科学、崇尚创新的社会氛围，提高全民科学素质。

第七章　完善科技创新体制机制

深入推进科技体制改革，完善国家科技治理体系，优化国家科技计划体系和运行机制，推动重点领域项目、基地、人才、资金一体化配置。

第一节　深化科技管理体制改革

加快科技管理职能转变，强化规划政策引导和创新环境营造，减少分钱分物定项目等直接干预。整合财政科研投入体制，重点投向战略性关键性领域，改变部门分割、小而散的状态。改革重大科技项目立项和组织管理方式，给予科研单位和科研人员更多自主权，推行技术总师负责制，实行"揭榜挂帅"、"赛马"等制度，健全奖补结合的资金支持机制。健全科技评价机制，完善自由探索型和任务导向型科技项目分类评价制度，建立非共识科技项目的评价机制，优化科技奖励项目。建立健全科研机构现代院所制度，支持科研事业单位试行更灵活的编制、岗位、薪酬等管理制度。建立健全高等院校、科研机构、企业间创新资源自由有序流动机制。深入推进全面创新改革试验。

第二节　健全知识产权保护运用体制

实施知识产权强国战略，实行严格的知识产权保护制度，完善知识产权相关法律法规，加快新领域新业态知识产权立法。加强知识产权司法保护和行政执法，健全仲裁、调解、公证和维权援助体系，健全知识产权侵权惩罚性赔偿制度，加大损害赔偿力度。优化专利资助奖励政策和考核评价机制，更好保护和激励高价值专利，培育专利密集型产业。改革国有知识产权归属和权益分配机制，扩大科研机构和高等院校知识产权处置自主权。完善无形资产评估制度，形成激励与监管相协调的管理机制。构建知识产权保护运用公共服务平台。

第三节　积极促进科技开放合作

实施更加开放包容、互惠共享的国际科技合作战略，更加主动融入全球创新网络。务实推进全球疫情防控和公共卫生等领域国际科技合作，聚焦气候变化、人类健康等问题加强同各国科研人员联合研发。主动设计和牵头发起国际大科学计划和大科学工程，发挥科学基金独特作用。加大国家科技计划对外开放力度，启动一批重大科技合作项目，研究设立面向全球的科学研究基金，实施科学家交流计划。支持在我国境内设立国际科技组织、外籍科学家在我国科技学术组织任职。

第三篇　加快发展现代产业体系　巩固壮大实体经济根基

坚持把发展经济着力点放在实体经济上，加快推进制造强国、质量强国建设，促进先进制造业和现代服务业深度融合，强化基础设施支撑引领作用，构建实体经济、科技创新、现代金融、人力资源协同发展的现代产业体系。

第八章　深入实施制造强国战略

坚持自主可控、安全高效，推进产业基础高级化、产业链现代化，保持制造业比重基本稳定，增强制造业竞争优势，推动制造业高质量发展。

第一节　加强产业基础能力建设

实施产业基础再造工程，加快补齐基础零部件及元器件、基础软件、基础材料、基础工艺和产业技术基础等瓶颈短板。依托行业龙头企业，加大重要产品和关键核心技术攻关力度，加快工程化产业化突破。实施重大技术装备攻关工程，完善激励和风险补偿机制，推动首台（套）装备、首批次材料、首版次软件示范应用。健全产业基础支撑体系，在重点领域布局一批国家制造业创新中心，完善国家质量基础设施，建设生产应用示范平台和标准计量、认证认可、检验检测、试验验证等产业技术基础公共服务平台，完善技术、工艺等工业基础数据库。

第二节　提升产业链供应链现代化水平

坚持经济性和安全性相结合，补齐短板、锻造长板，分行业做好供应链战略设计和精准施策，形成具有更强创新力、更高附加值、更安全可靠的产业链供应链。推进制造业补链强链，强化资源、技术、装备支撑，加强国际产业安全合作，推动产业链供应链多元化。立足产业规模优势、配套优势和部分领域先发优势，巩固提升高铁、电力装备、新能源、船舶等领域全产业链竞争力，从符合未来产业变革方向的整机产品入手打造战略性全局性产业链。优化区域产业链布局，引导产业链关键环节留在国内，强化中西部和东北地区承接产业转移能力建设。实施应急产品生产能力储备工程，建设区域性应急物资生产保障基地。实施领航企业培育工程，培育一批具有生态主导力和核心竞争力的龙头企业。推动中小企业提升专业化优势，培育专精特新"小巨人"企业和制造业单项冠军企业。加强技术经济安全评估，实施产业竞争力调查和评价工程。

第三节 推动制造业优化升级

深入实施智能制造和绿色制造工程，发展服务型制造新模式，推动制造业高端化智能化绿色化。培育先进制造业集群，推动集成电路、航空航天、船舶与海洋工程装备、机器人、先进轨道交通装备、先进电力装备、工程机械、高端数控机床、医药及医疗设备等产业创新发展。改造提升传统产业，推动石化、钢铁、有色、建材等原材料产业布局优化和结构调整，扩大轻工、纺织等优质产品供给，加快化工、造纸等重点行业企业改造升级，完善绿色制造体系。深入实施增强制造业核心竞争力和技术改造专项，鼓励企业应用先进适用技术、加强设备更新和新产品规模化应用。建设智能制造示范工厂，完善智能制造标准体系。深入实施质量提升行动，推动制造业产品"增品种、提品质、创品牌"。

第四节 实施制造业降本减负行动

强化要素保障和高效服务，巩固拓展减税降费成果，降低企业生产经营成本，提升制造业根植性和竞争力。推动工业用地提容增效，推广新型产业用地模式。扩大制造业中长期贷款、信用贷款规模，增加技改贷款，推动股权投资、债券融资等向制造业倾斜。允许制造业企业全部参与电力市场化交易，规范和降低港口航运、公路铁路运输等物流收费，全面清理规范涉企收费。建立制造业重大项目全周期服务机制和企业家参与涉企政策制定制度，支持建设中小企业信息、技术、进出口和数字化转型综合性服务平台。

第九章 发展壮大战略性新兴产业

着眼于抢占未来产业发展先机，培育先导性和支柱性产业，推动战略性新兴产业融合化、集群化、生态化发展，战略性新兴产业增加值占 GDP 比重超过 17%。

第一节　构筑产业体系新支柱

聚焦新一代信息技术、生物技术、新能源、新材料、高端装备、新能源汽车、绿色环保以及航空航天、海洋装备等战略性新兴产业，加快关键核心技术创新应用，增强要素保障能力，培育壮大产业发展新动能。推动生物技术和信息技术融合创新，加快发展生物医药、生物育种、生物材料、生物能源等产业，做大做强生物经济。深化北斗系统推广应用，推动北斗产业高质量发展。深入推进国家战略性新兴产业集群发展工程，健全产业集群组织管理和专业化推进机制，建设创新和公共服务综合体，构建一批各具特色、优势互补、结构合理的战略性新兴产业增长引擎。鼓励技术创新和企业兼并重组，防止低水平重复建设。发挥产业投资基金引导作用，加大融资担保和风险补偿力度。

第二节　前瞻谋划未来产业

在类脑智能、量子信息、基因技术、未来网络、深海空天开发、氢能与储能等前沿科技和产业变革领域，组织实施未来产业孵化与加速计划，谋划布局一批未来产业。在科教资源优势突出、产业基础雄厚的地区，布局一批国家未来产业技术研究院，加强前沿技术多路径探索、交叉融合和颠覆性技术供给。实施产业跨界融合示范工程，打造未来技术应用场景，加速形成若干未来产业。

第十章　促进服务业繁荣发展

聚焦产业转型升级和居民消费升级需要，扩大服务业有效供给，提高服务效率和服务品质，构建优质高效、结构优化、竞争力强的服务产业新体系。

第一节　推动生产性服务业融合化发展

以服务制造业高质量发展为导向，推动生产性服务业向专业化和价值链高端延伸。聚焦提高产业创新力，加快发展研发设计、工业设计、商务咨询、检验检测认证等服务。聚焦提高要素配置效率，推动供应链金融、信息数据、人力资源等服务创新发展。聚焦增强全产业链优势，提高现代物流、采购分销、生产控制、运营管理、售后服务等发展水平。推动现代服务业与先进制造业、现代农业深度融合，深化业务关联、链条延伸、技术渗透，支持智能制造系统解决方案、流程再造等新型专业化服务机构发展。培育具有国际竞争力的服务企业。

第二节　加快生活性服务业品质化发展

以提升便利度和改善服务体验为导向，推动生活性服务业向高品质和多样化升级。加快发展健康、养老、托育、文化、旅游、体育、物业等服务业，加强公益性、基础性服务业供给，扩大覆盖全生命期的各类服务供给。持续推动家政服务业提质扩容，与智慧社区、养老托育等融合发展。鼓励商贸流通业态与模式创新，推进数字化智能化改造和跨界融合，线上线下全渠道满足消费需求。加快完善养老、家政等服务标准，健全生活性服务业认证认可制度，推动生活性服务业诚信化职业化发展。

第三节　深化服务领域改革开放

扩大服务业对内对外开放，进一步放宽市场准入，全面清理不合理的限制条件，鼓励社会力量扩大多元化多层次服务供给。完善支持服务业发展的政策体系，创新适应服务新业态新模式和产业融合发展需要的土地、财税、金融、价格等政策。健全服务质量标准体系，强化标准贯彻执行和推广。加快制定重点服务领域监管目录、流程和标准，构建高效协同的服务业监管体系。完善服务领域人才职称评定制度，鼓励从业人员参加职业技能培训和鉴定。深入推进服务业综合改革试点和扩大开放。

第十一章　建设现代化基础设施体系

统筹推进传统基础设施和新型基础设施建设，打造系统完备、高效实用、智能绿色、安全可靠的现代化基础设施体系。

第一节　加快建设新型基础设施

围绕强化数字转型、智能升级、融合创新支撑，布局建设信息基础设施、融合基础设施、创新基础设施等新型基础设施。建设高速泛在、天地一体、集成互联、安全高效的信息基础设施，增强数据感知、传输、存储和运算能力。加快5G网络规模化部署，用户普及率提高到56%，推广升级千兆光纤网络。前瞻布局6G网络技术储备。扩容骨干网互联节点，新设一批国际通信出入口，全面推进互联网协议第六版(IPv6)商用部署。实施中西部地区中小城市基础网络完善工程。推动物联网全面发展，打造支持固移融合、宽窄结合的物联接入能力。加快构建全国一体化大数据中心体系，强化算力统筹智能调度，建设若干国家枢纽节点和大数据中心集群，建设E级和10E级超级计算中心。积极稳妥发展工业互联网和车联网。打造全球覆盖、高效运行的通信、导航、遥感空间基础设施体系，建设商业航天发射场。加快交通、能源、市政等传统基础设施数字化改造，加强泛在感知、终端联网、智能调度体系建设。发挥市场主导作用，打通多元化投资渠道，构建新型基础设施标准体系。

第二节　加快建设交通强国

建设现代化综合交通运输体系，推进各种运输方式一体化融合发展，提高网络效应和运营效率。完善综合运输大通道，加强出疆入藏、中西部地区、沿江沿海沿边战略骨干通道建设，有序推进能力紧张通道升级扩容，加强与周边国家互联互通。构建快速网，基本贯通"八纵八横"高速铁路，提升国家高速公路网络质量，加快建设世界级港口群和机场群。完善干线网，加快普速铁路建设和既有铁路电气化改造，优化铁路客货布局，推进普通国省道瓶颈路段贯通升级，推动内河高等级航道扩能升级，稳步建设支线机场、通用机场和货运机场，积极发展通用航空。加强邮政设施建设，实施快递"进村进厂出海"工程。推进城市群都市圈交通一体化，加快城际铁路、市域(郊)铁路建设，构建高速公路环线系统，有序推进城市轨道交通发展。提高交通通达深度，推动区域性铁路建设，加快沿边抵边公路建设，继续推进"四好农村路"建设，完善道路安全设施。构建多层级、一体化综合交通枢纽体系，优化枢纽场站布局、促进集约综合开发，完善集疏运系统，发展旅客联程运输和货物多式联运，推广全程"一站式"、"一单制"服务。推进中欧班列集结中心建设。深入推进铁路企业改革，全面深化空管体制改革，推动公路收费制度和养护体制改革。

第三节　构建现代能源体系

推进能源革命，建设清洁低碳、安全高效的能源体系，提高能源供给保障能力。加快发展非化石能源，坚持集中式和分布式并举，大力提升风电、光伏发电规模，加快发展东中部分布式能源，有序发展海上风电，加快西南水电基地建设，安全稳妥推动沿海核电建设，建设一批多能互补的清洁能源基地，非化石能源占能源消费总量比重提高到 20% 左右。推动煤炭生产向资源富集地区集中，合理控制煤电建设规模和发展节奏，推进以电代煤。有序放开油气勘探开发市场准入，加快深海、深层和非常规油气资源利用，推动油气增储上产。因地制宜开发利用地热能。提高特高压输电通道利用率。加快电网基础设施智能化改造和智能微电网建设，提高电力系统互补互济和智能调节能力，加强源网荷储衔接，提升清洁能源消纳和存储能力，提升向边远地区输配电能力，推进煤电灵活性改造，加快抽水蓄能电站建设和新型储能技术规模化应用。完善煤炭跨区域运输通道和集疏运体系，加快建设天然气主干管道，完善油气互联互通网络。

第四节　加强水利基础设施建设

立足流域整体和水资源空间均衡配置，加强跨行政区河流水系治理保护和骨干工程建设，强化大中小微水利设施协调配套，提升水资源优化配置和水旱灾害防御能力。坚持节水优先，完善水资源配置体系，建设水资源配置骨干项目，加强重点水源和城市应急备用水源工程建设。实施防洪提升工程，解决防汛薄弱环节，加快防洪控制性枢纽工程建设和中小河流治理、病险水库除险加固，全面推进堤防和蓄滞洪区建设。加强水源涵养区保护修复，加大重点河湖保护和综合治理力度，恢复水清岸绿的水生态体系。

第四篇　形成强大国内市场　构建新发展格局

坚持扩大内需这个战略基点，加快培育完整内需体系，把实施扩大内需战略同深化供给侧结构性改革有机结合起来，以创新驱动、高质量供给引领和创造新需求，加快构建以国内大循环为主体、国内国际双循环相互促进的新发展格局。

第十二章　畅通国内大循环

依托强大国内市场，贯通生产、分配、流通、消费各环节，形成需求牵引供给、供给创造需求的更高水平动态平衡，促进国民经济良性循环。

第一节　提升供给体系适配性

深化供给侧结构性改革，提高供给适应引领创造新需求能力。适应个性化、差异化、品质化消费需求，推动生产模式和产业组织方式创新，持续扩大优质消费品、中高端产品供给和教育、医疗、养老等服务供给，提升产品服务质量和客户满意度，推动供需协调匹配。优化提升供给结构，促进农业、制造业、服务业、能源资源等产业协调发展。完善产业配套体系，加快自然垄断行业竞争性环节市场化，实现上下游、产供销有效衔接。健全市场化法治化解过剩产能长效机制，完善企业兼并重组法律法规和配套政策。建立健全质量分级制度，加快标准升级迭代和国际标准转化应用。开展中国品牌创建行动，保护发展中华老字号，提升自主品牌影响力和竞争力，率先在化妆品、服装、家纺、电子产品等消费品领域培育一批高端品牌。

第二节　促进资源要素顺畅流动

破除制约要素合理流动的堵点，矫正资源要素失衡错配，从源头上畅通国民经济循环。提高金融服务实体经济能力，健全实体经济中长期资金供给制度安排，创新直达实体经济的金融产品和服务，增强多层次资本市场融资功能。实施房地产市场平稳健康发展长效机制，促进房地产与实体经济均衡发展。有效提升劳动者技能，提高就业质量和收入水平，形成人力资本提升和产业转型升级良性循环。健全城乡要素自由流动机制，构建区域产业梯度转移格局，促进城乡区域良性互动。

第三节 强化流通体系支撑作用

深化流通体制改革，畅通商品服务流通渠道，提升流通效率，降低全社会交易成本。加快构建国内统一大市场，对标国际先进规则和最佳实践优化市场环境，促进不同地区和行业标准、规则、政策协调统一，有效破除地方保护、行业垄断和市场分割。建设现代物流体系，加快发展冷链物流，统筹物流枢纽设施、骨干线路、区域分拨中心和末端配送节点建设，完善国家物流枢纽、骨干冷链物流基地设施条件，健全县乡村三级物流配送体系，发展高铁快运等铁路快捷货运产品，加强国际航空货运能力建设，提升国际海运竞争力。优化国际物流通道，加快形成内外联通、安全高效的物流网络。完善现代商贸流通体系，培育一批具有全球竞争力的现代流通企业，支持便利店、农贸市场等商贸流通设施改造升级，发展无接触交易服务，加强商贸流通标准化建设和绿色发展。加快建立储备充足、反应迅速、抗冲击能力强的应急物流体系。

第四节 完善促进国内大循环的政策体系

保持合理的财政支出力度和赤字率水平，完善减税降费政策，构建有利于企业扩大投资、增加研发投入、调节收入分配、减轻消费者负担的税收制度。保持流动性合理充裕，保持货币供应量和社会融资规模增速同名义经济增速基本匹配，创新结构性政策工具，引导金融机构加大对重点领域和薄弱环节支持力度，规范发展消费信贷。推动产业政策向普惠化和功能性转型，强化竞争政策基础性地位，支持技术创新和结构升级。健全与经济发展水平相适应的收入分配、社会保障和公共服务制度。

第十三章　促进国内国际双循环

立足国内大循环，协同推进强大国内市场和贸易强国建设，形成全球资源要素强大引力场，促进内需和外需、进口和出口、引进外资和对外投资协调发展，加快培育参与国际合作和竞争新优势。

第一节　推动进出口协同发展

完善内外贸一体化调控体系，促进内外贸法律法规、监管体制、经营资质、质量标准、检验检疫、认证认可等相衔接，推进同线同标同质。降低进口关税和制度性成本，扩大优质消费品、先进技术、重要设备、能源资源等进口，促进进口来源多元化。完善出口政策，优化出口商品质量和结构，稳步提高出口附加值。优化国际市场布局，引导企业深耕传统出口市场、拓展新兴市场，扩大与周边国家贸易规模，稳定国际市场份额。推动加工贸易转型升级，深化外贸转型升级基地、海关特殊监管区域、贸易促进平台、国际营销服务网络建设，加快发展跨境电商、市场采购贸易等新模式，鼓励建设海外仓，保障外贸产业链供应链畅通运转。创新发展服务贸易，推进服务贸易创新发展试点开放平台建设，提升贸易数字化水平。实施贸易投资融合工程。办好中国国际进口博览会、中国进出口商品交易会、中国国际服务贸易交易会等展会。

第二节　提高国际双向投资水平

坚持引进来和走出去并重，以高水平双向投资高效利用全球资源要素和市场空间，完善产业链供应链保障机制，推动产业竞争力提升。更大力度吸引和利用外资，有序推进电信、互联网、教育、文化、医疗等领域相关业务开放。全面优化外商投资服务，加强外商投资促进和保护，发挥重大外资项目示范效应，支持外资加大中高端制造、高新技术、传统制造转型升级、现代服务等领域和中西部地区投资，支持外资企业设立研发中心和参与承担国家科技计划项目。鼓励外资企业利润再投资。坚持企业主体，创新境外投资方式，优化境外投资结构和布局，提升风险防范能力和收益水平。完善境外生产服务网络和流通体系，加快金融、咨询、会计、法律等生产性服务业国际化发展，推动中国产品、服务、技术、品牌、标准走出去。支持企业融入全球产业链供应链，提高跨国经营能力和水平。引导企业加强合规管理，防范化解境外政治、经济、安全等各类风险。推进多双边投资合作机制建设，健全促进和保障境外投资政策和服务体系，推动境外投资立法。

第十四章 加快培育完整内需体系

深入实施扩大内需战略，增强消费对经济发展的基础性作用和投资对优化供给结构的关键性作用，建设消费和投资需求旺盛的强大国内市场。

第一节 全面促进消费

顺应居民消费升级趋势，把扩大消费同改善人民生活品质结合起来，促进消费向绿色、健康、安全发展，稳步提高居民消费水平。提升传统消费，加快推动汽车等消费品由购买管理向使用管理转变，健全强制报废制度和废旧家电、消费电子等耐用消费品回收处理体系，促进住房消费健康发展。培育新型消费，发展信息消费、数字消费、绿色消费，鼓励定制、体验、智能、时尚消费等新模式新业态发展。发展服务消费，放宽服务消费领域市场准入，推动教育培训、医疗健康、养老托育、文旅体育等消费提质扩容，加快线上线下融合发展。适当增加公共消费，提高公共服务支出效率。扩大节假日消费，完善节假日制度，全面落实带薪休假制度。培育建设国际消费中心城市，打造一批区域消费中心。完善城乡融合消费网络，扩大电子商务进农村覆盖面，改善县域消费环境，推动农村消费梯次升级。完善市内免税店政策，规划建设一批中国特色市内免税店。采取增加居民收入与减负并举等措施，不断扩大中等收入群体，持续释放消费潜力。强化消费者权益保护，完善质量标准和后评价体系，健全缺陷产品召回、产品伤害监测、产品质量担保等制度，完善多元化消费维权机制和纠纷解决机制。

第二节　拓展投资空间

优化投资结构，提高投资效率，保持投资合理增长。加快补齐基础设施、市政工程、农业农村、公共安全、生态环保、公共卫生、物资储备、防灾减灾、民生保障等领域短板，推动企业设备更新和技术改造，扩大战略性新兴产业投资。推进既促消费惠民生又调结构增后劲的新型基础设施、新型城镇化、交通水利等重大工程建设。面向服务国家重大战略，实施川藏铁路、西部陆海新通道、国家水网、雅鲁藏布江下游水电开发、星际探测、北斗产业化等重大工程，推进重大科研设施、重大生态系统保护修复、公共卫生应急保障、重大引调水、防洪减灾、送电输气、沿边沿江沿海交通等一批强基础、增功能、利长远的重大项目建设。深化投融资体制改革，发挥政府投资撬动作用，激发民间投资活力，形成市场主导的投资内生增长机制。健全项目谋划、储备、推进机制，加大资金、用地等要素保障力度，加快投资项目落地见效。规范有序推进政府和社会资本合作（PPP），推动基础设施领域不动产投资信托基金（REITs）健康发展，有效盘活存量资产，形成存量资产和新增投资的良性循环。

第五篇　加快数字化发展　建设数字中国

迎接数字时代，激活数据要素潜能，推进网络强国建设，加快建设数字经济、数字社会、数字政府，以数字化转型整体驱动生产方式、生活方式和治理方式变革。

第十五章　打造数字经济新优势

充分发挥海量数据和丰富应用场景优势，促进数字技术与实体经济深度融合，赋能传统产业转型升级，催生新产业新业态新模式，壮大经济发展新引擎。

第一节　加强关键数字技术创新应用

聚焦高端芯片、操作系统、人工智能关键算法、传感器等关键领域，加快推进基础理论、基础算法、装备材料等研发突破与迭代应用。加强通用处理器、云计算系统和软件核心技术一体化研发。加快布局量子计算、量子通信、神经芯片、DNA 存储等前沿技术，加强信息科学与生命科学、材料等基础学科的交叉创新，支持数字技术开源社区等创新联合体发展，完善开源知识产权和法律体系，鼓励企业开放软件源代码、硬件设计和应用服务。

第二节　加快推动数字产业化

培育壮大人工智能、大数据、区块链、云计算、网络安全等新兴数字产业，提升通信设备、核心电子元器件、关键软件等产业水平。构建基于 5G 的应用场景和产业生态，在智能交通、智慧物流、智慧能源、智慧医疗等重点领域开展试点示范。鼓励企业开放搜索、电商、社交等数据，发展第三方大数据服务产业。促进共享经济、平台经济健康发展。

第三节　推进产业数字化转型

实施"上云用数赋智"行动，推动数据赋能全产业链协同转型。在重点行业和区域建设若干国际水准的工业互联网平台和数字化转型促进中心，深化研发设计、生产制造、经营管理、市场服务等环节的数字化应用，培育发展个性定制、柔性制造等新模式，加快产业园区数字化改造。深入推进服务业数字化转型，培育众包设计、智慧物流、新零售等新增长点。加快发展智慧农业，推进农业生产经营和管理服务数字化改造。

第十六章　加快数字社会建设步伐

适应数字技术全面融入社会交往和日常生活新趋势，促进公共服务和社会运行方式创新，构筑全民畅享的数字生活。

第一节　提供智慧便捷的公共服务

聚焦教育、医疗、养老、抚幼、就业、文体、助残等重点领域，推动数字化服务普惠应用,持续提升群众获得感。推进学校、医院、养老院等公共服务机构资源数字化,加大开放共享和应用力度。推进线上线下公共服务共同发展、深度融合,积极发展在线课堂、互联网医院、智慧图书馆等,支持高水平公共服务机构对接基层、边远和欠发达地区,扩大优质公共服务资源辐射覆盖范围。加强智慧法院建设。鼓励社会力量参与"互联网+公共服务",创新提供服务模式和产品。

第二节 建设智慧城市和数字乡村

以数字化助推城乡发展和治理模式创新,全面提高运行效率和宜居度。分级分类推进新型智慧城市建设,将物联网感知设施、通信系统等纳入公共基础设施统一规划建设,推进市政公用设施、建筑等物联网应用和智能化改造。完善城市信息模型平台和运行管理服务平台,构建城市数据资源体系,推进城市数据大脑建设。探索建设数字孪生城市。加快推进数字乡村建设,构建面向农业农村的综合信息服务体系,建立涉农信息普惠服务机制,推动乡村管理服务数字化。

第三节 构筑美好数字生活新图景

推动购物消费、居家生活、旅游休闲、交通出行等各类场景数字化,打造智慧共享、和睦共治的新型数字生活。推进智慧社区建设,依托社区数字化平台和线下社区服务机构,建设便民惠民智慧服务圈,提供线上线下融合的社区生活服务、社区治理及公共服务、智能小区等服务。丰富数字生活体验,发展数字家庭。加强全民数字技能教育和培训,普及提升公民数字素养。加快信息无障碍建设,帮助老年人、残疾人等共享数字生活。

第十七章 提高数字政府建设水平

将数字技术广泛应用于政府管理服务,推动政府治理流程再造和模式优化,不断提高决策科学性和服务效率。

第一节　加强公共数据开放共享

建立健全国家公共数据资源体系，确保公共数据安全，推进数据跨部门、跨层级、跨地区汇聚融合和深度利用。健全数据资源目录和责任清单制度，提升国家数据共享交换平台功能，深化国家人口、法人、空间地理等基础信息资源共享利用。扩大基础公共信息数据安全有序开放，探索将公共数据服务纳入公共服务体系，构建统一的国家公共数据开放平台和开发利用端口，优先推动企业登记监管、卫生、交通、气象等高价值数据集向社会开放。开展政府数据授权运营试点，鼓励第三方深化对公共数据的挖掘利用。

第二节　推动政务信息化共建共用

加大政务信息化建设统筹力度，健全政务信息化项目清单，持续深化政务信息系统整合，布局建设执政能力、依法治国、经济治理、市场监管、公共安全、生态环境等重大信息系统，提升跨部门协同治理能力。完善国家电子政务网络，集约建设政务云平台和数据中心体系，推进政务信息系统云迁移。加强政务信息化建设快速迭代，增强政务信息系统快速部署能力和弹性扩展能力。

第三节　提高数字化政务服务效能

全面推进政府运行方式、业务流程和服务模式数字化智能化。深化"互联网+政务服务"，提升全流程一体化在线服务平台功能。加快构建数字技术辅助政府决策机制，提高基于高频大数据精准动态监测预测预警水平。强化数字技术在公共卫生、自然灾害、事故灾难、社会安全等突发公共事件应对中的运用，全面提升预警和应急处置能力。

第十八章　营造良好数字生态

坚持放管并重，促进发展与规范管理相统一，构建数字规则体系，营造开放、健康、安全的数字生态。

第一节　建立健全数据要素市场规则

统筹数据开发利用、隐私保护和公共安全，加快建立数据资源产权、交易流通、跨境传输和安全保护等基础制度和标准规范。建立健全数据产权交易和行业自律机制，培育规范的数据交易平台和市场主体，发展数据资产评估、登记结算、交易撮合、争议仲裁等市场运营体系。加强涉及国家利益、商业秘密、个人隐私的数据保护，加快推进数据安全、个人信息保护等领域基础性立法，强化数据资源全生命周期安全保护。完善适用于大数据环境下的数据分类分级保护制度。加强数据安全评估，推动数据跨境安全有序流动。

第二节 营造规范有序的政策环境

构建与数字经济发展相适应的政策法规体系。健全共享经济、平台经济和新个体经济管理规范，清理不合理的行政许可、资质资格事项，支持平台企业创新发展、增强国际竞争力。依法依规加强互联网平台经济监管，明确平台企业定位和监管规则，完善垄断认定法律规范，打击垄断和不正当竞争行为。探索建立无人驾驶、在线医疗、金融科技、智能配送等监管框架，完善相关法律法规和伦理审查规则。健全数字经济统计监测体系。

第三节 加强网络安全保护

健全国家网络安全法律法规和制度标准，加强重要领域数据资源、重要网络和信息系统安全保障。建立健全关键信息基础设施保护体系，提升安全防护和维护政治安全能力。加强网络安全风险评估和审查。加强网络安全基础设施建设，强化跨领域网络安全信息共享和工作协同，提升网络安全威胁发现、监测预警、应急指挥、攻击溯源能力。加强网络安全关键技术研发，加快人工智能安全技术创新，提升网络安全产业综合竞争力。加强网络安全宣传教育和人才培养。

第四节 推动构建网络空间命运共同体

推进网络空间国际交流与合作，推动以联合国为主渠道、以联合国宪章为基本原则制定数字和网络空间国际规则。推动建立多边、民主、透明的全球互联网治理体系，建立更加公平合理的网络基础设施和资源治理机制。积极参与数据安全、数字货币、数字税等国际规则和数字技术标准制定。推动全球网络安全保障合作机制建设，构建保护数据要素、处置网络安全事件、打击网络犯罪的国际协调合作机制。向欠发达国家提供技术、设备、服务等数字援助，使各国共享数字时代红利。积极推进网络文化交流互鉴。

第六篇　全面深化改革　构建高水平社会主义市场经济体制

坚持和完善社会主义基本经济制度，充分发挥市场在资源配置中的决定性作用，更好发挥政府作用，推动有效市场和有为政府更好结合。

第十九章　激发各类市场主体活力

毫不动摇巩固和发展公有制经济，毫不动摇鼓励、支持、引导非公有制经济发展，培育更有活力、创造力和竞争力的市场主体。

第一节　加快国有经济布局优化和结构调整

围绕服务国家战略，坚持有进有退、有所为有所不为，加快国有经济布局优化、结构调整和战略性重组，增强国有经济竞争力、创新力、控制力、影响力、抗风险能力，做强做优做大国有资本和国有企业。发挥国有经济战略支撑作用，推动国有经济进一步聚焦战略安全、产业引领、国计民生、公共服务等功能，调整盘活存量资产，优化增量资本配置，向关系国家安全、国民经济命脉的重要行业集中，向提供公共服务、应急能力建设和公益性等关系国计民生的重要行业集中，向前瞻性战略性新兴产业集中。对充分竞争领域的国有经济，强化资本收益目标和财务硬约束，增强流动性，完善国有资本优化配置机制。建立布局结构调整长效机制，动态发布国有经济布局优化和结构调整指引。

第二节　推动国有企业完善中国特色现代企业制度

坚持党对国有企业的全面领导，促进加强党的领导和完善公司治理相统一，加快建立权责法定、权责透明、协调运转、有效制衡的公司治理机制。加强董事会建设，落实董事会职权，使董事会成为企业经营决策主体。按照完善治理、强化激励、突出主业、提高效率的要求，深化国有企业混合所有制改革，深度转换经营机制，对混合所有制企业探索实行有别于国有独资、全资公司的治理机制和监管制度。推行经理层成员任期制和契约化管理，完善市场化薪酬分配机制，灵活开展多种形式的中长期激励。

第三节　健全管资本为主的国有资产监管体制

坚持授权与监管相结合、放活与管好相统一，大力推进国资监管理念、重点、方式等多方位转变。优化管资本方式，全面实行清单管理，深入开展分类授权放权，注重通过法人治理结构履职，加强事中事后监管。深化国有资本投资、运营公司改革，科学合理界定政府及国资监管机构，国有资本投资、运营公司和所持股企业的权利边界。健全协同高效的监督机制，严格责任追究，切实防止国有资产流失。加快推进经营性国有资产集中统一监管。

第四节　优化民营企业发展环境

健全支持民营企业发展的法治环境、政策环境和市场环境，依法平等保护民营企业产权和企业家权益。保障民营企业依法平等使用资源要素、公开公平公正参与竞争、同等受到法律保护。进一步放宽民营企业市场准入，破除招投标等领域各种壁垒。创新金融支持民营企业政策工具，健全融资增信支持体系，对民营企业信用评级、发债一视同仁，降低综合融资成本。完善促进中小微企业和个体工商户发展的政策体系，加大税费优惠和信贷支持力度。构建亲清政商关系，建立规范化政企沟通渠道。健全防范和化解拖欠中小企业账款长效机制。

第五节　促进民营企业高质量发展

鼓励民营企业改革创新，提升经营能力和管理水平。引导有条件的民营企业建立现代企业制度。支持民营企业开展基础研究和科技创新、参与关键核心技术研发和国家重大科技项目攻关。完善民营企业参与国家重大战略实施机制。推动民营企业守法合规经营，鼓励民营企业积极履行社会责任、参与社会公益和慈善事业。弘扬企业家精神，实施年轻一代民营企业家健康成长促进计划。

第二十章　建设高标准市场体系

实施高标准市场体系建设行动，健全市场体系基础制度，坚持平等准入、公正监管、开放有序、诚信守法，形成高效规范、公平竞争的国内统一市场。

第一节　全面完善产权制度

健全归属清晰、权责明确、保护严格、流转顺畅的现代产权制度。实施民法典，制修订物权、债权、股权等产权法律法规，明晰产权归属、完善产权权能。健全以公平为原则的产权保护制度，依法平等保护国有、民营、外资等各种所有制企业产权。健全产权执法司法保护制度，完善涉企产权案件申诉、复核、重审等保护机制，推动涉企冤错案件依法甄别纠正常态化机制化，畅通涉政府产权纠纷反映和处理渠道。加强数据、知识、环境等领域产权制度建设，健全自然资源资产产权制度和法律法规。

第二节　推进要素市场化配置改革

建立健全城乡统一的建设用地市场，统筹推进农村土地征收、集体经营性建设用地入市、宅基地制度改革。改革土地计划管理方式，赋予省级政府更大用地自主权，探索建立全国性的建设用地、补充耕地指标跨区域交易机制。建立不同产业用地类型合理转换机制，增加混合产业用地供给。健全统一规范的人力资源市场体系，破除劳动力和人才在城乡、区域和不同所有制单位间的流动障碍，减少人事档案管理中的不合理限制。发展技术和数据要素市场。健全要素市场运行机制，完善交易规则和服务体系。深化公共资源交易平台整合共享。

第三节　强化竞争政策基础地位

坚持鼓励竞争、反对垄断，完善竞争政策框架，构建覆盖事前、事中、事后全环节的竞争政策实施机制。统筹做好增量审查与存量清理，强化公平竞争审查制度的刚性约束，完善公平竞争审查细则，持续清理废除妨碍全国统一市场和公平竞争的规定及做法。完善市场竞争状况评估制度，建立投诉举报和处理回应机制。加大反垄断和反不正当竞争执法司法力度，防止资本无序扩张。推进能源、铁路、电信、公用事业等行业竞争性环节市场化改革，放开竞争性业务准入，进一步引入市场竞争机制，加强对自然垄断业务的监管。

第四节　健全社会信用体系

建立健全信用法律法规和标准体系，制定公共信用信息目录和失信惩戒措施清单，完善失信主体信用修复机制。推广信用承诺制度。加强信用信息归集、共享、公开和应用，推广惠民便企信用产品与服务。建立公共信用信息和金融信息的共享整合机制。培育具有国际竞争力的企业征信机构和信用评级机构，加强征信监管，推动信用服务市场健康发展。加强信用信息安全管理，保障信用主体合法权益。建立健全政府失信责任追究制度。

第二十一章　建立现代财税金融体制

更好发挥财政在国家治理中的基础和重要支柱作用，增强金融服务实体经济能力，健全符合高质量发展要求的财税金融制度。

第一节　加快建立现代财政制度

深化预算管理制度改革，强化对预算编制的宏观指导和审查监督。加强财政资源统筹，推进财政支出标准化，强化预算约束和绩效管理。完善跨年度预算平衡机制，加强中期财政规划管理，增强国家重大战略任务财力保障。建立权责清晰、财力协调、区域均衡的中央和地方财政关系，适当加强中央在知识产权保护、养老保险、跨区域生态环境保护等方面事权，减少并规范中央和地方共同事权。健全省以下财政体制，增强基层公共服务保障能力。完善财政转移支付制度，优化转移支付结构，规范转移支付项目。完善权责发生制政府综合财务报告制度。建立健全规范的政府举债融资机制。

第二节　完善现代税收制度

优化税制结构，健全直接税体系，适当提高直接税比重。完善个人所得税制度，推进扩大综合征收范围，优化税率结构。聚焦支持稳定制造业、巩固产业链供应链，进一步优化增值税制度。调整优化消费税征收范围和税率，推进征收环节后移并稳步下划地方。规范完善税收优惠。推进房地产税立法，健全地方税体系，逐步扩大地方税政管理权。深化税收征管制度改革，建设智慧税务，推动税收征管现代化。

第三节　深化金融供给侧结构性改革

健全具有高度适应性、竞争力、普惠性的现代金融体系，构建金融有效支持实体经济的体制机制。建设现代中央银行制度，完善货币供应调控机制。稳妥推进数字货币研发。健全市场化利率形成和传导机制，完善央行政策利率体系，更好发挥贷款市场报价利率基准作用。优化金融体系结构，深化国有商业银行改革，加快完善中小银行和农村信用社治理结构，规范发展非银行金融机构，增强金融普惠性。改革优化政策性金融，强化服务国家战略和规划能力。深化保险公司改革，提高商业保险保障能力。健全金融机构公司治理，强化股东股权和关联交易监管。完善资本市场基础制度，健全多层次资本市场体系，大力发展机构投资者，提高直接融资特别是股权融资比重。全面实行股票发行注册制，建立常态化退市机制，提高上市公司质量。深化新三板改革。完善市场化债券发行机制，稳步扩大债券市场规模，丰富债券品种，发行长期国债和基础设施长期债券。完善投资者保护制度和存款保险制度。完善现代金融监管体系，补齐监管制度短板，在审慎监管前提下有序推进金融创新，健全风险全覆盖监管框架，提高金融监管透明度和法治化水平。稳妥发展金融科技，加快金融机构数字化转型。强化监管科技运用和金融创新风险评估，探索建立创新产品纠偏和暂停机制。

第二十二章　提升政府经济治理能力

加快转变政府职能，建设职责明确、依法行政的政府治理体系，创新和完善宏观调控，提高政府治理效能。

第一节　完善宏观经济治理

健全以国家发展规划为战略导向，以财政政策和货币政策为主要手段，就业、产业、投资、消费、环保、区域等政策紧密配合，目标优化、分工合理、高效协同的宏观经济治理体系。增强国家发展规划对公共预算、国土开发、资源配置等政策的宏观引导、统筹协调功能，健全宏观政策制定和执行机制，重视预期管理和引导，合理把握经济增长、就业、价格、国际收支等调控目标，在区间调控基础上加强定向调控、相机调控和精准调控。完善宏观调控政策体系，搞好跨周期政策设计，提高逆周期调节能力，促进经济总量平衡、结构优化、内外均衡。加强宏观经济治理数据库等建设，提升大数据等现代技术手段辅助治理能力，推进统计现代化改革。健全宏观经济政策评估评价制度和重大风险识别预警机制，畅通政策制定参与渠道，提高决策科学化、民主化、法治化水平。

第二节　构建一流营商环境

深化简政放权、放管结合、优化服务改革，全面实行政府权责清单制度，持续优化市场化法治化国际化营商环境。实施全国统一的市场准入负面清单制度，破除清单之外隐性准入壁垒，以服务业为重点进一步放宽准入限制。精简行政许可事项，减少归并资质资格许可，取消不必要的备案登记和年检认定，规范涉企检查。全面推行"证照分离"、"照后减证"改革，全面开展工程建设项目审批制度改革。改革生产许可制度，简化工业产品审批程序，实施涉企经营许可事项清单管理。建立便利、高效、有序的市场主体退出制度，简化普通注销程序，建立健全企业破产和自然人破产制度。创新政务服务方式，推进审批服务便民化。深化国际贸易"单一窗口"建设。完善营商环境评价体系。

第三节　推进监管能力现代化

健全以"双随机、一公开"监管和"互联网+监管"为基本手段、以重点监管为补充、以信用监管为基础的新型监管机制，推进线上线下一体化监管。严格市场监管、质量监管、安全监管，加强对食品药品、特种设备和网络交易、旅游、广告、中介、物业等的监管，强化要素市场交易监管，对新产业新业态实施包容审慎监管。深化市场监管综合行政执法改革，完善跨领域跨部门联动执法、协同监管机制。深化行业协会、商会和中介机构改革。加强社会公众、新闻媒体监督。

第七篇　坚持农业农村优先发展　全面推进乡村振兴

走中国特色社会主义乡村振兴道路，全面实施乡村振兴战略，强化以工补农、以城带乡，推动形成工农互促、城乡互补、协调发展、共同繁荣的新型工农城乡关系，加快农业农村现代化。

第二十三章　提高农业质量效益和竞争力

持续强化农业基础地位，深化农业供给侧结构性改革，强化质量导向，推动乡村产业振兴。

第一节　增强农业综合生产能力

夯实粮食生产能力基础，保障粮、棉、油、糖、肉、奶等重要农产品供给安全。坚持最严格的耕地保护制度，强化耕地数量保护和质量提升，严守 18 亿亩耕地红线，遏制耕地"非农化"、防止"非粮化"，规范耕地占补平衡，严禁占优补劣、占水田补旱地。以粮食生产功能区和重要农产品生产保护区为重点，建设国家粮食安全产业带，实施高标准农田建设工程，建成 10.75 亿亩集中连片高标准农田。实施黑土地保护工程，加强东北黑土地保护和地力恢复。推进大中型灌区节水改造和精细化管理，建设节水灌溉骨干工程，同步推进水价综合改革。加强大中型、智能化、复合型农业机械研发应用，农作物耕种收综合机械化率提高到 75%。加强种质资源保护利用和种子库建设，确保种源安全。加强农业良种技术攻关，有序推进生物育种产业化应用，培育具有国际竞争力的种业龙头企业。完善农业科技创新体系，创新农技推广服务方式，建设智慧农业。加强动物防疫和农作物病虫害防治，强化农业气象服务。

第二节 深化农业结构调整

优化农业生产布局，建设优势农产品产业带和特色农产品优势区。推进粮经饲统筹、农林牧渔协调，优化种植业结构，大力发展现代畜牧业，促进水产生态健康养殖。积极发展设施农业，因地制宜发展林果业。深入推进优质粮食工程。推进农业绿色转型，加强产地环境保护治理，发展节水农业和旱作农业，深入实施农药化肥减量行动，治理农膜污染，提升农膜回收利用率，推进秸秆综合利用和畜禽粪污资源化利用。完善绿色农业标准体系，加强绿色食品、有机农产品和地理标志农产品认证管理。强化全过程农产品质量安全监管，健全追溯体系。建设现代农业产业园区和农业现代化示范区。

第三节 丰富乡村经济业态

发展县域经济，推进农村一二三产业融合发展，延长农业产业链条，发展各具特色的现代乡村富民产业。推动种养加结合和产业链再造，提高农产品加工业和农业生产性服务业发展水平，壮大休闲农业、乡村旅游、民宿经济等特色产业。加强农产品仓储保鲜和冷链物流设施建设，健全农村产权交易、商贸流通、检验检测认证等平台和智能标准厂房等设施，引导农村二三产业集聚发展。完善利益联结机制，通过"资源变资产、资金变股金、农民变股东"，让农民更多分享产业增值收益。

第二十四章 实施乡村建设行动

把乡村建设摆在社会主义现代化建设的重要位置，优化生产生活生态空间，持续改善村容村貌和人居环境，建设美丽宜居乡村。

第一节 强化乡村建设的规划引领

统筹县域城镇和村庄规划建设，通盘考虑土地利用、产业发展、居民点建设、人居环境整治、生态保护、防灾减灾和历史文化传承。科学编制县域村庄布局规划，因地制宜、分类推进村庄建设，规范开展全域土地综合整治，保护传统村落、民族村寨和乡村风貌，严禁随意撤并村庄搞大社区、违背农民意愿

694

大拆大建。优化布局乡村生活空间，严格保护农业生产空间和乡村生态空间，科学划定养殖业适养、限养、禁养区域。鼓励有条件地区编制实用性村庄规划。

第二节　提升乡村基础设施和公共服务水平

以县域为基本单元推进城乡融合发展，强化县城综合服务能力和乡镇服务农民功能。健全城乡基础设施统一规划、统一建设、统一管护机制，推动市政公用设施向郊区乡村和规模较大中心镇延伸，完善乡村水、电、路、气、邮政通信、广播电视、物流等基础设施，提升农房建设质量。推进城乡基本公共服务标准统一、制度并轨，增加农村教育、医疗、养老、文化等服务供给，推进县域内教师医生交流轮岗，鼓励社会力量兴办农村公益事业。提高农民科技文化素质，推动乡村人才振兴。

第三节　改善农村人居环境

开展农村人居环境整治提升行动，稳步解决"垃圾围村"和乡村黑臭水体等突出环境问题。推进农村生活垃圾就地分类和资源化利用，以乡镇政府驻地和中心村为重点梯次推进农村生活污水治理。支持因地制宜推进农村厕所革命。推进农村水系综合整治。深入开展村庄清洁和绿化行动，实现村庄公共空间及庭院房屋、村庄周边干净整洁。

第二十五章　健全城乡融合发展体制机制

建立健全城乡要素平等交换、双向流动政策体系，促进要素更多向乡村流动，增强农业农村发展活力。

第一节　深化农业农村改革

巩固完善农村基本经营制度，落实第二轮土地承包到期后再延长 30 年政策，完善农村承包地所有权、承包权、经营权分置制度，进一步放活经营权。发展多种形式适度规模经营，加快培育家庭农场、农民合作社等新型农业经营主体，健全农业专业化社会化服务体系，实现小农户和现代农业有机衔接。深化农村宅基地制度改革试点，加快房地一体的宅基地确权颁证，探索宅基地所有权、资格权、使用权分置实现形式。积极探索实施农村集体经营性建设用地入市制度。允许农村集体在农民自愿前提下，依法把有偿收回的闲置宅基地、废弃的集体公益性建设用地转变为集体经营性建设用地入市。建立土地征收公共利益认定机制，缩小土地征收范围。深化农村集体产权制度改革，完善产权权能，将经营性资产量化到集体经济组织成员，发展壮大新型农村集体经济。切实减轻村级组织负担。发挥国家城乡融合发展试验区、农村改革试验区示范带动作用。

第二节　加强农业农村发展要素保障

健全农业农村投入保障制度，加大中央财政转移支付、土地出让收入、地方政府债券支持农业农村力度。健全农业支持保护制度，完善粮食主产区利益补偿机制，构建新型农业补贴政策体系，完善粮食最低收购价政策。深化供销合作社改革。完善农村用地保障机制，保障设施农业和乡村产业发展合理用地需求。健全农村金融服务体系，完善金融支农激励机制，扩大农村资产抵押担保融资范围，发展农业保险。允许入乡就业创业人员在原籍地或就业创业地落户并享受相关权益，建立科研人员入乡兼职兼薪和离岗创业制度。

第二十六章　实现巩固拓展脱贫攻坚成果同乡村振兴有效衔接

建立完善农村低收入人口和欠发达地区帮扶机制，保持主要帮扶政策和财政投入力度总体稳定，接续推进脱贫地区发展。

第一节　巩固提升脱贫攻坚成果

严格落实"摘帽不摘责任、摘帽不摘政策、摘帽不摘帮扶、摘帽不摘监管"要求，建立健全巩固拓展脱贫攻坚成果长效机制。健全防止返贫动态监测和精准帮扶机制，对易返贫致贫人口实施常态化监测，建立健全快速发现和响应机制，分层分类及时纳入帮扶政策范围。完善农村社会保障和救助制度，健全农村低收入人口常态化帮扶机制。对脱贫地区继续实施城乡建设用地增减挂钩节余指标省内交易政策、调整完善跨省域交易政策。加强扶贫项目资金资产管理和监督，推动特色产业可持续发展。推广以工代赈方式，带动低收入人口就地就近就业。做好易地扶贫搬迁后续帮扶，加强大型搬迁安置区新型城镇化建设。

第二节　提升脱贫地区整体发展水平

实施脱贫地区特色种养业提升行动，广泛开展农产品产销对接活动，深化拓展消费帮扶。在西部地区脱贫县中集中支持一批乡村振兴重点帮扶县，从财政、金融、土地、人才、基础设施、公共服务等方面给予集中支持，增强其巩固脱贫成果及内生发展能力。坚持和完善东西部协作和对口支援、中央单位定点帮扶、社会力量参与帮扶等机制，调整优化东西部协作结对帮扶关系和帮扶方式，强化产业合作和劳务协作。

第八篇　完善新型城镇化战略　提升城镇化发展质量

坚持走中国特色新型城镇化道路，深入推进以人为核心的新型城镇化战略，以城市群、都市圈为依托促进大中小城市和小城镇协调联动、特色化发展，使更多人民群众享有更高品质的城市生活。

第二十七章　加快农业转移人口市民化

坚持存量优先、带动增量，统筹推进户籍制度改革和城镇基本公共服务常住人口全覆盖，健全农业转移人口市民化配套政策体系，加快推动农业转移人口全面融入城市。

第一节　深化户籍制度改革

放开放宽除个别超大城市外的落户限制，试行以经常居住地登记户口制度。全面取消城区常住人口 300 万以下的城市落户限制，确保外地与本地农业转移人口进城落户标准一视同仁。全面放宽城区常住人口 300 万至 500 万的 I 型大城市落户条件。完善城区常住人口 500 万以上的超大特大城市积分落户政策，精简积分项目，确保社会保险缴纳年限和居住年限分数占主要比例，鼓励取消年度落户名额限制。健全以居住证为载体、与居住年限等条件相挂钩的基本公共服务提供机制，鼓励地方政府提供更多基本公共服务和办事便利，提高居住证持有人城镇义务教育、住房保障等服务的实际享有水平。

第二节 健全农业转移人口市民化机制

完善财政转移支付与农业转移人口市民化挂钩相关政策，提高均衡性转移支付分配中常住人口折算比例，中央财政市民化奖励资金分配主要依据跨省落户人口数量确定。建立财政性建设资金对吸纳落户较多城市的基础设施投资补助机制，加大中央预算内投资支持力度。调整城镇建设用地年度指标分配依据，建立同吸纳农业转移人口落户数量和提供保障性住房规模挂钩机制。根据人口流动实际调整人口流入流出地区教师、医生等编制定额和基本公共服务设施布局。依法保障进城落户农民农村土地承包权、宅基地使用权、集体收益分配权，建立农村产权流转市场体系，健全农户"三权"市场化退出机制和配套政策。

第二十八章 完善城镇化空间布局

发展壮大城市群和都市圈，分类引导大中小城市发展方向和建设重点，形成疏密有致、分工协作、功能完善的城镇化空间格局。

第一节 推动城市群一体化发展

以促进城市群发展为抓手，全面形成"两横三纵"城镇化战略格局。优化提升京津冀、长三角、珠三角、成渝、长江中游等城市群，发展壮大山东半岛、粤闽浙沿海、中原、关中平原、北部湾等城市群，培育发展哈长、辽中南、山西中部、黔中、滇中、呼包鄂榆、兰州—西宁、宁夏沿黄、天山北坡等城市群。建立健全城市群一体化协调发展机制和成本共担、利益共享机制，统筹推进基础设施协调布局、产业分工协作、公共服务共享、生态共建环境共治。优化城市群内部空间结构，构筑生态和安全屏障，形成多中心、多层级、多节点的网络型城市群。

第二节　建设现代化都市圈

依托辐射带动能力较强的中心城市，提高1小时通勤圈协同发展水平，培育发展一批同城化程度高的现代化都市圈。以城际铁路和市域（郊）铁路等轨道交通为骨干，打通各类"断头路"、"瓶颈路"，推动市内市外交通有效衔接和轨道交通"四网融合"，提高都市圈基础设施连接性贯通性。鼓励都市圈社保和落户积分互认、教育和医疗资源共享，推动科技创新券通兑通用、产业园区和科研平台合作共建。鼓励有条件的都市圈建立统一的规划委员会，实现规划统一编制、统一实施，探索推进土地、人口等统一管理。

第三节　优化提升超大特大城市中心城区功能

统筹兼顾经济、生活、生态、安全等多元需要，转变超大特大城市开发建设方式，加强超大特大城市治理中的风险防控，促进高质量、可持续发展。有序疏解中心城区一般性制造业、区域性物流基地、专业市场等功能和设施，以及过度集中的医疗和高等教育等公共服务资源，合理降低开发强度和人口密度。增强全球资源配置、科技创新策源、高端产业引领功能，率先形成以现代服务业为主体、先进制造业为支撑的产业结构，提升综合能级与国际竞争力。坚持产城融合，完善郊区新城功能，实现多中心、组团式发展。

第四节　完善大中城市宜居宜业功能

充分利用综合成本相对较低的优势，主动承接超大特大城市产业转移和功能疏解，夯实实体经济发展基础。立足特色资源和产业基础，确立制造业差异化定位，推动制造业规模化集群化发展，因地制宜建设先进制造业基地、商贸物流中心和区域专业服务中心。优化市政公用设施布局和功能，支持三级医院和高等院校在大中城市布局，增加文化体育资源供给，营造现代时尚的消费场景，提升城市生活品质。

第五节　推进以县城为重要载体的城镇化建设

加快县城补短板强弱项，推进公共服务、环境卫生、市政公用、产业配套等设施提级扩能，增强综合承载能力和治理能力。支持东部地区基础较好的县城建设，重点支持中西部和东北城镇化地区县城建设，合理支持农产品主产区、重点生态功能区县城建设。健全县城建设投融资机制，更好发挥财政性资金作用，引导金融资本和社会资本加大投入力度。稳步有序推动符合条件的县和镇区常住人口 20 万以上的特大镇设市。按照区位条件、资源禀赋和发展基础，因地制宜发展小城镇，促进特色小镇规范健康发展。

第二十九章　全面提升城市品质

加快转变城市发展方式，统筹城市规划建设管理，实施城市更新行动，推动城市空间结构优化和品质提升。

第一节　转变城市发展方式

按照资源环境承载能力合理确定城市规模和空间结构，统筹安排城市建设、产业发展、生态涵养、基础设施和公共服务。推行功能复合、立体开发、公交导向的集约紧凑型发展模式，统筹地上地下空间利用，增加绿化节点和公共开敞空间，新建住宅推广街区制。推行城市设计和风貌管控，落实适用、经济、绿色、美观的新时期建筑方针，加强新建高层建筑管控。加快推进城市更新，改造提升老旧小区、老旧厂区、老旧街区和城中村等存量片区功能，推进老旧楼宇改造，积极扩建新建停车场、充电桩。

第二节　推进新型城市建设

顺应城市发展新理念新趋势，开展城市现代化试点示范，建设宜居、创新、智慧、绿色、人文、韧性城市。提升城市智慧化水平，推行城市楼宇、公共空间、地下管网等"一张图"数字化管理和城市运行一网统管。科学规划布局城市绿环绿廊绿楔绿道，推进生态修复和功能完善工程，优先发展城市公共交通，建设自行车道、步行道等慢行网络，发展智能建造，推广绿色建材、装配式建筑和钢结构住宅，建设低碳城市。保护和延续城市文脉，杜绝大拆大建，让城市留下记忆、让居民记住乡愁。建设源头减排、蓄排结合、排涝除险、超标应急的城市防洪排涝体系,推动城市内涝治理取得明显成效。增强公共设施应对风暴、干旱和地质灾害的能力,完善公共设施和建筑应急避难功能。加强无障碍环境建设。拓展城市建设资金来源渠道,建立期限匹配、渠道多元、财务可持续的融资机制。

第三节　提高城市治理水平

坚持党建引领、重心下移、科技赋能,不断提升城市治理科学化精细化智能化水平,推进市域社会治理现代化。改革完善城市管理体制。推广"街乡吹哨、部门报到、接诉即办"等基层管理机制经验,推动资源、管理、服务向街道社区下沉,加快建设现代社区。运用数字技术推动城市管理手段、管理模式、管理理念创新,精准高效满足群众需求。加强物业服务监管,提高物业服务覆盖率、服务质量和标准化水平。

第四节　完善住房市场体系和住房保障体系

坚持房子是用来住的、不是用来炒的定位,加快建立多主体供给、多渠道保障、租购并举的住房制度,让全体人民住有所居、职住平衡。坚持因地制宜、多策并举,夯实城市政府主体责任,稳定地价、房价和预期。建立住房和土地联动机制,加强房地产金融调控,发挥住房税收调节作用,支持合理自住需求,遏制投资投机性需求。加快培育和发展住房租赁市场,有效盘活存量住房资源,有力有序扩大城市租赁住房供给,完善长租房政策,逐步使租购住房在享受公共服务上具有同等权利。加快住房租赁法规建设,加强租赁市场监管,保障承租人和出租人合法权益。有效增加保障性住房供给,完善住房保障基础性制度和支持政策。以人口流入多、房价高的城市为重点,扩大保障性租赁住房供给,着力解决困难群体和新市民住房问题。单列租赁住房用地计划,探索利用集体建设用地和企事业单位自有闲置土地建设租赁住房,支持将非住宅房屋改建为保障性租赁住房。完善土地出让收入分配机制,加大财税、金融支持力度。因地制宜发展共有产权住房。处理好基本保障和非基本保障的关系,完善住房保障方式,健全保障对象、准入门槛、退出管理等政策。改革完善住房公积金制度，健全缴存、使用、管理和运行机制。

第九篇　优化区域经济布局　促进区域协调发展

深入实施区域重大战略、区域协调发展战略、主体功能区战略，健全区域协调发展体制机制，构建高质量发展的区域经济布局和国土空间支撑体系。

第三十章　优化国土空间开发保护格局

立足资源环境承载能力，发挥各地区比较优势，促进各类要素合理流动和高效集聚，推动形成主体功能明显、优势互补、高质量发展的国土空间开发保护新格局。

第一节　完善和落实主体功能区制度

顺应空间结构变化趋势，优化重大基础设施、重大生产力和公共资源布局，分类提高城市化地区发展水平，推动农业生产向粮食生产功能区、重要农产品生产保护区和特色农产品优势区集聚，优化生态安全屏障体系，逐步形成城市化地区、农产品主产区、生态功能区三大空间格局。细化主体功能区划分，按照主体功能定位划分政策单元，对重点开发地区、生态脆弱地区、能源资源富集地区等制定差异化政策，分类精准施策。加强空间发展统筹协调，保障国家重大发展战略落地实施。

第二节　开拓高质量发展的重要动力源

以中心城市和城市群等经济发展优势区域为重点，增强经济和人口承载能力，带动全国经济效率整体提升。以京津冀、长三角、粤港澳大湾区为重点，提升创新策源能力和全球资源配置能力，加快打造引领高质量发展的第一梯队。在中西部有条件的地区，以中心城市为引领，提升城市群功能，加快工业化城镇化进程，形成高质量发展的重要区域。破除资源流动障碍，优化行政区划设置，提高中心城市综合承载能力和资源优化配置能力，强化对区域发展的辐射带动作用。

第三节　提升重要功能性区域的保障能力

以农产品主产区、重点生态功能区、能源资源富集地区和边境地区等承担战略功能的区域为支撑，切实维护国家粮食安全、生态安全、能源安全和边疆安全，与动力源地区共同打造高质量发展的动力系统。支持农产品主产区增强农业生产能力，支持生态功能区把发展重点放到保护生态环境、提供生态产品上，支持生态功能区人口逐步有序向城市化地区转移并定居落户。优化能源开发布局和运输格局，加强能源资源综合开发利用基地建设，提升国内能源供给保障水平。增强边疆地区发展能力，强化人口和经济支撑，促进民族团结和边疆稳定。健全公共资源配置机制，对重点生态功能区、农产品主产区、边境地区等提供有效转移支付。

第三十一章　深入实施区域重大战略

聚焦实现战略目标和提升引领带动能力，推动区域重大战略取得新的突破性进展，促进区域间融合互动、融通补充。

第一节　加快推动京津冀协同发展

紧抓疏解北京非首都功能"牛鼻子"，构建功能疏解政策体系，实施一批标志性疏解项目。高标准高质量建设雄安新区，加快启动区和起步区建设，推动管理体制创新。高质量建设北京城市副中心，促进与河北省三河、香河、大厂三县市一体化发展。推动天津滨海新区高质量发展，支持张家口首都水源涵养功能区和生态环境支撑区建设。提高北京科技创新中心基础研究和原始创新能力，发挥中关村国家自主创新示范区先行先试作用，推动京津冀产业链与创新链深度融合。基本建成轨道上的京津冀，提高机场群港口群协同水平。深化大气污染联防联控联治，强化华北地下水超采及地面沉降综合治理。

第二节　全面推动长江经济带发展

坚持生态优先、绿色发展和共抓大保护、不搞大开发，协同推动生态环境保护和经济发展，打造人与自然和谐共生的美丽中国样板。持续推进生态环境突出问题整改，推动长江全流域按单元精细化分区管控，实施城镇污水垃圾处理、工业污染治理、农业面源污染治理、船舶污染治理、尾矿库污染治理等工程。深入开展绿色发展示范，推进赤水河流域生态环境保护。实施长江十年禁渔。围绕建设长江大动脉，整体设计综合交通运输体系，疏解三峡枢纽瓶颈制约，加快沿江高铁和货运铁路建设。发挥产业协同联动整体优势，构建绿色产业体系。保护好长江文物和文化遗产。

第三节 积极稳妥推进粤港澳大湾区建设

加强粤港澳产学研协同发展，完善广深港、广珠澳科技创新走廊和深港河套、粤澳横琴科技创新极点"两廊两点"架构体系，推进综合性国家科学中心建设，便利创新要素跨境流动。加快城际铁路建设，统筹港口和机场功能布局，优化航运和航空资源配置。深化通关模式改革，促进人员、货物、车辆便捷高效流动。扩大内地与港澳专业资格互认范围，深入推进重点领域规则衔接、机制对接。便利港澳青年到大湾区内地城市就学就业创业，打造粤港澳青少年交流精品品牌。

第四节 提升长三角一体化发展水平

瞄准国际先进科创能力和产业体系，加快建设长三角G60科创走廊和沿沪宁产业创新带，提高长三角地区配置全球资源能力和辐射带动全国发展能力。加快基础设施互联互通，实现长三角地级及以上城市高铁全覆盖，推进港口群一体化治理。打造虹桥国际开放枢纽，强化上海自贸试验区临港新片区开放型经济集聚功能，深化沪苏浙皖自贸试验区联动发展。加快公共服务便利共享，优化优质教育和医疗卫生资源布局。推进生态环境共保联治，高水平建设长三角生态绿色一体化发展示范区。

第五节 扎实推进黄河流域生态保护和高质量发展

加大上游重点生态系统保护和修复力度，筑牢三江源"中华水塔"，提升甘南、若尔盖等区域水源涵养能力。创新中游黄土高原水土流失治理模式，积极开展小流域综合治理、旱作梯田和淤地坝建设。推动下游二级悬河治理和滩区综合治理，加强黄河三角洲湿地保护和修复。开展汾渭平原、河套灌区等农业面源污染治理，清理整顿黄河岸线内工业企业，加强沿黄河城镇污水处理设施及配套管网建设。实施深度节水控水行动，降低水资源开发利用强度。合理控制煤炭开发强度，推进能源资源一体化开发利用，加强矿山生态修复。优化中心城市和城市群发展格局，统筹沿黄河县城和乡村建设。实施黄河文化遗产系统保护工程，打造具有国际影响力的黄河文化旅游带。建设黄河流域生态保护和高质量发展先行区。

第三十二章　深入实施区域协调发展战略

深入推进西部大开发、东北全面振兴、中部地区崛起、东部率先发展，支持特殊类型地区加快发展，在发展中促进相对平衡。

第一节　推进西部大开发形成新格局

强化举措推进西部大开发，切实提高政策精准性和有效性。深入实施一批重大生态工程，开展重点区域综合治理。积极融入"一带一路"建设，强化开放大通道建设，构建内陆多层次开放平台。加大西部地区基础设施投入，支持发展特色优势产业，集中力量巩固脱贫攻坚成果，补齐教育、医疗卫生等民生领域短板。推进成渝地区双城经济圈建设，打造具有全国影响力的重要经济中心、科技创新中心、改革开放新高地、高品质生活宜居地，提升关中平原城市群建设水平，促进西北地区与西南地区合作互动。支持新疆建设国家"三基地一通道"，支持西藏打造面向南亚开放的重要通道。促进 400 毫米降水线西侧区域保护发展。

第二节　推动东北振兴取得新突破

从维护国家国防、粮食、生态、能源、产业安全的战略高度，加强政策统筹，实现重点突破。加快转变政府职能，深化国有企业改革攻坚，着力优化营商环境，大力发展民营经济。打造辽宁沿海经济带，建设长吉图开发开放先导区，提升哈尔滨对俄合作开放能级。加快发展现代农业，打造保障国家粮食安全的"压舱石"。加大生态资源保护力度，筑牢祖国北疆生态安全屏障。改造提升装备制造等传统优势产业，培育发展新兴产业，大力发展寒地冰雪、生态旅游等特色产业，打造具有国际影响力的冰雪旅游带，形成新的均衡发展产业结构和竞争优势。实施更具吸引力的人才集聚措施。深化与东部地区对口合作。

第三节　开创中部地区崛起新局面

着力打造重要先进制造业基地、提高关键领域自主创新能力、建设内陆地区开放高地、巩固生态绿色发展格局，推动中部地区加快崛起。做大做强先进制造业，在长江、京广、陇海、京九等沿线建设一批中高端产业集群，积极承接新兴产业布局和转移。推动长江中游城市群协同发展，加快武汉、长株潭都市圈建设，打造全国重要增长极。夯实粮食生产基础，不断提高农业综合效益和竞争力，加快发展现代农业。加强生态环境共保联治，着力构筑生态安全屏障。支持淮河、汉江生态经济带上下游合作联动发展。加快对外开放通道建设，高标准高水平建设内陆地区开放平台。提升公共服务保障特别是应对公共卫生等重大突发事件能力。

第四节　鼓励东部地区加快推进现代化

发挥创新要素集聚优势，加快在创新引领上实现突破，推动东部地区率先实现高质量发展。加快培育世界级先进制造业集群，引领新兴产业和现代服务业发展，提升要素产出效率，率先实现产业升级。更高层次参与国际经济合作和竞争，打造对外开放新优势，率先建立全方位开放型经济体系。支持深圳建设中国特色社会主义先行示范区、浦东打造社会主义现代化建设引领区、浙江高质量发展建设共同富裕示范区。深入推进山东新旧动能转换综合试验区建设。

第五节　支持特殊类型地区发展

统筹推进革命老区振兴，因地制宜发展特色产业，传承弘扬红色文化，支持赣闽粤原中央苏区高质量发展示范，推进陕甘宁、大别山、左右江、川陕、沂蒙等革命老区绿色创新发展。推进生态退化地区综合治理和生态脆弱地区保护修复，支持毕节试验区建设。推动资源型地区可持续发展示范区和转型创新试验区建设，实施采煤沉陷区综合治理和独立工矿区改造提升工程。推进老工业基地制造业竞争优势重构，建设产业转型升级示范区。改善国有林场林区基础设施。多措并举解决高海拔地区群众生产生活困难。推进兴边富民、稳边固边，大力改善边境地区生产生活条件，完善沿边城镇体系，支持边境口岸建设，加快抵边村镇和抵边通道建设。推动边境贸易创新发展。加大对重点边境地区发展精准支持力度。

第六节　健全区域协调发展体制机制

建立健全区域战略统筹、市场一体化发展、区域合作互助、区际利益补偿等机制，更好促进发达地区和欠发达地区、东中西部和东北地区共同发展。提升区域合作层次和水平，支持省际交界地区探索建立统一规划、统一管理、合作共建、利益共享的合作新机制。完善财政转移支付支持欠发达地区的机制，逐步实现基本公共服务均等化，引导人才向西部和艰苦边远地区流动。完善区域合作与利益调节机制，支持流域上下游、粮食主产区主销区、资源输出地输入地之间开展多种形式的利益补偿，鼓励探索共建园区、飞地经济等利益共享模式。聚焦铸牢中华民族共同体意识，加大对民族地区发展支持力度，全面深入持久开展民族团结进步宣传教育和创建，促进各民族交往交流交融。

第三十三章　积极拓展海洋经济发展空间

坚持陆海统筹、人海和谐、合作共赢，协同推进海洋生态保护、海洋经济发展和海洋权益维护，加快建设海洋强国。

第一节　建设现代海洋产业体系

围绕海洋工程、海洋资源、海洋环境等领域突破一批关键核心技术。培育壮大海洋工程装备、海洋生物医药产业，推进海水淡化和海洋能规模化利用，提高海洋文化旅游开发水平。优化近海绿色养殖布局，建设海洋牧场，发展可持续远洋渔业。建设一批高质量海洋经济发展示范区和特色化海洋产业集群，全面提高北部、东部、南部三大海洋经济圈发展水平。以沿海经济带为支撑，深化与周边国家涉海合作。

第二节　打造可持续海洋生态环境

探索建立沿海、流域、海域协同一体的综合治理体系。严格围填海管控，加强海岸带综合管理与滨海湿地保护。拓展入海污染物排放总量控制范围，保障入海河流断面水质。加快推进重点海域综合治理，构建流域—河口—近岸海域污染防治联动机制，推进美丽海湾保护与建设。防范海上溢油、危险化学品泄露等重大环境风险，提升应对海洋自然灾害和突发环境事件能力。完善海岸线保护、海域和无居民海岛有偿使用制度，探索海岸建筑退缩线制度和海洋生态环境损害赔偿制度，自然岸线保有率不低于35%。

第三节　深度参与全球海洋治理

积极发展蓝色伙伴关系，深度参与国际海洋治理机制和相关规则制定与实施，推动建设公正合理的国际海洋秩序，推动构建海洋命运共同体。深化与沿海国家在海洋环境监测和保护、科学研究和海上搜救等领域务实合作，加强深海战略性资源和生物多样性调查评价。参与北极务实合作，建设"冰上丝绸之路"。提高参与南极保护和利用能力。加强形势研判、风险防范和法理斗争，加强海事司法建设，坚决维护国家海洋权益。有序推进海洋基本法立法。

第十篇　发展社会主义先进文化　提升国家文化软实力

坚持马克思主义在意识形态领域的指导地位，坚定文化自信，坚持以社会主义核心价值观引领文化建设，围绕举旗帜、聚民心、育新人、兴文化、展形象的使命任务，促进满足人民文化需求和增强人民精神力量相统一，推进社会主义文化强国建设。

第三十四章　提高社会文明程度

加强社会主义精神文明建设，培育和践行社会主义核心价值观，推动形成适应新时代要求的思想观念、精神面貌、文明风尚、行为规范。

第一节　推动理想信念教育常态化制度化

深入开展习近平新时代中国特色社会主义思想学习教育，健全用党的创新理论武装全党、教育人民的工作体系。建立健全"不忘初心、牢记使命"的制度和长效机制，加强和改进思想政治工作，持续开展中国特色社会主义和中国梦宣传教育，加强党史、新中国史、改革开放史、社会主义发展史教育，加强爱国主义、集体主义、社会主义教育，加强革命文化研究阐释和宣传教育，弘扬党和人民在各个历史时期奋斗中形成的伟大精神。完善弘扬社会主义核心价值观的法律政策体系，把社会主义核心价值观要求融入法治建设和社会治理，体现到国民教育、精神文明创建、文化产品创作生产全过程。完善青少年理想信念教育齐抓共管机制。

第二节　发展中国特色哲学社会科学

加强对习近平新时代中国特色社会主义思想的整体性系统性研究、出版传播、宣传阐释，推进马克思主义中国化、时代化、大众化。深入实施马克思主义理论研究和建设工程，推进习近平新时代中国特色社会主义思想研究中心（院）、中国特色社会主义理论体系研究中心等建设，建好用好"学习强国"等学习平台。构建中国特色哲学社会科学学科体系、学术体系和话语体系，深入实施哲学社会科学创新工程，加强中国特色新型智库建设。

第三节　传承弘扬中华优秀传统文化

深入实施中华优秀传统文化传承发展工程，强化重要文化和自然遗产、非物质文化遗产系统性保护，推动中华优秀传统文化创造性转化、创新性发展。加强文物科技创新，实施中华文明探源和考古中国工程，开展中华文化资源普查，加强文物和古籍保护研究利用，推进革命文物和红色遗址保护，完善流失文物追索返还制度。建设长城、大运河、长征、黄河等国家文化公园，加强世界文化遗产、文物保护单位、考古遗址公园、历史文化名城名镇名村保护。健全非物质文化遗产保护传承体系，加强各民族优秀传统手工艺保护和传承。

第四节 持续提升公民文明素养

推进公民道德建设，大力开展社会公德、职业道德、家庭美德、个人品德建设。开展国家勋章、国家荣誉称号获得者和时代楷模、道德模范、最美人物、身边好人的宣传学习。实施文明创建工程，拓展新时代文明实践中心建设，科学规范做好文明城市、文明村镇、文明单位、文明校园、文明家庭评选表彰，深化未成年人思想道德建设。完善市民公约、乡规民约、学生守则、团体章程等社会规范，建立惩戒失德行为机制。弘扬诚信文化，建设诚信社会。广泛开展志愿服务关爱行动。提倡艰苦奋斗、勤俭节约，开展以劳动创造幸福为主题的宣传教育。加强网络文明建设，发展积极健康的网络文化。

第三十五章 提升公共文化服务水平

坚持为人民服务、为社会主义服务的方向，坚持百花齐放、百家争鸣的方针，加强公共文化服务体系建设和体制机制创新，强化中华文化传播推广和文明交流互鉴，更好保障人民文化权益。

第一节 加强优秀文化作品创作生产传播

把提高质量作为文艺作品的生命线，提高文艺原创能力。实施文艺作品质量提升工程，健全重大现实、重大革命、重大历史题材创作规划组织机制，加强农村、少儿等题材创作，不断推出反映时代新气象、讴歌人民新创造的文艺精品。建立健全文化产品创作生产、传播引导、宣传推广的激励机制和评价体系，推动形成健康清朗的文艺生态。加强文化队伍建设，培养造就高水平创作人才和德艺双馨的名家大师。

第二节 完善公共文化服务体系

优化城乡文化资源配置，推进城乡公共文化服务体系一体建设。创新实施文化惠民工程，提升基层综合性文化服务中心功能，广泛开展群众性文化活动。推进公共图书馆、文化馆、美术馆、博物馆等公共文化场馆免费开放和数字化发展。推进媒体深度融合，做强新型主流媒体。完善应急广播体系，实施智慧广电固边工程和乡村工程。发展档案事业。深入推进全民阅读，建设"书香中国"，推动农村电影放映优化升级。创新公共文化服务运行机制，鼓励社会力量参与公共文化服务供给和设施建设运营。

第三节 提升中华文化影响力

加强对外文化交流和多层次文明对话，创新推进国际传播，利用网上网下，讲好中国故事，传播好中国声音，促进民心相通。开展"感知中国"、"走读中国"、"视听中国"活动，办好中国文化年（节）、旅游年（节）。建设中文传播平台，构建中国语言文化全球传播体系和国际中文教育标准体系。

第三十六章 健全现代文化产业体系

坚持把社会效益放在首位、社会效益和经济效益相统一，健全现代文化产业体系和市场体系。

第一节 扩大优质文化产品供给

实施文化产业数字化战略，加快发展新型文化企业、文化业态、文化消费模式，壮大数字创意、网络视听、数字出版、数字娱乐、线上演播等产业。加快提升超高清电视节目制播能力，推进电视频道高清化改造，推进沉浸式视频、云转播等应用。实施文化品牌战略，打造一批有影响力、代表性的文化品牌。培育骨干文化企业，规范发展文化产业园区，推动区域文化产业带建设。积极发展对外文化贸易，开拓海外文化市场，鼓励优秀传统文化产品和影视剧、游戏等数字文化产品"走出去"，加强国家文化出口基地建设。

第二节 推动文化和旅游融合发展

坚持以文塑旅、以旅彰文，打造独具魅力的中华文化旅游体验。深入发展大众旅游、智慧旅游，创新旅游产品体系，改善旅游消费体验。加强区域旅游品牌和服务整合，建设一批富有文化底蕴的世界级旅游景区和度假区，打造一批文化特色鲜明的国家级旅游休闲城市和街区。推进红色旅游、文化遗产旅游、旅游演艺等创新发展，提升度假休闲、乡村旅游等服务品质，完善邮轮游艇、低空旅游等发展政策。健全旅游基础设施和集散体系，推进旅游厕所革命，强化智慧景区建设。建立旅游服务质量评价体系，规范在线旅游经营服务。

第三节　深化文化体制改革

完善文化管理体制和生产经营机制，提升文化治理效能。完善国有文化资产管理体制机制，深化公益性文化事业单位改革，推进公共文化机构法人治理结构改革。深化国有文化企业分类改革，推进国有文艺院团改革和院线制改革。完善文化市场综合执法体制，制定未成年人网络保护、信息网络传播视听等领域法律法规。

第十一篇　推动绿色发展　促进人与自然和谐共生

坚持绿水青山就是金山银山理念，坚持尊重自然、顺应自然、保护自然，坚持节约优先、保护优先、自然恢复为主，实施可持续发展战略，完善生态文明领域统筹协调机制，构建生态文明体系，推动经济社会发展全面绿色转型，建设美丽中国。

第三十七章　提升生态系统质量和稳定性

坚持山水林田湖草系统治理，着力提高生态系统自我修复能力和稳定性，守住自然生态安全边界，促进自然生态系统质量整体改善。

第一节　完善生态安全屏障体系

强化国土空间规划和用途管控，划定落实生态保护红线、永久基本农田、城镇开发边界以及各类海域保护线。以国家重点生态功能区、生态保护红线、国家级自然保护地等为重点，实施重要生态系统保护和修复重大工程，加快推进青藏高原生态屏障区、黄河重点生态区、长江重点生态区和东北森林带、北方防沙带、南方丘陵山地带、海岸带等生态屏障建设。加强长江、黄河等大江大河和重要湖泊湿地生态保护治理，加强重要生态廊道建设和保护。全面加强天然林和湿地保护，湿地保护率提高到 55%。科学推进水土流失和荒漠化、石漠化综合治理，开展大规模国土绿化行动，推行林长制。科学开展人工影响天气活动。推行草原森林河流湖泊休养生息，健全耕地休耕轮作制度，巩固退耕还林还草、退田还湖还湿、退围还滩还海成果。

第二节　构建自然保护地体系

科学划定自然保护地保护范围及功能分区，加快整合归并优化各类保护地，构建以国家公园为主体、自然保护区为基础、各类自然公园为补充的自然保护地体系。严格管控自然保护地范围内非生态活动，稳妥推进核心区内居民、耕地、矿权有序退出。完善国家公园管理体制和运营机制，整合设立一批国家公园。实施生物多样性保护重大工程，构筑生物多样性保护网络，加强国家重点保护和珍稀濒危野生动植物及其栖息地的保护修复，加强外来物种管控。完善生态保护和修复用地用海等政策。完善自然保护地、生态保护红线监管制度，开展生态系统保护成效监测评估。

第三节　健全生态保护补偿机制

加大重点生态功能区、重要水系源头地区、自然保护地转移支付力度，鼓励受益地区和保护地区、流域上下游通过资金补偿、产业扶持等多种形式开展横向生态补偿。完善市场化多元化生态补偿，鼓励各类社会资本参与生态保护修复。完善森林、草原和湿地生态补偿制度。推动长江、黄河等重要流域建立全流域生态补偿机制。建立生态产品价值实现机制，在长江流域和三江源国家公园等开展试点。制定实施生态保护补偿条例。

第三十八章　持续改善环境质量

深入打好污染防治攻坚战，建立健全环境治理体系，推进精准、科学、依法、系统治污，协同推进减污降碳，不断改善空气、水环境质量，有效管控土壤污染风险。

第一节　深入开展污染防治行动

坚持源头防治、综合施策，强化多污染物协同控制和区域协同治理。加强城市大气质量达标管理，推进细颗粒物（PM2.5）和臭氧（O3）协同控制，地级及以上城市 PM2.5 浓度下降 10%，有效遏制 O3 浓度增长趋势，基本消除重污染天气。持续改善京津冀及周边地区、汾渭平原、长三角地区空气质量，因地制宜推动北方地区清洁取暖、工业窑炉治理、非电行业超低排放改造，加快挥发性有机物排放综合整治，氮氧化物和挥发性有机物排放总量分别下降 10% 以上。完善水污染防治流域协同机制，加强重点流域、重点湖泊、城市水体和近岸海域综合治理，推进美丽河湖保护与建设，化学需氧量和氨氮排放总量分别下降 8%，基本消除劣 V 类国控断面和城市黑臭水体。开展城市饮用水水源地规范化建设，推进重点流域重污染企业搬迁改造。推进受污染耕地和建设用地管控修复，实施水土环境风险协同防控。加强塑料污染全链条防治。加强环境噪声污染治理。重视新污染物治理。

第二节　全面提升环境基础设施水平

构建集污水、垃圾、固废、危废、医废处理处置设施和监测监管能力于一体的环境基础设施体系，形成由城市向建制镇和乡村延伸覆盖的环境基础设施网络。推进城镇污水管网全覆盖，开展污水处理差别化精准提标，推广污泥集中焚烧无害化处理，城市污泥无害化处置率达到 90%，地级及以上缺水城市污水资源化利用率超过 25%。建设分类投放、分类收集、分类运输、分类处理的生活垃圾处理系统。以主要产业基地为重点布局危险废弃物集中利用处置设施。加快建设地级及以上城市医疗废弃物集中处理设施，健全县域医疗废弃物收集转运处置体系。

第三节　严密防控环境风险

建立健全重点风险源评估预警和应急处置机制。全面整治固体废物非法堆存，提升危险废弃物监管和风险防范能力。强化重点区域、重点行业重金属污染监控预警。健全有毒有害化学物质环境风险管理体制，完成重点地区危险化学品生产企业搬迁改造。严格核与辐射安全监管，推进放射性污染防治。建立生态环境突发事件后评估机制和公众健康影响评估制度。在高风险领域推行环境污染强制责任保险。

第四节　积极应对气候变化

落实 2030 年应对气候变化国家自主贡献目标，制定 2030 年前碳排放达峰行动方案。完善能源消费总量和强度双控制度，重点控制化石能源消费。实施以碳强度控制为主、碳排放总量控制为辅的制度，支持有条件的地方和重点行业、重点企业率先达到碳排放峰值。推动能源清洁低碳安全高效利用，深入推进工业、建筑、交通等领域低碳转型。加大甲烷、氢氟碳化物、全氟化碳等其他温室气体控制力度。提升生态系统碳汇能力。锚定努力争取 2060 年前实现碳中和，采取更加有力的政策和措施。加强全球气候变暖对我国承受力脆弱地区影响的观测和评估，提升城乡建设、农业生产、基础设施适应气候变化能力。加强青藏高原综合科学考察研究。坚持公平、共同但有区别的责任及各自能力原则，建设性参与和引领应对气候变化国际合作，推动落实联合国气候变化框架公约及其巴黎协定，积极开展气候变化南南合作。

第五节　健全现代环境治理体系

建立地上地下、陆海统筹的生态环境治理制度。全面实行排污许可制，实现所有固定污染源排污许可证核发，推动工业污染源限期达标排放，推进排污权、用能权、用水权、碳排放权市场化交易。完善环境保护、节能减排约束性指标管理。完善河湖管理保护机制，强化河长制、湖长制。加强领导干部自然资源资产离任审计。完善中央生态环境保护督察制度。完善省以下生态环境机构监测监察执法垂直管理制度，推进生态环境保护综合执法改革，完善生态环境公益诉讼制度。加大环保信息公开力度，加强企业环境治理责任制度建设，完善公众监督和举报反馈机制，引导社会组织和公众共同参与环境治理。

（注：PM2.5 为 PM 右下角加 2.5，O3 为 O 右下角加 3）

第三十九章　加快发展方式绿色转型

坚持生态优先、绿色发展，推进资源总量管理、科学配置、全面节约、循环利用，协同推进经济高质量发展和生态环境高水平保护。

第一节　全面提高资源利用效率

坚持节能优先方针，深化工业、建筑、交通等领域和公共机构节能，推动5G、大数据中心等新兴领域能效提升，强化重点用能单位节能管理，实施能量系统优化、节能技术改造等重点工程，加快能耗限额、产品设备能效强制性国家标准制修订。实施国家节水行动，建立水资源刚性约束制度，强化农业节水增效、工业节水减排和城镇节水降损，鼓励再生水利用，单位GDP用水量下降16%左右。加强土地节约集约利用，加大批而未供和闲置土地处置力度，盘活城镇低效用地，支持工矿废弃土地恢复利用，完善土地复合利用、立体开发支持政策，新增建设用地规模控制在2950万亩以内，推动单位GDP建设用地使用面积稳步下降。提高矿产资源开发保护水平，发展绿色矿业，建设绿色矿山。

第二节　构建资源循环利用体系

全面推行循环经济理念，构建多层次资源高效循环利用体系。深入推进园区循环化改造，补齐和延伸产业链，推进能源资源梯级利用、废物循环利用和污染物集中处置。加强大宗固体废弃物综合利用，规范发展再制造产业。加快发展种养有机结合的循环农业。加强废旧物品回收设施规划建设，完善城市废旧物品回收分拣体系。推行生产企业"逆向回收"等模式，建立健全线上线下融合、流向可控的资源回收体系。拓展生产者责任延伸制度覆盖范围。推进快递包装减量化、标准化、循环化。

第三节　大力发展绿色经济

坚决遏制高耗能、高排放项目盲目发展，推动绿色转型实现积极发展。壮大节能环保、清洁生产、清洁能源、生态环境、基础设施绿色升级、绿色服务等产业，推广合同能源管理、合同节水管理、环境污染第三方治理等服务模式。推动煤炭等化石能源清洁高效利用，推进钢铁、石化、建材等行业绿色化改造，加快大宗货物和中长途货物运输"公转铁"、"公转水"。推动城市公交和物流配送车辆电动化。构建市场导向的绿色技术创新体系，实施绿色技术创新攻关行动，开展重点行业和重点产品资源效率对标提升行动。建立统一的绿色产品标准、认证、标识体系，完善节能家电、高效照明产品、节水器具推广机制。深入开展绿色生活创建行动。

第四节　构建绿色发展政策体系

强化绿色发展的法律和政策保障。实施有利于节能环保和资源综合利用的税收政策。大力发展绿色金融。健全自然资源有偿使用制度，创新完善自然资源、污水垃圾处理、用水用能等领域价格形成机制。推进固定资产投资项目节能审查、节能监察、重点用能单位管理制度改革。完善能效、水效"领跑者"制度。强化高耗水行业用水定额管理。深化生态文明试验区建设。深入推进山西国家资源型经济转型综合配套改革试验区建设和能源革命综合改革试点。

第十二篇　实行高水平对外开放　开拓合作共赢新局面

坚持实施更大范围、更宽领域、更深层次对外开放，依托我国超大规模市场优势，促进国际合作，实现互利共赢，推动共建"一带一路"行稳致远，推动构建人类命运共同体。

第四十章　建设更高水平开放型经济新体制

全面提高对外开放水平，推进贸易和投资自由化便利化，持续深化商品和要素流动型开放，稳步拓展规则、规制、管理、标准等制度型开放。

第一节　加快推进制度型开放

构建与国际通行规则相衔接的制度体系和监管模式。健全外商投资准入前国民待遇加负面清单管理制度，进一步缩减外资准入负面清单，落实准入后国民待遇，促进内外资企业公平竞争。建立健全跨境服务贸易负面清单管理制度，健全技术贸易促进体系。稳妥推进银行、证券、保险、基金、期货等金融领域开放，深化境内外资本市场互联互通，健全合格境外投资者制度。稳慎推进人民币国际化，坚持市场驱动和企业自主选择，营造以人民币自由使用为基础的新型互利合作关系。完善出入境、海关、外汇、税收等环节管理服务。

第二节　提升对外开放平台功能

统筹推进各类开放平台建设，打造开放层次更高、营商环境更优、辐射作用更强的开放新高地。完善自由贸易试验区布局，赋予其更大改革自主权，深化首创性、集成化、差别化改革探索，积极复制推广制度创新成果。稳步推进海南自由贸易港建设，以货物贸易"零关税"、服务贸易"既准入又准营"为方向推进贸易自由化便利化，大幅放宽市场准入，全面推行"极简审批"投资制度，开展跨境证券投融资改革试点和数据跨境传输安全管理试点，实施更加开放的人才、出入境、运输等政策，制定出台海南自由贸易港法，初步建立中国特色自由贸易港政策和制度体系。创新提升国家级新区和开发区，促进综合保税区高水平开放，完善沿边重点开发开放试验区、边境经济合作区、跨境经济合作区功能，支持宁夏、贵州、江西建设内陆开放型经济试验区。

第三节　优化区域开放布局

鼓励各地立足比较优势扩大开放，强化区域间开放联动，构建陆海内外联动、东西双向互济的开放格局。巩固东部沿海地区和超大特大城市开放先导地位，率先推动全方位高水平开放。加快中西部和东北地区开放步伐，支持承接国内外产业转移，培育全球重要加工制造基地和新增长极，研究在内陆地区增设国家一类口岸，助推内陆地区成为开放前沿。推动沿边开发开放高质量发展，加快边境贸易创新发展，更好发挥重点口岸和边境城市内外联通作用。支持广西建设面向东盟的开放合作高地、云南建设面向南亚东南亚和环印度洋地区开放的辐射中心。

第四节　健全开放安全保障体系

构筑与更高水平开放相匹配的监管和风险防控体系。健全产业损害预警体系，丰富贸易调整援助、贸易救济等政策工具，妥善应对经贸摩擦。健全外商投资国家安全审查、反垄断审查和国家技术安全清单管理、不可靠实体清单等制度。建立重要资源和产品全球供应链风险预警系统，加强国际供应链保障合作。加强国际收支监测，保持国际收支基本平衡和外汇储备基本稳定。加强对外资产负债监测，建立健全全口径外债监管体系。完善境外投资分类分级监管体系。构建海外利益保护和风险预警防范体系。优化提升驻外外交机构基础设施保障能力，完善领事保护工作体制机制，维护海外中国公民、机构安全和正当权益。

第四十一章　推动共建"一带一路"高质量发展

坚持共商共建共享原则，秉持绿色、开放、廉洁理念，深化务实合作，加强安全保障，促进共同发展。

第一节　加强发展战略和政策对接

推进战略、规划、机制对接，加强政策、规则、标准联通。创新对接方式，推进已签文件落实见效，推动与更多国家商签投资保护协定、避免双重征税协定等，加强海关、税收、监管等合作，推动实施更高水平的通关一体化。拓展规则对接领域，加强融资、贸易、能源、数字信息、农业等领域规则对接合作。促进共建"一带一路"倡议同区域和国际发展议程有效对接、协同增效。

第二节　推进基础设施互联互通

推动陆海天网四位一体联通，以"六廊六路多国多港"为基本框架，构建以新亚欧大陆桥等经济走廊为引领，以中欧班列、陆海新通道等大通道和信息高速路为骨架，以铁路、港口、管网等为依托的互联互通网络，打造国际陆海贸易新通道。聚焦关键通道和关键城市，有序推动重大合作项目建设，将高质量、可持续、抗风险、价格合理、包容可及目标融入项目建设全过程。提高中欧班列开行质量，推动国际陆运贸易规则制定。扩大"丝路海运"品牌影响。

推进福建、新疆建设"一带一路"核心区。推进"一带一路"空间信息走廊建设。建设"空中丝绸之路"。

第三节 深化经贸投资务实合作

推动与共建"一带一路"国家贸易投资合作优化升级，积极发展丝路电商。深化国际产能合作，拓展第三方市场合作，构筑互利共赢的产业链供应链合作体系，扩大双向贸易和投资。坚持以企业为主体、市场为导向，遵循国际惯例和债务可持续原则，健全多元化投融资体系。创新融资合作框架，发挥共建"一带一路"专项贷款、丝路基金等作用。建立健全"一带一路"金融合作网络，推动金融基础设施互联互通，支持多边和各国金融机构共同参与投融资。完善"一带一路"风险防控和安全保障体系，强化法律服务保障，有效防范化解各类风险。

第四节 架设文明互学互鉴桥梁

深化公共卫生、数字经济、绿色发展、科技教育、文化艺术等领域人文合作，加强议会、政党、民间组织往来，密切妇女、青年、残疾人等群体交流，形成多元互动的人文交流格局。推进实施共建"一带一路"科技创新行动计划，建设数字丝绸之路、创新丝绸之路。加强应对气候变化、海洋合作、野生动物保护、荒漠化防治等交流合作，推动建设绿色丝绸之路。积极与共建"一带一路"国家开展医疗卫生和传染病防控合作，建设健康丝绸之路。

第四十二章 积极参与全球治理体系改革和建设

高举和平、发展、合作、共赢旗帜，坚持独立自主的和平外交政策，推动构建新型国际关系，推动全球治理体系朝着更加公正合理的方向发展。

第一节 维护和完善多边经济治理机制

维护多边贸易体制，积极参与世界贸易组织改革，坚决维护发展中成员地位。推动二十国集团等发挥国际经济合作功能，建设性参与亚太经合组织、金砖国家等机制经济治理合作，提出更多中国倡议、中国方案。推动主要多边金融机构深化治理改革，支持亚洲基础设施投资银行和新开发银行更好发挥作用，提高参与国际金融治理能力。推动国际宏观经济政策沟通协调，搭建国际合作平台，共同维护全球产业链供应链稳定畅通、全球金融市场稳定，合力促进世界经济增长。推动新兴领域经济治理规则制定。

第二节　构建高标准自由贸易区网络

实施自由贸易区提升战略，构建面向全球的高标准自由贸易区网络。优化自由贸易区布局，推动区域全面经济伙伴关系协定实施，加快中日韩自由贸易协定谈判进程，稳步推进亚太自贸区建设。提升自由贸易区建设水平，积极考虑加入全面与进步跨太平洋伙伴关系协定，推动商签更多高标准自由贸易协定和区域贸易协定。

第三节　积极营造良好外部环境

积极发展全球伙伴关系，推进大国协调和合作，深化同周边国家关系，加强同发展中国家团结合作。坚持多边主义和共商共建共享原则，维护以联合国为核心的国际体系和以国际法为基础的国际秩序，共同应对全球性挑战。积极参与重大传染病防控国际合作，推动构建人类卫生健康共同体。深化对外援助体制机制改革，优化对外援助布局，向发展中国家特别是最不发达国家提供力所能及的帮助，加强医疗卫生、科技教育、绿色发展、减贫、人力资源开发、紧急人道主义等领域对外合作和援助。积极落实联合国2030年可持续发展议程。

第十三篇　提升国民素质　促进人的全面发展

把提升国民素质放在突出重要位置，构建高质量的教育体系和全方位全周期的健康体系，优化人口结构，拓展人口质量红利，提升人力资本水平和人的全面发展能力。

第四十三章　建设高质量教育体系

全面贯彻党的教育方针，坚持优先发展教育事业，坚持立德树人，增强学生文明素养、社会责任意识、实践本领，培养德智体美劳全面发展的社会主义建设者和接班人。

第一节 推进基本公共教育均等化

巩固义务教育基本均衡成果，完善办学标准，推动义务教育优质均衡发展和城乡一体化。加快城镇学校扩容增位，保障农业转移人口随迁子女平等享有基本公共教育服务。改善乡村小规模学校和乡镇寄宿制学校条件，加强乡村教师队伍建设，提高乡村教师素质能力，完善留守儿童关爱体系，巩固义务教育控辍保学成果。巩固提升高中阶段教育普及水平，鼓励高中阶段学校多样化发展，高中阶段教育毛入学率提高到92%以上。规范校外培训。完善普惠性学前教育和特殊教育、专门教育保障机制，学前教育毛入园率提高到90%以上。提高民族地区教育质量和水平，加大国家通用语言文字推广力度。

第二节 增强职业技术教育适应性

突出职业技术(技工)教育类型特色，深入推进改革创新，优化结构与布局，大力培养技术技能人才。完善职业技术教育国家标准，推行"学历证书+职业技能等级证书"制度。创新办学模式，深化产教融合、校企合作，鼓励企业举办高质量职业技术教育，探索中国特色学徒制。实施现代职业技术教育质量提升计划，建设一批高水平职业技术院校和专业，稳步发展职业本科教育。深化职普融通，实现职业技术教育与普通教育双向互认、纵向流动。

第三节 提高高等教育质量

推进高等教育分类管理和高等学校综合改革，构建更加多元的高等教育体系，高等教育毛入学率提高到60%。分类建设一流大学和一流学科，支持发展高水平研究型大学。建设高质量本科教育，推进部分普通本科高校向应用型转变。建立学科专业动态调整机制和特色发展引导机制，增强高校学科设置针对性，推进基础学科高层次人才培养模式改革，加快培养理工农医类专业紧缺人才。加强研究生培养管理，提升研究生教育质量，稳步扩大专业学位研究生规模。优化区域高等教育资源布局，推进中西部地区高等教育振兴。

第四节　建设高素质专业化教师队伍

建立高水平现代教师教育体系，加强师德师风建设，完善教师管理和发展政策体系，提升教师教书育人能力素质。重点建设一批师范教育基地，支持高水平综合大学开展教师教育，健全师范生公费教育制度，推进教育类研究生和公费师范生免试认定教师资格改革。支持高水平工科大学举办职业技术师范专业，建立高等学校、职业学校与行业企业联合培养"双师型"教师机制。深化中小学、幼儿园教师管理综合改革，统筹教师编制配置和跨区调整，推进义务教育教师"县管校聘"管理改革，适当提高中高级教师岗位比例。

第五节　深化教育改革

深化新时代教育评价改革，建立健全教育评价制度和机制，发展素质教育，更加注重学生爱国情怀、创新精神和健康人格培养。坚持教育公益性原则，加大教育经费投入，改革完善经费使用管理制度，提高经费使用效益。落实和扩大学校办学自主权，完善学校内部治理结构，有序引导社会参与学校治理。深化考试招生综合改革。支持和规范民办教育发展，开展高水平中外合作办学。发挥在线教育优势，完善终身学习体系，建设学习型社会。推进高水平大学开放教育资源，完善注册学习和弹性学习制度，畅通不同类型学习成果的互认和转换渠道。

第四十四章　全面推进健康中国建设

把保障人民健康放在优先发展的战略位置，坚持预防为主的方针，深入实施健康中国行动，完善国民健康促进政策，织牢国家公共卫生防护网，为人民提供全方位全生命期健康服务。

第一节　构建强大公共卫生体系

改革疾病预防控制体系，强化监测预警、风险评估、流行病学调查、检验检测、应急处置等职能。建立稳定的公共卫生事业投入机制，改善疾控基础条件，强化基层公共卫生体系。落实医疗机构公共卫生责任，创新医防协同机制。完善突发公共卫生事件监测预警处置机制，加强实验室检测网络建设，健全医疗救治、科技支撑、物资保障体系，提高应对突发公共卫生事件能力。建立分级分层分流的传染病救治网络，建立健全统一的国家公共卫生应急物资储备体系，大型公共建筑预设平疫结合改造接口。筑牢口岸防疫防线。加强公共卫生学院和人才队伍建设。完善公共卫生服务项目，扩大国家免疫规划，强化慢性病预防、早期筛查和综合干预。完善心理健康和精神卫生服务体系。

第二节　深化医药卫生体制改革

坚持基本医疗卫生事业公益属性，以提高医疗质量和效率为导向，以公立医疗机构为主体、非公立医疗机构为补充，扩大医疗服务资源供给。加强公立医院建设，加快建立现代医院管理制度，深入推进治理结构、人事薪酬、编制管理和绩效考核改革。加快优质医疗资源扩容和区域均衡布局，建设国家医学中心和区域医疗中心。加强基层医疗卫生队伍建设，以城市社区和农村基层、边境口岸城市、县级医院为重点，完善城乡医疗服务网络。加快建设分级诊疗体系，积极发展医疗联合体。加强预防、治疗、护理、康复有机衔接。推进国家组织药品和耗材集中带量采购使用改革，发展高端医疗设备。完善创新药物、疫苗、医疗器械等快速审评审批机制，加快临床急需和罕见病治疗药品、医疗器械审评审批，促进临床急需境外已上市新药和医疗器械尽快在境内上市。提升医护人员培养质量与规模，扩大儿科、全科等短缺医师规模，每千人口拥有注册护士数提高到 3.8 人。实施医师区域注册，推动医师多机构执业。稳步扩大城乡家庭医生签约服务覆盖范围，提高签约服务质量。支持社会办医，鼓励有经验的执业医师开办诊所。

第三节　健全全民医保制度

健全基本医疗保险稳定可持续筹资和待遇调整机制，完善医保缴费参保政策，实行医疗保障待遇清单制度。做实基本医疗保险市级统筹，推动省级统筹。完善基本医疗保险门诊共济保障机制，健全重大疾病医疗保险和救助制度。完善医保目录动态调整机制。推行以按病种付费为主的多元复合式医保支付方式。将符合条件的互联网医疗服务纳入医保支付范围，落实异地就医结算。扎实推进医保标准化、信息化建设，提升经办服务水平。健全医保基金监管机制。稳步建立长期护理保险制度。积极发展商业医疗保险。

第四节 推动中医药传承创新

坚持中西医并重和优势互补，大力发展中医药事业。健全中医药服务体系，发挥中医药在疾病预防、治疗、康复中的独特优势。加强中西医结合，促进少数民族医药发展。加强古典医籍精华的梳理和挖掘，建设中医药科技支撑平台，改革完善中药审评审批机制，促进中药新药研发保护和产业发展。强化中药质量监管，促进中药质量提升。强化中医药特色人才培养，加强中医药文化传承与创新发展，推动中医药走向世界。

第五节 建设体育强国

广泛开展全民健身运动，增强人民体质。推动健康关口前移，深化体教融合、体卫融合、体旅融合。完善全民健身公共服务体系，推进社会体育场地设施建设和学校场馆开放共享，提高健身步道等便民健身场所覆盖面，因地制宜发展体育公园，支持在不妨碍防洪安全前提下利用河滩地等建设公共体育设施。保障学校体育课和课外锻炼时间，以青少年为重点开展国民体质监测和干预。坚持文化教育和专业训练并重，加强竞技体育后备人才培养，提升重点项目竞技水平，巩固传统项目优势，探索中国特色足球篮球排球发展路径，持续推进冰雪运动发展，发展具有世界影响力的职业体育赛事。扩大体育消费，发展健身休闲、户外运动等体育产业。办好北京冬奥会、冬残奥会及杭州亚运会等。

第六节 深入开展爱国卫生运动

丰富爱国卫生工作内涵，促进全民养成文明健康生活方式。加强公共卫生环境基础设施建设，推进城乡环境卫生整治，强化病媒生物防制。深入推进卫生城镇创建。加强健康教育和健康知识普及，树立良好饮食风尚，制止餐饮浪费行为，开展控烟限酒行动，坚决革除滥食野生动物等陋习，推广分餐公筷、垃圾分类投放等生活习惯。

第四十五章　实施积极应对人口老龄化国家战略

制定人口长期发展战略，优化生育政策，以"一老一小"为重点完善人口服务体系，促进人口长期均衡发展。

第一节　推动实现适度生育水平

增强生育政策包容性，推动生育政策与经济社会政策配套衔接，减轻家庭生育、养育、教育负担，释放生育政策潜力。完善幼儿养育、青少年发展、老人赡养、病残照料等政策和产假制度，探索实施父母育儿假。改善优生优育全程服务，加强孕前孕产期健康服务，提高出生人口质量。建立健全计划生育特殊困难家庭全方位帮扶保障制度。改革完善人口统计和监测体系，密切监测生育形势。深化人口发展战略研究，健全人口与发展综合决策机制。

第二节　健全婴幼儿发展政策

发展普惠托育服务体系，健全支持婴幼儿照护服务和早期发展的政策体系。加强对家庭照护和社区服务的支持指导，增强家庭科学育儿能力。严格落实城镇小区配套园政策，积极发展多种形式的婴幼儿照护服务机构，鼓励有条件的用人单位提供婴幼儿照护服务，支持企事业单位和社会组织等社会力量提供普惠托育服务，鼓励幼儿园发展托幼一体化服务。推进婴幼儿照护服务专业化、规范化发展，提高保育保教质量和水平。

第三节　完善养老服务体系

推动养老事业和养老产业协同发展，健全基本养老服务体系，大力发展普惠型养老服务，支持家庭承担养老功能，构建居家社区机构相协调、医养康养相结合的养老服务体系。完善社区居家养老服务网络，推进公共设施适老化改造，推动专业机构服务向社区延伸，整合利用存量资源发展社区嵌入式养老。强化对失能、部分失能特困老年人的兜底保障，积极发展农村互助幸福院等互助性养老。深化公办养老机构改革，提升服务能力和水平，完善公建民营管理机制，支持培训疗养资源转型发展养老，加强对护理型民办养老机构的政策扶持，开展普惠养老城企联动专项行动。加强老年健康服务，深入推进医养康养结合。加大养老护理型人才培养力度，扩大养老机构护理型床位供给，养老机构护理型床位占比提高到 55%，更好满足高龄失能失智老年人护理服务需求。逐步提升老年人福利水平，完善经济困难高龄失能老年人补贴制度和特殊困难失能留守老年人探访关爱制度。健全养老服务综合监管制度。构建养老、孝老、敬老的社会环境，强化老年人权益保障。综合考虑人均预期寿命提高、人口老龄化趋势加快、受教育年限增加、劳动力结构变化等因素，按照小步调整、弹性实施、分类推进、统筹兼顾等原则，逐步延迟法定退休年龄，促进人力资源充分利用。发展银发经济，开发适老化技术和产品，培育智慧养老等新业态。

第十四篇 增进民生福祉 提升共建共治共享水平

坚持尽力而为、量力而行，健全基本公共服务体系，加强普惠性、基础性、兜底性民生建设，完善共建共治共享的社会治理制度，制定促进共同富裕行动纲要，自觉主动缩小地区、城乡和收入差距，让发展成果更多更公平惠及全体人民，不断增强人民群众获得感、幸福感、安全感。

第四十六章 健全国家公共服务制度体系

加快补齐基本公共服务短板，着力增强非基本公共服务弱项，努力提升公共服务质量和水平。

第一节 提高基本公共服务均等化水平

推动城乡区域基本公共服务制度统一、质量水平有效衔接。围绕公共教育、就业创业、社会保险、医疗卫生、社会服务、住房保障、公共文化体育、优抚安置、残疾人服务等领域，建立健全基本公共服务标准体系，明确国家标准并建立动态调整机制，推动标准水平城乡区域间衔接平衡。按照常住人口规模和服务半径统筹基本公共服务设施布局和共建共享，促进基本公共服务资源向基层延伸、向农村覆盖、向边远地区和生活困难群众倾斜。

第二节   创新公共服务提供方式

区分基本与非基本，突出政府在基本公共服务供给保障中的主体地位，推动非基本公共服务提供主体多元化、提供方式多样化。在育幼、养老等供需矛盾突出的服务领域，支持社会力量扩大普惠性规范性服务供给，保障提供普惠性规范性服务的各类机构平等享受优惠政策。鼓励社会力量通过公建民营、政府购买服务、政府和社会资本合作等方式参与公共服务供给。深化公共服务领域事业单位改革，营造事业单位与社会力量公平竞争的市场环境。

第三节   完善公共服务政策保障体系

优化财政支出结构，优先保障基本公共服务补短板。明确中央和地方在公共服务领域事权和支出责任，加大中央和省级财政对基层政府提供基本公共服务的财力支持。将更多公共服务项目纳入政府购买服务指导性目录，加大政府购买力度，完善财政、融资和土地等优惠政策。在资格准入、职称评定、土地供给、财政支持、政府采购、监督管理等方面公平对待民办与公办机构。

第四十七章   实施就业优先战略

健全有利于更充分更高质量就业的促进机制，扩大就业容量，提升就业质量，缓解结构性就业矛盾。

第一节   强化就业优先政策

坚持经济发展就业导向，健全就业目标责任考核机制和就业影响评估机制。完善高校毕业生、退役军人、农民工等重点群体就业支持体系。完善与就业容量挂钩的产业政策，支持吸纳就业能力强的服务业、中小微企业和劳动密集型企业发展，稳定拓展社区超市、便利店和社区服务岗位。促进平等就业，增加高质量就业，注重发展技能密集型产业，支持和规范发展新就业形态，扩大政府购买基层教育、医疗和专业化社会服务规模。建立促进创业带动就业、多渠道灵活就业机制，全面清理各类限制性政策，增强劳动力市场包容性。统筹城乡就业政策，积极引导农村劳动力就业。扩大公益性岗位安置，着力帮扶残疾人、零就业家庭成员等困难人员就业。

第二节　健全就业公共服务体系

健全覆盖城乡的就业公共服务体系，加强基层公共就业创业服务平台建设，为劳动者和企业免费提供政策咨询、职业介绍、用工指导等服务。构建常态化援企稳岗帮扶机制，统筹用好就业补助资金和失业保险基金。健全劳务输入集中区域与劳务输出省份对接协调机制，加强劳动力跨区域精准对接。加强劳动者权益保障，健全劳动合同制度和劳动关系协调机制，完善欠薪治理长效机制和劳动争议调解仲裁制度，探索建立新业态从业人员劳动权益保障机制。健全就业需求调查和失业监测预警机制。

第三节　全面提升劳动者就业创业能力

健全终身技能培训制度，持续大规模开展职业技能培训。深入实施职业技能提升行动和重点群体专项培训计划，广泛开展新业态新模式从业人员技能培训，有效提高培训质量。统筹各级各类职业技能培训资金，创新使用方式，畅通培训补贴直达企业和培训者渠道。健全培训经费税前扣除政策，鼓励企业开展岗位技能提升培训。支持开展订单式、套餐制培训。建设一批公共实训基地和产教融合基地，推动培训资源共建共享。办好全国职业技能大赛。

第四十八章　优化收入分配结构

坚持居民收入增长和经济增长基本同步、劳动报酬提高和劳动生产率提高基本同步，持续提高低收入群体收入，扩大中等收入群体，更加积极有为地促进共同富裕。

第一节　拓展居民收入增长渠道

坚持按劳分配为主体、多种分配方式并存，提高劳动报酬在初次分配中的比重。健全工资决定、合理增长和支付保障机制，完善最低工资标准和工资指导线形成机制，积极推行工资集体协商制度。完善按要素分配政策制度，健全各类生产要素由市场决定报酬的机制，探索通过土地、资本等要素使用权、收益权增加中低收入群体要素收入。完善国有企业市场化薪酬分配机制，普遍实行全员绩效管理。改革完善体现岗位绩效和分级分类管理的事业单位薪酬制度。规范劳务派遣用工行为，保障劳动者同工同酬。多渠道增加城乡居民财产性收入，提高农民土地增值收益分享比例，完善上市公司分红制度，创新更多适应家庭财富管理需求的金融产品。完善国有资本收益上缴公共财政制度，加大公共财政支出用于民生保障力度。

第二节 扩大中等收入群体

实施扩大中等收入群体行动计划，以高校和职业院校毕业生、技能型劳动者、农民工等为重点，不断提高中等收入群体比重。提高高校、职业院校毕业生就业匹配度和劳动参与率。拓宽技术工人上升通道，畅通非公有制经济组织、社会组织、自由职业专业技术人员职称申报和技能等级认定渠道，提高技能型人才待遇水平和社会地位。实施高素质农民培育计划，运用农业农村资源和现代经营方式增加收入。完善小微创业者扶持政策，支持个体工商户、灵活就业人员等群体勤劳致富。

第三节 完善再分配机制

加大税收、社会保障、转移支付等调节力度和精准性，发挥慈善等第三次分配作用，改善收入和财富分配格局。健全直接税体系，完善综合与分类相结合的个人所得税制度，加强对高收入者的税收调节和监管。增强社会保障待遇和服务的公平性可及性，完善兜底保障标准动态调整机制。规范收入分配秩序，保护合法收入，合理调节过高收入，取缔非法收入，遏制以垄断和不正当竞争行为获取收入。建立完善个人收入和财产信息系统。健全现代支付和收入监测体系。

第四十九章 健全多层次社会保障体系

坚持应保尽保原则，按照兜底线、织密网、建机制的要求，加快健全覆盖全民、统筹城乡、公平统一、可持续的多层次社会保障体系。

第一节　改革完善社会保险制度

健全养老保险制度体系，促进基本养老保险基金长期平衡。实现基本养老保险全国统筹，放宽灵活就业人员参保条件，实现社会保险法定人群全覆盖。完善划转国有资本充实社保基金制度，优化做强社会保障战略储备基金。完善城镇职工基本养老金合理调整机制，逐步提高城乡居民基础养老金标准。发展多层次、多支柱养老保险体系，提高企业年金覆盖率，规范发展第三支柱养老保险。推进失业保险、工伤保险向职业劳动者广覆盖，实现省级统筹。推进社保转移接续，完善全国统一的社会保险公共服务平台。

第二节　优化社会救助和慈善制度

以城乡低保对象、特殊困难人员、低收入家庭为重点，健全分层分类的社会救助体系，构建综合救助格局。健全基本生活救助制度和医疗、教育、住房、就业、受灾人员等专项救助制度，完善救助标准和救助对象动态调整机制。健全临时救助政策措施，强化急难社会救助功能。加强城乡救助体系统筹，逐步实现常住地救助申领。积极发展服务类社会救助，推进政府购买社会救助服务。促进慈善事业发展，完善财税等激励政策。规范发展网络慈善平台，加强彩票和公益金管理。

第三节　健全退役军人工作体系和保障制度

完善退役军人事务组织管理体系、工作运行体系和政策制度体系，提升退役军人服务保障水平。深化退役军人安置制度改革，加大教育培训和就业扶持力度，拓展就业领域，提升安置质量。建立健全新型待遇保障体系，完善和落实优抚政策，合理提高退役军人和其他优抚对象待遇标准，做好随调配偶子女工作安排、落户和教育等工作。完善离退休军人和伤病残退役军人移交安置、收治休养制度，加强退役军人服务中心(站)建设，提升优抚医院、光荣院、军供站等建设服务水平。加强退役军人保险制度衔接。大力弘扬英烈精神，加强烈士纪念设施建设和管护，建设军人公墓。深入推动双拥模范城(县)创建。

第五十章　保障妇女未成年人和残疾人基本权益

坚持男女平等基本国策，坚持儿童优先发展，提升残疾人关爱服务水平，切实保障妇女、未成年人、残疾人等群体发展权利和机会。

第一节　促进男女平等和妇女全面发展

深入实施妇女发展纲要，持续改善妇女发展环境，促进妇女平等依法行使权利、参与经济社会发展、共享发展成果。保障妇女享有卫生健康服务，完善宫颈癌、乳腺癌综合防治体系和救助政策。保障妇女平等享有受教育权利，持续提高受教育年限和综合能力素质。保障妇女平等享有经济权益，消除就业性别歧视，依法享有产假和生育津贴，保障农村妇女土地权益。保障妇女平等享有政治权利，推动妇女广泛参与社会事务和民主管理。落实法规政策性别平等评估机制，完善分性别统计制度。提高留守妇女关爱服务水平。严厉打击侵害妇女和女童人身权利的违法犯罪行为。

第二节　提升未成年人关爱服务水平

深入实施儿童发展纲要，优化儿童发展环境，切实保障儿童生存权、发展权、受保护权和参与权。完善儿童健康服务体系，预防和控制儿童疾病，减少儿童死亡和严重出生缺陷发生，有效控制儿童肥胖和近视，实施学龄前儿童营养改善计划。保障儿童公平受教育权利，加强儿童心理健康教育和服务。加强困境儿童分类保障，完善农村留守儿童关爱服务体系，健全孤儿和事实无人抚养儿童保障机制。完善落实未成年人监护制度，严厉打击侵害未成年人权益的违法犯罪行为，完善未成年人综合保护体系。深入实施青年发展规划，促进青年全面发展，搭建青年成长成才和建功立业的平台，激发青年创新创业活力。

第三节　加强家庭建设

以建设文明家庭、实施科学家教、传承优良家风为重点，深入实施家家幸福安康工程。构建支持家庭发展的法律政策体系，推进家庭教育立法进程，加大反家庭暴力法实施力度，加强婚姻家庭辅导服务，预防和化解婚姻家庭矛盾纠纷。构建覆盖城乡的家庭教育指导服务体系，健全学校家庭社会协同育人机制。促进家庭服务多元化发展。充分发挥家庭家教家风在基层社会治理中的作用。

第四节　提升残疾人保障和发展能力

健全残疾人帮扶制度，帮助残疾人普遍参加基本医疗和基本养老保险，动态调整困难残疾人生活补贴和重度残疾人护理补贴标准。完善残疾人就业支持体系，加强残疾人劳动权益保障，优先为残疾人提供职业技能培训，扶持残疾人自主创业。推进适龄残疾儿童和少年教育全覆盖，提升特殊教育质量。建成康复大学，促进康复服务市场化发展，提高康复辅助器具适配率，提升康复服务质量。开展重度残疾人托养照护服务。加强残疾人服务设施和综合服务能力建设，完善无障碍环境建设和维护政策体系，支持困难残疾人家庭无障碍设施改造。

第五十一章　构建基层社会治理新格局

健全党组织领导的自治、法治、德治相结合的城乡基层社会治理体系，完善基层民主协商制度，建设人人有责、人人尽责、人人享有的社会治理共同体。

第一节　夯实基层社会治理基础

健全党组织领导、村(居)委会主导、人民群众为主体的基层社会治理框架。依法厘清基层政府与基层群众性自治组织的权责边界，制定县(区)职能部门、乡镇(街道)在城乡社区治理方面的权责清单制度，实行工作事项准入制度，减轻基层特别是村级组织负担。加强基层群众性自治组织规范化建设，合理确定其功能、规模和事务范围。加强基层群众自治机制建设，完善村(居)民议事会、理事会、监督委员会等自治载体，健全村(居)民参与社会治理的组织形式和制度化渠道。

第二节　健全社区管理和服务机制

推动社会治理和服务重心下移、资源下沉，提高城乡社区精准化精细化服务管理能力。推进审批权限和公共服务事项向基层延伸，构建网格化管理、精细化服务、信息化支撑、开放共享的基层管理服务平台，推动就业社保、养老托育、扶残助残、医疗卫生、家政服务、物流商超、治安执法、纠纷调处、心理援助等便民服务场景有机集成和精准对接。完善城市社区居委会职能，督促业委会和物业服务企业履行职责，改进社区物业服务管理。构建专职化、专业化的城乡社区工作者队伍。

第三节   积极引导社会力量参与基层治理

发挥群团组织和社会组织在社会治理中的作用，畅通和规范市场主体、新社会阶层、社会工作者和志愿者等参与社会治理的途径，全面激发基层社会治理活力。培育规范化行业协会商会、公益慈善组织、城乡社区社会组织，加强财政补助、购买服务、税收优惠、人才保障等政策支持和事中事后监管。支持和发展社会工作服务机构和志愿服务组织，壮大志愿者队伍，搭建更多志愿服务平台，健全志愿服务体系。

第十五篇   统筹发展和安全   建设更高水平的平安中国

坚持总体国家安全观，实施国家安全战略，维护和塑造国家安全，统筹传统安全和非传统安全，把安全发展贯穿国家发展各领域和全过程，防范和化解影响我国现代化进程的各种风险，筑牢国家安全屏障。

第五十二章   加强国家安全体系和能力建设

坚持政治安全、人民安全、国家利益至上有机统一，以人民安全为宗旨，以政治安全为根本，以经济安全为基础，以军事、科技、文化、社会安全为保障，不断增强国家安全能力。完善集中统一、高效权威的国家安全领导体制，健全国家安全法治体系、战略体系、政策体系、人才体系和运行机制，完善重要领域国家安全立法、制度、政策。巩固国家安全人民防线，加强国家安全宣传教育，增强全民国家安全意识，建立健全国家安全风险研判、防控协同、防范化解机制。健全国家安全审查和监管制度，加强国家安全执法。坚定维护国家政权安全、制度安全、意识形态安全，全面加强网络安全保障体系和能力建设，切实维护新型领域安全，严密防范和严厉打击敌对势力渗透、破坏、颠覆、分裂活动。

第五十三章　强化国家经济安全保障

强化经济安全风险预警、防控机制和能力建设，实现重要产业、基础设施、战略资源、重大科技等关键领域安全可控，着力提升粮食、能源、金融等领域安全发展能力。

第一节　实施粮食安全战略

实施分品种保障策略，完善重要农产品供给保障体系和粮食产购储加销体系，确保口粮绝对安全、谷物基本自给、重要农副产品供应充足。毫不放松抓好粮食生产，深入实施藏粮于地、藏粮于技战略，开展种源"卡脖子"技术攻关，提高良种自主可控能力。严守耕地红线和永久基本农田控制线，稳定并增加粮食播种面积和产量，合理布局区域性农产品应急保供基地。深化农产品收储制度改革，加快培育多元市场购销主体，改革完善中央储备粮管理体制，提高粮食储备调控能力。强化粮食安全省长责任制和"菜篮子"市长负责制，实行党政同责。有效降低粮食生产、储存、运输、加工环节损耗，开展粮食节约行动。积极开展重要农产品国际合作，健全农产品进口管理机制，推动进口来源多元化，培育国际大粮商和农业企业集团。制定粮食安全保障法。

第二节　实施能源资源安全战略

坚持立足国内、补齐短板、多元保障、强化储备，完善产供储销体系，增强能源持续稳定供应和风险管控能力，实现煤炭供应安全兜底、油气核心需求依靠自保、电力供应稳定可靠。夯实国内产量基础，保持原油和天然气稳产增产，做好煤制油气战略基地规划布局和管控。扩大油气储备规模，健全政府储备和企业社会责任储备有机结合、互为补充的油气储备体系。加强煤炭储备能力建设。完善能源风险应急管控体系，加强重点城市和用户电力供应保障，强化重要能源设施、能源网络安全防护。多元拓展油气进口来源，维护战略通道和关键节点安全。培育以我为主的交易中心和定价机制，积极推进本币结算。加强战略性矿产资源规划管控，提升储备安全保障能力，实施新一轮找矿突破战略行动。

第三节　实施金融安全战略

健全金融风险预防、预警、处置、问责制度体系，落实监管责任和属地责任，对违法违规行为零容忍，守住不发生系统性风险的底线。完善宏观审慎管理体系，保持宏观杠杆率以稳为主、稳中有降。加强系统重要性金融机构和金融控股公司监管，强化不良资产认定和处置，防范化解影子银行风险，有序处置高风险金融机构，严厉打击非法金融活动，健全互联网金融监管长效机制。完善债务风险识别、评估预警和有效防控机制，健全债券市场违约处置机制，推动债券市场统一执法，稳妥化解地方政府隐性债务，严惩逃废债行为。完善跨境资本流动管理框架，加强监管合作，提高开放条件下风险防控和应对能力。加强人民币跨境支付系统建设，推进金融业信息化核心技术安全可控，维护金融基础设施安全。

第五十四章　全面提高公共安全保障能力

坚持人民至上、生命至上，健全公共安全体制机制，严格落实公共安全责任和管理制度，保障人民生命安全。

第一节　提高安全生产水平

完善和落实安全生产责任制，建立公共安全隐患排查和安全预防控制体系。建立企业全员安全生产责任制度，压实企业安全生产主体责任。加强安全生产监测预警和监管监察执法，深入推进危险化学品、矿山、建筑施工、交通、消防、民爆、特种设备等重点领域安全整治，实行重大隐患治理逐级挂牌督办和整改效果评价。推进企业安全生产标准化建设，加强工业园区等重点区域安全管理。加强矿山深部开采与重大灾害防治等领域先进技术装备创新应用，推进危险岗位机器人替代。在重点领域推进安全生产责任保险全覆盖。

第二节 严格食品药品安全监管

加强和改进食品药品安全监管制度，完善食品药品安全法律法规和标准体系，探索建立食品安全民事公益诉讼惩罚性赔偿制度。深入实施食品安全战略，加强食品全链条质量安全监管，推进食品安全放心工程建设攻坚行动，加大重点领域食品安全问题联合整治力度。严防严控药品安全风险，构建药品和疫苗全生命周期管理机制，完善药品电子追溯体系，实现重点类别药品全过程来源可溯、去向可追。稳步推进医疗器械唯一标识制度。加强食品药品安全风险监测、抽检和监管执法，强化快速通报和快速反应。

第三节 加强生物安全风险防控

建立健全生物安全风险防控和治理体系，全面提高国家生物安全治理能力。完善国家生物安全风险监测预警体系和防控应急预案制度，健全重大生物安全事件信息统一发布机制。加强动植物疫情和外来入侵物种口岸防控。统筹布局生物安全基础设施，构建国家生物数据中心体系，加强高级别生物安全实验室体系建设和运行管理。强化生物安全资源监管，制定完善人类遗传资源和生物资源目录，建立健全生物技术研究开发风险评估机制。推进生物安全法实施。加强生物安全领域国际合作，积极参与生物安全国际规则制定。

第四节 完善国家应急管理体系

构建统一指挥、专常兼备、反应灵敏、上下联动的应急管理体制，优化国家应急管理能力体系建设，提高防灾减灾抗灾救灾能力。坚持分级负责、属地为主，健全中央与地方分级响应机制，强化跨区域、跨流域灾害事故应急协同联动。开展灾害事故风险隐患排查治理，实施公共基础设施安全加固和自然灾害防治能力提升工程，提升洪涝干旱、森林草原火灾、地质灾害、气象灾害、地震等自然灾害防御工程标准。加强国家综合性消防救援队伍建设，增强全灾种救援能力。加强和完善航空应急救援体系与能力。科学调整应急物资储备品类、规模和结构，提高快速调配和紧急运输能力。构建应急指挥信息和综合监测预警网络体系，加强极端条件应急救援通信保障能力建设。发展巨灾保险。

第五十五章   维护社会稳定和安全

正确处理新形势下人民内部矛盾，加强社会治安防控，编织全方位、立体化、智能化社会安全网。

第一节   健全社会矛盾综合治理机制

坚持和发展新时代"枫桥经验"，构建源头防控、排查梳理、纠纷化解、应急处置的社会矛盾综合治理机制。畅通和规范群众诉求表达、利益协调、权益保障通道，完善人民调解、行政调解、司法调解联动工作体系。健全矛盾纠纷多元化解机制，充分发挥调解、仲裁、行政裁决、行政复议、诉讼等防范化解社会矛盾的作用。完善和落实信访制度，依法及时就地解决群众合理诉求。健全社会矛盾风险防控协同机制。健全社会心理服务体系和危机干预机制。

第二节   推进社会治安防控体系现代化

坚持专群结合、群防群治，提高社会治安立体化、法治化、专业化、智能化水平，形成问题联治、工作联动、平安联创的工作机制，健全社会治安防控体系。继续开展好禁毒人民战争和反恐怖斗争，推动扫黑除恶常态化，严厉打击各类违法犯罪活动，提升打击新型网络犯罪和跨国跨区域犯罪能力。坚持打防结合、整体防控，强化社会治安重点地区排查整治，健全社会治安协调联动机制。推进公安大数据智能化平台建设。完善执法司法权力运行监督和制约机制，健全执法司法人员权益保障机制。建设国门安全防控体系。深化国际执法安全务实合作。

第十六篇   加快国防和军队现代化   实现富国和强军相统一

贯彻习近平强军思想，贯彻新时代军事战略方针，坚持党对人民军队的绝对领导，坚持政治建军、改革强军、科技强军、人才强军、依法治军，加快机械化信息化智能化融合发展，全面加强练兵备战，提高捍卫国家主权、安全、发展利益的战略能力，确保 2027 年实现建军百年奋斗目标。

第五十六章　提高国防和军队现代化质量效益

加快军事理论现代化，与时俱进创新战争和战略指导，健全新时代军事战略体系，发展先进作战理论。加快军队组织形态现代化，深化国防和军队改革，推进军事管理革命，加快军兵种和武警部队转型建设，壮大战略力量和新域新质作战力量，打造高水平战略威慑和联合作战体系，加强军事力量联合训练、联合保障、联合运用。加快军事人员现代化，贯彻新时代军事教育方针，完善三位一体新型军事人才培养体系，锻造高素质专业化新型军事人才方阵。加快武器装备现代化，聚力国防科技自主创新、原始创新，加速战略性前沿性颠覆性技术发展，加速武器装备升级换代和智能化武器装备发展。

第五十七章　促进国防实力和经济实力同步提升

同国家现代化发展相协调，搞好战略层面筹划，深化资源要素共享，强化政策制度协调，完善组织管理、工作运行、政策制度、人才队伍、风险防控体系，构建一体化国家战略体系和能力。推动重点区域、重点领域、新兴领域协调发展，集中力量实施国防领域重大工程。促进军事建设布局与区域经济发展布局有机结合，更好服务国家安全发展战略需要。深化军民科技协同创新，加强海洋、空天、网络空间、生物、新能源、人工智能、量子科技等领域军民统筹发展，推动军地科研设施资源共享，推进军地科研成果双向转化应用和重点产业发展。强化基础设施共建共用，加强新型基础设施统筹建设，加大经济建设项目贯彻国防要求力度。加快建设现代军事物流体系和资产管理体系。加强军地人才联合培养，健全军地人才交流使用、资格认证等制度。优化国防科技工业布局，加快标准化通用化进程。推进武器装备市场准入、空中交通管理等改革。完善国防动员体系，加强应急应战协同，健全强边固防机制，强化全民国防教育，巩固军政军民团结。维护军人军属合法权益，让军人成为全社会尊崇的职业。

第十七篇 加强社会主义民主法治建设 健全党和国家监督制度

坚持中国共产党领导、人民当家作主、依法治国有机统一，推进中国特色社会主义政治制度自我完善和发展。

第五十八章 发展社会主义民主

坚持和完善党总揽全局、协调各方的领导制度体系，把党的领导落实到国家发展各领域各方面各环节。坚持和完善人民代表大会制度，加强人大对"一府一委两院"的监督，保障人民依法通过各种途径和形式管理国家事务、管理经济文化事业、管理社会事务。坚持和完善中国共产党领导的多党合作和政治协商制度，提高中国特色社会主义参政党建设水平，加强人民政协专门协商机构建设，发挥社会主义协商民主独特优势，提高建言资政和凝聚共识水平。全面贯彻党的民族政策，坚持和完善民族区域自治制度，铸牢中华民族共同体意识，促进各民族共同团结奋斗、共同繁荣发展。全面贯彻党的宗教工作基本方针，坚持我国宗教中国化方向，积极引导宗教与社会主义社会相适应。健全基层群众自治制度，增强群众自我管理、自我服务、自我教育、自我监督实效。发挥工会、共青团、妇联等人民团体作用，把各自联系的群众紧紧凝聚在党的周围。完善大统战工作格局，促进政党关系、民族关系、宗教关系、阶层关系、海内外同胞关系和谐，巩固和发展大团结大联合局面。全面贯彻党的侨务政策，凝聚侨心、服务大局。

第五十九章 全面推进依法治国

坚定不移走中国特色社会主义法治道路，坚持依法治国、依法执政、依法行政共同推进，一体建设法治国家、法治政府、法治社会，实施法治中国建设规划。健全保障宪法全面实施的体制机制，加强宪法实施和监督，落实宪法解释程序机制，推进合宪性审查。完善立法体制机制，加强重点领域、新兴领域、涉外领域立法，立改废释纂并举，完善以宪法为核心的中国特色社会主义法律体系。实施法治政府建设实施纲要，坚持和完善重大行政决策程序制度，深化行政执法体制改革，严格规范公正文明执法，规范执法自由裁量权，推进行政复议体制改革。深化司法体制综合配套改革，完善审判制度、检察制度、刑罚执行制度、律师制度，全面落实司法责任制，加强对司法活动监督，深化执行体制改革，促进司法公正。实施法治社会建设实施纲要，加强社会主义法治文化建设，深入开展法治宣传教育，实施"八五"普法规划，完善公共法律服务体系、法律援助和国家司法救助制度。全面加强人权司法保护，促进人权事业全面发展。加强涉外法治体系建设，加强涉外法律人才培养。

第六十章 完善党和国家监督体系

健全党统一领导、全面覆盖、权威高效的监督体系，形成决策科学、执行坚决、监督有力的权力运行机制。落实全面从严治党主体责任、监督责任，强化政治监督，深化政治巡视并强化整改落实。推进纪律监督、监察监督、派驻监督、巡视监督统筹衔接，以党内监督为主导、推动各类监督贯通协调，形成常态长效的监督合力，使监督体系更好融入国家治理体系。深化纪检监察体制改革，加强上级纪委监委对下级纪委监委的领导，推进纪检监察工作规范化、法治化，发挥监督保障执行、促进完善发展作用。完善权力配置和运行制约机制，健全分事行权、分岗设权、分级授权、定期轮岗制度，完善党务、政务、司法和各领域办事公开制度，健全发现问题、纠正偏差、精准问责有效机制，构建全覆盖的责任制度和监督制度。坚持无禁区、全覆盖、零容忍，一体推进不敢腐、不能腐、不想腐，营造风清气正的良好政治生态和发展环境。深化反腐败国际合作。锲而不舍落实中央八项规定精神，完善作风建设长效机制，持续纠治形式主义、官僚主义，切实防止享乐主义、奢靡之风反弹回潮，坚决整治群众身边的腐败和不正之风。

第十八篇　坚持"一国两制"　推进祖国统一

保持香港、澳门长期繁荣稳定，推进两岸关系和平发展和祖国统一，共创中华民族伟大复兴的美好未来。

第六十一章　保持香港、澳门长期繁荣稳定

全面准确贯彻"一国两制"、"港人治港"、"澳人治澳"、高度自治的方针，坚持依法治港治澳，维护宪法和基本法确定的特别行政区宪制秩序，落实中央对特别行政区全面管治权，落实特别行政区维护国家安全的法律制度和执行机制，维护国家主权、安全、发展利益和特别行政区社会大局稳定，坚决防范和遏制外部势力干预港澳事务，支持港澳巩固提升竞争优势，更好融入国家发展大局。

第一节　支持港澳巩固提升竞争优势

支持香港提升国际金融、航运、贸易中心和国际航空枢纽地位，强化全球离岸人民币业务枢纽、国际资产管理中心及风险管理中心功能。支持香港建设国际创新科技中心、亚太区国际法律及解决争议服务中心、区域知识产权贸易中心，支持香港服务业向高端高增值方向发展，支持香港发展中外文化艺术交流中心。支持澳门丰富世界旅游休闲中心内涵，支持粤澳合作共建横琴，扩展中国与葡语国家商贸合作服务平台功能，打造以中华文化为主流、多元文化共存的交流合作基地，支持澳门发展中医药研发制造、特色金融、高新技术和会展商贸等产业，促进经济适度多元发展。

第二节　支持港澳更好融入国家发展大局

完善港澳融入国家发展大局、同内地优势互补、协同发展机制。支持港澳参与、助力国家全面开放和现代化经济体系建设，打造共建"一带一路"功能平台。深化内地与港澳经贸、科创合作关系，深化并扩大内地与港澳金融市场互联互通。高质量建设粤港澳大湾区，深化粤港澳合作、泛珠三角区域合作，

推进深圳前海、珠海横琴、广州南沙、深港河套等粤港澳重大合作平台建设。加强内地与港澳各领域交流合作，完善便利港澳居民在内地发展和生活居住的政策措施，加强宪法和基本法教育、国情教育，增强港澳同胞国家意识和爱国精神。支持港澳同各国各地区开展交流合作。

第六十二章　推进两岸关系和平发展和祖国统一

坚持一个中国原则和"九二共识"，以两岸同胞福祉为依归，推动两岸关系和平发展、融合发展，高度警惕和坚决遏制"台独"分裂活动。

第一节　深化两岸融合发展

完善保障台湾同胞福祉和在大陆享受同等待遇的制度和政策，持续出台实施惠台利民政策措施，让台湾同胞分享发展机遇，参与大陆经济社会发展进程。支持台商台企参与"一带一路"建设和国家区域协调发展战略。推进两岸金融合作，支持符合条件的台资企业在大陆上市。推进海峡两岸产业合作区、平潭综合实验区、昆山深化两岸产业合作试验区等两岸合作平台建设。支持福建探索海峡两岸融合发展新路，加快两岸融合发展示范区建设。加强两岸产业合作，打造两岸共同市场，壮大中华民族经济。

第二节　加强两岸人文交流

积极促进两岸交流合作和人员往来，加深相互理解，增进互信认同。推动两岸文化教育、医疗卫生等领域交流合作，促进社会保障和公共资源共享，支持两岸邻近或条件相当地区基本公共服务均等化、普惠化、便捷化，促进两岸同胞共同传承和创新发展中华优秀传统文化。加强两岸基层和青少年交流，鼓励台湾青年来大陆追梦、筑梦、圆梦。团结广大台湾同胞共同反对"台独"分裂活动，维护和推动两岸关系和平发展，致力中华民族伟大复兴。

第十九篇　加强规划实施保障

坚持党的全面领导，健全规划实施保障机制，更好履行政府职责，最大程度激发各类主体的活力和创造力，形成全面建设社会主义现代化国家的强大合力。

第六十三章　加强党中央集中统一领导

贯彻党把方向、谋大局、定政策、促改革的要求，深入学习贯彻习近平新时代中国特色社会主义思想，增强"四个意识"、坚定"四个自信"、做到"两个维护"，不断提高政治判断力、政治领悟力、政治执行力，把党的领导贯穿到规划实施的各领域和全过程，确保党中央重大决策部署贯彻落实。充分发挥全面从严治党引领保障作用，把完善党和国家监督体系融入规划实施之中。完善上下贯通、执行有力的组织体系，提高各级领导班子和干部适应新时代新要求抓改革、促发展、保稳定的政治能力和专业化水平。

激发全社会参与规划实施的积极性，注重发挥工会、共青团、妇联等作用，充分发挥民主党派、工商联和无党派人士作用，最大限度凝聚全社会共识和力量。构建适应高质量发展要求的内生激励机制，健全激励导向的绩效评价考核机制和尽职免责机制，调动广大干部特别是基层干部的积极性、主动性、创造性。

第六十四章　健全统一规划体系

加快建立健全以国家发展规划为统领，以空间规划为基础，以专项规划、区域规划为支撑，由国家、省、市县级规划共同组成，定位准确、边界清晰、功能互补、统一衔接的国家规划体系。

第一节　强化国家发展规划的统领作用

更好发挥国家发展规划战略导向作用，强化空间规划、专项规划、区域规划对本规划实施的支撑。按照本规划确定的国土空间开发保护要求和重点任务，制定实施国家级空间规划，为重大战略任务落地提供空间保障。聚焦本规划确定的战略重点和主要任务，在科技创新、数字经济、绿色生态、民生保障等领域，制定实施一批国家级重点专项规划，明确细化落实发展任务的时间表和路线图。根据本规划确定的区域发展战略任务，制定实施一批国家级区域规划实施方案。加强地方规划对本规划提出的发展战略、主要目标、重点任务、重大工程项目的贯彻落实。

第二节　加强规划衔接协调

健全目录清单、编制备案、衔接协调等规划管理制度，制定"十四五"国家级专项规划等目录清单，依托国家规划综合管理信息平台推进规划备案，将各类规划纳入统一管理。建立健全规划衔接协调机制，报请党中央、国务院批准的规划及省级发展规划报批前须与本规划进行衔接，确保国家级空间规划、专项规划、区域规划等各级各类规划与本规划在主要目标、发展方向、总体布局、重大政策、重大工程、风险防控等方面协调一致。

第六十五章　完善规划实施机制

加强对本规划实施的组织、协调和督导，建立健全规划实施监测评估、政策保障、考核监督机制。

第一节　落实规划实施责任

各地区、各部门要根据职责分工，制定本规划涉及本地区、本部门的主要目标任务实施方案。本规划确定的约束性指标、重大工程项目和公共服务、生态环保、安全保障等领域任务，要明确责任主体和进度要求，合理配置公共资源，引导调控社会资源，确保如期完成。本规划提出的预期性指标和产业发展、结构调整等领域任务，主要依靠发挥市场主体作用实现，各级政府要创造良好的政策环境、体制环境和法治环境。年度计划要贯彻本规划提出的发展目标和重点任务，将本规划确定的主要指标分解纳入年度计划指标体系，设置年度目标并做好年度间综合平衡，合理确定年度工作重点。

第二节　加强规划实施监测评估

开展规划实施情况动态监测、中期评估和总结评估，中期评估和总结评估情况按程序提请中央政治局常委会审议，并依法向全国人民代表大会常务委员会报告规划实施情况，自觉接受人大监督。发挥国家监察机关和审计机关对推进规划实施的监督作用。规划实施情况纳入各有关部门、地方领导班子和干部评价体系，作为改进政府工作的重要依据。需要对本规划进行调整时，由国务院提出调整方案，报全国人民代表大会常务委员会批准。

第三节　强化政策协同保障

坚持规划定方向、财政作保障、金融为支撑、其他政策相协调，着力构建规划与宏观政策协调联动机制。按照本规划目标任务、结合经济发展形势，合理确定宏观政策取向。坚持公共财政服从和服务于公共政策，增强国家重大战略任务财力保障，加强中期财政规划和年度预算、政府投资计划与本规划实施的衔接协调，中央财政性资金优先投向本规划确定的重大任务和重大工程项目。坚持项目跟着规划走、资金和要素跟着项目走，依据本规划制定重大工程项目清单，对清单内工程项目简化审批核准程序，优先保障规划选址、土地供应和资金需求，单体重大工程项目用地需求由国家统一保障。

第四节　加快发展规划立法

坚持依法制定规划、依法实施规划的原则，将党中央、国务院关于统一规划体系建设和国家发展规划的规定、要求和行之有效的经验做法以法律形式固定下来，加快出台发展规划法，强化规划编制实施的法治保障。

19 《关于加快推动区块链技术应用和产业发展的指导意见》（工信部联信发〔2021〕62 号）

各省、自治区、直辖市及计划单列市、新疆生产建设兵团工业和信息化主管部门、网信办：

区块链是新一代信息技术的重要组成部分，是分布式网络、加密技术、智能合约等多种技术集成的新型数据库软件，通过数据透明、不易篡改、可追溯，有望解决网络空间的信任和安全问题，推动互联网从传递信息向传递价值变革，重构信息产业体系。为贯彻落实习近平总书记在中央政治局第十八次集体学习时的重要讲话精神，发挥区块链在产业变革中的重要作用，促进区块链和经济社会深度融合，加快推动区块链技术应用和产业发展，提出以下意见。

一、总体要求

（一）指导思想

以习近平新时代中国特色社会主义思想为指导，深入贯彻落实党的十九大和十九届二中、三中、四中、五中全会精神，立足新发展阶段、贯彻新发展理念、构建新发展格局，围绕制造强国和网络强国战略部署，以培育具有国际竞争力的产品和企业为目标，以深化实体经济和公共服务领域融合应用为路径，加强技术攻关，夯实产业基础，壮大产业主体，培育良好生态，实现产业基础高级化和产业链现代化。推动区块链和互联网、大数据、人工智能等新一代信息技术融合发展，建设先进的区块链产业体系。

（二）基本原则

应用牵引。发挥市场优势，以应用需求为导向，积极拓展应用场景，推进区块链在重点行业、领域的应用，以规模化的应用带动技术产品迭代升级和产业生态的持续完善。

创新驱动。坚持把区块链作为核心技术自主创新的重要突破口，明确主攻方向，加大投入力度，推动协同攻关，提升创新能力；坚持补短板和锻长板并重，推动产业加速向价值链中高端迈进。

生态培育。充分发挥企业在区块链发展中的主体作用，加快培育具有国际竞争力的产品和企业，构建先进产业链，打造多方共赢的产业体系。

多方协同。推动整合产学研用金各方力量，促进资源要素快捷有效配置。加强政府、企业、高校、研究机构的协同互动，探索合作共赢新模式。

安全有序。坚持发展与安全并重，准确把握区块链技术产业发展规律，加强政策统筹和标准引导，强化安全技术保障能力建设，实现区块链产业科学发展。

（三）发展目标

到 2025 年，区块链产业综合实力达到世界先进水平，产业初具规模。区块链应用渗透到经济社会多个领域，在产品溯源、数据流通、供应链管理等领域培育一批知名产品，形成场景化示范应用。培育 3~5 家具有国际竞争力的骨干企业和一批创新引领型企业，打造 3~5 个区块链产业发展集聚区。区块链标准体系初步建立。形成支撑产业发展的专业人才队伍，区块链产业生态基本完善。区块链有效支撑制造强国、网络强国、数字中国战略，为推进国家治理体系和治理能力现代化发挥重要作用。

到 2030 年，区块链产业综合实力持续提升，产业规模进一步壮大。区块链与互联网、大数据、人工智能等新一代信息技术深度融合，在各领域实现普遍应用，培育形成若干具有国际领先水平的企业和产业集群，产业生态体系趋于完善。区块链成为建设制造强国和网络强国，发展数字经济，实现国家治理体系和治理能力现代化的重要支撑。

二、重点任务

（一）赋能实体经济

1. 深化融合应用。发挥区块链在优化业务流程、降低运营成本、建设可信体系等方面的作用，培育新模式、新业态、新产业，支撑数字化转型和产业高质量发展。

2. 供应链管理。推动企业建设基于区块链的供应链管理平台，融合物流、信息流、资金流，提升供应链效率，降低企业经营风险和成本。通过智能合约等技术构建新型协作生产体系和产能共享平台，提高供应链协同水平。

3. 产品溯源。在食品医药、关键零部件、装备制造等领域，用区块链建立覆盖原料商、生产商、检测机构、用户等各方的产品溯源体系，加快产品数据可视化、流转过程透明化，实现全生命周期的追踪溯源，提升质量管理和服务水平。

4. 数据共享。利用区块链打破数据孤岛，实现数据采集、共享、分析过程的可追溯，推动数据共享和增值应用，促进数字经济模式创新。利用区块链建设涵盖多方的信用数据平台，创新社会诚信体系建设。

（二）提升公共服务

1. 推动应用创新。推动区块链技术应用于数字身份、数据存证、城市治理等公共服务领域，支撑公共服务透明化、平等化、精准化，提升人民群众生活质量。

2. 政务服务。建立基于区块链技术的政务数据共享平台，促进政务数据跨部门、跨区域的共同维护和利用，在教育就业、医疗健康和公益救助等公共服务领域开展应用，促进业务协同办理，深化"一网通办"改革，为人民群众带来更好的政务服务体验。

3. 存证取证。利用区块链建立数字化可信证明，在司法存证、不动产登记、行政执法等领域建立新型存证取证机制。发挥区块链在版权保护领域的优势，完善数字版权的确权、授权和维权管理。

4. 智慧城市。利用区块链促进城市间在信息、资金、人才、征信等方面的互联互通和生产要素的有序流动。深化区块链在信息基础设施建设领域的应用，实现跨部门、跨行业的集约部署和共建共享，支撑智慧城市建设。

（三）夯实产业基础

1. 坚持标准引领。推动区块链标准化组织建设，建立区块链标准体系。加快重点和急需标准制定，鼓励制定团体标准，深入开展标准宣贯推广，推动标准落地实施。积极参加区块链全球标准化活动和国际标准制定。

2. 构建底层平台。在分布式计算与存储、密码算法、共识机制、智能合约等重点领域加强技术攻关，构建区块链底层平台。支持利用传感器、可信网络、软硬件结合等技术加强链上链下数据协同。推动区块链与其他新一代信息技术融合，打造安全可控、跨链兼容的区块链基础设施。

3. 培育质量品牌。鼓励区块链企业加强质量管理，推广先进质量工程技术和方法，提高代码质量和开发效率。发展第三方质量评测服务，构建区块链产品和服务质量保障体系。引导企业主动贯标，开展质量品牌建设活动。

4. 强化网络安全。加强区块链基础设施和服务安全防护能力建设，常态化开展区块链技术对重点领域安全风险的评估分析。引导企业加强行业自律，建立风险防控机制和技术防范措施，落实安全主体责任。

5. 保护知识产权。加强区块链知识产权管理，培育一批高价值专利、商标、软件著作权，形成具有竞争力的知识产权体系。鼓励企业探索通过区块链专利池、知识产权联盟等模式，建立知识产权共同保护机制。

（四）打造现代产业链

1. 研发区块链"名品"。整合产学研用专业力量，开展区块链产品研发，着力提升产品创新水平。面向防伪溯源、数据共享、供应链管理、存证取证等领域，建设一批行业级联盟链，加大应用推广力度，打造一批技术先进、带动效应强的区块链"名品"。

2. 培育区块链"名企"。统筹政策、市场、资本等资源，培育一批具有国际竞争力的区块链"名企"，发挥示范引领作用。完善创新创业环境，培育孵化区块链初创企业；鼓励在细分领域深耕，走专业化发展道路，打造一批独角兽企业。引导大企业开放资源，为中小企业提供基础设施，构建多方协作、互利共赢的产业生态。

3. 创建区块链"名园"。鼓励地方结合资源禀赋，突出区域特色和优势，按照"监管沙盒"理念打造区块链发展先导区。支持基础条件好的园区建设区块链产业"名园"，优化政策、人才、应用等产业要素配置，通过开放应用场景等方式，支持区块链企业集聚发展。

4. 建立开源生态。加快建设区块链开源社区，围绕底层平台、应用开发框架、测试工具等，培育一批高质量开源项目。完善区块链开源推进机制，广泛汇聚开发者和用户资源，大力推广成熟的开源产品和应用解决方案，打造良性互动的开源社区新生态。

5. 完善产业链条。坚持补短板和锻长板并重，开展强链补链，构建现代化的产业链。针对薄弱环节，组织上下游企业协同攻关，夯实产业基础；建立先进的产业链管理体系，增强产业链韧性。

(五)促进融通发展

1. 推进"区块链+工业互联网"。推动区块链与标识解析融合创新，构建基于标识解析的区块链基础设施，提升"平台+区块链"技术融合应用能力，打造基于区块链技术的工业互联网新模式、新业态。

2. 推进"区块链+大数据"。加快建设基于区块链的认证可溯大数据服务平台，促进数据合规有序的确权、共享和流动，充分释放数据资源价值。发展基于区块链的数据管理、分析应用等，提升大数据管理和应用水平。

3. 推进"区块链+云计算"。基于云计算构建区块链应用开发、测试验证和运行维护环境，为区块链应用提供灵活、易用、可扩展的支撑，降低区块链应用开发门槛。

4. 推进"区块链+人工智能"。发展基于区块链的人工智能训练、算法共享等技术和方法，推动分布式人工智能模式发展。探索利用人工智能技术提升区块链运行效率和节点间协作的智能化水平。

三、保障措施

（一）积极推进应用试点

支持具有一定产业基础的地方，面向实体经济和民生服务等重点领域，选择成熟的应用场景，遴选一批推广能力强的单位开展区块链应用试点，形成一批应用效果好的区块链底层平台、产品和服务。

（二）加大政策支持力度

依托国家产业发展工程，支持区块链产业发展。通过组织区块链大赛等方式，丰富行业应用。支持符合条件的区块链企业享受软件税收优惠政策。探索利用首版次保险补偿、政府采购等政策，促进区块链研发成果的规模化应用。

（三）引导地方加快探索

鼓励地方立足实际，研究制定支持区块链产业发展的政策措施，从用地、投融资、人才等方面强化产业发展的要素保障，建立区块链产品库和企业库。支持区块链发展先导区创建"中国软件名园"。

（四）构建公共服务体系

支持专业服务机构发展区块链培训、测试认证、投融资等服务，完善产业公共服务体系。加强创业创新载体建设，加快对各类创新型区块链企业的孵化，支持中小企业成长。

（五）加强产业人才培养

依托"新工科"和特色化示范性软件学院建设，支持高校设置区块链专业课程，开展区块链专业教育。通过建设人才实训基地等方式，加强区块链职业技术教育。培育产业领军型人才和高水平创新团队，形成一批区块链领域的"名人"。

（六）深化国际交流合作

围绕"一带一路"战略部署，建设区块链国际合作交流平台，在技术标准、开源社区、人才培养等领域加强区块链国际合作。鼓励企业拓展国际交流合作渠道，提升国际化发展水平和层次。

工业和信息化部

中央网络安全和信息化委员会办公室

2021 年 5 月 27 日

20　《中华人民共和国数据安全法》(第八十四号主席令)

《中华人民共和国数据安全法》已由中华人民共和国第十三届全国人民代表大会常务委员会第二十九次会议于 2021 年 6 月 10 日通过，现予公布，自 2021 年 9 月 1 日起施行。

中华人民共和国主席　习近平

2021 年 6 月 10 日

中华人民共和国数据安全法

（2021 年 6 月 10 日第十三届全国人民代表大会常务委员会第二十九次会议通过）

第一章　总　　则

第一条　为了规范数据处理活动，保障数据安全，促进数据开发利用，保护个人、组织的合法权益，维护国家主权、安全和发展利益，制定本法。

第二条　在中华人民共和国境内开展数据处理活动及其安全监管，适用本法。

在中华人民共和国境外开展数据处理活动，损害中华人民共和国国家安全、公共利益或者公民、组织合法权益的，依法追究法律责任。

第三条　本法所称数据，是指任何以电子或者其他方式对信息的记录。

数据处理，包括数据的收集、存储、使用、加工、传输、提供、公开等。

数据安全，是指通过采取必要措施，确保数据处于有效保护和合法利用的状态，以及具备保障持续安全状态的能力。

第四条　维护数据安全，应当坚持总体国家安全观，建立健全数据安全治理体系，提高数据安全保障能力。

第五条　中央国家安全领导机构负责国家数据安全工作的决策和议事协调，研究制定、指导实施国家数据安全战略和有关重大方针政策，统筹协调国家数据安全的重大事项和重要工作，建立国家数据安全工作协调机制。

第六条　各地区、各部门对本地区、本部门工作中收集和产生的数据及数据安全负责。

工业、电信、交通、金融、自然资源、卫生健康、教育、科技等主管部门承担本行业、本领域数据安全监管职责。

公安机关、国家安全机关等依照本法和有关法律、行政法规的规定，在各自职责范围内承担数据安全监管职责。

国家网信部门依照本法和有关法律、行政法规的规定，负责统筹协调网络数据安全和相关监管工作。

第七条　国家保护个人、组织与数据有关的权益，鼓励数据依法合理有效利用，保障数据依法有序自由流动，促进以数据为关键要素的数字经济发展。

第八条　开展数据处理活动，应当遵守法律、法规，尊重社会公德和伦理，遵守商业道德和职业道德，诚实守信，履行数据安全保护义务，承担社会责任，不得危害国家安全、公共利益，不得损害个人、组织的合法权益。

第九条　国家支持开展数据安全知识宣传普及，提高全社会的数据安全保护意识和水平，推动有关部门、行业组织、科研机构、企业、个人等共同参与数据安全保护工作，形成全社会共同维护数据安全和促进发展的良好环境。

第十条　相关行业组织按照章程，依法制定数据安全行为规范和团体标准，加强行业自律，指导会员加强数据安全保护，提高数据安全保护水平，促进行业健康发展。

第十一条　国家积极开展数据安全治理、数据开发利用等领域的国际交流与合作，参与数据安全相关国际规则和标准的制定，促进数据跨境安全、自由流动。

第十二条　任何个人、组织都有权对违反本法规定的行为向有关主管部门投诉、举报。收到投诉、举报的部门应当及时依法处理。

有关主管部门应当对投诉、举报人的相关信息予以保密，保护投诉、举报人的合法权益。

第二章　数据安全与发展

第十三条　国家统筹发展和安全，坚持以数据开发利用和产业发展促进数据安全，以数据安全保障数据开发利用和产业发展。

第十四条　国家实施大数据战略，推进数据基础设施建设，鼓励和支持数据在各行业、各领域的创新应用。

省级以上人民政府应当将数字经济发展纳入本级国民经济和社会发展规划，并根据需要制定数字经济发展规划。

第十五条　国家支持开发利用数据提升公共服务的智能化水平。提供智能化公共服务，应当充分考虑老年人、残疾人的需求，避免对老年人、残疾人的日常生活造成障碍。

第十六条　国家支持数据开发利用和数据安全技术研究，鼓励数据开发利用和数据安全等领域的技术推广和商业创新，培育、发展数据开发利用和数据安全产品、产业体系。

第十七条　国家推进数据开发利用技术和数据安全标准体系建设。国务院标准化行政主管部门和国务院有关部门根据各自的职责，组织制定并适时修订有关数据开发利用技术、产品和数据安全相关标准。国家支持企业、社会团体和教育、科研机构等参与标准制定。

第十八条　国家促进数据安全检测评估、认证等服务的发展，支持数据安全检测评估、认证等专业机构依法开展服务活动。

国家支持有关部门、行业组织、企业、教育和科研机构、有关专业机构等在数据安全风险评估、防范、处置等方面开展协作。

第十九条　国家建立健全数据交易管理制度，规范数据交易行为，培育数据交易市场。

第二十条　国家支持教育、科研机构和企业等开展数据开发利用技术和数据安全相关教育和培训，采取多种方式培养数据开发利用技术和数据安全专业人才，促进人才交流。

第三章　数据安全制度

第二十一条　国家建立数据分类分级保护制度，根据数据在经济社会发展中的重要程度，以及一旦遭到篡改、破坏、泄露或者非法获取、非法利用，对国家安全、公共利益或者个人、组织合法权益造成的危害程度，对数据实行分类分级保护。国家数据安全工作协调机制统筹协调有关部门制定重要数据目录，加强对重要数据的保护。

关系国家安全、国民经济命脉、重要民生、重大公共利益等数据属于国家核心数据，实行更加严格的管理制度。

各地区、各部门应当按照数据分类分级保护制度，确定本地区、本部门以及相关行业、领域的重要数据具体目录，对列入目录的数据进行重点保护。

第二十二条 国家建立集中统一、高效权威的数据安全风险评估、报告、信息共享、监测预警机制。国家数据安全工作协调机制统筹协调有关部门加强数据安全风险信息的获取、分析、研判、预警工作。

第二十三条 国家建立数据安全应急处置机制。发生数据安全事件，有关主管部门应当依法启动应急预案，采取相应的应急处置措施，防止危害扩大，消除安全隐患，并及时向社会发布与公众有关的警示信息。

第二十四条 国家建立数据安全审查制度，对影响或者可能影响国家安全的数据处理活动进行国家安全审查。

依法作出的安全审查决定为最终决定。

第二十五条 国家对与维护国家安全和利益、履行国际义务相关的属于管制物项的数据依法实施出口管制。

第二十六条 任何国家或者地区在与数据和数据开发利用技术等有关的投资、贸易等方面对中华人民共和国采取歧视性的禁止、限制或者其他类似措施的，中华人民共和国可以根据实际情况对该国家或者地区对等采取措施。

第四章 数据安全保护义务

第二十七条 开展数据处理活动应当依照法律、法规的规定，建立健全全流程数据安全管理制度，组织开展数据安全教育培训，采取相应的技术措施和其他必要措施，保障数据安全。利用互联网等信息网络开展数据处理活动，应当在网络安全等级保护制度的基础上，履行上述数据安全保护义务。

重要数据的处理者应当明确数据安全负责人和管理机构，落实数据安全保护责任。

第二十八条 开展数据处理活动以及研究开发数据新技术，应当有利于促进经济社会发展，增进人民福祉，符合社会公德和伦理。

第二十九条 开展数据处理活动应当加强风险监测，发现数据安全缺陷、漏洞等风险时，应当立即采取补救措施；发生数据安全事件时，应当立即采取处置措施，按照规定及时告知用户并向有关主管部门报告。

第三十条　重要数据的处理者应当按照规定对其数据处理活动定期开展风险评估，并向有关主管部门报送风险评估报告。

风险评估报告应当包括处理的重要数据的种类、数量，开展数据处理活动的情况，面临的数据安全风险及其应对措施等。

第三十一条　关键信息基础设施的运营者在中华人民共和国境内运营中收集和产生的重要数据的出境安全管理，适用《中华人民共和国网络安全法》的规定；其他数据处理者在中华人民共和国境内运营中收集和产生的重要数据的出境安全管理办法，由国家网信部门会同国务院有关部门制定。

第三十二条　任何组织、个人收集数据，应当采取合法、正当的方式，不得窃取或者以其他非法方式获取数据。

法律、行政法规对收集、使用数据的目的、范围有规定的，应当在法律、行政法规规定的目的和范围内收集、使用数据。

第三十三条　从事数据交易中介服务的机构提供服务，应当要求数据提供方说明数据来源，审核交易双方的身份，并留存审核、交易记录。

第三十四条　法律、行政法规规定提供数据处理相关服务应当取得行政许可的，服务提供者应当依法取得许可。

第三十五条　公安机关、国家安全机关因依法维护国家安全或者侦查犯罪的需要调取数据，应当按照国家有关规定，经过严格的批准手续，依法进行，有关组织、个人应当予以配合。

第三十六条　中华人民共和国主管机关根据有关法律和中华人民共和国缔结或者参加的国际条约、协定，或者按照平等互惠原则，处理外国司法或者执法机构关于提供数据的请求。非经中华人民共和国主管机关批准，境内的组织、个人不得向外国司法或者执法机构提供存储于中华人民共和国境内的数据。

第五章　政务数据安全与开放

第三十七条　国家大力推进电子政务建设，提高政务数据的科学性、准确性、时效性，提升运用数据服务经济社会发展的能力。

第三十八条　国家机关为履行法定职责的需要收集、使用数据，应当在其履行法定职责的范围内依照法律、行政法规规定的条件和程序进行；对在履行职责中知悉的个人隐私、个人信息、商业秘密、保密商务信息等数据应当依法予以保密，不得泄露或者非法向他人提供。

第三十九条　国家机关应当依照法律、行政法规的规定，建立健全数据安全管理制度，落实数据安全保护责任，保障政务数据安全。

第四十条　国家机关委托他人建设、维护电子政务系统，存储、加工政务数据，应当经过严格的批准程序，并应当监督受托方履行相应的数据安全保护义务。受托方应当依照法律、法规的规定和合同约定履行数据安全保护义务，不得擅自留存、使用、泄露或者向他人提供政务数据。

第四十一条　国家机关应当遵循公正、公平、便民的原则，按照规定及时、准确地公开政务数据。依法不予公开的除外。

第四十二条　国家制定政务数据开放目录，构建统一规范、互联互通、安全可控的政务数据开放平台，推动政务数据开放利用。

第四十三条　法律、法规授权的具有管理公共事务职能的组织为履行法定职责开展数据处理活动，适用本章规定。

第六章　法律责任

第四十四条　有关主管部门在履行数据安全监管职责中，发现数据处理活动存在较大安全风险的，可以按照规定的权限和程序对有关组织、个人进行约谈，并要求有关组织、个人采取措施进行整改，消除隐患。

第四十五条　开展数据处理活动的组织、个人不履行本法第二十七条、第二十九条、第三十条规定的数据安全保护义务的，由有关主管部门责令改正，给予警告，可以并处五万元以上五十万元以下罚款，对直接负责的主管人员和其他直接责任人员可以处一万元以上十万元以下罚款；拒不改正或者造成大量数据泄露等严重后果的，处五十万元以上二百万元以下罚款，并可以责令暂停相关业务、停业整顿、吊销相关业务许可证或者吊销营业执照，对直接负责的主管人员和其他直接责任人员处五万元以上二十万元以下罚款。

违反国家核心数据管理制度，危害国家主权、安全和发展利益的，由有关主管部门处二百万元以上一千万元以下罚款，并根据情况责令暂停相关业务、停业整顿、吊销相关业务许可证或者吊销营业执照；构成犯罪的，依法追究刑事责任。

第四十六条　违反本法第三十一条规定，向境外提供重要数据的，由有关主管部门责令改正，给予警告，可以并处十万元以上一百万元以下罚款，对直接负责的主管人员和其他直接责任人员可以处一万元以上十万元以下罚款；情节严重的，处一百万元以上一千万元以下罚款，并可以责令暂停相关业务、停业整顿、吊销相关业务许可证或者吊销营业执照，对直接负责的主管人员和其他直接责任人员处十万元以上一百万元以下罚款。

第四十七条　从事数据交易中介服务的机构未履行本法第三十三条规定的义务的，由有关主管部门责令改正，没收违法所得，处违法所得一倍以上十倍以下罚款，没有违法所得或者违法所得不足十万元的，处十万元以上一百万元以下罚款，并可以责令暂停相关业务、停业整顿、吊销相关业务许可证或者吊销营业执照；对直接负责的主管人员和其他直接责任人员处一万元以上十万元以下罚款。

第四十八条　违反本法第三十五条规定，拒不配合数据调取的，由有关主管部门责令改正，给予警告，并处五万元以上五十万元以下罚款，对直接负责的主管人员和其他直接责任人员处一万元以上十万元以下罚款。

违反本法第三十六条规定，未经主管机关批准向外国司法或者执法机构提供数据的，由有关主管部门给予警告，可以并处十万元以上一百万元以下罚款，对直接负责的主管人员和其他直接责任人员可以处一万元以上十万元以下罚款；造成严重后果的，处一百万元以上五百万元以下罚款，并可以责令暂停相关业务、停业整顿、吊销相关业务许可证或者吊销营业执照，对直接负责的主管人员和其他直接责任人员处五万元以上五十万元以下罚款。

第四十九条　国家机关不履行本法规定的数据安全保护义务的，对直接负责的主管人员和其他直接责任人员依法给予处分。

第五十条　履行数据安全监管职责的国家工作人员玩忽职守、滥用职权、徇私舞弊的，依法给予处分。

第五十一条　窃取或者以其他非法方式获取数据，开展数据处理活动排除、限制竞争，或者损害个人、组织合法权益的，依照有关法律、行政法规的规定处罚。

第五十二条　违反本法规定，给他人造成损害的，依法承担民事责任。

违反本法规定，构成违反治安管理行为的，依法给予治安管理处罚；构成犯罪的，依法追究刑事责任。

第七章　附　　则

第五十三条　开展涉及国家秘密的数据处理活动，适用《中华人民共和国保守国家秘密法》等法律、行政法规的规定。

在统计、档案工作中开展数据处理活动，开展涉及个人信息的数据处理活动，还应当遵守有关法律、行政法规的规定。

第五十四条　军事数据安全保护的办法，由中央军事委员会依据本法另行制定。

第五十五条　本法自 2021 年 9 月 1 日起施行。

21 《关于加强投资数据资源共享持续深化投资审批"一网通办"的指导意见》（发改投资〔2021〕1119 号）

各省、自治区、直辖市及计划单列市、新疆生产建设兵团发展改革委、自然资源主管部门、环境保护厅（局）、交通运输厅（局、委）、水利（水务）厅（局）、能源局：

加强审批数据资源共享、推进投资审批"一网通办"是投资审批制度改革的关键所在，也是深化投资领域"放管服"改革的重要基础。近年来，各地方、各有关部门坚持"制度+技术"并重，以全国投资项目在线审批监管平台（以下简称投资在线平台）为依托，大力推进投资审批制度改革，构建形成了以投资在线平台为主干，以各行业领域审批系统为支撑，覆盖国家、省、市、县四级的投资审批系统"一张网"，在优化审批流程、加强投资调度和监管、促进利企便民等方面发挥着越来越重要的作用。但同时也发现，一些领域、一些地方仍然存在着数据共享机制不健全、共享信息不充分、"一网通办"不平衡等问题，严重制约了投资审批制度改革的深入推进。为贯彻落实党中央、国务院决策部署，进一步加强投资在线平台与自然资源、生态环境、交通运输、水利、能源等领域的投资数据资源共享，深化投资审批"一网通办"，现提出如下意见。

一、总体要求

以习近平新时代中国特色社会主义思想为指导，深入贯彻党的十九大和十九届二中、三中、四中、五中全会精神，坚持以投资在线平台为依托，以固定资产投资项目代码为基础，着力健全纵横贯通的投资在线审批体系，着力优化高效便捷的投资审批服务，着力推进跨层级、跨地域、跨部门的审批数据共享和业务协同，2021 年底争取实现各级自然资源、生态环境、交通运输、水利等部门审批系统与投资在线平台的互联共享，并持续深化投资审批权责"一张清单"、投资数据"一体共享"、审批事项"一网通办"，助力投资审批制度改革向纵深推进，为全面改善投资环境、继续发挥投资关键作用提供有力支撑。

二、完善工作机制，优化纵横贯通的审批体系

（一）拓展环评审批信息共享区域。中央投资在线平台在实现与全国环评统一申报和审批系统互联互通基础上，要根据环评系统推进情况逐步实现与全国各省、自治区、直辖市的审批数据共享。对于已应用全国统建环评统一申报和审批系统的地方，由国家层面实现数据集中共享，并通过投资在线平台按需向地方共享审批数据。对于市县有数据共享需要的，各省级投资在线平台要做好数据"下行"共享，便于基层开展数据利用和监测分析。

（二）加大自然资源和交通运输、水利领域审批信息共享力度。中央投资在线平台要增加与自然资源部智能审批系统有关用地审批数据的共享频次，确保每周至少批量共享一次。积极推进国土空间基础信息平台建设，为各相关部门的项目选址、审批、监管提供自然资源和国土空间数据的基础支撑服务，并逐步与投资在线平台实现互联共享。进一步提升交通运输审批事项业务协同水平，实现航道通航条件影响评价审核、国家重点公路建设项目初步设计审批、国家重点水运工程设计文件审查等数据的实时共享。完善水利部政务服务平台数据接口，实现投资在线平台与水利部政务服务平台取水许可审批、水土保持方案审批和洪水影响评价审批等信息实时共享。

（三）完善纵横贯通的审批数据共享机制。纵向上，对于规划许可、交通运输、水利、节能审查等审批管理权限属于地方的审批结果数据，由各地负责实现本地投资在线平台与相关部门审批系统（或各地政务服务共享平台）的互联互通，地方投资在线平台要及时将汇集的数据上传至中央投资在线平台，由中央投资在线平台将相关数据共享至各有关部门，便于开展数据利用和监测分析。横向上，中央投资在线平台要重点加强与全国信用信息共享平台在投资主

体、中介机构基础信息和信用信息方面的实时共享。以修订公共资源交易平台系统数据规范为契机，深化固定资产投资项目代码及审批、核准、备案信息在公共资源交易领域的应用。中央投资在线平台要完善共享服务响应工作机制，对于各地方、各有关部门的共享数据需求，要及时回应，拟定共享工作方案并贯彻落实。

三、健全共享标准，推进投资审批数据实时共享

(四)健全审批数据共享交换标准。以投资在线平台地方与中央平台对接数据清单(V3.2.3)为基础，逐步推动将投资审批系统数据对接技术标准上升为国家标准，为实现投资在线平台与相关行业审批系统的数据共享提供基础支撑。落实《国务院办公厅关于建立健全政务数据共享协调机制加快推进数据有序共享的意见》(国办发〔2021〕6 号)部署，对于按规定已纳入政务数据供需对接清单的政务数据，统一通过全国一体化政务服务平台和国家数据共享交换平台在线开展对接。

(五)强化审批共享数据核验和深度应用。依托投资在线平台完善投资审批共享数据核验机制，进一步提高数据准确性、及时性，通过统一的固定资产投资项目代码，实现每一项目的审批、核准和备案信息与相应的用地、规划许可、环评、招标采购等结果数据，以及建设实施信息自动关联共享，构建投资审批、招标采购、建设、竣工等项目全建设周期信息数据全景图，助力投资精准调度和智慧监管。

四、拓展平台功能，增强各方面改革获得感

(六)强化固定资产投资项目代码和项目信息基础表单应用。各地方要严格落实《固定资产投资项目代码管理规范》及代码编码国家标准要求，在办理项目审批事项、下达资金时，必须核验项目代码及项目信息。项目审批文件、招标投标、公共资源交易、监督检查、后评价、行政处理、行政处罚、信息公

开等涉及使用项目名称时，应当同时标注项目代码。抓紧实施项目基础信息表单，投资在线平台在项目赋码时同步形成项目基础信息表单，并为各行业审批系统提供共享服务。企业在办理有关行业审批手续时，可以申请调用投资在线平台项目基础信息表单，无需再重复填报。加快推进项目代码二维码应用场景，便利实时核验项目基础信息、审批信息和建设信息等。

（七）推广电子印章和电子证照复用。投资在线平台要积极推广应用电子印章、电子证照下载和复用，尤其对营业执照、取水许可、工程规划许可、资质资格证书等常用高频投资审批管理事项以及相关申报材料等，探索电子证照"一次生成、统一流转、互认共用"，进一步减少企业重复提交、部门重复核验，提升投资审批服务便利化水平。

（八）精准优化涉企审批服务。依托投资在线平台开发审批服务在线应用、移动应用，为企业提供申报、查询、办理的全流程"掌上办"服务。鼓励创新应用人工智能识别技术，通过提取高频需求关键词，找准投资审批服务的热点、堵点、痛点问题，精准获知企业群众办事需求和咨询内容，自动推送"全流程"事项办理方案，优化咨询服务，助力企业投资项目决策和实施。

五、深化"一网通办"，促进投资审批更加高效便捷

（九）深入推进投资审批"全程网办"。各级投资在线平台和行业审批系统，要加快与国家政务服务平台的统一身份认证体系互通，自然人、法人统一身份识别，实现企业一次登录，投资审批"一张网""全网漫游"。优化在线审批系统功能，加快推进投资审批"全覆盖、全流程、全在线"。除法律法规有明确规定外，凡是项目单位提交且通过投资在线平台能够查询到的材料，不得再要求项目单位重复提交；凡是投资在线平台已收取规范化电子版材料的，不得再要求申请人重复提交纸质版材料；凡是依托投资在线平台能够实现网上核验的证明材料，不得再要求现场核验。

（十）加快实施投资审批"一网通办""好差评"制度。各地方投资在线平台

要认真落实国务院关于建立政务服务"好差评"制度的部署，设置审批"一网通办""好差评"评价功能模块或环节，方便企业和群众及时对审批服务作出评价。建立健全差评和投诉问题调查核实、督促整改和反馈机制，并明确相应奖惩规则，切实抓好差评服务整改，以"好差评"制度实施督促投资审批"一网通办"落地落实落细。

六、完善保障机制，强化督促落实

(十一)统筹系统建设。各地方要按照精简集约、高效利用的原则要求，对于能够通过投资在线平台拓展相关功能满足专业审批需要的，一般不得新建专业审批系统；投资在线平台要主动作为、跟进服务，及时协助有关部门加快完善行业审批系统；对于已经建成的行业审批系统，要进一步加强与投资在线平台的系统对接、数据共享，不断完善审批服务功能，优化审批服务流程。

(十二)加强组织领导和督促检查。各级发展改革部门要加强对本区域投资审批数据共享和投资审批"一网通办"工作的统筹指导，与自然资源、生态环境、交通运输、水利、能源等部门加强协同配合，健全工作机制，完善配套措施，及时协调解决共享工作推进过程中的矛盾和问题。国家发展改革委将会同自然资源部、生态环境部、交通运输部、水利部、国家能源局等加强对各地的督促指导，及时总结推广各地深化投资审批数据共享、促进利企便民的好经验好做法；对于工作不力的地方将专门予以通报，并督促全面整改。

国家发展改革委

自然资源部

生态环境部

交通运输部

水利部

国家能源局

2021年7月28日

22　《关于开展营商环境创新试点工作的意见》(国发〔2021〕24号)

各省、自治区、直辖市人民政府,国务院各部委、各直属机构:

党中央、国务院高度重视优化营商环境工作。近年来,我国营商环境持续改善,特别是部分地方主动对标国际先进率先加大营商环境改革力度,取得明显成效,对推动全国营商环境整体优化、培育和激发市场主体活力发挥了较好的示范带动作用。为鼓励有条件的地方进一步瞄准最高标准、最高水平开展先行先试,加快构建与国际通行规则相衔接的营商环境制度体系,持续优化市场化法治化国际化营商环境,现提出以下意见。

一、总体要求

(一)指导思想。以习近平新时代中国特色社会主义思想为指导,全面贯彻党的十九大和十九届二中、三中、四中、五中全会精神,立足新发展阶段,完整、准确、全面贯彻新发展理念,构建新发展格局,以推动高质量发展为主题,统筹发展和安全,以制度创新为核心,赋予有条件的地方更大改革自主权,对标国际一流水平,聚焦市场主体关切,进一步转变政府职能,一体推进简政放权、放管结合、优化服务改革,推进全链条优化审批、全过程公正监管、全周期提升服务,推动有效市场和有为政府更好结合,促进营商环境迈向更高水平,更大激发市场活力和社会创造力,更好稳定市场预期,保持经济平稳运行。

(二)试点范围。综合考虑经济体量、市场主体数量、改革基础条件等,选择部分城市开展营商环境创新试点工作。首批试点城市为北京、上海、重庆、杭州、广州、深圳 6 个城市。强化创新试点同全国优化营商环境工作的联动，具备条件的创新试点举措经主管部门和单位同意后在全国范围推开。

（三）主要目标。经过三至五年的创新试点，试点城市营商环境国际竞争力跃居全球前列，政府治理效能全面提升，在全球范围内集聚和配置各类资源要素能力明显增强，市场主体活跃度和发展质量显著提高，率先建成市场化法治化国际化的一流营商环境，形成一系列可复制可推广的制度创新成果，为全国营商环境建设作出重要示范。

二、重点任务

（四）进一步破除区域分割和地方保护等不合理限制。加快破除妨碍生产要素市场化配置和商品服务流通的体制机制障碍。在不直接涉及公共安全和人民群众生命健康的领域，推进"一照多址"、"一证多址"等改革，便利企业扩大经营规模。清理对企业跨区域经营、迁移设置的不合理条件，全面取消没有法律法规依据的要求企业在特定区域注册的规定。着力破除招投标、政府采购等领域对外地企业设置的隐性门槛和壁垒。探索企业生产经营高频办理的许可证件、资质资格等跨区域互认通用。

（五）健全更加开放透明、规范高效的市场主体准入和退出机制。进一步提升市场主体名称登记、信息变更、银行开户等便利度。建立健全市场准入评估制度，定期排查和清理在市场准入方面对市场主体资质、资金、股比、人员、场所等设置的不合理条件。推行企业年报"多报合一"改革。完善市场主体退出机制，全面实施简易注销，建立市场主体强制退出制度。推行破产预重整制度，建立健全企业破产重整信用修复机制，允许债权人等推荐选任破产管理人。建立健全司法重整的府院联动机制，提高市场重组、出清的质量和效率。

（六）持续提升投资和建设便利度。深化投资审批制度改革。推进社会投资项目"用地清单制"改革，在土地供应前开展相关评估工作和现状普查，形成评估结果和普查意见清单，在土地供应时一并交付用地单位。推进产业园区规划环评与项目环评联动，避免重复评价。在确保工程质量安全的前提下，持续推进工程建设项目审批制度改革，清理审批中存在的"体外循环"、"隐性审批"等行为。推动分阶段整合规划、土地、房产、交通、绿化、人防等测绘测量事项，优化联合验收实施方式。建立健全市政接入工程信息共享机制。探索在民用建筑工程领域推进和完善建筑师负责制。

（七）更好支持市场主体创新发展。完善创新资源配置方式和管理机制，探索适应新业态新模式发展需要的准入准营标准，提升市场主体创新力。在确保安全的前提下，探索高精度地图面向智能网联汽车开放使用。推进区块链技术在政务服务、民生服务、物流、会计等领域探索应用。探索对食品自动制售设备等新业态发放经营许可。完善知识产权市场化定价和交易机制，开展知识产权证券化试点。深化科技成果使用权、处置权和收益权改革，赋予科研人员职务科技成果所有权或长期使用权，探索完善科研人员职务发明成果权益分享机制。

（八）持续提升跨境贸易便利化水平。高标准建设国际贸易"单一窗口"，加快推动"单一窗口"服务功能由口岸通关向口岸物流、贸易服务等全链条拓展，推进全流程作业无纸化。在确保数据安全的前提下，推动与东亚地区主要贸易伙伴口岸间相关单证联网核查。推进区域通关便利化协作，探索开展粤港澳大湾区"组合港"、"一港通"等改革。推进铁路、公路、水路、航空等运输环节信息对接共享，实现运力信息可查、货物全程实时追踪，提升多式联运便利化水平。在有条件的港口推进进口货物"船边直提"和出口货物"抵港直装"。探索开展科研设备、耗材跨境自由流动，简化研发用途设备和样本样品进出口手续。

（九）优化外商投资和国际人才服务管理。加强涉外商事法律服务，建设涉外商事一站式多元解纷中心，为国际商事纠纷提供多元、高效、便捷解纷渠道。探索制定外籍"高精尖缺"人才地方认定标准。在不直接涉及公共安全和人民群众生命健康、风险可控的领域，探索建立国际职业资格证书认可清单制度，对部分需持证上岗的职业，允许取得境外相应职业资格或公认的国际专业组织认证的国际人才，经能力水平认定或有关部门备案后上岗，并加强执业行为监管。研究建立与国际接轨的人才评价体系。持续提升政府门户网站国际版服务水平，方便外籍人员及时准确了解投资、工作、生活等政策信息，将更多涉外审批服务事项纳入"一网通办"。

（十）维护公平竞争秩序。坚持对各类市场主体一视同仁、同等对待，稳定市场主体预期。强化公平竞争审查刚性约束，建立举报处理和回应机制，定期公布审查结果。着力清理取消企业在资质资格获取、招投标、政府采购、权益保护等方面存在的差别化待遇，防止滥用行政权力通过划分企业等级、增设证明事项、设立项目库、注册、认证、认定等形式排除和限制竞争的行为。建立招标计划提前发布制度，推进招投标全流程电子化改革。加强和改进反垄断与反不正当竞争执法。清理规范涉企收费，健全遏制乱收费、乱摊派的长效机制，着力纠正各类中介垄断经营、强制服务等行为。

（十一）进一步加强和创新监管。坚持放管结合、并重，夯实监管责任，健全事前事中事后全链条全流程的监管机制。完善公开透明、简明易行的监管规则和标准，加强政策解读。在直接涉及公共安全和人民群众生命财产安全的领域，探索实行惩罚性赔偿等制度。深化"互联网+监管"，加快构建全国一体化在线监管平台，积极运用大数据、物联网、人工智能等技术为监管赋能，探索形成市场主体全生命周期监管链。推动"双随机、一公开"监管和信用监管深度融合，完善按风险分级分类管理模式。在医疗、教育、工程建设等领域探索建立完善执业诚信体系。对新产业新业态实行包容审慎监管，建立健全平台经济治理体系。推动行业协会商会等建立健全行业经营自律规范，更好发挥社会监督作用。

（十二）依法保护各类市场主体产权和合法权益。构建亲清政商关系，健全政府守信践诺机制，建立政府承诺合法性审查制度和政府失信补偿、赔偿与追究制度，重点治理债务融资、政府采购、招投标、招商引资等领域的政府失信行为，畅通政府失信投诉举报渠道，健全治理"新官不理旧账"的长效机制。完善产权保护制度，强化知识产权保护，开展商标专利巡回评审和远程评审，完善对商标恶意注册和非正常专利申请的快速处置联动机制，加强海外知识产权维权协作。规范罚款行为，全面清理取消违反法定权限和程序设定的罚款事项，从源头上杜绝乱罚款。严格落实重大行政决策程序，增强公众参与实效。全面建立重大政策事前评估和事后评价制度，推进评估评价标准化、制度化、规范化。

（十三）优化经常性涉企服务。加快建立健全高效便捷、优质普惠的市场主体全生命周期服务体系，健全常态化政企沟通机制和营商环境投诉处理机制。完善动产和权利担保统一登记制度，有针对性地逐步整合各类动产和权利担保登记系统，提升企业动产和权利融资便利度。持续优化企业办税服务，深化"多税合一"申报改革，试行代征税款电子缴税并开具电子完税证明。进一步提升不动产登记涉税、继承等业务办理便利度。推进水电气暖等"一站式"便捷服务，加快实现报装、查询、缴费等业务全程网办。推进电子证照、电子签章在银行开户、贷款、货物报关、项目申报、招投标等领域全面应用和互通互认。推进公安服务"一窗通办"。推行涉企事项"一网通办"、"一照通办"，全面实行惠企政策"免申即享"、快速兑现。

三、组织保障

（十四）加强组织领导和统筹协调。国务院办公厅要统筹推进营商环境创新试点工作，牵头制定改革事项清单，做好协调督促、总结评估、复制推广等工作。司法部要做好改革的法治保障工作。国务院有关部门要结合自身职责，协调指导试点城市推进相关改革，为试点城市先行先试创造良好条件。有关省份人民政府要加大对试点城市的支持力度，加强政策措施衔接配套，依法依规赋予试点城市相关权限。各试点城市人民政府要制定本地区试点实施方案，坚持稳步实施，在风险总体可控前提下，科学把握改革的时序、节奏和步骤，推动创新试点工作走深走实，实施方案应报国务院办公厅备案并向社会公布。试点城市辖区内开发区具备较好改革基础的，可研究进一步加大改革力度，为创新试点工作探索更多有益经验。

（十五）强化法治保障。按照重大改革于法有据的要求，依照法定程序开展营商环境创新试点工作。国务院决定，根据《全国人民代表大会常务委员会关于授权国务院在营商环境创新试点城市暂时调整适用〈中华人民共和国计量法〉有关规定的决定》，3年内在营商环境创新试点城市暂时调整适用《中华人民共和国计量法》有关规定；同时，在营商环境创新试点城市暂时调整适用《植物检疫条例》等7部行政法规有关规定。国务院有关部门和有关地方人民政府要根据法律、行政法规的调整情况，及时对本部门和本地区制定的规章、规范性文件作相应调整，建立与试点要求相适应的管理制度。对试点成效明显的改革举措，要及时推动有关法律、法规、规章的立改废释，固化改革成果。

（十六）加强数据共享和电子证照应用支撑。加快打破信息孤岛，扩大部门和地方间系统互联互通和数据共享范围。优化数据资源授权模式，探索实施政务数据、电子证照地域授权和场景授权，将产生于地方但目前由国家统一管理的相关领域数据和电子证照回流试点城市；对试点城市需使用的中央部门和单位、外地的数据和电子证照，由主管部门和单位通过数据落地或数据核验等方式统一提供给试点城市使用。优化全国一体化政务服务平台功能，推动更多数据资源依托平台实现安全高效优质的互通共享。

（十七）做好滚动试点和评估推广。国务院办公厅会同有关方面根据试点情况，结合改革需要，适时扩大试点城市范围。同时，建立改革事项动态更新机制，分批次研究制定改革事项清单，按照批量授权方式，按程序报批后推进实施，定期对营商环境创新试点工作进行评估，对实践证明行之有效、市场主体欢迎的改革措施要及时在更大范围复制推广，对出现问题和风险的要及时调整或停止实施。试点中的重要情况，有关地方和部门要及时向国务院请示报告。

　　附：(1)首批营商环境创新试点改革事项清单

　　(2)国务院决定在营商环境创新试点城市暂时调整适用有关行政法规规定目录

国务院

2021 年 10 月 31 日

(本文有删减)

(1)首批营商环境创新试点改革事项清单(共 10 个方面 101 项改革举措)

序号	改革事项	主要内容	主管部门和单位
一、进一步破除区域分割和地方保护等不合理限制			
1	开展"一照多址"、"一证多址"改革	除直接涉及公共安全和人民群众生命健康的领域外,对符合条件的企业,允许在营业执照上加载新设立住所(经营场所)的地址,免于分支机构登记;对部分高频办理的经营许可证,探索允许企业在一定区域内开设经营项目相同的分支机构时,就其符合许可条件作出承诺后,免于再次办理相关许可证,相关部门加强事后核查和监管。	市场监管总局等国务院相关部门
2	便利企业分支机构、连锁门店信息变更	大型企业分支机构办理不涉及新办许可证的信息变更时,在试点城市内可实行集中统一办理。	市场监管总局
3	清除招投标和政府采购领域对外地企业设置的隐性门槛和壁垒	清理取消要求投标单位必须在项目所在地或采购人所在地设立分公司或办事处等排斥外地投标人的行为,同步完善与统一开放的招投标和政府采购市场相适应的监管模式。	国家发展改革委、财政部等国务院相关部门

续表

序号	改革事项	主要内容	主管部门和单位
4	推动招投标领域数字证书兼容互认	企业在任意试点城市公共资源交易平台完成注册后，即可在全部试点城市及其区县参与投标，做到只需注册一次，只用一套 CA 证书。	国家发展改革委
5	推进客货运输电子证照跨区域互认与核验	推进试点城市制作和发放的道路运输从业人员从业资格证(道路客、货运)、道路运输经营许可证(道路客、货运)、道路运输证(道路客、货运)、营运客车二维码(包含道路运输证、道路客运班线经营信息表的信息)、国内水路运输经营许可证、船舶营业运输证、内河船舶证书信息簿等 7 类电子证照在试点城市间互认，执法检查部门通过电子证照二维码在线核验、网站查询等方式核验电子证照真伪。	交通运输部
6	优化常用低风险植物和植物产品跨区域流通检疫申请流程	试点城市明确以本城市为调入地、必须经过检疫的常用低风险植物和植物产品的检疫要求，并在"全国植物检疫信息化管理系统"和"林业植物检疫管理信息系统"中进行公示，调出地植物检疫机构根据公示要求进行检疫，并出具检疫证书，企业在收到检疫合格证书后即可调运。改革后，调入地植物检疫机构按职责做好对检疫证书的查验审核，并完善复检制度，严格把好植物和植物产品跨省调运的检疫关。	农业农村部、国家林草局

续表

序号	改革事项	主要内容	主管部门和单位
二、健全更加开放透明、规范高效的市场主体准入和退出机制			
7	拓展企业开办"一网通办"业务范围	在企业开办过程中，将社保登记后续环节一并纳入"一网通办"平台。推进电子营业执照、电子发票、电子签章同步发放及应用，方便企业网上办事。	市场监管总局、人力资源社会保障部、税务总局
8	进一步便利企业开立银行账户	探索整合企业开办实名验证信息、企业登记信息和银行开户备案信息，自然人、法人等通过线上平台申请营业执照时，经企业授权同意后，线上平台将有关基本信息和银行开户预约信息实时推送给申请人选定的开户银行，开户银行生成企业账户预约账号，并通过线上平台推送给税务、人力资源社会保障、住房公积金管理部门。开户银行根据预约需求，按规定为企业开立账户后，及时将相关信息通过线上平台推送至相关部门。	市场监管总局、人民银行、公安部、人力资源社会保障部、住房城乡建设部、税务总局
9	开展不含行政区划名称的企业名称自主申报	下放不含行政区划名称的企业名称登记权至试点城市，全面实行企业名称自主申报。	市场监管总局
10	优化律师事务所核名管理	允许试点城市司法行政部门律师管理系统同司法部全国律师综合管理信息系统律师事务所名称数据库进行对接，对申请人申请的律师事务所名称，由试点城市司法行政部门作出名称预核准决定并报司法部备案，缩短核名时限。	司法部

续表

序号	改革事项	主要内容	主管部门和单位
11	企业住所(经营场所)标准化登记	通过相关部门数据共享,建立标准化住所(经营场所)数据库,建立健全住所(经营场所)负面清单管理制度,在便利住所登记的同时,防范虚假住所等突出风险。	市场监管总局等国务院相关部门
12	试行企业登记信息变更网上办理	通过企业开办"一网通办"平台完成登记注册的企业,可通过平台实现全程网上办理变更手续。	市场监管总局等国务院相关部门
13	推行企业年度报告"多报合一"改革	相关部门可依法依规共享企业年度报告有关信息,企业只需填报一次年度报告,无需再向多个部门重复报送相关信息,实现涉及市场监管、社保、税务、海关等事项年度报告的"多报合一"。	市场监管总局、人力资源社会保障部、海关总署、税务总局
14	建立市场准入效能评估制度	围绕市场准入负面清单制度落实情况、市场准入审批服务效能、市场准入隐性壁垒破除等方面,对市场准入效能进行综合评估。对违反市场准入负面清单制度情况进行监测、归集、通报。进一步畅通市场主体对隐性壁垒的投诉渠道和处理回应机制。	国家发展改革委
15	探索建立市场主体除名制度	对被列入经营异常名录或者被标记为经营异常状态满两年,且近两年未申报纳税的市场主体,商事登记机关可对其作出除名决定。除名后,市场主体应当依法完成清算、办理注销登记,且不得从事与清算和注销无关的活动。被除名期间市场主体存续,并可对除名决定申请行政复议或提起行政诉讼。	市场监管总局

续表

序号	改革事项	主要内容	主管部门和单位
16	优化破产企业土地、房产处置程序	企业破产案件中因债务人资料缺失或第三方机构(如设计、勘察、监理等单位)不配合竣工验收等情形导致无法办理竣工验收的建设工程,经委托有关专业机构对工程质量进行安全鉴定合格后,可办理不动产登记。	最高人民法院,自然资源部、住房城乡建设部
17	优化破产案件财产解封及处置机制	建立破产案件财产处置协调机制,破产案件经试点城市人民法院裁定受理后,由破产管理人通知债权人及相关单位进行财产解封,破产管理人对已查封的财产进行处置时无须再办理解封手续。债务人在试点城市的不动产或动产等实物资产被相关单位查封后,查封单位未依法解封的,允许破产管理人对被查封的财产进行处置。处置后依据破产受理法院出具的文件办理解封和资产过户、移交手续,资产处置所得价款经与查封单位协调一致后,统一分配处置。	最高人民法院,公安部、自然资源部、人民银行、海关总署、税务总局、市场监管总局等国务院相关部门
18	进一步便利破产管理人查询破产企业财产信息	允许破产管理人通过线上注册登录等方式,经身份核验后,依法查询有关机构(包括土地管理、房产管理、车辆管理、税务、市场监管、社保等部门和单位)掌握的破产企业财产相关信息,提高破产办理效率。	最高人民法院,公安部、人力资源社会保障部、自然资源部、住房城乡建设部、税务总局、市场监管总局等国务院相关部门

续表

序号	改革事项	主要内容	主管部门和单位
19	健全企业重整期间信用修复机制	人民法院裁定批准重整计划的破产企业，可以申请在"信用中国"网站、国家企业信用信息公示系统、金融信用信息基础数据库中添加相关信息，及时反映企业重整情况；有关部门依法依规调整相关信用限制和惩戒措施。探索重整计划执行期间赋予符合条件的破产企业参与招投标、融资、开具保函等资格。	最高人民法院、国家发展改革委、财政部、人民银行、税务总局、市场监管总局、银保监会等国务院相关部门
20	进一步完善破产管理人选任、预重整等制度	允许破产企业的相关权利人推荐破产管理人，并由人民法院指定。探索建立破产预重整制度。	最高人民法院
三、持续提升投资和建设便利度			
21	推进社会投资项目"用地清单制"改革	在土地供应前，可开展地质灾害、地震安全、压覆矿产、气候可行性、水资源论证、水土保持、防洪、考古调查勘探发掘等评估，并对文物、历史建筑保护对象、古树名木、人防工程、地下管线等进行现状普查，形成评估结果和普查意见清单，在土地供应时一并交付用地单位。相关单位在项目后续报建或验收环节，原则上不得增加清单外的要求。改革后，相关单位提升评估的科学性、精准性及论证深度，避免企业拿地后需重复论证。同时，当项目外部条件发生变化，相关单位及时对评估报告等进行调整完善。	国家发展改革委、自然资源部、住房城乡建设部、水利部、中国气象局、国家林草局、国家文物局、中国地震局、国家人防办等

续表

序号	改革事项	主要内容	主管部门和单位
22	试行分阶段整合相关测绘测量事项	探索将勘测定界测绘、宗地测绘合并为一个测绘事项；将房产预测绘、人防面积预测绘、定位测量、建设工程规划验线、正负零检测等事项，在具备条件的情况下进行整合；将竣工规划测量、用地复核测量、房产测量、机动车停车场(库)测量、绿地测量、人防测量、地下管线测量等事项，在具备条件的情况下进行整合。加快统一相关测绘测量技术标准，实现同一阶段"一次委托、成果共享"，避免对同一标的物重复测绘测量。	自然资源部、住房城乡建设部、交通运输部、国家人防办
23	推行水电气暖等市政接入工程涉及的行政审批在线并联办理	对供电、供水、供气、供暖等市政接入工程涉及的建设工程规划许可、绿化许可、涉路施工许可等实行全程在线并联办理，对符合条件的市政接入工程审批实行告知承诺管理。改革后，有关行政审批部门加强抽查核验力度，对虚假承诺、违反承诺等行为实行惩戒。	住房城乡建设部、公安部、自然资源部、交通运输部、国家电网有限公司、中国南方电网有限责任公司
24	开展联合验收"一口受理"	对实行联合验收的工程建设项目，由住房城乡建设主管部门"一口受理"建设单位申请，并牵头协调相关部门限时开展联合验收，避免建设单位反复与多个政府部门沟通协调。	住房城乡建设部、自然资源部、国家人防办

续表

序号	改革事项	主要内容	主管部门和单位
25	进一步优化工程建设项目联合验收方式	对实行联合验收的工程建设项目，根据项目类别科学合理确定纳入联合验收的事项，原则上未经验收不得投入使用的事项（如规划核实、人防备案、消防验收、消防备案、竣工备案、档案验收等）应当纳入联合验收，其他验收事项可根据实际情况纳入，并综合运用承诺制等多种方式灵活办理验收手续，提高验收效率，减少企业等待时间，加快项目投产使用。改革后，相关主管部门和单位对未纳入联合验收的事项也要依申请及时进行验收，并优化验收流程，对验收时发现的问题及时督促建设单位整改。	住房城乡建设部、自然资源部、国家人防办
26	简化实行联合验收的工程建设项目竣工验收备案手续	对实行联合验收的工程建设项目，可在通过联合验收后现场出具竣工联合验收意见书，政府部门直接备案，不动产登记等相关部门通过系统数据共享获得需要的验收结果，企业无需再单独办理竣工验收备案。	住房城乡建设部、自然资源部、国家人防办
27	试行对已满足使用功能的单位工程开展单独竣工验收	对办理了一张建设工程规划许可证但涉及多个单位工程的工程建设项目，在符合项目整体质量安全要求、达到安全使用条件的前提下，对已满足使用功能的单位工程可采用单独竣工验收方式，单位工程验收合格后，可单独投入使用。改革后，试点城市建立完善单位工程竣工验收标准，加强风险管控，确保项目整体符合规划要求和质量安全。	住房城乡建设部、自然资源部、国家人防办

序号	改革事项	主要内容	主管部门和单位
28	推进产业园区规划环评与项目环评联动	在环境质量符合国家相关考核要求、环境管理体系较为健全的产业园区，对环境影响较小的项目环评，探索入园建设项目环评改革，推进规划环评与项目环评联动，避免重复评价。改革后，对相关产业园区加强环境监测，明确园区及园区内企业环境风险防范责任，对破坏生态环境的项目及时依法依规处理。	生态环境部
29	下放部分工程资质行政审批权限	将省级审批的电子与智能化工程二级、消防设施工程二级、防水防腐保温工程二级、建筑装修装饰工程二级、建筑幕墙工程二级和特种工程资质的审批(包括企业发生重组、合并、分立、跨省变更等事项后资质核定)，下放至北京市、上海市、重庆市市辖区(县)和杭州市、广州市、深圳市有关部门。改革后，试点城市明确承接机构、加强专业培训，做好事中事后监管。	住房城乡建设部
30	建立完善建筑师负责制	推动有序发展建筑师个人执业事务所。探索在民用建筑工程领域推进和完善建筑师负责制，充分发挥建筑师的主导作用，鼓励提供全过程工程咨询服务，与国际工程建设模式接轨。	住房城乡建设部
四、更好支持市场主体创新发展			
31	允许对食品自动制售设备等新业态发放食品经营许可	在保障食品安全和符合相关法律法规规定的前提下，经充分研究论证和开展风险评估，对自动制售设备、无人售货商店等自动化、无人化新业态的经营者发放食品经营许可或办理食品经营备案。	市场监管总局

续表

序号	改革事项	主要内容	主管部门和单位
32	在确保安全的前提下试行高精度地图面向智能网联汽车使用	在取得相关资质和确保安全的前提下，试行高精度地图在限定路段面向智能网联汽车使用，允许不涉及国家安全的自动驾驶高精度地图数据在限定路段采集和使用，同步健全细致完备的监管措施，确保监管到位。	自然资源部、公安部
33	进一步探索完善知识产权市场化定价和交易机制	探索建立跨区域知识产权交易服务平台，为知识产权交易提供信息挂牌、交易撮合、资产评估等服务，帮助科技企业快速质押融资。	国家知识产权局、财政部、国家版权局
34	健全知识产权质押融资风险分担机制和质物处置机制	健全政府引导的知识产权质押融资风险分担和补偿机制，综合运用担保、风险补偿等方式降低信贷风险。探索担保机构等通过质权转股权、反向许可、拍卖等方式快速进行质物处置，保障金融机构对质权的实现。	国家知识产权局、人民银行、国家版权局、银保监会
35	开展赋予科研人员职务科技成果所有权或长期使用权试点	赋予试点城市部分高等院校、科研机构的科研人员职务科技成果所有权或长期使用权。试点高等院校和科研机构将本单位利用财政性资金形成或接受企业、其他社会组织委托形成的归单位所有的职务科技成果所有权按一定比例赋予成果完成人（团队），试点单位与成果完成人（团队）成为共同所有权人。试点单位可赋予科研人员不低于 10 年的职务科技成果长期使用权。	科技部、教育部、财政部

续表

序号	改革事项	主要内容	主管部门和单位
36	优化科技企业孵化器及众创空间信息变更管理模式	在科技部门线上信息服务系统中增设国家备案科技企业孵化器及众创空间信息变更申请、审批和修改功能，增设科技企业孵化器及众创空间所属区域变更修改功能。对于名称、场地面积、经营场所等信息变更，由试点城市科技主管部门审批同意后即可变更，并将变更信息推送至国家科技主管部门。国家科技主管部门对相关信息变更的情况开展抽查检查和事中事后监管。	科技部
37	培育数据要素市场	开展数据确权探索，实现对数据主权的可控可管，推动数据安全有序流动。在数据流通、数据安全等方面加快形成开放环境下的新型监管体系。	国家发展改革委、工业和信息化部、国家网信办等国务院相关部门
38	有序开放公共管理和服务机构产生的部分公共数据	按照分级分类、需求导向、安全可控的原则，探索向社会进一步开放公共管理和服务机构在履行职责或提供服务时产生、处理的公共数据，引导科研院所、社会团体等依法依规开放自有数据，并规范数据处理活动，促进数据流动和开发利用。	国家发展改革委、工业和信息化部、国家网信办等国务院相关部门
五、持续提升跨境贸易便利化水平			
39	探索开展"组合港"、"一港通"等区域通关便利化改革	探索开展粤港澳大湾区"组合港"、"一港通"等改革，优化相关货物的转关手续，鼓励和支持试点城市进一步创新口岸通关监管方式，提升区域通关便利化水平。	海关总署

续表

序号	改革事项	主要内容	主管部门和单位
40	推动与东亚地区主要贸易伙伴口岸间相关单证联网核查	在确保信息安全的前提下，推动试点城市实现与日本、韩国、香港等东亚地区主要贸易伙伴和经济体口岸的相关单证联网核查。	海关总署、商务部
41	优化进出口货物查询服务	利用"单一窗口"为企业及相关机构提供进出口货物全流程查询服务。基于企业授权，企业申报信息可为金融机构开展融资、收结汇服务提供信用依据。	海关总署、商务部
42	实行进出口联合登临检查	依托"单一窗口"将查验通知推送给口岸作业场站，开发"单一窗口"预约联合登临检查功能等，实现通关和物流操作快速衔接，提高进出口货物提离速度。	海关总署、交通运输部
43	加强铁路信息系统与海关信息系统的数据交换共享	加强铁路信息系统与海关信息系统的数据交换共享，实现相关单证电子化流转，大力推广铁路口岸"快速通关"业务模式，压缩列车停留时间，提高通关效率。	海关总署、国家铁路局、中国国家铁路集团有限公司
44	推进水铁空公多式联运信息共享	打破制约多式联运发展的信息壁垒，推进铁路、公路、水路、航空等运输环节信息对接共享，实现运力信息可查、货物全程实时追踪等，促进多种运输方式协同联动。	交通运输部、海关总署、国家铁路局、中国民航局、国家邮政局、中国国家铁路集团有限公司
45	进一步深化进出口货物"提前申报"、"两步申报"、"船边直提"、"抵港直装"等改革	推行进出口货物"提前申报"、"两步申报"措施。在有条件的港口推进进口货物"船边直提"和出口货物"抵港直装"。	海关总署

序号	改革事项	主要内容	主管部门和单位
46	在"CCC 免办及特殊用途进口产品检测处理管理系统"中为符合条件的企业开设便捷通道	对符合条件的企业进口免强制性产品认证（CCC 认证）产品目录内的产品，免于 CCC 免办证书申请和审核，实现"白名单企业"自我承诺、自主填报、自动获证。试点城市制定免予办理 CCC 认证便捷通道操作办法等，做好全链条闭环监管。	市场监管总局、海关总署
47	探索开展科研设备、耗材跨境自由流动，简化研发用途设备和样本样品进出口手续	探索制定跨境科研用物资正面清单，对正面清单列明的科研设备、科研样本、实验试剂、耗材等科研物资实行单位事先承诺申报、海关便利化通关的管理模式，简化报关单申报、检疫审批、监管证件管理等环节。对国外已上市但国内未注册的研发用医疗器械，准许企业在强化自主管理、确保安全的前提下进口，海关根据相关部门意见办理通关手续。	科技部、商务部、国家卫生健康委、海关总署、市场监管总局
六、优化外商投资和国际人才服务管理			
48	建立涉外商事一站式多元解纷中心	支持试点城市建立涉外商事一站式多元解纷中心，为国际商事纠纷提供多元、高效、便捷解纷渠道。探索建立健全线上、线下解纷平台，引入国内调解组织、仲裁机构。鼓励调解组织、仲裁机构引入外籍调解员、仲裁员。	最高人民法院、司法部
49	探索将境内仲裁机构的开庭通知作为签证材料	允许将境内仲裁机构出具的开庭通知作为境外市场主体进入试点城市参与仲裁活动的签证材料，无需其他邀请函件。	外交部、司法部、国家移民局

序号	改革事项	主要内容	主管部门和单位
50	探索制定外籍"高精尖缺"人才地方认定标准	结合国家外国高端人才、专业人才标准和本地区实际需求，探索制定外籍"高精尖缺"人才地方认定标准，加大外籍人才引进力度。	科技部、人力资源社会保障部
51	探索建立国际职业资格证书认可清单制度	在不直接涉及公共安全和人民群众生命健康、风险可控的领域，探索建立国际职业资格证书认可清单制度，允许取得境外相应职业资格或公认的国际专业组织认证的国际人才，经能力水平认定或有关部门备案后在试点城市上岗，并加强执业行为监管。	人力资源社会保障部等国务院相关部门
52	允许内资企业和中国公民开办外籍人员子女学校	放宽外籍人员子女学校举办者市场准入，允许内资企业和中国公民等开办外籍人员子女学校，为外籍人才在华工作生活提供便利。	教育部
53	简化港澳投资者商事登记的流程和材料	允许采用简化版公证文书(仅保留公司注册证明书、公司商业登记证以及授权代表人签字字样和公司印章样式的董事会或股东会决议等核心信息的文书)办理港澳地区非自然人投资的市场主体注册登记，简化港澳投资者办理商事登记的流程和材料。	市场监管总局、司法部
54	支持开展国际航行船舶保税加油业务，提升国际航运综合服务能力	赋予上海市、广州市国际航行船舶保税加油许可权。允许广州市、深圳市保税油供应企业在广东省范围内开展保税油直供业务，进一步增强国际航运综合服务能力，吸引国际航行船舶。	商务部、财政部、交通运输部、海关总署

序号	改革事项	主要内容	主管部门和单位
七、维护公平竞争秩序			
55	清理设置非必要条件排斥潜在竞争者行为	清理取消企业在资质资格获取、招投标、政府采购、权益保护等方面存在的差别化待遇，清理通过划分企业等级、增设证明事项、设立项目库、注册、认证、认定等非必要条件排除和限制竞争的行为。	国家发展改革委、财政部等国务院相关部门
56	推进招投标全流程电子化改革	推进招投标全流程电子化，加快实施合同签订和变更网上办理。推动电子招投标交易平台与国库支付系统信息共享，实现工程款支付网上查询。	国家发展改革委、财政部等国务院相关部门
57	探索建立招标计划提前发布制度	对国有资金占控股或主导地位企业依法必须招标的项目，在招标前设置招标计划发布环节，发布时间为招标公告发布之日前至少30日，提高招投标活动透明度。	国家发展改革委
58	优化水利工程招投标手续	推行水利工程在发布招标公告时同步发售或者下载资格预审文件(或招标文件)。取消水利工程施工招标条件中"监理单位已确定"的条件。	国家发展改革委、水利部
59	简化对政府采购供应商资格条件的形式审查	简化对供应商资格条件等的形式审查，不再要求供应商提供相关财务状况、缴纳税收和社会保障资金等证明材料，降低政府采购供应商交易成本。	财政部
八、进一步加强和创新监管			
60	在部分领域探索建立完善综合监管机制	理顺单用途商业预付卡等预付式消费、成品油、农产品等领域监管机制，明确监管责任部门，统一行业监管标准。	商务部、农业农村部、市场监管总局等国务院相关部门

序号	改革事项	主要内容	主管部门和单位
61	探索实行惩罚性赔偿和内部举报人制度	探索在食品、药品、疫苗、环保、安全生产等直接涉及公共安全和人民群众生命健康的领域，依法制定惩罚性赔偿和内部举报人制度的具体办法。	最高人民法院、生态环境部、应急部、市场监管总局、国家药监局等国务院相关部门
62	探索形成市场主体全生命周期监管链	在市场主体办理注册登记、资质审核、行政许可及接受日常监管、公共服务过程中，及时全面记录市场主体行为及信用信息，在此基础上实现分级分类"信用+智慧"监管，并做到全程可查询、可追溯。	市场监管总局、国家发展改革委、人民银行等国务院相关部门
63	在部分重点领域建立事前事中事后全流程监管机制	在消防安全、食品药品、环境保护、水土保持、医疗卫生等重点领域，建立完善全链条、全流程监管体系，并探索制定行业信用监管标准化工作规范，提高监管效能。	国家发展改革委、生态环境部、住房城乡建设部、水利部、国家卫生健康委、应急部、市场监管总局、国家药监局等国务院相关部门
64	探索对重点行业从业人员建立个人信用体系	探索将医疗、教育、工程建设等重点领域从业人员的执业行为记入个人信用记录，并共享至全国信用信息共享平台。对存在严重不良行为的依法实行行业禁入等惩戒措施。	国家发展改革委、教育部、住房城乡建设部、国家卫生健康委等国务院相关部门

序号	改革事项	主要内容	主管部门和单位
65	建立完善互联网医院监管平台	建立完善互联网医院监管平台，接入互联网医院系统，加强医师线上执业行为监管。	国家卫生健康委
66	在税务监管领域建立"信用+风险"监管体系	探索推进动态"信用+风险"税务监控，简化无风险和低风险企业的涉税业务办理流程，提醒预警或直接阻断高风险企业的涉税业务办理，依托大数据分析进一步提高风险管理效能。	税务总局
67	优化网络商品抽检机制	向试点城市开放全国网络商品抽检信息，试点城市按照重点抽检属地平台、属地商户的原则，加大对网络商品的抽检力度，定期公示抽检结果，并将属地平台中非本地商户抽检结果推送至商户所在地市场监管部门，商户所在地市场监管部门按有关规定及时予以处理。	市场监管总局
68	实行特种设备作业人员证书电子化管理	探索制定特种设备作业人员电子证书，在纸质证书样式基础上加载聘用、违规行为等从业信息，实现与纸质证书并行使用。通过数据交换等方式将相关信息汇聚到试点城市市场监管部门平台，加强对从业人员的管理。	市场监管总局
69	建立不予实施行政强制措施清单	探索柔性监管新方式，建立不予实施行政强制措施清单，对违法行为情节显著轻微或者没有明显社会危害，采取非强制手段可以达到行政管理目的的，不采取行政强制措施。	税务总局、市场监管总局等国务院相关部门
70	在市场监管、税务领域探索建立行政执法人员尽职免责制度	探索建立市场监管、税务等领域行政执法人员尽职免责制度，在仅需形式审查的部分监管领域，以及因现有科学技术、监管手段限制未能及时发现问题的，或行政相对人、第三方弄虚作假、刻意隐瞒的部分情形，试行不予追究执法过错责任。	税务总局、市场监管总局等国务院相关部门

序号	改革事项	主要内容	主管部门和单位
九、依法保护各类市场主体产权和合法权益			
71	探索建立企业合法权益补偿救济机制	在债务融资、政府采购、招投标、招商引资等领域，针对因政策变化、规划调整而不履行合同约定，造成企业合法利益受损的情形，探索建立补偿救济机制和责任追究制度，维护企业合法权益。	国家发展改革委、司法部、财政部等国务院相关部门
72	建立健全政务诚信诉讼执行协调机制	探索建立政务诚信诉讼执行协调机制，由相关地方人民法院定期将涉及政府部门、事业单位失信被执行人信息定向推送给政务诚信牵头部门。政务诚信牵头部门负责协调推动有关单位执行人民法院判决结果，保障市场主体合法权益。	最高人民法院，国务院办公厅、国家发展改革委、司法部
73	畅通知识产权领域信息交换渠道	建立试点城市知识产权部门与国家知识产权局在商标侵权判断、专利侵权判定及商标专利法律状态等方面的信息交换渠道。建立商标恶意注册和非正常专利申请的快速处置联动机制。开展商标专利巡回评审和远程评审。	国家知识产权局
74	探索建立海外知识产权纠纷应对指导机制	建立对试点城市海外知识产权纠纷应对的指导机制，支持试点城市建立维权协作机构。	国家知识产权局、国家版权局
75	强化对专利代理机构的监管	将省级专利代理机构监管职能委托给市（直辖市市辖区）级执行，优化专利代理监管机制，强化基层监管力量。	国家知识产权局
76	推行人民法院档案电子化管理	对于以电子方式收集或形成的文书材料可直接转为电子档案归档，无需再制作纸质材料形成纸质档案。	最高人民法院，国家档案局

续表

序号	改革事项	主要内容	主管部门和单位
77	开展司法专递面单电子化改革	实行司法专递面单电子化，在受送达人签收、拒收或查无此人退回等送达任务完成后，邮政公司将人民法院专递面单进行电子化，通过系统对接后回传给人民法院，原始纸质面单可由邮政公司集中保管，人民法院将电子面单入卷归档，并降低邮寄送达的相关费用。	最高人民法院，国家邮政局
78	调整小额诉讼程序适用范围及费用	允许标的额较小、当事人除提出给付金额诉讼请求外同时提出停止侵权、消除影响、赔礼道歉等其他诉讼请求的知识产权纠纷案件，适用小额诉讼程序。允许降低适用小额诉讼程序审理的案件受理费标准。	最高人民法院，国家发展改革委、财政部、国家版权局
十、优化经常性涉企服务			
79	便利开展机动车、船舶、知识产权等动产和权利担保融资	推动机动车、船舶、知识产权等担保登记主管部门探索建立以担保人名称为索引的电子数据库，实现对试点城市相关担保品登记状态信息的在线查询、修改和撤销。相关担保信息与人民银行征信中心动产融资统一登记公示系统共享互通，实现各类登记信息的统一查询。	人民银行、公安部、交通运输部、国家版权局、国家知识产权局
80	简化水路运输经营相关信息变更办理程序	探索取消"固定办公场所发生变化"、"主要股东发生变化"备案，市场监管部门在水路运输经营者固定办公场所发生变化、主要股东发生变化后 15 个工作日内，将系统数据推送给同级交通运输主管部门。	交通运输部、市场监管总局

续表

序号	改革事项	主要内容	主管部门和单位
81	简化检验检测机构人员信息变更办理程序	检验检测机构变更法定代表人、最高管理者、技术负责人,由检验检测机构自行修改资质认定系统人员信息,不需再到资质认定部门申请办理。	市场监管总局
82	简化不动产非公证继承手续	法定继承人或受遗赠人到不动产登记机构进行登记材料查验,有第一顺序继承人的,第二顺序继承人无需到场,无需提交第二顺序继承人材料。登记申请人应承诺提交的申请材料真实有效,因承诺不实给他人造成损失的,承担相应法律责任。	自然资源部
83	对办理不动产登记涉及的部分事项试行告知承诺制	申请人因特殊原因确实难以获取死亡证明、亲属关系证明材料的,可以书面承诺代替死亡证明、亲属关系证明,并承诺若有隐瞒实际情况,给他人造成损失的,承担相应法律责任。	自然资源部、公安部、民政部、国家卫生健康委
84	探索将遗产管理人制度引入不动产非公证继承登记	探索研究将遗产管理人制度引入不动产非公证继承登记的查验、申请程序,简化相关流程,提高办理效率。	最高人民法院,自然资源部
85	探索对个人存量房交易开放电子发票功能	探索对个人存量房交易开放代开增值税电子普通发票功能,允许自然人网上缴税后获取增值税电子普通发票,推动实现全业务流程网上办理。	税务总局、自然资源部
86	实施不动产登记、交易和缴纳税费"一网通办"	推进全业务类型"互联网+不动产登记",实施不动产登记、交易和缴纳税费"一窗受理、并行办理"。加快实施网上缴纳税费,推行税费、登记费线上一次收缴、后台自动清分入账(库)。	自然资源部、财政部、住房城乡建设部、人民银行、税务总局

续表

序号	改革事项	主要内容	主管部门和单位
87	推行办理不动产登记涉及的政务信息共享和核验	公安部门依托国家人口基础信息库、"互联网+可信身份认证平台"等对外服务系统，向不动产登记机构提供"公安部—人口库—人像比对服务接口"进行全国人口信息核验，并提供户籍人口基本信息；公安、卫生健康、民政等部门提供死亡证明、火化证明、收养登记等信息；公安、民政部门提供涉及人员单位的地名地址等信息；司法行政部门提供委托、继承、亲属关系等涉及不动产登记公证书真伪核验服务。	自然资源部、公安部、民政部、司法部、国家卫生健康委
88	探索开展不动产登记信息及地籍图可视化查询	依托互联网拓展不动产登记信息在线可视化检索和查询服务，任何人经身份验证后可在电子地图上依法查询不动产自然状况、权利限制状况、地籍图等信息，更大便利不动产转移登记，提高土地管理质量水平。	自然资源部
89	试行有关法律文书及律师身份在线核验服务	优化律师查询不动产登记信息流程，司法行政部门向不动产登记机构提供律师身份在线核验，人民法院提供律师调查令、立案文书信息在线核验，便利律师查询不动产登记信息。	最高人民法院、自然资源部、司法部
90	探索非接触式发放税务UKey	探索向新办纳税人非接触式发放税务UKey，纳税人可以向税务机关免费申领税务UKey。	税务总局、市场监管总局
91	深化"多税合一"申报改革	探索整合企业所得税和财产行为税综合申报表，尽可能统一不同税种征期，进一步压减纳税人申报和缴税的次数。	税务总局

续表

序号	改革事项	主要内容	主管部门和单位
92	试行全国车船税缴纳信息联网查询与核验	向试点城市保险机构依法依规开放全国车船税缴纳情况免费查询或核验接口，便于车辆异地办理保险及缴税。	税务总局、银保监会
93	进一步拓展企业涉税数据开放维度	对试点城市先期提供其他地方税务局的欠税公告信息、非正常户信息和骗取退税、虚开发票等高风险纳税人名单信息，以及税务总局的行政处罚类信息等，后续逐渐扩大信息共享共用范围，进一步提高征管效能。	税务总局
94	对代征税款试行实时电子缴税入库的开具电子完税证明	允许试点城市在实现代征税款逐笔电子缴税且实时入库的前提下，向纳税人提供电子完税证明。	税务总局
95	试行公安服务"一窗通办"	试行公安服务"一窗通办"，建设涉及治安、户政、交管等公安服务综合窗口，实行"前台综合收件、后台分类审批、统一窗口出件"，推进更多事项实现在线办理。	公安部
96	推行企业办事"一照通办"	通过政府部门内部数据共享等方式归集或核验企业基本信息，探索实行企业仅凭营业执照即可办理部分高频审批服务事项，无需提交其他材料。	市场监管总局等国务院相关部门
97	进一步扩大电子证照、电子签章等应用范围	在货物报关、银行贷款、项目申报、招投标、政府采购等业务领域推广在线身份认证、电子证照、电子签章应用，逐步实现在政务服务中互通互认，满足企业、个人在网上办事时对于身份认证、电子证照、加盖电子签章文档的业务需求。鼓励认证机构在认证证书等领域推广使用电子签章。	国务院办公厅、国家发展改革委、公安部、财政部、人民银行、海关总署、市场监管总局、银保监会等国务院相关部门

续表

序号	改革事项	主要内容	主管部门和单位
98	简化洗染经营者登记手续	洗染经营者在市场监管部门注册登记后，无需到商务部门办理备案手续，由市场监管部门直接将相关信息推送给同级商务部门。	商务部、市场监管总局
99	取消企业内部使用的最高计量标准器具的考核发证及强制检定	企业内部使用的最高计量标准器具调整为企业自主管理，不需计量行政部门考核发证，也不再实行强制检定，但应满足计量溯源性要求。	市场监管总局
100	优化游艇检验制度和流程	探索建立批量建造的游艇型式检验制度，对通过型式检验的新建游艇，由船籍港所在地船舶检验机构根据工厂出具的合格证换发船舶检验证书。优化进口游艇检验流程，对外国船舶检验机构签发的游艇检验证书，可按照程序换发国内检验证书。改革后，加大对游艇可见构件和强度的检查评估和抽查力度，及时整改、消除安全隐患，督促游艇所有人落实游艇日常安全管理、保养和技术维护，确保游艇安全。	交通运输部
101	优化游艇登记制度	允许游艇所有人在其签约的游艇俱乐部所在地海事管理机构直接办理游艇登记手续。同时，将船舶国籍证书、中华人民共和国船舶电台执照、海上移动通信业务标识码证书等多份登记证书整合为一份游艇登记证书，实现"一份材料、一次申请、发一本证"，提高游艇登记效率，便利游艇证书管理。	交通运输部

（2）国务院决定在营商环境创新试点城市暂时调整适用有关行政法规规定目录

序号	改革事项	主要内容	行政法规规定	调整适用情况
1	优化常用低风险植物和植物产品跨区域流通检疫申请流程	试点城市明确以本城市为调入地、必须经过检疫的常用低风险植物和植物产品的检疫要求，并在"全国植物检疫信息化管理系统"和"林业植物检疫管理信息系统"中进行公示，调出地植物检疫机构根据公示要求进行检疫，并出具检疫证书，企业在收到检疫合格证书后即可调运。改革后，调入地植物检疫机构按职责做好对检疫证书的查验审核，并完善复检制度，严格把好植物和植物产品跨省调运的检疫关。	《植物检疫条例》第十条第一款 省、自治区、直辖市间调运本条例第七条规定必须经过检疫的植物和植物产品的，调入单位必须事先征得所在地的省、自治区、直辖市植物检疫机构同意，并向调出单位提出检疫要求；调出单位必须根据该检疫要求向所在地的省、自治区、直辖市植物检疫机构申请检疫。对调入的植物和植物产品，调入单位所在地的省、自治区、直辖市的植物检疫机构应当查验检疫证书，必要时可以复检。	暂时调整适用相关内容，允许向试点城市调运必须经过检疫的常用低风险植物和植物产品时，取消调入单位必须事先征得所在地的省、自治区、直辖市植物检疫机构同意的环节，由调入地植物检疫机构在相关信息系统公示和更新检疫要求。调出地植物检疫机构根据公示要求进行检疫并出具检疫证书，企业在收到检疫合格证书后即可调运。 调整后，试点城市及时公示和更新常用低风险植物和植物产品的检疫要求，并做好对检疫证书的查验审核，完善复检制度，严格把好植物和植物产品跨省调运的检疫关。

序号	改革事项	主要内容	行政法规规定	调整适用情况
2	优化破产企业土地、房产处置程序	企业破产案件中因债务人资料缺失或第三方机构（如设计、勘察、监理等单位）不配合竣工验收等情形导致无法办理竣工验收的建设工程，经委托有关专业机构对工程质量进行安全鉴定合格后，可办理不动产登记。	《建设工程质量管理条例》 第十六条　建设单位收到建设工程竣工报告后，应当组织设计、施工、工程监理等有关单位进行竣工验收。 建设工程竣工验收应当具备下列条件： （一）完成建设工程设计和合同约定的各项内容； （二）有完整的技术档案和施工管理资料； （三）有工程使用的主要建筑材料、建筑构配件和设备的进场试验报告； （四）有勘察、设计、施工、工程监理等单位分别签署的质量合格文件； （五）有施工单位签署的工程保修书。 建设工程经验收合格的，方可交付使用。	暂时调整适用相关内容，试点城市企业破产案件中因债务人资料缺失或第三方机构（如设计、勘察、监理等单位）不配合竣工验收等情形导致无法办理竣工验收的建设工程，经委托有关专业机构对工程质量进行安全鉴定合格后，可办理不动产登记。 调整后，试点城市明确可直接进行工程质量安全鉴定建设工程的条件。加强对工程质量安全鉴定专业机构的管理，确保相关建设工程满足质量安全要求。

续表

序号	改革事项	主要内容	行政法规规定	调整适用情况
3	健全企业重整期间信用修复机制	人民法院裁定批准重整计划的破产企业，可以申请在"信用中国"网站、国家企业信用信息公示系统、金融信用信息基础数据库中添加相关信息，及时反映企业重整情况；有关部门依法依规调整相关信用限制和惩戒措施。	《企业信息公示暂行条例》 第六条第一款 工商行政管理部门应当通过企业信用信息公示系统，公示其在履行职责过程中产生的下列企业信息： （一）注册登记、备案信息； （二）动产抵押登记信息； （三）股权出质登记信息； （四）行政处罚信息； （五）其他依法应当公示的信息。 第七条第一款 工商行政管理部门以外的其他政府部门（以下简称其他政府部门）应当公示其在履行职责过程中产生的下列企业信息： （一）行政许可准予、变更、延续信息； （二）行政处罚信息； （三）其他依法应当公示的信息。	暂时调整适用相关内容，试点城市人民法院裁定批准重整计划的破产企业，经征得失信信息认定部门同意后，可申请在相关公共信用网站上添加反映其重整情况的信息和中止公示失信信息。 调整后，试点城市强化人民法院与市场监管部门等政府部门的协调联动，确保相关企业公示信息真实、准确。同时，对未能完成重整计划的破产企业，要及时在相关公共信用网站更新相关信息。

续表

序号	改革事项	主要内容	行政法规规定	调整适用情况
4	探索将境内仲裁机构的开庭通知作为签证材料	允许将境内仲裁机构出具的开庭通知作为境外市场主体进入试点城市参与仲裁活动的签证材料，无需其他邀请函件。	《中华人民共和国外国人入境出境管理条例》 第七条第一款 外国人申请办理签证，应当填写申请表，提交本人的护照或者其他国际旅行证件以及符合规定的照片和申请事由的相关材料。 …… （三）申请 F 字签证，应当提交中国境内的邀请方出具的邀请函件。 ……	暂时调整适用相关内容，允许外国人在申请 F 字签证进入试点城市参与仲裁活动时，以境内仲裁机构出具的开庭通知作为签证材料，无需提交中国境内邀请方出具的邀请函件。 调整后，试点城市加强仲裁机构向境外市场主体出具开庭通知的管理，禁止违规出具开庭通知。严格审核入境人员提交的开庭通知，确保材料真实有效。
5	简化对政府采购供应商资格条件的形式审查	简化对供应商资格条件等的形式审查，不再要求供应商提供相关财务状况、缴纳税收和社会保障资金等证明材料，降低政府采购供应商交易成本。	《中华人民共和国政府采购法实施条例》 第十七条第一款 参加政府采购活动的供应商应当具备政府采购法第二十二条第一款规定的条件，提供下列材料： （一）法人或者其他组织的营业执照等证明文件，自然人的身份证明； （二）财务状况报告，依法缴纳税收和社会保障资金的相关材料； ……	暂时调整适用相关内容，允许供应商参加试点城市政府采购时，不再提交财务状况报告、依法缴纳税收和社会保障资金等相关材料。 调整后，试点城市加强部门间市场主体信息数据共享，加强对供应商在政府采购平台上提交材料真实性的审核，确保供应商符合政府采购规定的条件。

序号	改革事项	主要内容	行政法规规定	调整适用情况
6	调整小额诉讼程序适用范围及费用	允许降低适用小额诉讼程序审理的案件受理费标准。	《诉讼费用交纳办法》 第十三条第一款案件受理费分别按照下列标准交纳： （一）财产案件根据诉讼请求的金额或者价额，按照下列比例分段累计交纳： 1. 不超过1万元的，每件交纳50元； 2. 超过1万元至10万元的部分，按照2.5%交纳； …… 第十六条 适用简易程序审理的案件减半交纳案件受理费。	暂时调整适用相关内容，允许试点城市降低适用小额诉讼程序审理的案件受理费标准。 调整后，试点城市明确适用小额诉讼程序审理的案件受理费标准，加强对相关案件和诉讼费用的管理和监督。
7	取消企业内部使用的最高计量标准器具的考核发证及强制检定	企业内部使用的最高计量标准器具调整为企业自主管理，不需计量行政部门考核发证，也不再实行强制检定，但应满足计量溯源性要求。	《中华人民共和国计量法实施细则》 第十条 企业、事业单位建立本单位各项最高计量标准，须向与其主管部门同级的人民政府计量行政部门申请考核。乡镇企业向当地县级人民政府计量行政部门申请考核。经考核符合本细则第七条规定条件并取得考核合格证的，企业、事业单位方可使用，并向其主管部门备案。	暂时调整适用相关内容，允许试点城市企业内部使用的最高计量标准器具由企业自主管理，不需计量行政部门考核发证，不再实行强制检定。 调整后，试点城市加强对企业自主管理最高计量标准器具的指导和事中事后监管，确保满足计量溯源性要求和计量标准准确。

23　《"十四五"大数据产业发展规划》（工信部规〔2021〕179 号）

各省、自治区、直辖市及计划单列市、新疆生产建设兵团工业和信息化主管部门（大数据产业主管部门），各省、自治区、直辖市通信管理局，有关中央企业，部属有关单位：

现将《"十四五"大数据产业发展规划》印发给你们，请结合实际，认真贯彻实施。

工业和信息化部

2021 年 11 月 15 日

"十四五"大数据产业发展规划

数据是新时代重要的生产要素，是国家基础性战略资源。大数据是数据的集合，以容量大、类型多、速度快、精度准、价值高为主要特征，是推动经济转型发展的新动力，是提升政府治理能力的新途径，是重塑国家竞争优势的新机遇。大数据产业是以数据生成、采集、存储、加工、分析、服务为主的战略性新兴产业，是激活数据要素潜能的关键支撑，是加快经济社会发展质量变革、效率变革、动力变革的重要引擎。

"十四五"时期是我国工业经济向数字经济迈进的关键时期，对大数据产业发展提出了新的要求，产业将步入集成创新、快速发展、深度应用、结构优化的新阶段。为推动我国大数据产业高质量发展，按照《中华人民共和国国民经济和社会发展第十四个五年规划和 2035 年远景目标纲要》总体部署，编制本规划。

一、发展成效

"十三五"时期，我国大数据产业快速起步。据测算，产业规模年均复合增长率超过 30%，2020 年超过 1 万亿元，发展取得显著成效，逐渐成为支撑我国经济社会发展的优势产业。

政策体系逐步完善。党中央、国务院围绕数字经济、数据要素市场、国家一体化大数据中心布局等作出一系列战略部署，建立促进大数据发展部际联席会议制度。有关部委出台了 20 余份大数据政策文件，各地方出台了 300 余项相关政策，23 个省区市、14 个计划单列市和副省级城市设立了大数据管理机构，央地协同、区域联动的大数据发展推进体系逐步形成。

产业基础日益巩固。数据资源极大丰富，总量位居全球前列。产业创新日渐活跃，成为全球第二大相关专利受理国，专利受理总数全球占比近 20%。基础设施不断夯实，建成全球规模最大的光纤网络和 4G 网络，5G 终端连接数超过 2 亿，位居世界第一。标准体系逐步完善，33 项国家标准立项，24 项发布。

产业链初步形成。围绕"数据资源、基础硬件、通用软件、行业应用、安全保障"的大数据产品和服务体系初步形成，全国遴选出 338 个大数据优秀产品和解决方案，以及 400 个大数据典型试点示范。行业融合逐步深入，大数据应用从互联网、金融、电信等数据资源基础较好的领域逐步向智能制造、数字社会、数字政府等领域拓展，并在疫情防控和复工复产中发挥了关键支撑作用。

生态体系持续优化。区域集聚成效显著，建设了 8 个国家大数据综合试验区和 11 个大数据领域国家新型工业化产业示范基地。一批大数据龙头企业快速崛起，初步形成了大企业引领、中小企业协同、创新企业不断涌现的发展格局。产业支撑能力不断提升，咨询服务、评估测试等服务保障体系基本建立。数字营商环境持续优化，电子政务在线服务指数跃升至全球第 9 位，进入世界领先梯队。

"十三五"时期我国大数据产业取得了重要突破，但仍然存在一些制约因素。一是社会认识不到位，"用数据说话、用数据决策、用数据管理、用数据创新"的大数据思维尚未形成，企业数据管理能力偏弱。二是技术支撑不够强，基础软硬件、开源框架等关键领域与国际先进水平存在一定差距。三是市场体系不健全，数据资源产权、交易流通等基础制度和标准规范有待完善，多源数据尚未打通，数据壁垒突出，碎片化问题严重。四是安全机制不完善，数据安全产业支撑能力不足，敏感数据泄露、违法跨境数据流动等隐患依然存在。

二、面临形势

抢抓新时代产业变革新机遇的战略选择。面对世界百年未有之大变局，各国普遍将大数据产业作为经济社会发展的重点，通过出台"数字新政"、强化机构设置、加大资金投入等方式，抢占大数据产业发展制高点。我国要抢抓数字经济发展新机遇，坚定不移实施国家大数据战略，充分发挥大数据产业的引擎作用，以大数据产业的先发优势带动千行百业整体提升，牢牢把握发展主动权。

呈现集成创新和泛在赋能的新趋势。新一轮科技革命蓬勃发展，大数据与5G、云计算、人工智能、区块链等新技术加速融合，重塑技术架构、产品形态和服务模式，推动经济社会的全面创新。各行业各领域数字化进程不断加快，基于大数据的管理和决策模式日益成熟，为产业提质降本增效、政府治理体系和治理能力现代化广泛赋能。

构建新发展格局的现实需要。发挥数据作为新生产要素的乘数效应，以数据流引领技术流、物质流、资金流、人才流，打通生产、分配、流通、消费各环节，促进资源要素优化配置。发挥大数据产业的动力变革作用，加速国内国际、生产生活、线上线下的全面贯通，驱动管理机制、组织形态、生产方式、商业模式的深刻变革，为构建新发展格局提供支撑。

三、总体要求

（一）指导思想

以习近平新时代中国特色社会主义思想为指导，深入贯彻党的十九大和十九届二中、三中、四中、五中、六中全会精神，立足新发展阶段，完整、准确、全面贯彻新发展理念，构建新发展格局，以推动高质量发展为主题，以供给侧结构性改革为主线，以释放数据要素价值为导向，围绕夯实产业发展基础，着力推动数据资源高质量、技术创新高水平、基础设施高效能，围绕构建稳定高效产业链，着力提升产业供给能力和行业赋能效应，统筹发展和安全，培育自主可控和开放合作的产业生态，打造数字经济发展新优势，为建设制造强国、网络强国、数字中国提供有力支撑。

（二）基本原则

价值引领。坚持数据价值导向和市场化机制，优化资源配置，充分发挥大数据的乘数效应，采好数据、管好数据、用好数据，激发产业链各环节潜能，以价值链引领产业链、创新链，推动产业高质量发展。

基础先行。坚持固根基、扬优势、补短板、强弱项并重，强化标准引领和技术创新，聚焦存储、计算、传输等重要环节，适度超前布局数字基础设施，推动产业基础高级化。

系统推进。坚持产业链各环节齐头并进、统筹发展，围绕数字产业化和产业数字化，系统布局，生态培育，加强技术、产品和服务协同，推动产业链现代化。

融合创新。坚持大数据与经济社会深度融合，带动全要素生产率提升和数据资源共享，促进产业转型升级，提高政府治理效能，加快数字社会建设。

安全发展。坚持安全是发展的前提，发展是安全的保障，安全和发展并重，切实保障国家数据安全，全面提升发展的持续性和稳定性，实现发展质量、规模、效益、安全相统一。

开放合作。坚持引进来和走出去，遵循产业发展规律，把握全球数字经济发展方向，不断完善利益共享、风险共担、兼顾各方的合作机制。

（三）发展目标

产业保持高速增长。到 2025 年，大数据产业测算规模突破 3 万亿元，年均复合增长率保持在 25% 左右，创新力强、附加值高、自主可控的现代化大数据产业体系基本形成。

价值体系初步形成。数据要素价值评估体系初步建立，要素价格市场决定，数据流动自主有序，资源配置高效公平，培育一批较成熟的交易平台，市场机制基本形成。

产业基础持续夯实。关键核心技术取得突破，标准引领作用显著增强，形成一批优质大数据开源项目，存储、计算、传输等基础设施达到国际先进水平。

产业链稳定高效。数据采集、标注、存储、传输、管理、应用、安全等全生命周期产业体系等发展，与创新链、价值链深度融合，新模式新业态不断涌现，形成一批技术领先、应用广泛的大数据产品和服务。

产业生态良性发展。社会对大数据认知水平不断提升，企业数据管理能力显著增强，发展环境持续优化，形成具有国际影响力的数字产业集群，国际交流合作全面深化。

四、主要任务

（一）加快培育数据要素市场

建立数据要素价值体系。按照数据性质完善产权性质，建立数据资源产权、交易流通、跨境传输和安全等基础制度和标准规范，健全数据产权交易和行业自律机制。制定数据要素价值评估框架和评估指南，包括价值核算的基本准则、方法和评估流程等。在互联网、金融、通信、能源等数据管理基础好的领域，开展数据要素价值评估试点，总结经验，开展示范。

健全数据要素市场规则。推动建立市场定价、政府监管的数据要素市场机制，发展数据资产评估、登记结算、交易撮合、争议仲裁等市场运营体系。培育大数据交易市场，鼓励各类所有制企业参与要素交易平台建设，探索多种形式的数据交易模式。强化市场监管，健全风险防范处置机制。建立数据要素应急配置机制，提高应急管理、疫情防控、资源调配等紧急状态下的数据要素高效协同配置能力。

提升数据要素配置作用。加快数据要素化，开展要素市场化配置改革试点示范，发挥数据要素在联接创新、激活资金、培育人才等的倍增作用，培育数据驱动的产融合作、协同创新等新模式。推动要素数据化，引导各类主体提升数据驱动的生产要素配置能力，促进劳动力、资金、技术等要素在行业间、产业间、区域间的合理配置，提升全要素生产率。

(二)发挥大数据特性优势

加快数据"大体量"汇聚。支持企业通过升级信息系统、部署物联感知设备等方式，推动研发、生产、经营、服务等全环节数据的采集。开展国家数据资源调查，绘制国家数据资源图谱。建立多级联动的国家工业基础大数据库和原材料、装备、消费品、电子信息等行业数据库，推动工业数据全面汇聚。

强化数据"多样性"处理。提升数值、文本、图形图像、音频视频等多类型数据的多样化处理能力。促进多维度异构数据关联，创新数据融合模式，提升多模态数据的综合处理水平，通过数据的完整性提升认知的全面性。建设行业数据资源目录，推动跨层级、跨地域、跨系统、跨部门、跨业务数据融合和开发利用。

推动数据"时效性"流动。建立数据资源目录和数据资源动态更新机制，适应数据动态更新的需要。率先在工业等领域建设安全可信的数据共享空间，形成供需精准对接、及时响应的数据共享机制，提升高效共享数据的能力。发展云边端协同的大数据存算模式，支撑大数据高效传输与分发，提升数据流动效率。

加强数据"高质量"治理。围绕数据全生命周期，通过质量监控、诊断评估、清洗修复、数据维护等方式，提高数据质量，确保数据可用、好用。完善数据管理能力评估体系，实施数据安全管理认证制度，推动《数据管理能力成熟度评估模型》(以下简称 DCMM)、数据安全管理等国家标准贯标，持续提升企事业单位数据管理水平。强化数据分类分级管理，推动数据资源规划，打造分类科学、分级准确、管理有序的数据治理体系，促进数据真实可信。

专栏 1　数据治理能力提升行动

提升企业数据管理能力。引导企业开展 DCMM 国家标准贯标，面向制造、能源、金融等重点领域征集数据管理优秀案例，做好宣传推广。鼓励有条件的地方出台政策措施，在资金补贴、人员培训、贯标试点等方面加大资金支持。

构建行业数据治理体系。鼓励开展数据治理相关技术、理论、工具及标准研究，构建涵盖规划、实施、评价、改进的数据治理体系，增强企业数据治理意识。培育数据治理咨询和解决方案服务能力，提升行业数据治理水平。

促进数据"高价值"转化。强化大数据在政府治理、社会管理等方面的应用，提升态势研判、科学决策、精准管理水平，降低外部环境不确定性，提升各类主体风险应对能力。强化大数据在制造业各环节应用，持续优化设计、制造、管理、服务全过程，推广数字样机、柔性制造、商业智能、预测性维护等新模式，推动生产方式变革。强化大数据在信息消费、金融科技等领域应用，推广精准画像、智能推介等新模式，推动商业模式创新。

（三）夯实产业发展基础

完善基础设施。全面部署新一代通信网络基础设施，加大5G网络和千兆光网建设力度。结合行业数字化转型和城市智能化发展，加快工业互联网、车联网、智能管网、智能电网等布局，促进全域数据高效采集和传输。加快构建全国一体化大数据中心体系，推进国家工业互联网大数据中心建设，强化算力统筹智能调度，建设若干国家枢纽节点和大数据中心集群。建设高性能计算集群，合理部署超级计算中心。

加强技术创新。重点提升数据生成、采集、存储、加工、分析、安全与隐私保护等通用技术水平。补齐关键技术短板，重点强化自主基础软硬件的底层支撑能力，推动自主开源框架、组件和工具的研发，发展大数据开源社区，培育开源生态，全面提升技术攻关和市场培育能力。促进前沿领域技术融合，推动大数据与人工智能、区块链、边缘计算等新一代信息技术集成创新。

强化标准引领。协同推进国家标准、行业标准和团体标准，加快技术研发、产品服务、数据治理、交易流通、行业应用等关键标准的制修订。建立大数据领域国家级标准验证检验检测点，选择重点行业、领域、地区开展标准试验验证和试点示范，健全大数据标准符合性评测体系，加快标准应用推广。加强国内外大数据标准化组织间的交流合作，鼓励企业、高校、科研院所、行业组织等积极参与大数据国际标准制定。

专栏2　重点标准研制及应用推广行动

加快重点标准研制。围绕大数据产业发展需求，加快数据开放接口与互操作、数据资源规划、数据治理、数据资产评估、数据服务、数字化转型、数据安全等基础通用标准以及工业大数据等重点应用领域相关国家标准、行业标准研制。

加强标准符合性评测体系建设。加大对大数据系统、数据管理、数据开放共享等重点国家标准的推广宣贯。推动培育涵盖数据产品评测、数据资源规划、数据治理实施、数据资产评估、数据服务能力等的标准符合性评测体系。

加速国际标准化进程。鼓励国内专家积极参与 ISO、IEC、ITU 等国际标准化组织工作，加快推进国际标准提案。加强国际标准适用性分析，鼓励开展优秀国际标准采标。支持相关单位参与国际标准化工作并承担相关职务，承办国际标准化活动，提升国际贡献率。

（四）构建稳定高效产业链

打造高端产品链。梳理数据生成、采集、存储、加工、分析、服务、安全等关键环节大数据产品，建立大数据产品图谱。在数据生成采集环节，着重提升产品的异构数据源兼容性、大规模数据集采集与加工效率。在数据存储加工环节，着重推动高性能存算系统和边缘计算系统研发，打造专用超融合硬件解决方案。在数据分析服务环节，着重推动多模数据管理、大数据分析与治理等系统的研发和应用。

创新优质服务链。围绕数据清洗、数据标注、数据分析、数据可视化等需求，加快大数据服务向专业化、工程化、平台化发展。创新大数据服务模式和业态，发展智能服务、价值网络协作、开发运营一体化等新型服务模式。鼓励企业开放搜索、电商、社交等数据，发展第三方大数据服务产业。围绕诊断咨询、架构设计、系统集成、运行维护等综合服务需求，培育优质大数据服务供应商。

优化工业价值链。以制造业数字化转型为引领，面向研发设计、生产制造、经营管理、销售服务等全流程，培育专业化、场景化大数据解决方案。构建多层次工业互联网平台体系，丰富平台数据库、算法库和知识库，培育发展一批面向细分场景的工业APP。推动工业大数据深度应用，培育数据驱动的平台化设计、网络化协同、个性化定制、智能化生产、服务化延伸、数字化管理等新模式，规范发展零工经济、共享制造、工业电子商务、供应链金融等新业态。

专栏3　工业大数据价值提升行动

原材料行业大数据。支持钢铁、石油、管网、危险化学品、有色、建材等原材料企业综合运用设备物联、生产经营和外部环境等数据，建立分析模型，提升资源勘探、开采、加工、储存、运输等全流程智能化、精准化水平，实现工艺优化、节能减排和安全生产。

装备制造行业大数据。支持装备制造企业打通研发、采购、制造、管理、售后等全价值链数据流，发展数据驱动的产品研发、仿真优化、智能生产、预测性维护、精准管理、远程运维等新模式新业态，提升产品质量，降低生产成本，加快服务化创新升级。

消费品行业大数据。支持消费品企业打通线上线下全域数据，开发个性化推荐算法，实现产品定制化生产、渠道精细化运营，促进供需精准对接。支持企业建立覆盖全流程的质量追溯数据库，加快与国家产品质量监督平台对接，实现产品质量可追溯可管理。

电子信息行业大数据。支持电子信息制造企业加快大数据在产品销售预测与需求管理、产品生产计划与排程、供应链分析与优化、产品质量管理与分析等全流程场景中的应用，加速产品迭代创新，优化生产流程，提升产品质量，保证产业链供应链的稳定性。

延伸行业价值链。加快建设行业大数据平台，提升数据开发利用水平，推动行业数据资产化、产品化，实现数据的再创造和价值提升。打造服务政府、服务社会、服务企业的成熟应用场景，以数据创新带动管理创新和模式创新，促进金融科技、智慧医疗等蓬勃发展。持续开展大数据产业发展试点示范，推动大数据与各行业各领域融合应用，加大对优秀应用解决方案的推广力度。

专栏 4　行业大数据开发利用行动

通信大数据。加快 5G 网络规模化部署，推广升级千兆光纤网络。扩容骨干网互联节点，新设一批国际通信出入口。在多震地区提高公共通信设施抗震能力，强化山区"超级基站"建设，规划布局储备移动基站，提高通信公网抗毁能力。对内强化数据开发利用和安全治理能力，提升企业经营管理效率，对外赋能行业应用，支撑市场监管。

金融大数据。通过大数据精算、统计和模型构建，助力完善现代金融监管体系，补齐监管制度短板，在审慎监管前提下有序推进金融创新。优化风险识别、授信评估等模型，提升基于数据驱动的风险管理能力。

医疗大数据。完善电子健康档案和病例、电子处方等数据库，加快医疗卫生机构数据共享。推广远程医疗，推进医学影像辅助判读、临床辅助诊断等应用。提升对医疗机构和医疗行为的监管能力，助推医疗、医保、医药联动改革。

应急管理大数据。构建安全生产监测感知网络，加大自然灾害数据汇聚共享，加强灾害现场数据获取能力。建设完善灾害风险普查、监测预警等应急管理大数据库，发挥大数据在监测预警、监管执法、辅助决策、救援实战和社会动员等方面作用，推广数据监管、数据防灾、数据核灾等智能化应用模式，实现大数据与应急管理业务的深度融合，不断提升应急管理现代化水平。

农业及水利大数据。发挥大数据在农业生产、经济运行、资源环境监测、农产品产销等方面作用，推广大田作物精准播种、精准施肥施药、精准收获，推动设施园艺、畜禽水产养殖智能化应用。推动构建智慧水利体系，以流域为单元提升水情测报和智能调度能力。

公安大数据。加强身份核验等数据的合规应用。推进公安大数据智能化平台建设，统筹新一代公安信息化基础设施，强化警务数据资源治理服务，加强对跨行业、跨区域公共安全数据的关联分析，不断提升安全风险预测预警、违法犯罪精准打击、治安防控精密智能、惠民服务便捷高效的公共安全治理能力。

交通大数据。加强对运载工具和交通基础设施相关数据的采集和分析，为自动驾驶和车路协同技术发展及应用提供支撑。开展出行规划、交通流量监测分析等应用创新，推广公路智能管理、交通信号联动、公交优先通行控制。通过对交通物流等数据的共享与应用，推动铁路、公路、水利、航空等多方式联运发展。

电力大数据。基于大数据分析挖掘算法、优化策略和可视化展现等技术，强化大数据在发电、输变电、配电、用电各环节的深度应用。通过大数据助力电厂智能化升级，开展用电信息广泛采集、能效在线分析，实现源网荷储互动、多能协同互补、用能需求智能调控。

信用大数据。加强信用信息归集、共享、公开和应用。运用人工智能、自主学习等技术，构建信用大数据模型，提升信用风险智能识别、研判、分析和处理能力。健全以信用为基础的新型监管机制，以信用风险为导向，优化监管资源配置。深化信用信息在融资、授信、商务合作、公共服务等领域的应用，加强信用风险防范，持续优化民生环境。

就业大数据。运用网络招聘、移动通信、社会保险等大数据，监测劳动力市场变化趋势，及时掌握企业用工和劳动者就业、失业状况变化，更好分析研判就业形势，作出科学决策。

社保大数据。加快推进社保经办数字化转型，通过科学建模和分析手段，开展社保数据挖掘和应用工作，为参保单位和个人搭建数字全景图，支撑个性服务和精准监管。建设社保大数据管理体系，加快推进社保数据共享。健全风险防控分类管理，加强业务运行监测，构建制度化、常态化数据稽核机制。

城市安全大数据。建设城市安全风险监测预警系统，实现城市建设、交通、市政、高危行业领域等城市运行数据的有效汇聚，利用云计算和人工智能等先进技术，对城市安全风险进行监控监测和预警，提升城市安全管理水平。

(五)打造繁荣有序产业生态

培育壮大企业主体。发挥龙头企业研制主体、协同主体、使用主体和示范主体作用，持续提升自主创新、产品竞争和知识产权布局能力，利用资本市场做强做优。鼓励中小企业"专精特新"发展，不断提升创新能力和专业化水平。引导龙头企业为中小企业提供数据、算法、算力等资源，推动大中小企业融通发展和产业链上下游协同创新。支持有条件的垂直行业企业开展大数据业务剥离重组，提升专业化、规模化和市场化服务能力，加快企业发展。

专栏 5 企业主体发展能级跃升行动

激发中小企业创新活力。实施中小企业数字化赋能专项行动，推动中小企业通过数字化网络化智能化赋能提高发展质量。通过举办对接会、创业赛事等多种形式活动，促进大数据技术、人才、资本等要素供需对接。

加强重点企业跟踪服务。围绕数据资源、基础硬件、通用软件、行业应用、安全保障等大数据产业链相关环节，梳理大数据重点企业目录清单，建立"亲清"联系机制，透明沟通渠道，让企业诉求更顺畅。

优化大数据公共服务。建设大数据协同研发平台，促进政产学研用联合攻关。建设大数据应用创新推广中心等载体，促进技术成果产业化。加强公共数据训练集建设，打造大数据测试认证平台、体验中心、实训基地等，提升评测咨询、供需对接、创业孵化、人才培训等服务水平。构建大数据产业运行监测体系，强化运行分析、趋势研判、科学决策等公共管理能力。

推动产业集群化发展。推动大数据领域国家新型工业化产业示范基地高水平建设，引导各地区大数据产业特色化差异化发展，持续提升产业集群辐射带动能力。鼓励有条件的地方依托国家级新区、经济特区、自贸区等，围绕数据要素市场机制、国际交流合作等开展先行先试。发挥协会联盟桥梁纽带作用，支持举办产业论坛、行业大赛等活动，营造良好的产业发展氛围。

（六）筑牢数据安全保障防线

完善数据安全保障体系。强化大数据安全顶层设计，落实网络安全和数据安全相关法律法规和政策标准。鼓励行业、地方和企业推进数据分类分级管理、数据安全共享使用，开展数据安全能力成熟度评估、数据安全管理认证等。加强数据安全保障能力建设，引导建设数据安全态势感知平台，提升对敏感数据泄露、违法跨境数据流动等安全隐患的监测、分析与处置能力。

推动数据安全产业发展。支持重点行业开展数据安全技术手段建设，提升数据安全防护水平和应急处置能力。加强数据安全产品研发应用，推动大数据技术在数字基础设施安全防护中的应用。加强隐私计算、数据脱敏、密码等数据安全技术与产品的研发应用，提升数据安全产品供给能力，做大做强数据安全产业。

专栏 6 数据安全铸盾行动

加强数据安全管理能力。推动建立数据安全管理制度，制定相关配套管理办法和标准规范，组织开展数据分类分级管理，制定重要数据保护目录，对重要数据进行备案管理、定期评估与重点保护。

加强数据跨境安全管理。开展数据跨境传输安全管理试点，支持有条件的地区创新数据跨境流动管理机制，建立数据跨境传输备案审查、风险评估和安全审计等工作机制。鼓励有关试点地区参与数字规则国际合作，加大对跨境数据的保护力度。

建设数据安全监测系统。基于大数据平台、互联网数据中心等重要网络节点、建设涵盖行业、地方、企业的全国性数据安全监测平台，形成敏感数据监测发现、数据异常流动分析、数据安全事件追踪溯源等能力。

五、保障措施

（一）提升数据思维

加强大数据知识普及，通过媒体宣传、论坛展会、赛事活动、体验中心等多种方式，宣传产业典型成果，提升全民大数据认知水平。加大对大数据理论知识的培训，提升全社会获取数据、分析数据、运用数据的能力，增强利用数据创新各项工作的本领。推广首席数据官制度，强化数据驱动的战略导向，建立基于大数据决策的新机制，运用数据加快组织变革和管理变革。

（二）完善推进机制

统筹政府与市场的关系，推动资源配置市场化，进一步激发市场主体活力，推动有效市场和有为政府更好结合。建立健全平台经济治理体系，推动平台经济规范健康持续发展。统筹政策落实，健全国家大数据发展和应用协调机制，在政策、市场、监管、保障等方面加强部门联动。加强央地协同，针对规划落实，建立统一的大数据产业测算方法，指导地方开展定期评估和动态调整，引导地方结合实际，确保规划各项任务落实到位。

（三）强化技术供给

改革技术研发项目立项和组织实施方式，强化需求导向，建立健全市场化运作、专业化管理、平台化协同的创新机制。鼓励有条件的地方深化大数据相关科技成果使用权、处置权和收益权改革，开展赋予科研人员职务科技成果所有权或长期使用权试点，健全技术成果转化激励和权益分享机制。培育发展大数据领域技术转移机构和技术经理人，提高技术转移专业服务能力。

（四）加强资金支持

加强对大数据基础软硬件、关键核心技术的研发投入，补齐产业短板，提升基础能力。鼓励政府产业基金、创业投资及社会资本，按照市场化原则加大对大数据企业的投资。鼓励地方加强对大数据产业发展的支持，针对大数据产业发展试点示范项目、DCMM 贯标等进行资金奖补。鼓励银行开展知识产权质押融资等业务，支持符合条件的大数据企业上市融资。

（五）加快人才培养

鼓励高校优化大数据学科专业设置，深化新工科建设，加大相关专业建设力度，探索基于知识图谱的新形态数字教学资源建设。鼓励职业院校与大数据企业深化校企合作，建设实训基地，推进专业升级调整，对接产业需求，培养高素质技术技能人才。鼓励企业加强在岗培训，探索远程职业培训新模式，开展大数据工程技术人员职业培训、岗位技能提升培训、创业创新培训。创新人才引进，吸引大数据人才回国就业创业。

（六）推进国际合作

充分发挥多双边国际合作机制的作用，支持国内外大数据企业在技术研发、标准制定、产品服务、知识产权等方面开展深入合作。推动大数据企业"走出去"，在"一带一路"沿线国家和地区积极开拓国际市场。鼓励跨国公司、科研机构在国内设立大数据研发中心、教育培训中心。积极参与数据安全、数字货币、数字税等国际规则和数字技术标准制定。

24　《关于深圳建设中国特色社会主义先行示范区放宽市场准入若干特别措施的意见》(发改体改〔2022〕135 号)

广东省人民政府、深圳市人民政府，国务院有关部委、有关直属机构，有关中央企业、中央金融企业，有关行业协会:

按照《中共中央、国务院关于支持深圳建设中国特色社会主义先行示范区的意见》《深圳建设中国特色社会主义先行示范区综合改革试点实施方案(2020—2025 年)》和《建设高标准市场体系行动方案》部署要求，为进一步支持深圳建设中国特色社会主义先行示范区，加快推进综合改革试点，持续推动放宽市场准入，打造市场化法治化国际化营商环境，牵引带动粤港澳大湾区在更高起点、更高层次、更高目标上推进改革开放，经党中央、国务院同意，现提出意见如下。

一、放宽和优化先进技术应用和产业发展领域市场准入

(一)创新市场准入方式建立电子元器件和集成电路交易平台。支持深圳优化同类交易场所布局，组建市场化运作的电子元器件和集成电路国际交易中心，打造电子元器件、集成电路企业和产品市场准入新平台，促进上下游供应链和产业链的集聚融合、集群发展。支持电子元器件和集成电路企业入驻交易中心，鼓励国内外用户通过交易中心采购电子元器件和各类专业化芯片，支持集成电路设计公司与用户单位通过交易中心开展合作。积极鼓励、引导全球知

名基础电子元器件和芯片公司及上下游企业(含各品牌商、分销商或生产商)依托中心开展销售、采购、品牌展示、软体方案研发、应用设计、售后服务、人员培训等。支持开展电子元器件的设计、研发、制造、检测等业务,降低供应链总成本,实现电子元器件产业链生产要素自由流通、整体管理;优化海关监管与通关环境,在风险可控前提下,推动海关、金融、税务等数据协同与利用,联合海关、税务、银行等机构开展跨境业务,交易中心为入驻企业提供进出口报关、物流仓储服务,鼓励金融机构与交易中心合作,为企业提供供应链金融服务。鼓励市场主体依托中心开展采购,设立贸易联盟并按市场化运作方式提供国际贸易资金支持,汇聚企业对关键元器件的采购需求,以集中采购方式提高供应链整体谈判优势。支持设立基础电子元器件检测认证及实验平台,面向智能终端、5G、智能汽车、高端装备等重点市场,加快完善相关标准体系,加强提质增效,降低相关测试认证成本。(工业和信息化部、国家发展改革委、民政部、海关总署、商务部、人民银行、税务总局、市场监管总局、银保监会、外汇管理局等单位按职责分工会同深圳市组织实施)

(二)放宽数据要素交易和跨境数据业务等相关领域市场准入。在严控质量、具备可行业务模式前提下,审慎研究设立数据要素交易场所,加快数据要素在粤港澳大湾区的集聚与流通,鼓励深圳在国家法律法规框架下,开展地方性政策研究探索,建立数据资源产权、交易流通、跨境传输、信息权益和数据安全保护等基础制度和技术标准。探索个人信息保护与分享利用机制,鼓励深圳市探索立法,对信息处理行为设定条件、程序,明确处理者义务或主体参与权利,依法处理个人信息,保护数据处理者合法利益。加快推动公共数据开放,编制公共数据共享目录,区分公共数据共享类型,分类制定共享规则,引导社会机构依法开放自有数据,支持在特定领域开展央地数据合作。重点围绕金融、交通、健康、医疗等领域做好国际规则衔接,积极参与跨境数据流动国际规则制定,在国家及行业数据跨境传输安全管理制度框架下,开展数据跨境传输(出境)安全管理试点,建立数据安全保护能力评估认证、数据流通备份审查、跨境数据流通和交易风险评估等数据安全管理机制。以人民币结算为主，研究推出一批需求明确、交易高频和数据标准化程度高的数据资产交易产品，利用区块链、量子信息等先进技术实现数据可交易、流向可追溯、安全有保障，探索建立数据要素交易领域相关标准体系。探索建设离岸数据交易平台，以国际互联网转接等核心业态，带动发展数字贸易、离岸数据服务外包、互联网创新孵化等关联业态，汇聚国际数据资源，完善相关管理机制。(中央网信办、国家发展改革委、工业和信息化部、商务部、证监会、外汇管理局等单位按职责分工会同深圳市组织实施)

(三)优化先进技术应用市场准入环境。利用深圳产业链、创新链深度融合优势，围绕先进技术应用推广，设立国际先进技术应用推进中心，以企业化市场化方式运作，对标国际一流智库，搭建世界级先进技术应用推广平台，建立与重要科研院所、重要高校、重要国有企业、重要创新型领军企业和创新联合体的联系机制，直接联接港澳先进技术创新资源，分步在综合性国家科学中心和科创中心所在地设立分中心，加快汇聚国内外前沿技术创新成果和高端创新要素，全面对接产业链供应链"锻长板"和"补短板"一线需求，打破制约产业发展和创新要素流动的信息壁垒和市场准入限制，推动先进创新成果直接应用转化。与证监会和上交所、深交所建立重点应用项目沟通机制，加大创业和产业投资对先进技术应用推动作用，搭建创新资源与投资机构交流渠道，组建投资平台对先进技术应用和成果转化提供资金支持。服务重大需求，打破传统项目实施方式，破除市场准入门槛，突出系统观念，建立先进技术合作转化机制，共享需求和创新资源信息，构建先进技术相关需求应用转化流程和评价标准，整合汇聚科技创新能力，加速人工智能、新材料、量子信息、大数据、网络安全、高端芯片、高端仪器、工业软件、基础软件、新兴平台软件等战略性前沿性颠覆性先进技术在相关领域直接应用。通过首购、订购等政府采购政策，支持新技术产业化规模化应用，大幅提高科技成果转移转化成效。(国家发展改革委、深圳市会同国家保密局、科技部、教育部、财政部、证监会、中

国科学院等单位按职责分工组织实施)

(四)优化 5G、物联网等新一代信息技术应用方式。依托鹏城实验室等深圳优质资源搭建 5G、物联网等新一代信息技术分布式实验平台,联接国内科研院所、高校、企业的相关实验资源和能力,直接对接服务网络通信、网络空间、网络智能、5G、物联网等各类相关任务,加大与国际先进技术应用推进中心等单位协同力度,积极对接中国科学院等有关科研院所需求,配合有关单位确立相关市场准入的实验标准和评估流程,降低 5G、物联网等新一代信息技术和新型基础设施在相关领域准入门槛,推动相关融合应用示范。(国家发展改革委、工业和信息化部、科技部、中国科学院等单位按职责分工会同深圳市组织实施)

(五)支持设立国际性产业与标准组织。加快设立若干科技类急需的国际性产业与标准组织,建立国际性产业与标准组织设立登记通道,按照"成熟一家、上报一家"原则报批。抓紧推动设立条件已具备的国际组织。支持深圳会同相关部门研究制定培育发展国际性产业与标准组织的政策措施,允许进一步放宽会员国籍、人数和活动审批,为国际会员参与科研交流提供入出境便利,参照国际通行标准确定会费收缴额度和雇员薪酬标准,建立与国际标准相适配的认证和测试体系。(深圳市会同工业和信息化部、科技部、外交部、民政部、国家发展改革委、公安部、市场监管总局、国家移民管理局等单位组织实施)

二、完善金融投资领域准入方式

(六)提升农产品供应链金融支持能力。鼓励金融机构基于真实交易背景和风险可控前提,按照市场化法治化原则,依托农产品供应链产业链核心企业(以下简称核心企业),开展存货、仓单、订单质押融资等供应链金融业务,降低下游经销商融资成本。注重发挥核心企业存货监管能力、底层货物分销处置能力,汇集验收交割、在库监控等交易信息,打造动产智能监管大数据平台;鼓励以"银企信息系统直联+物联网+区块链技术"创新方式,打通银行、核心企业、仓储监管企业等系统间信息接口，引入企业征信、信用评级等各类市场化机构，动态更新业务数据并形成电子化标准仓单和风险评估报告；鼓励以区块链和物联网设备为基础，形成存货质押监管技术统一标准，利用新一代信息技术，确保货物权属转移记录等信息有效性。稳妥规范开展供应链金融资产证券化。探索运用数字人民币进行交易结算。（银保监会、人民银行、商务部、证监会、国家发展改革委、农业农村部等单位按职责分工会同深圳市组织实施）

（七）推动深港澳地区保险市场互联互通。积极推进保险服务中心有关工作，在符合现有的法律法规前提下，为已购买符合国家外汇管理政策的港澳保险产品的客户提供便利化保全、理赔等服务，推动深圳与港澳地区建立有关资金互通、市场互联机制，试点在深圳公立医院开通港澳保险直接结算服务并允许报销使用境外药品。（银保监会、人民银行、国家卫生健康委、国务院港澳办、国家药监局等单位按职责分工会同深圳市组织实施）

（八）提升贸易跨境结算便利度。支持境内银行在"展业三原则"基础上，制定供应链优质企业白名单，优化供应链核心企业对外付款结算流程，凭优质企业提交的《跨境人民币结算收/付款说明》或收付款指令，直接为优质企业办理货物贸易、服务贸易跨境人民币结算。研究支持供应链上下游优质企业开展经常项目下跨境人民币资金集中收付。鼓励深圳针对中国（广东）自由贸易试验区前海蛇口片区内优质企业制定支持政策。（深圳市会同人民银行、外汇管理局、银保监会、商务部、国家发展改革委等单位按职责分工组织实施）

（九）优化基础设施领域不动产投资信托基金（REITs）市场环境。探索基础设施收费机制改革，针对地下综合管廊等基础设施，探索创新资产有偿使用制度，按照使用者付费、受益者补偿原则，合理提高资产端收费标准，提升资产收益率。研究基础设施领域不动产投资信托基金（REITs）税收政策，支持开展基础设施领域不动产投资信托基金（REITs）试点，减轻企业和投资者负担。

（国家发展改革委、财政部、税务总局、证监会等单位按职责分工会同深圳市组织实施）

三、创新医药健康领域市场准入机制

（十）放宽医药和医疗器械市场准入限制。允许采信由国家认监委会同国家药监局认定的第三方检验机构出具的医疗器械注册检验报告。支持在深圳本地药品、医疗器械的全生命周期临床评价（包括新药械上市前审批注册、已获批药械说明书修改、上市后安全性研究与主动监测）中推广真实世界数据应用，重点覆盖临床急需、罕见病治疗、AI医疗算法、精准医疗、中医药等领域的临床评价，进一步加快新产品上市进程，及时发现和控制已上市产品使用风险。加快AI医疗算法商业化和临床应用水平。（国家药监局、国家卫生健康委、市场监管总局等单位会同深圳市组织实施）

（十一）试点开展互联网处方药销售。建立深圳电子处方中心（为处方药销售机构提供第三方信息服务），对于在国内上市销售的处方药，除国家明确在互联网禁售的药品外，其他允许依托电子处方中心进行互联网销售，不再另行审批。深圳电子处方中心对接互联网医院、深圳医疗机构处方系统、各类处方药销售平台、广东省国家医保信息平台、支付结算机构、商业类保险机构，实现处方相关信息统一归集及处方药购买、信息安全认证、医保结算等事项"一网通办"，探索运用数字人民币进行交易结算。深圳电子处方中心及深圳市相关部门要制定细化工作方案，强化对高风险药品管理，落实网络安全、信息安全、个人信息保护等相关主体责任。利用区块链、量子信息技术，实现线上线下联动监管、药品流向全程追溯、数据安全存储。深圳电子处方中心与已批准试点的海南等电子处方中心实现信息互联互通互认。（深圳市会同国家发展改革委、国家卫生健康委、国家药监局、国家医保局、银保监会、国家中医药局等单位组织实施）

（十二）优化人类遗传资源审批准入服务。提升深圳人类遗传资源审批服

务能力，探索设立人类遗传资源审批管理平台，支持干细胞治疗、免疫治疗、基因治疗等新型医疗产品、技术研发，优化临床实验中涉及国际合作的人类遗传资源活动审批程序，对出入境的人体组织、血液等科研样本、实验室试剂实施风险分类分级管理，在保证生物安全的前提下，对低风险特殊物品给予通关便利并在使用、流向及用后销毁等环节做好档案登记。(科技部、海关总署、深圳市会同国家药监局、国家卫生健康委等单位组织实施)

(十三)放宽医疗机构资质和业务准入限制。下放深圳受理港澳服务提供者来深办医审批权限，进一步优化港澳独资、合资医疗机构执业许可审批流程。鼓励有优秀临床经验或同行认可度高的境外医疗技术骨干按规定来深执业。探索建立与国际接轨的医院评审认证标准体系。支持在深圳开业的指定医疗机构使用临床急需、已在港澳上市的药品和临床急需、港澳公立医院已采购使用、具有临床应用先进性的医疗器械，探索开展国际远程会诊。按照医药研究国际标准建立区域伦理中心，指导临床试验机构伦理审查工作，接受不具备伦理审查条件的机构委托对临床试验方案进行伦理审查，鼓励医疗机构与合同研究组织(CRO)合作，提升医疗临床试验技术能力和质量管理水平。优化完善医疗机构中药制剂审批和备案流程，支持开展中药临床试验和上市后评价试点，鼓励建设现代化研究型中医院。支持符合条件的民营医院建设住院医师规范化培训基地。科学制定大型医用设备配置规划，优化大型医用设备配置评审标准，在大型医用设备配置规划数量方面，充分考虑社会办医疗机构配置需求，支持社会办医发展。(国家卫生健康委、人力资源社会保障部、国家药监局、国家中医药局、海关总署等单位按职责分工会同深圳市组织实施)

四、放宽教育文化领域准入限制

(十四)支持深圳高等教育和职业教育改革发展。教育部和深圳市探索实施中外合作办学项目和不具有法人资格的中外合作办学机构部市联合审批机制。放宽外籍人员子女学校举办者市场准入，允许内资企业或中国公民等开办外籍人员子女学校，促进内资企业吸引外籍人才。支持深圳筹建海洋大学、创新创意设计学院等高等院校。支持社会力量通过内资独资、合资、合作等多种形式举办职业教育，推动产教深度融合，优化社会资本依法投资职业院校办学准入流程。（教育部、人力资源社会保障部、广东省等单位会同深圳市组织实施）

（十五）优化网络游戏、视听、直播领域市场环境。支持深圳网络游戏产业高质量发展，鼓励深圳加强属地网络游戏内容把关和运营管理，加快推进网络游戏适龄提示制度。授权深圳市电信管理机构依照有关规定对属地 APP 和互联网应用商店进行监督管理和执法。支持建立网络视听创新基地，鼓励网络视听节目精品创作，加大高质量视听内容供给，推动网络视听关键技术自主研发。支持深圳建设国际化网络直播电商服务平台，注重发挥全国性行业协会作用。（中央宣传部、中央网信办、广电总局、新闻出版署、工业和信息化部、文化和旅游部、商务部等单位会同深圳市组织实施）

五、推动交通运输领域准入放宽和环境优化

（十六）优化邮轮游艇行业发展市场准入环境。支持深圳优化粤港澳大湾区巡游航线、游艇自由行开放水域范围、出入境码头审批等邮轮游艇行业发展市场准入环境，试点探索深港游艇操作人员证书互认，对深圳自由行入境游艇实行免担保政策。积极支持在深圳前海注册的符合条件的邮轮公司申请从事除台湾地区以外的出境旅游业务。探索建立游艇型式检验制度，简化进口游艇检验，对通过型式检验的新建游艇或持有经认可机构出具证书的进口游艇，可按照船舶检验管理程序申领或者换发游艇适航证书。支持符合条件的粤港澳游艇"一次审批、多次进出"，允许为其办理有效期不超过半年的定期进出口岸许可证。（交通运输部、海关总署、文化和旅游部、公安部、国家移民管理局等单位会同深圳市组织实施）

（十七）统一构建海陆空全空间无人系统准入标准和开放应用平台。支持深圳基于国土空间基础信息平台等开展智能网联基础设施建设及面向未来的海

陆空三域一体融合的交通规划(底层数据),制定高效包容的市场和技术准入标准,打造与民航局等相关国务院行业主管部门共享的底层基础数据体系,构建开放服务应用平台。组织建筑、民用航空、地面交通、无线电等专业机构,制订无人系统接入城市建筑物的统一标准和空域、无线电电磁等环境要求,研究优化无人系统使用频段,推动智能网联无人系统与城市建筑、立体交通、空港码头、5G 网络、数据中心的环境适配,率先探索智能网联无人系统在工业生产、物流配送、冷链运输、防灾减灾救灾、应急救援、安全监测、环境监测、海洋调查、海上装备、城市管理、文化旅游等领域的产业化应用,推动海陆空无人系统产业协同发展和技术跨界融合。支持深圳市以宝安区为基础,以机场、港口、物流园区、开发区、铁路物流基地、城市道路、地下管廊、空中海上运输线路为依托,组织重要相关市场主体打造统一共享的底层基础数据体系,率先建设海陆空全空间无人系统管理平台,进一步深化拓展深圳地区无人驾驶航空器飞行管理试点,提升无人驾驶航空器飞行便利性和监管有效性,优化飞行活动申请审批流程,缩短申请办理时限,试点开通深圳与珠海等地无人机、无人船跨域货运运输航线。简化符合技术标准和统一底层数据要求的各类智能网联系统及产品的平台测试准入门槛和申请条件;支持深圳市坪山区建设国家级智能网联汽车测试区、产品质量检验检测中心和车联网先导区,相关测试、检验报告与各地国家级平台互认;推动无人驾驶道路测试全域开放,加快城市主干道、高速公路、低空领域、港口码头、区域配送、铁路物流基地等有序纳入测试开放目录。支持深圳在智能网联无人系统(智能网联汽车、无人机、无人船等)领域先行先试,并通过探索地方立法等方式制定相应配套措施,开展多场景运行试点,探索完善无人系统产品运行服务技术标准体系,支持保险机构探索制定针对无人系统的保险产品及相关服务。(深圳市会同国家发展改革委、交通运输部、自然资源部、中央空管委办公室、中国民航局、工业和信息化部、公安部、应急部、市场监管总局、国家邮政局、国铁集团等单位组织实施)

（十八）放宽航空领域准入限制。深化粤港澳大湾区低空空域管理试点，加强粤港澳三地低空飞行管理协同，完善低空飞行服务保障体系，积极发展跨境直升机飞行、短途运输、公益服务、航空消费等多种类型通用航空服务和通用航空投资、租赁、保险等业务，建设具备较强国际竞争力的基地航空公司。优化调整大湾区空域结构，完善国际全货机航线，扩大包括第五航权在内的航权安排。探索粤港澳三地空域管理和空管运行协同管理模式，有效提升大湾区空域使用效益。（中央空管委办公室、中国民航局、国家发展改革委、交通运输部、财政部、国务院国资委等单位会同深圳市组织实施）

（十九）支持深圳统一布局新能源汽车充换电基础设施建设和运营。支持深圳统一规划建设和运营新能源汽车充换储放一体化新型基础设施，放宽融合性产品和服务的市场准入限制，推进车路协同和无人驾驶技术应用。重点加快干线公路沿线服务区快速充换电设施布局，推进城区、产业园区、景区和公共服务场所停车场集中式充换电设施建设，简化项目报备程序及规划建设、消防设计审查验收等方面审批流程，破除市场准入隐性壁垒。鼓励相关企业围绕充换电业务开展商业模式创新示范，探索包容创新的审慎监管制度，支持引导电网企业、新能源汽车生产、电池制造及运营、交通、地产、物业等相关领域企业按照市场化方式组建投资建设运营公司，鼓励创新方式开展各类业务合作，提高充换电业务运营效率。（国家发展改革委、国家能源局、交通运输部、工业和信息化部、自然资源部、住房城乡建设部、国务院国资委等单位会同深圳市组织实施）

六、放宽其他重点领域市场准入

（二十）完善深圳珠宝玉石行业准入体系。支持深圳发挥珠宝玉石产业集聚优势，建设深圳国际珠宝玉石综合贸易平台，选取具有丰富珠宝玉石交易经验的企业牵头，联合国内外知名珠宝玉石企业共同打造集玉石、彩宝、珍珠等珠宝玉石原料及成品一般贸易、拍卖、商品会展、设计研发、加工制造、检测评估、人才职业教育、信息技术服务、金融服务等于一体的国际性珠宝玉石产业中心。支持深圳市出台相关产业支持政策，推动降低珠宝玉石交易成本，形成国际交易成本比较优势。推动形成覆盖珠宝玉石全品类的国际产品标准、国际检测标准、国际评估标准，增强我国珠宝产业国际话语权。支持交易平台与中国(上海)宝玉石交易中心、上海钻石交易所、广东珠宝玉石交易中心、海南国际文物艺术品交易中心形成联动机制，充分发挥全国性和区域性珠宝行业协会作用，共同开展珠宝玉石类艺术品展览、交易、拍卖业务。完善珠宝玉石全产业链事中事后监管，在通关便利、货物监管、人才职业教育、信息技术服务、金融服务等方面给予政策支持。(商务部、海关总署、国家发展改革委、自然资源部等单位按职责分工会同深圳市组织实施)

(二十一)放宽通信行业准入限制。支持深圳开展5G室内分布系统、5G行业虚拟专网及特定区域5G网络建设主体多元化改革试点。安全有序开放基础电信业务，支持符合条件的卫星应用企业申请卫星相关基础电信业务经营许可或与具备相关资质的企业合作，允许在全国范围内开展卫星移动通信业务和卫星固定通信业务。支持深港澳三地通信运营商创新通信产品，降低漫游通信资费。(工业和信息化部、国务院港澳办等单位会同深圳市组织实施)

(二十二)开展检验检测和认证结果采信试点。落实建设高标准市场体系要求，选取建筑装饰装修建材等重点行业领域，鼓励相关专业机构、全国性行业协会研究制定统一的检验检测服务评价体系，引导市场采信认证和检验检测结果，支持深圳市和其他开展放宽市场准入试点的地区率先开展检验检测、认证机构"结果互认、一证通行"，有关地区和单位原则上不得要求进行重复认证和检验检测，推动实质性降低企业成本。坚决破除现行标准过多过乱造成的市场准入隐性壁垒，鼓励优秀企业制定实施更高要求的企业标准，引导检验检测和认证机构良性竞争，市场化进行优胜劣汰，加强事中事后监管，引入第三方信用服务机构，推动行业协会和相关机构自律和健康发展。(国家发展改革委、市场监管总局、住房城乡建设部等单位会同深圳市组织实施)

（二十三）放宽城市更新业务市场准入推进全生命周期管理。以建筑信息模型（BIM）、地理信息系统（GIS）、物联网（IOT）等技术为基础，整合城市地上地下、历史现状未来多维多尺度信息模型数据和城市感知数据，鼓励深圳市探索结合城市各类既有信息平台和国土空间基础信息平台形成数据底图，提高开放共享程度，健全完善城市信息模型（CIM）平台，推动智慧城市时空大数据平台应用，支撑城市更新项目开展国土空间规划评估。率先建立城市体检评估制度，查找城市建设和发展中的短板和不足，明确城市更新重点，编制城市更新规划，建立项目库，稳妥有序实施城市更新行动。优化生态修复和功能完善、存量用地盘活、历史遗留问题用地处置、历史文化保护和城市风貌塑造、城中村和老旧小区改造等城市建设领域的准入环境。鼓励城中村实施规模化租赁改造，支持利用集体建设用地和企事业单位自有闲置土地建设保障性租赁住房。结合公共利益，试点在城市更新项目中引入"个别征收"、"商业和办公用房改建保障性租赁住房"等机制。针对涉产权争议的更新单位，研究制定并完善"个别征收、产权注销"或"预告登记、产权注销"等特别城市更新办法。探索城市更新与城市历史遗留问题、违法建筑处置和土地整备制度融合机制。综合利用大数据、云计算、移动互联网技术，完善城市更新项目跟踪监管系统，实现城市更新项目全流程审批跟踪，在指标监测、成果规范等方面提高信息化、标准化、自动化程度。（住房城乡建设部、自然资源部、国家发展改革委等单位会同深圳市组织实施）

（二十四）优化养老托育市场发展环境。加快落实国家关于促进养老托育健康发展相关政策，全面优化机构设立、物业获取、设施改造各环节办事流程，引导社会力量开展机构服务能力综合评价，构建以信用为基础的新型监管机制。制定养老托育机构土地供应、物业改造和持有支持措施，适当放宽土地、规划和最长租赁期限要求，建立既有物业改造和重建绿色通道，支持运营能力强、服务质量高的优秀民营企业利用各类房屋和设施发展养老托育业务，允许国有物业租赁时限延长至 10 年以上，合理控制租赁收益水平。推动中央企业与深圳市政府投资平台合作建立养老托育资产管理运营公司，集中购置、改造、运营管理养老托育设施，降低服务机构初期的建设和运营成本，增加养老托育服务供给。搭建养老托育智慧服务平台和产业合作平台，面向政府部门、养老托育机构、银行保险等金融机构、社会公众提供精准化数据服务，建立从业人员标准化培训和管理机制，推动职业资格认定结果互认，加快互联网、大数据、人工智能、5G 等信息技术和智能硬件的深度应用，推进养老托育机构与当地医疗资源的深度融合，深圳市人民政府对智慧服务平台和产业合作平台在数据共享、人员培训、标准推广、新技术应用、医养有机结合等方面提供支持。(深圳市会同国家发展改革委、民政部、国家卫生健康委、住房城乡建设部等单位组织实施)

各部门各单位要高度重视，按照职责分工，主动作为，积极支持，通力配合，协同高效推进各项任务落实。广东省要积极为各项特别措施落地创造条件，加强与国家对口部门沟通衔接，在省级事权范围内给予深圳充分支持。深圳市要切实承担起主体责任，周密安排部署，积极组织推动，认真做好具体实施工作，确保取得实效。在放宽市场准入的同时，有关部门和深圳市要同步完善监管规则，坚持放宽准入和加强监管结合并重，健全事中事后监管措施，确保有关市场准入限制"放得开、管得好"。本措施实施中如遇新情况新问题，涉及调整现行法律和行政法规的，按照《深圳建设中国特色社会主义先行示范区综合改革试点实施方案(2020—2025 年)》有关规定办理。本文涉及港澳服务和服务提供者市场准入开放和单独优惠待遇的措施，纳入内地与香港、澳门关于建立更紧密经贸关系的安排(CEPA)框架下实施。国家发展改革委、商务部会同有关部门加强统筹协调、指导评估和督促检查，重大问题及时向党中央、国务院请示报告。

国家发展改革委

商务部

2022 年 1 月 24 日

25 《关于推动长江三角洲区域公共资源交易一体化发展的意见》(发改法规〔2022〕355号)

上海市、江苏省、浙江省、安徽省公共资源交易平台整合工作牵头部门、发展改革委:

长江三角洲(以下简称长三角)区域一体化发展战略,是引领全国高质量发展、打造我国发展强劲活跃增长极的重大战略举措。推动长三角三省一市公共资源交易一体化,是长三角区域一体化发展战略的重要组成部分,有利于进一步深入实施区域协调发展战略,充分发挥各地比较优势,促进各类要素合理流动和高效聚集;有利于提升区域公共资源交易平台整合共享水平,为全国范围改革积累有益经验;有利于进一步破除市场隐性门槛和行政壁垒,加快构建全国统一大市场。为深入落实《长江三角洲区域一体化发展规划纲要》(中发〔2019〕21号)、《关于深化公共资源交易平台整合共享指导意见》(国办函〔2019〕41号),推动长三角区域率先形成统一开放、竞争有序的公共资源交易市场,经推动长三角一体化发展领导小组办公室衔接审核,现提出以下意见。

一、总体要求

(一)指导思想。以习近平新时代中国特色社会主义思想为指导,全面贯彻党的十九大和十九届历次全会精神,弘扬伟大建党精神,立足新发展阶段,完整、准确、全面贯彻新发展理念,构建新发展格局,以推动高质量发展为主题,着眼加快构建公共资源交易全国统一大市场,坚持区域协同与属地管理相结合,持续激发改革内生动力,深化公共资源交易平台整合,努力在长三角区域建成信息深度共享、市场充分开放、竞争公平有序的公共资源交易市场体系,有力支持和服务长三角区域一体化高质量发展。

(二)基本原则

坚持统一规范。按照分类统一的交易制度规则、技术标准和数据规范，推进长三角区域公共资源交易规则、服务事项、平台数据等方面标准化、规范化建设。在依法实施监管的前提下，积极拓展跨地区、跨层级自主选择平台的交易事项范围，实现区域公共资源交易集约化发展。

坚持协同共享。加强区域公共资源交易管理的政策协调性和执行协同性，推动区域内各级公共资源交易平台深度互联互通，实现各类信息资源充分共享互认，以信息流带动人流、物流、资金流等要素资源有序流动，实现公共资源交易平台从依托有形场所向以电子化平台为主转变，提升交易服务水平和监管水平。

坚持便民高效。深化"放管服"改革，推动公共资源交易及相关领域审批和服务流程优化再造，大力推进"跨省通办"、"省内通办"，着力提高在线办理率和全程网办率，降低异地投标等跨区域交易成本。着力破除对外地企业设置的隐性门槛和壁垒，提高公共资源配置效率和效益。

坚持改革创新。聚焦制约公共资源交易一体化发展的深层次矛盾和问题，持续深化平台整合共享改革，加强改革系统集成，注重各领域、各地方协调推进。鼓励有条件的地市先行先试，加快体制机制创新和技术创新，加强典型示范引领，形成优势互补、各具特色的协调发展格局。

(三)工作目标

到 2023 年底，长三角区域公共资源交易一体化发展取得实质性进展，各级公共资源交易平台互联互通进一步深化，交易信息、市场主体信息和专家资源实现区域内统一共享，参与跨省远程异地评标和 CA 数字证书互认的城市达 20 个以上，跨区域交易便利水平明显提高，制度性交易成本明显降低，政策协调和监管协同机制基本建立，信用监管、智慧监管落地见效，积累形成一批可复制推广的区域一体化发展典型经验。

到 2025 年，长三角区域一体化的公共资源交易市场基本形成，跨省远程异地评标常态化实施，CA数字证书实现全国互认，布局合理、分工明确、优势互补的公共资源交易平台体系更加健全，跨区域交易更加活跃，长三角区域公共资源交易一体化发展对其他地区的示范带动作用明显发挥。

二、重点任务

（四）推动制度标准规范统一。落实全国分类统一的交易规则，建立地方性公共资源交易法规政策文件制定协调机制，定期联合开展制度规则清理，确保区域内配套实施细则统一。推动招标采购等交易文件标准化、模板化，坚决取消要求设立办事机构（分公司）、要求特定行政区域或特定行业奖项、优先认可本地业绩等市场隐性壁垒。落实全国统一的交易平台建设技术标准、数据规范和公共资源交易服务标准，提升区域内各级公共资源交易平台的规范化水平。

（五）强化交易信息互联共享。充分发挥省级公共资源交易平台电子服务系统枢纽作用，提供集法规政策发布、交易信息公开、交易进度查询于一体的一站式综合服务。建设运行长三角区域公共资源交易信息集中发布网站，促进各地交易平台互联互通和交易信息实时推送，实现区域公共资源交易信息"一网尽览"。大力推进排污权、用能权、产权等领域交易通过场地共用、数据共享、系统对接等多种方式整合纳入统一的公共资源交易平台体系。

（六）推进市场主体信息共享互认。制定区域统一的公共资源交易市场主体信息库数据标准，依托省级公共资源交易平台实现市场主体"一地注册、区域通用"。深入推进市场主体信息库与市场监管、住房城乡建设、人力资源社会保障、水利、交通运输等部门信息资源共享，实现公共资源交易市场主体工商登记、资质资格、业绩奖项、社保等材料"零提供"。

（七）推进专家资源共享共用。建立健全区域内统一的公共资源交易评标、评审专家库管理制度，整合共享区域内评标、评审专家资源，实现专家跨地区抽取。在属地监管基础上，建立专家跨地区评标、评审的协同监管和日常考评机制，实现对评标、评审专家的动态管理。建立健全智能辅助评标系统，提升评标、评审的质量和效率，规范专家评审行为。

（八）推广远程异地评标。制定统一的远程异地评标实施细则，明确适用标准和要求。建立健全远程异地评标系统技术标准规范。加快实现省级行政区域内工程招投标远程异地评标常态化运行，积极推进跨省远程异地评标，并逐步拓展应用到其他交易领域。建立远程异地评标主副场协调机制，统一评标见证服务规范。建立远程异地评标跨省（市）协同监管机制，实现对远程异地评标项目交易全程事中事后监管。

（九）推进CA数字证书跨省互认。推动长三角区域各级交易平台积极参与公共资源交易领域CA数字证书全国互认试点，实现CA数字证书在区域内跨平台、跨部门、跨地区互认，降低市场主体交易成本。探索运用手机扫码等多种技术，实现免插介质完成身份验证、签名盖章、加密解密等交易流程，促进交易安全、便捷、高效。

（十）推行跨地区、跨层级自主选择交易平台。鼓励同一省域内市场主体跨地市、跨层级自主选择交易平台，鼓励探索跨省选择交易平台。建立区域内公共资源交易见证互认机制，实现见证行为、结果互认。建立与自主选择交易平台相适应的行政监管机制，落实交易项目所在地监管责任。推动区域内各级公共资源交易平台公共服务系统开放对接市场主体建设运营的电子交易系统，促进形成良性竞争机制。

（十一）完善信用信息归集共享和使用机制。制定长三角区域公共资源交易领域信用管理办法和信用评价标准，以省级平台为重点，加快实现长三角区域内市场主体信用信息交换共享。依托统一的社会信用代码和有关行业信用信息系统，建立公共资源交易市场主体信用信息库。健全交易平台与征信机构、金融机构、行业协会商会等组织的信息共享机制，促进交易信用信息与社会信用信息互动融合。大力推进信用分级分类监管，加快构建跨地区、跨交易领域的失信联合惩戒机制，建立健全信用修复机制。

(十二)强化监管信息支撑服务。健全交易数据部门共享机制,完善数据共享目录和标准,提升数据共享统筹协调力度和共享效率,为行政监管、纪检监察、审计等部门履行职能提供技术、数据、在线监督等支撑服务。健全数据安全风险防范机制,加强数据使用全过程管理,保障数据可信、可控、可管。积极运用大数据、区块链、人工智能等技术手段,加强对交易活动的监测分析,提升监管能力和水平。

三、保障措施

(十三)明确职责分工。长三角区域三省一市各级公共资源交易平台整合牵头部门要会同各有关行业主管部门,将公共资源交易作为推进长三角区域一体化发展工作的重点领域之一,逐条逐项细化任务、分解责任,明确时间表和路线图,完善工作机制,压实工作责任,抓好贯彻落实。三省一市要加强沟通协作,轮值定期召开会议,研究协调推进公共资源交易区域合作重大事项。

(十四)强化政策支持。鼓励长三角各地积极参与公共资源交易领域相关国家试点示范工作,支持区域内公共资源交易平台承担各类全国性要素资源市场建设运行工作。发挥好长三角生态绿色一体化发展示范区制度创新"试验田"作用,在公共资源交易一体化重点领域率先开展探索,形成有利于要素自由流动和高效配置的良好环境。

(十五)抓好督促落实。推动长三角一体化发展领导小组办公室会同国务院有关部门加强对本意见落实情况的统筹指导和督促协调,及时了解工作进展,协调解决存在的重大问题,适时开展评估,总结推广公共资源交易区域一体化的好经验好做法,充分发挥示范带动作用。

国家发展改革委

2022 年 3 月 8 日

26　《关于加快推进能源数字化智能化发展的若干意见》(国能 发科技〔2023〕27 号)

各省(自治区、直辖市)能源局,有关省(自治区、直辖市)及新疆生产建设兵团发展改革委,有关中央企业:

推动数字技术与实体经济深度融合,赋能传统产业数字化智能化转型升级,是把握新一轮科技革命和产业变革新机遇的战略选择。能源是经济社会发展的基础支撑,能源产业与数字技术融合发展是新时代推动我国能源产业基础高级化、产业链现代化的重要引擎,是落实"四个革命、一个合作"能源安全新战略和建设新型能源体系的有效措施,对提升能源产业核心竞争力、推动能源高质量发展具有重要意义。为加快推进能源数字化智能化发展,现提出如下意见。

一、总体要求

(一)指导思想。以习近平新时代中国特色社会主义思想为指导,深入贯彻党的二十大精神,立足新发展阶段,完整、准确、全面贯彻新发展理念,加快构建新发展格局,深入实施创新驱动发展战略,推动数字技术与能源产业发展深度融合,加强传统能源与数字化智能化技术相融合的新型基础设施建设,释放能源数据要素价值潜力,强化网络与信息安全保障,有效提升能源数字化智能化发展水平,促进能源数字经济和绿色低碳循环经济发展,构建清洁低碳、安全高效的能源体系,为积极稳妥推进碳达峰碳中和提供有力支撑。

(二)基本原则。

需求牵引。针对电力、煤炭、油气等行业数字化智能化转型发展需求,通过数字化智能化技术融合应用,急用先行、先易后难,分行业、分环节、分阶段补齐转型发展短板，为能源高质量发展提供有效支撑。

数字赋能。发挥智能电网延伸拓展能源网络潜能，推动形成能源智能调控体系，提升资源精准高效配置水平；推动数字化智能化技术在煤炭和油气产供储销体系全链条和各环节的覆盖应用，提高行业整体能效、安全生产和绿色低碳水平。

协同高效。推动数据资源作为新型生产要素的充分流通和使用，打通不同主体间的信息壁垒，带动能源网络各环节的互联互动互补，提升产业链上下游及行业间协调运行效率，以数字化智能化转型促进能源绿色低碳发展的跨行业协同。

融合创新。聚焦原创性、引领性创新，加快人工智能、数字孪生、物联网、区块链等数字技术在能源领域的创新应用，推动跨学科、跨领域融合，促进创新成果的工程化、产业化，培育数字技术与能源产业融合发展新优势。

(三)发展目标。到 2030 年，能源系统各环节数字化智能化创新应用体系初步构筑、数据要素潜能充分激活，一批制约能源数字化智能化发展的共性关键技术取得突破，能源系统智能感知与智能调控体系加快形成，能源数字化智能化新模式新业态持续涌现，能源系统运行与管理模式向全面标准化、深度数字化和高度智能化加速转变，能源行业网络与信息安全保障能力明显增强，能源系统效率、可靠性、包容性稳步提高，能源生产和供应多元化加速拓展、质量效益加速提升，数字技术与能源产业融合发展对能源行业提质增效与碳排放强度和总量"双控"的支撑作用全面显现。

二、加快行业转型升级

(四)以数字化智能化技术加速发电清洁低碳转型。发展新能源和水能功率预测技术，统筹分析有关气象要素、电源状态、电网运行、用户需求、储能配置等变量因素。加强规模化新能源基地智能化技术改造，提高弱送端系统调节支撑能力，提升分布式新能源智能化水平，促进新能源发电的可靠并网及有序消纳，保障新能源资源充分开发。加快火电、水电等传统电源数字化设计建造和智能化升级，推进智能分散控制系统发展和应用，助力燃煤机组节能降碳改造、灵活性改造、供热改造"三改联动"，促进抽水蓄能和新型储能充分发挥灵活调节作用。推动数字技术深度应用于核电设计、制造、建设、运维等各领域各环节，打造全面感知、智慧运行的智能核电厂，全面提升核安全、网络安全和数据安全等保障水平。

（五）以数字化智能化电网支撑新型电力系统建设。推动实体电网数字呈现、仿真和决策，探索人工智能及数字孪生在电网智能辅助决策和调控方面的应用，提升电力系统多能互补联合调度智能化水平，推进基于数据驱动的电网暂态稳定智能评估与预警，提高电网仿真分析能力，支撑电网安全稳定运行。推动变电站和换流站智能运检、输电线路智能巡检、配电智能运维体系建设，发展电网灾害智能感知体系，提高供电可靠性和对偏远地区恶劣环境的适应性。加快新能源微网和高可靠性数字配电系统发展，提升用户侧分布式电源与新型储能资源智能高效配置与运行优化控制水平。提高负荷预测精度和新型电力负荷智能管理水平，推动负荷侧资源分层分级分类聚合及协同优化管理，加快推动负荷侧资源参与系统调节。发展电碳计量与核算监测体系，推动电力市场和碳市场数据交互耦合，支撑能源行业碳足迹监测与分析。

（六）以数字化智能化技术带动煤炭安全高效生产。推动构建智能地质保障系统，提升矿井地质条件探测精度与地质信息透明化水平。提升煤矿采掘成套装备智能化控制水平，采煤工作面加快实现采—支—运智能协同运行、地面远程控制及井下无人/少人操作，掘进工作面加快实现掘—支—锚—运—破多工序协同作业、智能快速掘进及远程控制。推动煤矿主煤流运输系统实现智能化无人值守运行，辅助运输系统实现运输车辆的智能调度与综合管控。推动煤矿建立基于全时空信息感知的灾害监测预警与智能综合防治系统。推进大型露天煤矿无人驾驶系统建设与常态化运行，支持露天煤矿采用半连续、连续开采工艺系统，提高露天煤矿智能化开采和安全生产水平。支持煤矿建设集智能地质保障、智能采掘(剥)、智能洗选、智能安控等于一体的智能化煤矿综合管控平台。

(七)以数字化智能化技术助力油气绿色低碳开发利用。加快油气勘探开发专业软件研发,推进数字盆地建设,推动油气勘探开发数据库、模型库和样本库建设。推动智能测井、智能化节点地震采集系统建设,推进智能钻完井、智能注采、智能化压裂系统部署及远程控制作业,扩大二氧化碳驱油技术应用。加快智能钻机、机器人、无人机、智能感知系统等智能生产技术装备在石油物探、钻井、场站巡检维护、工程救援等场景的应用,推动生产现场井、站、厂、设备等全过程智能联动与自动优化。推动油气与新能源协同开发,提高源网荷储一体化智能调控水平,强化生产用能的新能源替代。推动油气管网的信息化改造和数字化升级,推进智能管道、智能储气库建设,提升油气管网设施安全高效运行水平和储气调峰能力。加快数字化智能化炼厂升级建设,提高炼化能效水平。

(八)以数字化智能化用能加快能源消费环节节能提效。持续挖掘需求侧响应潜力,聚焦传统高载能工业负荷、工商业可中断负荷、电动汽车充电网络、智能楼宇等典型可调节负荷,探索峰谷分时电价、高可靠性电价、可中断负荷电价等价格激励方式,推动柔性负荷智能管理、虚拟电厂优化运营、分层分区精准匹配需求响应资源等,提升绿色用能多渠道智能互动水平。以产业园区、大型公共建筑为重点,以提高终端能源利用效能为目标,推进多能互补集成供能基础设施建设,提升能源综合梯级利用水平。推动普及用能自主调优、多能协同调度等智能化用能服务,引导用户实施技术节能、管理节能策略,大力促进智能化用能服务模式创新,拓展面向终端用户的能源托管、碳排放计量、绿电交易等多样化增值服务。依托能源新型基础设施建设,推动能源消费环节节能提效与智慧城市、数字乡村建设统筹规划,支撑区域能源绿色低碳循环发展体系构建。

(九)以新模式新业态促进数字能源生态构建。提高储能与供能、用能系统协同调控及诊断运维智能化水平，加快推动全国新型储能大数据平台建设，健全完善各省(区)信息采集报送途径和机制。提升氢能基础设施智能调控和安全预警水平，探索氢能跨能源网络协同优化潜力，推动氢电融合发展。推进综合能源服务与新型智慧城市、智慧园区、智能楼宇等用能场景深度耦合，利用数字技术提升综合能源服务绿色低碳效益。推动新能源汽车融入新型电力系统，提高有序充放电智能化水平，鼓励车网互动、光储充放等新模式新业态发展。探索能源新型基础设施共建共享，在确保安全、符合规范、责任明确的前提下，提高基础资源综合利用效率，降低建设和运营成本。推进能源行业大数据监测预警和综合服务平台体系建设，打造开放互联的行业科技信息资源服务共享体系，支撑行业发展动态监测和需求布局分析研判，服务数字治理。

三、推进应用试点示范

(十)推动多元化应用场景试点示范。围绕重点领域、关键环节、共性需求，依托能源工程因地制宜挖掘和拓展数字化智能化应用，重点推进在智能电厂、新能源及储能并网、输电线路智能巡检及灾害监测、智能变电站、自愈配网、智能微网、氢电耦合、分布式能源智能调控、虚拟电厂、电碳数据联动监测、智慧库坝、智能煤矿、智能油气田、智能管道、智能炼厂、综合能源服务、行业大数据中心及综合服务平台等应用场景组织示范工程承担系统性数字化智能化试点任务，在技术创新、运营模式、发展业态等方面深入探索、先行先试。

(十一)加强试点示范项目评估管理。强化试点示范项目实施监测，建立常态化项目信息上报及监测长效机制，提升项目管理信息化水平。建立试点示范成效评价机制，充分发挥行业协(学)会、智库咨询机构等多方力量在示范项目技术支持、试验检测、评估论证等方面的能力和作用，推动开展示范项目定期评优，分析评估新技术、新产品、新方案、新模式实际应用效果，总结可复制推广的做法和成功经验，组织遴选一批先进可靠、成熟适用、应用前景广阔、带动性强的示范内容，向领域内类似场景进行推广应用，加强标杆示范引领，确保取得实效。

四、推动共性技术突破

（十二）推动能源装备智能感知与智能终端技术突破。加快能源装备智能传感与量测技术研发，提升面向海量终端的多传感协同感知、数据实时采集和精准计量监测水平。推动先进定位与授时技术在能源装备感知终端的集成应用，加快相关终端产品研发。推动面向复杂环境和多应用场景的特种智能机器人、无人机等技术装备研发，提升人机交互能力和智能装备的成套化水平，服务远程设备操控、智能巡检、智能运维、故障诊断、应急救援等能源基础设施数字化智能化典型业务场景。推动基于人工智能的能源装备状态识别、可靠性评估及故障诊断技术发展。

（十三）推动能源系统智能调控技术突破。推动面向能源装备和系统的数字孪生模型及智能控制算法开发，提高能源系统仿真分析的规模和精度。加快面向信息物理融合能源系统应用的低成本、高性能信息通信技术研究，实现新型通信技术、感知技术与能源装备终端的融合，提升现场感知、计算和数据传输交互能力。推动能源流与信息流高度融合的智能调控及安全仿真方法研究，强化多源数据采集、保护数据隐私的融合共享及大数据分析处理，发展基于群体智能、云边协同和混合增强的能源系统调控辅助决策技术，提升能源系统动态监测、协同运行控制及灾害预警水平，探索多能源统一协同调度，支撑系统广域互济调节、新能源供给消纳和安全稳定运行。

（十四）推动能源系统网络安全技术突破。加强融合本体安全和网络安全的能源装备及系统保护技术研究，加快推进内生安全理论技术在能源系统网络安全领域的应用，提升网络安全智能防护技术水平，强化监控及调度系统网络安全预警及响应处置，提高主动免疫和主动防御能力，实现自动化安全风险识别、风险阻断和攻击溯源。推动开展能源数据安全共享及多方协同技术研发，发展能源数据可信共享与精准溯源技术，强化数据共享中的确权及动态访问控制，提高敏感数据泄露监测、数据异常流动分析等技术保障能力，促进构建数据可信流通环境，提高数据流通效率。

五、健全发展支撑体系

(十五)增强能源系统网络安全保障能力。推动煤矿构建覆盖业务全生命周期的"预警、监测、响应"动态防御体系，提升油气田工业主机主动防御能力，加强电厂工控系统网络安全防护，推进传统能源厂(站)信息系统网络安全动态防护、云安全防护、移动安全防护升级，加快实现核心装备控制系统安全可信、自主可控。进一步完善电力监控系统安全防护体系，推进电力系统网络安全风险态势感知、预警和应急处置能力建设，强化电力行业网络安全技术监督。加快推动能源领域工控系统、芯片、操作系统、通用基础软硬件等自主可控和安全可靠应用。

(十六)推动能源数据分类分级管理与共享应用。推动能源行业数据分类分级保护制度建设，加强数据安全治理。对于安全敏感性高的数据，提高数据汇聚融合的风险识别与防护水平，强化数据脱敏、加密保护和安全合规评估；对于安全敏感性低的数据，健全确权、流通、交易和分配机制，有序推动数据在产业链上下游的共享，推进数据共享全过程的在线流转和在线跟踪，支持数据便捷共享应用。加强行业大数据中心数据安全监管，强化数据安全风险态势监测，规范数据使用。充分结合全国一体化大数据中心体系建设，推动算力资源规模化集约化布局、协同联动，提高算力使用效率。

(十七)完善能源数字化智能化标准体系。立足典型场景应用需求，加强能源各行业现行相关标准与数字技术应用的统筹衔接，推动各行业加快编制一批数字化智能化关键技术标准和应用标准，推进与国际标准体系兼容，引导各行业分类制定数字化智能化评价体系。持续完善能源数字化智能化领域标准化组织建设，加强标准研制、实施和信息反馈闭环管理。建立健全能源数字化智能化与标准化互动支撑机制，完善数字化智能化科技成果转化为标准的评价机制和服务体系，广泛挖掘技术先进、市场推广价值优良的示范成果进行技术标准化推广应用。

（十八）加快能源数字化智能化人才培养。深化能源数字化智能化领域产教融合，支持企业与院校围绕重点发展方向和关键技术共建产业学院、联合实验室、实习基地等。依托重大能源工程、能源创新平台，加速能源数字化智能化中青年骨干人才培养，加速培育一批具备能源技术与数字技术融合知识技能的跨界复合型人才。鼓励将能源数字化智能化人才纳入各类人才计划支持范围，优化人才评价及激励政策。促进交流引进，大力吸引能源数字化智能化领域海外高层次人才回国（来华）创业和从事教学科研等活动。

六、加大组织保障力度

（十九）强化组织实施。国家能源局牵头建立能源数字化智能化发展专项协调推进机制，会同有关部门分工协作解决重大问题，指导各地方完善相关配套政策机制。各地方能源主管部门要根据意见要求，建立健全工作机制，结合实际加快推动本地区能源数字化智能化发展。各相关企业要切实发挥创新主体作用，依托专业领域优势，做好各项要素保障。相关行业协（学）会、智库咨询机构要充分发挥沟通政府与服务企业的桥梁纽带作用，做好政策宣传解读，及时反映行业和企业诉求，为相关部门和企业提供信息服务、搭建沟通合作桥梁。

（二十）推动协同创新。依托国家能源科技创新体系，推动建设一批能源数字化智能化研发创新平台，积极探索"揭榜挂帅""赛马"等机制，围绕能源数字化智能化技术创新重点方向开展系统性研究，加快前沿和关键核心技术装备攻关，提升全产业链自主可控水平。充分发挥龙头企业牵引作用，鼓励民营企业和社会资本积极参与能源数字化智能化技术创新，支持由企业牵头联合科研机构、高校、金融机构、社会服务机构等共同发起建立能源数字化智能化创新联合体，大力推进产学研深度融合，鼓励开展国际合作，构建开放共享的创新生态圈，加速科技研发与科技成果应用的双向迭代。

（二十一）加大支持力度。国家明确的各类能源数字化智能化示范项目，各级能源主管部门要加大支持力度，优先纳入相关规划。将能源数字化智能化创新应用示范相关技术装备优先纳入能源领域首台（套）重大技术装备支持范围，享受相关优惠和支持政策，并在行业评优评奖方面予以倾斜。发挥财政资金的引导作用，落实好促进数字科技创新的投资、税收、金融、保险、知识产权等支持政策，用好科技创新再贷款和碳减排支持工具，鼓励金融机构创新产品和服务，加大对能源数字化智能化技术创新的资金支持力度，形成支持能源数字化智能化发展的长效机制。

国家能源局

2023 年 3 月 28 日

27 《支持北京深化国家服务业扩大开放综合示范区建设工作方案》（国函〔2023〕130 号）

北京市人民政府、商务部：

你们关于支持北京深化国家服务业扩大开放综合示范区建设的请示收悉。现批复如下：

一、原则同意《支持北京深化国家服务业扩大开放综合示范区建设工作方案》（以下简称《工作方案》），请认真组织实施。

二、《工作方案》实施要以习近平新时代中国特色社会主义思想为指导，全面贯彻落实党的二十大精神，按照党中央、国务院决策部署，坚持稳中求进工作总基调，完整、准确、全面贯彻新发展理念，构建新发展格局，推动高质量发展，更好统筹国内国际两个大局，推动发展和安全深度融合，充分发挥我国超大市场优势，提升服务领域贸易投资合作质量和水平，稳步扩大规则、规制、管理、标准等制度型开放，开展对接国际高标准经贸规则先行先试，为推进高水平对外开放、全面建设社会主义现代化国家作出贡献。

三、北京市人民政府要立足首都城市战略定位，服务国家重大战略，加强对《工作方案》实施的组织领导，在风险可控的前提下，精心组织，大胆实践，深化国家服务业扩大开放综合示范区建设，在努力构建高标准服务业开放制度体系、建设现代化产业体系等方面取得更多可复制可推广的经验，更好为全国服务业开放创新发展发挥引领作用。

四、国务院有关部门要按照职责分工，积极支持北京深化国家服务业扩大开放综合示范区建设。商务部要会同有关部门加强指导和协调推进，组织开展督促和评估工作，确保《工作方案》各项改革开放措施落实到位。

五、需要暂时调整实施相关行政法规、国务院文件和经国务院批准的部门规章的部分规定的，按规定程序办理。国务院有关部门要根据《工作方案》相应调整本部门制定的规章和规范性文件。《工作方案》实施中的重大问题，北京市人民政府、商务部要及时向党中央、国务院请示报告。

国务院

2023 年 11 月 18 日

支持北京深化国家服务业扩大开放综合示范区建设工作方案

为贯彻落实党中央、国务院关于支持北京深化国家服务业扩大开放综合示范区(以下简称综合示范区)建设的决策部署，促进服务业高水平开放、高质量发展，特制定本工作方案。

一、总体要求

(一)指导思想

以习近平新时代中国特色社会主义思想为指导，全面贯彻落实党的二十大精神，坚持稳中求进工作总基调，完整、准确、全面贯彻新发展理念，构建新发展格局，推动高质量发展，更好统筹国内国际两个大局，推动发展和安全深度融合，充分发挥我国超大市场优势，立足首都城市战略定位，深化综合示范区建设，更好发挥对全国服务业开放创新发展的引领作用，提升服务领域贸易投资合作质量和水平，稳步扩大规则、规制、管理、标准等制度型开放，为推进高水平对外开放、全面建设社会主义现代化国家作出贡献。

（二）基本原则

坚持守正创新。坚持和加强党的全面领导，坚持社会主义市场经济改革方向，坚持高水平对外开放。围绕综合示范区建设目标任务，持续开展更大范围、更宽领域、更深层次服务业开放探索，激发市场活力和社会创造力，促进现代化建设成果更多更公平惠及全体人民，服务经济社会发展大局。

强化示范引领。聚焦制度创新，立足服务业开放创新发展实际，精准对接国际高标准经贸规则，加强服务领域规则建设，探索更多可复制可推广的经验，构建高标准服务业开放制度体系，更好发挥对全国服务业开放创新发展的引领作用。立足北京"四个中心"功能定位，加快要素合理流动和高效集聚，构建京津冀协同发展的高水平对外开放平台，打造全国高质量发展的新动力源，推动形成优势互补、高质量发展的区域经济布局。

深化系统集成。服务现代化产业体系建设，坚持系统思维和问题导向，统筹政策与服务、准入与准营、"边境上"与"边境后"、贸易投资与人才智力引进，推进服务业全产业链、全环节改革开放，优化产业发展整体生态。深化电信、健康医疗、金融、文化教育、专业服务等优势产业、重点行业改革开放，培育新兴业态，丰富应用场景，拓展发展路径，构建优质高效的服务业新体系，塑造国际合作和竞争新优势。

加强风险防控。牢固树立总体国家安全观，统筹发展和安全，着力构建高效协同的服务业监管体系、保障产业安全的风险防控体系。坚持先立后破，制定完善重点产业开放实施方案和监管措施，进一步完善文化、金融、生物、数据流动等重点领域的风险评估预警机制及管控处置机制，提升开放监管能力，增强风险防控能力，牢牢守住不发生系统性区域性风险底线。

二、主要任务

(一)推进服务业重点领域深化改革扩大开放

1. 电信服务领域。研究建设国家新型互联网交换中心。在北京取消信息服务业务(仅限应用商店，不含网络出版服务)、互联网接入服务业务(仅限为用户提供互联网接入服务)等增值电信业务外资股比限制，研究适时进一步扩大增值电信业务开放。

2. 健康医疗服务领域。支持符合条件的外籍及港澳台医生在京开设诊所。探索对干细胞与基因领域医药研发企业外籍及港澳台从业人员的股权激励方式。支持符合条件的医疗机构开展干细胞等临床试验。支持干细胞与基因研发国际合作。促进在京港澳企业人类遗传资源管理服务便利化。对在京注册企业在我国境内获得上市许可的创新药械(大型医用设备除外)，在指定医疗机构根据临床需求"随批随进"。支持在京建立临床急需进口药械审批绿色通道。推动真实世界数据在医疗技术领域研究中的应用。建立生物医药前沿领域多部门全流程协同监管体系。加快无疯牛病疫情禁令国家(地区)牛黄等牛源性中药材风险评估和检疫准入，服务中医药健康产业发展需求。依托全国统一医保信息平台电子处方中心开展处方流转。探索健康医疗数据共建共享新模式，进一步加强临床医疗数据标准化和院际开放互通。深化康复辅助器具产业国家综合创新试点，推广康复辅助器具社区租赁试点成果，支持康复辅助器具研发运用对外合作，推动康复辅助器具产业发展。搭建中医药国际综合服务平台，建设中医药线上交易平台，支持企业开拓国际市场。以我国加入药品检查合作计划(PIC/S)等为契机，推动有条件的企业高质量参与共建"一带一路"等国际合作，助力创新药品"走出去"。

3. 金融服务领域。对境外金融机构、境外金融机构的投资者、跨境金融服务提供者提交的要件完整且符合法定形式的金融业务相关申请，金融管理部门按照内外一致原则，在收到申请后 120 天内作出决定并及时通知申请人，如不能如期作出决定，应立即通知申请人并争取在合理期限内作出决定。探索支持保险资产管理公司在账户独立、风险隔离的前提下，向境外发行合理规模的人民币计价的资产管理产品。支持创业投资、股权投资机构与各类金融机构开展市场化合作，依法依规为被投资企业提供融资服务。在风险可控的前提下，探索建立不动产、股权等作为信托财产的信托财产登记机制。

4. 文化教育服务领域。研究延续支持文化体制改革和文化企业发展的税收政策。落实支持中国文物回流相关税收政策。支持视听节目服务机构引进优秀境外影视作品，优化和规范对重点网络视听平台的管理与服务。将外商投资设立演出场所、娱乐场所、互联网上网服务场所的审批权下放至区级。支持外商独资设立经营性职业技能培训机构。强化多部门、跨区域会商评估，强化正向引导，构建完善文化领域全流程闭环管理和综合治理体系。

5. 专业服务领域。允许境外符合条件的个人从事证券投资咨询、期货交易咨询业务。动态完善境外职业资格证书认可清单，健全配套支持政策。依法依规探索推进京港澳专业服务机构共建合作，建立港澳专业人士来京对接服务机制。引进高品质国际会展，积极申办国际组织年会和会展活动，打造一批有国际影响力的会展品牌，建设国际会展之都。

（二）探索新兴业态规则规范

6. 推动构建数字经济国际规则。支持北京建设国际信息产业和数字贸易港，加强数字领域国际合作，推动相关国际规则制定，争取在数据跨境传输、数字产品安全检测与认证、数据服务市场安全有序开放等方面实现互惠互利、合作共赢。试点推动电子签名证书跨境互认和电子合同跨境认可机制，推广电子签名互认证书在公共服务、金融、商贸等领域应用。支持北京参与制定数字经济领域标准规范，探索人工智能治理标准研究与规则建设，参与相关国际、国家、行业标准制定。深入推广数据安全管理认证等安全保护认证制度。利用中国国际服务贸易交易会、中关村论坛、金融街论坛、全球数字经济大会等平台，支持北京加强与《数字经济伙伴关系协定》(DEPA)成员方在数字身份、数字包容性、网络安全、金融科技、物流等方面的合作和交流。

7. 推动数据资源开发利用。支持北京积极创建数据基础制度先行区，推动建立健全数据产权制度、数据要素流通和交易制度、数据要素收益分配制度、数据要素治理制度。壮大北京国际数据交易联盟，健全交易标准和市场运营体系，推进数据托管服务试点。推动完善数据权属登记和数据资产评估机制，探索将数据资产纳入资产管理体系。制定数据交易标准合同指引，出台数据交易负面清单和谨慎清单。加大公共数据开放力度，完善第三方多元主体开发利用数据机制，探索建设安全可信的数据共享空间，鼓励多方公共数据导入和融合应用。扩大面向北京市具备数据加工处理和分析能力的经营主体范围，免费提供知识产权标准化数据，降低数据再加工成本，助力建设世界一流知识产权数据库。在国家数据跨境传输安全管理制度框架下，开展数据出境安全评估、个人信息出境标准合同备案、个人信息保护认证工作，探索形成既能便利数据流动又能保障安全的机制。推动建设数据跨境服务中心与技术服务平台，探索提供安全治理、监测审计、体系认证等全链条第三方服务。支持设立跨国机构数据流通服务窗口，以合规服务方式优先实现集团内数据安全合规跨境传输。探索制定自动驾驶、生物基因等行业数据分类分级指南和重要数据目录，以重点领域企业数据出境需求为牵引，明确重要数据识别认定标准，做好数据安全保护支撑。深化运用金融科技创新监管工具，充分发挥数字技术和数据要素作用，提升金融科技守正创新能力和惠民利企水平。聚焦自动驾驶、数据交易等业务场景开展全链条"沙盒监管"和包容创新运用。

8. 优化金融服务模式和管理手段。鼓励金融机构支持在北京证券交易所

(北交所)、全国中小企业股份转让系统(新三板)上市的中小企业发展,探索完善普惠金融政策业务考核体系,进一步优化中小企业融资环境。支持商业银行等金融机构结合创新型中小企业特点优化金融产品和服务,围绕企业科技研发、技术引进、投资并购等关键环节开发信贷、担保、供应链金融等专项业务,适度放宽对北交所上市企业贷款融资的担保要求。研究并适时推出交易型开放式指数基金(ETF)。积极推进北交所对外开放工作。鼓励证券公司、专业服务机构依托北交所、新三板开展业务,参与服务中小企业全生命周期发展。在风险可控的前提下,支持境外保险公司直接发起设立保险资产管理公司在京落地。规范发展金融科技,探索优化金融机构在京设立金融科技公司流程,加快金融科技企业落地效率。支持在京探索数字人民币在税费征缴等公共事业领域的应用。鼓励创业投资、股权投资机构发起设立供应链金融领域投资基金。优化创业投资机构的设立和资金退出机制。依法依规支持北京区域性股权市场发挥认股权综合服务功能,面向私募基金等探索开发认股权相关产品等。支持符合条件的消费金融、金融租赁公司发行金融债券。允许真实合规、与外国投资者投资相关的所有资金依法依规自由汇入、汇出且无迟延。推动北京大数据平台与金融城域网、金融综合服务网数据共享和业务联动,扩大政府部门与金融机构数据共享、系统互联互通覆盖面。

9. 促进金融服务绿色低碳循环经济发展。培育和丰富绿色金融体系。支持国内外绿色金融标准认证及评级机构在京发展。支持北京绿色交易所建设全国统一的温室气体自愿减排交易中心,逐步丰富交易产品种类。完善企业碳账户体系,优化与碳排放量挂钩的环境权益价格发现机制。推动有条件的金融机构不断提高环境信息披露水平。完善统计、信用体系,支持、推动绿色金融发展。推动绿色金融标准制定和执行,探索开展与国际接轨的绿色债券评级等标准应用,鼓励信用评级机构开展绿色债券评级服务。支持符合条件的金融机构和企业赴境外发行绿色债券。提升绿色信贷、绿色保险等绿色金融专业服务能力。推动包括温室气体自愿减排交易在内的各类绿色资产交易。支持北京探索环境、社会和治理(ESG)评价标准制定工作,支持企业自愿遵循环境领域与国际通行标准和指南相一致的企业社会责任原则。

（三）优化贸易投资制度安排

10. 探索与服务贸易创新发展相适应的规则体系。梳理调整与外商投资准入等负面清单不相适应的地方性法规。积极组织相关单位开展国家级服务业标准化试点,及时总结标准化创新实践成果,制定与国际接轨的服务业国家标准。在跨境服务贸易中,探索引入服务贸易代理、境外公司主动申报税款缴纳等新模式,提升服务贸易跨境资金结算便利化水平。

11. 持续降低贸易成本和壁垒。支持北京建立贸易监管便利化工作联席会议机制。海关预裁定申请人在预裁定所依据的法律、事实和情况未发生改变的情况下,可向海关提出预裁定展期申请,海关在裁定有效期届满前从速作出决定。除出于人体健康或安全考虑外,对仅颜色深浅不同或香味存在差异的进口普通化妆品不作重新测试或重新评估。探索通过国际贸易"单一窗口"与主要贸易伙伴国开展互联互通和信息共享,推动贸易单证电子化传输。拓展国际贸易"单一窗口"特色功能,增设服务贸易板块。支持北京和 DEPA 成员方在无纸贸易方面试点开展合作。支持拓展与欧美等地客货运航线。支持开展民营企业低轨卫星出口业务试点。

12. 优化跨境贸易监管服务模式。允许符合条件的企业代理进口经安全风险评估的细胞与基因治疗产品和临床急需药品。支持在北京天竺综合保税区建立罕见病药品保障先行区,探索进口未在国内注册上市的罕见病药品,由特定医疗机构指导药品使用。试点实施部分再制造产品按新品进口监管。探索对在京注册、通过海关高级认证且为高新技术企业进口自用的,列入海关法定检验的设备和料件(动植物及其产品、卫生检疫特殊物品等涉及检疫的货物,成套设备、旧机电、医疗器械、特种设备等质量安全风险较高的货物除外),试行采用"合格保证+符合性验证"的检验监管模式。支持合规制度运行良好的企业对特定两用物项申请通用许可，实现一次办理、一年内多批次进出口。对允许列入跨境电商零售进口商品清单的中国国际服务贸易交易会进境展览品（药品除外），在展览结束后进入海关特殊监管区域或保税物流中心（B 型）的，符合条件的可按照跨境电商网购保税零售进口商品模式销售。推进北京双枢纽空港综合服务平台建设，推动与津冀货运平台系统对接，实现跨境贸易全链条数据共享，深化数字口岸建设。

13. 提升资金跨境流动便利度。探索优化资本项目下负面清单管理模式，缩减企业资本项目收入使用负面清单。探索优化合格境内有限合伙人（QDLP）与合格境外有限合伙人（QFLP）试点企业余额管理模式，简化外汇登记手续。推进外债登记管理方式改革，探索由银行办理非金融企业外债登记。推进跨境融资便利化试点。深化本外币合一银行结算账户体系试点，持续扩大参与银行范围。扩大跨国公司本外币一体化资金池业务试点，探索优化额度管理，提升资金池效能。支持区内企业进口支付的人民币在境外直接购汇后支付给境外出口商。探索扩大以境外机构境内结算账户（人民币 NRA 账户）发放境外人民币贷款和开展境内证券投资业务的适用范围。允许银行向境外机构发放贸易融资贷款，以境外机构境内外汇账户（外汇 NRA 账户）、离岸账户（OSA 账户）等接收。研究外商投资企业再投资免于外汇登记。提升资本金账户便利度，允许使用电子快捷方式开展收支业务。创新发展新型离岸国际贸易，鼓励银行探索优化业务真实性审核方式，提高诚信合规企业贸易结算便利化水平。

14. 支持企业"走出去"。支持"一带一路"联合实验室建设，打造国家对外科技合作创新高级别平台。支持在京建设数字丝绸之路经济合作试验区。支持在京成立绿色丝绸之路建设专业组织。鼓励北京进出口环境产品和服务，开展与环境产品和服务相关的双边及多边合作项目。继续实施"一带一路"卫生健康国际合作项目和世界卫生组织合作中心品牌项目。完善企业"走出去"综合服务，推动对外投资电子证照应用推广，优化京企"走出去"综合服务平台，设立投资促进站点，加快培育世界一流的境外投资专业机构。

（四）完善公共服务政策环境

15. 推进政府职能转变。加快数字政府建设，在重点园区率先实现高频政务服务事项 100% 全程网办，新业态、新模式涉及的行政许可事项办理"最多跑一次"。在已制定强制性标准等领域，探索涉企经营许可事项实行审批改备案、告知承诺制。打造外商投资一站式服务体系，探索制定重点领域投资指引，为高频事项提供综合服务和办事指南。促进更多电商平台便捷利用专利权评价报告。推进公平竞争审查全覆盖，加强反垄断与反不正当竞争执法，支持北京积极参加市场监管总局与境外竞争执法机构开展的交流合作。

16. 建设创新成果转化运用体系。支持成立科技类国际标准组织和产业联盟组织。搭建检验检测公共服务平台。支持设立北京文化创意版权服务机构，探索创新作品创作过程版权保护，优化版权登记服务。开辟创新药发明专利保密审查绿色通道。发挥国家级知识产权保护中心作用，为创新主体提供知识产权保护一站式综合服务。研究探索在重点前沿科技领域建立专利池市场化运营机制。发挥国家级运营服务平台作用，完善专利开放许可运行机制，打造综合性知识产权运营服务枢纽平台。构建银行、保险公司、担保公司、专业服务机构共同参与的知识产权评估机制。探索优化完善知识产权融资模式，深化知识产权保险服务体系建设，鼓励保险机构拓展海外知识产权保险等服务。优化著作权及专利权质押登记流程，简化企业融资手续。优化技术出口中涉及的知识产权对外转让审查制度。建立完善知识产权公共服务区域协同工作机制，推进京津冀知识产权公共服务一体化。对于进口、分销、销售或使用大众市场软件（不包括用于关键信息基础设施的软件）及含有该软件产品的，有关部门及其工作人员不得将转让或获取企业、个人所拥有的相关软件源代码作为条件要求。

17. 创新人才全流程服务管理模式。便利引进人才签证办理，为短期来华科研等提供签证便利。为持有居留许可的外籍专家入出境提供通关便利。允许在京外商投资企业内部调动专家的随行家属享有与该专家相同的停居留期限。

对拟在京筹建分公司或子公司的外国企业相关高级管理人员，签发 2 年以内有效的签证或居留许可，且允许随行家属享有与其相同的停居留期限。在全市范围推广外国人工作许可、工作类居留许可"一口受理、并联审批"。持有效签证或居留许可拟在京工作的外籍高端人才可在境内直接办理工作许可。支持在京高等学校国际学生按有关规定勤工助学。探索建设外籍人才办事"单一窗口"，推动跨部门一站式办理、跨地区信息互通互认。推动在京成立国际人才合作组织。优化在京外籍人才薪资收入汇出业务办理模式。

18. 构建公平透明的政府采购营商环境。通过需求调查或前期设计咨询能够确定详细规格和具体要求、无需与供应商协商谈判的政府采购项目，应当采用招标方式采购。采购人如采用单一来源方式进行政府采购，在公告成交结果时应说明采用该方式的理由。便利中小企业参加政府采购，中国政府采购网北京分网作为单一电子门户提供包括中小企业认定事项在内的中小企业参与政府采购的全部信息，尽可能向中小企业免费提供招标文件，并通过电子方式或其他新型信息通信技术开展采购。采购人在制定、采用或适用技术规格时，可以促进自然资源保护或环境保护为目的。如供应商对采购人采购行为提出质疑，鼓励采购人与供应商通过磋商解决质疑；采购人应对相关质疑给予公正和及时考虑，且不损害该供应商参加正在进行的或未来进行的采购以及投诉或寻求法律救济的权利，并将有关信息向社会公开。建立健全涉及政府采购投诉解决前的快速临时措施，以保护提出投诉的供应商参加采购的机会，并确保采购人遵守政府采购规定。如采取临时措施对包括公共利益在内的有关利益产生重大不利后果，则可不采取行动；不采取行动的合理理由应当以书面形式提供。

（五）强化权益保护机制

19. 打造一流国际商事纠纷解决优选地。打造面向全球的国际商事仲裁中心。坚持高标准建设北京国际商事法庭，坚持高水平运行北京国际商事纠纷一站式多元解纷中心，打造国际商事纠纷多元解决机制的北京样板。完善域外法查明平台，明确涉外纠纷法律适用规则指引。支持国内外商事仲裁机构、商事调解组织等在京发展。支持国际商事争端预防与解决组织做大做强。研究探索授权仲裁庭作出临时措施决定并由法院依法执行的制度。推进仲裁机构体制机制改革，优化法人治理结构，探索专业领域仲裁规则。支持仲裁机构人才队伍国际化建设，给予仲裁机构聘请的外籍工作人员签证便利。建立完善涉外律师人才库。

20. 完善争议解决机制。探索制定临时仲裁庭仲裁涉外纠纷的规则。在当事人自愿的前提下，建立涉外商事案件专业调解前置机制。鼓励外籍及港澳台调解员参与涉外纠纷解决。支持仲裁机构与法院、行业管理部门合作，建立专业领域仲裁案件专家咨询、信息通报以及资源共享机制。强化诉讼与仲裁、调解、公证、行政复议、行政裁决等非诉讼方式有机衔接。

21. 优化知识产权保护体系。探索建立分级分类的数据知识产权保护模式，探索开展数据知识产权工作试点。积极参与并推动标准必要专利国际知识产权规则研究与完善。开展地理标志专用标志使用核准改革试点。依法保护国外地理标志的意译、音译或字译，并适用法定救济程序。加强对遗传资源的专利保护，试点实施生物遗传资源获取和惠益分享制度及跨部门信息共享制度。建立跨区域、跨部门知识产权联合执法协调机制，促进知识产权行政保护和司法保护有效衔接，健全联合惩戒机制。优化知识产权司法资源配置，加大案件繁简分流、诉调对接、在线诉讼等工作力度。对经营主体提出的知识产权相关救济请求，在申请人提供可合理获得的证据并初步证明其权利正在受到侵害或即将受到侵害后，依照有关法律及时采取相关措施。积极参与知识产权信息国际交流，与国家知识产权保护信息平台实现数据共享和业务协同。完善海外知识产权重大事件快速响应和纠纷信息通报研判机制，加强知识产权风险预警和纠纷应对指导服务。

（六）健全风险防控体系

22. 建设风险防控协同监管体系。深入贯彻外商投资法及其实施条例，落实好外商投资安全审查、出口管制、网络安全审查、文化产品进口内容审查、反垄断审查等各项管理措施，强化风险防范化解，细化防控举措，建立完善与高标准经贸规则相匹配的风险防控体系。加强事前事中事后监管，完善监管规则，创新监管方式，加强协同监管，健全权责明确、公平公正、公开透明、简约高效的监管体系，统筹推进市场监管、质量监管、安全监管、金融监管等。支持北京依法依规归集有关领域公共数据和部门管理数据，探索建立外商投资信息共享机制，依托信息技术创新风险研判和防控手段，不断增强风险处置能力。

23. 加强重点领域风险防范。完善文化领域安全管理机制，建立健全常态化风险防控机制，准确把握风险挑战，加强风险研判和安全预警，推进联合巡查，加强执法检查，持续深入开展文化领域风险排查，精准防控风险隐患，筑牢文化安全底线。健全金融风险防控机制，依法将各类金融活动全部纳入监管，加快建立具有中国特色的监管体系，形成金融风险预警预防和化解工作合力。坚持金融业务持牌经营和同类业务同等监管要求，加强对非法金融活动的治理，保障金融有序竞争，保护金融消费者权益。落实属地监管职责，完善金融风险应急预案，探索运用现代信息技术手段防范化解风险，逐步建立风险准备金、投资者保护基金等风险缓释制度安排，强化地方金融机构风险处置和退出机制。压实政府部门、金融机构、金融机构股东和实际控制人等各方责任，加强属地和监管部门工作协同，推进金融领域管理信息共享、监管协作和跨境风险处置合作。加强生物安全管理，防范生物安全风险，加强人类遗传资源安全与生物资源安全联防联控，强化对人类遗传资源和生物资源采集、保藏、利用、对外提供等活动的监管，提升生物技术研究和开发应用活动的风险防控和应急预警能力。深化健康医疗安全监管，深入推进监管技术手段创新，充分运用信息技术，提升风险防御、预警、处置能力，加强日常监督检查、动态监督监测。属地监管部门全面落实全过程管理要求，健全完善药品和医疗器械全过程追溯体系，实现药品和医疗器械来源可溯、去向可追、风险可控、责任可究。完善企业境外安全和权益保护联动工作机制。建立数据安全监管体系，建立健全数据安全风险评估、报告、信息共享、监测预警、应急处置机制。

三、组织实施

坚持和加强党对国家服务业扩大开放综合示范区建设的全面领导，加强与国际科技创新中心建设、全球数字经济标杆城市建设、国家高水平人才高地建设联动，助力国际消费中心城市建设，服务京津冀协同发展，促进营商环境优化。国务院批准的北京市服务业扩大开放综合试点、建设国家服务业扩大开放综合示范区的系列工作方案等各项政策措施继续实施，遇有与本工作方案规定不一致的，依照本工作方案规定执行。

北京市人民政府要根据本工作方案确定的目标任务，进一步完善工作机制，加强人才培养和高素质专业化管理队伍建设，构建精简高效、权责明晰的综合示范区管理体制，扎实推进各项措施落实；要建立完善制度创新机制，鼓励大胆试、大胆闯；要加强安全评估和风险防范，提升重大突发事件应对水平；对相关产业开放、审批权下放事项，要制定实施方案、明确监管措施，实现相关工作有序推进。商务部要加强统筹协调，组织开展成效评估工作，指导落实试点任务，支持北京总结成熟经验并及时组织推广。国务院有关部门要按职责分工，给予积极支持，形成工作合力，确保各项改革开放措施落实到位。需要暂时调整实施有关行政法规、国务院文件和经国务院批准的部门规章的部分规定的，按规定程序办理。涉及港澳服务及服务提供者的单独政策优惠措施纳入内地与香港、澳门关于建立更紧密经贸关系的安排（CEPA）框架下实施。对深化综合示范区建设中出现的新情况、新问题，北京市人民政府和商务部要及时进行梳理和研究，不断调整优化措施，重大事项及时向党中央、国务院请示报告。

28　《全面对接国际高标准经贸规则推进中国(上海)自由贸易试验区高水平制度型开放总体方案》(国发〔2023〕23 号)

各省、自治区、直辖市人民政府,国务院各部委、各直属机构:

现将《全面对接国际高标准经贸规则推进中国(上海)自由贸易试验区高水平制度型开放总体方案》印发给你们,请认真贯彻执行。

国务院

2023 年 11 月 26 日

(本文有删减)

全面对接国际高标准经贸规则推进中国(上海)
自由贸易试验区高水平制度型开放总体方案

支持中国(上海)自由贸易试验区(含临港新片区,以下简称上海自贸试验区)对接国际高标准经贸规则,推进高水平制度型开放,是新时代全面深化改革和扩大开放的重要举措。为全面实施自由贸易试验区提升战略,更好发挥上海自贸试验区先行先试作用,打造国家制度型开放示范区,制定本方案。

一、总体要求

以习近平新时代中国特色社会主义思想为指导,全面贯彻落实党的二十大精神,贯彻落实总体国家安全观,坚持稳中求进工作总基调,完整、准确、全面贯彻新发展理念,构建新发展格局,推动高质量发展,更好统筹国内国际两个大局,统筹发展和安全,全面对接国际高标准经贸规则,稳步扩大规则、规制、管理、标准等制度型开放,在上海自贸试验区规划范围内,率先构建与高标准经贸规则相衔接的制度体系和监管模式,为全面深化改革和扩大开放探索新路径、积累新经验。

二、加快服务贸易扩大开放

（一）金融服务

1. 鼓励金融机构和支付服务提供者率先推出电子支付系统国际先进标准，开展数字身份跨境认证与电子识别。支持依法依规引进境外电子支付机构。电子支付监管机构应及时公开电子支付相关法律法规。

2. 在国家数据跨境传输安全管理制度框架下，允许金融机构向境外传输日常经营所需的数据。涉及金融数据出境的，监管部门可基于国家安全和审慎原则采取监管措施，同时保证重要数据和个人信息安全。

3. 深化金融科技国际合作，便利金融机构开展跨境资产管理，为境外设立的基金产品提供境内投资管理、估值核算等服务。有序推进数字人民币试点，探索数字人民币在贸易领域的应用场景。在风险可控前提下，审慎探索在临港新片区内放宽非居民并购贷款限制，扩大贷款适用场景，支持本地金融监管机构在充分总结个案试点经验和全面评估风险管理情况基础上研究制定业务指引。

4. 优化跨国公司跨境资金集中运营管理政策，支持跨国公司设立资金管理中心，完善资金池安排。在临港新片区内建设再保险国际板。支持保险资金依托上海自贸试验区内有关交易所试点投资黄金等大宗商品。

5. 提升自由贸易账户系统功能，优化账户规则，实现资金在上海自贸试验区与境外间依法有序自由流动。

6. 研究符合条件的资产管理公司(不含金融资产管理公司、基金管理公司、地方资产管理公司)开展资产支持证券跨境转让业务，探索融资租赁资产跨境转让并试点以人民币结算。支持商业保理公司在符合进出口与收付汇一致性要求前提下，办理基于真实国际贸易背景的商业保理业务。

(二)电信服务

7. 基础电信企业在不影响质量和可靠性前提下，提供合理和非歧视待遇，依法依规及时提供移动电话号码(非物联网号码)携号转网服务，并不断提高服务质量。

8. 在遵守法律法规和行业管理要求前提下，基础电信企业进一步完善移动通信转售业务服务体系，合理确定费率，且不设置歧视性条件。

三、提升货物贸易自由化便利化水平

(一)特定货物进口

9. 对符合条件的自境外暂时准许进入上海自贸试验区海关特殊监管区域内进行修理的货物实施保税，复运出境的免征关税，不复运出境、转为内销的须照章征收关税。

10. 在上海自贸试验区进口葡萄酒和蒸馏酒，且境内代理商注册地在区内的，贸易商可免于在容器、标签、包装上标示商标或商品名的中文译文以及有效日期、保质期、最迟销售日期。若由于包装、容器问题或易腐成分添加导致上述日期比消费者预期更短，贸易商应作标示。

11. 在上海自贸试验区进口医疗器械，且境外注册人或备案人指定的境内代理人住所在区内的，境内代理人可在医疗器械质量管理体系有效管控下，于销售或供应前在海关特殊监管区域内按规定粘贴中文标签或副标签。粘贴中文标签或副标签应向属地药品监管部门报告，并接受属地药品监管部门监督。海关、属地药品监管部门建立工作配合机制，共享上述粘贴中文标签或副标签进口医疗器械的信息，海关在进口环节根据属地药品监管部门提供的信息做好通关及检验监管。

（二）商用密码产品管理

12. 除列入商用密码进口许可清单的外，对不涉及国家安全、社会公共利益的商用密码产品进口，不采取限制措施。

13. 除涉及国家安全、社会公共利益外，对制造、出售、分销、进口或使用商用密码产品的，不强制制定或实施技术法规及合格评定程序以获取专有密码信息、要求与境内企业合伙或使用特定密码算法等。

14. 加快推进商用密码检测认证体系建设，鼓励积极采信商用密码检测认证结果。涉及国家安全、国计民生、社会公共利益的商用密码产品，应由具备资格的商用密码检测、认证机构检测认证合格后，方可销售或提供。

（三）通关便利化

15. 优化国际中转集拼平台运作模式，吸引全球拼箱企业在洋山特殊综合保税区内设立拼箱中心，允许开展出口拼箱、国际中转拆拼箱等多业态同场作业。对由境外启运，经洋山特殊综合保税区换装、分拆、集拼，再运往其他国家或地区的中转货物不检验(法律法规等另有规定的除外)。

16. 对在上海自贸试验区进口的货物，允许境外出口商或生产商通过其在区内的代理人向属地海关申请预裁定。

17. 对在境外实施符合要求检疫处理后的特定品类进口货物，简化境内检疫措施。

18. 支持境外利益相关方依法平等参与上海自贸试验区相关标准制修订。除依法需保密的外，上海自贸试验区在制定地方性法规和规章时，应将草案及其说明等向社会征求意见，期限一般不少于 60 日，鼓励重要文件同时提供外文版供参考。

19. 在确保数据安全前提下，支持上海国际贸易"单一窗口"建设数据跨境交换系统；采用国际公认标准及可获得的开放标准，加强系统兼容性和交互操作性；通过国际合作，分享数据交换系统开发和管理领域的信息、经验和最佳实践，共同开发数据交换系统试点项目。

20. 鼓励物流企业优化创新"最后一公里"配送解决方案。试点在洋山港建设自动化驾驶智能测试专用道。

21. 试点在洋山特殊综合保税区开展区港一体化管理，允许在口岸区域开展物流和加工，取消货物堆存期限限制。在符合监管条件前提下，经外高桥港区、浦东国际机场等上海其他口岸进出洋山特殊综合保税区的货物，试点适用海关一线径予放行政策。

（四）海关监管执法

22. 对有关经营主体依法依规向海关提交的秘密信息（包括一旦披露可能损害信息提供者竞争地位的信息），上海自贸试验区应设置相关程序防止其未经经营主体授权被披露。

23. 对进出口的涉嫌侵权假冒货物，海关依职权采取边境措施。对发现的过境涉嫌侵权假冒货物，海关可将货物相关信息通报给货物目的国海关。

四、率先实施高标准数字贸易规则

（一）数据跨境流动

24. 企业和个人因业务需要确需向境外提供数据，且符合国家数据跨境传输安全管理要求的，可以向境外提供。

25. 按照数据分类分级保护制度，支持上海自贸试验区率先制定重要数据目录。指导数据处理者开展数据出境风险自评估，探索建立合法安全便利的数据跨境流动机制，提升数据跨境流动便利性。

26. 在遵守网络管理制度前提下，消费者可使用不对网络造成损害的终端设备接入互联网和使用网上可获得的服务与应用。

27. 实施数据安全管理认证制度，引导企业通过认证提升数据安全管理能力和水平，形成符合个人信息保护要求的标准或最佳实践。

（二）数字技术应用

28. 支持上海自贸试验区参考联合国国际贸易法委员会电子可转让记录示范法，推动电子提单、电子仓单等电子票据应用。

29. 加强全面数字化的电子发票管理，增强电子发票跨境交互性，鼓励分享最佳实践，开展国际合作。支持电子发票相关基础设施建设，支持对企业开展电子发票国际标准应用能力培训。

30. 支持上海自贸试验区研究完善与国际接轨的数字身份认证制度，开展数字身份互认试点，并就政策法规、技术工具、保障标准、最佳实践等开展国际合作。

31. 借鉴国际经验，研究建立人工智能技术的伦理道德和治理框架。支持设立人工智能伦理专家咨询机构。制定人工智能伦理规范指南，发布企业人工智能伦理安全治理制度示范案例。

32. 支持可信、安全和负责任地使用人工智能技术。优化"人工智能+医疗器械"应用审评审批程序，对进入创新医疗器械特别审查程序的人工智能辅助诊断医疗器械加快审评审批。完善外资企业参与创新药物研发等领域人工智能创新合作的方式及要求。在保障安全前提下，探索开展高度自动驾驶车辆在高速公路和高架道路上测试及示范应用，加快推动智能网联汽车商业化应用。深入开展智能网联汽车高精度地图应用试点。

（三）数据开放共享和治理

33. 建立健全数据共享机制，支持企业依法依规共享数据，促进大数据创新应用。支持建设国际开源促进机构，参与全球开源生态建设。支持探索开展数据交易服务，建设以交易链为核心的数据交易和流通关键基础设施，创建数据要素流通创新平台，制定数据、软件资产登记凭证标准和规则。

34. 扩大政府数据开放范围，明确获取和使用公开数据方式，发布开放数据集目录。探索开展公共数据开发利用，鼓励开发以数据集为基础的产品和服务。

35. 举办数字中小企业对话会，促进中小企业合作与数字化发展。支持中小企业利用相关平台、数字工具等参与政府采购。

36. 推动境内外机构开展合作，搭建中小企业参与数字经济信息交流平台。支持开展数字包容性国际合作，分享数字经济可持续发展成果和最佳实践。

37. 加强对非应邀商业电子信息的监管，强化监管技术应用和国际合作。

38. 健全数字经济公平竞争常态化监管制度，发布数字市场竞争政策和最佳实践，促进竞争政策信息和经验国际交流，开展政策制定和执法能力建设培训。

五、加强知识产权保护

(一)商标与地理标志

39. 上海自贸试验区内经营主体提出商标注册申请时，主管部门应在商标注册公告和初步审定公告中标明货物或服务名称，并根据尼斯分类进行分组。

40. 充分公开国外地理标志(含意译、音译或字译)在中国获得保护的法律手段，明确异议处理及注销相关规定。

41. 通过规范以下行为，对地理标志产品实施高水平保护：使用地理标志指示产品源自非其真正产地的某一地理区域；指示并非来自该产地的某一相同或近似产品；指示不符合受保护名称产品规范的某一相同或近似产品。

(二)专利

42. 专利行政部门对发明专利申请满18个月未作出审查决定的，应当公布专利申请信息。对经初步审查不符合相关要求或还需进一步审查的，应说明原因。专利行政部门可依申请提早公布申请结果。

43. 对已获准在中国境内上市销售的新农用化学品的未披露实验等数据实施保护。即使该化学品在境内的另一专利保护期先行届满，仍应继续按该数据的保护期给予保护。

（三）行政监管和司法保护

44. 加大行政执法监管力度和对权利人的司法保护力度，规范具有商业规模、故意使用以下标签或包装的行为：未经授权在标签或包装上使用与已在中国境内注册商标相同或无法区别的商标；意图在商业交易过程中将标签或包装用于商品或服务，且该商品或服务与已在中国境内注册商标的商品或服务相同。

45. 对以营利为目的，未经授权在电影院放映过程中对电影作品进行复制且对权利人造成重大损害的行为，加大行政执法监管力度和对权利人的司法保护力度。

46. 进一步完善商业秘密保护制度，为商业秘密权利人提供全面法律救济手段。对以下侵犯商业秘密且情节严重的行为，加大行政执法监管力度和对权利人的司法保护力度：未经授权获取计算机系统中的商业秘密；未经授权盗用、披露商业秘密（包括通过计算机系统实施上述行为）。

六、推进政府采购领域改革

（一）采购程序

47. 在上海自贸试验区内，国家机关、事业单位、团体组织和指定的其他采购实体，为了自身履职或提供公共服务需要，以合同方式取得货物、工程和服务，以及订立"建设—运营—移交"合同和公共工程特许合同，适用本方案相关规定(涉及国家安全和国家秘密的项目除外)。

48. 在上海自贸试验区进行的政府采购一般应实行公开竞争。对以下情形，可采用单一来源方式采购：无投标、无合格投标、无合格供应商或存在串通投标；只能由特定供应商提供；为保持技术一致性或避免重新采购，对原采购补充采购；有限试用或委托研发的首创性货物及服务；发生不可预见的紧急情况，不能从其他供应商处采购等。

49. 政府采购实行有限竞争时，采购人应发布包括采购人信息、采购说明、资格要求等充分信息的资格预审公告，邀请供应商提交资格预审申请文件。如采购人有意选择有限数量的合格供应商投标，需说明相应选择标准和数量限额。

50. 政府采购实施邀请招标时，采购人应提前发布相关信息。开展200万元以上的货物、服务采购或5000万元以上的工程采购，采用邀请招标方式的采购人应设定提交资格预审申请文件的最后日期，一般应自资格预审文件发出之日起不少于25日，紧急情况下不少于10日。

51. 政府采购实施招标时，采购人设定提交投标文件的最后日期，一般应自招标文件发出之日起不少于40日。符合特殊情形的，可以适当缩短期限，但不得少于10日。

(二)采购管理

52. 采购人编制政府采购预算时，应充分考虑以下因素：各类费用、佣金、利息等；选择性购买的价格；同一采购项下的所有合同。

53. 依法依规进行政府采购信息公开。尽可能免费向供应商提供招标文件，并鼓励以中英两种语言发布采购公告。

54. 采购人有证据证明有关供应商在参与政府采购活动前3年内，履行与采购人或与采购人存在管理关系单位的采购合同时，发生过重大实质性违约且未及时采取合理补救措施的，可以拒绝其参与采购活动，但应当在采购文件中载明。

55. 采购人在编制政府采购需求时可以设置关于环境保护以及信息保护的技术要求。采购标的存在国际标准的，采购人可根据实际情况采用国际标准。

56. 应未中标、成交供应商请求，采购人应向其答复未中标、成交的理由或中标、成交供应商的优势说明，答复内容不得涉及商业秘密。

57. 采购人、采购代理机构应妥善保存政府采购项目每项采购活动的采购文件、记录和报告，不得伪造、变造、隐匿或者销毁。采购相关文件应从采购结束之日起至少保存 15 年。

58. 提升政府采购电子化采购平台的数字技术应用水平，推动采购流程透明化、规范化和智能化，推进电子证照应用。

59. 政府采购应便于中小企业参与，鼓励通过电子化方式进行采购。根据采购的规模、设计和结构，可对中小企业实施合同分包。

（三）采购监督

60. 指定独立于采购人的审查主管机关，就供应商对政府采购活动提出的投诉进行审查。鼓励采购人和供应商通过磋商解决投诉。

61. 供应商认为政府采购文件、采购过程和中标结果、成交结果使自身权益受到损害的，可以在知道或应知道其权益受到损害之日起 10 日内，以书面方式向采购人提出质疑。

七、推动相关"边境后"管理制度改革

（一）国有企业改革

62. 深化国资监管机构职能转变，对国资监管机构持股的混合所有制企业、股权多元化的国有全资公司，实施有别于国有独资公司的管理新模式，规范股东履职程序，发挥好股东会作用。

63. 上海自贸试验区内指定专营企业购买、销售货物或服务时，应依照商业考虑进行决策。

64. 对在上海自贸试验区内提供公共产品和服务的企业，建立科学合理、稳定可靠的补偿机制。

65. 建立健全国有企业信息公开制度，持续完善、规范信息披露程序，加强对国有企业信息公开工作的分类指导，推动国有企业控股或参股上市公司提升治理运作的规范化水平。

（二）劳动者权益保护

66. 支持上海自贸试验区内企业率先创建和谐劳动关系，全面落实劳动合同、集体合同制度，依法依规保障劳动者劳动报酬、休息休假、劳动安全卫生、社会保险、职业技能培训等基本权益，建立劳动者工资集体协商和正常增长机制，加强劳动保护，改善劳动条件。强化工会劳动法律监督，开展劳动用工法治体检。

67. 依据相关法律法规规定，并参照国际劳工组织工商业劳动监察公约等要求，在上海自贸试验区配备劳动保障监察员，实施智慧监察，加大劳动保障监察执法力度。鼓励和支持开展国际劳工领域人才培养培训。

68. 推动完善相关地方性法规、政府规章，地方政府、有关部门和机构不得为促进贸易或投资而降低劳动者权益保护水平。

69. 健全协调劳动关系三方机制，日常受理劳动者、工会、企业等提出的相关意见；处理、接受有关领域公众书面意见，开展公众意见审议，酌情公开审议结果；积极培育基层劳动关系服务站点等，鼓励和支持社会力量参与劳动人事争议协商调解。

（三）环境保护

70. 出台生物多样性保护政策，支持上海自贸试验区加强对生物多样性的保护和可持续利用。

71. 支持开展绿色低碳领域国际合作、经验分享和能力建设。加快推进设立全国碳排放权交易机构。允许临港新片区内企业以加工贸易或保税物流方式开展以船供为目的的高低硫燃料油混兑调和业务，符合条件的仓储设施可以同时具备出口监管仓库和保税仓库功能。支持临港新片区加快氢能核心技术攻关与标准体系建设，允许依法依规建设制氢加氢一体站，开展滩涂小规模风电制氢，完善高压储氢系统。

72. 支持设立认证机构，开展绿色产品和生态产品认证，进行认证产品溯源，建立认证产品溯源机制。

73. 支持通过规范渔具渔法、减少捕捞时间、削减渔船数量、实施捕捞配额等措施，打击非法、不报告和不管制捕捞行为，以保护相关鱼类种群。

74. 鼓励环境产品和服务进出口，丰富绿色金融产品和服务体系，研究推广绿色债券以及环境、社会和治理（ESG）指数，推动开展环境产品和服务合作。

八、加强风险防控体系建设

75. 健全风险评估机制。及时跟踪试点进展，分析评估新情况新问题，根据风险程度，分别采取调整、暂缓或终止等处置措施。

76. 建立风险预警制度。以新技术为支撑提升监管效率，采用大数据分析技术判断识别风险，根据风险程度进行分类监管。

77. 加强金融风险防控。金融监管部门基于审慎原则采取合理措施，保护金融消费者合法权利，保障金融系统稳定运行。依法依规开展金融监管信息共享、监管协作和风险跨境处置合作。加强对跨境收支业务数据的采集、监测和运用。通过"沙盒监管"等监管机制创新，确保风险有效隔离。坚持金融业务持牌经营要求，通过风险提示、风控指标计算、信息报送等，加强相关风险监测和防范。

78. 加强监管互认与合作。借鉴国际通行惯例与规则，视情采信其他国家监管机构报告，研究启动监管互认机制，做好数据交换、结果互认、工作协同、执法互助。建立与境外网络安全机构合作机制，推动形成网络安全问题全球合作解决方案。

79. 强化安全审查机制。落实好外商投资准入负面清单，用好外商投资安全审查等机制。全面加强网络安全检查，落实关键信息基础设施防护责任。依法依规开展信息公开，进一步规范重要信息公开程序。

80. 推进全流程监管。完善监管规则，创新监管方法，健全权责明确、公平公正、公开透明、简约高效的监管体系，统筹推进市场监管、质量监管、安全监管、网络监管等，加强协同监管，堵塞监管漏洞。

上海市人民政府要强化主体责任，根据本方案确定的任务，进一步完善工作机制，扎实推进各项措施落实；要建立完善制度创新机制，鼓励大胆试、大胆闯；要用足用好浦东新区法规制定权，强化改革试点法治保障；要加强安全评估和风险防范，提升重大突发事件应对水平；要加快建设高水平专业化对外开放工作队伍，为打造国家制度型开放示范区提供有力支撑。国务院有关部门要按职责分工，给予积极支持，形成工作合力，确保各项措施落实到位。对确需制定具体意见、办法、细则、方案的，应在本方案印发之日起一年内完成，确保落地见效。商务部要加强统筹协调，组织开展成效评估，指导落实试点任务，支持上海总结成熟经验并及时复制推广。需调整现行法律或行政法规的，按法定程序办理。对本方案实施中出现的新情况、新问题，上海市人民政府和商务部要及时进行梳理和研究，不断调整优化措施，重大事项及时向党中央、国务院请示报告。

29　《数字经济促进共同富裕实施方案》（发改数据〔2023〕1770号）

各省、自治区、直辖市及计划单列市、新疆生产建设兵团发展改革委、数据局，中央网信办、教育部、工业和信息化部、民政部、人力资源社会保障部、农业农村部、商务部、文化和旅游部、国家卫生健康委、金融监管总局、广电总局：

为全面贯彻党的二十大精神，按照中央经济工作会议部署，推动数字技术和实体经济深度融合，不断做强做优做大我国数字经济，通过数字化手段促进解决发展不平衡不充分问题，推进全体人民共享数字时代发展红利，助力在高质量发展中实现共同富裕，我们研究制定了《数字经济促进共同富裕实施方案》。现印发给你们，请认真组织实施，加快推进各项任务。

国家发展改革委

国家数据局

2023 年 12 月 23 日

数字经济促进共同富裕实施方案

数字经济有利于加快生产要素高效流动、推动优质资源共享、推进基本公共服务均等化，是推动实现共同富裕的重要力量。为全面贯彻党的二十大精神，深入落实党中央、国务院决策部署，推动数字技术和实体经济深度融合，不断做强做优做大我国数字经济，通过数字化手段促进解决发展不平衡不充分问题，推进全体人民共享数字时代发展红利，助力在高质量发展中实现共同富裕，特制定本实施方案。

一、总体要求

（一）指导思想。以习近平新时代中国特色社会主义思想为指导，全面贯彻党的二十大精神，坚持把实现人民对美好生活的向往作为现代化建设的出发点和落脚点，发挥数字经济在助力实现共同富裕中的重要作用，推动数字技术赋能实体经济发展、优化社会分配机制、完善数字治理方式，不断缩小区域之间、城乡之间、群体之间、基本公共服务等方面差距，持续弥合"数字鸿沟"，创造普惠公平发展和竞争条件，促进公平与效率更加统一，推动数字红利惠及全民，着力促进全体人民共同富裕，推动高质量发展。

（二）发展目标。到 2025 年，数字经济促进共同富裕的政策举措不断完善，在促进解决区域、城乡、群体、基本公共服务差距上取得积极进展，数字基础设施建设布局更加普惠均衡，面向重点区域和中小企业的数字化转型工作进一步落地，数字经济东西部协作有序开展，数字乡村建设助力乡村振兴、城乡一体化发展取得积极成效，数字素养与技能、信息无障碍和新形态就业保障得到有效促进，数字化推动基本公共服务均等化水平进一步提升，数字经济在促进共同富裕方面的积极作用开始显现。

到 2030 年，数字经济促进共同富裕形成较为全面政策体系，在加速弥合区域、城乡、群体、基本公共服务等差距方面取得显著成效，形成一批东西部协作典型案例和可复制可推广的创新成果，数字经济在促进共同富裕方面取得实质性进展。

二、推动区域数字协同发展

（一）推进数字基础设施建设。深入实施"东数西算"工程，加快推动全国一体化算力网建设。以 8 个国家算力枢纽、10 个国家数据中心集群为抓手，立体化实施"东数西算"工程，深化算网融合，强化网络支撑，推进算力互联互通，引导数据要素跨区域流通融合。组织实施云网强基行动，增强中小城市网络基础设施承载和服务能力，推进应用基础设施优化布局，提升中小城市信息基础设施水平，弥合区域"数字鸿沟"。

(二)推进产业链数字化发展。制定制造业数字化转型行动方案，分行业制定数字化转型发展路线图，深入实施智能制造工程和工业互联网创新发展工程，加快推进智能工厂探索，系统解决方案攻关和标准体系建设，推进智能制造系统深入发展。以工业互联网平台为载体，加强关键核心技术研发和产业化，打造数字化转型应用场景，健全转型服务体系，推动形成以平台为支撑的大中小企业融通生态。推动一二三产业融合发展，支持互联网平台企业依托自身优势，推动反向定制，大力发展数字文化产业，拓展智慧旅游应用，为中西部地区和东北地区发挥自然禀赋优势带动就业创业、促进增收创造条件。支持中小微企业数字化转型，加强公共服务供给力度，依托已有的数字化服务机构、创新载体等，推动区域型、行业型数字化转型促进中心建设，面向中小微企业提供转型咨询、测试实验、人才培训等服务。建设一批面向数字经济、数字技术的专业性国家级人才市场。

(三)加强数字经济东西部协作。推进产业互补，支持协作双方共建数字经济产业园区，推动产业向中西部、东北地区合理有序转移，强化以企业合作为载体的帮扶协作，动员东部企业发挥自身优势，到中西部、东北地区投资兴业。促进技术协作，支持协作双方发挥东部地区数字技术和人才优势，中西部、东北地区资源环境和试验场地优势，聚焦中西部、东北地区数字经济发展卡点难点，共同开展攻关协作。支持人员互动，健全数字经济领域劳务协作对接机制，支持协作双方搭建数字经济领域用工招聘、就业用工平台，畅通异地就业渠道。

三、大力推进数字乡村建设

(四)加快乡村产业数字化转型步伐。深入实施数字乡村发展行动，以数字化赋能乡村振兴。提升农村数字基础设施水平，持续推进电信普遍服务，深化农村地区网络覆盖，加快"宽带边疆"建设，不断提升农村及偏远地区通信基础设施供给能力，深入推进智慧广电，开展智慧广电乡村工程，全面提升乡村广播电视数字化、网络化、智能化水平。大力发展智慧农业，结合不同区域、不同规模的农业生产特点，以先进适用为主攻方向，推动智能化农业技术装备应用，提升农业科技信息服务。积极培育发展新业态新模式，深入发展"数商兴农"，实施"互联网+"农产品出村进城工程，开展直播电商助农行动，培育一批电商赋能的农产品网络品牌和特色产业，深化电子商务进农村综合示范。强化农产品经营主体流量扶持，为偏远地区农产品拓宽销售渠道，借助互联网推进休闲农业、创意农业、森林康养等新业态发展，推动数字文化赋能乡村振兴。

（五）加大农村数字人才培养力度。提升农民数字素养与技能，持续推进农民手机应用技能培训，开展智慧农业应用、直播电商等课程培训，让手机成为"新农具"，数据成为"新农资"，直播带货成为"新农活"。创新联农带农机制，完善各类经营主体与农民农村的利益联结机制，鼓励大型农业企业加大对公益性技术和服务的支持力度，保障广大农民共享数字红利，吸引更多人才返乡创业。强化数字化应用技能培训，打造一支"有文化、懂技术、善经营、会管理"的高素质农民队伍。

（六）提升乡村数字治理水平。运用互联网手段，不断提升乡村治理效能和服务管理水平，促进多元联动治理。健全完善农村信息服务体系，拓宽服务应用场景、丰富服务方式和服务内容。深化乡村数字普惠服务，大力发展农村数字普惠金融，因地制宜打造惠农金融产品与服务，促进宜居宜业。

四、强化数字素养提升和就业保障

（七）加强数字素养与技能教育培训。持续丰富优质数字资源供给，推动各类教育、科技、文化机构积极开放教育培训资源，共享优质数字技能培训课程。不断完善数字教育体系，将数字素养培训相关内容纳入中小学、社区和老年教育教学活动，加强普通高校和职业院校数字技术相关学科专业建设。构建数字素养与技能培训体系，搭建开放化、长效化社会培训平台，加大重点群体培训力度。

（八）实施"信息无障碍"推广工程。持续推动各类应用开展适应性改造，聚焦老年人、残疾人等群体的特定需求，重点推动与其生产生活密切相关的网站、手机 APP 的适应性改造。探索建立数字技术无障碍的标准和规范，明确数字产品的可访问标准，建立文字、图像、语音等多种交互手段标准。

（九）加强新就业形态劳动者权益保障。持续落实新就业形态劳动者权益保障相关政策措施，加快探索适合新就业形态劳动者特点的社会保障参保办法。指导平台企业充分听取依托平台就业的新就业形态劳动者意见，依法合规制定和调整劳动规则，并在实施前及时、有效公开。对新就业形态劳动者以及吸纳重点群体就业的相关企业，按规定落实就业创业相关扶持政策。

五、促进社会服务普惠供给

（十）促进优质数字教育资源共享。支持面向欠发达地区开发内容丰富的数字教育资源，改善学校网络教学环境，实现所有学校数字校园全覆盖，促进优质教育资源跨区域、跨城乡共享。加强教育服务精准化供给，依托政务数据共享交换平台，加强部门间数据共享交换，提高家庭经济困难学生认定精准度和异地申请便利性。建立专业化数字教育人才队伍，培养数字教育系统设计、开发、运维人员，开发适应当地发展阶段的软硬件，提高设备使用效率和维护水平。

（十一）强化远程医疗供给服务能力。深入推进智慧医联体平台建设，改善基层医疗卫生机构服务能力。积极完善省市县乡村五级远程医疗服务网络，推动优质医疗资源下沉，促进远程医疗服务健康发展，利用互联网技术将医疗服务向患者身边延伸，提升医疗服务可及性、便捷性。加强基层医疗卫生数字化基础设施建设，推进人口信息、电子病历、电子健康档案和公共卫生信息互联互通共享，到 2025 年统筹建成县域卫生健康综合信息平台。

(十二)提升养老服务信息化水平。开展基本养老服务综合平台试点，推动实现服务清单数字化、数据赋能便利化、供需对接精准化、服务监管智慧化。支持引导各地加快建设面向社会公众的养老服务综合信息平台，实现养老服务便捷可及、供需精准对接，配备助行、助餐、助穿、如厕、助浴、感知类老年人用品，满足社交、康养、生活服务等多层次、多样化养老服务。

(十三)完善数字化社会保障服务。完善社会保障大数据应用，依托全国一体化政务服务平台开展跨地区、跨部门、跨层级数据共享应用，实现社保"跨省通办"。加快推进社保经办数字化转型。拓展社保卡居民服务"一卡通"应用，为群众提供电子社保卡"扫码亮证"服务，丰富待遇补贴资金发放、老年人残疾人服务等应用场景。

六、保障措施

(十四)加强组织领导。依托数字经济发展部际联席会议制度强化统筹协调，各相关部门和单位要按职责推进分工，并纳入本单位重点工作。各地区要因地制宜将相关工作形成具体措施、落到实处、形成实效，国家数字经济创新发展试验区、共同富裕示范区、数字乡村引领区等要发挥先行示范作用，各地区与相关部门间，东部与中西部、东北地区间要加强对接沟通、工作协同、信息共享、优势互补，建立横向协同、上下联动工作机制，形成数字经济促进共同富裕工作合力。

(十五)强化要素保障。各地方、各部门要将数字经济促进共同富裕作为政策规划重点方向，统筹资金、数据、人才、项目等各类要素资源，积极利用各级财政资金，落实好配套建设资金及设施运行保障资金，遵循绿色、低碳、环保原则，严格控制建设规模和建设标准，避免重复建设、投资浪费。加强公共数据资源开发利用，促进数据高效合规利用，培育数据要素企业，繁荣数据要素市场，进一步激活数据要素红利。鼓励开放相关应用场景，发挥企业创新主体作用，利用社会资本、市场化手段、专业化人才提升服务供给水平。

（十六）建立评价体系。加快建立数字经济促进共同富裕评价监测机制，坚持定量与定性、客观评价与主观评价相结合，全面反映目标成效。加强评价结果运用，有效指导政策制定、任务实施，及时发现解决推进中存在的问题。加强动态监测分析、定期督促指导，保障各项任务有序推进。

（十七）加大宣传力度。强化政策宣传解读，充分利用各类媒体平台、宣传矩阵，大力宣传数字经济促进共同富裕理念和举措、进展和成效，加强政策影响力和号召力，提升各方积极性和参与度。及时总结凝练一批数字经济促进共同富裕的好经验、好做法、好案例，加强宣传推广、交流互鉴。

30　《"数据要素×"三年行动计划（2024—2026 年）》（国数政策〔2023〕11 号）

各省、自治区、直辖市及计划单列市、新疆生产建设兵团数据管理部门、党委网信办、科学技术厅（委、局）、工业和信息化主管部门、交通运输厅（局、委）、农业农村（农牧）厅（局、委）、商务主管部门、文化和旅游厅（局）、卫生健康委、应急管理厅（局）、医保局、气象局、文物局、中医药主管部门，中国人民银行上海总部，各省、自治区、直辖市及计划单列市分行，金融监管总局各监管局，中国科学院院属各单位：

为深入贯彻党的二十大和中央经济工作会议精神，落实《中共中央 国务院关于构建数据基础制度更好发挥数据要素作用的意见》，充分发挥数据要素乘数效应，赋能经济社会发展，国家数据局会同有关部门制定了《"数据要素×"三年行动计划（2024—2026 年）》，现印发给你们，请认真组织实施。

国家数据局

中央网信办

科技部

工业和信息化部

交通运输部

农业农村部

商务部

文化和旅游部

国家卫生健康委

应急管理部

中国人民银行

金融监管总局

国家医保局

中国科学院

中国气象局

国家文物局

国家中医药局

2023 年 12 月 31 日

"数据要素×"三年行动计划（2024—2026 年）

发挥数据要素的放大、叠加、倍增作用，构建以数据为关键要素的数字经济，是推动高质量发展的必然要求。为深入贯彻党的二十大和中央经济工作会议精神，落实《中共中央 国务院关于构建数据基础制度更好发挥数据要素作用的意见》，充分发挥数据要素乘数效应，赋能经济社会发展，特制定本行动计划。

一、激活数据要素潜能

随着新一轮科技革命和产业变革深入发展，数据作为关键生产要素的价值日益凸显。发挥数据要素报酬递增、低成本复用等特点，可优化资源配置，赋能实体经济，发展新质生产力，推动生产生活、经济发展和社会治理方式深刻变革，对推动高质量发展具有重要意义。

近年来，我国数字经济快速发展，数字基础设施规模能级大幅跃升，数字技术和产业体系日臻成熟，为更好发挥数据要素作用奠定了坚实基础。与此同时，也存在数据供给质量不高、流通机制不畅、应用潜力释放不够等问题。实施"数据要素×"行动，就是要发挥我国超大规模市场、海量数据资源、丰富应用场景等多重优势，推动数据要素与劳动力、资本等要素协同，以数据流引领技术流、资金流、人才流、物资流，突破传统资源要素约束，提高全要素生产率；促进数据多场景应用、多主体复用，培育基于数据要素的新产品和新服务，实现知识扩散、价值倍增，开辟经济增长新空间；加快多元数据融合，以数据规模扩张和数据类型丰富，促进生产工具创新升级，催生新产业、新模式，培育经济发展新动能。

二、总体要求

（一）指导思想

以习近平新时代中国特色社会主义思想为指导，深入贯彻落实党的二十大精神，完整、准确、全面贯彻新发展理念，发挥数据的基础资源作用和创新引擎作用，遵循数字经济发展规律，以推动数据要素高水平应用为主线，以推进数据要素协同优化、复用增效、融合创新作用发挥为重点，强化场景需求牵引，带动数据要素高质量供给、合规高效流通，培育新产业、新模式、新动能，充分实现数据要素价值，为推动高质量发展、推进中国式现代化提供有力支撑。

（二）基本原则

需求牵引，注重实效。聚焦重点行业和领域，挖掘典型数据要素应用场景，培育数据商，繁荣数据产业生态，激励各类主体积极参与数据要素开发利用。

试点先行，重点突破。加强试点工作，探索多样化、可持续的数据要素价值释放路径。推动在数据资源丰富、带动性强、前景广阔的领域率先突破，发挥引领作用。

有效市场，有为政府。充分发挥市场机制作用，强化企业主体地位，推动数据资源有效配置。更好发挥政府作用，扩大公共数据资源供给，维护公平正义，营造良好发展环境。

开放融合，安全有序。推动数字经济领域高水平对外开放，加强国际交流互鉴，促进数据有序跨境流动。坚持把安全贯穿数据要素价值创造和实现全过程，严守数据安全底线。

（三）总体目标

到 2026 年底，数据要素应用广度和深度大幅拓展，在经济发展领域数据要素乘数效应得到显现，打造 300 个以上示范性强、显示度高、带动性广的典型应用场景，涌现出一批成效明显的数据要素应用示范地区，培育一批创新能力强、成长性好的数据商和第三方专业服务机构，形成相对完善的数据产业生态，数据产品和服务质量效益明显提升，数据产业年均增速超过 20%，场内交易与场外交易协调发展，数据交易规模倍增，推动数据要素价值创造的新业态成为经济增长新动力，数据赋能经济提质增效作用更加凸显，成为高质量发展的重要驱动力量。

三、重点行动

（四）数据要素×工业制造

创新研发模式，支持工业制造类企业融合设计、仿真、实验验证数据，培育数据驱动型产品研发新模式，提升企业创新能力。推动协同制造，推进产品主数据标准生态系统建设，支持链主企业打通供应链上下游设计、计划、质量、物流等数据，实现敏捷柔性协同制造。提升服务能力，支持企业整合设计、生产、运行数据，提升预测性维护和增值服务等能力，实现价值链延伸。强化区域联动，支持产能、采购、库存、物流数据流通，加强区域间制造资源协同，促进区域产业优势互补，提升产业链供应链监测预警能力。开发使能技术，推动制造业数据多场景复用，支持制造业企业联合软件企业，基于设计、仿真、实验、生产、运行等数据积极探索多维度的创新应用，开发创成式设计、虚实融合试验、智能无人装备等方面的新型工业软件和装备。

（五）数据要素×现代农业

提升农业生产数智化水平，支持农业生产经营主体和相关服务企业融合利用遥感、气象、土壤、农事作业、灾害、农作物病虫害、动物疫病、市场等数据，加快打造以数据和模型为支撑的农业生产数智化场景，实现精准种植、精准养殖、精准捕捞等智慧农业作业方式，支撑提高粮食和重要农产品生产效率。提高农产品追溯管理能力，支持第三方主体汇聚利用农产品的产地、生产、加工、质检等数据，支撑农产品追溯管理、精准营销等，增强消费者信任。推进产业链数据融通创新，支持第三方主体面向农业生产经营主体提供智慧种养、智慧捕捞、产销对接、疫病防治、行情信息、跨区作业等服务，打通生产、销售、加工等数据，提供一站式采购、供应链金融等服务。培育以需定产新模式，支持农业与商贸流通数据融合分析应用，鼓励电商平台、农产品批发市场、商超、物流企业等基于销售数据分析，向农产品生产端、加工端、消费端反馈农产品信息，提升农产品供需匹配能力。提升农业生产抗风险能力，支持在粮食、生猪、果蔬等领域，强化产能、运输、加工、贸易、消费等数据融合、分析、发布、应用，加强农业监测预警，为应对自然灾害、疫病传播、价格波动等影响提供支撑。

（六）数据要素×商贸流通

拓展新消费，鼓励电商平台与各类商贸经营主体、相关服务企业深度融合，依托客流、消费行为、交通状况、人文特征等市场环境数据，打造集数据收集、分析、决策、精准推送和动态反馈的闭环消费生态，推进直播电商、即时电商等业态创新发展，支持各类商圈创新应用场景，培育数字生活消费方式。培育新业态，支持电子商务企业、国家电子商务示范基地、传统商贸流通企业加强数据融合，整合订单需求、物流、产能、供应链等数据，优化配置产业链资源，打造快速响应市场的产业协同创新生态。打造新品牌，支持电子商务企业、商贸企业依托订单数量、订单类型、人口分布等数据，主动对接生产企业、产业集群，加强产销对接、精准推送，助力打造特色品牌。推进国际化，在安全合规前提下，鼓励电子商务企业、现代流通企业、数字贸易龙头企业融合交易、物流、支付数据，支撑提升供应链综合服务、跨境身份认证、全球供应链融资等能力。

（七）数据要素×交通运输

提升多式联运效能，推进货运寄递数据、运单数据、结算数据、保险数据、货运跟踪数据等共享互认，实现托运人一次委托、费用一次结算、货物一次保险、多式联运经营人全程负责。推进航运贸易便利化，推动航运贸易数据与电子发票核验、经营主体身份核验、报关报检状态数据等的可信融合应用，加快推广电子提单、信用证、电子放货等业务应用。提升航运服务能力，支持海洋地理空间、卫星遥感、定位导航、气象等数据与船舶航行位置、水域、航速、装卸作业数据融合，创新商渔船防碰撞、航运路线规划、港口智慧安检等应用。挖掘数据复用价值，融合"两客一危"、网络货运等重点车辆数据，构建覆盖车辆营运行为、事故统计等高质量动态数据集，为差异化信贷、保险服务、二手车消费等提供数据支撑。支持交通运输龙头企业推进高质量数据集建设和复用，加强人工智能工具应用，助力企业提升运输效率。推进智能网联汽车创新发展，支持自动驾驶汽车在特定区域、特定时段进行商业化试运营试点，打通车企、第三方平台、运输企业等主体间的数据壁垒，促进道路基础设施数据、交通流量数据、驾驶行为数据等多源数据融合应用，提高智能汽车创新服务、主动安全防控等水平。

（八）数据要素×金融服务

提升金融服务水平，支持金融机构融合利用科技、环保、工商、税务、气象、消费、医疗、社保、农业农村、水电气等数据，加强主体识别，依法合规优化信贷业务管理和保险产品设计及承保理赔服务，提升实体经济金融服务水平。提高金融抗风险能力，推进数字金融发展，在依法安全合规前提下，推动金融信用数据和公共信用数据、商业信用数据共享共用和高效流通，支持金融机构间共享风控类数据，融合分析金融市场、信贷资产、风险核查等多维数据，发挥金融科技和数据要素的驱动作用，支撑提升金融机构反欺诈、反洗钱能力，提高风险预警和防范水平。

（九）数据要素×科技创新

推动科学数据有序开放共享，促进重大科技基础设施、科技重大项目等产生的各类科学数据互联互通，支持和培育具有国际影响力的科学数据库建设，依托国家科学数据中心等平台强化高质量科学数据资源建设和场景应用。以科学数据助力前沿研究，面向基础学科，提供高质量科学数据资源与知识服务，驱动科学创新发现。以科学数据支撑技术创新，聚焦生物育种、新材料创制、药物研发等领域，以数智融合加速技术创新和产业升级。以科学数据支持大模型开发，深入挖掘各类科学数据和科技文献，通过细粒度知识抽取和多来源知识融合，构建科学知识资源底座，建设高质量语料库和基础科学数据集，支持开展人工智能大模型开发和训练。探索科研新范式，充分依托各类数据库与知识库，推进跨学科、跨领域协同创新，以数据驱动发现新规律，创造新知识，加速科学研究范式变革。

（十）数据要素×文化旅游

培育文化创意新产品，推动文物、古籍、美术、戏曲剧种、非物质文化遗产、民族民间文艺等数据资源依法开放共享和交易流通，支持文化创意、旅游、展览等领域的经营主体加强数据开发利用，培育具有中国文化特色的产品和品牌。挖掘文化数据价值，贯通各类文化机构数据中心，关联形成中华文化数据库，鼓励依托市场化机制开发文化大模型。提升文物保护利用水平，促进文物病害数据、保护修复数据、安全监管数据、文物流通数据融合共享，支持实现文物保护修复、监测预警、精准管理、应急处置、阐释传播等功能。提升旅游服务水平，支持旅游经营主体共享气象、交通等数据，在合法合规前提下构建客群画像、城市画像等，优化旅游配套服务、一站式出行服务。提升旅游治理能力，支持文化和旅游场所共享公安、交通、气象、证照等数据，支撑"免证"购票、集聚人群监测预警、应急救援等。

（十一）数据要素×医疗健康

提升群众就医便捷度，探索推进电子病历数据共享，在医疗机构间推广检查检验结果数据标准统一和共享互认。便捷医疗理赔结算，支持医疗机构基于信用数据开展先诊疗后付费就医。推动医保便民服务。依法依规探索推进医保与商业健康保险数据融合应用，提升保险服务水平，促进基本医保与商业健康保险协同发展。有序释放健康医疗数据价值，完善个人健康数据档案，融合体检、就诊、疾控等数据，创新基于数据驱动的职业病监测、公共卫生事件预警等公共服务模式。加强医疗数据融合创新，支持公立医疗机构在合法合规前提下向金融、养老等经营主体共享数据，支撑商业保险产品、疗养休养等服务产品精准设计，拓展智慧医疗、智能健康管理等数据应用新模式新业态。提升中医药发展水平，加强中医药预防、治疗、康复等健康服务全流程的多源数据融合，支撑开展中医药疗效、药物相互作用、适应症、安全性等系统分析，推进中医药高质量发展。

（十二）数据要素×应急管理

提升安全生产监管能力，探索利用电力、通信、遥感、消防等数据，实现对高危行业企业私挖盗采、明停暗开行为的精准监管和城市火灾的智能监测。鼓励社会保险企业围绕矿山、危险化学品等高危行业，研究建立安全生产责任保险评估模型，开发新险种，提高风险评估的精准性和科学性。提升自然灾害监测评估能力，利用铁塔、电力、气象等公共数据，研发自然灾害灾情监测评估模型，强化灾害风险精准预警研判能力。强化地震活动、地壳形变、地下流体等监测数据的融合分析，提升地震预测预警水平。提升应急协调共享能力，推动灾害事故、物资装备、特种作业人员、安全生产经营许可等数据跨区域共享共用，提高监管执法和救援处置协同联动效率。

（十三）数据要素×气象服务

降低极端天气气候事件影响，支持经济社会、生态环境、自然资源、农业农村等数据与气象数据融合应用，实现集气候变化风险识别、风险评估、风险预警、风险转移的智能决策新模式，防范化解重点行业和产业气候风险。支持气象数据与城市规划、重大工程等建设数据深度融合，从源头防范和减轻极端天气和不利气象条件对规划和工程的影响。创新气象数据产品服务，支持金融企业融合应用气象数据，发展天气指数保险、天气衍生品和气候投融资新产品，为保险、期货等提供支撑。支持新能源企业降本增效，支持风能、太阳能企业融合应用气象数据，优化选址布局、设备运维、能源调度等。

（十四）数据要素×城市治理

优化城市管理方式，推动城市人、地、事、物、情、组织等多维度数据融通，支撑公共卫生、交通管理、公共安全、生态环境、基层治理、体育赛事等各领域场景应用，实现态势实时感知、风险智能研判、及时协同处置。支撑城市发展科学决策，支持利用城市时空基础、资源调查、规划管控、工程建设项目、物联网感知等数据，助力城市规划、建设、管理、服务等策略精细化、智能化。推进公共服务普惠化，深化公共数据的共享应用，深入推动就业、社保、健康、卫生、医疗、救助、养老、助残、托育等服务"指尖办""网上办""就近办"。加强区域协同治理，推动城市群数据打通和业务协同，实现经营主体注册登记、异地就医结算、养老保险互转等服务事项跨城通办。

（十五）数据要素×绿色低碳

提升生态环境治理精细化水平，推进气象、水利、交通、电力等数据融合应用，支撑气象和水文耦合预报、受灾分析、河湖岸线监测、突发水事件应急处置、重污染天气应对、城市水环境精细化管理等。加强生态环境公共数据融合创新，支持企业融合应用自有数据、生态环境公共数据等，优化环境风险评估，支撑环境污染责任保险设计和绿色信贷服务。提升能源利用效率，促进制造与能源数据融合创新，推动能源企业与高耗能企业打通订单、排产、用电等数据，支持能耗预测、多能互补、梯度定价等应用。提升废弃资源利用效率，汇聚固体废物收集、转移、利用、处置等各环节数据，促进产废、运输、资源化利用高效衔接，推动固废、危废资源化利用。提升碳排放管理水平，支持打通关键产品全生产周期的物料、辅料、能源等碳排放数据以及行业碳足迹数据，开展产品碳足迹测算与评价，引导企业节能降碳。

四、强化保障支撑

（十六）提升数据供给水平

完善数据资源体系，在科研、文化、交通运输等领域，推动科研机构、龙头企业等开展行业共性数据资源库建设，打造高质量人工智能大模型训练数据集。加大公共数据资源供给，在重点领域、相关区域组织开展公共数据授权运营，探索部省协同的公共数据授权机制。引导企业开放数据，鼓励市场力量挖掘商业数据价值，支持社会数据融合创新应用。健全标准体系，加强数据采集、管理等标准建设，协同推进行业标准制定。加强供给激励，制定完善数据内容采集、加工、流通、应用等不同环节相关主体的权益保护规则，在保护个人隐私前提下促进个人信息合理利用。

（十七）优化数据流通环境

提高交易流通效率，支持行业内企业联合制定数据流通规则、标准，聚焦业务需求促进数据合规流通，提高多主体间数据应用效率。鼓励交易场所强化合规管理，创新服务模式，打造服务生态，提升服务质量。打造安全可信流通环境，深化数据空间、隐私计算、联邦学习、区块链、数据沙箱等技术应用，探索建设重点行业和领域数据流通平台，增强数据利用可信、可控、可计量能力，促进数据合规高效流通使用。培育流通服务主体，鼓励地方政府因地制宜，通过新建或拓展既有园区功能等方式，建设数据特色园区、虚拟园区，推动数据商、第三方专业服务机构等协同发展。完善培育数据商的支持举措。促进数据有序跨境流动，对标国际高标准经贸规则，持续优化数据跨境流动监管措施，支持自由贸易试验区开展探索。

（十八）加强数据安全保障

落实数据安全法规制度，完善数据分类分级保护制度，落实网络安全等级保护、关键信息基础设施安全保护等制度，加强个人信息保护，提升数据安全保障水平。丰富数据安全产品，发展面向重点行业、重点领域的精细化、专业型数据安全产品，开发适合中小企业的解决方案和工具包，支持发展定制化、轻便化的个人数据安全防护产品。培育数据安全服务，鼓励数据安全企业开展基于云端的安全服务，有效提升数据安全水平。

五、做好组织实施

（十九）加强组织领导

发挥数字经济发展部际联席会议制度作用，强化重点工作跟踪和任务落实，协调推进跨部门协作。行业主管部门要聚焦重点行业数据开发利用需求，细化落实行动计划的举措。地方数据管理部门要会同相关部门研究制定落实方案，因地制宜形成符合实际的数据要素应用实践，带动培育一批数据商和第三方专业服务机构，营造良好生态。

（二十）开展试点工作

支持部门、地方协同开展政策性试点，聚焦重点行业和领域，结合场景需求，研究数据资源持有权、数据加工使用权、数据产品经营权等分置的落地举措，探索数据流通交易模式。鼓励各地方大胆探索、先行先试，加强模式创新，及时总结可复制推广的实践经验。推动企业按照国家统一的会计制度对数据资源进行会计处理。

（二十一）推动以赛促用

组织开展"数据要素×"大赛，聚焦重点行业和领域搭建专业竞赛平台，加强数据资源供给，激励社会各界共同挖掘市场需求，提升数据利用水平。支持各类企业参与赛事，加强大赛成果转化，孵化新技术、新产品，培育新模式、新业态，完善数据要素生态。

(二十二)加强资金支持

实施"数据要素×"试点工程，统筹利用中央预算内投资和其他各类资金加大支持力度。鼓励金融机构按照市场化原则加大信贷支持力度，优化金融服务。依法合规探索多元化投融资模式，发挥相关引导基金、产业基金作用，引导和鼓励各类社会资本投向数据产业。支持数据商上市融资。

(二十三)加强宣传推广

开展数据要素应用典型案例评选，遴选一批典型应用。依托数字中国建设峰会及各类数据要素相关会议、论坛和活动等，积极发布典型案例，促进经验分享和交流合作。各地方数据管理部门要深入挖掘数据要素应用好经验、好做法，充分利用各类新闻媒体，加大宣传力度，提升影响力。

31　《促进和规范数据跨境流动规定》〔国家互联网信息办公室令(第 16 号)〕

《促进和规范数据跨境流动规定》已经 2023 年 11 月 28 日国家互联网信息办公室 2023 年第 26 次室务会议审议通过，现予公布，自公布之日起施行。

国家互联网信息办公室主任　庄荣文

2024 年 3 月 22 日

促进和规范数据跨境流动规定

第一条 为了保障数据安全，保护个人信息权益，促进数据依法有序自由流动，根据《中华人民共和国网络安全法》、《中华人民共和国数据安全法》、《中华人民共和国个人信息保护法》等法律法规，对于数据出境安全评估、个人信息出境标准合同、个人信息保护认证等数据出境制度的施行，制定本规定。

第二条 数据处理者应当按照相关规定识别、申报重要数据。未被相关部门、地区告知或者公开发布为重要数据的，数据处理者不需要作为重要数据申报数据出境安全评估。

第三条 国际贸易、跨境运输、学术合作、跨国生产制造和市场营销等活动中收集和产生的数据向境外提供，不包含个人信息或者重要数据的，免予申报数据出境安全评估、订立个人信息出境标准合同、通过个人信息保护认证。

第四条 数据处理者在境外收集和产生的个人信息传输至境内处理后向境外提供，处理过程中没有引入境内个人信息或者重要数据的，免予申报数据出境安全评估、订立个人信息出境标准合同、通过个人信息保护认证。

第五条 数据处理者向境外提供个人信息，符合下列条件之一的，免予申报数据出境安全评估、订立个人信息出境标准合同、通过个人信息保护认证：

(一)为订立、履行个人作为一方当事人的合同，如跨境购物、跨境寄递、跨境汇款、跨境支付、跨境开户、机票酒店预订、签证办理、考试服务等，确需向境外提供个人信息的；

(二)按照依法制定的劳动规章制度和依法签订的集体合同实施跨境人力资源管理，确需向境外提供员工个人信息的；

(三)紧急情况下为保护自然人的生命健康和财产安全，确需向境外提供

个人信息的;

(四)关键信息基础设施运营者以外的数据处理者自当年 1 月 1 日起累计向境外提供不满 10 万人个人信息(不含敏感个人信息)的。

前款所称向境外提供的个人信息,不包括重要数据。

第六条 自由贸易试验区在国家数据分类分级保护制度框架下,可以自行制定区内需要纳入数据出境安全评估、个人信息出境标准合同、个人信息保护认证管理范围的数据清单(以下简称负面清单),经省级网络安全和信息化委员会批准后,报国家网信部门、国家数据管理部门备案。

自由贸易试验区内数据处理者向境外提供负面清单外的数据,可以免予申报数据出境安全评估、订立个人信息出境标准合同、通过个人信息保护认证。

第七条 数据处理者向境外提供数据,符合下列条件之一的,应当通过所在地省级网信部门向国家网信部门申报数据出境安全评估:

(一)关键信息基础设施运营者向境外提供个人信息或者重要数据;

(二)关键信息基础设施运营者以外的数据处理者向境外提供重要数据,或者自当年 1 月 1 日起累计向境外提供 100 万人以上个人信息(不含敏感个人信息)或者 1 万人以上敏感个人信息。

属于本规定第三条、第四条、第五条、第六条规定情形的,从其规定。

第八条 关键信息基础设施运营者以外的数据处理者自当年 1 月 1 日起累计向境外提供 10 万人以上、不满 100 万人个人信息(不含敏感个人信息)或者不满 1 万人敏感个人信息的,应当依法与境外接收方订立个人信息出境标准合同或者通过个人信息保护认证。

属于本规定第三条、第四条、第五条、第六条规定情形的,从其规定。

第九条 通过数据出境安全评估的结果有效期为 3 年,自评估结果出具之日起计算。有效期届满,需要继续开展数据出境活动且未发生需要重新申报数据出境安全评估情形的,数据处理者可以在有效期届满前 60 个工作日内通过所在地省级网信部门向国家网信部门提出延长评估结果有效期申请。经国家网信部门批准，可以延长评估结果有效期3年。

第十条　数据处理者向境外提供个人信息的，应当按照法律、行政法规的规定履行告知、取得个人单独同意、进行个人信息保护影响评估等义务。

第十一条　数据处理者向境外提供数据的，应当遵守法律、法规的规定，履行数据安全保护义务，采取技术措施和其他必要措施，保障数据出境安全。发生或者可能发生数据安全事件的，应当采取补救措施，及时向省级以上网信部门和其他有关主管部门报告。

第十二条　各地网信部门应当加强对数据处理者数据出境活动的指导监督，健全完善数据出境安全评估制度，优化评估流程；强化事前事中事后全链条全领域监管，发现数据出境活动存在较大风险或者发生数据安全事件的，要求数据处理者进行整改，消除隐患；对拒不改正或者造成严重后果的，依法追究法律责任。

第十三条　2022年7月7日公布的《数据出境安全评估办法》(国家互联网信息办公室令第11号)、2023年2月22日公布的《个人信息出境标准合同办法》(国家互联网信息办公室令第13号)等相关规定与本规定不一致的，适用本规定。

第十四条　本规定自公布之日起施行。

附录 2　本书编写组成员与政府数据 开放共享相关的论文

序号	成果名称	作者	发表刊物、刊期
1	Proposing a framework of barriers to opening government data in China: A critical literature review	Ruhua Huang, Tong Lai, Lihong Zhou	Library Hi Tech, 2017（03）; SSCI 检索
2	Design, develop and evaluate an open government data platform: a user-centred approach	Ruhua Huang, Chunying Wang, et. al.	The Electronic Library, 2019(03) SSCI 检索
3	"What is mine is not thine": Understanding barriers to China's interagency government data sharing from existing literature	Lihong Zhou, Ruhua Huang, Baiyang Li	Library & Information Science Research, 2020(3); SSCI 检索
4	国外主要国家图书馆信息资源建设的特点与启示	黄如花, 温芳芳	《图书与情报》（CSSCI）2018 (04)；《人大复印报刊资料》 2019(01)期全文转载
5	中国政府数据开放共享政策的计量分析	黄如花, 吴子晗	《情报资料工作》（CSSCI）2017 (5)；《人大复印报刊资料》2017 (5)全文转载

续表

序号	成果名称	作者	发表刊物、刊期
6	2005-2015 国内外政府数据开放共享研究述评	黄如花，李白杨，周力虹	《情报学报》（CSSCI）2016（12）；《人大复印报刊资料》2017（5）全文转载；中国社会科学网 2017 年 10 月 11 日全文转载
7	中国省级政府数据开放平台利用水平的组态效应研究——基于 NCA 与 fsQCA 的实证分析	黄如花，吴应强，李白杨	《图书情报工作》（CSSCI）2024（10）
8	我国政府数据开放共享政策体系构建	黄如花，温芳芳，黄雯	《图书情报工作》（CSSCI）2018（9）
9	在开放政府数据条件下如何规范政府数据——从国际开放定义和开放政府数据原则谈起	黄如花，温芳芳	《情报理论与实践》（CSSCI）2018（9）
10	数据生命周期视角下我国政府数据开放的障碍研究	黄如花，赖彤	《情报理论与实践》（CSSCI）2018（2）
11	开放政府数据生命周期视角的我国政府数据资源管理政策文本内容分析——国家各部门的政策实践	黄如花，温芳芳	《图书馆》（CSSCI）2018（6）
12	我国政府数据开放共享的政策框架与内容：国家层面政策文本的内容分析	黄如花，温芳芳	《图书情报工作》（CSSCI）2017（20）

续表

序号	成果名称	作者	发表刊物、刊期
13	我国政府数据开放共享政策问题的构建	黄如花，温芳芳	《图书情报工作》（CSSCI）2017（20）
14	我国开放政府数据的价值体系构建	黄如花，何乃东，李白杨	《图书情报工作》（CSSCI）2017（20）
15	国外开放政府数据描述规范的调查与分析	黄如花，林焱	《图书情报工作》（CSSCI）2017（20）
16	澳大利亚开放政府数据的元数据标准——对 Data. gov. au 的调研与启示	黄如花，李楠	《图书馆杂志》（CSSCI）2017（5）
17	中国政府开放数据的安全保护对策	黄如花，苗淼	《电子政务》（CSSCI）2017（05）
18	英国政府数据开放的政策法规保障及对我国的启示	黄如花，刘龙	《图书与情报》（CSSCI）2017（1）
19	我国政府数据开放中的个人隐私保护问题与对策	黄如花，刘龙	《图书馆》（CSSCI）2017（10）
20	北京和上海政府数据开放政策的异同	黄如花，苗淼	《图书馆》（CSSCI）2017（8）
21	法国政府数据开放共享的政策法规保障及对我国的启示	黄如花，林焱	《图书馆》（CSSCI）2017（3）
22	英美政府数据开放平台数据管理功能的调查与分析	黄如花，王春迎	《图书情报工作》（CSSCI）2016（19）

续表

序号	成果名称	作者	发表刊物、刊期
23	美国政府数据开放共享的合作模式	黄如花，陈闯	《图书情报工作》（CSSCI）2016（19）
24	国外政府数据开放许可协议采用情况的调查与分析	黄如花，李楠	《图书情报工作》（CSSCI）2016（07）
25	我国政府数据开放平台现状调查与分析	黄如花，王春迎	《情报理论与实践》（CSSCI）2016（7）
26	英国政府数据开放中的个人隐私保护研究	黄如花，刘龙	《图书馆建设》（CSSCI）2016（12）
27	美国开放政府数据中的个人隐私保护研究	黄如花，李楠	《图书馆》（CSSCI）2016（06）
28	开放数据的许可协议类型研究	黄如花，李楠	《图书馆》（CSSCI）2016（08）
29	中国政府数据开放研究的主题关联结构与演化态势	胡吉明，温芳芳，黄如花，赖彤	《情报资料工作》（CSSCI）2019（4）；《人大复印报刊资料》2019（4）全文转载
30	丹麦政府数据开放的政策法规保障及对我国的启示	黄雨婷，黄如花	《图书与情报》（CSSCI）2017（01）
31	巴西政府数据开放的特点及对我国的启示	何乃东，黄如花	《图书与情报》（CSSCI）2017（1）
32	美国政府数据开放的政策法规保障及对我国的启示	蔡婧璇，黄如花	《图书与情报》（CSSCI）2017（1）

续表

序号	成果名称	作者	发表刊物、刊期
33	The Great Data Revolution: Breaking Barriers to Opening Government Data in China	Ruhua Huang, Tong Lai	全球顶级信息学院联盟峰会 iConferencce 2018
34	Exploring the Value of Open Government Data in China	Ruhua Huang, Baiyang Li	全球顶级信息学院联盟峰会 iConferencce 2017 最佳分论坛论文奖
35	A Study on the Approaches of Value Realization of Open Government Data	Baiyang Li, Ruhua Huang	18th International Conference on Asia – Pacific Digital Libraries (ICADL 2016)，被全球三大数字图书馆研究国际学术会议——亚太数字图书馆国际会议 2016 录用、全文宣读
36	协同治理视角下我国开放政府数据利用的障碍与保障机制研究	王春迎	博士学位论文，2020
37	我国政府数据开放的政策体系构建研究	温芳芳	博士学位论文，2019
38	我国政府数据开放的用户需求及其保障策略研究	李白杨	博士学位论文，2017
39	我国政府数据开放的元数据管理研究	林焱	硕士学位论文，2018
40	面向国家大数据战略的政府数据人才培养研究	苗淼	硕士学位论文，2018

续表

序号	成果名称	作者	发表刊物、刊期
41	我国政府数据开放共享标准规范体系建立的研究	钟雨祺	硕士学位论文，2017
42	大数据时代数据开放共享中的数据权利化问题研究	陈俊华	《图书与情报》（CSSCI）2018（04）；《人大复印报刊资料》2018（12）期全文转载
43	新西兰政府数据开放的政策法规保障及对我国的启示	程银桂，赖彤	《图书情报工作》（CSSCI）2016（11）；《人大复印报刊资料》2017（2）全文转载；中国社会科学网 2017 年 7 月 7 日全文转载
45	加拿大政府数据开放政策法规保障及对中国的启示	胡逸芳，林焱	《电子政务》（CSSCI）2017（5）
46	我国图书馆参与政府数据开放的途径	刘龙	《国家图书馆学刊》（CSSCI）2017（5）
47	澳大利亚政府数据开放的政策法规保障及对我国的启示	陈萌	《图书与情报》（CSSCI）2017（1）